일본소재

한국고대문자자료

박남수

주류성

일본소재

한국고대문자자료

박남수

　역사는 반복하는가.

　이 명제는 오늘날 한일관계에서도 분명하게 드러난다. 일본 정부 당로자들은 일제의 조선 침략으로 빚어진 강제 징용과 위안부 피해에 대하여 아직까지 전면 부정하는 태도로 일관하고 있다. 또한 일본은 군비증강을 통하여 자위대의 재무장을 서두르면서 독도에 대한 야욕을 숨기지 않고 있다. 또 한편으로는 일제 침략전쟁의 흔적을 지우고자 역사 교과서를 왜곡하고, 일방적으로 후쿠시마 원전 오염수를 바다에 방류하려는 등 오만한 행위를 서슴지 않고 있다. 작금의 이러한 일본 정부의 태도는 일본 극우파의 논리에 편승한 정치가들의 정략적인 것에 기인한다고 본다.

　오늘날 국제관계에서는 어떠한 국가라도 홀로 지탱할 수 없다.

　사실 고대 일본은 한반도를 통하여 우수한 대륙문화를 받아들여 정치·문화적인 발전을 이루었다. 백제와의 교류를 통하여 정치제도, 불교, 학문, 기술 등을 받아들임으로써 아스카(飛鳥)문화와 다이카(大化) 개신을 완성하였고, 통일신라와 교류함으로써 하쿠호(白鳳)문화와 덴표(天平)문화를 꽃피웠다.

　그러나 교류 과정에서 수용한 소중화주의 이념으로 말미암아『일본서기』의 왜곡을 불러왔고, 그것은 일본의 '신라정벌론'으로 이어져 신라-일본 간의 정치적인 갈등을 빚었다. 결국 일본은 견신라사와 견당사를 폐지하고 외부 세계와 문을 닫음으로써 '국풍문화'에 몰입하였다. 그 과정에서 가나를 만들고 문예면에서 괄목할 만한 성과를 내면서 봉건사회에 접어들었다. 이로써 아시아 국가 가운데 유일하게 중세 봉건사회를 경유하였다는 탈아론(脫亞論)의 논리적 근거로 내세우지만, 사실 일본이 외부 국가와 문호를 굳게 닫는 쇄국과 내부의 치열한 전쟁을 거쳐 임진왜란이라는 침략 전쟁을

책을 내면서

일으키기도 하였다. 1853년 미국의 페리제독이 이끄는 흑선에 의해 강제 개국한 일본은 비로소 근대화의 길에 들어설 수 있었고, 마침내 제국주의에 편승함으로써 또다시 대륙침략을 감행하였다. 비록 조선을 식민지화하였다고는 하지만 마침내 미국의 히로시마와 나가사키 원폭 투하로 패망에 이르렀던 것이다. 일본의 패망은 쇄국과 침략전쟁, 그리고 제국주의의 야욕이 빚은 참사였다고 평가할 수 있다.

어느 국가를 막론하고 국가간, 그리고 국민을 위한 미래를 건설하고자 한다면 국가 상호간에 소통하고 이해하는 과정이 필요하다. 특히 인접한 국가의 경우 수천 년간의 역사 과정에서 갈등과 협력이 필연적인 만큼, 그러한 과정을 이해하고 상호 극복해 나가는 노력이 필수적이다. 국가간 외교에서 일방의 양보만을 기대할 수 없기 때문이다.

오늘날 한일 역사관은 일제 강점기 일본 관학자들에 의한 '일선동조론'이나 '임나일본부설', '식민지근대화론' 등의 프레임에 의해 만들어지고 포장된 것이 적지 않다. 저들 일제 관학자들은 고대 일본을 소중화적 이데올로기로 무장하여 고립시킨 계기로 작용한 『일본서기』를 바탕으로, 「광개토대왕릉비」로 대표되는 각종 사료를 왜곡하였다. 더욱이 일본에 소재한 각종 명문 자료의 국적 뿐만 아니라 그 명칭까지도 곡해함으로써 굴절된 고대 한일 역사상을 만들어냈다.

이는 단순히 과거의 역사적 사실을 왜곡하는데 그치는 것뿐만 아니라, 실물 자료들의 명칭과 성격까지 말살 내지 자국주의 중심으로 호도한 데서 드러난다. 본서에서 다루는 「백제 동성왕 인물화상경」을 일본에서는 '스다하치만신사 인물화상경(the Suda Hachiman Shrine Mirror)'으로 부르면서 중국 동경을 모방하여 일본에서 제작한 '명문이 있는 일본의 가장 오래된 동경'이라 하여 일본의 국보(고고 2호)로 지정하였다. 그러나 이는 백제 동성왕 때에 백제가 만든 동경이다. 그럼에도 불구하고 일본측이 명명한 명칭에서 백제와 관련될 만한 티끌만한 실마리도 찾을 수 없다. 또한 「신라 내성 모접문서」는 신라 문서임에 분명함에도 '사하리가반부속문서'라고 일 컬음으로써 신라와의 관련성을 전혀 살필 수 없다. 사실 칠지도의 경우도 『일본서기』 기사를 바탕으로 백제가 일본에 헌상한 것이라는 인식이 우세 한 형편이다. 「신라모전첩포기」나 「신라종」에 있어서도 그 소장처만을 밝 히고 있을 뿐, 그 공식 명칭에서 신라와 관련된 어떠한 것도 찾을 수 없다. 그 명칭이 분명한 「신라촌락문서」와 「신라 집사성첩문」의 경우에는 한일 역사학계가 여전히 학문적 논쟁을 지속하고 있는 실정이다.

본 서에서 다루는 이들 자료들은 모두 일본에 소재함으로 인하여 일제 관학자들의 맥을 잇는 일본 학자들이 연구를 주도하였고, 우리 학계에서 이에 대한 반론을 펼쳤다고는 하지만 수동적인 것이었음을 부인하기 어렵 다. 이러한 문제는 고대 한일 양국간의 교류에 대한 역사상을 왜곡하고 양국의 중·고등학교 역사교과서에 투영됨으로써, 양국 후세대들의 역사관 에 심각한 영향을 끼치고 있다.

필자가 국내에서 처음으로 752년 일본 관료들이 작성한 「매신라물해」에 대해 연구하였던 것은 고대 동아시아 교역사 연구자로서 느꼈던 책임감 때문이었다. 필자는 연구 과정에서 우리와 관련된 자료 특히 일본에 소재한 문자 자료에 대하여 우리 학계의 기초 연구가 필요하다는 점을 절감하지 않을 수 없었다. 본서를 기획하고 상재한 이유이기도 하다.

2017년 12월 29년여 봉직했던 국사편찬위원회를 정년퇴직하고 나서, 그 동안 바쁘다는 핑계로 미루어 놓았던 이들 과제에 대해 집중적으로 연구

할 수 있게 되었다. 그러므로 본 서는 개인적으로 정년 이후 새롭게 설계하고 시작하여 종합 정리한 첫 결실인 셈이다. 그 동안 힘들고 고단하였지만, 다행히 2018년 한국연구재단의 저술 지원에 힘입어 순조롭게 이 연구를 마칠 수 있어 감사한 마음이다. 그러나 본 서에 실린 각각의 주제 하나하나가 모두 민감하고 쟁점이 많은 것이었기 때문에, 보고서를 준비하면서 이들 가운데 가장 쟁점이 되는 칠지도와 인물화상경, 촌락문서, 마정문서에 대한 학계의 검증을 받고자 하였다. 그 과정에서 최근에 발굴된 목간자료를 더함으로써 보고서의 내용을 보완할 수 있어 다행스럽게 생각한다.

사실 본 연구의 대상이 되는 자료들은 고대 한일 관계, 정치, 경제, 대외교역, 불교사상까지 아우르는 핵심 자료라고 할 수 있다. 이는 그 동안 필자에게 많은 가르침을 주신 여러 은사님들의 축적된 학문적 역량을 배운 때문에 가능한 것이었다고 믿는다. 석·박사학위의 지도교수이신 이기동 선생님을 비롯하여, 비교사 연구의 필요성을 가르쳐 주신 고 이용범 선생님과 조영록 선생님, 그리고 학부 때부터 방학중 고향에 내려가면 7서를 일깨워 주셨던 고 봉기종선생님, 승려 비문과 화엄·법화경의 묘미를 깨우쳐 주신 고 이지관 큰스님의 학덕에 고개숙여 깊이 감사드린다.

한편으로 항상 인생의 도반으로 학문 연구의 열정을 지속할 수 있게 서로를 격려하며 함께 연구하였던 전·현직 국사편찬위원회의 여러 선생님들을 비롯하여, 연구의 쟁점에 대한 토론과 제언을 마다하지 않았던 학계의 여러 선배, 동료 선생님들께 감사드린다. 이제는 어느덧 후배들의 견해에 귀기울이고 조언하는 나이가 되어 버린 세월을 아쉬워 하면서도, 부디 이 책이 여러 후배님들의 각고의 연구에 조금이라도 보탬이 될 수 있기를 소망해 본다.

덧붙여 본 저서의 출간을 쾌히 승낙하여 준 주류성의 최병식 사장님과 이준 이사님, 그리고 편집진 여러분, 정미영 선생님께도 감사드린다. 바쁜 직장 생활에도 시간을 내어 표지 디자인에 수고를 아끼지 않은 큰딸 서혜에게도 사랑과 감사의 마음을 표한다. 실로 이 저서가 나오기까지 애써준 아내와 가족, 주변의 많은 친지들에게 그 동안의 지지와 헌신에 감사드리며 감히 이 책을 봉정한다.

2023년 4월

길동 서재에서

朴南守 識

차
례

◆ 책을내면서

Ⅰ. 백제의 칠지도와 동성왕 인물화상경

백제 전지왕 '奉元四年'명 칠지도와 그 사상적 배경

백제 동성왕 인물화상경('스다하치만경')과 사마

차
례

Ⅱ. 「신라촌락문서」와 촌락사회

「신라촌락문서」의 연구 현황과 석독

차

례

「신라촌락문서」의 인구통계와 그 작성 시기

「신라촌락문서」의 연령구분과 촌락사회

「신라촌락문서」의 우마 사육과 전답 및 수목 경영

신라의 토지제도 변화와 촌락민의 생활

Ⅲ. 「신라내성모접문서」와 모전첩포기

「신라내성모접문서」(′사하리가반부속문서′)와 신라 내성의 마정

「신라모전첩포기」와 신라물

Ⅳ. 신라 집사성첩과 신라종

신라 흥덕왕대 집사성첩과 대일 관계

신라 중·하대 신라종과 주종불사

차

례

【본 서에 수록된 논문 게재지】

2019.08.	新羅內省毛接文書('佐波理加盤付屬文書')와 신라 內省의 馬政	『新羅文化』 54	동국대 신라문화연구소
2021.08.	신라촌락문서의 인구통계와 그 작성시기	『신라사학보』 52	신라사학회
2021.11.	백제 전지왕 '奉元四年'銘 칠지도와 그 사상적 배경	『東硏』 10	동아세아 비교문화연구회
2022.05.	백제 동성왕 인물화상경 ('隅田八幡鏡')과 斯麻	『東硏』 11	동아세아 비교문화연구회
2022.12.	신라촌락문서의 연령구분과 촌락사회	『한국고대사탐구』 42	한국고대탐구학회

Ⅰ

백제의 칠지도와 동성왕 인물화상경

백제 전지왕 '奉元四年'명 칠지도와 그 사상적 배경

백제 동성왕 인물화상경('스다하치만경')과 사마

백제 전지왕 '奉元四年'명 칠지도와 그 사상적 배경

1. 머리말

칠지도(七支刀)는 일본 나량현(奈良縣, 나라현) 천리시(天理市, 텐리시) 석상신궁(石上神宮, 이소노카미신궁)에 전하는 일곱 가닥의 가지로 이루어진 철제의 도검류이다. 현재 밝혀진 칠지도의 명문은 도신의 앞면에 35자, 뒷면에 27자의 금상감으로 총 62자가 새겨져 있다. 이에 대해서는 백제 헌상설[1]과 하사설[2], 동진

---

1) 鈴木勉, 2006, 「七支刀銘を訓む」, 鈴木勉河内国平 편, 『復元七支刀』, 雄山閣, 190쪽.
2) 金錫亨, 1964, 「三韓三国の日本列島内の分国について(2)」, 『歷史評論』 168 ; 1969, 『古代朝日関係史』, 勁草書房, 239~241쪽. 藤間生大, 1968, 「七支刀」, 『倭の五王』, 岩波書店, 109~111쪽. 坂元義種, 1978, 『古代東アジアの日本と朝鮮』, 吉川弘文館, 135·200쪽. 上田正昭, 1971, 「石上神宮と七支刀」, 『日本のなかの朝鮮文化』 9, 14쪽. 김정배, 1980, 「칠지도연구의 새로운 方向」, 『동양학』 10, 100쪽. 김창호, 1990, 「百済 七支刀 銘文의 재검토」, 『역사교육논집』 13·14, 152~153쪽. 연민수, 1998, 「七支刀銘文의 재검토」, 『고대한일관계사』, 혜안, 147~148쪽. 노중국, 2012, 「백제의 왕·후호, 장군호제와 그 운영」, 『백제연구』 55, 232쪽.

하사설,3) 대등한 외교적 수사4) 또는 선물5) 등으로 보는 견해가 있다. 또한 본 칠지도를 제작한 사상적 배경을 도교,6) 불교,7) 양기론(陽氣論),8) 수목 숭배 사상9)이나 역초(曆草)인 명협(蓂莢),10) 하늘과 땅을 연결하는 돌칸 족의 세계수나 중국의 도도(桃都)를 형상화한 것,11) 신물(神物)로서의 의례용 절(節)로서 벽사적 기능을 갖는 주구(呪具)와 같은 모양으로 형상화하여 외교적 기념물로 만든 것12)이라는 견해가 있었다.

본 칠지도가 주목받은 것은, 1873년 석상신궁(石上神宮, 이소노카미신궁)의 궁사(宮司)였던 관정우(菅政友, 간마사도모)가 본 칠지도 앞면에서 '태시4년(泰始四年)', '칠지도(七支刀)'의 명문을 석독하고 뒷면에서 '선세이래미유차도(先世以來未有此刀)'의 명문을 찾아내어, 『일본서기』 신공

3) 栗原朋信, 1966, 「七支刀銘文についての一解釈」, 『日本歴史』 216 ; 1971, 『論集 日本文化の起源』 2(日本史), 平凡社, 254~259쪽. 山尾幸久, 1983, 「石上神宮蔵七支刀の銘文」, 『日本古代王権形成史論』, 岩波書店, 271~272쪽· 1989, 「石上神宮七支刀銘の百済王と倭王」, 『古代の日朝関係』, 塙書房, 180~181쪽.

4) 吉田晶, 2001, 『七支刀の謎を解く−四世紀後半の百済と倭』, 新日本出版社, 38~39쪽.

5) 王仲殊, 1992, 「石上神宮の七支刀」, 『中国からみた古代日本』, 学生社, 69쪽.

6) 山尾幸久, 1989, 앞의 책, 184쪽. 木村誠, 2000, 「百済史料로서의 七支刀 銘文」, 『서강인문논총』 12, 156~163쪽.

7) 村山正雄, 1979, 「七支刀銘字一考 : 榧本論文批判を中心として」, 『朝鮮歴史論集(上巻)』, 竜渓書舎, 154쪽. 김정배, 1980, 앞의 논문, 104~105쪽.

8) 이내옥, 2010, 「백제 칠지도의 상징」, 『한국학논총』 34, 93~96쪽.

9) 노중국, 2008, 「한성백제사의 흐름과 역사적 의미」, 『한성백제사』 1권, 서울시사편찬위원회, 86쪽·2010, 「한국 고대사회에서 의기와 위세품이 보여주는 상징성」, 『계명사학』 21, 26~27쪽.

10) 조경철, 2008, 「백제 칠지도의 상징과 蓂莢」, 『한국사상사학』 31, 19~21쪽· 2017, 「칠지도 형태의 유래와 제작년대의 문제점」, 『동연』 1, 36쪽.

11) 이도학, 1990, 「백제 칠지도 명문의 재해석」, 『한국학보』 60, 82쪽·1997, 「칠지도가 말하는 백제의 천하관」, 『새로 쓰는 백제사』, 휴머니스트, 296~297쪽.

12) 김영심, 2013, 「七支刀의 성격과 제작배경」, 『한국고대사연구』 69, 115쪽.

기(神功紀) 52년조 백제왕 칠지도 헌상기사와 연계함으로써 본 도(刀)를 서진의 '태시(太始) 4년'(268)에 제작한 것으로 본 데서 비롯한다.[13] 그후 복산민남(福山敏男, 후쿠야마 도시오)과 비본사인(梶本社人, 가야모토 도진)이 1951~1952년에 동 명문을 정밀조사하면서 새로이 후왕(侯王), 백제(百濟), 왜왕(倭王) 등의 글자를 확인하고 연호를 '태화(泰和)'로 석독함으로써, 『일본서기』 신공기의 기년을 2주갑 내린 연구 성과와 일치한 동진(東晉) 태화(太和) 4년(369)설을 제창하였다.[14] 사실 칠지도 명문에 대한 연구는 주로 연호를 중심으로 이루어졌다. 이는 『일본서기』 신공기의 칠지도 관련 기사를 염두에 둔 때문이라 할 수 있다.

칠지도 연구의 새로운 국면을 열게 된 것은, 1981년 일본 NHK가 처음으로 칠지도의 상세 사진을 제시하고 X-Ray로 투시 촬영하여 공개하면서부터였다. 이에 그 동안 칠지도의 제작월을 대체로 '5월(五月)'로 추정하였던 것을, 본 X-Ray 투시 영상물에서 '11월(十一月)'로 밝힌 것이다.[15] 이로 말미암아 그 동안 '태화(泰和)'로 보아 왔던 연호에 대한 의문이 증폭되고, 제작월을 기왕의 '5월(五月)'로 볼 것인가, 아니면 새로이 나타난 '11월(十一月)' 내지 상정 가능한 '12월(十二月)'로 볼 것인가의 논쟁으로 옮겨졌다.

그 동안 칠지도연구의 가장 큰 쟁점인 연호에 대해서는 '泰亻'를 '태시(泰始)', '태초(泰初)', '태화(泰和)', '태□(泰□)'로 보거나 '봉□(奉□)'으로 석독하기도 한다. 이에 그 연대를 서진의 '태시(太[泰]始) 4년'(268)[16]과 동진(東晉) 태화(太和) 4년(369)[17], 북위 태화(太和) 4년(480),[18] 남송

13) 菅政友, 1907, 「大和国石上神宮宝庫所蔵七支刀」, 『菅政友全集』 雜稿 1, 536~537쪽.
14) 福山敏男, 1951a, 「石上神宮の七支刀」, 『美術研究』 158;1951b, 「補考」, 『美術研究』 162;1952, 「再考」, 『美術研究』 165 ; 1971, 『論集 日本文化の起源』 2(日本史), 平凡社, 201~247쪽. 梶本社人, 1952, 「石上神宮の 七支刀とその 銘文」, 『朝鮮学報』 3, 79쪽.
15) 村山正雄 編, 1996, 『石上神宮七支刀銘文図録』, 吉川弘文館. 鈴木勉, 2006, 앞의 논문, 앞의 책, 185~186쪽.
16) 菅政友, 1907, 앞의 책, 537쪽.

태시(泰始) 4년(468)[19]에 비정하거나, 백제의 연호로 보아 5세기 무렵에 이를 제작한 것이라는 견해[20]가 있는 한편으로 근초고왕 27년(372),[21] 전지왕 4년(408),[22] 성왕 26년(548),[23] 무령왕 4년(504),[24] 그리고 곤지의 왕자 시절과 왜왕 제(齊)의 제위 시절을 고려하여 445년 또는 460년으로 보는 견해[25]가 있었다. 현재까지는 동진(東晉) 태화(太和) 4년(369)설이 대세를 이루고 있다.

태화연호설을 주장하던 연구자들은 제작일을 길상구에 불과한 것으로 보고, 월의 변화는 큰 문제가 아니라는 입장이다. 또한 백제연호설의 관점에서도 기왕의 '5월(五月)'설을 견지하면서 이를 길상구로 풀이하고, 일본내 칠자경(七子鏡)의 출토연대 및 『일본서기』무열기(武烈紀)에 보이는 사아군(斯我君)을 칠지도 명문의 백제 왕세자로 추론함으로써 무령왕 4년(504)에 칠지도를 제작한 것으로 보기도 한다.[26]

새로이 '11월'설을 주장하는 연구자조차도 연호에 있어서는『일본서기』칠지도 헌상 기사를 바탕으로 기존의 동진태화설을 따르고 있다.[27] 이에 대해 '11(12)월 16일 병오(丙午)'의 해당 일간지를 중심으로 기년을 추적

---

17) 福山敏男, 1951a, 앞의 논문 ; 1971, 앞의 책, 237~238쪽. 三品彰英, 1962, 『日本書紀朝鮮関係記事考証』上巻, 吉川弘文館, 192쪽. 神保公子, 1975, 「七支刀の解釈をめぐって」, 『史学雑誌』84-11, 50쪽. 노중국, 2012, 앞의 논문, 231쪽.

18) 李進熙, 1973a, 「古代朝日関係史研究の歪み」, 江上波夫·上田正昭 編, 『日本古代文化の成立』, 毎日新聞社, 82~83쪽.

19) 宮崎市定, 1982, 「七支刀銘文試考」, 『東方学』64, 2~3쪽.

20) 金錫亨, 1964, 앞의 논문 ; 1969, 앞의 책, 240쪽.

21) 이병도, 1974, 「百済七支刀考」, 『진단학보』38 ; 1976, 『한국고대사연구』, 박영사, 525~526쪽.

22) 손영종, 1984, 「백제 칠지도명문 해석에 제기되는 몇가지 문제(1)」, 『력사과학』1984년 4호.

23) 村上英之助, 1978, 「考古学から見た七支刀の製作年代」, 『考古学研究』99.

24) 연민수, 1998, 앞의 책, 155~158쪽.

25) 김창호, 1990, 앞의 논문, 152~153쪽.

26) 연민수, 1998, 앞의 책, 155~158쪽.

27) 木村誠, 2000, 앞의 논문, 149쪽.

함으로써, '태ㅁ(泰ㅁ)'를 백제 연호로 보면서 전지왕 4년(408) 11월 16일에 칠지도를 제작한 것이라는 주장이 있었다.[28]

따라서 현재 칠지도 연구는 무엇보다도 정확한 연호의 확인과 제작일시의 길상구 여부를 확인하는 작업이 우선해야 함을 알 수 있다. 근래에 한성백제박물관은『백제왕의 선물』(2016. 1.)을 펴내면서 칠지도 명문에 대한 상세 사진과 석문을 실었다.[29] 동 석문의 대체적인 내용에 대해서는 크게 이견이 없지만, 연호를 '태ㅁ(泰ㅁ)'로, 그리고 제작일을 길상구로 간주하는 오늘날 학계의 연구 추세를 반영함으로써, 새로이 발견된 제작일 등을 간과하였다는 점을 지적할 수 있다.

본고는 이러한 반성으로 칠지도 연구의 가장 첨예한 쟁점이 되는 연호와 제작일을 길상구설의 문제와 함께 살피고자 한다. 특히 본 명문의 연호를 '봉원(奉元)'으로 석독하고, 본 칠지도를 전지왕 4년(408) 11월 16일에 제작한 것임을 확인하고자 한다. 또한 본 명문의 주요 쟁점 가운데 '병오 정양(丙午 正陽)' 및 '기생(㝃生)'의 의미를 살피고, 칠지도에 투영된 도상을『주역』의 기생(㝃生)의 원리로써 설명하고자 한다. 나아가 명문 '백련철 칠지도(百練銕七支刀)'의 '칠지(七支)'가 불교의 전륜성왕 칠보 가운데 상보(象寶)의 특징을 묘사한 것이라는 점에서, 칠지도 제작에 있어서 전륜성왕 이념의 투영 가능성을 상정하고자 한다. 제현의 질정을 바란다.

---

28) 홍성화, 2009. 12, 「石上神宮 七支刀에 대한 일고찰」, 『한일관계사연구』 34, 18~19쪽 ; 2021, 『칠지도와 일본서기』, 경인문화사, 36~39쪽. 조경철, 2010.2, 「백제 칠지도의 제작 연대 재론」, 『백제문화』 42, 23~24쪽. 다만 조경철은 이후 논문에서 기왕의 견해를 수정하여 "지금 단계에서는 5월인지 11월인지 확정할 수 없다는 입장이다. 다만 5월 16일 병오이든 11월 16일 병오이든 제작연대는 동진의 연호인 태화 4년(369)이 아니라는 입장이다. 앞서 논의한 바대로 5월 16일 병오일 경우 362년, 11월 16일 병오일 경우 408년 두 가지 설을 취하고자 한다."(조경철, 2017, 앞의 논문, 46쪽)고 함으로써, 362년설 내지 408년설로 수정하였다.

29) 한성백제박물관, 2016, 『백제왕의 선물』, 40·46쪽.

2. 연호 '奉元'과 칠지도명의 석문

(1) '奉元四年十一月十六日'의 석독

칠지도 연구의 가장 큰 쟁점은 아무래도 연호 문제라고 할 수 있다. 칠지도의 연호 '奉亻'을, '태시(泰始)', '태초(泰初)', '태화(泰和)'로 추독하거나,

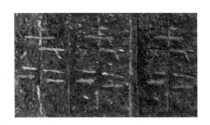

[그림1] '奉'자 상세 비교도

'태口(泰口)' 또는 '봉口(奉口)'으로 석독하기도 한다. 석독에 있어서 명문의 '奉'을 '태(泰)' 또는 '봉(奉)'으로 보고 있음을 알 수 있다.

'奉'[그림1][30]은 태(泰)의 이체자 '泰'와 봉(奉)의 이체자 '奉'과 흡사한 측면이 있다. 곧 이들 글자는 윗부분을 모두 '夫'으로 동일하게 쓰지만, 하단 부분에 있어서 '태(泰)'는 '水'변을, 봉(奉)은 '手'변을 사용한다. 그런데 본 명문 '奉'자의 아랫부분은 '丰'으로서 세 개의 가로획이다. 연민수는 가로획에 대하여 그 동안의 견취 모사도를 제시하면서, 관정우(菅政友, 간마사 도모)와 매원말치(梅原末治, 우메하라 스에지)의 경우 가로획이 세로획을 가로지르고 있는 것으로 모사하였음을 지적하고, 이를 '봉(奉)'자로 석독하였다. 다만 그는 '丰'에 한 획을 더하여 '丰'이라 한 것에 대해서는 불명으로 남겨놓았다.[31]

[그림2] 「經典文字辨證書」('奉')

사실 '丰'는 '수(手)'변에 다름 아니다. 본 칠지도 명문의 '奉'자는 [그림2]에서 보듯이 『경전문자 변증서(經典

---

30) 본 논문의 칠지도명문의 사진자료는 鈴木勉河內國平 편, 앞의 책을 전재하였음을 밝혀둔다.
31) 연민수, 1998, 앞의 책, 144~14

文字辨證書)』수부(収部)에서 봉(奉)의 이체자 '奉'의 俗字 '奉'임을 분명하게 확인할 수 있다.32)

연호의 두 번째 글자 'イ'에 대해서는 기왕에는 대체로 '화(禾)'변의 잔획으로 보아 '화(和)', 또는 '시(始)', '초(初)'로 추독하여 왔다. 그러나 상당수의 연구자들은 이를 불명의 글자로 다루고 있다.

X-Ray 투시 촬영 사진([그림3](중), [그림6])에 보이는 연호 두 번째 글자는 앞 면의 'ㅣ'획과 뒷면 '세(世)'의 일부 상감 흔적(㔾)이 거꾸로 나타나면서 겹친 모양이다.33) 이는 X-Ray 투시 촬영시에 앞 뒷면 금상감 부분만이 드러난 때문인데, 두번째 글자 가운데 연호부분의 금상감은 'ㅣ'획만이 남아 있다.([그림4]①, ②)

[그림3]
(앞면) '奉 □四年' (좌),
X-Ray 투시사진 (중),
(뒷면) '先世以來'(우)

그런데 다음 [그림4] ②, ③에서 보듯이 'ㅣ'획 위에 'ㅡ'획의 도각의 흔적을 살필 수 있다. 또한 [그림4] ②, ③을 비교하면 'ㅣ'획의 오른쪽에 'ㄴ'자 모양의 도각의 흔적을 분명하게 살필 수 있다. 다만 [그림4] ②의 'ㅡ'획 아래 'ㅣ'획 중간을 가로지르는 사선

---

32) 臺灣 國家教育研究院, 『教育部異體字字典』, '奉'항 「經典文字辨證書」(https://dict.variants.moe.edu.tw/ variants/rbt/word_attribute.rbt?quotecode=QTAwODU4). 畢沅(淸 1730~1797) 撰, 民國 54(1965), 『經典文字辨證書』(百部叢書集成 ; 經訓堂叢書 28 : 第4函), 台北 : 藝文印書館.

33) 최근에 이에 대해, 남아있는 상감 부분이 '女'보다 '禾'의 형태로 음각되어 있기 때문에 '和'로 석독하기도 하지만(오택현, 2021, 「七支刀 再判讀을 통해 본 百濟와 倭」, 『한국고대사연구』101, 237쪽), X-Ray 투시 촬영의 특성상 앞, 뒷면이 모두 나타난다는 점을 간과한 것으로 여겨진다. [그림3]에 보듯이 동 글자의 상감은 앞면의 'ㅣ'획과 뒷면의 '世'자의 잔획이 거꾸로 나타나 겹친 것임을 밝혀둔다.

[그림4] '兀'의 명문 상세 비교도(좌로부터 ①, ②, ③)

[그림5] '兀'의 명문 (붉은색)과 그 부근의 스크래치

[그림6] 奉元 및 先世와 X-Ray 투시 사진 (중)

모양의 획처럼 보이는 'ㅡ'을 인위적인 도각으로 볼 것인가의 문제가 남지만, [그림4] ③의 사진에 보이는 'ㅡ'이나 'ㄴ'자 모양 획과는 차이가 있다. 아마도 이는 도신이 녹슬고 부식하여 관정우(菅政友, 간마사도모)가 녹을 끌로 긁어내는 과정에서 생긴 도신의 바탕 무늬결이 아닐까 추측된다.

이는 [그림 5]에 보듯이 동 사선 모양의 획처럼 보이는 'ㅡ'선이 'ㅣㄴ' 건너 오른쪽까지 일련하여 나타나고, 그 깊이나 선의 방향이 그 옆에 보이는 스크래치와 동일하기 때문이다. 또한 [그림5]에서 오른 쪽에 13~15개 정도 일정한 굵기의 사선 방향의 선은, 관정우(菅政友, 간마사도모)가 녹을 제거하거나 혹은 글자를 찾으면서 끌 등으로 긁어내는 과정에서 만들어진 흠집(스크래치)으로 생각되며, 본래 글자의 획과는 무관한 것으로 여겨진다.[34] 그렇다면 글자로 인정할 만한 도각은 '兀' 정도라고 할 수 있다.

---

34) 末英雅雄는 동 글자에 대하여 후에 어떤 사람이 일부러 刺傷을 입힌 것과 같은 상황이 아닐까 의심스럽다고 지적한 바 있다.(末英雅雄, 1941, 「象嵌銘文을 有する鉾─七支刀─」, 『日本上代の武器』, 弘文館)

또한 [그림4] ③의 '儿' 윗 부분에 희미하나마 도각의 흔적을 발견할 수 있다. 이는 [그림 7, 8] '十六日'의 '六'자의 'ヽ'에서 상감은 박락되었으나, 도면 사진의 윗 부분에 있는 오목한 홈과 유사한 흔적으로 여겨지거니와, 이를 명문의 획으로 간주할 수 있지 않을까 생각한다. 그렇다면 이는 '六'의 'ヽ'와 동일한 획으로 추정할 수 있는 바, 본 글자는 'ヽ'와 '儿'이 조합된 '원(元)'의 이체자 '兂'이라고 볼 수 있다.35)

[그림7] '四年十一月十六日' 부분 비교도
'十一'(月) 부분도[좌 1~4], '四年十一月十六日'(앞면)[좌5], '四年十一月十六日' 부분 X-Ray 투시도[좌6], '以來未有此'(뒷면)[좌7]

[그림8] 六(전면)과 此(뒷면) 및 X-ray 투시사진

그런데 [그림3, 6](중)의 X- Ray 사진 '　' 윗부분에 보이는 두 개의 작은 점이 금 상감의 흔적인지 아니면 X-Ray 필름 상의 흠결인지 분명하지 않다. 만일 필름상의 흠결이 아니라면 오른쪽 점은 오른쪽 궤선에서 상감이 없어진 선을 잇는 것이라 할 수 있고, 왼쪽 점은 '儿'의 윗부분에 위치한 획의 일부분일 가능성도 없지 않다고 추측된다. 사실 이와 같은 '元'자의 서법은 다음 [그림9]에서 보듯이 서봉총 출토 은합우(391)의 '연수원년(延壽元年)'의 '원(元)'자와 흡사함을 살필 수 있다.

35) '兂'자는 「龍龕手鑑」에 보이거니와, 「廣碑別字」에는 「渤海 李氏 一娘子 墓誌」에서도 사용된 사례를 소개하였다.(臺灣 國家敎育硏究院, 위의 책, '元'항 ; https://dict.variants.moe.edu.tw/variants/rbt/word_attribute.rbt?quote code=QTAwODQ5LTAxOQ)

[그림9] 서봉총 출토
은합우의 '延壽元年

지금까지 살폈듯이 본 칠지도에 보이는 연호를 '봉원(奉元)'으로 석독할 수 있다. 이는 그동안 추독한 '태시(泰始)', '태초(泰初)', '태화(泰和)' 등 중국 연호와는 무관하며, 이러한 연호가 어디에도 보이지 않고 본 칠지도를 백제에서 제작한 것이 분명한 만큼 백제의 연호라고 보아 좋을 것이다.

한편 본 명문의 제작 월일은 연호 외의 또다른 석독상의 쟁점이기도 하다. 이를 '5(五)'월 또는 '11[2?](十一[二?])'월로 석독함으로써, 길상구설과 실제 제작일설로 나뉘기 때문이다.

그런데 다음 사진에서 보듯이 'ᅥ'의 아래 부분에서 별도의 글자인 'ㅡ'의 도각을 분명하게 확인할 수 있다.[그림7, 좌4, 5] 이는 'ᅥ 一月'의 "가 '十'자의 잔획임을 의미한다. 여기에서 'ㅡ'의 도각(刀刻)에 한 획을 더하여 '二'일 가능성도 없지 않지만, '五'자일 가능성은 전혀 없는 것이다. 현재의 영상 자료만으로 석독한다면 '11'월('十一'月)이 확실하며, 혹 보이지 않는 'ㅡ'자 한 획이 더 있다고 한다면 '12월(十二月)'일 가능성도 배제할 수 없다.[36)]

(2) 명문의 구성과 석문

① 명문의 구성

한성백제박물관의 『백제왕의 선물』(40쪽)에 소개된 칠지도 명문에서 기년을 수정하여 제시하면 다음과 같다.[37)]

---

36) 木村誠, 2000, 앞의 논문, 149쪽.
37) 『백제왕의 선물』 칠지도 설명 석문(40쪽)에는 "앞면 : 泰△四年五月十六日丙午正陽造百練銕七支刀生辟百兵宜供供侯王△△△△作 / 뒷면 : 先世以來未有此刀百濟王世子奇生聖音故爲倭王旨造傳示後世"라고 하였으나, 상세도면 앞면(46쪽)에는 '泰△'를 '泰和'로, '五月'을 '十一(五)月'로, '百練銕'를 '百練鋼'

	1	2	3	4	5	6	7	8	9	10	11	12	13	14	15	16	17	18
앞면	奉	元	四	年	十	一(二?)	月	十	六	日	丙	午	正	陽	造	百	練	鍊
뒷면	先	世	以	來	未	有	此	刀	百	濟	王	世	子	奇	生	聖	音	故

	19	20	21	22	23	24	25	26	27	28	29	30	31	32	33	34	35
앞면	七	支	刀	生	辟	百	兵	宜	供	供	侯	王	□	□	□	□	作
뒷면	爲	倭	王	旨	造	傳		示	後	世							

위의 석문에서 문장의 구성을 살피면, 앞면이 칠지도의 제작 일시를 비롯하여 그 효능과 가치, 제작자를 밝힌데 대하여, 뒷면은 칠지도를 백제왕세자의 주도로 제작하게 된 과정과 왜왕에게 전달하여 후세에 보이라는 당부이다. 그런데 앞, 뒷면의 관계에 대해서는 서로 밀접하게 상호 상응하는 내용으로 구성되었다고 보는 견해와 전혀 이질적인 내용으로 구성되었다고 보는 견해가 있었다.

전자의 경우, 앞뒷면이 서로 상응하는 내용으로 백제왕이 후왕(侯王)인 왜왕(倭王)에 대한 자부심과 우위성을 드러내는 말로 '마땅히 또 후왕(侯王[=倭王])에게 줄 만하다'고 보거나,[38] 뒷면은 앞면의 칠지도 제작에 대하여 특수 피급자(特殊 被給者)에게 기증하는 별첨문(別添文)으로 보기도 한다.[39]

후자의 경우, 앞면은 제작의 기년·칠지도의 명칭, 제작자가 기록되

으로, '生辟百兵'을 '帶(生)辟百兵'으로 석독하여 설명문의 석문과 차이가 있다.(한성백제박물관, 2016, 앞의 책, 40·46쪽) 필자가 제시한 석문은 '泰△'를 '奉元'으로, '五月'을 '十一(二?)月'로, '百練鐗' 또는 '百練鋼'을 '百練鍊'로, '生辟百兵' 또는 '帶(生)辟百兵'을 '生辟百兵'으로 각각 석독하여 고친 것임을 밝혀 둔다.

38) 金錫亨, 1964, 앞의 논문 ; 1969, 앞의 책, 239~241쪽. 藤間生大, 1968, 앞의 책, 110쪽. 坂元義種, 1978, 앞의 책, 200쪽. 上田正昭, 1971, 앞의 논문, 14쪽. 金貞培, 1980, 앞의 논문, 99쪽. 연민수, 1998, 앞의 책, 147~148쪽.
39) 이병도, 1974, 앞의 논문 ; 1976, 앞의 책, 526쪽.

어 있으나 길상어가 중심을 이루고, 뒷면은 칠지도 제작의 연기문을 첨가한 실질적 내용을 담고 있는 완전히 이질적인 내용으로, '후왕(侯王)'을 길상어의 일종으로 본다.[40] 또한 백제는 372년 동진에 입조한 백제 사신이 원 칠지도를 입수하여 백제에서 다시 방제품(倣製品)을 만들어 원 칠지도의 표면 명문과 동진의 책봉사가 작성한 문장을 뒷면에 새겨 왜왕에 보낸 것으로 추정하기도 한다.[41]

한편으로 양자를 절충하는 관점에서, 앞면은 상투적이며 의례적인 길상구로 이루어진 관용구로서 막연히 칠지도를 특정화되지 않은 어떤 후왕(侯王)을 위하여 제작한다는 백제의 희망사항을, 뒷면은 백제 왕 혹은 왕세자가 과거에 없었던 이 칼을 왜왕을 위하여 만들어 보내니 후세에 전하여 나타내어 보이라는 현실적인 내용을 담은 것으로 풀이하고, 칠지도 명문을 외교적인 목적을 띤 상징적 · 관념적인 성격으로 평가하기도 한다.[42]

그런데 앞면의 '칠지도(七支刀)'를 뒷면에서 '차도(此刀)'로 지칭한 것, 그리고 앞면의 '조백련철칠지도(造百練銕七支刀)'는 뒷면의 '지조(旨造)'에, 앞면의 '의공공후왕(宜供供侯王)'은 뒷면의 '고위왜왕지조전시후세(故爲倭王旨造 傳示後世)'와 각각 상응함을 알 수 있다. 또한 앞면의 내용이 칠지도를 제작한 일시, 백련철(百練銕)이라는 재료, 제작한 공인(工人) 등 칠지도 제작 관련 사실(fact)을 기록한 것임에 분명한데, 이를 '정양(正陽)'이나 '생벽백병(生辟百兵)' 등만으로써 관념적인 것으로 볼 수 있겠는가 하는 의문이 있다. 사실 앞면의 사실(fact) 서술에 이어 뒷면은 선세(先世) 이래로 없던 이 칼을 만들게 된 동기와 배경을 밝히고 있거니와, 앞뒷면의 내용이 상호 긴밀하게

---

40) 神保公子, 1975, 앞의 논문, 48~49쪽.
41) 山尾幸久, 1983, 앞의 책, 262~264쪽 ; 1989, 앞의 책, 180~181쪽.
42) 주보돈, 2011, 「백제 칠지도의 의미」, 『한국고대사연구』 62, 276~279쪽. 최근에 오택현은, 앞면에는 어떤 상징성을 나타내는 데 사용된 전형적인 표현들이 기록되어 있는데 대해, 뒷면은 百濟와 倭의 관계를 대변하는 내용으로서, 양면의 내용과 구성이 전혀 이질적인 것이므로 연결해서 생각해서는 안된다고 하였다.(오택현, 2021, 앞의 논문, 254쪽)

연결되어 서술되었음을 확인할 수 있다.

아무튼 본 칠지도는 백제왕세자가 왜왕에게 보낸 것이 분명하다. 곧 본 칠지도 명문의 주인공[주어]은 백제왕세자이며, 수신자는 왜왕으로서, 백제왕세자가 본 칠지도를 만들도록 하여 왜왕에게 전달하였으니 후세에 전하여 보이라는 칠지도 제작의 목적을 분명히 하였다. 이는 칠지도 제작 당시의 백제와 왜 간의 외교적 관계를 드러내는 것이라고 보아 좋을 것이다.

칠지도 명문을 이해하는 데 있어서 주요한 핵심 쟁점으로는 제작일시와 기생성음(奇生聖音)에 대한 풀이라고 할 수 있지만, 이는 다음 장에서 자세히 다루도록 한다. 그 밖에 용어 해석상의 문제가 될 수 있는 것으로는 앞면의 '생벽백병(生辟百兵)'과 '의공공후왕(宜供供侯王)', 그리고 뒷면의 '백제왕세자(百濟王世子)'와 '왜왕지조(倭王旨造)' 부분이라 할 수 있다.

② 명문 앞면의 석문

'생벽백병(生辟百兵)'에 대하여, 대체로는 '辟'을 벽사적(辟邪的) 성격이나 길상구로 보면서 '피한다' 또는 '물리친다'의 뜻으로 풀이하고 있다.[43] 또한 지초(芝草), 신단(神丹), 단금(丹金) 등으로 대난(大難)이나 군대를 물리친다는 도가서(道家書)를 인용하여 칠지도 제작을 도교사상의 발로로 보고 '생피백병(生辟百兵)'을 길상구로 보기도 한다.[44] 그런데

---

43) 대체로 辟邪的 성격을 강조하면서 '피한다'로 풀이하거나(金錫亨, 1969, 앞의 책, 239쪽. 佐伯有淸, 1977, 『古代史演習 : 七支刀と開土王碑』, 吉川弘文館, 20~21쪽. 鈴木勉, 2006, 앞의 논문, 앞의 책. 王仲殊, 1992, 앞의 책, 65~66쪽. 연민수, 1998, 앞의 책, 146쪽. 이내옥, 2010, 앞의 논문, 93~96쪽. 木村誠, 2017, 「칠지도 명문 재고」, 『東硏』 1, 동아시아비교문화연구회, 17쪽), '물리친다'로 보기도 한다.(김영심, 2013, 앞의 논문, 113쪽) 또한 길상구적 성격으로 보고 '이 칼이 나아가 물리친다'로 풀이하기도 한다.(이병도, 1974, 앞의 논문 ; 1976, 앞의 책, 526쪽. 이도학, 1990, 앞의 논문, 75쪽)

44) '辟兵'은 先秦의 道家書인 『文子』에 처음 등장하여 東晉의 『抱朴子』에는 '芝草로써 大兵과 大難을 피할 수 있다'고 하거나 '神丹으로 五兵을 물리칠 수

피병(辟兵)의 방법은 불경에서도 흔히 제시하는 것으로, 45) 도가의 그것과 크게 다르지 않다. 또한 한나라의 음양(陰陽)16가(家)의 병서(兵書) 가운데 『피병위승방(辟兵威勝方)』, 46) 양나라의 『피병법(辟兵法)』 47) 등의 병법서 뿐만 아니라, 동탁의 사위 우보(牛輔)가 항상 피병(辟兵)의 부적을 쥐고 부질(鈇鑕)을 그 곁에 두었다는 것48)이나 월왕(越王) 정(貞)이 '가동(家僮)과 전사(戰士)가 모두 부적을 허리에 참으로써 피병(辟兵)한다'49)는 사례에서도 살필 수 있다. 이처럼 피병(辟兵)의 방법은 도가 뿐만 아니라 불교와 음양가에서 두루 제시하였던 것이고, 고대의 병법서나 병사들이 두루 이를 채용하던 것이었다.

사실 칠지도의 '생벽백병(生辟百兵)'은 앞의 '정양(正陽)에 백련철칠지도를 만들었으니'의 구절을 받은 것으로서, '생(生)'은 당연히 칠지도의 탄생 곧 칠지도가 세상에 나오자 마자 '벽백병(辟百兵)'하였다는 것으로 풀이된다. 여기에서의 '벽(辟)'을 '피병(辟兵)'의 사용례로부터 '물리친다' 또는 '피한다'의 주술적 의미로 새길 수도 있고, 아니면 『서경』 태갑(太甲) 중(中)(2장)에서 '임금은 백성이 아니면 사방을 다스리는 임금노릇을 할 수 없으니[后非民, 罔以辟四方]'의 '벽(辟, 임금)'으로 새길 수도 있다. 역대 피병(辟兵)의 방법이 단금(丹金) 등이나 부적 등을 붙이는 방식이고, 본 도(刀) 앞뒤 문장의 문맥 곧 앞의 '좋은 날을 택하여 칠지도를 만들었으니'의 구절과 뒤의 '마땅히 후왕

있다', '丹金으로 刀劍에 칠함으로써 闘兵을 萬里까지 물리친다'는 등 辟兵의 방법을 제시하고 있다.(王仲殊, 1992, 앞의 책, 66쪽. 김영심, 2013, 앞의 논문, 104쪽)

45) 『佛本行經』(권2) 與衆婇女遊居品의 '留髮辟兵', 밀교계통의 『大威力烏樞瑟摩明王經』(中卷)의 '若誦密言七遍° 以頂上少髮作一結辟兵'이나 '若旗旛上寫密言 持之入陣 辟兵', '若紙或樹皮寫密言頭戴辟兵', '加持牛黃或雄黃一千八遍° 塗身惡人貴敬入陣辟兵', '翻天倒地之符° 辟兵殺鬼之法' 등 수많은 辟兵의 방법을 제시하고 있다.

46) 『漢書』 권 30, 藝文志 10, 兵書略, 陰陽.

47) 『隋書』 권 34, 經籍志 3, 子, 兵.

48) 『삼국지』 魏書 권6, 董二袁劉傳.

49) 『구당서』 권 76, 열전 26, 太宗諸子, 越王貞.

에게 준다'의 구절을 생각한다면, '벽사(辟邪)'나 '물리친다' 또는 '피한다'는 것보다는 오히려 '백병(百兵)의 임금[辟]' 곧 '최고의 병기'임을 강조하는 것이 보다 더 칠지도 전체 명문의 내용에 부합하지 않을까 한다. 따라서 '생벽백병(生辟百兵)'을 '[칠지도가] 나오자마자(生) 百兵의 임금(辟)이므로[모든 병기의 최고이므로]'라고 새기는 것이 어떨까 한다.

'의공공후왕(宜供供侯王)'은 뒷면의 '기생성음(奇生聖音)'과 함께 백제 헌상설과 하사설, 동진하사설, 대등한 외교적 수사 또는 선물 등의 견해로 나뉘게 한 구절이기도 하다. 여기에 '공공(供供)'을 '공공(恭恭)'과 동일한 형용사로 보아 '공공한 후왕에게 마땅하다'라는 길상구로 보는 견해,50) '공(供)'을 '공(恭)'의 가차(假借)로 보는 견해,51) 여러 후왕(侯王)[諸封王]들에게 (이 칠지도를) 분급(分給)해 준다는 복수동사격으로 보는 견해,52) '공(供)'을 '나아간다' 곧 '승진하다'의 뜻으로 보고 '후왕(侯王)으로 나아감이 마땅하다'라고 풀이한 견해53) 등이 있다.

이들 다양한 견해는 '공공(供供)'을 어떻게 새길 것인가의 문제로 귀결된다. '공공(供供)'은 『주례주소(周禮注疏)』 천관총재(天官冢宰)(1)의 석문에서 '멱인(冪人)'의 직임을 '掌供供巾冪[천막을 제공하는 일을 관장한다]'이라 한 데서 살필 수 있다. 민감모본(閩監毛本)에는 '掌供巾冪[천막을 제공하는 일을 관장한다]'이라 하고 '공공(供供)'을 '공(供)'의 연문(衍文)이라 지적하였다.54) 또한 『대방광불화엄경수자분(大方廣佛花嚴經修

50) 佐伯有淸, 1977, 앞의 책, 25~26쪽. 鈴木靖民, 1983, 「石上神宮七支刀銘についての一試論」, 『坂本太郎博士頌壽記念 日本史學論集(上卷)』, 吉川弘文館, 201~202쪽. 木村誠, 2000, 앞의 논문, 165쪽. 김영심, 2013, 앞의 논문, 105쪽.

51) 木村誠, 2017, 앞의 논문, 25쪽.

52) 이병도, 1974, 앞의 논문 ; 1976, 앞의 책, 526쪽.

53) 이도학, 1990, 앞의 논문, 73쪽.

54) "冪人奄一人 女冪十人 奚二十人 以巾覆物 日冪女 冪女奴曉冪者…[[疏] 冪人 ○ 釋 日冪人在此者 案其職 云掌供供巾冪 掌供供巾冪 閩監毛本作 掌供巾冪 此衍 所以覆飮食之物 故次飮食後"(『周禮注疏』 天官冢宰 1, 冪人)

慈分)』(1권)에는 10억 명의 범천(梵天)이 부처의 처소에 나아가 중묘(衆妙)로써 부처님에게 공양하였다[供供養] 하고,55)『대성문수사리보살불찰공덕장엄경(大聖文殊師利菩薩佛刹功德莊嚴經)』(3권)에서는 종종(種種)의 음식과 색향(色香)의 아름다운 맛을 손으로 어림잡아 세존(世尊)과 필추승(苾芻僧, 비구승)에게 공양(供供)하였다고 하는데,56) 모두 부처님, 또는 세존과 비구승에게 공양하는 것을 '공공(供供)' 또는 '공공양(供供養)'이라 하였다. 이를 후일의 교감자들이 '공양(供養)'의 잘못이라고 지적하였지만, 이는 '공공(供供)'을 일반적으로 사용하던 것을, 후일의 교감자들이 연문(衍文)으로 여겼던 사정을 보여주는 것으로 이해된다.

그럼에도 불구하고 『주례주소(周禮注疏)』 천관총재의 '供供'은 '제공하다'의 의미로, 불경의 '공공(供供)'은 공양하다의 의미로 각각 사용되었다. 이는 칠지도 명문의 '공공(供供)'이 『주례주소(周禮注疏)』나 한역 불경(漢譯 佛經)에서 '공(供)' 또는 '공양(供養)'과 동일한 의미로 사용되었음을 의미한다. 따라서 '공공(供供)'은 '제공하다' '주다' '베풀다' 또는 '공양하다'의 의미로 풀이된다.

그러므로 칠지도 앞면은 '봉원(奉元) 4년 11(12)월 16일 병오(丙午) 정양(正陽)에 백련철 칠지도를 만드니, [칼이] 생겨나자마자[生] 백병(百兵)의 임금으로 후왕(侯王)에게 주기에 마땅하다. □□□□ 이 만들었다.'가 된다. 이러한 해석에서 봉원(奉元)의 의미, 그리고 제작일과 정양(正陽)의 관계 등을 주목할 수 있다. 이에 대해서는 다음 장에서 살피기로 한다.

---

55) "有十億梵天 皆住慈心 來詣佛所 頂禮佛足 以衆妙供供[〔供〕]養於佛 供養畢已 各自坐於衆福所生蓮華之座 恭敬尊重 瞻仰如來"(『大正新脩大藏經』 10册, 華嚴部 下 306, 「大方廣佛花嚴經修慈分」 1권)

56) "即以種種飮食色香美味 手自斟酌供供[漢籍按：據CBETA校勘 「供」 當作 「養」] 世尊及苾芻僧(比丘僧) 悉令充足"(『大正新脩大藏經』 11册, 寶積部 上 319, 「大聖文殊師利菩薩佛刹功德莊嚴經」 3권)

③ 명문 뒷면의 석문

뒷면의 해석상 쟁점이 되는 구절은 '백제왕세자(百濟王世子)'와 '기생성음(奇生聖音)', '고위왜왕지조(故爲倭王旨造)' 부분이다.

먼저 '백제왕세자(百濟王世子)'에 대해서는 '백제왕의 세자' 또는 '백제왕과 세자'로 보거나[57] '백제왕과 세자[奇生聖音]'[58]로 풀이하기도 한다. 또한 '자(子)'의 자획이 불분명한 점을 지적하여 '백제왕세세(百濟王世世)'로 추독하여 '백제왕 대대(代代)로' 풀이하거나,[59] '자(子)'의 잔획 'ㅡ'를 반복부호로 보아 백제왕세세(百濟王世世)'로 석독하기도 한다.[60] 또는 '백자왕세ㅁ(百滋王世ㅁ[有 또는 得])'으로 추독하여 '백제왕세에 …이 있어'로 풀이하기도 한다.[61]

대체로 글자의 모양과 문장 구조로 볼 때에 [그림10]에서 보듯이 '백제왕세자(百濟王世子)'로 보아야 하며, 『진서(晉書)』 효무제기(孝武帝紀) 태원(太元) 11년조의 '백제왕세자 여휘(百濟王世子余暉)'의 사례로 미루어 '백제왕의 세자'로 본다.[62] 동 구절이 본 문장의 주어로서 '爲倭王[왜왕을 위하여]'의 행위 주체이고, '傳示後世[전하여 후세에 보이라]'의 명령 주체임을 알 수 있다.

---

57) 栗原朋信, 1966, 앞의 논문 ; 1971, 앞의 책, 255쪽.
58) 三品彰英, 1962, 앞의 책, 192~194쪽.
59) 村山正雄, 1990, 「石上神宮·七支刀銘文發見の若干の新知見」, 『朝鮮學報』 135, 40~43쪽.
60) 최근에 X-Ray 투시사진에 보이는 'ㅡ'를 반복 부호로 보는 견해가 있었지만 (오택현, 2021, 앞의 논문, 240~241·247쪽), 그가 제시한 상감부분 X-Ray 투시 사진은 뒷면 11번째 글자 '王'자의 남은 상감부분임을 밝혀둔다. 다만, '子'는 X-Ray 투시 사진으로는 확인하기 어렵고 도각의 흔적으로 추독할 수 있을 뿐이지만, '子'의 잔획들이 보이고 문맥상으로 보더라도 '子'로 석독하는 것이 옳다고 본다.
61) 이도학, 1990, 앞의 논문, 77쪽.
62) 김영심, 1992, 「칠지도명」, 한국고대사회연구소 편, 『역주 한국고대금석문』 Ⅰ, 179쪽.

① 濟 ⇧   ② 子 ⇧
③ 칠지도 전면의 '丙午正陽造百', X-Ray 촬영 '百濟王世子'
    부분, 뒷면의 '百濟王世子' 부분   ⇨

[그림10] 百濟王世子
(뒷면)의 '子' 확대

　　다음으로 본 명문 가운데 '기생성음(奇生聖音)'
은 '고위왜왕지조(故爲倭王旨造)' 부분과 연동되
어 주요 쟁점이 되는 구절이다. 여기에는 백제헌
상설의 관점과 인명으로 보는 견해가 있다. 백제
헌상설에서는 '기생성음(奇生聖音)'을 '[백제왕과
태자는] 생(生)을 어은(御恩)에 의의(依倚)하고
있다'고 해석하여 백제 헌상설의 근거로 삼기도
한다.[63] 또한 '기생성음(奇生聖音)'을 '기생성진
(奇生聖晉)'으로 석독하고, "백제왕과 세자가 생
(生)을 성진(聖晉[晉])에 기(奇, 寄)하였지만 짐짓 왜왕 지(旨)를 위하여
제조하였다"고 보아, 진의 황제[海西公]가 백제를 통하여 왜왕(倭王) 지
(旨)에게 보낸 것이라는 동진배후설(東晉背後說)을 주장한다.[64] 그러나
성진(聖晉)설에서 근거로 내세운 견취도나 약체(略體) '진(晉)'자 또는 글
자 간격[字隔]으로 미루어 '진(晉)'자로 본 주장에 대해서는, 상세 조사한

---

　63) 福山敏男, 1951a, 앞의 논문 ; 1971, 앞의 책, 238쪽.
　64) 栗原朋信, 1966, 앞의 논문 ; 1971, 앞의 책, 254~256쪽. 栗原朋信, 1970,
　　　「七支刀銘文からみた日本と百濟東晉の關係」, 『歷史敎育』 18-4 ; 1978, 『
　　　上代日本對外關係史の硏究』, 吉川弘文館.

사진 자료를 바탕으로 근거가 없음을 밝히고, '음(晉)'자가 분명하다는 지적이 있었다.[65)]

'기생(奇生)' 또는 '기(奇)'를 귀수(貴須, 仇首, 近仇首王)로 보거나,[66)] '기(奇)'를 개로왕의 제(弟)인 곤지(昆支)의 '지(支)'를 지칭한 것[67)]으로 보기도 한다. 다만 백제 인명의 단자 표기에 대해서는 곤지(昆支)를 여곤(餘昆)이라 하듯이 앞 글자를 대상으로 하는 경우가 많기 때문에 지(支)를 곤지와 연결시키기 어렵다는 지적이 있었다.[68)]

'기생(奇生)' 또는 '기(奇)'를 인명으로 보는 견해에서는, 대체로 '왜왕지(倭王旨)'의 '지(旨)'를 인명으로 본다.[69)] 이에 '지(旨)'를 응신천황(應神天皇),[70)] 『송서』 왜인전의 왜(倭) 5왕(五王) 가운데 찬(讚), 진(珍), 제(齊),[71)] 또는 지(旨)와 제(齊)의 고대 한자음이 거의 같다는 점에서 제(齊)를 특정하기도[72)] 한다.

이렇듯이 백제헌상설이나 백제하사설 모두 기생(奇生)이나 지(旨)

---

65) 村山正雄, 1979, 앞의 논문, 136~142쪽.

66) '奇生'을 貴須(仇首, 近仇首王)로 보면서 聖音을 태자에 대한 존칭으로서 奇生殿下로 풀이하기도 한다.(西田長男, 1956, 「石上神宮の七支刀の銘文」, 『日本古典の史的研究』, 理想社, 21~22쪽) 또한 동일한 관점에서 '聖音'을 왕자의 훈 '세시무'에 상응한 것으로 보기도 한다.(三品彰英, 1962, 앞의 책, 192~194쪽.) 이에 대해 奇'만을 백제왕 또는 세자의 이름으로 보거나(福山敏男, 1951a, 앞의 논문 ; 1971, 앞의 책, 237~238쪽), 貴須(仇首, 仇素)의 앞 한 글자를 취한 이름으로 보기도 한다.(鈴木靖民, 1983, 앞의 논문, 앞의 책, 204쪽. 노중국, 2012, 앞의 논문, 232쪽. 木村誠, 2000, 앞의 논문, 155쪽)

67) 김창호, 앞의 논문, 144~146쪽.

68) 이도학, 1990, 앞의 논문, 80쪽

69) 이병도, 1974, 앞의 논문 ; 1976, 앞의 책, 526쪽. 上田正昭, 1971, 앞의 논문. 木村誠, 2000, 앞의 논문, 155쪽.

70) 栗原朋信, 1966, 앞의 논문 ; 1971, 앞의 책, 256~259쪽·1970, 앞의 논문 ; 1978, 앞의 책.

71) 三品彰英, 1962, 앞의 책, 194쪽 ; 西田長男, 1956, 앞의 논문, 앞의 책, 22~36쪽. 宮崎市定, 1983, 『謎の七支刀』, 中公新書, 99~100쪽. 佐伯有淸, 1977, 앞의 책, 27~28쪽. 山本武夫, 1979, 『日本書紀の新年代解讀』, 157~159쪽.

72) 金昌鎬, 1990, 앞의 논문, 146쪽.

를 인명으로 보는 것이 일반적이다. 이에 대해 동아시아 대등한 관계의 외교문서에는 국왕의 이름을 기록하지 않으므로 인명으로 볼 수 없다는 반론도 있었다.[73]

한편 성음(聖音)을 태자에 대한 존칭,[74] 또는 왕자의 훈 '세시무'에 상응한다거나,[75] 전하(殿下)[76] 등으로 보는 외에, 불타의 음성 또는 석가의 은택으로 풀이하거나,[77] 도교 신앙과 관련하여 신선의 말씀 등으로 보기도 한다.[78] 그 밖에 '성음(聖音)'을 '덕음(德音)' '성은(聖恩)'의 뜻으로 이해하기도 한다.[79]

이처럼 다양한 견해가 백출한 것은, '기생(奇生)'이 새로이 출현한 용어라는 점, 그리고 그 사용례를 찾기 어렵다는 점 때문이라 생각한

---

73) 吉田 晶, 2001 앞의 책, 52~53쪽.

74) 西田長男, 1956, 앞의 논문, 앞의 책, 21~22쪽.

75) 三品彰英, 1962, 앞의 책, 192~194쪽.

76) 이병도, 1974, 앞의 논문 ; 1976, 앞의 논문, 528쪽.

77) 村山正雄은 '기이하게도 성음[불타의 소리, 釋尊의 論, 석존의 은택]으로 태어나'로 풀이하였고(村山正雄, 1979, 앞의 논문, 앞의 책, 145~154쪽. 김창호는 "百濟王世子奇生聖音故爲倭王旨造"는 '百濟王世子 奇가 聖音(釋迦의 加護 또는 神威)이 생기어 倭王 旨를 위해 만들었다'(김창호, 1990, 앞의 논문, 145쪽)로, 홍성화는 '聖音[부처님의 가호]으로 진귀하게 혹은 신성하게 [왕세자가] 태어나다'로 각각 풀이하였다.(홍성화, 2009, 앞의 논문, 23쪽 ; 2021, 앞의 책, 41쪽)

78) 山尾幸久는 '성스러운 신선의 계시(お告げ), 眞誥'로(山尾幸久, 1989, 앞의 책, 181쪽), 木村誠은 '[백제 왕세자] 奇가 [도가적] 성음에 인도되어 살고 있어서'(木村誠, 2017, 앞의 논문, 26쪽), 김영심은 '백제 왕세자가 뜻하지 않게 聖音이 생긴 까닭에'(김영심, 2013, 앞의 논문, 99쪽)로 각각 풀이하였다.

79) 聖音을 '德音'으로 풀이하고 이를 광의로 해석하여 '백제왕과 세자(奇는 백제왕 또는 세자의 이름)는 生을 御恩에 의지하고 있다'고 보거나(福山敏男, 1951a, 앞의 논문 ; 1971, 앞의 책, 237~238쪽), '백제 왕세자의 말씀'(김정배, 1980, 앞의 논문, 103쪽), '기묘하게 얻은 성스러운 소식이 생겨난 까닭에'(이도학, 1990, 앞의 논문, 78~79쪽), '기묘하게 신령의 계시를 받았기 때문에'(王仲殊, 1992, 앞의 책, 67쪽), '백제 왕세자가 신성한 계시를 받아서 존귀하게 태어났기 때문에'(연민수, 1998, 앞의 책, 148~150쪽) 등으로 풀이하기도 한다.

다. 만일 '기생(奇生)' 또는 '기(奇)'를 인명으로 본다면, '백제왕세자 기생성음이 [칠지도를] 만들었다'로 해석할 수밖에 없다. 곧 백제왕세자가 직접 칠지도를 만든 것이 되므로, 앞면에 보이는 일명의 공인(工人)[□□□□作]이 본 도(刀)를 제작하였다는 구절과 어긋나게 된다. 이는 '기생(奇生)' 또는 '기(奇)'가 인명이 될 수 없음을 의미한다.

'기생(奇生)'이 인명이 아니라면 '성음(聖音)' 또한 존칭으로 볼 수 없다. 사실 '성음(聖音)'은 '부처님 또는 도교의 신성한 말씀' 등으로 사용되지만, 안악3호분 벽화의 '성상번(聖上幡)'의 묵서명을 근거로 왕의 말을 가리키는 '성언(聖言)' '성어(聖語)' 등으로 사용될 수 있다는 지적이 있었다.[80] 대체로 국왕의 의견을 '성지(聖旨)' 등으로 표현하거니와, 구두로 내린 결단이나 가르침을 '성음(聖音)'으로 표현하기도 한다.[81] 따라서 본 명문의 '성음(聖音)'을 부왕의 말씀으로 볼 수도 있겠지만, 후술하듯이 왕세자의 사부 또는 옛 성현의 말씀을 높여서 지칭하는 것으로 볼 수 있으므로 '말씀' 내지 '가르침' 정도로 풀이해 둔다.

'지(旨)'에 대해서는 앞서 살핀 인명으로 보는 견해 외에도, '왜왕의 상지(上旨)'[82] 또는 '왜왕의 요청'으로 보거나,[83] '조(造)'를 형용하는 부사로서 '처음으로[嘗]',[84] 또는 '정교하게'로[85] 풀이하기도 한다. 한편으로 교지(敎旨)[86] 또는 '명령'과 '지시'[87]의 의미로 보기도 한다.

백제왕세자가 직접 칠지도를 만든 것이 아니라면, 그것은 칠지도

---

80) 이도학, 1990, 앞의 논문, 78쪽.

81) "東活人署別提魚有寬議曰 今以愼妃復位事 有下詢之敎 此是事體至重至大者 聖音夬斷 廟議僉同 微末小臣 只自欽仰誦祝而已 更何容議 伏惟上裁(『승정원일기』 887책[탈초본 48책] 영조 15년(1739) 3월 15일 신유)

82) 福山敏男, 1951a, 앞의 논문 ; 1971, 앞의 책, 238쪽.

83) 김정배, 1980, 앞의 논문, 103~104쪽.

84) 宮崎市定, 1983, 앞의 책, 110~112쪽.

85) 王仲殊, 1992, 앞의 책, 66쪽. 연민수, 1998, 앞의 책, 150쪽. 김영심, 2013, 앞의 논문, 111쪽.

86) 이도학, 1990, 앞의 논문, 79·81쪽.

87) 홍성화, 2017, 「칠지도의 제작연대와 제작배경에 대한 재조명」, 『東硏』 1, 69쪽.

제작을 주도하였던 것이고, 그 주도의 형식은 명령 또는 지시의 형태였을 것으로 판단된다. 사실 '지조(旨造)'는 「서봉총 출토 은합우(瑞鳳塚 出土 銀盒杅)」(391)[88]의 '태왕교조합우(太王敎造合杅)'에 보이는 '교조(敎造)'에 상응한다. 본 명문에서 '교조(敎造)' 내지 '칙조(勅造)'가 아닌 '지조(旨造)'라는 것은, 국왕의 명이 아님을 뜻한다. 따라서 '백제왕세자'는 백제왕세자 여휘(百濟王世子餘暉)의 사례로 볼 때에 '백제의 왕세자'로 보아야 한다.[89] 이에 '백제왕세자위왜왕지조(百濟王世子爲倭王旨造)'는 '백제의 왕세자는 왜왕을 위하여 지(旨)를 내려 만들었으니' 정도로 풀이된다.[90]

위에서 '기생(奇生)'이나 '기(奇)'가 인명이 될 수 없음을 밝힌 바, '기생성음(奇生聖音)'은 '백제의 왕세자'로 하여금 왜왕을 위해 '旨造[旨를 내려 만들었으니]'의 행위를 촉발시킨 원인행위를 지칭한다. 이는 '기생성음고위왜왕지조(奇生聖音故爲倭王旨造)'에서 '고(故)'가 원인으로서의 앞의 '기생성음(奇生聖音)'과 그 결과인 뒤의 '위왜왕지조(爲倭王旨造)'를 연결하는 접속사이기 때문이다. 곧 '기생성음(奇生聖音)하였기 때문에 왜왕을 위하여 지(旨)를 내려 만들었으니'라고 풀이된다.

그러므로 뒷면의 명문은 '선세(先世) 이래로 이 도(刀)가 없었는데, 백제의 왕세자가 기생(奇生)의 말씀(가르침)으로 왜왕을 위하여 지(旨)를 내려 만들었으니, 후세(後世)에 전하여 보이도록 하라'고 풀이

---

88) 박남수, 2019, 『삼국유사 기이편 내물왕 김제상제18실성왕조와 신라의 정치과정』, 『신라문화제학술발표논문집』 40, 31쪽.

89) 百濟王世子'를 '백제왕의 세자'로 풀이하기도 하지만, 대체로 '某王+世子'는 '文王世子'(『尚書注疏附校勘記』 虞書·尚書·周書), '封梁王世子翹為梁王' '立陳留王世子恢為王'(『晉書』 권6, 紀 6, 中宗元帝 司馬睿 建武 元年)과 같이 王名을 밝히는 바, 왕명이 없이 국명만을 밝히는 경우에는 '以百濟王世子餘暉為使持節都督鎮東將軍百濟王'(『晉書』 帝紀 권9, 孝武帝 司馬曜 太元 11年)의 사례로 볼 때에 '국명+왕세자'로 새기는 것이 옳다고 본다.

90) 홍성화는 '故爲倭王旨造'를 '～ 때문에 倭王을 위하여 만들 것을 지시하니'로 풀이하였는데(홍성화, 2017, 앞의 논문, 69쪽), 본 명문의 본의에 가장 근접한 해석이라 생각한다.

된다. 여기에서 '기생(寄生)'이 무엇인가 하는 의문이 있지만, 이에 대해서는 장을 달리하여 살피고자 한다.

3. 길상구설의 문제와 전지왕의 연호 제정

앞서 석독을 통하여 본 칠지도를 제작한 날짜는 봉원(奉元) 4년 11월 16일 또는 12월 16일이고, 16일의 일간지가 병오(丙午)임을 알 수 있었다. 그러나 현재 학계에서는 본 칠지도의 제작 월일을 대체로 길상구로 간주하고 있다. 이는 동진 태화 4년(369)으로 추정한 기년의 5월 또는 11월의 일간지가 병오(丙午)와 차이가 있기 때문이다. 곧 해당 연호의 월일이 칠지도 명문의 일간지 병오와 불일치한 문제를 길상구라는 이름하에 가름하려는 데서 문제의 발단이 있는 것이다.

길상구설은 『논형(論衡)』과 『수신기(搜神記)』의 '5월 병오(五月丙午)'가 주조의 길일(吉日)이며 화기(火氣)가 강한 날이라는 것을 바탕으로 한 것이다. 곧 한 대 동경(漢代 銅鏡)에서 일간지가 일치하지 않은 병오(丙午)의 일간지 사용 사례를 찾아냄으로써, 칠지도의 '병오(丙午)'를 길상구로 간주하여 추정 연호의 날짜와 일간지가 불일치한 문제를 해소하고자 한 것이었다. 이러한 논리 위에 칠지도 제작일의 대세를 이루고 있는 동진 태화 4년(369) 5월 16일설이 등장한 것이다.[91] 근래에 목촌성(木村誠, 기무라 마고토)은 칠지도 명문에서 '11월 16일 병오(丙午)'를 석독하였지만, 날짜와 일간지가 일치하지 않는 사례가 중국 고경(古鏡)의 명문 등에 많이 보이기 때문에 절대 연대가 될 수 없는 것으로 보았다. 또한 작도 연차(作刀年次)를 결정할 때 먼저 해결해야 하는 것은 역시 연호(年號) 문제로서, 칠지도 기년상의 월일을 제작일이 아닌 상징

---

91) 鈴木靖民, 1983, 앞의 논문, 앞의 책, 116~121쪽. 이도학, 1990, 앞의 논문, 74~75쪽. 김영심, 2013, 앞의 논문, 98~103 · 118쪽.

적 의미로 여겼던 것이다.92) 새로운 자료로써 제작 월일을 확인하였음에
도 불구하고, 『일본서기』 신공기 칠지도 관련 기사를 준용함으로써 날짜
와 일간지의 불일치를 기왕의 길상구설로 가름한 것이다.

한편으로 『일본서기』 신공기 기사와 무관하게 연호와 일간지에 주목하
여 북위의 태화(太和) 4년(480) 5월 11일설이 제기되기도 하였다.93) 또
한 '태□(泰□)'를 백제의 연호로 보고 태□(泰□) 4년(372) 9월 16일 병
오 정양설(丙午 正陽[日中]설),94) 전지왕 4년(408) 5월 13일설95)이 있었
다. 이들 견해 등은 '병오정양(丙午正陽)'을 길상구로 이해하였지만, 해당
연월일을 칠지도의 실제 제작일로 보았다는 점에서 기존의 동진태화설의
시기 획정방식과는 다른 것이었다. 근래에 홍성화는 새로이 발견된 기년
의 월일 곧 '태□(泰□) 4년 11(12)월 16일'을 바탕으로 하여 본 도(刀)의
제작일을 밝히고자 하였다. 곧 칠지도 제작연도로 추정할 수 있는 범위를
4세기 중엽에서 6세기까지로 한정하고, 11월 내지 12월 16일 병오(丙午)
에 해당하는 날짜를 『이십사삭윤표(二十史朔閏表)』로부터 추출하여, 그
가운데 '태□(泰□)' 4년을 만족하는 것은 전지왕 4년(408) 11월 16일이
라는 견해를 제시하였다.96)

그럼에도 불구하고 여전히 기존의 동진 태화설이 대세를 이루는 것
은, '병오정양(丙午正陽)'이란 표현이 중국 금석문에서도 실제적인 일
간지로서보다도 상징적이고 의례적인 길상구로 가능한 사례가 많이
발견되고 있어서 연대 확정의 근거로 삼는 것에 문제가 있는 것으로 보기

---

92) 木村誠, 2000, 앞의 논문, 145쪽
93) 李進熙, 1973a, 앞의 논문, 앞의 책 ; 1973b, 앞의 책.
94) 이병도, 1974, 앞의 논문 ; 1976, 앞의 책, 525쪽.
95) 손영종, 1984, 앞의 논문.
96) 홍성화는 『二十史朔閏表』에서 4세기 중엽에서 6세기까지, 11월 16일이 병오
   인 전지왕 4년(408), 비유왕 13년(439), 무령왕 1년(501), 성왕 10년(532)년
   과, 12월 16일이 병오인 전지왕 9년(413), 성왕 15년(537), 위덕왕 10년
   (563), 위덕왕 41년(594)년을 추출하고, 그 가운데 백제왕으로서 즉위 4년에
   해당하는 왕으로는 전지왕밖에 없음을 지적하고, 칠지도 명문의 기년을 전지
   왕 4년 11월 16일로 확정하였다.(홍성화, 2009, 앞의 논문, 18~19쪽 ; 2021,
   앞의 책, 39쪽)

때문이다.97)

칠지도의 제작일을 길상구로 여기는 데에 대해서는 이미 자세한 비판이 있었다. 김창호는 『한삼국조 기년경 도설(漢三國朝紀年鏡圖說)』에 등장하는 한(漢), 위(魏), 오(吳), 육조(六朝)의 기년경(紀年鏡) 133례(例) 가운데 병오가 적힌 기년경은 22례에 불과하며, 일본학계에서 병오가 적힌 사례를 전부 소개하지 않고 부분적으로 유리한 자료만을 증거로 삼아 일간지(日干支)가 맞지 않는 것처럼 판단케 한 것이라 지적한 바 있다.98) 또한 홍성화는 『한삼국조 기년경 도설』에서 간지가 등장하는 명문을 분석하여 병오(丙午)의 간지가 나오는 경우 대체로 간지와 날짜가 일치하지만, 부분 일치의 경우 1년 앞뒤의 역(曆)을 잘못 보거나 일간지가 하루 차이가 나는 것은 과거에 종종 일어났던 착오인 것으로 보았다.99) 나아가 한경(漢鏡)의 일간지 불일치 사례는 극히 일부에 불과하고, 오(吳)의 경우 오히려 병오(丙午)의 간지에 해당하는 사례는 없다고 지적하였다.100)

그런데 『한삼국조 기년경 도설』의 사례를 볼 때에, '건안(建安) 22년(217) 10월 신묘삭(辛卯朔) 4일 갑오(甲午)'와 같이 '○월○○삭(朔)○일간지'라고 기술한 경우 실제 제작일을 기재하였지만, '건녕원년(建寧元年, 168) 9월 9일 병오'나 '황무(黃武) 7년(228) 7월 병오삭(丙午朔) 7일 갑자(甲子)'명 동경처럼 '병오(丙午)'가 실제 제작일자와 일치하지 않는 경우가 있다. 이로써 '병오'는 실제의 역일(曆日)의 일부를 나타내는 것이 아니라 금속기의 제작에 적합한 좋은 날을 의미하는 길상구로 여기는 주장이101) 힘을 얻고 있는 것이다. 기왕에 '병오'라

---

97) 주보돈, 2011, 앞의 논문, 271~272쪽.

98) 金昌鎬, 1990, 앞의 논문, 149~151쪽.

99) 김영하는 '5~6세기 『위서』 天象志와 『二十史朔閏表』를 대조해 보면 일부 날짜와 간지가 어긋나는 예가 보이는데, 이는 찬자가 1년 앞뒤의 역으로 잘못 보거나 일간지에서 하루 차이를 잘못 보았기 때문에 생긴 일'이라고 지적한 바 있다.(金英夏·韓相俊, 1983, 「중원고구려비의 건비연대」, 『教育研究志』 25, 36~38쪽)

100) 홍성화, 2009, 앞의 논문, 15~18쪽 ; 2021, 앞의 책, 33~35쪽.

는 일간지에 맞추어 칠지도 제작 기년을 추구하던 데서, '5월 정양설'로 바뀌더니, 이제 11월이 확인되자 월일에 관계 없이 일간지 병오(丙午) 자체를 길상구로 간주함으로써, 오직 연호만을 제작 관련 사실로 보려는 주장으로 진화한 것이다.

그런데 김창호가 일간지와 제작일시를 불일치한 것으로 본 '△(태)화원년 오월 병오 시가일중(△[太]和元年五月丙午時茄日中)'에서[102] '태△(太△)'를 대체로 동진의 연호 태화(太和)로 보거니와, 『이십사삭윤표(二十史朔閏表)』의 태화(太和) 원년 5월과 6월의 삭일 정묘와 정유가 서로 잘못 바뀐 것을 각각 정유와 정묘로 바로 잡는다면,[103] '태화 원년(366) 5월 10일 병오'로서 일간지와 날짜가 일치한다.

또한 도교적인 길상구의 대표적 사례로 지칭되는 원가도(元嘉刀)와 중평도(中平刀)[104]도 사실은 병오일이 실제 날짜와 일치한다. 곧 원가도의 "元嘉三年 五月丙午日 造此(供)官刀 長四尺二(寸 服者) 宜侯王 大吉祥[원가 3년 5월 병오일 이 관도를 만들어 주니 길이 4척 2촌으로 후왕에 마땅하며 크게 길상(吉祥)하리라]"은 남송 원가(元嘉) 3년(426) 5월 16일 병오일의 것이고, 중평도의 "中平口年 五月丙午 造作支刀 百練淸剛 上應星宿 下辟不祥[중평 口년 5월 병오에 지도(支刀)를 만드니 백련청강으로 위로는 별자리에 응하고 하래로는 불상한 것을 물리친다]"은 중평 원년(184) 5월 2일 병오일이거나 중평 4년(187) 5월 20일 병오일, 중평 5년(188) 5월 26일 병오일 등에 해당하는 것으로, 모두 '대길상(大吉祥)' 또는 '불상

---

101) 김영심, 2013, 앞의 논문, 98~102쪽.
102) 김창호, 1990, 앞의 논문, 151쪽.
103) 『二十史朔閏表』에는 태화 원년(366) 5월 초하루를 丁卯, 6월 초하루를 丁酉라고 하였다. 그러나 이는 오늘날 태음태양력의 계산으로 미루어 보았을 때에 각각 丁酉와 丁卯의 잘못으로 판단한다. 그렇다고 하더라도 오늘날 계산과는 하루의 차이가 있다.[CalTime(Solar & Lunar Calendar)-V3.6.(김순대 제작)] 이는 오늘날 계산과 당대의 曆과의 사이에 나타날 수 있는 오차의 범주로서 인정되거니와, 『二十史朔閏表』에서 태화 원년(366) 5월 초하루를 丁卯, 6월 초하루를 丁酉라고 한 것은, 각각 丁酉와 丁卯의 착오라고 본다.
104) 김영심, 2013, 앞의 논문, 102쪽.

을 물리친다[辟不祥]'이라는 길상구를 명기하였지만, 이들 병오일이 모두 실제 제작 날짜와 일치함을 알 수 있다.

아울러 홍성화가 불일치한 사례로 지적한 희평 2년과 3년의 병오일[105]에 대해서도, 『후한서』 본기 효령제(孝靈帝) 희평(熹平) 2년(173) 봄 정월에는 큰 역병[大疫]이 있었고, 같은해 12월 그믐에는 일식이 있었지만 일진의 오류가 있었음을 살필 수 있다. 곧 동 일식과 관련하여 thd 소흥본(宋 紹興本) 협주에는 "희평 2년 12월의 초하루는 을사이고, 3년 정월 초하루는 을해이므로, 2년 12월 그믐은 갑술로서 계유가 아니다. 지금 미루어 보건대 희평 3년 정월 초하루 갑술은 합삭(合朔)으로 일식(日食)을 볼 수 있는데, 본기에서 월일(月日)을 적은 것에 잘못이 있다"고 지적하였다.[106] 또한 『진서(晉書)』 율력지에는 당시의 역법에 차질(差跌)이 있어 일식(日蝕)이 반일이나 지나서야 깨달음으로써 劉洪(유홍)이 고쳤다고 하였다.[107] 사실 오늘날 태음태양력으로는 희평 원년(172) 12월 25일과 희평 3년(174) 2월 3일이 모두 병오일로서 동경의 정월 병오 명문과는 각각 4일과 3일 정도의 차이가 있다.

이러한 차이는 희평 3년(174)이 역법상의 변환기라는 데 기인한다. 곧 사마천의 태초력(太初曆), 유흠(劉歆)의 삼통력(三統曆)을 거쳐, 장화중(章和中, 87~88)에 고친 사분력(四分曆)을 사용하여 왔던 것인데, 유홍(劉洪)이 희평 3년에 귀의 중수(晷儀 衆數)를 다시 정하였다. 이들 역법을 자세히 알 수는 없지만 사분역법(四分曆法)상 동지(冬至)는 정축인데, 송대의 원가력(元嘉曆)으로는 을해 9시(時)가 된다고 한다.[108] 다시 말하면 사분역법(四分曆法)의 동지는 『20사삭윤표』에 의

---

105) 홍성화, 2009, 앞의 논문, 15~18쪽 ; 2021, 앞의 책, 33~35쪽.

106) "[熹平]二年春正月 大疫 使使者巡行致醫藥 … 冬十二月 … 癸酉晦 日有食之 [按 熹平 二年十二月乙巳朔 三年正月乙亥朔 則晦爲甲戌而非癸酉 今推 熹平三年正月合朔甲戌 日食可見 紀書月日有誤 參閱續五行志六校記]"(『後漢書』 本紀 권8, 孝靈帝 劉宏 熹平 2년)

107) "孫欽議 '史遷造太初 其後劉歆以爲疏 復爲三統 章和中(A.D.87~88) 改爲四分 以儀天度 考合符應 時有差跌 日蝕覺過半日 至熹平中(A.D.172~177) 劉洪改爲乾象 推天七曜之符 與天地合其敍'"(『晉書』 권 17, 志 7, 律曆 中)

하면 11월 8일(정축)이고, 원가력으로는 11월 6일(을해)이다. 이는 오늘날 태음태양력의 계산으로는 경진일 곧 『20사삭윤표』에 의한 11월 11일로서, 서로간에 2일에서 5일까지의 차이가 있다. 이처럼 역법의 계산 방식에 따라 날짜의 가감이 있음을 고려할 때에, 각각 4일과 3일 정도의 일차가 있는 희평 2년과 3년 정월의 병오는 당시의 역법상 정월 병오일이었을 가능성이 높다고 본다.

오(吳)의 경우에 있어서도 홍성화는 여타의 날짜에서 전혀 나올 수 없는 간지가 있어, 간지를 염두에 두지 않고 사용한 경우도 일부 보인다고 하였다.109) 이와 같이 오(吳)의 간지가 전혀 다른 것처럼 보이는 것은, 한의 역법이 사분력(四分曆)을 바탕으로 한 데 대하여, 오(吳)의 역법은 황무(黃武) 2년(223) 정월부터 건상력(乾象曆)을 사용하였고, 그 운용에 있어서도 손권이 5덕(德)의 운행으로 미루어, 토행(土行)으로써 미조(未祖)와 진랍(辰臘)을 정하는110) 등에서 비롯한 것으로 추측된다. 동경에

---

108) "…法興議曰 '夫日有緩急 故斗有闊狹 古人制章 立為中格 年積十九 常有七閏 晷或盈虛 此不可革 沖之削閏壞章 倍減餘數 則一百三十九年二月 於四分之科 頓少一日 七千四百二十九年 輒失一閏 夫日少則先時 閏失則事悖 竊聞時以作 事 事以厚生 此乃生民之所本 曆數之所先 愚恐非沖之淺慮 妄可穿鑿' 沖之曰 '按後漢書及乾象說 四分曆法 雖分章設節創自元和 而晷儀眾數定於熹平三年 [八三]而晷儀眾數定於熹平三年[熹平　各本並作嘉平]　按四分曆雖創自元和 (B.C.8~B.C.7) 而晷儀諸數於後逐步制定' 續漢志末謂 '從上元太歲在庚辰 以 盡熹平三年歲在甲寅 積九千四百五十五歲也' 此係劉洪撰四分曆經時所記 則眾 數之定不當遲於熹平三年 以四分術推是年冬至 為丁丑 加時近日中 以今術推 是年冬至 為乙亥九時 加時正夜半後三十八刻 更足證非嘉平三年 今改正 四分 志 立冬中影長一丈 立春中影九尺六寸 尋冬至南極 日晷最長 二氣去至 日數既 同 則中影應等 而前長後短 頓差四寸 此曆景冬至後天之驗也 二氣中影 日差九 分半弱 進退均調 略無盈縮 以率計之 二氣各退二日十二刻 則晷影之數 立冬更 短 立春更長 並差二寸 二氣中影俱長九尺八寸矣 即立冬 立春之正日也 以此推 之 曆置冬至 後天亦二日十二刻也 熹平三年 時曆丁丑冬至 加時正在日中 以二 日十二刻減之 天定以乙亥冬至 加時在夜半後三十八刻…'"(『宋書』 권 13, 志3, 律曆 下, 元嘉曆法)

109) 홍성화, 2009, 앞의 논문, 15~18쪽 ; 2021, 앞의 책, 33~35쪽.

110) "[黃武]二年春正月 曹真分軍據江陵中州 是月 城江夏山 改四分 用乾象曆[江表 傳曰 '權推五德之運 以為土行用未祖辰臘' 志林曰 '土行以辰臘 得其數矣 土盛

보이는 '세재태양(歲在太陽)'이니 '세재대양(歲在大洋)' 등의 명문도 이와 같이 독특한 오의 역법과 그 운영에서 비롯한 것이라 여겨진다.

이에 대하여 한대의 동경명의 기년이 불일치한 대표적 사례로서 지칭되는 '건녕(建寧) 원년(168) 9월 9일 병오'나 '황무(黃武) 7년 (228) 7월 병오 삭(朔) 7일 甲子'의 경우, 9월 9일과 7월 7일이라는 날짜에 주목할 수 있다.[111] 주지하듯이 '건녕(建寧) 원년(168) 9월 9일 병오'의 경우 9월 9일의 일간지는 '계축'이다. 또한 동 9월 2일이 '병오'의 날임에도 불구하고 굳이 '9월 9일'이라 명기한 데는 나름대로의 까닭이 있지 않을까 한다. 곧 가을은 금(金)의 계절로서 한대에 9월 9일에 베풀어졌던 입추(立秋)의 예(禮)를 본따 강무(講武)와 습사(習射)를 하였던 까닭으로,[112] '9월 9일'의 절기를 우선하면서 길상적 의미로 '병오(丙午)'의 간지를 사용한 셈이다.

오경(吳鏡)에 보이는 '황무(黃武) 7년(228) 7월 병오(丙午) 삭 (朔) 7일 갑자'의 경우, 삭일이 '병오'이면 7일은 '임자'여야 한다. 만일 7일의 갑자로부터 계산한다면 삭일은 '무오'일 수밖에 없다. 동 동경의 기년을 존중할 때에 동 명문은 7월 삭일 '무오'를 고의로 '병오'로 고친 것이라 할 수 있다.

『후한서』 협주에 인용된 「열선전(列僊傳)」에는 육안현(六安縣)의 야사(冶師)인 도안공(陶安公)의 설화를 전한다. 곧 후일에 신선으로 칭송되는 도안공이 자주 불을 피우는데, 불꽃이 하루 아침에 흩어져 올라 자색(紫色) 빛을 띠고 하늘로 치솟더니, 잠깐 사이에 적작(赤雀)

於戌 而以未祖 其義非也 土生於未 故未為坤初' 是以月令 '建未之月 祀黃精於
郊 祖用其盛 今祖用其始 豈應運乎]"(『三國志』권 47, 吳書 2, 吳主 孫權傳
2, 黃武 2년) "其劉氏在蜀 仍漢四分曆 吳中書令闞澤受劉洪乾象法於東萊徐岳
又加解注 中常侍王蕃以洪術精妙 用推渾天之理 以制儀象及論 故孫氏用乾象曆
至吳亡"(『晉書』권 17, 志 7, 律曆 中)

111) 김영심, 2013, 앞의 논문, 98~102쪽.
112) "漢儀 季春上巳 … 九月九日 馬射 或說云 秋 金之節 講武習射 象立秋之禮也"(『
晉書』권21, 志11, 禮 下,嘉禮). "九月九日馬射 或說云 秋金之節 講武習射
像漢立秋之禮"(『南齊書』권9, 志1, 禮上)

이 풀무(冶) 위에 이르러 '풀무가 하늘과 통했으니 7월 7일 적룡(赤龍)으로 맞이하겠다' 하고, 그 때에 이르러 도안공이 적룡을 타고 떠났다는 것이다.[113] 위나라에서도 업(鄴)으로 천도한 이후에 남교(南郊)에 도단(道壇)을 만들어 놓고 1월 7일, 7월 7일, 10월 15일에 사당[祠]에 제사를 지냈고,[114] 건국(建國) 5년에는 탁발(托跋)의 모든 부(部)를 소집하여 단랄(壇埒)를 설치하고 강무(講武)와 치사(馳射)함으로써 상례를 삼았다고 한다.[115] 이로써 볼 때에 동경에 7월 7일을 명기한 것은 도교의 제일(祭日)인 7월 7일을 중시하면서도 일간지를 병오(丙午)에 결부시킨 까닭이 아닐까 여겨진다.

중국이나 백제를 막론하고 동아시아 유교 문화권에서의 역법(曆法)은 『상서(尙書)』 우서(虞書), 요전(堯典)에서 "欽若昊天, 曆象日月星辰[호천(昊天)을 경건하게 따르니, 역(曆)은 일·월·성신(日·月·星辰)의 운행을 관측하여 추상(抽象)한 것이다]"라고 하였고, 『역경(易經)』 혁(革)에서 "治曆明時[역(曆)을 다스려 때(時)를 밝힌다]"라고 하여, "順天以求合[天(의 움직임)에 순응하여 부합하기를 구한다]"라고 한 것이었다.[116] 절기 또한 일월과 오성의 운행원리를 관찰하여 정하였던 것으로, 천체의 움직임에 부합하고자 한 것이다. 따라서 동경이나 도검의 제작일시 또한 단순한 길상구로서 불상을 없애고자 하였다기 보다는 순천(順天)하여 길일을 택한 것이라고 보아야 하리라 본다.

동아시아 고대사회에서 국가 또는 왕실의 제사나 책명(冊命), 납후

---

113) "列僊傳日 … 又日 陶安公 六安冶師 數行火 火一旦散上 紫色衝天 須臾赤雀止 冶上日 '安公 安公 冶與天通 七月七日 迎汝以赤龍' 至時 安公騎之而去也"(『後漢書』 列傳 권 83, 逸民列傳 73, 矯慎의 주석)

114) "太和 15年 秋…遷洛移鄴, 踵如故事° 其道壇在南郊, 方二百步, 以正月七日´ 七月七日´ 十月十五日, 壇主´ 道士´ 哥人一百六人, 以行拜祠之禮° 諸道士罕能精至, 又無才術可高° 武定六年, 有司執奏罷之° 其有道術, 如河東張遠遊´ 河間趙靜通等, 齊文襄王別置館京師而禮接焉"(『魏書』 권 114, 釋老志 10 第 20, 道)

115) "5年 … 秋七月七日 諸部畢集 設壇埒 講武馳射 因以為常"(『魏書』 紀 권1, 序紀 1, 昭成帝 托跋什翼犍 建國5年)

116) 『附釋音春秋 左傳注疏』 권18, 文公 元年.

(納后), 순수(巡狩), 친정(親征), 봉선(封禪), 태자(太子), 납비(納妃), 출사(出師) 등에 앞서서 반드시 복일(卜日), 서일(筮日) 등으로써 길일을 택하기 마련인데,[117] 동경이나 도검 등의 제작도 마찬가지로 길상한 날을 택하여 추진하는 것이 일반적이었다고 할 수 있다. 사실 한대의 동경에 보이는 병오일명이나 기타 간지명의 날짜는 대체로 실제 제작일을 명기하거나 또는 절일(節日)을 중시하여 그에 준하는 날짜를 바탕으로 한 것이거나, 일부 일간지의 차이는 당시 역법의 오류로 인한 것이었다고 보아 좋을 것이다.

길상구설에서는 백제의 연호 사용례가 보이지 않는다는 점을 지적하기도 하지만, 고구려도 4세기부터 연호를 사용하였음을 「광개토대왕비문」에서 확인할 수 있으며, 신라도 법흥왕대 이래로 독자적인 연호를 사용하였던 것을 본다면,[118] 백제에서도 연호를 제정하였으리라 예상할 수 있는 것이다. 더욱이 고구려와 백제의 금석문이나 목간 가운데 일간지를 보여주는 안악 3호분[冬壽墓]의 묵서명을 비롯하여 무령왕과 그 왕비의 지석에는 정확한 연월일의 간지를 보여준다.[119] 이미 고구려를 비롯한 백제 등에서는 매우 정확한 역법을 운영하였음을 확인할 수 있다. 전지왕 당시의 역법은 아마도 한대 이래의 사분력(四分曆) 또는 진과의 교섭과정에서 수용한 태시력(泰始曆)에 바탕하여 독자적으로 역(曆)을 운영하였으리라 생각하며, 이러한 역법은 송의 원가력(元嘉曆)을 채용하기까지 사용되었으리라 짐작된다.

요컨대 길상구설에서 지적한 한경(漢鏡) 명문의 '병오(丙午)'가 실

---

117) 『重栞宋本儀禮注疏附校勘記』儀禮 권2, 士昏禮 2. 『重栞宋本禮記注疏附校勘記』曾子問 7雜記 下 21. 『大唐開元禮』권1, 序例 上, 擇日.

118) 이병도, 1974, 앞의 논문 ; 1976, 앞의 책, 523~525쪽.

119) "永和十三年十月戊子朔廿六日〕癸丑…幽州遼東平郭都鄕敬上里冬壽字囗安年六十九薨官"(「安岳 3號墳 墨書銘」, 357) "癸卯年(523)五月丙戌朔七日壬辰…到乙巳年(525)八月癸酉朔十二日甲申安厝登冠大廟"(「武寧王誌石」, 523) "丙午年(526)十二月…己酉年(529)二月癸未朔十二日甲午改葬"(「武寧王妃誌石」, 529)(한국고대사회연구소 편, 1992, 『역주 한국고대금석문』Ⅰ, 57·150~151·154쪽)

제 제작일을 반영하는 것이 절대 다수이고, 길상구로서 사용한 도검의 경우도 제작일자를 반영한다는 점, 일부 제작일과 일간지가 불일치한 경우라도 당대의 역법의 부정확성에서 비롯한 것이며, 절일(節日)을 우선하면서도 최소한 지간지가 일치한다는 점, 후대에 사서를 편찬하면서 즉위년칭원법 내지 유년칭원법을 채택함으로 인하여 실제 제작일과 1년의 시차가 있는 것처럼 보이기 때문이라는 점, 그리고 무엇보다도 백제의 경우 천문·역법에 밝았고, 현재 일간지를 전하는 명문의 경우 연월일의 간지가 완전히 일치한다는 점에서, 칠지도 명문의 기년은 제작일을 반영하는 것으로 보아 좋을 것이다.

따라서 칠지도 연구에서 그 기년을 길상구로 보았던 '태화(泰和=太和)'와 '5월 병오(丙午) 길상구'설은 '병오'라는 일간지에 맞추어 칠지도 제작 기년을 추구하였던 것이지만, 일간지가 불일치함으로 인하여 '5월 정양설'로 바뀌었다가, 일간지 병오 자체만을 길상구로 간주하는 데로 변화하였음을 알 수 있다. 이에 이들 주장은 『일본서기』 칠지도 관계기사의 수정 연대인 '태화 4년(369)'을 고정 불변의 것으로 두고 논리 개발에만 급급한 각주구검(刻舟求劍)식 주장에 불과한 것이라 하지 않을 수 없다.

칠지도를 백제가 만들었고 봉원(奉元)을 다른 어느 나라에서도 살필 수 없는 만큼, 칠지도의 연호 봉원(奉元)은 백제의 연호로 보는 것이 마땅하다고 본다. 사실 홍성화가 제작일을 확정한 방식으로 중국의 역대 왕력을 살펴 보더라도, 11월 16일이 병오인 서량(西涼)의 이고(李暠) 즉위 8년(建初 4년, 408), 그리고 12월 16일이 병오인 진(陳) 문제(文帝) 4년(天嘉 4년, 563)이 있지만, 각각 건초(建初)와 천가(天嘉)의 연호를 사용하였다. 고대 동아시아 국가에서 모왕 즉위 4년의 일간지 병오(丙午)를 만족시키는 사례로는 전지왕 4년이 유일하다. 따라서 칠지도 명문의 '봉원(奉元)'은 백제 전지왕의 연호라고 보는 것이 옳다. 이에 칠지도의 제작일을 '전지왕 4년(408) 11월 16일 병오'라고 확정할 수 있다.

이렇게 이해할 때에 『일본서기』 신공황후 49년조와 52년조 기사는 새롭게 검토할 수 있다. 이들 기사는 일본의 소위 한반도 남부 경영론의 주요한 자료로 이용되어 왔지만, 우리학계에서는 대체로 근초고왕대에 백제가 가야를 경영하고 전라도 지역의 마한 잔여 세력에 대한 정복 과정을 보여 주는 것으로 보고 있다.[120] 그런데『일본서기』신공황후 49년조에 등장하는 황전별(荒田別)이 동왕 50년조에 왜국으로 귀환하였다고 하였다. 또한 응신천황 15년조에는 황전별(荒田別)이 왕인을 초치하기 위하여 백제에 파견되었고, 그 이듬해에 왕인(王仁)이 왜국에 도착하였다고 하였다. 따라서 신공황후 49년과 50년은 응신천황 15년, 16년에 각각 상응함을 알 수 있다. 특히 신공황후 49년조에 등장하는 목라근자(木羅斤資)의 아들 목만치(木滿致)는 420년 구이신왕(久爾辛王)이 즉위하였을 때에 국정을 잡았던 인물[121]이라는 점을 고려할 때에, 신공황후 49년조 기사는 응신천황 15년 곧 전지왕 즉위 원년이라고 할 수 있다. 따라서『일본서기』신공황후 52년조 백제의 칠지도 헌상기사는 응신천황 18년 곧 전지왕 4년의 기사라고 할 수 있다. 현 칠지도 명문의 봉원 4년이 전지왕 4년, 그리고 응신천황 18년임을 다시 한 번 확인시켜 준다고 할 것이다.[122]

　아무튼 본 칠지도의 '봉원(奉元)'이란 연호는 '원(元)을 받든다'는 의미라고 할 수 있다. 그런데『춘추공양전(春秋公羊傳)』은공(隱公)(권 1) 원년의 '임금이 시작하는 해이다[君之始年也]'의 주에는 "[제후가 아닌] 왕

---

120) 李丙燾, 1976,「近肖古王拓境考」,『韓國古代史研究』. 千寬宇, 1977,
　　　「復元 加耶史」中,『문학과 지성』8-3 ; 1991,『加耶史研究』. 박찬규,
　　　2010,「문헌자료를 통해서 본 마한의 始末」,『백제학보』3, 백제학회. 노중
　　　국, 2011,「문헌기록 속의 영산강 유역:4~5세기를 중심으로」,『백제학보』
　　　6.

121)『일본서기(日本書紀)』권10 응신기(應神紀) 25년(294; 수정연대 414)

122) 본 논문 심사본을 제출하고 나서,『〈왕인박사 영암출생설의 배경〉학술회의』
　　　(2021. 12.2. 발표, (사)왕인박사현창회) 발표문「近代 以前 왕인박사 영암
　　　출생설의 배경」을 준비하는 과정에서 신공기 49년 기사를 자세히 검토하게
　　　되어, 그 결과를 요약정리하여 새로이 추가하였다.『일본서기』신공기 49년
　　　조 기사에 대한 자세한 분석과 논증 과정은 동 학술회의 발표자료집을 참고하
　　　기 바란다.

자(王者)인 연후에 개원(改元)하며…즉위하여 왕자임을 밝히는 것은 마땅히 천(天)을 계승하여 원양(元養)을 받들고 만물을 이룬다[當繼天 奉元養成萬物]"라 하고, "원(元)이란 기(氣)이다. 형상이 없이 일어나며 형상이 있으면 나뉘는데, 천지를 만들어 일어나니 천지의 시작이다[元者氣也 無形以起 有形以分 造起天地 天地之始也]"라고 하였다. 따라서 봉원(奉元)이란 '천지를 일으키는 기운을 키우는 것을 받든다[奉元養]'에서 채용한 것이 아닌가 한다. 조선 후기의 유학자 제산(霽山) 김성탁(金聖鐸, 숙종 10[1684]~영조 23[1747])이 '봉(奉)'을 '건곤(乾坤)이 교합한 것'이라고 본 것은,[123] '봉(奉)'자 자체에 '건곤(乾坤) 또는 음양(陰陽)이 교합한다'는 의미를 담고 있음을 보여준다. 연호 '봉원(奉元)'이 '왕자(王者)는 천(天)의 뜻을 계승한다'는 유교적 정치이념에 따라 제정되었음을 알 수 있거니와, 백제의 역대 왕들이 즉위와 함께 천지에 제사를 지냈던 것은 '하늘의 뜻을 잇는다'는 천자적 왕자(天子的 王者)로서 스스로를 인식하였던 사실을 보여준다.

사실 전지왕은 아신왕 6년(397)에 왜국에 8년여를 머물다가 부왕의 죽음으로 귀국하여, 한성인(漢城人) 해충(解忠)의 도움으로 숙부 설례(碟禮) 세력을 물리치고 왕위에 올랐다. 『삼국사기』에는 그는 즉위 2년 동명묘(東明廟)에 배알하고, 남단(南壇)에서 천지(天地)에 제사를 지냈다고 한다. 「신라 마운령 진흥왕순수비」(568)에는 '제왕이 연호를 제정함에 자신을 닦아 백성을 편안하게 하지 않으면 아니 된다. … 위로는 태조의 기틀을 이어받아 왕위를 계승하여 몸을 조심하며 스스로 삼가지만, 하늘의 도리를 어길까 두렵다. 또한 하늘의 은혜를 입고 운수를 열어 보며, 그윽한 가운데 신기(神祇)에 감응되어 하늘이 내리는 명령에 응하고 신령한 징후에 적합하였다'고 하였다.[124] 이로써

---

123) "乾坤之交而爲奉° 坎離之交而爲旣濟"(『霽山先生文集』 권 12, 雜著, 晉兒啓蒙質疑辨)

124) "…帝王建号莫 不修己以安百姓 然朕歷數 當躬仰紹太祖之基 纂承王位 兢身自慎恐違乾道 又蒙天恩 開示運記 冥感神祇 應符合竿…"(노중국, 1992, 「마운령진흥왕순수비」, 한국고대사회연구소 편, 『역주 한국고대금석문』 II, 87쪽)

보건대 전지왕이 즉위한 직후 동명묘에 배알한 것은 진흥왕의 '위로는 태조의 기틀을 이어받은 것'에, 그리고 남단에서 천지에 제사를 지낸 것은 진흥왕의 '건도(乾道)를 어기지 않아야 천은(天恩)을 입고 운기(運記)를 열어 보일 수 있다는 것'에 비교할 수 있다.

전지왕의 즉위 후 행각은 진흥왕의 '제왕 건호(帝王 建号)' 이후의 행동과 짝하는 것으로서, 전지왕의 연호제정 사실을 반영한다고 보는 것이다. 다음 장에서 살필 칠지도의 도상으로 볼 때에 전지왕의 연호 '봉원(奉元)'의 제정은 건곤(乾坤)과 음양의 조화에 대한 유교적 이념을 투영하여 천(天)의 뜻을 계승한 왕자(王者)임을 천명한 것으로서, 앞서 살핀 노(魯) 은공(隱公)의 고사를 참조 내지 채용하였으리라 짐작된다.

4. 칠지도 제작의 사상적 배경

칠지도를 제작한 사상적 배경에 대하여는 그 동안 불교, 도교, 샤마니즘 등 종교와의 관련성 및 그 형태상의 성격 등에 대한 다양한 견해가 있었다. 이는 '칠지도(七支刀)'라는 명칭의 유래와 일곱 개의 가지를 가진 특이한 모양에 대한 풀이에서 비롯한 것이었다. 또한 이와 관련하여 명문의 '성음(聖音)'을 부처, 신선 등의 말씀으로 추론하기도 한다.

그런데 칠지도 명문에서는 무엇보다도 본 도(刀)의 이름을 '백련철칠지도(百練銕七支刀)'라 하고, 작도일(作刀日)을 '병오정양(丙午正陽)'으로 택하였으며, '기생의 말씀[奇生聖音]'으로 본 도를 제작하였음을 밝혔다. 이에 '병오정양(丙午正陽)'과 '기생(奇生)', '백련철칠지도(百練銕七支刀)'가 의미하는 바와 그 용례 등을 검토함으로써 칠지도에 반영된 사상의 틀을 밝힐 수 있으리라 본다.

(1) '周 正月 冬至'와 '丙午 正陽'

칠지도는 '봉원(奉元)[전지왕] 4년(408) 11월 16일 병오(丙午) 정양(正陽)'에 제작되었다. 오늘날 천문 관측의 계산으로는 일본의 경우 음력 408년 11월 16일 당일이 동지였다.[125] 북경을 기준으로는 음력 408년 11월 16일이 보름이고 그 다음날 17일이 동지였다.[126] 그런데 경도상 북경은 116도 45분E, 한성 백제의 중심지인 서울이 126도 98분E, 야마토[大和]정권의 중심지인 기내(畿內)의 오사카(大阪)지방이 135도 50분E이므로, 서울과 북경은 42분 차이, 서울과 오사카는 38분의 시차가 있다. 당시 동진의 수도 건업(建業, 지금의 南京)은 경도 118도 46분E로서, 서울과 38분의 시차가 있는 바, 서울은 오사카와 남경의 정중앙에 위치한 셈이다.

음력 **408년 11월 17일 06시 39분 50초**/冬至
[시립서울천문대(광진구청소년수련관) 이종원 제공]

---

125) 古天文の部屋(http://www.wagoyomi. info/guchu.html)〉曆のページ〉具注曆/仮名曆 一年分の具注曆/仮名曆〉反正天皇 3년.
126) CalTime(Solar & Lunar Calendar)-V3.6.(김순대 제작)

백제가 건자(建子)의 달인 11월 16일을 칠지도를 제작하는 날로 택하였던 것은, 탕(湯)임금이 은력(殷曆)을 만들면서 건자(建子)의 달인 11월 초하루 동지(冬至)로써 세수(歲首)를 삼아 주(周)와 노(魯) 및 한(漢)이 이를 채택하였던 것127)과 관련되지 않을까 한다. 『주례(周禮)』 대사악(大司樂)의 소(疏)에는, '천신(天神)에게는 반드시 동지(冬至)에 예(禮)를 드리고, 지기(地祇)에게는 반드시 하지(夏至)의 날에 예(禮)를 드리는 것은, 천(天)은 양(陽)이고 비(地)는 음(陰)이기 때문이다. 동지(冬至)에 1양(一陽)이 생(生)하고, 하지(夏至)에 1음(一陰)이 생(生)하므로, 이로써 양생(陽生)·음생(陰生)의 날에 제사를 지낸다'128)고 하였다. 동아시아 고대 사회에 있어서 양 지일(至日) 곧 동지와 하지에 각각 천지에 제사지내는 것은 1양(一陽)과 1음(一陰)이 생하는 날을 중시하였음을 보여준다.

　　그러므로 칠지도 제작일을 음력 408년 11월 16일로 택한 것은, 백제의 수도 한성이 일본 오사카 지방과 마찬가지로 동지였음을 의미하며, 동짓날을 세수(歲首)로 보는 은(殷)−주(周)로 이어지는 역법을 따른 것이라 할 수 있다. 다만 중국과 하루 차이가 나는 것은 오히려 백제가 중국[晉]과 달리 독자적으로 천문을 관측하고 절기를 운영하였던 사정을 반영하는 것으로 풀이된다.

　　그런데 칠지도에는 동짓날의 일진 '병오(丙午)'에 더하여 '정양(正陽)'을 덧붙여 기술하였다. 그 동안 '정양(正陽)'에 대하여는 본 칠지도 제작 월일을 5월 병오로 간주함으로써, 왕충의 『논형』에 보이는

127) "郎中李恩議 '以太史天度與相覆校 二年七月 三年十一月望與天度日皆差異 月蝕加時乃後天六時半 非從三度之謂 定為後天過半日也' 董巴議曰 '昔伏羲始造八卦 作三畫 以象二十四氣 黃帝因之 初作調曆 歷代十一 更年五千 凡有七曆 顓頊以今之孟春正月為元 其時正月朔旦立春 五星會于天廟 營室也 冰凍始泮 蟄蟲始發 雞始三號 天曰作時 地曰作昌 人曰作樂 鳥獸萬物莫不應和 故顓頊聖人為曆宗也 湯作殷曆 弗復以正月朔旦立春為節也 更以十一月朔旦冬至為元首 下至周魯及漢 皆從其節 據正四時 夏為得天 以承堯舜 從顓頊故也 禮記大戴曰 '虞夏之曆 建正於孟春' 此之謂也"(『晉書』 권17, 志 7, 律曆 中)
128) "九磬之舞於宗廟之中 奏之若樂九變 則人鬼可得而禮矣 [疏] … 禮天神必於冬至 禮地祇必於夏至之日者 以天是陽 地是陰 冬至 一陽生 夏至一陰生 是以還於陽生陰生之日 祭之也 …"(『周禮注疏』 권22, 春官宗伯 下, 大司樂)

5월 병오 다음의 일중(日中) 곧 해가 중천에 떠있는 정오(正午) 또는 화덕(火德)이 성한 또는 순양(純陽)의 '일중지시(日中之時)'와 동일한 의미로 보거나,[129] '(정)양[(正)陽]은 명(明)으로 남면수조(南面受朝)'의 뜻으로 풀이한 사마정의 견해로써 '성하(盛夏)의 병오(丙午)'에 해당한 것으로 보기도 한다.[130] 나아가 일중(日中)과 황룡(黃龍)을 뜻하는 것으로 보고, 천자가 천하를 통치하는 남면수조(南面受朝)에 상응한 것으로[131] 풀이하기도 한다.

일반으로 정양(正陽)은 주로 정양월(正陽月)로서 하(夏)의 4월이나 주(周)의 6월을 지칭하였다. 곧 『좌전주소(左傳注疏)』 권48, 소공(昭公) 17년조 여름 6월[夏六月] 일식 기사에 대한 공영달(孔穎達)의 정의(正義)에는 '4월 월건사월(月建巳月)에는 6음(六陰)이 모두 소멸하고 6양(六陽)이 모두 가득하여 이것이 순건(純乾)의 괘(卦)가 되어 정양(正陽)의 달이다'라고 하였다.[132] 또한 『시경(詩經)』 소아(小雅) 정월(正月) 장 첫머리의 "정월에 서리가 자주 내리니, 내 마음이 불안하고 서글퍼진다.[正月繁霜 我心憂傷]"에 대한 주소(注疏)에서 '정월은 주(周)의 6월로서 하(夏)의 4월이고, 정월(正月)이라고 일컬은 것은 건괘(乾卦)로써 용사(用事)하여 순양(純陽)을 바르게 하는 달'이라고 하였다.[133] 그는 이

---

129) 福山敏男, 1951a, 앞의 논문 ; 1971, 앞의 책, 234·239쪽. 이병도, 1974, 앞의 논문 ; 1976, 앞의 책, 525쪽. 김석형, 1969, 앞의 책, 240쪽. 조경철, 2017, 앞의 논문, 40~42쪽. 홍성화, 2009, 앞의 논문, 15~18쪽 ; 2021, 앞의 책, 33~35쪽. 김영심, 2013, 앞의 논문, 102쪽.

130) 이도학, 1990, 앞의 논문, 69~70쪽.

131) 조경철, 2017, 앞의 논문, 40~42쪽.

132) "正義 曰 陰陽之氣 運行於天 一消一息 周而復始 十一月建子為陽始 五月建午為陰始 以易爻卦言之 從建子之後 每月一陽息 一陰消 至四月建巳 六陰消盡 六陽並盛 是為純乾之卦 正陽之月也 從建午之後 每月一陰息 一陽消 至十月建亥六陽消盡 六陰並盛 是為純坤之卦 正陰之月也)"(『宋本左傳注疏 附校勘記』 권48, 昭公 十七年 正義)

133) "正義 曰以大夫所憂 則非常霜之月 若建寅正月則固有霜矣 不足憂也 昭十七年夏七月甲戌朔日有食之 左傳曰祝史請所用幣 平子禦之 曰止也 唯正月朔 慝未作 日有食之 於是乎 有伐鼓用幣 其餘則否 太史曰在此月也 經書六月 傳言正月 太史 謂之 在此月 是周之六月為正月也 周六月是夏乏[之]四月 故知正月夏之

러한 주장과 함께, 『역계람도(易稽覽圖)』의 '정양(正陽)이란 것은 2월부터 4월에 이르기까지 양기(陽氣)가 용사(用事)하는 때'라는 주장을 소개하였다.[134]

공영달(孔穎達)이 『좌전』이나 『시경』의 정월(正月)을 정양월(正陽月)로 보아, 주(周) 6월, 곧 하(夏) 4월로서 인식하였음을 알 수 있다. 나아가 정양월(正陽月)을 '건괘(乾卦)로써 용사(用事)하여 순양(純陽)을 바르게 하는 달'로 이해하였음을 알 수 있다. 이에 대해 『역계람도』에서는 2월부터 4월에 이르기까지 양기(陽氣)가 용사(用事)하는 때를 정양(正陽)이라 하였다. 정양월(正陽月)을 주의 6월(하의 4월)로 보는 한편 陽氣가 用事하는 2월부터 4월로 보는 견해가 있었음을 알 수 있다.

그런데 본 칠지도는 자월(子月)인 11월의 병오일(丙午日) 정양(正陽)에 제작되었다. 11월 병오일을 택하였던 것은, '북위 효명제 정광(正光) 3년(522) 11월 병오일 오늘은 순(舜) 임금이 천문(天文)의 운행을 본따서 만든 선기옥형(璇璣玉衡)이 천문과 만나 바로 시작하는 날로서, 양후(陽煦, 따스한 기운)가 장차 열리고 품물(品物)이 처음 발아하는 때'라고 여겨 정광력(正光曆)을 반포한 데서도[135] 드러난다. 이렇

　四月也 謂之正月者以乾用事正純陽之月 傳稱厲未作謂未有陰氣故此箋云純陽用事也…若然 易稽覽圖 云正陽者 從二月至四月陽氣用事時也 獨以為四月者彼以卦之六爻至二月 大壯用事 陽爻過半故 謂之正陽 與此異也"(『重栞宋本 毛詩注疏附校勘記』 小雅, 節南山之什詁訓傳 19, 「附釋音 毛詩注疏」 권 12, 12-1, 38, 正月)

134) "正義 日 … 若然 易稽覽圖 云正陽者 從二月至四月陽氣用事時也 獨以為四月者彼以卦之六爻至二月大壯用事陽爻過半故謂之正陽 與此異也"(『重栞宋本 毛詩注疏附校勘記』 小雅, 節南山之什詁訓傳 19, 「附釋音 毛詩注疏」 권 12, 12-1, 38, 正月)

135) "十有一月乙巳 車駕有事於圓丘 丙午 詔日 '治歷明時 前王茂軌 考辰正律 弈代通規 是以北平革定於漢年 楊偉草算於魏世 自皇運肇基 典章猶缺 推步晷曜 未盡厥理 先朝仍世 每所慨然 至神龜中 始命儒官 改創疏踳 回度易憲 始會璇衡 今天正斯始 陽煦將開 品物初萌 宜變耳目 所謂魏雖舊邦 其曆維新者也' 便可班宣內外 號曰正光曆"(『魏書』 권9, 肅宗孝明帝 元詡紀 9, 正光 3년)

듯이 11월 병오일은 땅에서의 초목을 이루는 변화의 기점으로서 지칭되었던 것이다. 『주역』 계사(繫辭)(上)에는 "하늘에는 일월성신 등의 상(象)이 이루어져 있고, 땅에는 산천초목 등의 형(形)이 이루어져 있으니, 변화가 나타난다[在天成象 在地成形 變化見矣]"라 하였는데,[136] 이에 대해 수(隋)의 우문개(宇文愷)는 "하늘에 있는 일월성신의 상(象)을 이루는 데에는 방수(房宿)와 심수(心宿)는 정치를 펴는 궁으로 삼고, 땅에 있는 초목의 형상을 만드는 데에는 병오가 정양의 방위에 거한다[丙午居正陽之位]"라고 하여,[137] 병오가 정양의 방위 있을 때에 땅에서의 변화 곧 초목의 형상이 만들어지기 시작한다고 보았다. 이로써 볼 때에 본 칠지도의 '병오정양(丙午正陽)'이란 우문개가 일컬는 '병오에 정양의 위에 거한다[丙午居正陽之位]'에 다름 아니라고 본다. 곧 병오(丙午)의 일간지가 정양의 방위에 위치한 때에 초목의 형상이 만들어지는 변화가 시작된다고 풀이된다.

본 칠지도의 11월 병오일은 동짓날로서, 『주역』의 괘효로는 지뢰복(地雷復, ䷗) 곧 순음(純陰) 시대에 겨우 양(陽) 하나가 밑바닥에서 움터 장차 형통하게 되어 만물을 생육하고 천하를 윤택하게 한다는 복괘(復卦)에 해당한다.[138] 공영달은 『상서(尙書)』 홍범(洪範)의 오행(五行)에 대한 주소(注疏)에서 역(易)의 계사(繫辭)에 등장하는 천수(天數)와 지수(地數)는 음양에서 일어나며, 음양이 왕래하는 것은 일도(日道) 곧 해가 다니는 회귀선(回歸線)에 있다고 하였다. 또한 11월 동지는 해가 남극(南極)에 있어 양(陽)이 오고 음(陰)이 가므로 동(冬)은 수위(水位)이고, 1양(一陽)으로써

---

136) "天尊地卑乾坤定矣 卑高以陳貴賤位矣 動靜有常剛柔斷矣 方以類聚物以羣分 吉凶生矣 在天成象在地成形變化見矣 是故剛柔相摩 八卦相盪"(『重栞宋本周易注疏附挍勘記』周易兼義 권7, 繫辭 上).

137) "自永嘉之亂 明堂廢絕 隋有天下 將復古制 議者紛然 皆不能決 博考羣籍 奏明堂議表曰 '臣聞在天成象 房心為布政之宮 在地成形 丙午居正陽之位 觀雲告月 順生殺之序 五室九宮 統人神之際 金口木舌 發令兆民 玉瓚黃琮 式嚴宗祀 何嘗不矜莊展寧 盡妙思於規摹 凝睟冕旒 致子來於矩矱…'"(『隋書』 권 68, 列傳 33, 宇文愷)

138) 『重栞宋本周易注疏附挍勘記』周易兼義上經隨傳 권 3, 復. 奉奇鍾, 2006, 『주역이해』 상, 佺學出版社, 575~593쪽.

생(生)하므로 수수(水數)가 되며, 5월 하지(夏至)는 일(日)이 북극(北極)에 있어서 음(陰)이 나아가고 양(陽)이 물러가므로 하(夏)는 화위(火位)이며 마땅히 1음(一陰)으로써 생(生)하므로 화수(火數)가 된다[139]고 하였다. 곧 동짓 날 1양(一陽)이 시생(始生)하는 기점을 해가 남극(南極)에 있는 때로부터 본 것이다. 칠지도의 제작 월일은 주(周) 정월(正月) 원일(元日)에 상응하는 동짓날이고, 1양(一陽)이 시생(始生)하는 보다 더 적극적인 시점으로서 해가 남극(南極)에 있는 때를 정양(正陽)이라고 지칭한 것이라 할 수 있다. 이는 앞서 북위 효명제 정광 3년(522) 11월 병오일에 정광력(正光曆)을 반포한 것이나, 수(隋)의 우문개가, 병오가 정양의 방위에 있을 때에 땅에 있는 초목의 형상을 만든다고 일컬은 그것에 상응한다. 또한 『역계람도』에서 양기(陽氣)가 용사(用事)하는 때를 정양(正陽)이라 한 그것과 크게 다르지 않다고 본다.

　역대 시간지(時干支)의 표기는 "日以戊申食 時加未[해가 무신의 방위에 일식이 있었으니 때는 미(未)시를 더하였다]",[140] "今白鶴館以四月乙未 時加於卯[이제 백학관(白鶴館)은 4월 을미로써 때는 묘(卯)시를 더하였다]"[141]나 한(漢)·오(吳)의 동경에 보이는 '때는 미시를 더하였다[時加未]' 또는 '때는 일중을 더하였다[時茄(加)日中]'의 방식[142]이었다. 곧 해(日)

─────────────

139) "五行 一日水 二日火 三日木 四日金 五日土 水日潤下 火日炎上 木日曲直 金日
　　從革 土爰稼穡 潤下作鹹 炎上作苦 曲直作酸 從革作辛 稼穡作甘[[疏]一五行至
　　作甘 ○ 正義日 … 五行生成之數 天一生水 地二生火 天三生木 地四生金 天五
　　生土 此其生數也 如此則 陽無匹陰無耦 故地六成水 天七成火 地八成木 天九成
　　金 地十成土 於是 陰陽各有匹偶而物得成焉 故謂之成數也 易繫辭又日 天數五
　　地數五 五位相得 而各有合 此所以成變化而行 鬼神謂此也 又數之所起 起於陰
　　陽 陰陽往來 在於日道 十一月冬至 日南極 陽來而陰往 冬水位也 以一陽生為水
　　數 五月夏至 日北極 陰進而陽退 夏火位也 當以一陰生為火數 但陰不名奇數 必
　　以偶故 以六月二陰生為火數也 是故易說稱 乾貞於十一月子 坤貞於六月未而
　　皆左行由此也 冬以及於夏至當為陽來…]"(『周書 附 釋音尚書注疏』 권12,
　　洪範 6, 五行)
140) 『漢書』 권27 下之下,　五行志 7 下之下, 五行皆失　2, 日食.
141) 『漢書』 列傳　권75, 眭兩夏侯京翼李傳 45, 翼奉.
142) "建安廿二年十月辛卯朔四日甲午太歲在丁酉時加未." "黃龍元年大歲在丁巳…
　　五月丙午時茄日中造作明竟.""赤烏元年五月丙午時茄日中造作明竟."　"建安廿

의 위치(방위)를 12간지로 나누어 나타내는 방식이었다. 이에 칠지도에서
일컫은 병오일 정양(丙午日 正陽)이란, 동짓날 해가 남극(南極)의 정위에
있는 시점을 지칭한 것이라 할 수 있다.

요컨대 칠지도의 병오 정양(丙午 正陽)은 병오가 정양의 방위에 있
을 때로서, 선기옥형(璇璣玉衡)이 천문과 만나 바로 시작하는 날이며,
양후(陽煦, 따스한 기운)가 장차 열리고 품물(品物)이 처음 발아하는
때로서 땅에서의 초목을 이루는 변화의 기점이라 할 수 있다. 특히
칠지도를 제작한 날은 주(周) 정월(正月) 원일(元日)에 상응하는 동
짓날로서, 1양(一陽)이 시생(始生)하는 보다 더 적극적인 시점으로서
해가 남극(南極)에 있는 때인 정양(正陽)을 택한 것이라 하겠다.

(2) 칠지도 도상에 투영된 '奇生'의 원리

칠지도의 제작일 '봉원(奉元) 4년 11월 16일 정양(正陽)'은 '주(周)
정월(正月) 동짓 날 해가 남극(南極)에 있는 때'로서 순음(純陰) 시대
에 겨우 양(陽) 하나가 밑바닥에서 움터 장차 형통하게 되어 만물을
생육하고 천하를 윤택하게 한다는 개념에서 비롯한 것임을 알 수 있었
다. 이러한 개념은 『주역』에서 공자가 역(易)의 체용(體用)을 말하면
서 기우(奇偶)의 수를 '천1(天一), 지2(地二), 천3(天三), 지4(地四),
천5(天五), 지6(地六), 천7(天七), 지8(地八), 천9(天九), 지10(地
十)'이라 한 데에 바탕한 것이지만, 공영달(孔穎達)은 이를 천지 음양(天地
陰陽) 자연(自然)의 기우(奇偶)의 수(數)라고 하였다.[143] 사실 칠지도의
제작 일시는 이러한 음양의 원리를 바탕으로 택일한 것이었다고 여겨진
다.

이 음양의 원리는 역(易)의 계사에 등장하는 천수(天數)와 지수(地

二年十月辛卯朔四日甲午大歲在丁酉時加未"(梅原末治, 1943, 『漢三國六朝紀
年鏡圖說』, 桑名文星堂)

143) 『重栞宋本周易注疏 附校勘記』 周易兼義 권7, 繫辭 上.

數) 곧 기수(奇數)와 우수(偶數)의 조합이기도 하다. 조선 후기 유학자 김성탁(金聖鐸, 1684~1747)은 그의 논설에서 기(奇)·우(偶)를 천지(天地)의 변화를 보여주는 수로 보면서, '기(奇)로서 생(生)하는 것[奇生者]은 우(偶)로써 이룬다'고 하였다. 또한 그는 1부터 10까지의 기우(奇偶)의 숫자 가운데 5 이전의 수를 5행(五行)의 생수(生數)로 보았다. 따라서 그가 지칭한 '기생(奇生)'의 수는 5 이전의 기수(奇數)인 1, 3, 5인 셈이다. 이에 천1(天一)이 수(水)를 생(生)할 때에 지6(地六)의 성수(成數)가 이미 갖추어지고, 지2(地二)가 화(火)를 생(生)할 때에 천7(天七)의 성수(成數)가 이미 갖추어진다는 것이다.[144] 칠지도의 제작일시가 양(陽)이 생성하는 동지일이었다는 점에서, 본 칠지도의 명문에 보이는 '奇生聖音[奇生의 말씀]'의 '기생(奇生)'은 『주역』에서 '기(奇) 곧 양(陽)이 생성한다'는 의미로 사용된 것이라고 판단한다.

『주역』에서 64개의 역괘(易卦)로써 음양을 형상화한 데 대하여, 기·우(奇偶)는 건·곤(乾·坤)으로부터 취한 수(數)이다.[145] 공영달(孔穎達)은 「주역정의(周易正義)」 서(序)에서 양도(陽道)는 순(純)하여 기(奇)하고, 음도(陰道)는 불순(不純)하여 우(偶)한다고 하였다.[146] 결국 기수(奇數)는 양(陽)으로부터, 우수(偶數)는 음으로부터 비롯한 것임을 지적한 것이다. 이러한 음양의 수는 64개의 역괘로 형상화되었다. 『주역겸의(周易兼義)』 계사(上)조에는 역(易)에는 태극(太極)이 있는데, 태극이 양의(兩儀, 天地)를 생하고, 양의가 4상(四象 : 金木水火)을 생하며, 4상이 8괘(八卦 : 震木, 離火, 兌金, 坎水, 各主一時 又巽同震木 乾同兌金 加以坤艮之土)를

---

144) "天地奇偶始終之數 不過自一至十 而五行之生成 亦各一奇一偶而已 以奇生者 以偶成之 以偶生者 以奇成之 五奇五偶 合而爲十 故以十數中分之 自五以前 爲 五行之生數 自六以後 爲五行之成數 而其生其成 非判然兩截事 天一生水之際 地六之成數已具 地二生火之際 天七之成數已具 汝之所謂一纔生水 六便成之 二纔生火 七便成之 混然妙合 初無隔截先後之分者 是也"(『霽山先生文集』권 12, 雜著, 「晉兒啓蒙質疑辨」, 第一條勉齋說)

145) "言日月終天之道 故易卦六十四分上下 象陰陽也 奇耦之數 取之於乾坤"(『京房 易傳』卷1)

146) 『宋本周易注疏附校勘記』周易正義 序.

생한다고 하였다.147)

조선 말기의 유학자 유중교(柳重敎, 1832~1893)는 그의 문집 『성
재집(省齋集)』 권27, 강설잡고(講說雜稿)의 역설(易說)에서, 태극이
양의, 사상, 8괘를 생성하는 전체의 과정을 배우고자 한다면, 북송의
소옹(邵雍, 1011~1077)이 전하는 복희씨(伏羲氏)의 「선천도(先天
圖)」부터 배워야 함을 역설하였다. 여기에는 선천8괘(先天八卦) 횡도
(橫圖)와 원도(圓圖)가 있다. 횡도가 차례를 지우고 수를 기록하여
가로의 형태를 취함으로써, 양의·사상·팔괘는 모두 오른쪽이 양이
고 왼쪽이 음으로 서로 섞여 순서가 만들어져서 그 숫자를 기록한 것
이다. 원도의 경우 원(圓)은 하늘을 상징하며, 그 생겨남은 반드시 안
에서부터 밖으로 하고, 방위를 나누는 것은 반드시 좌우와 상하로 한
다.148)

공자가 역(易)의 체용(體用)을 말하면서 기우(奇偶)를 언급한 것
에서 볼 때에, 역(易)의 체용(體用)을 일컫는 기우(奇偶)의 수가 생성
하는 과정은 「선천팔괘횡도(先天八卦橫圖)」에 잘 드러난다. 복희씨
횡도에서, 태극(太極)이 양과 음을 낳아 양의(兩儀)를 이루고, 양의의
양과 음이 각각 양과 음을 낳아 4상(四象)을 이루며, 4상의 양과 음이
다시 각각 양과 음을 낳아 8괘를 이루는 과정을 살필 수 있다. 주자는
양의(兩儀)의 양(陽)이 태양(太陽)과 소음(少陰)을, 음(陰)이 소양
(少陽)과 태음(太陰)을 낳은 것으로 보았다. 이들 4상(四象)은 다시
태양이 건(乾)과 태(兌)를, 소음이 리(离)와 진(震)을, 소양이 손巽
(괘) 감(坎)을, 태음이 간(艮)과 곤(昆)을 낳은 것으로 풀이하였다.
이렇듯이 분화 생성을 반복하면서, 8괘가 다시 16괘, 32괘, 64괘를
생성한다는 것이다.

성재 유중교(省齋 柳重敎)는 하나의 이(理)인 태극이 혼연하면서
만상이 구비되어 양의·사상·팔괘를 생성하는 것으로 보았다. 곧 태

---

147) 『重栞宋本周易注疏 附校勘記』 周易兼義 권7, 繫辭 上.
148) 『省齋集』 권27, 講說雜稿, 易說.

극이 동(動)하여 양(陽)을 낳고 동함이 극에 이르면 정(靜)해진다. 정하여 음(陰)을 낳고 정함이 극에 이르면 다시 동하니, 여기에서 하나의 기(奇)를 세워서 양(陽)을 상징하였고 하나의 우(耦, 偶)를 세워서 음(陰)을 상징하여, 양의를 구분하게 된 것으로 보았다. 양의가 갈라지고 나면 이 양의는 또 각각 태극을 구비하여 하나의 음과 하나의 양을 낳는데, 태극이 사물을 낳는 줄기가 되어 다시 가지를 생성하여 두 배로 더하는 것이 끝이 없게 된다는 것이다. 이에 다시 하나의 기(奇)와 하나의 우(耦)의 위에 하나의 기와 하나의 우를 설치하여 형상화하니, 횡도에서는 기 위의 기는 태양(太陽)이 되어 첫 번째에 자리하고, 기 위의 우는 소음(少陰)이 되어 두 번째에 자리하며, 우 위의 기는 소양(少陽)이 되어 세 번째에 자리하고, 우 위의 우는 태음(太陰)이 되어 네 번째에 자리한다는 것이다.149) 이를 도해하면 [그림11]과 같다.

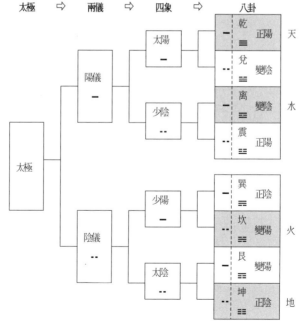

[그림11] 八卦의 생성

칠지도를 태극(太極)으로부터 기(奇)가 생하는 기생(奇生)의 개념으로
볼 때에, 칠지도의 도신을 성재(省齋)가 일컬은 '사물을 낳는 줄기'인 태극
으로, 그리고 칠지도 도신의 가지를 태극의 줄기에 달린 가지인 기(奇)와
우(偶)라고 볼 수 있다. 양이 우측에 위치하고 음보다 앞서 생성한다는
점에서, 칠지도 우측의 가지를 기(奇)에, 좌측의 가지를 우(耦, 偶)로 보아
좋을 것이다. 성재는 양의(兩儀)의 수는 양이 1이고 음이 2이며, 사상의
수는 태양은 1이고 소음은 2이고 소양은 3이고 태음은 4라고 하였다.[150]
이에 따라 칠지도의 도상에 기·우(奇偶)를 대입하면, [그림12] 「奇偶로

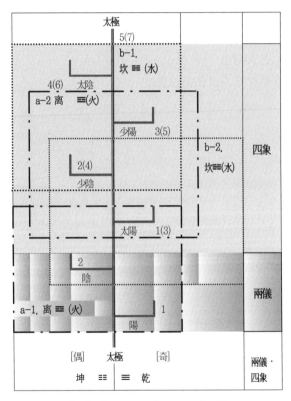

[그림12] 奇偶로 본 七支刀의 圖像

<hr />

149) 위와 같음.
150) 위와 같음.

본 칠지도의 도상」에서 보듯이, 최초에 태극으로부터 양(陽)인 기(奇)1과 음(陰)인 우(偶)2를 생성하여 양의(兩儀)를 이룸을 알 수 있다. 이 양의를 바탕으로 4개의 가지 곧 기1(3)의 태양과 우2(4)의 소음, 그리고 다시 기 3(5)의 소양과 우4(6)의 태음을 생하여 4상으로 구분된다고 할 수 있다. 본 칠지도의 마지막 가지 5(7)는 새로운 기(奇)를 생성하는 태극으로 보아 좋을 것이다. 여기에서 기우(奇偶)의 수를 4상의 기3(5)의 소양과 우4(6) 의 태음까지로 구성한 것은, 「주역정의」서에서 『건착도(乾鑿度)』의 "양 (陽) 3과 음(陰) 4가 정위(正位)이다[陽三陰四 位之正也]"라는 공자의 말 과 같이,[151] 태(太), 소(少)의 음과 양이 정위에 위치하여 서로 짝하기 때문으로 생각한다.

따라서 칠지도의 우측에 있는 세 개의 가지인 기(奇)는 팔괘의 '☰ (乾)'괘가 되고, 좌측의 세 개의 가지인 우(偶)는 팔괘의 '☷(坤)'괘가 된다. 또한 본 칠지도에서 이들 기우(奇偶)의 조합은 팔괘 가운데 이 괘(离卦, ☲)[a-1, 2]와 감괘(坎卦, ☵)[b-1, 2]만이 나타난다. 사실 8괘에서 건(乾)과 곤(坤)은 태(太)이고 나머지 여섯 괘는 소(少)로 서, 건·곤의 두 태(太)가 여섯 소(少)의 주(主)가 된다. 그러므로 건 (천)·곤(지)은 여섯 괘를 통괄하며 만물의 어머니가 된다.

그런데 칠지도에는 ☰(乾), ☷(坤)과 ☲(离), ☵(坎)괘만이 나타난 다. 이들 외에 8괘에는 ☳(震)·☶(艮)과 ☴(巽)·☱(兌)괘가 있는데, 실 제 이들은 두 괘에 불과하지만 뒤집히면 괘체(卦體)의 정도(正倒)가 바뀐다. 이는 동 괘의 성(性)이 섞이고 치우친 때문이라 한다. 이에 대하여 ☰(乾), ☷(坤)과 ☲(离), ☵(坎)괘는 뒤집혀도 정도(正倒)가 바뀌지 않는다. 이들은 각각 독자적인 하나의 괘로서, 건(乾)이 곤 (坤)과 상대하고 감(坎)이 이(离)와 상대하는 것과 같이 반드시 바른 상대를 구하여 짝한다. 건·곤이 바뀌지 않음은 그 순수함[誠] 때문이 며 감·이가 바뀌지 않음은 그 중[中] 때문이라고 한다. 따라서 군자는 성(誠)과 중(中)으로써 천하의 바른 위치에 서야 한다는 것이다.[152]

---

151) 『重栞宋本周易注疏 附校勘記』周易正義 序.

칠지도에서 건·곤이나 감이를 표상한 것은, 『주역』에서 군자가 성(誠)과 중(中)의 바른 위치에 서서 세상을 평탄하게 한다는 의미일 것이다. 따라서 이들 괘의 성격을 주목하면 칠지도의 도상이나 명문의 성격을 분명히 할 수 있으리라 본다.

주지하듯이 건괘는 강건함[健]이니 양의 성질이 순수하기 때문이며, 곤은 유순함[順]이니 음의 성질이 순수하기 때문으로, 건·곤을 합하면 태극의 온전한 덕이 된다. 坎은 빠짐[陷]이니, 강(剛)으로 유(柔)에 빠지고 깨끗함으로 더러움에 떨어졌지만 가운데는 아직 없어지지 않았다는 뜻이다. 이(离)는 걸림[麗]이니, 약(弱)으로 강(强)에 의지하고 허(虛)로 실(實)에 의탁하는 것으로 가운데서 스스로 서지 못하는 것을 말한다.[153)]

본 칠지도를 제작한 '봉원(奉元)[전지왕] 4년(408, 戊申年) 11월(甲子) 16일 병오 정양'은 월건과 일간지 子(水)와 午(火)가 각각 음과 양을 대표하는 간지로 이루어졌다. 『춘추좌씨전』 노(魯) 소공(昭公) 17년 겨울의 혜성 기사에 대한 정의(正義)에는, '병(丙)은 파일(火日)이고 오(午)는 수위(火位)이며, 임(壬)은 수일(水日)이고 자(子)는 수위(水位)이다'라 하고, 수는 화의 배우인 수컷이고 화는 암컷으로 이들은 부부와 같아 수(水)와 화(火)가 서로 화합[相薄]하면 그 뜻을 장차 행하게 되고, 만일 수(水)가 적고 화(火)가 많으면 수(水)가 화(火)를 이기지 못하여, 병자(丙子)나 임오(壬午)의 날에는 반드시 화재가 일어난다고 하였다.[154)]

이는 칠지도의 11월의 월건 '자(子)'월과 일간지 '병오(丙午)'가, 본 칠지도의 ☵(坎)괘와 ☲(离)괘의 수(水)와 화(火)의 덕성을 지니고

---

152) 『省齋集』 권27, 講說雜稿, 易說.

153) 위와 같음.

154) "冬 有星孛于大辰 西及漢 … 水 火之牡也 其以丙子若壬午作乎 水火所以合也 […正義曰 丙是火日 午是火位 壬是水日 子是水位 故丙午為火 子子為水 水火合而相薄 則是夫妻合而相親 親則將行其意 或水從火 或火從水 但彗在大辰為多 及漢為少 水少而火多 故水不勝火 火行其意 水必助之 故此丙子壬午之日 當有火災…]"(『宋本左傳注疏 附校勘記』 권48, 魯 昭公 17년)

각각 월(月)과 일(日)에 상응하는 바, 군신(君臣) 또는 부부(夫婦)와 같은 것으로 인식하였음을 보여준다.

사실 『주역』에 있어서 '강건함의 덕은 모두 군주의 도이고 남편의 도[夫道]이며, 유순함[順]의 덕은 모두 신하의 도이고 아내의 도[妻道]여서 반드시 서로 의지한 후에 조화를 이룬다. 그러나 강건한 것은 어디를 가도 스스로 서지 못함이 없다. 그래서 움직일 때마다 항상 길함이 있다. 유순한 것은 자립할 수 없어서 사물과 짝하는 것을 선(善)으로 여긴다. 그러므로 굳셈에 짝하여 덕을 합하면 길하다. 그것을 등지고 스스로 이루려고 하여 혹 그것에 대항하면서 의심하면 흉하다.'고 한다.[155] 따라서 월건과 일간지의 수(水)·화(火)의 덕성은 건·곤에 대응함과 아울러 감(坎)·이(离)의 덕성인 수(水)·화(火)에 상응하며, 또한 군신(君臣)과 부처(夫妻)의 관계를 상징하는 것이라 본다. 이들 괘체가 칠지도의 월건 및 일간지와 마찬가지로 모두 성(誠)과 중(中), 곧 성실함과 중정한 태도로 이러한 관계를 화합하여 지속해야 길하다는 사실을 상징한다고 할 수 있다. 다만 군주나 남편과 같은 강건함의 덕은 어디를 가도 스스로 설 수 있으나, 유순한 신하나 아내는 반드시 굳센 데에 기대어 합해야 길하고, 스스로 이루려거나 그에 대항하여 의심하면 흉하다는 것을 투영한 것이라고 할 수 있다.

칠지도의 명문에서 '마땅히 후왕에게 준다[宜供供侯王]'거나 '백제 왕세자가 왜왕을 위하여 지(旨)를 내려 만들었으니 후세에 전하여 보이라[爲倭王旨造傳示鮮世]'고 하였거니와, 동 칠지도의 도상에서도 건(乾)과 감(坎)의 강건함은 백제로서 군(君)이고 부(夫)이며, 곤(坤)과 이(离)의 유순함은 왜로서 신(臣, 侯王)이고 처(妻)임을 투영하였다고 할 수 있다. 따라서 칠지도의 도상은 성(誠)과 중정(中正)의 태도로 양국간의 군신간 내지 부처간의 관계를 강조한 것이며, 백제는 강건하기 때문에 스스로 설 수 있으나, 유순한 왜는 반드시 백제에 기대어 합해야 길하며, 스스로 이루려거나 백제에 대항하여 의심하면

---

155) 『省齋集』 권27, 講說雜稿, 易說.

흉하다는 사실을 형상화한 것이라 할 수 있다.

(3) '百練銕七支刀'와 전륜성왕의 이념

칠지도 도상에 건·곤이나 감이를 표상한 것은, 동 명문의 '마땅히 후왕에게 준다[冝供供侯王]'거나 '백제 왕세자가 왜왕을 위하여 지(旨)를 내려 만들었으니 후세에 전하여 보이라[爲倭王旨造傳示﨤世]'는 것을 디자인한 것이라 생각한다. 다만 기왕에 성음(聖音)을 종교적 성격으로 파악하여 불타의 음성 또는 석가의 은택으로 풀이하거나,[156] 도교 신앙과 관련하여 신선의 말씀 등으로 풀이하기도 하였다.[157] 또한 '칠지(七支)'와 관련하여 도교에서 말하는 신체(身體)·구설(口舌)의 7죄업(七罪業)[158][身口七支 : 殺生·偸盜·邪淫妄語·綺語·惡口·兩舌]으로 풀이하거나, 『일본서기』 칠지도 관련 기사에 나오는 칠지도(七枝刀), 칠자경(七子鏡), 칠일(七日) 등의 '칠(七)'을 양강(陽剛)이 완전하게 갖추어져서 가장 왕성함을 드러내는 숫자로서 어떠한 음기도 무찌를 수 있는 파사(破邪)와 벽사(辟邪)를 위한 최고의 기능을 발휘한다는 양기론(陽氣論)에서 비롯한 것으로 보기도 한다.[159] 나아가 이를 '칠정도(七政刀)'로 석독하여 칠성(七星) 곧 일(日)·월(月)·오성(五星)을 가리킨 것으로 보거나,[160] 백제·왜 연합군의 이른바 '가라칠국평정(加羅七國平征)'을 기념한 데서 나왔다는 견해[161] 등이 있었다. 또 한편으로 불경에 '칠지(七支)'와 관련된 칠각지보(七覺支寶), 칠지선주(七支善住), 칠종지선주대력(七種支善住大力), 검보(劍寶), 칠보파도(七寶靶刀), 칠보체도(七寶剃刀),

---

156) 村山正雄, 1979, 앞의 논문, 앞의 책, 145~154쪽.
157) 山尾幸久는 '성스러운 신선의 계시(お告げ), 眞諾'로(山尾幸久, 1989, 앞의 책, 181쪽), 木村誠은 '[백제 왕세자] 奇가 [도가적] 성음에 인도되어 살고 있어서'(木村誠, 2017, 앞의 논문, 26쪽)로 각각 풀이하였다.
158) 山尾幸久, 1989, 앞의 책, 184쪽.
159) 이내옥, 2010, 앞의 논문, 93~96쪽.
160) 藪田嘉一郞, 1961, 「七支刀銘考釋(釋文編)」, 『上古史硏究』 5-6.
161) 岩波書店, 1967, 『日本書紀』(上), 日本古典文學大系, 621쪽.

칠보도(七寶刀) 등이 산견하는 것은 칠지도에 무언가 제작의 의도를 부여하는 유래가 되는 것이 아닌가 하는 추정도 있었다.[162]

그런데 칠지도의 원래 이름[full name]은 '백련철칠지도(百練鋳七支刀)'이다. '백련철 소재의 일곱 가지로 된 도(刀)'라는 의미이다. 사실 철 소재로서 '백련(百練)'이라는 이름은 지적되듯이 동대사(東大寺, 도다이지) 고분 출토 중평명철검(中平銘鐵劍)에 "中平□年 五月丙午 造作支刀 百練淸剛 上應星宿 下辟不祥[중평 □년 5월 병오날에 支刀를 만들었으니 百練하여 맑고 굳세므로 위로는 별들에 응하고 아래로는 상서롭지 못한 것을 물리친다]"라고 등장한다. 이는 24자의 글자를 금상감한 것으로, 앞서 살폈듯이 '중평□년 5월 병오(中平□年 五月丙午)'는 중평 원년(184) 5월 2일 병오일이거나 중평 4년(187) 5월 20일 병오일, 중평 5년(188) 5월 26일 병오일 가운데 하나일 것이다. 또한 471년에 제작된 것으로 여겨지는 기옥현(埼玉縣, 사이타마현) 도하산(稻荷山, 이나리야마) 고분에서 발견된 신해년명철검(辛亥年銘鐵劍)에서도 '백련이도(百練利刀)'란 구절을 살필 수 있다.[163]

'백련(百練)'은 '백련(百鍊)'과 함께 불경에 빈번하게 나오는 용어이다. 곧 『아비달마대비파사론(阿毘達磨大毘婆沙論)』(권136)에서 '찰나(刹那)'를 설명하면서 지나국(至那國)의 백련강도(百練剛刀)가 등장한다.[164] 『사동자삼매경(四童子三昧經)』(중)에서는 마가타국(摩伽陀國)에 있는 한 보배 그릇[寶器]은 '금(金) 가운데 가장 수승한 것을 백련(百練)하여 만든 것으로 … 먼지와 기름때나 그늘진 곳이 모두 다 없다'고 한데서, 百練의 의미를 짐작할 수 있다. 이로써 볼 때에 '백련철칠지도(百練鋳七支刀)'는 '백련도(百練刀)'라고도 약칭할 수 있는 것으로, 불경에 보이

---

162) 村山正雄, 1979, 앞의 논문, 앞의 책, 148~154쪽. 김정배, 1980, 앞의 논문, 104쪽.

163) 佐藤長門, 2004, 「有銘刀劍の下賜顯彰」, 平川南 外 編, 『文字と古代日本 Ⅰ : 支配と文字』, 吉川弘文館, 35쪽.

164) "如二壯夫執挽眾多迦尸細縷 有一壯士以至那國百練剛刀捷疾而斷 隨爾所縷斷 經爾所刹那"(『阿毘達磨大毘婆沙論』 권136, 大種蘊 5, 中具見納息 3-3)

Ⅰ. 백제의 칠지도와 동성왕 인물화상경   53

는 백련강도(百練剛刀)와 크게 다르지 않고, 흠결이 없는 날카로운 도검을 뜻한다고 할 수 있다. 따라서 도검류에 '백련(百練)'의 어휘가 보이는 것은 본래 불경의 '백련강도(百練剛刀)'로부터 유래하였던 것인데, 본 칠지도에서 '생벽백병(生辟百兵)'이라고 일컬었듯이 명검의 개념으로 도검류에 채용하여 전승된 것이 아닐까 한다.

'칠지(七支)'라는 명칭은 일곱 가지로 된 모양에서 비롯한 것이겠지만, 전륜성왕(轉輪聖王)의 7보(七寶) 가운데 백상보(白象寶)의 형체를 표상하기도 한다. 전륜성왕의 7보는 금륜보(金輪寶), 백상보(白象寶), 감마보(紺馬寶), 신주보(神珠寶), 옥녀보(玉女寶), 장주보(藏主寶), 병장보(兵將寶)를 지칭하는데, 백상보는 전륜성왕의 두 번째 보배이다. 이 백상보는 형체가 순백색이며 개의 머리와 같고 '7지(七支)'[머리·꼬리·네 다리·음부]로 땅을 지탱하여 대신력(大神力)이 있고, 허공을 날 수 있다고 한다.[165] 또는 몸이 모두 백색이고 7지(七支)가 모두 바르며, 우사하상왕(于娑賀象王)이라 이름한다고 하였다. 전륜성왕이 이를 타고, 해뜰 무렵에 사해를 주행하여 일중(日中) 때에 왕궁에 되돌아올 수 있었는데, 전륜성왕이 세상에 나오면 반드시 상보(象寶)가 세간에 나타난다고 한다.[166]

또한 전륜성왕의 7보에 더하여 연보(軟寶)의 일곱 가지 보배인 검보(劍寶), 피보(皮寶), 상보(床寶), 원보(園寶), 옥사보(屋舍寶), 의보(衣寶), 족소용보(足所用寶, 발에 쓰이는 보배)가 있는데, 그 첫 번째가 검보이다. 이 검보는 전륜성왕의 명을 어긴 소왕(小王)들에게 스스로 날아가 있으면 소왕들이 이를 보고 조복(調伏)하게 된다고 한다. 이로써 살심을 일으키지 않고 한 사람의 중생도 해하지 않으면서도 공덕을 쌓는다는 것이다. 이를 전륜성왕의 검보공덕(劍寶功德)이라고 이름하는데, 이로써 일체 국토가 칼이나 매를 들지 않아도 자연히 따르고 순종한다고 한다.[167]

---

165) 『起世因本經』 권2, 嚼多囉究留品下至地獄品 上, 轉輪王品.
166) 『雜阿含經』 권 27, 經 722.
167) "大王當知 轉輪聖王具足如是七寶用故 王四天下及諸龍王 二種天王[謂四天下

상보(象寶)의 출현이 전륜성왕의 출현을 의미한다거나, 검보(劍寶)로써 전륜성왕이 소왕이나 일체의 나라들을 조복하게 한다는 것은, 앞서 칠지도의 명문에서 '마땅히 후왕에게 준다[宜供供侯王]'거나, 칠지도 도상에서 건곤(乾坤)에 빗대어 군신(君臣) 내지 부처(夫妻) 관계를 형상화한 것과 동일한 것임을 알 수 있다.

　따라서 칠지도의 명칭을 굳이 불교의 칠각지(七覺支 : 念覺支, 擇法覺支, 精進覺支, 喜覺支, 輕安覺支, 定覺支, 捨覺支)나 신·어업(身·語業)의 칠지(七支 : 殺生·偸盜·邪淫, 兩舌·妄語·惡口·綺語), 그리고 불교의 신·어업의 칠지을 채용한 도교의 신구칠지(身口七支) 등과 관련된 것으로 보기보다는, 오히려 전륜성왕의 7보 가운데 상보의 형체의 특성을 지칭한 '칠지(七支)', 그리고 연보(軟寶) 가운데 제1보인 검보(劍寶)와 관련된 것으로 생각해 볼 수 있지 않을까 한다. 곧 전륜성왕의 7보 가운데 제2보인 상보의 형체적 특징인 칠지(七支)와 전륜성왕의 연보 가운데 제1보인 검보(劍寶)가 소왕들을 조복하게 한다는 기능을 합성하여 칠지도에 투영한 것이 아닐까 하는 것이다.

　이러한 데는 칠지도의 명칭 뿐만 아니라 『삼국사기』 백제본기에 전지왕 5년(409) 왜국에서 보냈다는 야명주(夜明珠)가 전륜성왕 7보 가운데 제4보인 신주보(神珠寶)에 상응하기 때문이다. 이 야명주는 아신왕 11년(402) 왜에 사신을 보내어 구하였다는 '대주(大珠)'로 여겨지는데, 이를 '야명주'라고 일컬은 것은 전륜성왕의 신주보의 속성을 염두에 둔 표현이 아닐까 한다. 따라서 칠지도의 금상감(金象嵌)과 칠지(七支)는 금륜보와 상보, 그리고 일본이 보냈다는 야명주는 신주보(神珠寶)을 상징하는 것으로 상정할 수 있지 않을까 하며, 전륜성왕

三十三天] 共天帝釋分座而坐 以依離一瞋恨 惡心 不善業道 得如是等七寶具足
受用勝樂 何況具足行十善道 大王當知 轉輪聖王復有七種名爲軟寶 所有功德
少前七寶 何等爲七 一者 劍寶 二者 皮寶 三者 床寶 四者 園寶 五者 屋舍寶
六者 衣寶 七者 足所用寶 王言 大師 云何轉輪聖王第一 劍寶 有何等用 大王當知
彼劍寶者 轉輪聖王所王國內 若有心念違王命者 時彼劍寶 卽從虛空飛往詣彼
彼諸小王見卽降伏 拜問 劍寶 而彼 劍寶 不起殺心害一衆生 是名轉輪聖王 劍寶
功德 一切國土不加刀伏 自然隨順"(『大薩遮尼乾子所說經』 권 3, 王論品 1)

의 상보나 검보, 그리고 신주보의 개념은 백제를 군(君)으로 여기는 칠지
도의 도상적 의미와도 짝하는 것이라 할 수 있을 듯하다.[168]

요컨대 앞서 살핀 칠지도의 '기생(奇生)'의 이념은 분명히 유교의
군신(君臣)과 부처(夫妻)의 관계를 드러낸 것이지만, 이에 더하여 전
륜성왕의 출현을 알리는 징표로서 '칠지'의 명칭을 불경에 등장하는
전륜성왕의 상보(象寶)와 검보(劍寶)에서 끌어왔을 가능성을 상정할
수 있는 것이다. 따라서 비록 정양(正陽)이나 기생(奇生)의 원리가
유교의 역법(曆法)이나 주역(周易)을 바탕으로 한 것이지만, '백련철
칠지도(百練銕七支刀)'는 전륜성왕의 상보나 검보에서 비롯한 이름
으로 그 관련성을 생각할 수 있는 것이다.

---

168) 기왕에 백제에서 전륜성왕 이념의 시행시기를 성왕이나 무왕대로 보고 있다.
곧 大通寺의 창건연대를 527년으로 보고, 성왕이 『법화경』의 전륜성왕—대
통불—석가모니불에 이르는 부처의 가계를 빌려와 성왕계의 신성성을 고양시
키려 한 것으로 보거나(조경철, 2002, 「百濟 聖王代 大通寺 창건의 사상적
배경」, 『國史館論叢』 98, 110~111·125쪽), 무왕이 익산으로의 천도를 계획
한 후 거대한 미륵사를 건립하면서 轉輪聖王을 자처하였다는 견해(金煐泰,
1975, 「彌勒寺創建緣起說話考」, 『馬韓·百濟文化』 1)가 있었다. 또한 신라의
경우 법흥왕을 '聖法興大王'으로 일컬은 것으로 미루어 이미 법흥왕대에 전륜
성왕으로 자처했던 것으로 유추하거나(김영미, 2004, 「신라인의 이상적 인간
상」 『한국사상사학』 23, 234쪽. 조경철, 2006, 「동아시아 불교식 왕호 비교」
『한국고대사연구』 43, 26~27쪽), 진흥왕대에 皇龍寺를 건립하고, 그가 須彌
四洲의 세계를 통솔하는 왕이며 輪寶를 굴리며 四方을 위엄으로 굴복시킨다
는 轉輪聖王으로 비유되었다고 보기도 한다.(이우태, 2002, 「신라의 융성 :
정치제제의 정비」, 『한국사 7 : 고대의 정치와 사회 Ⅲ - 신라·가야』, 국사편
찬위원회, 103~104쪽) 물론 백제 전지왕대에 전륜성왕의 이념을 표방하였을
까 하는 데 대하여 의문을 표할 수도 있겠지만, 신라의 경우 불교를 공인한
법흥왕대에 대왕호를 칭하면서 전륜성왕을 표방하였다고 한다면, 침류왕 원
년(384) 9월 마라난타가 백제에 불교를 전래함으로써 그 이듬해에 절을 세우
고 승려의 출가를 허락하였던 백제에 있어서, 그로부터 20여 년이 지나 연호
를 세우고 왜왕을 후왕으로 거느렸다면 전지왕대에 이미 전륜성왕을 표방하
였을 가능성이 매우 높다고 보아야 하지 않을까 한다. 특히 본 칠지도에 보이
는 '百練'이나 '七支'가 불경에서 채용된 것이고 보면, 본 칠지도에 『주역』의
이념과 함께 불경의 전륜성왕의 이념을 투영하여 디자인한 것이라고 보아도
좋지 않을까 한다.

이에 '기생성음(寄生聖音)'에서 '성음(聖音)'의 주체를 다시 생각해 볼 수 있다. 백제의 왕세자는 '기생(寄生)에 대한 말씀'으로 칠지도를 만들게 하였다. 선세 이래로 없던 칠지도의 도안은 아마도 왕세자의 아이디어일텐데, 그것은 누군가로부터 기생의 원리에 대한 가르침을 받고 디자인한 것이라 생각한다.

『일본서기』응신천황 15년 8월조에는 백제가 아직기(阿直岐)를 보내자 그를 토도치랑자태자(菟道稚郎子太子)의 스승으로 삼아 경전을 배우도록 하였는데, 아직기는 그보다 뛰어난 이로서 왕인박사를 추천하였다고 한다. 백제가 그 이듬해 2월에 왕인을 보내자 태자의 스승으로 삼아 제전적(諸典籍)을 배웠다고 한다.[169]

칠지도에서 왕세자가 '기생의 성음'으로 칠지도를 만들도록 한 바, 왕세자 구이신(久尔辛) 또한 토도치랑자태자(菟道稚郎子太子)와 마찬가지로 스승으로부터 여러 전적을 익혔음이 분명하고, 배움의 과정

---

[169] 『일본서기』권 10, 應神天皇 15년 가을 8월·16년 봄 2월. 한편 왕인의 일본 파견과 관련하여『속일본기』에는 백제 貴須王이 辰孫王[일명 智宗王]을, 그리고 백제 久素王이 漢高帝의 후손 王仁을 보냈다고 하여(『속일본기』권 40, 桓武天皇 延曆 10년(791) 4월 무술),『일본서기』의 응신천황 15년조의 왕인 파견설과 차이가 있다.『일본서기』기록대로라면 아신왕 14년(405)에 왕인을 파견한 것으로 볼 수 있지만(朱仁夫, 2006,「儒學對日本之影響」,『東亞人文學』10, 608쪽. 박균섭, 2012,「왕인 관련 사료와 전승 검토」,『한국교육사학』34-2, 28쪽. 류승국, 2012,「왕인박사에 대한 문헌적 고증」,『왕인박사연구』, 229쪽. 박광순, 2012,「왕인박사의 도일시기와 경로」,『왕인박사연구』, 263쪽), 근초고왕 때부터 아신왕대에 걸친 사실로 보거나(이병도, 1976,「백제학술 및 기술의 일본전파」, 앞의 책, 576~577쪽), 근초고왕의 일본 통교 이후로 보기도 하고(문안식, 2003,「왕인의 渡倭와 상대포의 해양 교류사적 위상」,『한국고대사연구』31, 166쪽), 왕인을 조작된 인물로 보면서 6세기 초에 왜에 파견되었던 오경박사나 그에 준하는 지위에 있었던『속일본기』의 진손왕으로 보기도 한다.(이근우, 2004,「왕인의 천자문·논어 일본전수설 재검토」,『역비논단』69, 210~211쪽) 그런데『일본서기』에서 왕인의 파견을 아신왕 14년(405)이라 하였거니와, 전지왕 즉위를 전후하여 왕인을 일본에 보냈다고 본다.(박남수, 2021. 12,「近代 以前 왕인박사 영암 출생설의 배경」, 『왕인박사 영암출생설의 배경 학술회의 발표문』, (사)왕인박사현창회)

에서 '기생(畜生)에 대한 가르침[聖音]'을 듣고 칠지도를 도안하여 이를 만들도록 하였다고 본다. 그 스승을 특정할 수는 없지만 왕인(王仁)과 같이 유학에 밝은 박사였을 수도 있고, 아니면 칠지도에 투영된 불교 용어로 미루어 유·불에 능통한 승려였을 수도 있을 것이다. 추고천황(推古天皇) 10년(602) 백제 승려 관륵(觀勒)이 역본(曆本)과 천문·지리서(天文·地理書) 및 둔갑·방술서(遁甲·方術書)를 왜에 전하였다고 하는 바,170) 백제 승려들이 역법(曆法)과 천문·지리, 그리고 둔갑·방술에 이르기까지 두루 익혔던 사정을 짐작할 수 있다. 특히 침류왕 때에 진(晉)을 통하여 백제에 들어온 호승(胡僧) 마라난타(摩羅難陀)를 궁내에 맞아들여 예경하였다고 하는 바,171) 마라난타 또는 관륵과 같이 역법을 비롯하여 유·불에 능통한 승려를 궁내에 초치하여 왕사(王師, 世子師)로 모시며 왕세자의 스승으로 삼았을 가능성이 높다고 본다. 연호 봉원(奉元)에 유교적 이념이 투영된 것으로 미루어 볼 때에, 아마도 전지왕의 연호 제정에도 진으로부터 수용된 새로운 지식을 갖춘 승려 왕사 또는 오경 박사와 같은 존재들이 역할하였을 것으로 짐작된다.

요컨대 전지왕 4년(408)에 제작된 칠지도는 일본에 보내겼음이 분명하다. 그 이듬해 백제에 왔다는 왜국 사신은 『삼국사기』 백제본기 기사의 기년이 1년 늦다는 점을 고려한다면 전지왕 4년의 사실일 가능성이 없지 않으나,172) 아무튼 칠지도를 제작하고 보낸 주체가 왕세자임을 칠지도 명문에서 확인할 수 있다. 전지왕 4년(408)의 왕세자는 구이신(久

170) 『일본서기』 권 22, 推古天皇 10년 겨울 10월.
171) 『삼국사기』 권 24, 백제본기 2, 枕流王 원년 9월.
172) 홍성화는 408년 11월 16일에 만들어진 七支刀를 이듬해 백제에 온 倭國의 사신을 통하여 倭王에 전달하였을 것으로 추정하였다.(홍성화, 2017, 앞의 논문, 70~71쪽) 다만 『삼국사기』 고구려본기와 백제본기간의 기년이 1년 차이가 있는 사례로서 관미성전투를 들 수 있다. 곧 고구려본기에는 광개토왕 1년(391) 겨울 10월의 사실로, 백제본기에는 진사왕 8년(392) 10월의 사실로 각각 전하고 있다. 대체로 「광개토대왕릉비」의 기사가 고구려본기의 기년과 일치한 것으로 보아, 백제본기의 기년도 신라본기의 기년과 마찬가지로 1년씩 늦지 않을까 생각할 수 있으며, 전지왕 5년조의 倭使 또한 전지왕 4년에 파견되지 않았을까 생각해 볼 수 있을 듯하다.

爾辛)이 틀림없다.

한편으로 아신왕 6년(397) 백제가 왜국과 결호하여 태자 전지를 質로 보냈다는 것은, 일종 왜주재(倭駐在) 전권 백제 대사로서 태자를 파견한 것과 같은 성격으로 볼 수 있지 않을까 생각해 볼 수 있다. 곧 전지의 왜 파견은 고구려와 대결 과정에서 왜와의 군사 동맹을 위한 조치였던 것으로 여겨지거니와, 당시의 사정을 전하는 「광개토대왕능비」에 등장하는 '왜(倭)'는 문제의 신묘년 기사가 일종 '명분론적인 성격'에 그친 것이라면, 영락 9년(399) 백제가 맹세를 어기고 왜와 화통하여 신라의 국경에 왜가 가득하다는 것, 영락 10년(400)의 임나가라의 종발성(從拔城) 전투와 영락 14년(404) 대방(帶方) 지역에서 고구려의 왜군 격퇴 기사 등은 모두 백제 아신왕 6년(397) 왜국과 결호(結好)한 이후의 것이다. 이는 신묘년 기사에 대한 의문이기도 하거니와, 실제 왜의 활동은 백제 아신왕 6년(397) 전지 태자를 왜국에 보내어 왜국과 결호한 이후에 그치고 있다.[173] 이러한 사실은 태자 전지

---

[173] 「광개토대왕능비」 신묘년(391)의 '破百殘'의 주체에 대해서는 이미 고구려로 보는 견해가 있었지만(김석형, 1988, 『초기조일관계사』(하), 사회과학출판사, 22~23쪽), 필자로서도 "본비의 주체가 고구려 광개토대왕이고, 영락 6년 병신년조에서 倭의 역할이 전혀 보이지 않는다는 점, 그리고 『삼국사기』 고구려본기에서 동 신묘년에 해당하는 고국양왕 8년(391) 봄에 신라가 實聖을 인질로 보낸 것, 그리고 동년 5월에 광개토대왕이 즉위하고 7월에 백제의 10개 성을 빼앗고, 10월에 관미성을 함락시킨 것으로 미루어 볼 때에, 「광개토대왕릉비」의 신묘년 기사는 高句麗의 百濟 討伐과 新羅의 臣民化 사실을 지칭한 것으로 판단한다.(박남수, 2019, 「『삼국유사』 기이편 「내물왕 김제상」·「제18실성왕」 조와 신라의 정치과정」, 『신라문화제학술논문집』 40, 32~33쪽) 사실 필자로서는 「광개토대왕릉비」에 '倭'의 실제 활동 기사가 영락 9년(399), 영락 10년(400, 영락 14년(404)에 한정된 것은, 백제 아신왕 6년(397)에 백제가 왜국과 結好한 이후에야 왜의 파병이 있었던 사실의 반영으로 판단한다. 또한 영락 9년(399) 백제가 맹세를 어기고 왜와 화통하여 신라의 땅에 왜가 있었다는 것을 문제 삼은 것은, 아신왕 6년(397)의 왜와 백제의 결호를 지칭한 것으로 판단한다. 따라서 당시의 정국은 고구려-신라의 동맹에 대응하여 백제-왜의 동맹이 결성되어 상호 대결하는 형국이었으며, 「광개토대왕릉비」 신묘년조 기사는 고구려의 백제 격파와 신라의 臣民化를 지칭한

의 재왜 외교가 실효를 거두었음을 의미한다.

전지왕 즉위년 고구려의 공세가 멈춘 상황에서 백제는 진(晉), 왜
(倭)와의 외교를 강화하고, 아울러 전지왕은 '봉원(奉元)'이란 연호를
제정하였다. 그는 숙부 설례를 물리치고 즉위하여 연호를 제정함으로
써 왕자(王者)임을 천명하고, 하늘을 계승하였음을 밝혔던 것이다. 왜
에 보낸 칠지도에서는 백제와 왜의 관계를 주역에서의 건·곤과 감리
의 교합으로 여겨야 함을 강조하였다. 특히 제산 김성탁이 일컬었듯이
감리의 교합은 '기제(旣濟)'괘(䷾)에 해당한다. 기제괘는 '물이 불 위에 있
는 형상으로 군자는 환난을 생각하여 예비해야 한다'고 풀이되는 바,174)
양국이 군신 내지 부처의 관계로서 함께 고구려의 침략으로부터 환난을
예비해야 한다는 것을 강조한 것이라 할 수 있다. 여기에 새로이 도입한
불교의 전륜성왕의 이념까지 칠지도의 명문과 도상에 투영한 것이 아닐까
한다.

5. 맺음말

본고에서는 그 동안 칠지도 연구에 있어서 쟁점이 되었던 연호와
제작일, 그리고 용어 등을 다시 검토하여 새로운 석문을 제시하였다.
아울러 그 동안 대세를 이루었던 길상구설의 문제점을 지적하고 그
제작 시기를 확정하였다. 또한 본 도(刀)의 도상이 지닌 사상적 배경
을 병오 정양, 기생의 원리, 불교의 전륜성왕 이념과 관련하여 살피고,
당시 백제와 왜의 관계에 대한 몇 가지 문제를 살피고자 하였다.
그 동안 '태시(泰始)', '태초(泰初)', '태화(泰和)' 등으로 추독하였

것에 다름 아니라고 본다. 이에 지속적으로 「공개토대왕릉비」의 동 기사에
대한 원석 탁본의 발굴이나 비문에 대한 과학적 조사가 절실하다고 본다.
174) "乾坤之交而爲奉˚ 坎離之交而爲旣濟"(『霽山先生文集』권 12, 雜著, 晉兒啓蒙
質疑辨) "䷾ 旣濟 亨小利貞 初吉終亂 … 象曰 水在火上 旣濟 君子以思患而豫
防之"(『周易』旣濟)

던 연호를 '봉원(奉元)'으로, 그리고 칠지도의 제작일을 봉원 4년 (408) 11월 16일로 확인하였다. 나아가 칠지도 양면의 명문을 비교한 결과, 앞면은 칠지도 제작에 관련된 사실(fact)을 서술한 데 대하여, 뒷면은 선세 이래로 없던 이 칼을 만들게 된 동기와 배경을 밝히고 있는 바, 앞, 뒷면이 상호 긴밀하게 연결되어 서술되었음을 확인할 수 있었다. 특히 뒷면은 백제 왕세자가 본 칠지도를 만들도록 하여 왜왕에게 전달하였으니 후세에 전하여 보이라는 칠지도 제작의 본연의 목적을 분명하게 드러낸 만큼, 칠지도 제작 당시의 백제와 왜 간의 외교적 목적에 부합하는 것으로 판단되었다.

따라서 본 명문의 앞면은 '봉원(奉元) 4년 11월 16일 병오 정양에 백련철 칠지도를 만드니, [칼이] 나오자마자[生] 백병(百兵)의 임금으로 후왕에게 주기에 마땅하다. ロロロロ이 만들었다.'로, 뒷면은 '선세 이래로 이 도(刀)가 없었는데, 백제의 왕세자가 기생(奇生)의 말씀으로 왜왕을 위하여 지(旨)를 내려 만들었으니, 후세(薗世)에 전하여 보이도록 하라'는 의미로 풀이하였다.

길상구설과 관련하여서는, 한대의 동경이나 도검의 제작일이 일부 도교와 관련되고 길상의 의미로 사용된 것은 분명하지만, 길상구설에서 일컫듯이 일간지가 형식적이고 무의미한 것으로 보기 보다는, 국가 또는 왕실의 제사 및 주요 행사를 거행함에 있어서 어떠한 경우라도 택일(擇日)하였듯이, 길상한 날을 택하여 칠지도를 제작하였던 것으로 보았다. 이에 칠지도의 제작일을 '봉원 4년 11월 16일(奉元四年十一月十六日)'로 확인함과 아울러 '봉원(奉元)'을 백제 전지왕의 연호로 보고, 노(魯) 은공(隱公)의 고사를 참조하여 '천지를 일으키는 기운을 키우는 것을 받든다[奉元養]'는 데서 채용한 것으로 풀이하였다.

'칠지도(七支刀)'란 명칭과 도상에 대해서는 제작일시에 보이는 '병오 정양'과 칠지도 도상에 내재되어 있는 의미에 주목하였다. 곧 병오 정양은 땅에서의 초목을 이루는 변화의 기점으로서, 병오가 정양(正陽)의 방위에 있을 때 땅에서의 변화 곧 초목의 형상이 만들어지기 시작한다는 의미로서 풀이하였다. 특히 칠지도를 제작한 날은 주(周)

정월(正月) 원일(元日)에 상응하는 동짓날로서, 1양(一陽)이 시생(始生)하는 보다 더 적극적인 시점으로서 해가 남극(南極)에 있는 때인 정양(正陽)을 택한 것으로 보았다.

또한 '기생(奇生)'이란 『주역』에서 '기(奇) 곧 양(陽)이 생성한다'는 용어인 바, 칠지도의 도신을 성재(省齋)가 일컬은 '사물을 낳는 줄기'인 태극으로, 그리고 칠지도 도신의 가지를 태극의 줄기에 달린 가지인 기(奇)와 우(偶)로서 상정할 수 있었다. 이에 칠지도의 기우(奇偶)의 조합은, 우측의 건(乾)과 좌측의 곤(坤), 그리고 좌우 기우(奇偶)의 조합은 이(离, ☲)괘와 감(坎, ☵)괘만이 나타났다. 이들 괘는 모두 뒤집혀도 정도(正倒)가 바뀌지 않는 괘로서, 군자가 성(誠)과 중(中)의 바른 위치에 서서 세상을 평탄하게 한다는 의미로 새길 수 있었다. 칠지도의 명문에서 '마땅히 후왕에게 준다[宜供供侯王]'거나 '백제 왕세자가 왜왕을 위하여 지(旨)를 내려 만들었으니 후세에 전하여 보이라[爲倭王旨造傳示㊐世]'고 한 데서, 건(乾)과 감(坎)의 강건함은 백제이고, 곤(坤)과 이(离)의 유순함은 왜를 지칭한 것으로 풀이할 수 있었다. 따라서 칠지도의 도상은 성(誠)과 중정(中正)의 태도로 양국 간의 군신간 내지 부처간의 지위를 강조한 것이며, 백제는 강건하기 때문에 스스로 설 수 있으나, 유순한 왜는 반드시 백제에 기대어 합해야 길하며, 스스로 이루려거나 백제에 대항하여 의심하면 흉하다는 사실을 투영한 것으로 풀이되었다.

한편으로 칠지도의 원래 이름(full name) '백련철칠지도(百練銕七支刀)'는 '백련도(百練刀)'라고 약칭할 수도 있는 것으로, 이러한 이름의 유래는 중평도(中平刀) 이전 불경에서 유래한 것으로 보았다. 아울러 '칠지(七支)'가 전륜성왕의 7보 가운데 2보인 상보(象寶)의 형체를 특정하는 어휘라는 점, 상보의 출현은 전륜성왕의 출현으로 간주된다는 점, 그리고 칠지도의 금상감과 상보의 칠지, 칠지도를 보낸 이듬해 왜의 사신이 가져온 야명주 등이 전륜성왕의 7보 가운데 금륜보, 상보, 신주보에 상응한다는 점에서, 전륜성왕의 출현을 알리는 징표로서 '칠지'라는 명칭을 불경에서 끌어왔을 가능성을 상정하였다.

백제 왕세자가 '기생(寄生)의 성음(聖音)'으로 칠지도를 만들도록 한 바, 왕세자 구이신(久尒辛)은 스승으로부터 여러 전적을 익혔음이 분명하고, 배움의 과정에서 '기생의 말씀'을 듣고 칠지도를 도안하여 만들도록 하였다고 본다. 그 스승을 특정할 수는 없지만 왕인과 같이 유학에 밝은 박사이거나 유·불에 밝은 승려로서 왕사(王師, 世子師)의 지위에 있던 인물일 것으로 추측하였다. 또한 칠지도를 제작하고 보낸 주체가 왕세자였다는 명문의 기사로 미루어 볼 때에, 당시 백제의 왜와의 외교 책임자는 왕세자 구이신(久尒辛)이었던 것으로 생각하였다.

　사실 칠지도에 투영된 역법이나 기생의 원리로부터, 백제는 이미 독자적으로 천문을 관측하고 상당한 수준의 역학(曆學) 및 유학에 대한 지식을 갖추었음을 알 수 있었다. 아울러 이러한 유학의 원리를 불교와 접합하여 운용하는 단계에까지 이르렀다고 할 수 있다. 이들 지식은 아무래도 진(晉)으로부터 수용한 것이라 생각되며, 백제는 이를 다시 왜에 전달하였던 바, 칠지도는 당시 동아시아 선진 문물의 전파 경로 뿐만 아니라 백제와 왜의 관계, 그리고 당시 백제의 천문학과 역법, 유불의 사상을 종합적으로 반영하는 실증자료로서 평가되는 것이다.

백제 동성왕인물화상경(스다하치만경)과 사마

Ⅰ. 머리말

본래 일본 화가산현(和歌山縣, 와카야마현) 교본시(橋本市, 하시모토시) 우전정(隅田町, 스다마찌) 우전팔번신사(隅田八幡神社, 스다하치만신사)에 있었던 동경은 직경 19.8cm로서, 뒷면에 48자의 명문과 함께 9명의 인물 화상이 있어서 '우전팔번신사(隅田八幡神社, 스다하치만신사)의 인물화상경(人物畵像鏡)'으로 칭하는데, '우전팔번경(隅田八幡鏡, 스다하치만경)'으로도 일컫는다. 본 동경은 강호(江戸, 에도)시대 천보연간(天保年間)의 『기이국명소 도회(紀伊國名所圖繪)』와 『기이 속 풍토기(紀伊續風土記)』에 '신공황후(神功皇后)로부터 전래된 고경(古鏡) 내지 한위(漢魏)의 고물(古物)'로서 전하였다. 그러나 명문의 난해함과 조선어(한국어)가 섞여 있어 문장의 의미를 파악하기 어려웠던 관계로 널리 알려지지 않았다. 1914년 고교건자(高橋健自, 다카하시 겐지)가 본 동경을 '명문이 있는 일본의 가장 오래된 동경'으로 규정하고 『일본서기』 신공기 기사와 관련하여 학계에 소개함으로써 이에 대한 본격적인 연구가 시작되었다.[1]

---

1) 水野祐, 「隅田八幡神社藏鏡銘文の一解釋」, 『古代』 13, 1954 ; 上田正昭 編, 『論集日本文化の起源』 2 : 日本史, 平凡社, 1971, 422쪽. 坂元義種, 「文字のある考古學史料の諸問題」, 『ゼミナール日本古代史』 下, 光文社, 1980, 62쪽.

1951년 6월 29일 일본의 국보(고고 2호)로 지정되었고, 현재 국립동경박물관에 소장되어 있다.

본 동경의 출처는 분명하지 않지만, 뒷면의 명문으로 인하여 많은 주목을 받아 왔다. 그러나 명문의 글자가 분명함에도 불구하고, 이체자와 이형자로 인하여 석독이 쉽지 않았다. 본 동경을 제작한 시기에 대해서는 명문의 기년을 '계미년(癸未年)'으로 보아 383년설,[2] 443년설,[3] 503년설,[4] 623년설,[5] 503년 또는 563년설[6]등이 있다. 이 가운데 383년설은 『일본서기』신공황후의 수정기년을 채택한 것으로서, 동경의 명문에서 사마념장'언'(斯麻念長'彦')과 '명(미)'주리('命(彌)'州利) 두 인물을 『일본서기』신공기에 보이는 천웅장언[사마숙녜](千熊長彦[斯麻宿禰])과 미주류(彌州流)에 비정한다.[7] 443년설에서는 '일십대왕(日十大王)'을 윤공천황(允恭天皇)에, 남제왕(男弟王)을 대초향황자(大草香皇子)에 비정하고, 천황을 추대한 백제계 귀화인 출신 족장의 1인인 사마(斯麻)가 하내직(河內

2) 高橋健自,「在銘最古日本鏡」,『考古學雜誌』5-1, 1914, 103~105쪽. 西田長男,「隅田八幡神社の畫像鏡の銘文」,『大倉山論集』2~3, 1953~1954;『日本古典の史的研究』, 理想社, 1956, 45·51쪽. 駒井和愛,「隅田八幡藏畫像鏡考」,『東方學』40, 1970, 4쪽.

3) 水野祐, 앞의 논문, 1954 ; 上田正昭 編, 앞의 책, 1971, 429쪽. 和田萃,「畫像鏡の銘文をよみ」,『大系 日本の歷史』2, 小學館, 1992, 317~319쪽.

4) 福山敏男,「江田發掘大刀及び隅田八幡神社鏡の製作年代について」,『考古學雜誌』24-1, 1934, 32쪽. 井本進,「隅田八幡宮」畫像鏡銘の解讀」,『日本歷史』26, 1950, 56쪽. 乙益重隆,「隅田八幡神社畫像鏡銘文の一解釋」,『考古學研究』11-4, 1965, 154쪽. 山尾幸久,「隅田八幡畫像鏡銘が語る日朝關係」,『古代の日朝關係』, 塙書房, 1989, 245~246쪽. 소진철,「日本國 國寶 '隅田八幡神社 所藏 人物畫像鏡의 銘文을 보고」,『박성수교수화갑기념논총 한국독립운동사의 인식』, 1991, 644쪽. 장팔현,「隅田八幡鏡 銘文에 대한 새로운 考察」,『百濟研究』35, 忠南大 百濟研究所, 2002, 70쪽.

5) 宮田俊彦,「癸未年·男弟王·意柴沙加宮-隅田八幡神社藏人物畫像鏡銘文考」,『日本上古史研究』2-6(通卷 第18號), 1958, 103~104쪽.

6) 金恩淑,「隅田八幡鏡의 명문을 둘러싼 제논의」,『韓國古代史論叢』5, 가락국사적개발연구원, 1993, 364쪽.

7) 西田長男, 앞의 책, 1956, 46~47쪽.

直)과 예인(穢人) 금주리(今州利)를 보내어 본 동경을 주조하였다고 본다.[8] 503년설에서는 본 동경의 대왕을 인현(仁賢) 또는 무열천황(武烈天皇), 남제왕(男弟王)을 남대적천황(男大迹天皇, 繼體天皇)에 비정하고, 그때에 사마(斯麻)가 하내['개'중][河內, 가와치]['開'中]의 비직(費直)인 한인(漢人[穢人])과 백제로부터 귀화한 금주리(今州利)에게 동경을 만들도록 한 것으로 풀이한다.[9] 또한 사마(斯麻)를 무령왕(武寧王)에 비정하면서 하내직(河內直, 카와치노아타히)의 일문(一門)으로 사마의 신임이 두터웠던 일본인 개중비직예인(開中費直穢人, 가와치노아다이에히도)과 『일본서기』계체기에 사마왕의 사자로 등장하는 주리즉이(洲利卽爾, 즈리소니)인 금주리(今州利)를 일본에 보내어 동경을 바친 것으로 보기도 한다.[10] 623년설에서는 대왕을 추고천황(推古天皇), 남제왕(男弟王)을 압판도근수(押坂島根首, 押坂彦人大兄皇子, 오시사카히고히도 오오에노미코)에 각각 비정한다.[11]

이렇듯이 본 동경의 제작 시기와 등장인물에 대하여 다양한 견해들이 있었는데, 그 제작국에 대해서도 각각의 관점에 따라 중국제 상방인물화상경(尙方人物畵像鏡)을 모방한 일본의 방제경(倣製鏡)으로 보거나 백제경(百濟鏡)으로 보는 견해가 있다.

일본의 방제경이라는 관점은, 중국의 상방인물화상경을 모델로 내구의 화상을 만들고 외구에 방격의 대를 두른 것으로 본다. 이러한 주장은 백제에서 중국경을 모방하여 만든 거울이 적은 반면에 일본에서는 많은 방제경을 만들었다는 데 근거한다. 특히 일본에서 출토된 중국제 상방인물화상경과 가장 유사한 것은 후한시대까지 거슬러 올라가지만, 이들을 출토한 일본 고분이 대체로 5세기 후반부터 6세기 전반에 걸친 것이라는 점에서 본 동경의 기년을 '계미년(癸未年)'으로 보아 443년 또는 503년으로 본다.[12] 또 한편으로 우전팔번경(隅田八幡鏡, 스다하치만경)과 같은 방

8) 水野祐, 앞의 논문, 1954 ; 上田正昭 編, 앞의 책, 1971, 429~432쪽.
9) 福山敏男, 앞의 논문, 1934, 36쪽.
10) 乙益重隆, 앞의 논문, 1965, 155~156쪽.
11) 宮田俊彦, 앞의 논문, 1958, 103~104쪽.

제경이 만들어진지 100년이 지나서야 불상이 만들어졌다는 것에 대해 의문을 표시하며, 법륭사(法隆寺, 호류지) 금당의 석가불이 만들어진 추고천황(推古天皇) 31년(623)에서야 이와 같은 방제경의 주조가 가능하였다고 보기도 한다.13)

백제경이라는 관점은, 명문의 사마(斯麻)와 금주리(今州利)를 『일본서기』 신공기(神功紀)의 사마숙녜(斯麻宿禰)와 미주류(彌州流)로 보고 사마념장언(斯麻念長彦)과 명[미]주류(命[彌]州流)가 일본에 있으면서 이 동경을 제작하였거나 아니면 사마념장언(斯麻念長彦)이 개중비직(開中費直)과 명[미]주류(命[彌]州流)를 백제에 파견하여 본 동경을 제작한 것으로 보기도 한다.14) 이에 대해 사마(斯麻)를 무령왕, 개중비직(開中費直)을 하내(河內, 가와치)에 거주한 백제계 도래인, 금주리(今州利)를 백제의 경작사(鏡作師)로 보기도 한다.15) 이처럼 일본 학계에서는 고교건자(高橋健自, 다카하시 겐지) 이래로 본 동경에 대하여 『일본서기』 및 일본의 대왕호 등 고대국가 형성과정과 관련하여 많은 연구성과물을 축적하여 왔다.

이에 대해 우리 학계에서는 큰 관심을 갖지 못하다가, 1971년 7월 공주송산리고분군에서 무령왕지석이 발견되어 '사마(斯麻)'의 실재를 증명하게 되었다. 이로써 우리학계에서도 무령왕지석의 사마(斯麻)와 관련하여 비로소 우전팔번경(隅田八幡鏡, 스다하치만경)에 대한 관심과 연구가 증폭되었다. 이들 초창기 연구에서는 일본에 건너간 백제인들이 본 동경을 제작한 것으로 보았다.16) 이에 대하여 동경 명문의 대왕을 동성왕으로 보면서 무령왕이 즉위하여 본 동경을 제작하여 계체천황(繼體天皇)에게 전한 것으로 보기도 하고,17) 대왕을 사마 곧 무령왕으로 보면서 동경의

---

12) 金恩淑, 앞의 논문, 1993, 334~341쪽.

13) 宮田俊彦, 앞의 논문, 1958, 104쪽.

14) 西田長男, 앞의 책, 1956, 51쪽.

15) 장팔현, 앞의 논문, 2002, 62~63·68쪽.

16) 李進熙, 「武寧王陵と百濟系氏族」, 『東アジアの古代文化』 1976년 봄호 ; 李基東 역, 『廣開土大王碑의 探求』, 일조각, 1982, 246쪽.

17) 金在鵬, 「무령왕의 우전팔번화상경」, 『손보기박사정년기념 한국사학논총』,

수수는 상위자가 하위자에게 내린 것으로서 형왕(兄王)인 대왕 사마가 왜국의 남제왕(男弟王)인 계체(繼體)에게 사여한 것이라고 주장하기도 한다.[18]

우리 학계에서 무령왕지석을 발견함으로 인하여 우전팔번신사(隅田八幡神社, 스다하치만신사)의 화상경 명문을 새롭게 보려는 시도는 매우 바람직한 것임에 분명하다. 다만 본 명문을 이해하기 위해서는 전체 문장의 구성을 살필 수 있는 '矣'에 대한 해명, 곧 '癸未年(계미년)'의 '癸(계)'로 볼 것인가 아니면 어조사 '矣(의)'로 볼 것인가의 문제가 있다.[19] 또한 명문상의 쟁점으로 남아 있는 동경의 제작국과 기년 문제, 이와 관련된 '일십대왕(日十大王)'을 어떻게 석독할 것인가의 문제, 의시사가궁(意柴沙加宮)을 어떤 왜왕(倭王)과 관련된 것으로 볼 것인가, 남제왕(男弟王)을 누구로 특정할 것인가, 그리고 '開(?)中費直穢人今州利'나 '取(?)白上同二百旱(?)作(?)此竟'의 석독 문제 등이 있다.[20] 본 동경의 명문에 대한 이러한 쟁점들은 무엇보다도 본 동경에 보이는 이체자 내지 이형자를 둘러싼 명문 하나하나를 편견없이 석독할 때에야 해결할 수 있으리라 생각한다.

이에 본고에서는 본 동경의 명문을 다시 음미하여 분명하게 석독하고, 그에 따른 제작의 주체와 명문의 성격을 밝히고자 한다. 나아가 이를 바탕으로 백제가 동성왕 13년(491)에 본 동경을 제작하였음을 밝히고 아울러 그 제작 배경을 살피고자 한다. 또한 본 동경에 보이는 대왕과 사마의 관계를 검토함으로써 그동안 미결의 과제로 남아 있던 웅진기 백제 왕실의 계보를 복원하고자 한다. 제현의 질정을 바란다.

2. 명문의 석독과 석문

1988, 112~114·130쪽.
18) 소진철, 앞의 논문, 1991, 61쪽.
19) 이기동, 「무령왕릉 출토 지석과 백제사 연구의 신전개」, 『백제연구』 21, 1991 ; 이기동, 『백제사연구』, 일조각, 1996, 266~267쪽.
20) 金恩淑, 앞의 논문, 1993, 343~365쪽.

(1) 명문의 석독

그 동안 본 동경의 명문에 대해서는 다양한 해석이 있어 왔다. 이러한 데는 본 동경의 명문이 원형으로 기재되어 있어 그 시작과 마지막 부분이 분명하지 않고, 이체자가 많아 석독하는 데 어려움이 있기 때문이다. 특히 이체자에 대해서는 연구자들마다 각각의 견해를 제출하여 다양하게 석독함으로써 아직까지도 정설이 없다고 해도 과언이 아니다. 이는 어느 금석문에 있어서도 마찬가지겠지만 객관적인 석독을 우선해야 함을 의미한다. 따라서 본 절에서는 원형의 명문을 기왕의 일반적인 견해에 따라 평면으로 배열하여 쟁점이 되는 각 글자에 대하여 석독하고자 한다.

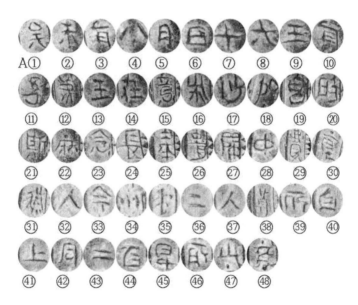

국사편찬위원회 한국사데이터베이스 사진유리필름 자료
「百濟武寧王銅鏡(隅田八幡畫像鏡)(2)」(http://db.history.go
.kr/id/fl_006_001_000_0061)을 바탕으로 정리함

위의 48자의 명문 가운데 모두 17자(A①, ③, ⑧, ⑩, ⑪, ⑫, ⑯, ⑰, ㉕, ㉗, ㉚, ㉛, ㊳, ㊴, ㊻, ㊼, ㊽)의 이체 내지 이형자를 살필 수 있다. 이들 글자 가운데 제작연대와 관련된 A①, 제작 주체와 관련된 A⑧, 동(同[銅])을

보낸 주체와 관련된 A㉕의 석독 등이 그 동안의 쟁점이었다. 또한 이에 더하여 A③과 A⑩, ㉗, ㊴, ㊺, ㊻의 글자가 모호함에도 불구하고 문맥으로 미루어 추독함으로써 명확한 석독문을 제시하지 못한 점을 지적할 수 있다.

먼저 A①은 그 동안 계(癸)로 석독하거나[21] 계(癸)의 左文[좌우반 전문자]일 것[22]으로 보았다. 또한 종지형 어미 '의(矣)'의 이체자로 보기도 하지만,[23] '矣'의 위에 있는 'ㆍ'을 시작한다는 부호로 여겨 '계(癸)'의 오자로 보기도 한다.[24] 그러나 이는 종지형 어미 '의(矣)'의 이체자로서 『광비별자. 7획. 의자(廣碑別字. 七畫. 矣字)』에 인용된 「당조의랑 전행위주사법참군사 상주국 원소묘지(唐朝議郎前行魏州司法參軍事上柱國元素墓誌)」에서 살필 수 있는데,[25] 다리(多利)가 만든 무령왕비 은제훈[26]에서 사용된 종지형 어미 '이(耳)'에 상응한다.

A③ '旨'에 대해서는 대체로 '년(年)'으로 추독하여 왔다. 그런데 본 명문 아래 부분의 자획은, '8월(八月)'의 '월(月)'자⑤와 동일한 '월(月)'변으로 볼 수도 있어서 '년(年)'으로 석독하기에 주저하게 한다. 역대 각종 서식이나 금석문상의 용례에서 '년(年)'의 이체자로서(B) '월(月)'변을 사용한 사례가 없기 때문이다. 오히려 자형으로 보아 '유(有)'로 볼 여지가 있어 '미유8월(未有八月)'의 표기 방식으로 이해할 수도 있다. 한편으로 'ㄥ'('ナ' 또는 'ㅡ')의 아래 획을 '旨'으로 볼 수도 있고 '未旨'이 기년을 표기한다는 점에서, '년(年)'의 신출 이체자로 볼 수도 있다. 아무튼 이 글자를 '유(有)' 또는 '년(年)'으로 석독할 수 있지만, 어떠한 경우라도 이 글자가 기년을 표기하는 것임이 분명하다. A⑩을 대체로 A③과 동일한 '년(年)'으로 석

---

21) 高橋健自, 앞의 논문, 1914, 103쪽.
22) 福山敏男, 앞의 논문, 1934, 32쪽. 山尾幸久, 앞의 책, 1989, 232쪽.
23) 坂元義種, 앞의 논문, 1980, 72~73쪽.
24) 駒井和愛, 앞의 논문, 1970, 4쪽. 山尾幸久, 앞의 책, 1989, 232쪽.
25) 中華民國 國家教育研究院, 2017, 教育部『異體字字典』6版, '矣'字. (https://dict.variants.moe.edu.tw/variants/rbt. quote_code=QTAyODE3L TAxMQ, A028 17-011)
26) "庚子年二月多利作大夫人分二百卅主耳"(국립부여박물관, 『百濟의 度量衡』, 2003, 88~89쪽)

독함으로써 '대왕년(大王
年, 대왕의 해에)'으로 풀
이하는데, 이를 '여(与)'
자의 좌문(左文, 좌우반
전문자)으로 석독하여 "
일십대왕(日十大王,　允
恭天皇)'과' 남제왕(男弟
王, 大草香皇子)"의 '~과'

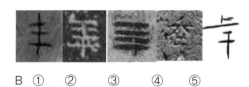

로 풀이하기도 한다.27) 그러나 이는 A③의 '亖'이나 위(B)에 제시한 '년
(年)'의 이체자, 그리고 '여(与)'의 좌우반전문자와도 자형이나 획수가 전
혀 다르고, '勹'의 복심에 'ㅌ'이 더해진 모양이다. '勹'는 본 동경의 서법으
로 미루어 볼 때에 '勹'변이 분명하고, 그 안의 'ㅌ' 획은 亡의 ﹨획을 가로
로 누인 모양으로, 왕희지서체에 보이는 '망(亡)'의 이형자[C]로 볼 수 있
다.28) 따라서 본 글자는 자형이나 획수로 미루어 '개(丐)'의 이체자 '㢣'라
고 보아야 하지 않을까 한다.

　A⑧에 대해서는 그 동안 '대(大)'자로 석독하는 데 이론이
없었다. 그러나 '대(大)'의 양쪽 삐침의 중앙부분이 약간 벌어
진 것으로 보고 '육(六)'자로 석독하기도 하는데,29) 글자를 확
대해 보아도 재론의 여지가 없는 '대(大)'자임에 틀림없다.

C. 亡 (晋王
羲之「二月
二日帖」)

　A⑪⑫[D①]를 '남제(男弟)'로 석독하는 데 대하여는 이론이 없지만, '부
제(孚弟)'30) 또는 'ㅁ제(ㅁ弟)'31)로 보기도 한다. 다만 이들은 이체자의
새로운 용례로서 주목할 수 있다. 다음 사진에 보듯이 A⑪은 '전(田)'변에

---

27) 水野祐, 앞의 논문, 1954 ; 上田正昭 編, 앞의 책, 1971, 427·429쪽.
28) 書法字典(http://www.shufazidian.com/) '亡'자 행서.
29) 高橋健自는 '癸未年八月十六'이라 하여 '日十六'을 '16일'의 일진으로(高橋健
　自, 앞의 논문, 1914, 103~105쪽), 張八鉉은 '日十六'을 '니무'로 읽고 '니리무
　셰마(州島)'라 칭해졌던 사마왕(무령왕)을 지칭한다고 주장한다.(張八鉉, 앞
　의 논문, 2002, 59~60쪽)
30) 山尾幸久, 앞의 책, 1989, 236쪽.
31) 김은숙, 앞의 논문, 1993, 346~347쪽.

대한 의문이 없지 않으
나 '역(力)'획이 분명하
고 '역(力)'과 관련된 글
자의 용례로 미루어 '남
(男)'의 초서체[D②]와
흡사하다는 점에서 그로
부터 빌어온 것이 아닐

D. 좌로부터 ① 동경의 '男弟', ② 唐 懷素 「草書千字
文」의 '男' ③ 남북조시대 魏碑의 '弟'

까 한다. 또한 A⑫는 남북조시대의 위비(魏碑)에 보이는 글자체[D③]와
흡사하지만, 'ノ'획을 가로획 'つ'에 상응하는 것으로 볼 수 있기 때문에
'제(弟)'의 이형자로 보아 무방할 듯하다.

A⑮⑯⑰⑱⑲를 '의시사가궁(意柴沙加宮)'으로 석독하는 데 대하여 이
론은 없다. 다만 '시(柴)'를 '자(紫)'로 석독하기도 하지
만,[32] 좌변 아래쪽의 획이 '목(木)'변이므로 한비(漢碑)에
보이는 '시(柴)'자에서 1획 정도가 생략된 것으로 보아야
하리라 본다. 그밖에 의(意)와 사(沙)는 일종 이형자로 보
아 좋을 것이다.

E. 漢 「華山
廟碑」

본 동경의 명문 가운데 쟁점 중의 하
나로서 A㉕를 들 수 있다. 기왕에 이
를 '수(壽)'로 석독하여 '념장수(念長
壽)'의 길상구로 풀이한[33] 이래로 많
은 연구자가 이를 따라 왔으나, '태
(泰)'[34] 또는 '봉(奉)'[35]자로 보기도 한

F. 동경(좌)과 漢印章(중앙), 馬王
堆帛書(우)의 '奉'

---

32) 소진철, 앞의 논문, 1991, 61쪽.

33) 福山敏男, 앞의 논문, 1934, 32쪽. 소진철, 「〈隅田八幡 神社 所藏 人物畵像
鏡〉의 銘文을 보고」, 『금석문으로 본 백제 무령왕의 세계』, 원광대출판국,
1994, 20쪽.

34) 森俊道, 「タマフリ呪術と隅田八幡畵像鏡」, 『東アジアの古代文化』 33,
1982, 80쪽.

35) 山尾幸久, 앞의 책, 1989, 238쪽. 乙益重隆, 앞의 논문, 1965, 155쪽. 保坂三
郎, 「人物畵像鏡銘」, 『定本書道全集』 8, 河出書房, 1956. 駒井和愛, 앞의 논

다. 그런데 이는, 아래쪽의 획을 수(壽)자로 보기 어렵고, 오히려 한 대(漢代) 인장이나 마왕퇴백서(馬王堆帛書)에 보이는 '봉(奉)'의 이체자로 보는 것이 옳다.[36]

본 명문 가운데 A㉖[견(遣)]만이 좌우 반전 문자를 사용하였다.[37] 이와 같은 반전 문자의 형식으로 공주 무령왕릉에서 발견된 벽돌의 명문 가운데 '급사(急使)'가 있거니와, 이와 관련하여 생각해 볼 필요가 있을 듯하다. 다만 이와 같이 반전 문자를 사용한 것이, 제사를 지내면서 길상적 의미로 사용한 것인지, 아니면 아랫 사람이 대왕에게 사자를 보낸 데 따른 것인지는 분명하지 않다. 이에 대해

G.
좌 : A㉖   '遣'
우 : 국립공주박물관 "急使"銘文塼(공주514)

서는 여러 사례를 비교 분석하여 추후 자세하게 검토할 필요가 있으리라 본다.

한편 그 동안 A㉗에 대해서는 대부분의 연구자들이 '개(開)'로 석독하여 왔지만[38] 불명자로 처리하기도 한다.[39] 이러한 데는 본 명문의 글자 오른쪽 부분의 획이 내측의 원주선과 맞닿아 있어 글자를 명확하게 구분하기 어려웠기 때문이다.(I①) 여기에서 왼쪽 변의 '阝'는 「광개토대왕릉비」에 보이는 '아단성(阿旦城)'의 '아(阿)' 왼쪽 변(H)과 동일하다. 따라서 '阝'는 부(阜)변인 'β'

H. 「광개토 대 왕릉비」 '阿旦城'

문, 1970, 7쪽. 장팔현, 앞의 논문, 2002, 63쪽.
36) 書法字典(http://www.sfzd.cn/jizi.php) '奉'자 간독·예서.
37) 본 동경의 左文(좌우 반전문자)에 대하여, 福山敏男은 癸大意遣作의 다섯 글자로 보았고(福山敏男, 앞의 논문, 1934, 32쪽), 和田萃는 十大遣을 반전문자로 이해하였다.(和田萃, 앞의 논문, 1992, 324쪽) 전자의 경우 癸와 作은 오독이고, 意는 동 글자의 '心'변이 분명하므로 서체상 고졸한 면이 없지 않으나 정자로 보아야 하고, 大는 좌우반전이라 하더라도 정자와 차이가 없다. 후자의 경우도 마찬가지로 十과 大 모두 좌우 반전 문자라 하더라도 정자와 동일하다는 점에서 본 동경의 명문에서 반전문자는 '遣'자에만 적용된 것이라 할 수 있다.
38) 福山敏男, 앞의 논문, 1934, 36쪽. 駒井和愛, 앞의 논문, 1970, 7쪽.
39) 山尾幸久, 앞의 책, 1989, 236쪽.

로서, 본 동경의 A㉗이 '개(開)'일 수 없음을 의미한다. 이에 본 명문의 오른쪽 획에서 원주선을 제외한 실획만을 본다면 위의 그림 I②에서 보듯이 '帰'라고 할 수 있다. 이는 전국시대의 전서체에서 비롯하여 한대(漢代)의 목간, 왕희지서체에서 두루 사용되었던 '귀(歸)'의 이체자이다.[40]

아울러 '귀중(歸中)'에 딸린 인명(A㉙㉚)을 '비직(費直)'으로 석독하는데 대하여 이론은 없다. 다만 A㉚은

I. 좌로부터 ① 동경의 내주선 포함 ② 동경의 내주선을 제외한 글자 ③ 전국시대 「侯馬盟書」의 전서체 '歸' ④ 漢 「張家山前 漢簡-盖廬」의 '歸' ⑤ 晋 王義之 「普覺國師碑」의 '歸'

한(漢)의 조전비(曹全碑)에 보이는 직(直)의 이체자(J②)와 흡사한데,[41] 본 동경의 명문은 이로부터 비롯한 이형자로 보아 좋을 듯하다.

J.① 동경의 '費直'
② 「漢 曹全碑」의 '直'

A㉛은 '예(穢)'자의 戈변에서 'ノ'획이 생략된 것으로 여겨지지만, 「광개토대왕비」의 '한예(韓穢)'에 보이는 '예(穢)'에 상응하는 것으로 보아 좋

---

40) 書法字典(http://www.sfzd.cn/jizi.php) '歸'자 전서·간독·행서. 본 논문을 발표할 당시(韓國古代史探究學會-제 91차 월례발표회-, 2021년 9월 25일) 토론자였던 홍성화선생이 필자에 앞서 이를 '歸'로 석독한 石和田秀幸의 논문이 1996년도에 이미 발표되었음을 지적하고, 동 논문을 제공하여 주었다. 본 지면을 빌어 홍선생의 도움에 감사드린다. 다만 石和田秀幸은 본 동경의 '帰'자를 '歸'의 이체자에서 '止'가 생략된 '조선반도와 北魏, 隋의 石碑에 잔존하는 예서의 이체자'로 보았으나(石和田秀幸, 「隅田八幡神社人物画像鏡における開中字考, 『同志社国文学』45, 同志社大学国文学会, 1996, 69쪽), '帰'는 전국시대의 전서체에서 비롯하여 漢代의 목간, 왕희지서체에서 두루 사용된 '歸'의 이체자임을 밝혀둔다. 아울러 본 논문을 완성하기까지 여러 편의 일본측 논문을 확보할 수 있도록 도와준 홍성화선생을 비롯하여, 정병준·최현화이유진·문동석·윤성준선생에게 감사드린다.

41) 書法字典(http://www.sfzd.cn/jizi.php) '直'자 예서.

을 것이다.

A㉝을 '僉'으로 읽고 '진(珍)'의 우방변만을 표시한 생획자로 보아 '진주리(珍州利)'로 석독하여 『일본서기』 신공기에 사마숙녜(斯麻宿禰)와 함께 등장하는 미(彌)주류(彌[命]州流)로 보기도 하지만,[42] '수'은 『례변. 평성. 침운. 자(隸辨. 平聲. 侵韻. 字)』에 인용된 「노자명(老子銘)」의 '금(今)'의 이체자가 분명하다.[43]

A㉞을 대체로 '등(等)'으로 석독하지만, 이를 '산(算)'[44]이나 '막(莫)'[45]으로 보기도 한다. 다만 글자 오른쪽 가장자리의 길게 내려 쓴 종획이 특이한데, 이는 등(等)의 초서체에서 '촌(寸)'을 강조한 그것이 아닐까 생각해 볼 수 있다. 더욱이 본 글자 중앙

K. 좌로부터 ① 동경의 '穢'
　　② 「광개토대왕비」의 韓穢
　　③ 晋 王羲之 「集王字聖敎序」

L. 동경 A㉝의 '今'

M. 좌상으로부터 ① 동경의 '等' ② 漢의 「史晨前后碑」 좌하로부터 ③④⑤ 「포항중성리신라비」의 '等(等)' ⑥ 「냉수리신라비」 원석의 等[等] ⑦⑧ 「봉평신라비」 원석·탁본의 '等'

의 '일(日)' 모양은 오른쪽 부분의 세로획 'ㅣ'이 보이지 않는 바, 본 명문의 자획을 'ㅏ+ㅌ+寸'으로 분절해 볼 수 있다. 다시 'ㅌ'은 'ㄷ+ㅡ'로 분절할 수 있는 바, 본 명문의 필획을 순서대로 나열하면 'ㅏ+ㄷ+ㅡ+寸'이라 할

---

42) 西田長男, 앞의 책, 1956, 47쪽. 駒井和愛, 앞의 논문, 1970, 8쪽.

43) 中華民國 國家敎育硏究院, 2017, 앞의 책, '今'字
　　(https://dict.variants.moe.edu.tw/variants/rbt, pageId=2981940)

44) 森俊道, 앞의 논문, 1982, 80쪽.

45) 金在鵬, 앞의 논문, 1988, 111쪽.

수 있다. 이는 한(漢)「사신전후비(史晨前后碑)」나 진(晉)의 왕희지체에
보이는 등(等)의 이체자와 흡사하다.(M②) 사실 이와 유사한 등(等)의 이
체자는 6세기 초반 신라 금석문에도 보이거니와[M③~⑧], 백제에 있어
서도 이의 이형자로서 본 명문 글자를 사용하였다고 여겨진다. 따라서
본 명문은 등(等)의 이체자로 보아 좋을 것이다.

A㊴와 ㊻은 매우 닮았지만, 전자를 대체로 '취(取)'로, 후자의 경우는 '취(取)'46) 또는 빙(聘)의 약자 '聀'으로 보기도 한다.47) A㊻에 대해서는 고교건자(高橋健自, 다카하시 겐지)를 비롯하여 복산민남(福山敏男, 후쿠야마 도시오)·서전장남(西田長男, 니시다 나가오) 이래로 문맥으로 미루어 대체로 '작(作)'으로 석독함으로써, 일반인을 위한 미술 도판에도 이를 따르고 있다.48) 그런데

N. 좌상 ① A㊴의 '所' ② A㊻의 '取' 좌하 ③ 晉 王羲之「樂毅論」의 所 ④ 「광개토대왕비」의 '取'

A㊻의 아래 좌변은 '월(月)'로서 A㊴뿐만 아니라 작(作)의 이체자 '作'과
는 차이가 있다. A㊴의 아래 우변의 획은 '근(斤)'으로서 「사신주명(史晨
奏銘)」의 '소(所)'의 이체자 '所' 또는 왕희지서체에 보이는 '소(所)'의 이체
자로,49) 그리고 A㊻은 「광개토대왕릉비」에 보이는 '취(取)'의 이체자 取
(N④)로 보아야 하지 않을까 한다.

A㊷의 '동(同)'과 ㊾의 '경(竟)'은 지적되듯이 '동(銅)'과 '경(鏡)'의 금(金)
변을 생략한 생획자임에 분명하다.

A㊺는 대체로 '한[간](旱[杆])'으로 석독하지만, 일(日)변의 아래에 있는
획 '斗'는 신라와 백제의 금석문이나 목간에 흔히 보이는 '두(斗)'의 이체

---

46) 森俊道, 앞의 논문, 1982, 80쪽.
47) 金在鵬, 앞의 논문, 1988, 112쪽.
48) 齋藤忠, 『原色日本の美術』1(原始美術), 東京 ; 小學館, 1970, 163쪽.
49) 일찍이 山田孝雄 이를 '所'로 석독한 바 있다.(保坂三郎, 『古鏡』, 創元寺, 1957, 102쪽의 석문·宮田俊彦, 앞의 논문, 1958, 103쪽)

자 '**卄**'임에 분명하다.50) 이 글자는 첫 사례이지만, 양제(量制)의 '승(升)'을 '승(昇)'으로 사용한 데서 빌어와 '두(斗)'를 '일(日)'변과 조합하여 만든 글자라고 할 수 있다. 이는 백제의 독특한 형제(衡制)로 사용되었던 무령왕릉 다리작명은훈(多利作銘 銀釧)의 '주(主)'나 미륵사지 서탑에서 출토된 금일량명(金壹兩銘) 금정의 '양(兩, 兩)'과 함께 사용되었던 별도의 무게 단위였을 것으로 추정된다.51)

(2) 명문의 문장 구성과 석문

본 명문의 전체적인 구성은, 동경의 제작일시를 나타내는 연월일과 과거의 사실로서 사마(斯麻)가 동(銅)을 바친 것, 그리고 사마가 바친 동으로 본 동경을 제작한 내용으로 이루어져 있다. 따라서 본 동경 명문의 주어 곧 동경의 제작 주체는 제작 연월일 이후의 대왕(大王) 또는 십대왕(十大王)이 되며, 사마가 귀중비직(歸中費直)과 예인금주리(穢人今州利)를 파견하여 동(銅) 200두(斗)를 보낸 것은 과거의 사실이라 할 수 있다. 이와 같은 문장의 구성은 도엽산(稻荷山, 이나리야마) 고분에서 출토된 신해년명철검(辛亥年銘鐵劍)의 명문에서도 살필 수 있다.

P①(앞면) 辛亥年七月中記、乎獲居臣、上祖名意富比垝、其兒多加利足
   尼、其兒名旦已加利獲居、其兒名多加披次獲居、其兒名多沙鬼獲
   居、其兒名半旦比
 ②(뒷면) 其兒名加差披余、其兒名乎獲居臣、世々爲杖刀人首、奉事來
   至今、獲加多支鹵大王寺在斯鬼宮時、吾左治天下、令作此百練利
   刀、記吾奉事根原也(국립중앙박물관, 2011, 『한국고대문자전』, 37
   쪽)

---

50) '**卄**'는 부여 능산리와 쌍북리, 안압지 출토 목간과 안압지 출토 토기 등에 '斗(말)'의 이체자로 두루 사용되었다.(박남수, 「〈新羅內省毛接文書〉('佐波理加盤付屬文書')와 신라 內省의 馬政」, 『新羅文化』54, 2019, 183쪽 각주 9)
51) 박남수, 「익산 미륵사지 출토 금정과 백제의 衡制」, 『한국사연구』149, 2010 ; 『한국 고대의 동아시아 교역사』, 주류성, 2011, 58~59쪽 각주 55.

위 철검의 명문은 신해년(471) 7월에 호획거신(乎獲居臣)이 그의 상조(上祖)인 의부비궤(意富比垝) 이래 대대로 장도인수(杖刀人首)로 봉사하여 지금에 이르렀으며, 획가다지로대왕사(獲加多支鹵大王寺, 雄略天皇寺)가 사귀궁(斯鬼宮)에 있을 때에 호획거신(乎獲居臣)이 천황을 모시면서 천하를 다스리는 것을 도왔는데, [이제 내(乎獲居臣)가] 이 칼을 만들어 천황을 위해 봉사한 근원을 기록한 것이라 하였다. 사실 본 명문의 문장 구조는 '제작일시 + 제작 주체 + 제작의 근원(연기) + 철검의 제작과 기록'으로 되어 있어, 우전팔번경(隅田八幡鏡)의 '제작일시 + 제작 주체 + 동경 제작의 연기 + 동경 제작'과 동일한 문장 구성을 보인다. 이는 이나리야마(稻荷山) 고분의 신해년명철검(辛亥年銘鐵劍)과 우전팔번경(隅田八幡鏡)의 제작 시기가 그리 멀지 않음을 반영하는 것이 아닌가 한다.

그런데 신해년명철검(辛亥年銘鐵劍)과 우전팔번경(隅田八幡鏡)은 인명 표기 방식에서 차이가 있다. 곧 신해년명 철검의 경우 모든 인명과 지명을 일본어의 음을 따서 한자로 표기하였으나, 우전팔번경(隅田八幡鏡)의 경우 의시사가궁(意柴沙加宮)에만 일본어의 차자 표기법을 취하고, 다른 인명의 경우 모두 한국어의 음을 따서 한자로 표기하였다는 점에서 차이가 있다. 이는 아무래도 두 유물이 일본과 한반도에서 각각 만들어졌음을 반영하는 것으로 보아야 하지 않을까 한다.

아무튼 본 우전팔번경(隅田八幡鏡)의 명문에서는 제작연월일을 기술하는 방식이 일반적이지 않은 까닭에, 제작일과 제작주체의 문단을 어떻게 나눌 것인가 하는 문제가 있다. 그동안 기년을 '계미(癸未)'로 석독한 논자들은 '癸(癸)'로부터 문장이 시작된 것으로 보지만,[52] '癸'를 종미사 '의(矣)'로 석독한 논자의 경우 미[년](未[年?])으로부터 문장이 시작하여 '의(矣)'에서 문장이 끝난 것으로 본다.[53] 또한 '계미년8월일十(癸未年八月日十)'에서 '十'을 문장이 끝나는 부호로 보아 이를 문장의 마지막으로 보

---

52) 각주 2)~6)의 논문 참조.

53) 坂元義種, 앞의 논문, 1980, 73쪽.

고, '대왕(大王)'으로부터 문장이 시작한 것으로 풀이하기도 한다.54)

그러나 '계미(癸未)'로 석독하였던 명문의 '矣'는 종미사 '의(矣)'의 이체자가 분명하고, 본 동경의 명문이 도엽산(稻荷山, 이나리야마) 고분에서 출토된 신해년명철검(辛亥年銘鐵劍)의 명문과 동일한 문장 구성을 보인다는 점에서, 본 동경의 명문은 '미(未)[年 또는 有]'에서 시작한 것으로 보아야 한다. 이에 지금까지 석독한 글자를 바탕으로 하여 본 동경 명문의 석독문을 제시하면 다음과 같다.

未年〔또는 有〕八月日十, 大王与男弟王在意柴沙加宮時, 斯麻念長奉遣歸
中費直穢人今州利二人等, 所白上同二百旱, 取此竟矣.

3. 동경 제작의 주체와 동경의 성격

(1) 기년의 표기방식과 제작 주체

본 동경에서 특징적인 것은 기년을 천간 없이 지간만으로 표기하였다는 점이다. 이와 같은 기년 표기 방식은 경주 서봉총에서 출토된 고구려 은합우(391) 명문에서 살필 수 있다.55)

54) 井本進, 앞의 논문, 1950, 55쪽. 古江亮仁,「隅田八幡宮所藏畫像鏡文私考」, 『日本歷史考古學論叢』, 吉川弘文館, 1966 :「隅田八幡鏡を解讀する」, 『歷史 と人物』, 1977-11(坂元義種, 앞의 논문, 1980, 73쪽 재인용)

55) 한국고대사회연구소 편,「서봉총 출토 은합우 명문」, 『역주 한국고대금석문』 Ⅰ, 1992, 137쪽. 본 은합우의 신묘년에 대해서는 391년설과 451년설, 511년 설, 624년설 등이 있으나, 延壽는 고국양왕이 일종 불교의 사신례를 행하고 연호를 개정하였을 가능성이 있고, 延壽라는 연호 자체가 일종 구복의 의미를 담고 있는 바 고국양왕의 병약함을 불법을 통하여 구하고자 하는 의미로 새길 수 있다는 점, 그리고 경주 호우총에서 발견된 광개토대왕「乙卯年銘壺杅」 (415)보다도 글자가 매우 고졸하다는 점 등으로 미루어 고국양왕 8년(391) 봄에 고구려가 신라에 사신을 파견하면서 보낸 것일 가능성이 높은 것으로 본다.(박남수,「신라의 동서 문물교류와 당성」, 『동아시아 실크로드와 당성』,

Q①(蓋內) 延壽元年太歲在卯三月中」太王敎造合杅用三斤六兩
　②(外底) 延壽元年太歲在辛」三月□太王敎造合杅」三斤

　곧 위의 은합우 명문은 지간의 '묘(卯)'나 천간의 '신(辛)'만으로 신묘년
을 표기하였다. 이에 대해 그릇 뚜껑 안쪽과 바깥 바닥부분의 명문을 합쳐
기년을 표기한 것이라 할 수도 있겠지만, 「합천 해인사 길상탑지(陜川 海
印寺 吉祥塔誌)」(895)에서 7월을 신월(申月)로 표기한 것이나, 건녕 2년
을묘년을 '녕2묘년(寧二卯年)'으로 표기한 것, 기유년(己酉年)에서 을묘년
(乙卯年)까지를 '자유급묘(自酉及卯)'로 표기한 것 등은56) 천간과 지간만
으로 기년이나 월간 등을 표기한 사례라고 할 수 있다. 따라서 본 동경의
'미(未)' 또한 지간만으로 기년을 표기한 방식이라고 할 것이다.
　그런데 본 동경의 기년 부분에서 '8월일십(八月日十)'을 표기하는 방식
이 관건이 된다. '십(十)'에 대해서는 대체로 '10일(十日)'의 도치형으로
보는 데57) 대해, 광개토대왕 호우의 명문 '十'과 동일한 것으로 여겨 종결
의 의미로 보거나,58) 앞의 '일[왈](日[曰])'과 함께 존칭의 '일[왈]십육왕
(日[曰]十六王)',59) 또는 뒤의 대왕과 연결하여 '십대왕(十大王)'60) 또는
'십육왕(十六王)'61)으로 보기도 한다.

　　신라사학회, 2017, 224~227쪽 : 「『삼국유사』 기이편 「내물왕 김제상」·「제18
　　실성왕」조와 신라의 정치과정」, 『신라문화제 학술논문집』 40, 동국대 신라문
　　화연구소, 2019, 30~32쪽)
56) 한국고대사회연구소 편, 「海印寺 吉祥塔誌」, 『역주 한국고대금석문』 Ⅲ,
　　1992, 338~340쪽.
57) 西田長男, 앞의 책, 1956, 49쪽. 乙益重隆, 앞의 논문, 1965, 154쪽. 駒井和
　　愛, 앞의 논문, 1970, 3쪽. 특히 乙益重隆은 '日十'을 도치형으로 보고 '日을
　　말씀드리면 8일이었다'고 풀이하면서, 기년을 과거의 사실을 추억한 것으로
　　이해하였다.
58) 古江亮仁, 앞의 논문, 1966 : 앞의 논문, 1977-11(坂元義種, 앞의 논문,
　　1980, 73쪽 재인용)
59) 水野祐, 앞의 논문, 1954 ; 上田正昭 編, 앞의 책, 1971, 426~427쪽. 森俊道,
　　앞의 논문, 1982, 80~81쪽.
60) 金在鵬, 앞의 논문, 1988, 113쪽.
61) 張八鉉, 앞의 논문, 2002, 60쪽.

이는 '일십(日十)'의 형식으로 일진을 표기하는 사례를 찾기 어렵다는 데에 있다.[62] 다만 이러한 방식은 드물기는 하지만 천문(天文)이나 역법(曆法)과 관련하여 사용되었다. 곧 『모시주소(毛詩注疏)』주무(綢繆)의 정의(正義)에서 '二月日體在戌而斗柄建卯 初昏之時[2월 해(日)의 몸체(體)가 술방(戌)에 있고 북두의 손잡이가 묘방에 세우는 처음 어둑해질 때]'[63]라고 하여, 일진을 일(日)의 체(體)가 술방(戌方)에 있고 북두칠성의 손잡이가 묘방(卯方)에 있을 때라고 한 것이나, 『송사(宋史)』천문지의 '在十二月日壬癸為大赦[12월 임계의 날에 대사를 하였다]'[64)에서 '일임계(日壬癸)'라고 하여 '[12월 임계(壬癸)의 날'로 표기하였음을 살필 수 있다. 이들은 주로 천문과 역법에서 해당 달(月)에 해(日)의 천행(天行)에서의 위치로써 일진을 표기하던 방식이거니와, 본 동경에서의 '8월 일10(八月日十)'의 표현도 그러한 천문 내지 역법과 관련되는 것이 아닐까 한다. 사실 '8월(八月)'은 추분이 있는 '신월(辛月)'로서, 음양오행에서 음(陰)의 기운이 점차 강해지는 달이다. 이에 본 동경에서 '일10(日十)'의 표기 방식 또한 천문이나 음양 등과 관련된 역법(曆法)에 따라 길일을 택하면서 나타난 표기방식으로 판단된다.

본 동경의 제작일을 확정하기 위해서는 무엇보다도 '미년(未年)'의 기년을 분명히 해야 한다. 이를 위해서는 먼저 본 동경의 명문에 등장하는 인물들의 활동시기를 살펴야 한다. 본 동경의 명문에 등장하는 인물은 대왕(大王)을 비롯하여 남제왕(男弟王), 그리고 사마(斯麻)와 그가 보낸 귀중비직(歸中費直)·예인금주리(穢人今州利) 등 모두 5명이다.

앞서 살폈듯이 '시(時)'와 관련된 구절은 과거의 사실이다. 곧 과거에 '대왕이 남제왕(男弟王)에게 구걸하여 의시사가궁(意柴沙加宮)에 있을 때에, 사마가 장봉(長奉)을 염(念)하여 귀중비직(歸中費直)과 예인금주리(穢人今州利) 2인 등을 보냈다'는 것이다. 먼저 귀중비직(歸中費直)과 예인금

---

62) 김은숙, 앞의 논문, 1993, 353쪽.
63) 『重栞宋本毛詩注疏附校勘記』 國風, 唐蟋蟀詁訓傳 10, 附釋音 毛詩注疏 권 6, 綢繆.
64) 『宋史』 권 51, 志 4, 天文 4, 二十八舍 下, 南方.

주리(穢人今州利)는 사마가 보낸 이들이다. 기왕에는 귀중(歸中)을 개중(開中)으로 석독하고, 開中(カフチ)과 穢人(アヤヒト)은 각각 후세의 하내(河內, 가와치)와 한인(漢人)에 상응하므로, 귀중비직예인(歸中費直穢人)을 하내직한인(河內直漢人)을 지칭하는 것으로 보거나,[65] 또는 '개중비직 예인 금주리(開中費直 穢人 今州利)'로 읽고 백제계 도래인 출신 하내국왕(河內國王),[66] 『일본서기』 흠명기(欽明紀) 2년조에 인용된 「백제본기(百濟本記)」의 가부직비직(加不至費直)[67]에 비정하기도 한다. 그런데 이는 개중(開中)이 아닌 '귀중(歸中)'이 분명하므로 예인(穢人)에 대응하는 개념으로 보아야 한다.

예인(穢人)은 지적되듯이 「광개토대왕릉비」에서 광개토대왕이 복속한 '한예(韓穢)' 가운데 한인(韓人)을 제외한 '예인(穢人)'으로 판단된다. 그의 이름 '금주리'의 '리(利)'는 개로왕의 이름 '가수리[군](加須利[君])'나 무령왕비 은제훈을 만든 '다리(多利)' 등에서 보듯이 백제계 인명에 쓰이는 어미로서, 『일본서기』 신공기의 미주류(彌州流)로 보기보다는 오히려 백제에서 보낸 인물임을 증거한다. 따라서 본 동경의 예인(穢人)은 '백제에 귀속된 예족인(穢族人)'이라고 할 수 있다.

귀중(歸中)은 어의대로라면 '중국에 귀부한 [사람]'이란 의미이다. 『일본서기』 웅략천황(雄略天皇) 16년(472) 10월조에는 한부(漢部, 아야베)를 모아 그 반조(伴造)를 정하면서 직(直)이란 성을 내렸다. 이들은 금석문상에 비직(費直)으로 등장하거니와[68] 한부(漢部)에게 내린 직(直)의 성에 다름 아니다. 이들 한부(漢部)는 응신천황 때에 왜로 건너간 아지사주(阿知使主)의 자손으로, 하내(河內, 가와치)와 대화(大和, 야마토)에 거주하는 서한씨(西漢氏)와 동한씨(東漢氏)를 지칭한다.[69]

그런데 본 동경에서 비직(費直)을 보낸 주체는 다름 아닌 사마(斯麻)였

---

65) 福山敏男, 앞의 논문, 1934, 36쪽.
66) 소진철, 앞의 논문, 1991, 640~641쪽.
67) 井本進, 앞의 논문, 1950, 56쪽.
68) 장팔현, 앞의 논문, 2002, 64쪽.
69) 연민수 외, 『역주 일본서기』 2, 동북아역사재단, 2013, 171~172쪽.

다.70) 사마(斯麻)는 이미 무령왕지석에서 확인되듯이 무령왕을 지칭한다. 사마는 일본에 거주한 적이 없으므로 그는 귀중비직(歸中費直)과 예인금주리(穢人今州利)를 백제에서 보냈음이 분명하다. 따라서 '귀중(歸中)'의 '中'은 백제를 지칭한다고 보아야 한다.71) 곧 백제는 자신들을 '중국'으로 인식하였고, 사마(斯麻)는 왜로부터 백제에 귀부한 비직(費直)을 예인(穢人) 금주리(今州利)와 함께 의시사가궁(意柴沙加宮)에 있는 대왕에게 보냈음을 알 수 있다. 아마도 비직(費直)을 보냈던 것은 통역 등을 위한 조치였을 것이다.

여기에서 '대왕(大王)'과 '남제왕(男弟王)'이 누구인가가 관건이 된다. 이미 지적하였듯이 '末슭(年 또는 有)의 '슭'자는 '大王슭'의 '슭'자와 다르며, '슭'는 본 동경 명문의 서체상의 특징으로 보아 '개(匃, 匂, 丐)'자 외에는 달리 볼 여지가 없다. 따라서 '대왕개남제왕 재의시사가궁시(大王匃男弟王在意柴沙加宮時)'는 '대왕이 남재왕(男弟王)에게 구걸하여 의시사가궁에 있을 때'라고 풀이된다. 대왕이 남제왕이 될 수 없을 뿐더러, 사마 또한 대왕과 다른 인물임에 분명하다. 또한 윤공천황(允恭天皇)이 남제(男弟)인 대초향황자(大草香皇子)에게 의시사가궁(意柴沙加宮)에 머물 것을 구걸할 이유도 없는 것이다.

여기에서 '사마(斯麻)'에 왕호를 붙이지 않았던 것은, 본 동경을 제작할 당시에 사마가 아직 국왕에 즉위하지 않았고, 본 동경이 사마의 살아 생전

---

70) 기왕에 '斯麻念長'을 인명으로 보아 '斯麻念長이 歸中費直과 穢人今州利 등 2인을 奉遣하였다'고 풀이하기도 하였지만, 지적되듯이 신분적으로 상위의 인물이 하위의 직위에 있는 歸中費直과 穢人今州利을 '받들어' 보냈다는 것은 이치상 비논리적이라는 지적이 있었다.(김은숙, 앞의 논문, 1993, 359~360쪽) 따라서 '斯麻念長奉'은 '사마가 長奉할 것을 생각하여'로 풀이하는 것이 옳다고 본다.

71) 본 논문을 발표할 당시 토론자였던 홍성화선생은 辟中王, 弗中侯, 面中侯 등에서 辟中, 弗中, 面中을 지명으로 보고 '中'을 백제 지명에 붙는 어미 정도로 이해할 수 있지 않을까 하는 견해를 밝혔다.(한국고대사탐구학회 제91차 월례발표회, 2021.9.25.) 물론 이들을 지명으로 볼 수 있을 가능성이 없지 않으나, 아직까지는 辟中, 弗中, 面中을 특정 지명에 비정하기 어렵기 때문에, 본고에서는 '歸中'을 어의대로 '중국 곧 백제에 귀부한' 정도로 새겨둔다.

에 만들어진 것을 의미할 뿐이다. 무령왕지석에서 무령왕이 62세의 나이인 계묘년(523)에 사망한 사실을 확인할 수 있는 바, 이를 기준으로 사마는 개로왕 7년(461)에 태어났음을 알 수 있다.[72] 따라서 대왕이 남제왕(男弟王)에게 청하여 의시사가궁(意柴沙加宮)에 있었던 때와 본 동경을 제작한 시기는, 무령왕이 태어난 개로왕 7년(461) 경부터 무령왕의 즉위 직전인 동성왕 23년(501) 사이의 일이 된다. 이 기간 동안에 '미년(未年)'은 정미년(개로왕 13, 467), 기미년(동성왕 1, 479), 신미년(동성왕 13, 491) 뿐이다.

이에 이 무렵 누구를 남제왕(男弟王)이라 칭한 것인지가 관건이 된다. 기왕에는 본 동경의 '남제'왕('男弟'王)의 독음 'オオト'가 계체천황(繼體天皇)의 이름 '남대적왕(南大迹王, オオト)'과 동일하다고 하여, 계체천황으로 보아왔다.[73] 그런데 남제왕(男弟王)은 『삼국지』 위서(魏書) 왜전(倭傳)에서 비미호(卑彌呼, 히미코)라는 여왕을 공립하고 남제(男弟)가 치국(治國)을 도와 스스로 왕(王)이 되기도 하였다는 데서 비롯한다. 따라서 남제왕(男弟王)을 고유명사로 보기보다는 오히려 남성의 제왕(弟王)을 지칭한 것으로 보아야 하지 않을까 한다.[74] 『삼국지』와 동일한 남제왕 관련 기사가 『양서(梁書)』와 『수서(隋書)』에도 보이거니와,[75] 본 동경의 대상 시기가 개로왕 7년(461)부터 동성왕 13년(491)까지라는 점에서 이 때의 남제왕이 누구인지를 찾지 않으면 안된다. 사실 본 동경을 제작한 5세기 후반 역대 왜왕은 모두 남성 왕이었다.

다만 청녕천황(清寧天皇)이 재위 5년(484) 정월에 죽고나서 황태자 억계왕(億計王, 仁賢天皇)의 누이 반풍청황녀(飯豊青皇女)가 정사를 맡다가 그해 11월에 죽자 억계왕(億計王)의 양보로 아우인 홍계왕(弘計王, 顯宗

---

72) 한국고대사회연구소 편, 「武寧王誌石」, 『역주 한국고대금석문』 Ⅰ, 1992, 150~152쪽.
73) 소진철, 앞의 논문, 1991, 639~640쪽.
74) 駒井和愛, 앞의 논문, 1970, 5쪽. 和田萃, 앞의 논문, 1992, 319~320쪽. 이들은 男弟王을 각각 菟道稚郎子와 大草香皇子에 비정하였으나, 男弟王을 천황의 남동생(男弟)을 지칭하는 보통명사로 보았다.
75) 『三國志』魏書 권 30, 烏丸鮮卑東夷傳 30, 東夷, 倭. 『梁書』列傳 48, 諸夷, 東夷, 倭國. 『隋書』권 81, 列傳 46, 東夷, 倭國.

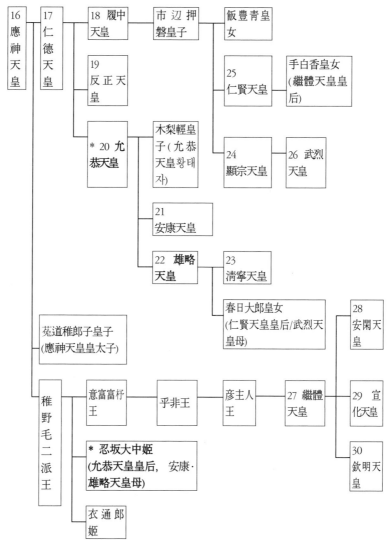

일본천황계보도

(본 계보도는 加藤友康 외, 2001, 『日本史 總合年表』, 952쪽에 의거하였으며, 천황의 代數는 서술의 편의를 위해 『일본서기』에 준함)

天皇)이 먼저 즉위하였다.

이들의 누이가 국정을 맡은 11개월여 기간 동안 이들 형제의 지위는 『삼국지』와 『양서』, 『수서』 왜전에 지칭한 남제왕(男弟王)에 걸맞다고 할 수 있다. 그러나 이들 형제는, 안강천황(安康天皇)이 재위 3년(456) 8월에 미륜왕(眉輪王)에 의해 시해당하고 나서 같은 해 10월에 그들의 부친 이중천황(履中天皇)의 아들 시변압반황자(市邊押磐皇子)가 웅략천황에 의해 살해당하자, 도망하여 단파국(丹波國) 여사군(余社郡)과 파마국(播磨國) 적석군(赤石郡) 등 변방을 전전하며 숨어 살았다.[76] 이들이 즉위하기 전에 도망다니는 동안 남제왕(男弟王)이라 할 만한 지위의 사람에게 도움을 받을 만한 여유는 없었다.

그러므로 본 동경의 남제왕(男弟王)은 중국사서 왜전에서 일컬었던 '스스로 왕위에 오른 이들로 형왕(兄王)을 이어 즉위한 제왕(弟王)'을 지칭한 것으로 보인다. 『일본서기』에는 천황의 동생을 '제왕(弟王)'이라 일컬었다.[77] 이들 가운데는 형왕을 이어 제왕이 즉위하기도 하였거니와, 5세기 후반 왜왕 가운데 형제간에 왕위를 계승한 사례로는 앞서 살핀 홍계왕(弘計王, 顯宗天皇)과 억계왕(億計王, 仁賢天皇)이 있다. 이 경우 동생인 홍계왕(弘計王) 뒤를 이어 형인 억계왕(億計王)이 즉위하였지만, 이와는 달리 안강천황(安康天皇)이 미륜왕(眉輪王)에게 살해당하자, 그의 동생인 웅략천황(雄略天皇)은 미륜왕(眉輪王)과 황자 시변압반황자(市辺押磐皇子)를 죽이고 형을 이어 왕위에 올랐다.[78]

사실 안강(安康)·웅략(雄略) 두 천황의 모친인 윤공천황(允恭天皇)의 황후(皇后)는 인판대중희(忍坂大中姫)이다. 대부분의 연구자들은 본 동경의 '의시사가(意柴沙加)'를 '오시사카'로 읽고, '인판(忍坂, 오시사카)'에 상응하는 것으로 보고 있다.[79] 따라서 본 동경의 의시사가궁(意柴沙加宮)은 안강(安康)·웅략천황(雄略天皇)의 모후의 궁(宮)으로 여겨지며, 본 동경에

---

76) 『일본서기』권 14, 雄略天皇 即位前記.
77) 『日本書紀』권 11, 仁德天皇 即位前紀·권 12, 履中天皇 即位前紀.
78) 『日本書紀』권 14, 雄略天皇 即位前紀.
79) 김은숙, 앞의 논문, 1993, 345쪽.

서 대왕(大王)이 남제왕(男弟王)에게 청하여 의시사가궁(意柴沙加宮)에 있었던 때가 후술하듯이 곤지가 왜에 파견된 개로왕 7년(461)부터 동성왕이 즉위한 479년 사이의 일정 기간이라는 점에서 본 동경의 남제왕(男弟王)은 형 안강천황(安康天皇)을 승계하여 즉위한 웅략천황(雄略天皇)을 지칭한 것으로 판단된다.

그런데 왜왕 가운데 웅략천황의 도움으로 '의시사가궁(意柴沙加宮)'에 거처한 천황은 없다. 아울러 본 동경의 명문에서 사마(斯麻)가 두 명의 관인을 파견하여 동(銅)을 보냈다는 점을 유의한다면, 본 동경의 '대왕(大王)'은 왜에 체재하다가 백제에 귀국하여 즉위한 국왕을 지칭함을 알 수 있다.

5세기 후반 일본에 체재하다가 귀국하여 백제왕으로 즉위한 이로는 동성왕(東城王)이 유일하다. 그가 일본에 체재하고 있다가 귀국하였다는 것은 『일본서기』에만 전한다.

R. 〔웅략천황 5년(461)〕 가을 7월 군군(軍君)이 왕경에 들어왔다. 이윽고 다섯 아들을 두었다.〔『백제신찬(百濟新撰)』에 이르기를, 신축년(개로왕 7년)에 개로왕(蓋鹵王)이 왕의 아우 곤지군(昆支君)을 대왜(大倭)에 파견하여 천황을 시위하게 함으로써 선왕의 우호를 닦았다]80)

S. 웅략천황 23년(479) 여름 4월 백제 문근왕(文斤王)〔삼근왕(三斤王)〕이 훙거(薨去)하였다. 천황이, 곤지왕(昆支王) 다섯 아들 가운데 둘째 말다왕(末多王)〔동성왕〕이 어린 나이지만(幼年) 총명하여, 칙을 내려 내리(內裏)로 불렀다. 친히 머리와 얼굴을 어루만지며 계칙(誡勅)을 은근(慇懃)하게 하여, 그 나라의 왕이 되도록 하였다. 이에 병기(兵器)를 내리며, 아울러 축자국(筑紫國)의 군사(軍士) 500인을 파견하여 나라에 호위하여 보내도록 하였다. 이가 동성왕(東城王)이다.81)

---

80) "[雄略天皇 5년] 秋7月 軍君入京 既而有五子[百濟新撰云° 辛丑年 蓋鹵王遣王遣弟昆支君° 向大倭侍天皇° 以脩先王之好也]"(『日本書紀』 권 14, 雄略天皇 5년 가을 7월)

81) "[雄略天皇 23년] 4月 百濟文斤王薨 天皇以昆支王五子中 第二末多王幼年聰明 勅喚内裏 親撫頭面誡勅慇懃 使王其国 仍賜兵器 并遣筑紫国軍士五百人 衛

동성왕의 왜국 체재는, 그의 부친 곤지(昆支)를 개로왕이 왜에 파견한 때문이었다. 곧『일본서기』에 실린『백제신찬(百濟新撰)』에는 개로왕이 그의 재위 7년(461) 아우 곤지군(昆支君)[군군(軍君)]을 왜에 파견하였다고 한다. 동『일본서기』에는 곤지가 왜의 왕경에 들어가고 나서 얼마되지 않아 다섯 아들을 두었다(R)고 하였다.82)

위의 S 기사에서 동성왕의 귀국시에 유년(幼年)이라고 하였지만, 이는 천황의 우위를 드러내고자 하여『일본서기』에 과장하여 수식한 것일 가능성이 높다. 사실『일본서기』의 나이 표기법에는 상당한 오류가 있음을 지적하지 않을 수 없다. 윤공천황(允恭天皇)의 죽을 때의 나이를『고사기(古事記)』에는 78세라고 한 데83) 대해,『일본서기』권 13, 윤공천황(允恭天皇) 42년조에서 '약간(若干)'이라 한 것84)은『일본서기』안에서의 나이 표기에 대한 신빙성에 많은 의문을 갖게 한다.

무엇보다도 웅략천황이 재위 23년(478) 8월에 사망하고, 같은해 11월에 백제 삼근왕이 사망하였음에도 불구하고, 문근왕(文斤王)[삼근왕(三斤王)] 사망기사를 웅략천황 23년 4월조에 기입함으로써 마치 웅략천황의 살아 생전에 동성왕을 귀국시킨 것처럼 왜곡한 것이라 할 수 있다. 따라서『일본서기』에서 웅략천황 23년 4월조에서 삼근왕이 죽고 나서 동성왕이 귀국할 때에 웅략천황이 유년의 동성왕의 머리와 얼굴을 어루만지며 계칙을 내렸다는 기사(S)는, 동성왕 유년시절에 웅략천황과 동성왕간의 일화, 그리고 삼근왕 사후에 동성왕이 귀국할 때의 기사를 하나의 시점으로 뒤섞어 웅략천황 생전의 미덕으로 분식한 것이라고 판단된다.

다만 본 기사에서 웅략천황(雄略天皇)과 곤지가(昆支家)와의 특별한

送於国 是爲東城王"(『日本書紀』권 14, 雄略天皇 23년 여름 4월)

82) "秋七月 軍君入京 既而有五子[百済新撰云° 辛丑年(개로왕 7년)盖鹵王遣王遣弟昆支君° 向大倭侍天皇° 以脩先王之好也]"(『日本書紀』권 14, 雄略天皇 5년 7월)

83)『古事記』下卷 允恭天皇.

84)『日本書紀』권 13, 允恭天皇 42년 正月 戊子.

관계를 엿볼 수 있다. 『일본서기』에 보이는 동성왕의 유년시절 웅략천황과의 일화는, 본 동경에서 대왕이 남제왕(男弟王)에게 구걸하여 의시사가궁(意柴沙加宮)에 머물렀다고 한 것과 모종의 관련이 있음을 예상할 수 있는 바, 곤지의 가족이 일본에 체재한 기간에 상응한다. 따라서 본 동경 명문의 대왕은 삼근왕이 사망하자 귀국하여 왕위에 오른 동성왕 이외에는 생각할 수 없다. 이에 웅략천황(雄略天皇)은 그의 모후의 궁에 동성왕 등이 거처할 수 있는 편의를 제공하였다고 보는 것이 옳을 것이다.

동성왕이 의시사가궁에 거처한 때가 언제인지는 분명하지 않지만, 곤지가 일본에 입국한 때일 수도 있고, 아니면 개로왕의 피살로 곤지가 급거 귀국하면서 동성왕의 어머니와 형제들의 거처에 어려움을 겪었던 때일 수도 있을 것이다. 아마도 곤지가 귀국한 상황에서 왜의 남제왕(男弟王) 곧 웅략천황의 도움으로 의시사가궁(意柴沙加宮)에 머물렀을 가능성이 높다고 추측된다. 동성왕으로서는 대왕에 즉위하여서도 당시에 의시사가궁에 거처하게 된 것을 '개(勾, 匃, 丐)'라고 표현할 정도로 뼈아픈 기억으로 남았을 것이다.

(2) 장봉(長奉)의 동(同, 銅) 200두(旱)와 그 성격

본 동경을 제작한 주체는 일본에 체재하다가 귀국하여 백제의 국왕에 즉위한 대왕 곧 동성왕임에 틀림없다. 당시에 백제에 있었던 사마(斯麻)가 일본에 체재중인 대왕(동성왕)을 '길이 받들 것을 생각하여[念長奉]' 귀중(歸中) 비직(費直)과 예인(穢人) 금주리(今州利)를 파견하면서 200두(旱)의 동(銅)을 보냈다. 본래 '장봉(長奉)'은 '장봉국(長奉國)'[85] 또는 '장봉선황지제(長奉先皇之制)'[86]와 같이 '길이 받든다'의 뜻이라 할 수 있다.

---

85) "大業三年 煬帝幸楡林 啟人及義城公主來朝行宮 … 先是, 高麗私通使啟人所 啟人不敢隱境外之交 是日 持高麗使見 敕令牛弘宣旨謂曰 '朕以啟人誠長奉國 故親至其所…'"(『北史』 권 99, 列傳 87, 突厥)

86) "惟社稷之重, 奉遵翼室之典, 猶欲長奉先皇之制, 是以有永熙之號"(『晉書』

본 동경에서의 '장봉(長奉)'은 본래의 '길이 받든다'는 의미에 더하여 '오랜 기간의 공봉료(供奉料)' 곧 일종의 체재비로서 200두(斗)의 동(銅)을 보낸 것이 아닌가 한다. 이는, 파마국사(播磨國司) 산부련(山部連)의 선조 이여래목부소순(伊与来目部小楯)이 시변압반황자(市邊押磐皇子)의 아들 억계(億計)와 홍계(弘計)를 '받들어 군(君)으로 삼고자 생각하여 봉양이 매우 정중하였다[思奉爲君 奉養甚謹]'는 것[87]을 연상케 한다.

동경(銅鏡)은 동(銅)에 주석을 조합하여 회사(灰沙)에 모형을 떠서 주조하고, 동경 표면에 수은을 발라 거울로서 빛이 나게 한다.[88] 동이 처음 광산(鑛山)이나 노(爐)에서 나오는 것은 모두 적동(赤銅)인데, 노감석(爐甘石)을 섞어서 황동(黃銅)이 되고, 비상 등으로 제련하면 백동(白銅)이 되며, 명반[矾]이나 초석[硝]을 넣어 제련하여 청동(靑銅)이 되고, 광석(廣錫)을 섞으면 향동(响銅)이 된다.[89] 본 동경의 명문에 보이는 '동(同)'을 '백동'으로 보기도 하지만,[90] 이는 '所白上同[사뢴 바 올린 동]'의 '백(白)'을 동(銅)의 종류를 뜻하는 명칭으로 오해한 데서 비롯한 것이다. 따라서 본 동경의 명문에 보이는 동(同)은 광산이나 노(爐)에서 처음 나올 때의 동(銅) 원래의 것으로 적동(赤銅)으로 보는 것이 옳다고 본다. 아무튼 대왕[동성왕]은 국왕에 즉위한 이후에, 의시사가궁(意柴沙加宮)에 있을 때에 사마가 보낸 동(銅)으로 본 동경을 만들었다.

권 4, 孝惠帝 司馬衷　紀 4, 永平 元年)
"別謂河內直[百濟本記云, 河內直·移那斯·麻都. 而語訛未詳其正也.], 自昔迄今, 唯聞汝惡. 汝先祖等[百濟本記云, 汝先那干陀甲背·加獵直岐甲背. 亦云那奇陀甲背·鷹奇岐彌. 語訛未詳.], 俱懷奸僞誘說. 爲哥可君[百濟本記云, 爲哥岐彌, 名有非岐.], 專信其言, 不憂國難. 乖背吾心, 縱肆暴虐. 由是見逐. 職汝之由. 汝等來住任那, 恆行不善. 任那日損, 職汝之由. 汝是雖微, 譬猶小火燒焚山野, 連延村邑. 由汝行惡, 當敗任那. 遂使海西諸國官家, 不得長奉天皇之闕. 今遣奏天皇, 乞移汝等, 還其本處. 汝亦往聞."(『일본서기』 권 19, 欽明天皇 5년 2월)

87) 『日本書紀』 권 15, 淸寧天皇 2년(481) 11월.
88) 宋應星(明), 『天工開物』, 中華書局, 1978, 228쪽.
89) 宋應星(明), 위의 책, 354쪽.
90) 소진철, 앞의 논문, 1991, 642쪽.

두(枓)를 '간(桿)'의 약자로 석독하고 무게 단위 관(貫)과 동일한 '간(杆)'으로 간주함으로써 200두(枓)의 동으로 400여 개의 동경을 만들었을 것이라 추측하기도 한다.[91] 중국 고유의 도량형제도로서 중량을 단위로 한 척근법(尺斤法)은 전한시대에 확정되어 동아시아 사회에 보편화되었다.[92] 그러나 일본에서 관(貫)의 칭량 단위는 명치(明治, 메이지) 무렵에야 법제화되었다. 곧 일본 실정(室町, 무로마치) 시대에 중국의 송대 이래 중량을 단위로 하는 관습이 전해져 1문전(文錢) 1천 매를 하나의 꾸러미에 꿰어 놓은 데서 1관(貫)의 명칭이 나오게 되었고, 명치(明治) 24년 (1891) 공포된 도량형법으로 척관법(尺貫法)의 기본 단위로 1관(貫)을 15/4Kg으로 확정하였다.[93]

그런데 '두(枓)'는 앞서 살폈듯이 백제의 독특한 조합자로 인정되는 바, 실제로 200두(枓)의 동의 분량이 어느 정도인지는 분명하지 않다. 앞서 살폈듯이 '두(枓)'의 아래 변의 ■는 백제와 신라에 양사(量詞)로 사용되던 '두(斗)'의 이체자 '■'임에 분명하다. 무게 단위로 보이는 두(枓)에 양사인 두(斗)를 사용한 것은, 『한서』율력지(律曆志)에서 권(權, 저울)에는 수(銖), 근(斤), 균(鈞), 석(石)이 있고, '1약(龠)은 1,200립의 기장을 [黃鐘에] 담아 무게 12수(銖)로 삼았다[一龠 容千二百黍, 重十二銖]'는 데서 비롯한 것이 아닐까 생각해 볼 수 있다. 곧 『한서』율력지에는 1약에 들어간 기장[黍] 1,200립(粒)의 무게를 무게 12수(銖)로 본 데 대하여, 동 1약에 들어간 기장[黍] 1,200립(粒)이 들어간 것에 물을 부어 합치하는 부피를 1홉[合]이라 하였다.[94] 무게와 부피를 재는 기준을 기장[黍] 1,200립으로 삼은 것이다. 이처럼 부피를 기준으로 무게를 재어 형제(衡制)를 삼은 것은 『한서』 식화지에서 "사방 1촌의 황금으로 무게 1근을 삼았다(黃金方寸而重一斤)"는 것이나, 『증보문헌비고』 권 163에는 『계림유사』를 인용하여 "1유상(柳箱[버들고리]을 1소근(小斤)으로 하고…"라고 한 데서도 살

---

91) 위와 같음.
92) 小泉袈裟勝, 『秤』, 法政大學出版局, 1982, 54~58쪽.
93) 小泉袈裟勝 編, 『圖解 單位の 歷史辭典』, 柏書房, 1989, 34쪽.
94) 『漢書』 권 21 上, 律曆志 1 上, 嘉量·權衡.

필 수 있다.

이에 1균(鈞)은 다음 표와 같이 기장[黍] 1,152,000립(粒)의 무게이고, 1곡(斛)은 기장[黍] 1,200,000립(粒)에 대한 부피이다. 균(鈞)과 곡(斛)을 재는 기준이 되는 기장 알갱이[黍粒]의 수효가 서로 근사치에 이름을 알 수 있다. 따라서 1곡(斛)에 두(斗)변이 들어간 것과 1두(㪷)에 두(斗)변이 들어간 것은 무게 단위의 형제가 본래 양사(量詞)에서 비롯하였던 것과 모종의 관련이 있지 않을까 생각해 볼 수 있을 듯하다. 사실 백제에서 사용된 무게 단위로서 현재 금석문상에서 확인되는 것은 다리작(多利作) 무령왕비 은제훈의 '주(主)'를 비롯하여, 미륵사지 서탑에서 출토된 1량명 (壹兩銘) 금정의 '량(兩)', 부여 구아리와 가탑리에서 발견된 '1근명 석제용 범(一斤銘 石製鎔范)'[95]에 보이는 '근(斤)' 등이 있다. 여기에서 주(主)는 수(銖)가 분명하고, 량(兩)은 무게 단위 량(兩)을 표기한 것으로, 모두 백 제에서 사용되었다. 그러므로 '두(㪷)'는 이들 단위 외의 무게 단위인 균 (鈞) 또는 석(石)을 지칭할 가능성이 높다. 따라서 '두(㪷)'는 두(斗)변을 사용한 곡(斛)에 대응하는 단위라는 점에서 균(鈞)에 상응하는 무게 단위 로 상정할 수 있지 않을까 한다.

물론 량(兩)을 대신한 '兩'은 백제의 무게 단위와는 달리 남조의 것을 채용한 것이지만, 다리작(多利作) 무령왕비 은제훈의 '주(主)'는 백제 고유 의 무게 단위로서, 새로운 형제를 사용하였음에도 불구하고 백제의 무게 를 다는 기준으로 삼았다.[96] 이러한 점을 고려하여 다리작(多利作) 무령 왕비 은제훈에서 추출한 백제의 기본 무게 1주(主)=0.722g[97]을 기준으 로 1균(鈞)을 계산한다면 다음 표에서 보듯이 8,317.44g에 상당한다.

---

95) 국립부여박물관, 『百濟의 度量衡』, 2003, 78~79쪽.
96) 박남수, 앞의 논문, 2010 ; 앞의 책, 2011, 61~70쪽.
97) 박남수, 위의 논문 ; 위의 책, 2011, 62쪽.

權	12銖	1兩	1斤	1鈞	1石	『한서』律曆志
		(24銖)	16兩	30斤	4鈞	
	1侖에 들어간 黍 1,200粒 무게	黍 2,400 粒 무게	黍 38,400 粒 무게	黍 1,152,000 粒 무게	黍 4,608,000 粒 무게	
	8.664g	17.328g	277.248g	8,317.44g	33,269.76g	백제기본 무게(0.722g)기준
量	1合(侖)	1升	1斗	1斛		『한서』律曆志
	1合	10合	10升	10斗		
	1侖에 들어간 黍 1,200粒 분량 물의 부피	黍 12,000 粒 분량	黍 20,000 粒 분량	黍 1,200,000 粒 분량		

두(㪷)가 곡(鈞)에 대응하는 백제의 무게 단위라면, 200두(㪷)의 무게는 1,663,488g의 막대한 양이라 할 수 있다. 이러한 물량은 단순히 동경을 제작하기 위한 것만으로 보기는 어렵고, 사마 혼자만의 힘으로는 감당하기도 어려웠을 것이다. '사마가 길이 받들 것을 생각하여 귀중 비직(歸中費直)과 예인 금주리(穢人 今州利) 등을 보내어 사뢰어 올린 바[98]의 동(銅) 200두(㪷)'에서, 사마가 사뢰었던 대상은 동성왕의 일본 체재 당시의 백제 국왕인 문주왕 또는 삼근왕을, 그리고 사마가 동(銅)을 올렸던 대상은 본 동경에 대왕으로 등장하는 동성왕이라고 보지 않으면 안된다. 요컨대 사마는, 동성왕이 일본에 체류할 때에 동성왕의 어려운 생활을 돕고자, 당시 백제의 국왕이었던 문주왕 또는 삼근왕에게 사뢰어 200두(㪷)의 동을 동성왕에게 보냈다고 할 수 있다.

또 한편으로 본 동경의 명문에 보이는 '장봉(長奉)'은 '길이 봉양한다'는 의미로도 새길 수 있다. 당시에 동(銅)은 금은에 버금하는 금속으로서의 교환가치를 가졌으리라 짐작된다. 일찍이 중국에서는 왕후와 귀족들이

---

98) 대부분 연구자들이 '所上白'을 대부분의 연구자들이 '取上白(同)'으로 석독하여 '좋은(上質의) 白銅을 취하여'로 풀이하고 있으나, 山田孝雄만이 '所上白'으로 석독하고 '上白'을 '申す(말한)[바]'로 풀이한 바 있다.(保坂三郎, 『古鏡』, 創元寺, 1957, 102쪽의 석문·宮田俊彦, 1958, 앞의 논문, 103쪽)

죄를 속량하기 위해 바치는 용도로 동(銅)을 사용하기도 하였다. 곧 『주서
(周書)』에 인용된 순전(舜典)에는 황금(黃金)이나 황철(黃鐵)이라 한 것은
모두 지금의 동(銅)을 지칭하는데, 옛사람들은 속죄(贖罪)를 위해서는 모
두 동(銅)을 사용하였다고 한다.99) 남송대에도 속동(贖銅)을 시행하고는
하였는데,100) 이는 동(銅)이 금은(金銀)과 마찬가지로 재화로서 교환가치
를 지녔던 사정을 반영한다. 대체로 중국에서의 속동이 10근 내지 30근을
단위로 하였던 바, 위의 계산대로라면 30근은 1두(斗)의 무게인 만큼 사
마가 올린 재화로서의 가치는 매우 큰 것이었음을 짐작할 수 있다. 이에
동성왕 일가는 왜에서 체류하는 기간 동안에 필요한 저택의 구입이나 생
활 비용 등으로 사마가 보낸 동을 사용하였고, 귀국길에 동성왕의 인질에
대한 속동(贖銅)을 지급하는 한편으로 가져온 일부 동으로 본 동경을 만들
었던 것으로 여겨진다.

4. 동성왕 13년(491) 동경의 제작과 그 배경

앞 절에서 본 동경에 등장하는 인물 가운데 쟁점이 되어 왔던 대왕(大
王)은 동성왕임을 알 수 있었다. 따라서 이 동경의 기년을 규정할 수 있는

---

99) "舜典 云金作贖刑傳 以金為黃金 此言黃鐵者 古者金銀銅 鐵揔號為金 今別之
以為四名 此傳言黃鐵 舜典傳言黃金 皆是今之 銅 也 古人贖罪悉皆用 銅 而 傳
或稱黃金或言黃鐵謂 銅 為金為鐵爾"(『重栞宋本尚書注疏附校勘記』周書 附
釋音尚書注疏 권 19, 呂刑 29)

100) "[熙寧二年] 十月一日, 詔右羽林軍大將軍 衡州團練使仲緋贖銅 十斤, 以在
朝假私乘座車觀車駕… [熙寧三年] 七月三日 …禮院元定奪官除蘇頌′ 韓忠彥
去官, 陳(陸)[睦]特罰銅 三十斤外, 李及之′ 章衡′ 周孟陽′ 文同′ 張公裕並
降一官, 陳薦令定該與不該去官° 再定奪官王珪′ 范鎮′ 司馬光′ 韓維′ 吳
充′ 王益柔′ 蔡延慶′ 呂大防並罰 銅三十斤°(『宋會要輯稿』帝系 4, 宗室雜
錄 1, 神宗 熙寧 23년)
"[元豐二年 八月] 27日, 濰州防禦使克諶′ 饒州防禦使克懼各奪一官, 贖銅九
觔, 勒住朝參′ 請受′ 以慈聖光獻皇后虞主回下宮, 至陵門, 克懼等道旁坐
不起, 為禮儀使効奏之"(『宋會要輯稿』帝系 5, 宗室雜錄 2, 神宗 元豐 2년)

단서는 본 동경의 '미전(未年)'을 비롯하여 동성왕의 재위 기간과 사마의 생존 시기, 그리고 이 직(直)의 반조(伴造)를 사여받은 시점 등을 기준으로 하여 살필 수 있으리라 본다.

동성왕은, 삼근왕이 재위 3년(479) 겨울 11월에 훙거한 뒤에 즉위하여, 재위 23년(501) 11월에 사비(泗沘) 서원(西原)의 마포촌(馬浦村)에서 자객에 의해 자상을 입고 12월에 사망하였다. 이에 대해 사마(斯麻)는「무령왕지석」에서 보듯이 계묘년(523)에 62세의 나이로 돌아갔으므로, 그는 개로왕 7년(461)에 태어났음을 알 수 있다. 또한 비직(費直)은『일본서기』웅략천황 16년(472) 10월 한부(漢部)에게 그 반조(伴造)를 내려서 직(直)이라 하였는데, 천문천황대(天武天皇代, 673~686)까지 한씨(漢氏)를 통솔하는 반조씨족은 모두 직(直)이었으며 7세기 금석문에는 직(直)을 비직(費直)이라 하였다.101)

따라서 이러한 세 가지 조건을 만족시키는 '미년(未年)'은 한부(漢部)가 '직(直)'의 반조(伴造)를 하사받은 472년 10월 이후 개로왕이 사망한 동성왕 23년(501) 12월 사이라고 할 수 있다.

이 기간 동안의 '미년(未年)'은 동성왕 원년(479)의 기미년(己未年)과 동성왕 13년(491)의 신미년(辛未年)뿐이다. 그러나 동성왕은 기미년 12월에 즉위한 바, 같은 해 8월에는 삼근왕이 재위한 때였고, 또한 삼근왕은 일본에 체재하지 않았으므로, 본 동경의 주인공인 동성왕과 관련된 '미년(未年)'은 동성왕 13년(491)의 신미년(辛未年)이라고 보는 것이 옳다.

본 동경의 신미년(491) 8월(丁酉) 10일은 추분(秋分)이 지난 후 7일째 되는 기해일(己亥日)이다.102)『남제서』백제전에는 동성왕이 경오년(490)에 남제에 사신을 보내어 사법명(沙法名)과 찬수류(贊首流), 해례곤(解禮昆), 목간나(木干那) 등이 북위의 침략을 격퇴하고, 각각 행정로장군(行征虜將軍) 매라왕(邁羅王), 행안국장군(行安國將軍) 벽중왕(辟中王),

---

101)『일본서기』권 13, 雄略天皇 16년 10월. 연민수 외,『역주 일본서기』2, 동북아역사재단, 2013, 171~172쪽.

102) 陳垣,「二十史朔閏表」, 齊武帝 永明 9年. CalTime(Solar & Lunar Calendar)-V3.6.(김순대 제작), Lunar 491년 8월.

행무위장군(行武威將軍) 불중후(弗中侯), 행광위장군(行廣威將軍) 면중
후(面中侯)의 관작을 청하였다고 하였다.103) 사실 동 기사에 대해서는 백
제와 전투를 벌인 위로(魏虜) 또는 위(魏)를 북위(北魏)로 보는 견해104)가
있는 한편으로 고구려로 보는 견해,105) 북위와 고구려의 연합군으로 보
는 견해106) 등이 있다. 필자로서는 이미 밝혔듯이 북위는 고구려 연안을
거치는 항로와 동래(東萊)로부터 백제에 이르는 항로를 이용하여 백제와
내왕하였고, 『남제서』백제전 경오년(490)조의 '사법명(沙法名) 등이 밤
을 틈타 북위군을 공격하여 그 예기(銳氣)을 꺾고 목간나(木干那)가 대방
(臺舫)을 공략하였다'는 기사를 인정한다. 따라서 백제가 이들 항로를 이
용하여 들어온 북위군을 밤을 틈타 공격하고, 백제 연안에 들어온 북위의
전선(戰船)을 공략한 사실을 시사한 것으로 본다.107) 아마도 490년 남제
에 보낸 사신들이 신미년(491) 8월경에는 귀국하였을 것이다. 또한 『삼국
사기』에 따르면 동성왕 13년(491) 6월에 웅천이 범람하여 왕도의 200여
의 가옥이 표몰하였고, 7월에는 백성들이 굶주려 600여 가(家)가 신라로
도망하였다.

그런데 한대(漢代)의 의례에는 종묘에서 매년 8월에 진한 술[酎, 醇酒]
를 마련하여 제사를 지내면서 제사 전날 저녁에 거가(車駕)와 희생(犧牲)
을 살피고, 감저(鑑諸, 오목거울)로써 달에서 물(水)을 취하고 양수(陽燧,
볼록거울)로써 해로부터 불(火)을 취한다고 하였다.108) 『모시(毛詩)』 국

---

103) 『南齊書』 권 58, 列傳 39, 百濟國.
104) 이명규, 「백제의 대외관계에 관한 일시론」, 『사학연구』 37, 1983, 92쪽.
105) 유원재, 「百濟略有遼西」 기사의 분석」, 『백제연구』 20, 1989, 93쪽.
106) 박진숙, 「백제 동성왕대 대외정책의 변화」, 『백제연구』 32, 2000, 96쪽.
107) 박남수, 「고구려·백제의 요하유역 진출과 대중 교역」, 『한국고대사탐구』 32,
    2019, 63~64쪽.
108) "高宗即位 公卿數請封禪 則天既立為皇后 又密贊之 麟德二年 … 至其年十二
    月 車駕至山下 … 丙辰 前羅文府果毅李敬貞論封禪須明水實樽 淮南子云 方諸
    見月 則津而為水 高誘注云 方諸 陰燧 大蛤也 熟摩拭令熱 以向月 則水生 以銅
    盤受之 下數石 王充論衡云 陽燧取火於日 方諸取水於月 相去甚遠 而火至水來
    者 氣感之驗也 漢舊儀云 八月飲酎 車駕夕牲 以鑑諸取水於月 以陽燧取火於日
    "(『舊唐書』 권 23, 志 3, 禮儀 3, 封禪)

풍(國風)의 정의(正義)에서 "2월과 8월은 춘분과 추분으로 음양이 동일하다[二月八月春秋分陰陽中也]"고 하였는데,[109] 추분이 지나면 음(陰)의 기운이 점차 자라나는 시기이기도 하다.

본 동경이 동성왕 13년(491) 8월 내우외환을 겪고 난 이후에 제작되었다면, 백제의 종묘제사와 같은 제례에서 사용하였던 거울일 가능성이 높다. 동 제례에서 당시의 내우외환에 대한 보고와 함께 조선(祖先)들의 가호를 기원하였을 것으로 추측된다. 이에 제작일을 '일10(日十)'으로 기재한 것은 길상한 날로 제일(祭日)을 택하였던 사정을 반영하는 것으로 생각할 수 있을 듯하다.

사실 동아시아 고대사회에서 제사는 천도(天道)의 한 도수(度數)인 7일간 재(齋)를 지내고 3일간계 계(戒)를 해서 모두 10일간 재계(齋戒)를 하고 나서 지낸다.[110] 여기에서 한 도수란 7일을 단위로 천행(天行)이 반복한다는 것이다. 곧 「역위계람도(易緯稽覽圖)」에 따르면, 괘의 기운은 중부괘(中孚卦)에서 일어나므로 이(離)·감(坎)·진(震)·태(兌)는 각각 한 방위를 주관하고, 그 나머지 60괘가 있는데 각 괘에는 6효(爻)가 있다. 이들 효는 각각 1일씩 무릇 360일을 주관한다. 나머지 5일과 1/4일은 420분(分)으로 괘별로 각각 7분을 얻는다. 따라서 365일 1/4일은 60괘의 매 괘마다 6일 7분이 되는데(360일/60괘+420分/60괘=6일 7분), 6일 7분을 성수(成數)를 들어 보사(輔嗣)하여 7일이라고 한다. 천도의 운행이 7일을 주기로 움직이는 것이니, 이는 자연의 이치로 천행(天行)이라고 한다.[111] 따라서 제사를 모실 때에 7일간 재(齋)를 지내는 것은 천행의 반복

---

109) 『毛詩注疏』 國風, 召南鵲巢詁訓傳 2, 권 1, 1-4, 4, 厭浥行露豈不夙夜謂行多露

110) 奉奇鍾, 『주역이해』 상, 侁學出版社, 2006, 507~510쪽.

111) "案易緯稽覽圖云卦氣起中孚 故離坎震兌各主其一方 其餘六十卦 卦有六爻 爻別主一日 凡主三百六十日 餘有五日 四分日之一者 每日分為八十分 五日分為四百分 四分日之一 又為二十分 是四百二十分 六十卦分之六七四十二 卦別各得七分 是每卦得六日七分也 剝卦陽氣之盡在於九月之末 十月當純坤用事 坤卦有六日七分 坤卦之盡 則復卦陽來 是從剝卦至陽氣來復 隔坤之一卦六日七分 舉成數言之故 輔嗣 言凡七日也… 天行也[[疏]正義曰反復其道 七日來復 天行

이 7일을 단위로 하는 것과 관련됨을 알 수 있다. 이에 본 동경의 '8월일 10(八月日十)'이란 구절은 음양의 기운이 동일한 추분을 지내고 1도수의 7일이 지난날을 길일로 택한 것이라고 할 수 있다.

특히 본 동경을 제작한 8월은 주역의 효사(爻辭)로 관괘(觀卦, ䷓)에 해당하는데, 양효 두 효가 구오(九五)와 상구(上九)가 있어서 아래의 음효가 우러러 보는 괘이다. 또한 동 괘사에서 '관(觀)'은, 제사시에 손을 씻고 강신을 기다릴 때처럼 정성스럽게 하면, 백성들도 잡념없이 골똘하게 엉긴 정성으로 앙망한다[觀 盥而不薦 有孚顒若]'고 하였다. 관괘에서의 효사(爻辭)구오(九五)는 국왕을 지칭하는 것으로, 그 효사에는 '관아생(觀我生)으로 … 관민(觀民)이다'라고 하였다. '관아생(觀我生)'은 천하의 풍속을 살펴보는 것이 임금 자신을 돌이켜 보는 것이라는 의미로, 백성의 선(善)과 불선(不善)을 보아 임금 스스로 성찰해야 한다는 뜻이다. 또한 상구(上九)의 양괘는 임금을 가르치는 군자로서 비록 위(位)에 있지 않으나 덕업(德業)과 행의(行義)가 이미 천하가 우러러 보는 바가 되었으니, 조심스럽게 살펴 의표(儀表)가 되어 천하를 감화시키려고 하는 뜻을 잠시도 쉬지 않아야 한다는 것이다.112)

이에 대해서 『한서(漢書)』에는 애제(哀帝)가 즉위하여 그의 외족인 정씨(丁氏)·부씨(傅氏)·주씨(周氏)·정씨(鄭氏) 등 6인을 열후(列侯)로 봉할 때에 천기(天氣)가 적황(赤黃)으로 변하는 현상에 대하여 '관기생(觀其生)'의 효사(爻辭)를 인용하여 경계하였다. 곧 관괘의 상구(上九)의 효사인 관기생(觀其生)은 대신을 지칭하는 것으로, 마땅히 현인을 보면 그 성행(性行)을 분별하여 추천하여 천거해야 한다는 것이다.113)

者以天行釋反復其道 七日來復之義 言反之與復 得合其道 唯七日而來復 不可久遠也 此是天之所行也 天之陽氣絕滅之後 不過七日 陽氣復生 此乃天之自然之理 故曰天行也]"(『重栞宋本 周易注疏 附校勘記』 周易兼義 上 經隨傳 권 3, 復)

112) 『重栞宋本周易注疏 附校勘記』, 周易兼義上 經隨傳 권 3, 觀. 奉奇鍾, 앞의 책, 2006, 523~525쪽.

113) "… 哀帝即位 封外屬丁氏·傅氏·周氏·鄭氏 凡六人為列侯 楊宣對 曰 五侯封日天氣赤黃 丁·傅復然 此殆爵土過制 傷亂土氣之祥也. 京房易傳 曰 經稱〈觀其

본 동경이 내우외환을 겪고 나서 백제의 제사에 즈음하여 만들어졌다면, 내우외환에 대한 보고와 함께 조선(祖先)들의 가호를 기원하고, 아울러 동성왕 12년(490) 북위의 침공을 격퇴한 데 대한 백제 조정에서의 논공 및 국왕으로서의 성찰, 그리고 대신으로서의 몸가짐 등을 경계한 것이 아니었을까 한다. 한(漢)의 애제(哀帝)가 그의 외족을 열후(列侯)에 책봉한 것에 대하여 '관기생(觀其生)'의 효사를 인용하여 경계한 그것이, 사법명(沙法名)과 찬수류(贊首流), 해례곤(解禮昆), 목간나(木干那) 등을 각각 행정로장군 매라왕, 행안국장군 벽중왕, 행무위장군 불중후, 행광위장군 면중후 등에 책봉하고 나서 수재와 기근으로 인하여 본 동경을 제작한 것과 흡사하기 때문이다.

또한 본 동경의 명문에 보이는 대왕과 사마의 관계는 관괘의 구오(九五)와 상구(上九)에 비교해 볼 수 있는 것으로, 구오(九五)는 동성왕에, 상구(上九)는 사마에 대응하는 것이 아닐까 생각해 볼 수 있다. 본 동경의 명문에 보이는 대왕과 사마의 관계나 백제의 내우외환 및 신하들의 봉작과 관련된 일련의 사건이 본 동경을 제작한 8월의 괘사와 상호 조응하기 때문이다. 따라서 동성왕 13년(491) 8월 10일 본 동경을 제작할 때에 사마(斯麻)는 이미 30세의 나이로 대신의 지위에 있으면서 동성왕을 보좌하였으리라 추측된다.

사실 본 동경에 보이는 화상(畫像)을 중국방제경으로 보는 견해에서는 동왕부(東王父)와 서왕모(西王母)를 표현한 것으로 보거나,[114] 본 동경에 등장하는 9명의 인물을 중국 '10개의 태양'이라는 신화에서 요임금 때 활의 명인인 예(羿)가 활을 쏘아 떨어뜨린 9개의 태양이라고 풀이하기도 한다.[115] 그러나 본 동경의 화상은 신화를 다룬 여느 동경과는 다르게 매우 현실적인 내용을 담고 있다. 본 동경에는 세 개의 꽃잎 모양이 보이

生〉言大臣之義 當觀賢人 知其性行 推而貢之 否則為聞善不與 茲謂不知 厥異黃 厥咎聾 厥災不嗣 …(『漢書』 권 27 下之上 五行志 7 下之上, 思羞 黃眚黃祥)
114) 駒井和愛, 앞의 논문, 1970, 1쪽. 齋藤忠, 앞의 책, 1970, 163쪽
115) 森俊道, 앞의 논문, 1982, 81~83쪽.

는데, 이는 각각의 이야기를 구분하는 경계선이 아닐까 생각해 볼 수 있다. 이로써 본 동경의 화상을 나누어 보면, 본 동경의 거의 1/2에 상당하는 부분은 국왕으로 보이는 중심 인물이 문무 관료들을 거느리고 국정에 임하는 모습이라고 할 수 있다.

　동경의 〈단편 1 그림〉에서 양팔을 벌리고 중앙에 앉아 있는 인물은 본 동경의 주인공인 대왕(大王)이 아닐까 여겨지며, 그 우측의 머리에 갓을 쓴 인물은 문관으로, 그리고 좌측의 갑옷을 입은 인물은 무관으로 생각된다. 그런데 무관의 좌측에 대빗자루 모양의 머리를 한 갑옷 입은 인물이 무관을 향하여 무릎을 꿇고 있는 모습이 흥미롭다. 이 인물은 그 모습이 다른 인물과 다를 뿐만 아니라, 갑옷 또한 국왕의 옆에 있는 무관의 갑옷과 상이하여 백제인을 형상화한 것이라고 보기 어려운 바, 이민족 또는 야인(野人)을 형상화한 것이 아닌가 생각한다. 더 나아가 생각한다면 명문상의 예인(穢人)이나 왜인(倭人) 또는 북방의 이민족인 북위가 백제의 무관에게 굴복한 모습을 형상화한 것이 아닐까 추리해 볼 수 있다.

화상경 단편 1

　그런데 무릎 꿇은 인물의 빗자루 모양의 머리는, 『남제서』위로전(魏虜傳)에서 흉노종(匈奴種)인 위로(魏虜)는 머리를 풀어헤치고 좌임(左衽)을 하는 까닭에 색두(索頭)라고도 부른다는 것을[116] 연상하게 한다. 송(宋)

과 제(齊)에서는 북위(北魏)의 머리 모양으로 인하여 북위를 색두로(索頭虜)라고도 하였다.117) 본 동경에서 한쪽 무릎을 꿇고 앉아 있는 이의 머리 모양은, 머리 아래 부분을 깍고 위쪽만을 남겨 두어 풀어헤친 모양으로 볼 수 있는 바, 위로(魏虜)의 피발(被髮) 내지 색두(索頭)의 모습을 형상화한 것이라 보아야 하지 않을까 한다. 이처럼 무릎을 꿇은 이를 형상화한 것은, 동경을 만들기 전에 백제가 북위를 굴복시킨 그것을 드러내고자한 것으로 보고자 한다.

그러므로 동경의 〈단편 1 그림〉의 화상은 명문의 '귀중 비직(歸中費直)'에서 보듯이 백제를 중국으로 여겼던 관념이 반영된 것으로 보고 싶다. 사실 동성왕은 본 동경의 명문에서 스스로를 '대왕'으로 일컬었거니와, 그의 신하들을 매라왕, 벽중왕, 불중후, 면중후 등으로 책봉한 것은 그러한 관념이 반영된 것이다. 한편 이민족으로 보이는 인물을 등지고 예복을 입은 듯한 인물은 아무래도 국내외 정사에 바쁜 대신의 모습을 형상화한 것이 아닐까 추측된다.

동경의 〈단편 2 그림〉은 말을 타고 가는 인물이 말 뒤편의 사람을 돌아보는 모습이다. 이는, 국왕이 순수시에 호미를 들고 농사를 짓는 백성의 즐거워 하는 것을 뒤돌아 보며 흐뭇해 하는 모습을 형상화 한 것으로 풀이된다. 따라서 이는 관괘(觀卦)의 관아생(觀我生)에 해당하는 것으로서, 수재를 입은 백성들의 어려움과 함께 백성들의 선, 불선을 살피는 그것을 형상화한 것이라 할 수 있을 듯하다.

화상경 단편 2

---

116) "魏虜, 匈奴種也, 姓托跋氏…被髮左衽, 故呼為索頭"(『南齊書』권 57, 列傳 38, 魏虜)
117) 『北史』本紀 권 5, 孝武皇帝 永熙 2년 閏12월 癸巳.

화상경 단편 3

또한 동경의 〈단편 3 그림〉은 국왕의 잠자리를 돌보는 신하의 모습이 아닐까 풀이할 수 있을 듯하다.

요컨대 본 동경은 동성왕 13년(491) 신미년 8월 10일에 제작된 것으로서, 제작일을 '일10(日十)'이라 하였던 것은 본 동경을 만들면서 길일을 택하였던 사정을 반영하는 표기 방식이었다고 보아 좋을 듯하다. 특히 제작 연도는 동경의 〈단편 1 그림〉에서 보듯이 전년도의 북위 공격을 물리친 것과 관련되는 것으로 추정되며, 8월은 〈단편 2 그림〉의 순수 그림에서 보듯이 주역에서의 관괘(觀卦)의 효사를 반영하는 것으로 보고 싶다. 또한 〈단편 3 그림〉은 국왕의 잠자리를 시봉하는 모습으로 추정되거니와 명문에서 사마가 대왕의 왜 체류 시절에 '념장봉(念長奉)'하였던 마음을 되새겨, 지금도 그러한 마음으로 대왕을 받들 것을 형상화한 것으로 풀이해도 좋지 않을까 한다.

이와 같은 이해를 바탕으로 본 동경의 명문을 해석하면 다음과 같다.

〔신〕미년(동성왕 13년, 491) 8월 10일, 대왕(동성왕)이 남제왕(男弟王, 雄略天皇)에게 구걸하여 의시사가궁(意柴沙加宮)에 있을 때에, 사마(斯麻)가 〔동성왕을〕 길이 받들 것을 생각하여 중국(中國, 백제)에 귀부한(歸中) 비직(費直)과 예인(穢人) 금주리(今州利) 두 사람 등을 보내어 〔백제의 국왕에게〕 사뢰어 〔동성왕에게〕 올린 바의(올렸던) 동(銅) 200두(旱)에서 이 경(鏡)을 취하였다.

5. 동경의 대왕–사마와 웅진기 백제 왕실 계보의 복원

본 동경의 명문은 대왕(동성왕)과 사마(무령왕)의 관계로 구성되어 있다. 동성왕은 왜에 체류하던 어려운 때에 생활에 필요한 비용 내지 속동

(贖銅)으로 사마로부터 동(銅)을 받았던 과거의 사실을 돌이키면서 동경을 만들었다. 사실 동성왕과 사마의 관계에 대해서는 각 사서마다 각각 다르게 서술하고 있다.

곧 『삼국사기』 백제본기에는 무령왕을 모대왕(牟大王, 동성왕)의 둘째 아들로, 『삼국유사』 왕력(王曆)에는 동성왕의 둘째 아들로 전하고 있다. 『일본서기』에는 동성왕을 개로왕의 아우 곤지의 둘째 아들로, 무령왕을 개로왕의 아들로 각각 전하고 있다. 이에 대해 『양서』와 『남사』 백제전에는 모대(牟大, 동성왕)를 牟都(문주왕)의 아들로, 『남제서』와 『책부원귀』에는 모도(牟都)를 모대(牟大)의 조부라고 전한다. 이와 같이 웅진시기 백제 왕계가 각 사서마다 다르게 전승함으로 인하여 다양한 견해가 있었다. 대체로 중국 사서의 경우 전왕의 책봉호를 승계하면서 전왕과 현왕의 관계를 부자관계로 서술하였거니와, 이는 실제 혈연관계라기보다는 백제의 외교문서에서 전왕과 현왕을 부자관계라고 중국에게 알렸던 때문으로 보고 있다.[118] 이러한 관점에서 대부분의 연구자들은 개로왕과 문주, 곤지를 형제로 보고 있다.[119] 또한 『일본서기』의 기사를 바탕으로 동성왕을 무령왕의 이모제(異母弟)로 이해하고 있다.[120]

---

118) 임기환, 「중국 사료에 나타난 백제 웅진기 왕계 문제」, 『백제 웅진기 왕계와 지배세력』, 2018, 157쪽.

119) 이기백, 「백제왕위계승고」, 『역사학보』 11, 1959, 21쪽. 이기동, 「중국 사서에 보이는 백제왕 牟都에 대하여」, 『역사학보』 62, 1974 ; 『百濟史研究』, 1996, 160쪽. 坂元義種, 『百濟史の研究』, 塙書房, 1978, 154~155쪽. 이도학, 「한성말 웅진시대 백제왕계의 검토」, 『한국사연구』 54, 1984, 10쪽. 연민수, 「5세기 후반 백제와 왜국-곤지의 행적과 동성왕의 즉위사정을 중심으로」, 『일본학』 13, 동국대 일본학연구소, 1994, 294쪽. 노중국, 「백제 웅진기 왕계와 지배세력」, 『백제 웅진기 왕계와 지배세력』, 한성백제박물관, 2018, 25쪽. 박재용, 「일본 사료로 본 백제 웅진시기 왕계」, 『백제 웅진기 왕계와 지배세력』, 2018, 80~82·107~197쪽. 임기환, 앞의 논문, 2018, 150쪽.

120) 노중국, 위의 논문, 2018, 27~29쪽. 박재용, 위의 논문, 2018, 99쪽. 이근우, 「『일본서기』에 인용된 百濟三書에 관한 연구」, 한국정신문화연구원 박사학위논문, 1994, 134쪽. 정재윤, 「동성왕 23년 정변과 무령왕의 집권」, 『한국사연구』 99·100, 1997, 117쪽. 홍성화, 「백제와 왜 왕실의 관계-왕실간 혼인관계를 중심으로」, 『한일관계사연구』 39, 2011a, 310~312쪽. 홍성화, 「熊津時代 百濟의 王位繼承과 對倭關係」, 『백제문화』 45, 2011b, 50~51쪽.

그런데 『삼국사기』에서 문주왕을 개로왕의 아들로 명시하고 있는데, 문주왕과 곤지를 개로왕의 형제로 볼 수 있을까 하는 의문이 있다. 또한 동성왕이 무령왕의 이모제라면 어떻게 왕위에 오를 수 있었을까 하는 의문이 있다. 이에 각 사서에 보이는 웅진시기백제 왕실의 계보를 정리하여, 당시의 백제 왕계를 다시 검토하고자 한다.

『백제신찬』의 백제 왕실 계보

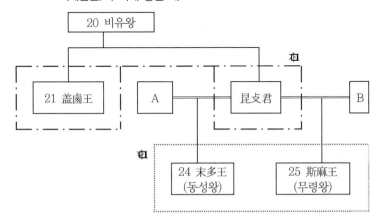

『삼국사기』·『삼국유사』의 백제 왕실 계보

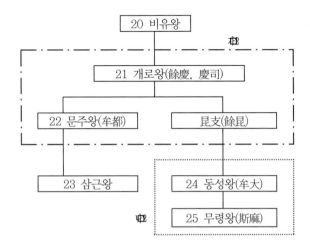

『일본서기』의 백제 왕실 계보

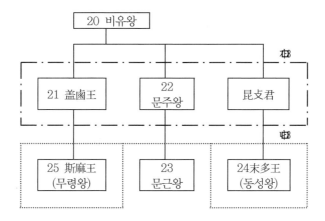

위의 계보도에서 보듯이 『백제신찬』에는 개로왕과 곤지를 형제로
전하고, 『일본서기』도 이를 따르고 있다. 다만 개로왕과 문주왕이 형
제라는 것은 『백제신찬』에는 보이지 않는 『일본서기』 독자적인 기록
이고, 『삼국사기』와 『삼국유사』에는 이들을 부자간으로 전한다. 또한
동성왕과 무령왕이 이복형제라는 것은 오직 『백제신찬』에만 보인다.
다만 무령왕에 대하여 『삼국사기』와 『삼국유사』에는 동성왕의 둘째
아들로 전하고 있다. 사실 현재 전하는 이들 사료의 단편적인 기록만
으로는 문주왕과 개로왕, 또는 문주왕과 곤지의 관계, 동성왕과 무령
왕의 관계에 대하여 분명히 밝히기 어려운 점이 있다.

그런데 『일본서기』에는 문주왕의 계보를 새로이 보입하면서, 문주왕을
개로왕과 곤지의 형제로 보았다. 곧 『일본서기』 찬자는 웅략천황(雄略天
皇) 21년(477) 3월조의 분주에서 '문주왕은 개로왕(蓋鹵王)의 동모제(同
母弟)[汶洲王蓋鹵王母弟也]'라고 하였을 뿐, 이를 방증할 만한 자료를 제
시하지 않았다. 『일본서기』에는 동 분주에서 이 기사에 뒤이어 『일본구기
(日本舊記)』에 '구마나리(久麻那利)를 말다왕(末多王)에게 주었다'는 기사
를 싣고 있으나, 이 기사가 잘못되었음을 인정하면서도 구마나리(久麻那

利)를 임나국(任那國)의 하치호리현(下哆呼唎縣)의 별읍(別邑)이라고 하였을 뿐이다.[121] 따라서 분주에서 서술한 문주왕의 계보를 어디에서 취하였는지 분명히 알 수 없을 뿐더러, 백제 3서 관련 서술도 보이지 않는다. 이는 『일본서기』 찬자가 문주왕을 개로왕의 동모제라고 한 기사를 『일본구기(日本舊記)』에서 취했을 가능성이 높으며, 구마나리 관련 기사와 함께 동 기사의 신빙성에 상당한 문제가 있음을 보여준다.

이처럼 웅진시기 백제 왕계에 대하여 서로 다른 사실을 전하는 경우, 백제인이 찬술하고 가장 이른 시기의 사서인 『백제신찬』의 기록을 기준으로 삼는 것이 합당하리라 본다. 주지하듯이 『일본서기』에는 동성왕과 무령왕의 가계와 관련된 『백제신찬』의 기사를 분주에 전한다.

T. 웅략천황 5년(461, 개로왕 7년) ① 여름 4월 백제 가수리군(加須利君)〔개로왕이다〕은 지진원(池津媛) 적계녀랑(適稽女郎)이 불에 타 죽었다는 것을 전해 듣고 의논하기를 "옛날에 여자를 바쳐 채녀(采女)로 삼았다. 그러나 예의가 없어 우리나라의 이름을 실추시켰으니 지금부터는 여자를 바치지 않는 것이 옳겠다"라고 하였다. 이에 그의 아우 군군(軍君)〔昆支이다〕에게 "네가 일본에 가서 천황을 섬겨라"고 말하였다. 군군(軍君)이 "임금님의 명을 어기지 않겠습니다. 바라건대 임금님의 부인(婦)을 저에게 주시면 그런 다음 떠나라는 명을 받들겠습니다"라고 대답하였다. 가수리군(加須利君)은 임신한 부인을 군군(軍君)에게 주며 "나의 임신한 아내는 이미 해산할 달이 되었다. 만약 도중에 아이를 낳게 되면, 바라건대 1척의 배에 태워서 다다른 곳이 어디건 속히 나라에 보내도록 하라"고 하였다. 마침내 작별하고 (왜의) 조정에 파견되는 명을 받들었다. ② 6월 병술 초하루 임신한 부인이 과연 가수리군(加須利君)의 말처럼 축자(筑紫)의 각라도(各羅嶋)에서 아이를 낳았다. 그래서 이 아이의 이름을 도군(嶋君)이라 하였다. 이에 군군(軍君)은 곧 한 척의 배로 도군(嶋君)을 본국에 보내었는데, 이가 무령왕(武

---

121) "廿一年春三月 天皇聞百濟爲高麗所破 以久麻那利賜汶洲王 救興其國 時人皆云 百濟國 雖屬旣亡 聚憂倉下 實賴於天皇 更造其國[汶洲王蓋蓋鹵王母弟也 日本舊記云 以久麻那利 賜末多王 蓋是誤也 久麻那利者 任那國下哆呼唎縣之別邑也]"(『일본서기』 권 14, 雄略天皇 21년(477) 3월)

寧王)이 되었다. 백제 사람들은 이 섬을 主嶋라 일컬었다. ③ 가을
7월 군군(軍君)이 서울에 들어왔다. 이윽고 다섯 아들을 두었다.
〔旣而有五子〕④『백제신찬(百濟新撰)』에 "신축년에 개로왕이 아우 곤
지군(昆支君)을 보내어 대왜(大倭)에 가서 천왕을 모시게 했는데, 형(兄)
인 왕의 우호를 닦기 위해서였다"라고 하였다.(『日本書紀』권 14, 雄
略天皇 5년)

U. 무열천황 4년(502) ① 이 해에 백제 말다왕(末多王)이 무도(無
道)하여 백성을 폭학(暴虐)하였다. 국인(國人)이 드디어 제거하고
도왕(嶋王)을 세웠으니, 이가 무령왕(武寧王)이다. 〔②『백제신찬』
에 이르기를, 말다왕(末多王)이 무도(無道)하여 백성을 폭학(暴虐)하였다.
국인(國人)이 함께 제거하여 무령(武寧)이 즉위하였다. 휘(諱)는 사마왕(斯
麻王)이니, 혼지왕자(混支王子)의 아들인즉, 말다왕(末多王)의 이모형
(異母兄)이다. [諱斯麻王 是混支王子之子 則末多王異母兄也] ③ 혼지
(混支)가 왜로 향할 때에 축자도에 이르러 사마왕(斯麻王)을 낳아,
섬〔嶋〕으로부터 돌려 보냈다. 경(京)에 이르기 전에 섬〔嶋〕에서 낳
았으므로, 이름으로 삼은 것이다. 지금 각라(各羅)의 바다 가운데
주도(主嶋)가 있는데, 왕이 섬〔嶋〕에서 태어난 까닭으로 백제인이
주도(主嶋)라 이름하였다. ④ 지금 생각하건데, 도왕(嶋王)은 蓋鹵
王의 아들이다. 말다왕(末多王)은 혼지왕(混支王)의 아들이다. 여
기에서 '이모형(異母兄)'이라 한 것은 자세하지 않다.〔今案嶋王是
蓋鹵王之子也 末多王是混支王之子也 此曰異母兄 未詳也〕122)(『日本
書紀』권 16, 武烈天皇 4년)

위의 기사에서『백제신찬』의 기록은 T④와 U②의 기사이다. T④에서 곤지
는 개로왕의 아우이고, U②에서 말다왕과 사마왕이 곤지의 아들로, 그리고
사마왕은 말다왕(末多王)의 이모형이라고 하였다. 그런데 위의 계보도에서 보
듯이,『백제신찬』의 계보는『삼국사기』·『삼국유사』에서 문주왕과 곤지를 개로
왕의 아들이라 하고, 무령왕을 동성왕의 아들이라고 한 것과 차이가 있다.

---

122) "武烈天皇 4年 是歲 百済末多王無道 暴虐百姓 国人遂除而立嶋王
是爲武寧王[百済新撰云 '末多王無道暴虐百姓 國人共除 武寧立 諱斯麻王
是混支王子之子 則末多王異母兄也' 混支向倭時 至筑紫嶋生斯麻王 自嶋
還送 不至於京産於嶋 故因名焉 今各羅海中有主嶋 王所産嶋 故百
済人号爲主嶋 今案嶋王是蓋鹵王之子也 末多王是混支王之子也 此
曰異母兄 未詳也]"(『日本書紀』권 16, 武烈天皇 4년 是歲)

현재 웅진시기 왕계에서 명확히 나이를 알 수 있는 이로는 삼근왕과 무령왕 뿐이다. 삼근왕은 문주왕의 장자로서 477년 즉위시에 13세였기 때문에 464년(개로왕 10) 무렵에 태어났고, 무령왕은 「무령왕지석」에 따르면 재위 23년인 계묘년(523)에 62세의 나이로 사망하였기 때문에 개로왕 7년(461)에 태어난 셈이다. 무령왕의 탄생 일화는 『일본서기』 웅략천황 5년(461)조에 실려있어 무령왕 탄생 연도 관련 『일본서기』 기사의 신빙성을 높여주며, 『삼국사기』 백제본기 무령왕의 즉위나 사망 기사를 증거한다.

삼근왕이 태어난 개로왕 10년(464)에 문주는 보국장군(輔國將軍)으로 활약하였다. 사실 『송서』 백제전에는 대명 2년(458, 개로왕 4) 경(慶, 개로왕)이 여기(餘紀) 이하 11명에게 가행직(假行職)을 내리며 송의 관작을 청하였고, 송은 이러한 요청을 모두 받아들였다고 하였다.

개로왕 4년(458) 백제 주요 인물 관작 제수

假行職	명단	宋 除授 官爵
行冠軍將軍	右賢王 餘紀	冠軍將軍
行征虜將軍	左賢王 **餘昆**	征虜將軍
	餘暈	
行輔國將軍	**餘都**	輔國將軍
	餘乂	
行龍驤將軍	沐衿	龍驤將軍.
	餘爵	
行寧朔將軍	餘流	寧朔將軍
	糜貴	
行建武將軍	于西	建武將軍
	餘婁	

위의 관작 제수 기사 표에서 곤지로 여겨지는 여곤(餘昆)이 문주로 지칭되는 여도(餘都)보다도 2단계 우위의 좌현왕에 제수되었음을 알 수 있다. 지적되듯이 여곤(餘昆)은 곤지를, 여도(餘都)는 문주를 지칭

하는 것으로 인정된다. 나아가 곤지(여곤)를 문주왕(餘都)의 아우로 풀이하고, 장군직의 서열이 불합리함에 대해 의문을 표하면서, 여곤과 여도의 경우 중국측 기사에서 어떤 착오가 있는 것으로 보고 있다.[123]

그러나 중국측 기사는 백제가 관작을 요청한 표문을 전재하고 이를 추인한 것에 불과하다는 점에서, 이를 단순하게 중국측 사서 편찬자의 착오로 여기기 어렵다. 또한 동 관작 기사에서 우현왕 여기와 좌현왕 여곤은 백제의 좌우 지역을 관장하는 왕의 친족으로서 개로왕과 함께 백제의 정국을 운영하였던 핵심인물로 판단된다. 이에 비해 여도(餘都)는 여곤보다도 2단계 아래의 직급에 머무르고 있음을 볼 수 있다. 이는 여도를 곤지의 형으로 볼 수 없음을 의미한다.

오히려 『백제신찬』의 개로왕의 '제(弟)'인 곤지군(昆支君)'이라는 기사(T④)가 옳을 듯하다. 여기에서 곤지를 '군(君)'이라 지칭한 것은 『송서』 백제전에서 이미 '좌현왕(左賢王)'으로 책봉받은 그것에 상응하며, 이러한 과정에서 『일본서기』 편찬자는 웅략기 23년조에 '혼[곤]지왕(混[昆]支王)'(U④)이라는 칭호를 사용하였던 것으로 보아 좋을 것이다.[124] 사실 본 동경의 명문에 보이는 '대왕(大王)'은 백제의 대왕이 분명한 만큼, 개로왕대에 이미 대왕 휘하의 우현왕, 좌현왕이 존재하였고, 좌현왕 곤지를 곤지왕으로 일컬을 수 있는 배경으로 이해할 수 있다.

그런데 『삼국사기』 백제본기 문주왕 3년조에서 곤지를 '왕제(王弟)'라고 서술하였다. 또한 『삼국사기』 백제본기 동성왕 즉위년조에는 동성왕을 '문주왕의 아우인 곤지의 아들'로 기술하였다. 곤지를 문주왕의 아우로 확정한 이 기사는 『삼국유사』에 동성왕을 문주왕의 장남인 삼근왕의 당제라고 함으로써, 문주왕과 곤지를 형제로 기록하는데 이르렀다. 이처럼

---

123) 이기동, 앞의 논문, 1974 ; 앞의 책, 1996, 157~158쪽.
124) 노중국은 『일본서기』 웅략기 23년조의 '昆支王'을 백제인 가운데 왕이 아니면서 왕호가 붙은 유일한 사례로 지적하면서, 동성왕이 곤지를 왕으로 추봉한 것으로 보았다.(노중국, 앞의 논문, 2018, 41~44쪽) 그러나 백제는 이미 대왕제를 시행하면서 그 신하에게 왕, 후 등의 관작을 내린 데서, 개로왕의 왕제라면 당연히 '王'호를 내렸을 것으로 판단된다.

『백제신찬』에서 개로왕의 아우였던 곤지를, 『삼국사기』와 『삼국유사』에서는 문주왕의 아우로 기술하고 있는 것이다. 이와 관련하여 『삼국사기』와 『삼국유사』에는 곤지에 대하여 다음의 기사를 전한다.

V. (문주왕) 3년(475) … 여름 4월 왕제(王弟) 곤지(昆支)를 내신좌평으로 임명하고, 장자 삼근을 태자에 책봉하였다.(『삼국사기』 권 25, 백제본기 4, 문주왕 3년)

W. 동성왕의 이름은 모대(牟大)[혹은 마모(摩牟)라고도 한다]이니, 문주왕의 아우 곤지의 아들이다.[文周王弟昆支之子] 담력이 대단히 컸으며, 활을 잘 쏘아 백발백중이었다. 삼근왕이 사망하자 왕위에 올랐다.(『삼국사기』 권 26, 백제본기 4, 동성왕 즉위년(479))

X. 동성왕의 이름은 모대(牟大)이다. 혹은 마제(麻帝)라고 하며, 또는 여대(餘大)라고 한다. 삼근왕(三斤王)의 堂弟이다. 기미년에 즉위하였는데, 26년간 재위하였다.(『삼국유사』 권 1, 王曆 1)

위의 기사에서 문주왕 3년(475)의 '왕제 곤지(王弟 昆支)'(V)가 동성왕 즉위년조에서는 '문주왕제(文周王弟) 곤지의 자(昆支之子)'(W)로 기술되었음을 확인할 수 있다. 사실 『삼국사기』 백제본기에는 왕제(王弟) 또는 왕의 서제(庶弟)를 내신좌평으로 임명한 사례가 적지 않다. 근구수왕 2년(376)에는 왕의 장인[王舅]였던 진고도(真高道)를 내신좌평에 임명한 바 있다.[125] 또한 전지왕 2년 서제 여신(庶弟 餘信)은 내신좌평에 임명되었다가 그 이듬해에 상좌평제를 시행하면서 이에 보임되어, 구이신왕을 거쳐 비유왕 3년 그가 죽을 때까지 전왕인 전지왕의 庶弟로서 그 직을 맡았다.[126] 아신왕이 재위 14년에 돌아갔을 때에는, 아신왕의 중제(仲弟) 훈해(訓解)가 섭정하면서 왜에 질자로 가 있던 태자 전지(腆支)를 기다리다가 계제(季弟)가 훈해를 살해하고 스스로 왕이 되었다는 기사를 살필 수 있는데,[127] 이들은 모두 '중제(仲弟)' '계제(季弟)'로서 등장하지만 실제로는 전왕 아신왕의 왕제(王弟)였던 것이다. 이러한 사례는 국왕의 즉위 전

125) 『삼국사기』 권 24, 백제본기 2, 근구수왕 2년.
126) 『삼국사기』 권 25, 백제본기 3, 전지왕 3·4년, 비유왕 3년.
127) 『삼국사기』 권 25, 백제본기 3, 전지왕 즉위년.

후에 일어난 정변의 비상한 상황에서 벌어지고는 하였지만, 문주왕 또한 고구려의 침공으로 개로왕이 살해되고 수도 한성이 함락된 비상한 상황에서 왕위에 올라 웅진으로 천도한 것이었다. 이러한 비상한 시국에 그 동안 일본에 파견되었던 곤지가 급거 귀국하여 왕명을 출납하는 내신좌평으로서 국정을 관장하였던 것이다. 이는 아신왕이 죽고 나서 훈해(訓解)가 전왕의 왕제로서 섭정하였던 것에 상응한다.

그런데 『삼국사기』 백제본기 개로왕 21년조에 개로왕이 한성 함락 직전 '子 文周'에게 일러 난을 피하여 국계(國系)를 잇도록 하였다는 것이나, 동서 신라본기 자비마립간 17년조에 백제왕 경(慶)이 '자 문주(子 文周)'를 보내어 구원을 청하였다는 기사는,[128] 백제 한성의 함락과 개로왕의 전사라는 동일한 사건을 서술한 것이다. 이들 기사가 1년의 기년 차이가 있는 것이나 국왕 이름이 다르게 기술된 것으로 미루어 볼 때에 서로 다른 계통의 사료로부터 취한 것으로 인정된다. 그럼에도 불구하고 양 사료 모두 문주가 개로왕의 아들임을 분명히 하였다.

이에 『삼국사기』 찬자는 '문주왕이 개로왕의 아들'이란 사실을 분명히 하면서도, 문주왕 3년조의 '왕제 곤지(王弟 昆支)' 기사를 '문주왕의 왕제(王弟)'로 잘못 판단함으로써, 곤지와 문주를 형제로 간주하고 개로왕의 아들들로 정리하였던 것이라고 여겨진다. 이로써 『삼국사기』에는 동성왕을 '문주왕의 아우인 곤지의 아들'로서 서술하고, 『삼국유사』 왕력에서도 동성왕을 '삼근왕의 당제(堂弟)'라고 하였던 것이라 생각한다. 그러나 곤지가 개로왕의 동생이고, 문주왕은 개로왕의 아들이 분명하므로, 『삼국사기』 백제본기 문주왕 3년조의 '왕제곤지(王弟昆支)'는 훈해(訓解)의 사례와 마찬가지로 '전왕 개로왕의 왕제 곤지'를 지칭한다.

---

128) "[蓋鹵王] 21年(475) 秋九月… 近蓋婁聞之 謂子文周曰 '子愚而不明 信用姦人之言 以至於此 民殘而兵弱 雖有危事 誰肯爲我力戰 吾當死於社稷 汝在此俱死無益也 蓋避難以續國系焉' 文周乃與木劦滿致·祖彌桀取南行焉"(『삼국사기』 권 25, 백제본기 3, 개로왕 21년)
"[慈悲麻立干] 17年(474) 秋七月, 高句麗王巨連親率兵, 攻百濟. 百濟王慶遣子文周求援. 王出兵救之, 未至百濟已陷, 慶亦被害."(『삼국사기』 권 3, 新羅本紀 3, 慈悲麻立干 17년)

아무튼『삼국사기』『삼국유사』찬자의 웅진시기 백제 왕계에 대한 잘못된 오해로 말미암아, 동성왕을 곤지의 아들(昆支之子) 또는 삼근왕의 당제(堂弟)라고 하면서, 동성왕의 이복형제인 무령왕을 모대왕의 제2자라고 기술하였다.『일본서기』에서 동성왕을 곤지의 제2자라고 한 것은,『삼국사기』에서 동성왕을 곤지의 아들이라고 한 그것과 상응한다. 다만「무령왕지석(武寧王誌石)」에 따를 때에 무령왕이 개로왕 7년(461)에 태어나 동성왕 즉위년인 479년에 18세, 그리고 그가 왕위에 즉위할 당시에 40세였고,『일본서기』웅략기에 보듯이 동성왕이 왜에서 유년시절을 보낸 만큼, 무령왕을 모대왕(동성왕)의 제2자로 보기는 어렵다. 따라서 동성왕과 무령왕은『백제신찬』의 '이름은 사마왕인데 혼지(混支) 왕자의 아들인즉 말다왕의 배다른 형이다129)[諱斯麻王 是混支王子之子 則末多王異母兄也]'라는 기록(U②)과 같이 배다른 형제로 보는 것이 옳으며, 이들은 모두 삼근왕의 종숙이 된다.

다만 T③의 '기이유5자(旣而有五子)'를 '입경한 이후로 다섯 아들을 두었다'로 풀이함으로써, 곤지가 왜의 수도에 들어가 왜에서 새로 맞이한 부인과의 사이에서 다섯 아들을 낳았고, 여기에는 무령왕이 포함된 것으로 간주하기도 한다.130) 나아가 곤지가 맞이한 부인은 왜 왕실의 여성이거나 왜의 유력한 귀족의 딸일 가능성이 높은 것으로 보기도 한다.131)

그런데 T③의 '기이유5자(旣而有五子)'는 입경하여 이윽고 다섯 아들을 두었다는 것인데, '기이(旣而)'를 어떻게 새길 것인가의 문제가 있다. 기왕에는 '기이(旣而)'를 '이윽고'로 풀이하여 '곤지가 왜경에 입경하고 나서 다섯 아들을 두었다'고 해석하였으나, 이는 '얼마 되지 않아서'라는 의미로 새길 수도 있다.

129) 이도학, 앞의 논문, 1984, 14~15쪽.
130) 노중국, 앞의 논문, 2018, 27~29쪽. 박재용, 앞의 논문, 2018, 99쪽. 이근우, 앞의 논문, 1994, 134쪽. 정재윤, 앞의 논문, 1997, 117쪽. 홍성화, 앞의 논문, 2011a, 310~311쪽. 홍성화, 앞의 논문, 2011b, 50쪽.
131) 홍성화, 위의 논문, 2011a, 312쪽. 홍성화, 위의 논문, 2011b, 53쪽. 노중국, 위의 논문, 2018, 27~29쪽.

앞서 살폈듯이 동성왕의 귀국과 관련하여 웅략천황이 유년(幼年)의 동성왕의 머리와 얼굴을 어루만졌다는 일화는(S) 말다왕의 유년 시절에 웅략천황이 그를 아꼈다는 이야기에 다름 아닐 것이다. 다만 이 기사에서 말다왕이 둘째임을 지적하였다는 점에서, 곤지에게는 사마가 아닌 본처의 장남이 있었음을 알 수 있다. 따라서 곤지가 왜경에 입경하였을 때에 동성왕의 친모와 잉부, 그리고 장남을 데리고 왜로 향하였을 가능성이 높고, 도중에 사마를 해산하여 그를 백제에 귀국시킴으로써 잉부의 전설이 있게 된 것은 아닐까 여겨진다.

이에 『일본서기』에서 사마왕을 개로왕의 아들이라 한 것은, T①과 U④에 보이는 개로왕이 곤지에게 내렸다는 잉부(孕婦)의 전설에 바탕한 것이었다고 본다. 곧 개로왕이 곤지에게 내렸다는 잉부(孕婦)의 전설은 일본측 전승에 따른 것으로 여겨진다. 『백제신찬』에는 개로왕이 그의 아우 곤지를 왜에 파견하였고(T①), 백제인이 말다왕을 제거하자 무령왕이 즉위하였는데, 무령왕이 말다왕의 이모형이라는 사실(U②)만을 전할 뿐이다.

『일본서기』 웅략천황 5년(461) 4월과 6월조의 잉부(孕婦)의 전승(T①②)에서 도군(嶋君)이 무령왕이 되었다는 것과 백제사람들이 무령왕이 태어난 섬을 주도(主嶋)라고 불렀다는 것을 살필 수 있는데, 사마왕의 시호인 무령왕이 등장한 데서132)(T②), 동 전설이 무령왕 훙거 이후에 전승된 것임을 알 수 있다. 동 전설은 무열천황 4년(502)조의 U④에서 다시 정리되었고, 그 결과 『일본서기』의 찬자는 무령왕을 개로왕의 아들이라 확신하면서, 『백제신찬』에서 개로왕과 무령왕이 이모형제(異母兄弟)라고 일컬은 것에 대하여 의문을 표하였다.(U④) 따라서 U의 기사에서 『백제신찬』의 기록은 U②였던 것으로 판단되거니와, 무령왕의 각라도 탄생과 개로왕의 아들이라는 전승은 무령왕의 후손에 의해 윤색된 것이라는 의심을 갖게 한다.133) 이러한 배경에는 무령왕의 왕위 계승의 정통성을 개로왕에서 찾고

---

132) 문동석, 「백제의 시호제와 시호의 함의」, 『백제학보』 32, 2020, 87~89쪽.
133) 百濟王氏는 『일본서기』에서 무령왕을 개로왕의 계보로 연결시키기 위해 倭君氏의 家記를 적극적으로 활용하였을 것으로 추정하고, 倭君氏 또는 百濟王氏가 藤原不比等의 출생담을 참조하여 왜군씨 가기에서 개로왕이 자신의 孕婦

자 한 때문으로 여겨지는데, 그럼에도 불구하고 『백제신찬』에는 무령왕이 말다왕의 이복형으로서 곤지의 아들임을 분명히 밝혔던 것이라 하겠다.

요컨대 웅진시기 백제 왕실의 계보는 『백제신찬』에 따르면 개로왕과 곤지는 형제이고, 무령왕은 동성왕의 이복형이라고 할 수 있다. 또한 『삼국사기』에는 백제·신라의 두 나라의 계통으로부터 전승된 한성 함락 사건 기사에서 모두 '문주를 개로의 아들'로 전하고 있는 바, 『삼국사기』에서 곤지를 문주왕의 왕제라고 한 것은, 『삼국사기』 문주왕 3년조의 '왕제곤지(王弟 昆支)'를 전왕 개로왕의 왕제가 아닌 문주왕의 왕제로 잘못 이해한 때문이었다. 곧 전지왕 즉위시에 활약한 아신왕의 중제(仲弟) 훈해(訓解)와 계제(季弟) 등의 사례로 미루어 볼 때에, 문주왕 3년조의 '왕제 곤지(王弟 昆支)'는 '개로왕의 왕제'에 다름 아니다.

또한 『백제신찬』에서 무령왕이 말다왕의 이복형으로서 곤지의 아들임을 분명히 밝혔던 바, 본 동경에서 사마가 대왕(동성왕)을 장봉(長奉)하겠다는 것은 적통의 이복 동생의 왕위 계승에 대한 사마(무령왕)의 당연시 여기는 마음을 표현한 것이라 할 수 있다. 아마도 그 거취를 알 수 없는 곤지의 장자는 일본에 체재하는 동안 어떠한 변고가 있었으리라 예상되며, 이로 말미암아 동성왕이 곤지의 지자로서 적통자로 부상되지 않았을까 추측된다. 이에 백제 왕실의 계보를 정리하면 다음 표와 같다.

백제 왕실은 일찍부터 태자제를 수립하여 적장자 왕위 계승의 원리를 실천하였다. 고구려의 침공으로 개로왕과 태후(大后)·왕자(王子) 등이 변을 당함으로써[134] 문주왕이 지자(支子)로서 왕위를 승계하였다. 그렇지만 문주왕이 그의 장자인 삼근왕을 태자로 봉하고 왕위를 승계하도록 하였던 것은, 웅진기 백제 왕실이 나름대로의 적장자 상속의 원리를 이어간 것이라 할 수 있다.

를 동생인 곤지에게 하사했다는 내용의 무령왕 출생담을 만들었을 가능성이 큰 것으로 본다.(박재용, 앞의 논문, 2018, 94~101쪽)

134) "雄略天皇 20年(476) 冬 高麗王大發軍兵 伐盡百濟 … 百濟記云 蓋鹵王乙卯年 冬 狛大軍來 攻大城七日七夜 王城降陷 遂失尉禮 國王及大后·王子等 皆沒敵手"(『日本書紀』 권 14, 雄略天皇 20년 冬)

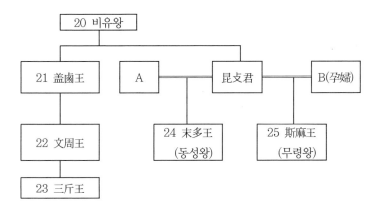

웅진기 백제 왕실 계보 복원도

문주왕이 지자(支子)로서 왕위를 승계한 것이나 삼근왕의 피살로 곤지의 적통자로서 동성왕이 왕위를 이을 수 있었던 것은, 위(魏) 명제(明帝) 때의 '후사가 없으면 지자(支子) 가운데 택하여 대종(大宗)을 잇도록 세워 정통(正統)을 승계한다'[135]는 원칙에 따른 것이라 볼 수 있다. 곧 웅진기 왕위계승은 적장자 상속이라는 종법의 대원칙을 따르되, 적통의 후사가 없을 경우 별자가 이를 승계하고 그후 별자의 장자가 왕권을 승계하도록 하였음을 의미한다. 동성왕 12년(永明 8년, 490) 동성왕이 남제로부터 '조부(祖父)' 모도(牟都, 문주왕)를 세습하여 백제왕(百濟王)의 관작을 받았다고 한 것은,[136] 비유왕-개로왕-문주왕-삼근왕으로 이어지는 백제 왕실의 혈통이 끊기자, 비유왕의 지자(支子)인 곤지의 아들 동성왕이 왕위를 승계하였음을 보여주는 것이라 할 수 있다.

『삼국사기』백제본기에는 동성왕이 백가(苩加)에 의해 피살당하자 무령왕이 즉위하여 난을 진압하였다고 전한다. 이에 대해 『일본서기』무열천황 4년(502)조에 인용된 『백제신찬』에는 말다왕(동성왕)이 무도하여 백성에게 포악하므로 국인이 공제(共除)하자 무령(武寧)이 왕위에 올랐다고 하였다.[137] 사실『삼국사기』백제본기에는 동성왕 21년 이

---

135)『晉書』권19, 志9, 禮 上, 吉禮.『宋書』권17, 志7, 禮4.
136)『册府元龜』권 964, 外臣部 8, 封册 1, 南齊 武帝 永明 8年.

래로 한해와 기아, 역병 등이 창궐하는데도, 동성왕이 진휼을 베풀지 않고 임류각에서 연회를 베푸는 등의 실정을 보고하거니와, 『백제신찬』에서 동성왕이 무도하여 백성에게 포악하였다는 기록(G②)에 상응한다. 아마도 『백제신찬』에서 국인이 동성왕을 함께 제거하였다(國人共除)고 한 것은, 『삼국사기』에서 백가가 사람을 시켜 왕을 살해한 그것을 지칭한 것으로 여겨진다. 또한 '무령왕이 왕위에 올랐다[武寧立]'는 것은, 적통에서 배제되었던 무령왕이 백가의 난을 진압하고, 동성왕의 이복형으로서 왕위에 오른 사실을 적시한 것으로 본다.

이러한 무령왕의 행적은 본 동경의 명문에서 대왕(동성왕)이 의시사가궁(意柴沙加宮)에 있을 때에 사마가 장봉(長奉)의 생각으로 200두(旱)의 동(銅)을 보낸 사실에 상응한다. 곧 우전팔번경(隅田八幡鏡)의 명문은 사마의 동성왕에 대한 애틋한 형제애를 반영한 것으로서, 귀국후 곤지의 적통자로서 왕위에 오른 동성왕은 이러한 사마의 마음을 기려 본 동경을 주조함으로써 이전의 마음을 지속할 것을 동경에 새겼다고 생각한다. 『백제신찬』에서 '[사마왕은] 말다왕(末多王)의 이모형(異母兄)'이라는 기록은 '대왕을 장봉(長奉)할 것을 생각한[念] 사마'의 마음을 본 동경에 새기는 배경으로 작용하였다고 본다. 사마는 본 동경을 제작한 동성왕 13년(491) 8월 10일 당시에 이미 대신의 지위에 올랐던 것으로 여겨지는 만큼, 동성왕의 피살은 결국 자신에 대한 공격으로 간주하였을 것이다. 사실 『백제신찬』에서 '무령입(武寧立)'이란 표현은, 무령왕이 백가의 난을 진압하여 이모 동생인 동성왕의 원수를 갚고 스스로 왕위에 올랐다는 것으로, 그가 동성왕의 승계자라기보다는 곤지의 別子로서 왕통을 이었다고 보아야 하지 않을까 한다.

---

137) "[武烈天皇 4년(502)] 是歲 百済末多王無道 暴虐百姓 国人遂除而立嶋王 是為
武寧王[百済新撰云 末多王無道暴虐百姓 国人共除 武寧立 諱斯麻王 是混支王
子之子 則末多王異母兄也 …]"(『日本書紀』권 16, 武烈天皇 4년 是歲)

6. 맺음말

본고는 우전팔번신사(隅田八幡神社) 소장 인물화상경의 명문을 다시 석독하여 그 동안 본 동경 연구의 쟁점이었던 제작국을 백제로 확정하고 제작 주체 및 연대, 배경을 비롯하여 그 성격을 살피고자 하였다. 나아가 본 동경의 대왕-사마의 관계를 바탕으로 각 사서마다 다르게 나타나는 웅진기 백제 왕실의 계보를 복원하고자 하였다. 이에 그 결과를 정리하면 다음과 같다.

첫째, 그 동안 '계미년8월(癸未年八月)'로 석독하였던 기년을 '미년(未年, 또는 未有) 8월(八月)'로, 대왕'년'(大王'年')으로 보았던 '旨'를 '개(匃, 丐)'로, '개'중비직('開'中費直)을 '귀'중비직('歸'中費直)으로, 所와 取(A㊴, ㊻)를 각각 '소(所)'와 '취(取)'로, 두(旱)를 백제의 독특한 무게 단위로 석독하였다. 특히 그 동안 문장 첫 부분의 기년으로 보았던 矣를 종미사 의(矣)의 이체자로 석독하고, 본 동경의 명문을 일본 도하산(稲荷山, 이나리야마) 고분에서 출토된 신해년명철검(辛亥年銘鐵劍)(471)의 명문과 비교하여 다음과 같은 석독문을 제시하였다.

> 未年(또는 有)八月日十, 大王匃男弟王在意柴沙加宮時, 斯麻念長奉遣歸中費直穢人今州利二人等, 所白上同二百旱, 取此竟矣.

둘째, 본 동경의 제작일을 '미년[또는 有]8월일10(未年[또는 有]八月日十)'으로 표기하는 방식을 서봉총 출토 고구려 은합우(391)에서 지간의 '묘(卯)'나 천간의 '신(辛)'만으로 신묘년을 표기한 것, 그리고 '일10(日十)'의 형식으로 일간을 표기하는 사례로서 『모시주소(毛詩注疏)』 주무(綢繆)의 정의(正義)에 보이는 '二月日體在戌而斗柄建卯[2월 해(日)의 몸체(體)가 술방(戌)에 있고 북두의 손잡이가 묘방에 세우는 처음 어두해질 때]', 『송사(宋史)』 천문지의 '在十二月日壬癸[12월 임계의 날에 대사를 하였다]' 등의 천문 내지 역법에서 해(日)의 천행(天行)의 위치로써 일진을 표기하는 방식을 들 수 있었다. 나아가 동 명문에서 사마(斯麻)의 생몰년 개로왕 7년(461)~계묘년(523)의 기간 동안에 남제왕(男弟王)을 특정할 수 있는 일본의 천황으로 형왕(兄王)을 이어 즉위한 '제왕(弟王)' 웅략천황(雄略天皇)으로 판단하였다. 또한 의시사가궁(意柴沙加宮)은 웅략천황(雄略天皇)의 모후(母后) 인판대중희(忍坂大中姬)의 궁이었음을 확인할 수 있었다. 이 기간 동안 웅략천황의 호의로 의시사가궁에 거처할만한 일본의 천황이 없고, 당시에 동성왕이 일본에 체재하였다는 점, 그리고 백제의 사마가 동(銅) 200두(두)를 보냈다는 점으로 미루어 볼 때에, '대왕(大王)'은 동성왕이 귀국하여 백제의 국왕으로 즉위한 이후에 지칭된 것임을 알 수 있었다. 따라서 본 동경에 등장하는 대왕(大王), 남제왕(男弟王), 귀중 비직(歸中 費直), 사마(斯麻)를 각각 동성왕(東城王), 웅략천황(雄略天皇), 일본에서 백제로 귀부한 비직(費直), 그리고 무령왕으로 특정할 수 있었다. 특히 동성왕이 의시사가궁에 거처할 때는 본 동경을 제작하기 이전의 과거의 사실이었다. 또한 사마가 동성왕을 길이 모실 것[長奉]을 생각하여 보냈다는 동(銅) 200두(두)는 동성왕의 일본 체재비용으로서, 동성왕의 귀국시에 일종 속동(贖銅)으로도 사용되었을 것이고, 그 일부를 백제에 가져와 본 동경을 제작한 것으로 보았다.

셋째, 본 동경의 제작시기인 '미년(未年)'을, 사마의 생몰년을 비롯하여, 동성왕이 재위한 기미년(479) 12월~동성왕 23년(501) 12월, 그리고 본 동경에 등장하는 귀중 비직(歸中 費直)의 한부(漢部)가 '직(直)'의 반조(伴造)를 하사받은 472년 10월 이후 시기를 만족하는 것으로서, 동성왕 13년(491)의 신미년으로 확정할 수 있었다. 이에 신미년(491) 8월 10일은 추분이 지난 7일째 되는 기해일로, 이 때에 종묘에 제사를 지내기 위해 본 동경을 제작한 것으로 추정하였다. 특히 본 동경을 제작한 8월은 주역의 효사로 관괘(觀卦, ䷓)에 해당하는 바, 『한서(漢書)』에서 애제(哀帝)가 즉위하여 그의 외족을 열후(列侯)로 봉할 때에 천기(天氣)가 적황(赤黃)으로 변하는 현상에 대하여 '관기생(觀其生)'의 효사를 인용하여 경계하였던 것과 마찬가지로, 동성왕 12년(490) 북위의 침공을 격퇴한 데 대한 작위 수여 및 그 이듬해 수재와 기근에 대하여, 국왕으로서의 성찰,

그리고 대신으로서의 몸가짐 등을 경계한 것이 아니었을까 한다.

본 동경의 명문에 보이는 대왕과 사마의 관계는 관괘(觀卦)의 구오(九五)와 상구(上九)에 비교해 볼 수 있는 것으로, 구오(九五)는 동성왕에, 상구(上九)는 사마에 대응하는 것이 아닐까 생각하였다. 본 동경의 화상은 모두 세 편으로 이루어졌는데, 국왕의 좌우로 문무관료를 배치하고 무관의 앞에 북위의 장군으로 추정되는 무릎을 꿇은 인물, 그리고 국왕의 순수시에 백성을 되돌아보는 화상, 국왕으로 여겨지는 인물의 침소에서 시봉하는 신하의 모습들은 본 동경의 제작일이나 명문의 내용과 부합하는 것으로 보았다. 특히 국왕의 침소를 돌보는 신하의 모습은 사마가 대왕을 길이 모실 것[長奉]을 생각하였다는 명문의 내용에 부합한 것이 아닌가 생각하였다. 이러한 이해를 바탕으로 하여 본 동경의 명문을 풀이하면 다음과 같다.

[신]미년(동성왕 13년, 491) 8월 10일, 대왕[동성왕]이 남제왕(男弟王, 雄略天皇)에게 구걸하여 의시사가궁(意柴沙加宮)에 있을 때에, 사마(斯麻)가 [동성왕을] 길이 받들 것을 생각하여 중국(中國, 백제)에 귀부한[歸中] 비직(費直)과 예인(穢人) 금주리(今州利) 두 사람 등을 보내어 [백제의 국왕에게] 사뢰어 [동성왕에게] 올린 바의(올렸던) 동(銅) 200두(旱)에서 이 경(鏡)을 취하였다.

넷째, 동성왕과 사마의 관계를 바탕으로 각 사서마다 다양하게 나타나는 웅진기 왕실계보를 재구성하였다. 곧 『백제신찬』에 따르면 개로왕과 곤지는 형제이고, 동성왕과 무령왕은 이복형제라고 할 수 있다. 또한 『삼국사기』에는 백제·신라의 두 나라의 계통으로부터 전승된 한성 함락 기사에서 모두 '문주를 개로왕의 아들'로 전하고 있는 바, 문주는 개로왕의 아들로 보아야 한다. 다만 『삼국사기』 문주왕 3년조의 '왕제 곤지(王弟昆支)'는 문주왕의 왕제가 아닌 전왕 '개로왕의 왕제(王弟)'를 지칭한 것이라 할 수 있다. 한편으로 동성왕을 『삼국사기』에는 곤지의 아들, 『일본서기』에서 곤지의 제2자로, 무령왕에 대하여는 『삼국사기』·『삼국유사』에는 동성왕의 제2자라고 하였지만, 『백제신찬』에서 무령왕은 동성왕의 이복형이라고 하였다. 이를 바탕으로 검토할 때에 동성왕은 곤지의 제2자이고, 무령왕은 동성왕의 이복형임을 확인할 수 있었다. 본 동경에서 사마가 대왕(동성왕)을 長奉하겠다는 것은, 동성왕이 적통자로서 왕위를 계승하는 것을 당연하게 여겼던 사마(무령왕)의 진심어린 마음을 표현한 것이라 할 수 있다.

『백제신찬』에서 국인이 동성왕을 함께 제거하였다[國人共除]고 한 것은, 『삼국사기』에서 백가가 사람을 시켜 왕을 살해한 그것을 지칭한 것이라 할 수 있다. 또한 '무령왕이 왕위에 올랐다[武寧立]'는 것은, 그가 백가의 난을 진압하여 이모 동생인 동성왕의 원수를 갚고, 아울러 동성왕의 승계자라기보다는 곤지의 별자(別子)로서 왕통을 이은 것으로 풀이할 수 있을 듯하다.

본 동성왕의 인물화상경은 동성왕과 사마의 관계 뿐만 아니라, '귀중(歸中)'에서 백제 중심의 천하관을 살필 수 있다. 아울러 인물 화상 가운데 북위 장군으로 보이는 인물이 무릎을 꿇고 있는 모습에서 『삼국사기』 북위 침략 격퇴 기사의 사실성을 살필 수 있다. 따라서 본 동경의 명칭 또한 그 국적이나 시기, 주도인물 등을 분명하게 밝혀주는 「백제 동성왕 인물화상경」으로 명명해야 하리라 본다.

다만 본 동경이 어떠한 경로를 통하여 일본에 건너가게 된 것인가에 대해서는 화가산(和歌山, 와카야마) 지역의 고분과 관련하여 앞으로 자세한 검토가 필요하리라 본다. 억측하건대 『속일본기』 권40, 환무천황(桓武天皇) 연력(延曆) 8년(789) 12월 임자일조에 환무천황(桓武天皇)의 황후가 백제 무령왕의 아들 순타태자(純陁太子)로부터 비롯하였다고 하거니와, 이와 관련하여 순타(純陁) 또는 그의 자손이 일본에 건너가면서 무령왕의 자손이라는 신표로서 이 동경을 지니고 일본에 건너갔을 가능성을 상정할 수 있지 않을까 한다.

II

「신라촌락문서」와 촌락사회

「신라촌락문서」의 연구 현황과 석독

1. 머리말

본 문서는 1933년 10월 일본 동대사 정창원(東大寺 正倉院, 도다이지 쇼소인) 중창(中倉) 소장 『화엄경론(華嚴經論)』 제7질 포심에서 발견된 두 장의 한지에 기록된 문서이다. 현재 전하는 신라 촌락문서는 모두 두 장으로 된 사진본만을 확인할 수 있다. 곧 1매에는 일명의 같은 현 소속의 사해점촌(沙害漸村)과 살하지촌(薩下知村), 그리고 다른 1매에는 일명촌과 서원경 소속 일명촌의 내역이 있다.[향후 이들 촌명은 필요한 경우를 제외하고 그 동안의 관행에 따라 각각 A, B, C, D촌으로 명명한다] 이들은 본래 두루마리 형태로 있던 것인데, 두 장의 문서가 두루마리의 어느 부분이었는 지는 분명하지 않다.

그런데 4개 촌락 가운데 A촌인 사해점촌만이 촌명으로부터 촌역, 인구[공연(孔烟)·계연(計烟) 및 호등(戶等)], 우마수, 전답(田畓) 및 마전(麻田), 식목[뽕나무(桑), 잣나무(栢子木), 가래나무(秋子木)], 을미년(乙未年)에 이사하여 거주한 인구수나 열회거(列廻去) 또는 사합인(死合人) 등 인구 감소 내역, 그리고 우마와 식목의 감소 내역 등 각 촌에 따른 전체적인 서식의 모습을 온전히 담고 있다. 이에 대해 B촌 살하지촌은 뒷부분이 결락되어 인구 감소부분 가운데 '열회거합(列廻去合)'까지만 남아 있고, C촌은 앞 부분이 결락되어 공연에 대한 구체적 내역의 일부분부터 문서가 시작하지만 뒷부분은 식목의 감소분까지 남아 있다. D촌인 서원경 일명 촌은 앞 부분이 온전한 대신 뒷부분은 우마의 감소부분까지 보이고 있으나 식목의 감소 부분이 있었는지는 알 수 없다. 그럼에도 불구하고 이들 각 촌의 현황은 원장과 추기간에 차이가 있지만, 각각은 동일한 투식과 서체에 의해 작성된 것이 분명한 만큼 일관된 문서로 보아 좋을 것이다.

본 문서는 1953년 처음으로 학계에 소개됨으로써, 통일신라시대 4개 촌락의 호구(戶口)·우마(牛馬)·토지(土地)·과수(果樹) 등의 증감을 3년마다 조사하여 작성한 사실을 알 수 있게 되었다.1) 이에 지금까지 신라 촌락사회의 인구와 연호 구성, 인구 이동, 토지의 소유 형태, 우마와 수목의 현황, 조세 수취 등에 대한 많은 연구결과가 축적되었지만, 아직까지 공연과 계연, 자연호 내지 편호설, 토지 및 촌락의 성격, 문서의 작성 시기 등에 대해서 명확한 결론을 내리지 못하고 있다.2) 이는 그 동안 신라사회를 어떻게 바라보느냐의 관점에 따른 정황적 설명만으로 본 문서에 접근했기 때문이라고 본다. 이에 대한 반성으로 본 문서의 추기 및 이두, 문자표기 등을 검토함으로써,3) 문서의 제작시기 및 그 실체를 밝히고자 한 연구가 시도되기도 하였다.

90여 년에 걸친 본 문서의 연구사는 몇 차례 정리된 바 있다.4) 2000년대에는 2000년 한국고대사학회 제2회 하계세미나 발표회의 결과물,5) 그

---

1) 野村忠夫, 1953, 「正倉院に發見された新羅の民政文書について」, 『史學雜誌』 62-4.
2) 김수태, 2001, 「신라 村落帳籍 연구의 쟁점」, 『한국고대사연구』 21.
3) 추기에 대해서는 武田幸男, 1976, 「新羅の村落支配-正倉院所藏文書の追記をめぐって」, 『朝鮮學報』 81, 이두에 대해서는 남풍현, 1992, 「正倉院 所藏 新羅帳籍의 吏讀 硏究」, 『中齋 張忠植博士 華甲紀念論叢』 인문·사회과학편, 書風에 대해서는 東野治之, 1983, 「藤原京木簡の書風について」, 『日本古代木簡の硏究』, 塙書房을 대표적인 것으로 꼽을 수 있다.
4) 兼若逸之, 1984, 『신라 《均田成冊》의 分析을 통해서 본 촌락지배의 실태』, 연세대 박사학위논문. 浜田耕策, 1986, 「新羅村落文書の成果と課題」; 唐代社會史硏究會 編, 『律令制 : 中國·朝鮮の法と國家』. 이인철, 1996, 『신라촌락사회사연구』, 일지사. 李喜寬, 1999, 『統一新羅 土地制度硏究』, 一潮閣.

리고 2007년 한국고대사연구회 편찬『한국고대사연구의 새동향』에서 본 문서 연구 현황에 대한 부분적인 개관이 있었고,6) 2009년에는 그 동안 자신의 연구 성과를 바탕으로『한국 고·중세 사회경제사연구』의 서설격으로 연구사를 정리한 것이 있었다.7)

사실 2009년 이후 이렇다고 할 연구사 정리가 이루어지지 않았는데, 이러한 데는 본「신라촌락문서」에 대한 연구가 상당한 소강기에 접어들었기 때문이 아닌가 한다. 다만 최근 2020년 10월 31일(토) 전국역사학대회 분과발표회에서 신라사학회는「신라촌락문서의 재검토」의 주제하에 동 문서의 작성시기 및『화엄경론』의 유통, 촌락문서의 正倉院 입고과정, 내성(內省) 등을 검토하면서 신라촌락문서 작성연대에 대한 대한 논쟁을 다시 점화하여, 695년설에 대한 의문을 제기하였다. 이들 논문은『신라사학보』52(2021.08)에 게재되었다.8) 2022년 9월 2일(금) 청주시와 충북대박물관이 주최한「신라촌락문서에 대한 새로운 시각」에서는 촌락문서의 작성 시기에 대한 논의를 비롯하여 동 문서의 작성연대를 비롯하여 서예사적 의의, 서원경과 촌락의 위치, 수취제도, 연령구분 등이 다루어졌다. 동 학술회의에서 기존의 695년설이 거듭 주장되기도 하였지만(윤선태), 서예사적으로 7세기 말에는 동 문서의 서체가 나오기 힘들다는 견해(이완우)가 있는 한편으로 818년설이 거듭 제기되기도(박남수) 하였다. 이들 논문은 모두『한국고대사탐구』42(2022.12)에 게재되었다.9)

---

5) 김수태, 2001, 앞의 논문.

6) 송완범, 2007,「신라의 경제제도와 소위 '촌락문서'」,『한국고대사연욱의 새동향』, 한국고대사학회.

7) 이인철, 2009,「신라장적의 연구현황과 과제」,『한국 고·중세 사회경제사연구』, 백산자료원.

8) 박남수, 2021, 「신라촌락문서의 인구통계와 그 작성 시기」,『新羅史學報』52. 강은영, 2021,「신라 촌락문서의 정창원 입고 계기 – 일본에서의 화엄경 유행을 중심으로」,『新羅史學報』52. 신선혜, 2021,「신라 촌락문서와『화엄경론』의 유통」,『新羅史學報』52. 박해현, 2021, 「신라 內省 설치의 정치적 含意」,『新羅史學報』52.

9) 김영관, 2022,「신라촌락문서의 서원경과 촌락의 위치」,『韓國古代史探究』42. 홍승우, 2022, 「신라촌락문서의 기재 내용과 수취제

동 문서에 대한 연구가 근래에 새삼스럽게 떠오르고 있기는 하지만, 여러 연구자의 관심에서 조금 멀어진 것만은 사실이라 하겠다. 이는 지적 되듯이 연구가 진전되면서 새로운 여러 사실이 밝혀졌음에도 불구하고, 그 동안 개진된 공연과 계연의 개념, 그에 따른 자연호 내지 편호설, 토지 의 성격에 대한 균전제의 시행여부 및 녹읍 내지 정전설, 촌락의 성격을 둘러싼 자연촌설과 행정촌설, 그리고 본 문서의 적성 연대, 본 문서에 보 이는 촌락 사회를 안정적인 것으로 볼 것인가 아니면 매우 불안정한 사회 적 동요로 볼 것인가 하는 문제들에 대한 명확한 결론을 내리지 못한 때문 이라 할 수 있다.

하나의 문서를 두고 다양한 해석이 나온 것은, 무엇보다도 본 문서 자체 에 대한 이해보다는 오히려 각 연구자들이 신라사회를 어떻게 바라보느냐 의 관점의 차이에서 비롯한 측면이 적지 않다고 본다. 그 동안 문서 그 자체에 대한 연구의 필요성으로 인하여, 본 문서의 추기에 대한 분석, 그 리고 이두를 검토함으로써 본 문서의 이해를 높이고자 하는 노력이 있었 지만, 그렇다 하더라도 본 문서를 적확하게 이해할 수 있게 되었는가 하는 점에서는 회의적이다.

이러한 데는 본 문서가 가지고 있는 다양한 정보와 오늘날 연구자들의 정보 사이에 나타난 괴리 때문이라고 생각한다. 사실 그 동안 여러 연구자 들이 자신의 관점에 따른 주장을 뒷받침하는 전거로 삼고자, 본 문서의 다양한 통계에 대하여 다양한 수식을 적용시켜 근사치를 얻고자 하는 노 력을 기울여 왔다. 물론 그 과정에서 공연의 기준수 '중상호 6/6'을 찾아낸 것[10]은, 본 문서 연구에서 획기를 이룰만 한 것이었다. 그럼에도 불구하 고 기준수 자체가 본 문서상에서 지니는 의미, 그리고 본 문서에 보이는

도 − 戸口 관련 기재 내용을 중심으로 −」, 『韓國古代史探究』 42. 윤선태, 「新羅村落文書의 작성연대에 관한 종합적 고찰」, 『韓國古代史探究』 42. 박남수, 2022, 「신라촌락문서의 연령구분과 촌락사회」, 『韓國古代史探究 』 42. 이완우, 2022, 「신라촌락문서의 書風」, 『韓國古代史探究』 42.
10) 李泰鎭, 1979, 「新羅統一期의 村落支配와 孔烟」, 『한국사연구』 25 ; 1989, 『한국사회사연구』, 지식산업사, 47~49쪽.

여타 수치의 정합성 여부를 설명하는 데는 일정한 한계가 있었다고 생각한다.

필자는 본 문서에서 제시하는 수치는 그동안 다양한 관점에서 제시한 역사적 해석보다도 우선하는 객관적인 지표라고 본다. 따라서 그 동안의 연구에서 밝혀낸 본 문서 추기에 대한 기초적인 검토나 공연 기준수 '6/6'의 발견 등을 바탕으로 새로이 발견된 문자 자료와 비교 검토한다면, 본 문서의 구조나 의미에 대한 새로운 접근이 가능하지 않을까 생각한다. 여기에 더하여 그 동안 쟁점이 되었던 석독이나 이두 표기의 시간성 등을 고려한다면, 이 문서를 이해하는데 있어서 보다 더 쉽게 구조적으로 접근할 수 있지 않을까 생각한다.

이에 본고에서는 먼저 본 문서에 대한 연구사와 쟁점을 살피고, 그 동안의 연구 성과를 바탕으로 이두문의 용례를 비롯하여 본문 원장의 석독 및 추기 등의 수치에 대한 객관적인 이해를 도출하고자 한다. 이로써 본 문서의 작성 방식과 구조, 그리고 그 작성시기를 추적하고, 본 문서의 작성 절차에 따른 행정체계와 당시 신라 촌락사회의 변화, 촌락의 사회경제 현황을 재구성할 수 있는 바탕이 되리라 기대한다. 제현의 질정을 바란다.

2. 「신라촌락문서」의 연구현황과 쟁점

ⓐ 본 문서가 소개된 처음 10여 년 동안에 연구자들은 문서의 내용을 살피는[11] 한편으로 율령제적 측면에서의 검토가 이루어졌다. 후자의 경우 신라 율령제 가운데 민정(民政) 상태를 일본, 당과 비교하여 검토하거나,[12] 신라 호령(戶令)과 전령(田令) 등 율령의 편목과 내용을 복원하고자 한 것이었다.[13]

---

11) 李弘稙, 1954,「日本 正倉院 發見의 新羅民政文書」,『學林』3. 崔南善, 1954, 「新羅帳籍零簡」,『三國遺事』, 民衆書館.

12) 野村忠夫, 1953, 앞의 논문.

13) 田鳳德, 1956,「新羅律令攷」,『서울대학교논문집』4.

한편으로 본 문서의 절대적인 비중을 차지하는 호구 문제와 관련하여서는, 9등호(九等戶)의 구분이 인구와 토지 점유의 다소로써 기준을 삼아 과세액을 정하고자 한 것이라는 견해14)와 인정(人丁)의 많고 적음[多寡]에 의해 구분함으로써 역역(力役) 등 부역을 부과하고자 하였다는 견해15)가 있었다. 이는 사회경제구성 문제로 연계되어, 전자의 관점에서는 통일신라시대를 고대 노예제사회로부터 농노(農奴)로 대표되는 중세 봉건사회로 이행하는 시기16)로 보는 한편으로, 후자의 관점에서는 국가의 수탈 기준이 인정(人丁) 즉 노동력의 부담능력에 있었다는 고대 노예제사회라고 주장한다.17)

또한 공연(孔烟)을 자연호 2~3호가 합쳐진 과호(課戶)로 보는 견해18)와 자연호(自然戶)로 보는 견해19)가 있었다. 계연(計烟)은 9등호제를 기초로 하여 호수(戶數)를 환산하여 촌(村) 단위로 수를 추출한 것으로, 역역을 주체로 하는 부역의 과징이 촌단위로 행해진 것을 보여주는 것이라는 견해20)가 제기되기도 하였다.

토지 문제와 관련하여서는, 호구수와 토지 면적이 어떤 대응 관계도 없고 호구 변동에 따른 토지 변동이 없는 것으로 미루어 균전제가 실시되지 않은 것으로 보거나,21) 개별 자연촌락적 기준에 의한 균전제가 실시되었다고 보기도 한다.22) 이에 대해 동 문서의 연수유전·답(烟受有田·畓)의

14) 박시형, 1957, 「신라장적(신라장적)의 연구」, 『력사과학』 1957-6.
15) 旗田巍, 1958·1959, 「新羅の村落」, 『歷史學研究』 226·227 ; 旗田巍·井上秀雄 編, 1974, 『古代の朝鮮』, 學生社. 姜晉哲, 1966, 「한국사의 시대구분 문제에 대하여」, 『역사학보』 31.
16) 오장환, 1958, 「신라장적에서 본 9세기 전후 우리 나라의 사회 경제 형편에 대한 몇 가지 문제」, 『력사과학』 1958-5, 76~77쪽.
17) 姜晉哲, 1966, 「한국사의 시대구분 문제에 대하여」, 『역사학보』 31, 165쪽.
18) 오장환, 1958, 앞의 논문, 70~72쪽.
19) 旗田巍, 1958·1959, 앞의 논문 ; 旗田巍·井上秀雄 編, 1974, 앞의 책, 200쪽.
20) 旗田巍, 1958·1959, 위의 논문 ; 旗田巍·井上秀雄 編, 1974, 위의 책, 204~206쪽.
21) 旗田巍, 1958·1959, 위의 논문 ; 旗田巍·井上秀雄 編, 1974, 위의 책, 218쪽.
22) 崔吉成, 1960, 「新羅における自然村落的均田制-旗田氏の 〈新羅の村落〉

면적이 촌락마다 다르고 매 호(戶)당 평균 혹은 매 정(丁)당 평균에 현저한 차이를 보인다는 점에서 균전제를 실시했다는 견해에 의문을 표하면서, 녹읍을 혁파한 지 불과 30년 만에 당의 균전제의 영향을 받아 정전제(丁田制)를 시행하였지만 신라와 당의 사회경제적 구조의 차이로 실패하고 다시 녹읍을 부활하였던 것으로 파악하기도 한다.[23)

문서의 작성 시기에 대해서는 대체로 기전외(旗田巍, 하타다 다카시)의 경덕왕 14년(755, 乙未)설을 따르는 견해[24)가 많았고, 이홍직의 헌덕왕 7년(815, 乙未) 내지 헌강왕 원년(875, 乙未)설,[25) 전봉덕의 헌덕왕 7년 (815, 乙未)설,[26) 박시형의 헌덕왕 8년(816, 丙申) 내지 헌강왕 2년(876, 丙申)설[27)이 있었거니와, 야촌충부(野村忠夫, 노무라 타다오)는 『화엄경론』의 일본 전래 과정과 문서의 내용으로 미루어 경덕왕 16년(757, 丁酉)설을[28) 제기하기도 하였다.

결국 이 무렵 학계의 쟁점은, 9등호제 구분의 기준이 인구와 토지점유의 다과인가, 아니면 인정의 다과인가의 문제와, 그 목적이 과세를 위한 것인가 아니면 부역을 부과하기 위한 것인가의 문제였다. 아울러 토지의 성격을 균전제로 볼 것인가 아니면 정전제와 녹읍제의 반영으로 볼 것인가의 문제도 주요한 쟁점이었다. 동 문서의 제작 시기에 대해서도 을미년

に關する若干の問題」, 『歷史學研究』237, 45~46쪽.

23) 姜晉哲, 1965, 「韓國土地制度史(上)」, 『한국문화사대계』Ⅱ, 고대 민족문화연구소 ; 1980, 「신라 통일기의 토지제도」, 『고려토지제도사연구』, 고려대출판부, 7~8·13쪽. 姜晉哲, 1969, 「신라의 祿邑에 대하여」, 『이홍직박사 회갑기념 한국사학논총』, 78~81쪽.

24) 旗田巍, 1958·1959, 앞의 논문 ; 1974, 앞의 책, 202쪽. 崔吉成, 1960, 「앞의 논문」, 41·45쪽. 이기백 편, 1987, 「신라 촌락장적」, 『한국상대고문서자료집성』, 일지사, 28쪽.

25) 李弘稙, 1954, 「日本 正倉院 發見의 新羅 民政文書」, 『學林』 3 ; 1971, 『韓國古代史의 研究』, 신구문화사, 538쪽.

26) 田鳳德, 1956, 「新羅의 律令攷」, 『서울대 논문집 인문·사회과학』 4, 321쪽.

27) 朴時亨, 1957, 「新羅帳籍의 研究」, 『歷史科學』 1958-5. 김철준, 1978, 「신라의 촌락과 농민생활」, 『한국사』 3, 국사편찬위원회, 112쪽.

28) 野村忠夫, 1954, 「正倉院に發見された新羅の民政文書について」, 『史學雜誌』 62-4, 60~61쪽.

설(755, 815, 875)과 병신년설(756, 816, 876)이 주류를 이루면서도, 연구자에 따라 실제 적용 연대에 있어서는 1~3주갑의 차이가 있다.

◙ 그후 10여 년간의 연구 공백 기간이 있고나서, 1974년부터 다시 10여 년 동안 신라촌락문서에 대한 연구가 활기를 띠기 시작하였다. 이 기간 동안에는 기왕의 연구 성과를 바탕으로 문서의 부분적인 내용을 집중적으로 검토함으로써, 연구의 폭을 토지제도와 조세제도, 그리고 촌락의 인구 이동과 촌락민의 수명, 우마의 사육 문제까지 확장해 갔다. 사실 이 기간 동안에는 각론상의 세밀한 연구가 진행되었지만, 기왕의 쟁점이 다시 재점화된 것이었다.

이 시기 특징적인 연구로는 기왕에 분명하지 못하였던 계연(計烟)에 대하여, 그 기본수를 분수화하는 새로운 산정법이 제시됨으로써,29) 계연 수치에 대한 의미에 접근할 수 있게 되었다. 특히 이태진은 장적의 계연이 중상연(仲上烟)을 기준 1로 하여 1/6, 2/6, 3/6, 4/6, 5/6, 6/6 등으로 기본수를 설정하여 산출되었음을 밝힘으로써,30) 계연 수치에 대한 합리적 이해를 가능하게 하였다.

한편으로 이전 시기의 공연 편호설31)과 공연 자연호설32)이 여전히 대립하였다. 먼저 조세제와 관련하여, 7세기 후반 이후 신라의 역역징발은 9등호제와 연령 구분에 의해 정을 역역 부담대상자로 설정하여 촌 단위로 부과하였다는 견해33)가 제시되었다. 곧이어 역(役)은 9등호제, 조(租)는 전답의 수량[畓田量], 조(調)는 밭의 면적[田積]과 나무수에 따라 촌별로

---

29) 虎尾俊載, 1974, 「研究ノート : 正倉院藏新羅國民政文書に見える 〈計烟〉 の算出法について」, 『歷史』 45. 明石一紀, 1975, 「統一新羅の村制について」, 『日本歷史』 322 ; 2011, 『編戶制と調庸制の基礎的考察』, 校倉書房, 302~306쪽.

30) 李泰鎭, 1979, 앞의 논문 ; 1989, 앞의 책, 47~49쪽.

31) 李泰鎭, 1979, 위의 논문 ; 1989, 위의 책, 29~36쪽.

32) 明石一紀, 1975, 앞의 논문 ; 2011, 앞의 책, 311~316쪽. 浜中昇, 1983, 「新羅村落文書みえる計烟について」, 『古代文化』 35 ; 1986, 『朝鮮古代の經濟と社會』, 法政大學出版局, 74쪽.

33) 石上英一, 1974, 「古代における日本の稅制と新羅の稅制」, 『朝鮮史研究會論文集』 11 ; 1974, 『古代朝鮮と日本』, 朝鮮史研究會, 244쪽.

부과한 것이라는 견해34)가 있었다. 이에 대해 조용조의 모든 체계가 공연의 등급 및 그에 기초한 계연의 수치에 의해 부과 징수된 것이라는 견해가 제기되었다.35) 한편으로 계연수는 특수한 역역과 관련된 것이고, 전조(田租)는 경작면적, 그리고 조(調)와 역역(力役)은 노동력 수에 비례하여 징수하였다는 견해가 있었다.36) 대체로 일본 학계가 계연수를 부역 징수 등과 관련된 것으로 본 데 대하여, 이태진은 조용조가 모두 계연수에 의해 부가된 것으로 본 것이다.

문서에 보이는 촌의 성격과 관련하여서는, 이 시기에 처음으로 동 문서를 녹읍장(祿邑帳)으로 보는 견해가 제출되었다.37) 이에 동일한 관점에서 내성의 장관인 내시령(內視令)을 구성원으로 하는 집단 즉 내성에 관직을 가진 관료들에게 일괄해서 지급된 녹읍으로 보는 견해38)가 있었고, 나아가 장적의 촌락이 군현제를 전제로 한 녹읍제적 촌락 지배의 형태였다고 보는 견해39)가 있었다.

또한 4개 촌락을 '내성에 지배된 녹읍의 일부'로 보는 견해가 처음으로 제시됨으로써40) 많은 반향을 일으켰다. 이에 대해 내시령을 중앙에서 행정촌에 파견된 관리로 보는 관점에서, 문서상의 촌락은 재지세력 중심의 행정촌과 자연촌이며, 행정촌의 촌사(村司)는 내시령·촌주·군사(軍師)로 구성되었다는 견해41)가 제기되기도 하였다.

한편으로 통일신라시대에 균전제가 시행되었다는 주장42)이 있었다. 이

---

34) 明石一紀, 1975, 앞의 논문 ; 2011, 앞의 책, 323~325쪽.

35) 李泰鎭, 1979, 앞의 논문 ; 1989, 앞의 책, 51~52쪽.

36) 浜中昇, 1983, 앞의 논문 ; 1986, 앞의 책, 75~81쪽.

37) 明石一紀, 1975, 앞의 논문 ; 2011, 앞의 책, 322쪽.

38) 木村誠, 1976,「新羅の祿邑制と村落構造」,『歷史學研究』別冊(世界史の新局面と歷史像の再構成) ; 2004,『古代朝鮮の國家と社會』, 吉川弘文館, 82~83쪽.

39) 武田幸男, 1976, 앞의 논문, 228~229·235쪽.

40) 浜中昇, 1983, 앞의 논문 ; 1986, 앞의 책, 84~85쪽.

41) 李鍾旭, 1980,「신라장적을 통하여 본 통일신라의 촌락지배체제」,『역사학보』86, 54~55쪽.

42) 兼若逸之, 1979,「新羅 '均田成册'의 研究」,『韓國史研究』23, 100·113쪽.

에 대해, 신라에서는 균전제가 실시되지 않았다는 강력한 비판이 제기되어[43] 지지를 받았다.[44] 또한 문서상에 보이는 '연수유전답(烟受有田畓)'은 정전제(丁田制) 실시로 생겨난 것이지만 722년 한 번 실시되고 나서 계속 실시되지 못한 것으로 본 견해[45]가 있었다. 이와 달리 문서상의 경작 면적이 인구수에 비하여 과다한 문제를 해결하기 위하여 촌역의 실제 길이를 환산하고 이를 역산하여 실제 1결의 면적은 2,000평보다 적었던 것이라는 견해[46]가 제출되기도 하였다.

이 무렵 문서의 작성 시기에 대해서는 대부분 경덕왕 14년(755, 乙未)설[47]을 따른 것으로 보인다. 두번째 시기에는 첫번째 시기의 쟁점이었던 신라사회에서의 균전제 시행 여부에 대하여 균전제가 시행되지 않았다는 쪽으로 정리되었지만, 새로이 녹읍제를 설정하는 연구가 대세를 이루었다.

▨ 1986년부터 1996년까지의 세번째 시기에는, 신라토지제도를 연구하는 새로운 연구자들에 의해 녹읍제설이 부정되고, 연수유전답을 고려의 민전(民田)과 같은 성격으로 보면서, 동 문서의 제작시기를 대체로 헌덕왕 7년(815, 乙未)으로 보았다. 이 시기에는 장적의 호구 문제와 관련한 9등호(九等戶)의 구분 기준과 공연의 구성, 촌의 성격 등 이전 시기에 논의되던 문제를 다시 검토하고, 계연이 조(租)·용(庸)·조(調)와 군역(軍役) 부과의 기준이 되었다는 견해가 거듭 제기되어 전조(田租)에 한정되었다는 견해와 대립되기도 하였다.

특히 이 시기에는 관모전·답(官謨田·畓), 촌주위답(村主位畓), 내시

---

43) 浜中昇, 1982, 「統一新羅における均田制の存否」, 『朝鮮學報』 105 ; 1986, 앞의 책 100~117쪽.
44) 이인철, 1996, 「서론」, 『신라촌락사회사연구』, 일지사, 18쪽.
45) 림건상, 1977·1978, 「신라의 〈정전제〉에 대하여」(1)(2), 『력사과학』 1977-4·1978-1.
46) 李宇泰, 1983, 「신라 촌락문서의 村域에 대한 일고찰」, 『김철준박사화갑기념 사학논총』
47) 兼若逸之, 1979, 앞의 논문, 111쪽. 이기백 편, 1987, 「신라 촌락장적」, 『한국 상대고문서자료집성』, 일지사, 28쪽.

령답(內視令畓), 연수유전답(烟受有田畓)의 성격에 대한 논의를 진행하여 신라 토지제도 및 통일신라 사회의 성격 등에 대한 연구로까지 확장되었다. 이들 연구는 대체로 이전 시기에 다루어진 문제를 더욱 보강하거나 새로이 견해를 더하는 경향을 보였으며, 문서상의 촌락 및 토지 지목에 대한 연구로부터 출발하여 전체 신라 사회의 토지제도와 사회 성격을 이해하고자 하는 의욕적인 것이었다고 할 수 있다.

9등호를 구분하는 기준에 대해서는, 전답[烟受有田·畓]의 다과에 의한 것이라는 견해[48]가 있는 한편으로 토지에 노비와 우마(牛馬)를 합친 재산의 크기가 기준이었다는 설,[49] 그리고 기존에 정남수와 정녀수의 합계가 9등호 구분의 기준이었다 설[50]과 노비를 제외한 정남·정녀수의 합계수가 9등호 구분의 기준이었다[51]는 기존의 인정기준설(人丁基準說)을 비롯하여 토지기준설(土地基準說) 등을 비판하고 중국 북위·서위·북제·수와 같이 남녀 2:1의 비율로 토지를 지급되었고, 계연 산출의 기준이 되는 9등호는 이와 같은 방식으로 구분되었다는 인정기준설[52]이 제기되기도 하였다. 이에 대하여 신라의 9등호제에서는 연수유전·답의 많고 적음에 따라 호등(戶等)을 구분하고, 이에 의하여 조·용·조와 군역의 의무를 부과하였다는 반비판으로 이어졌다.[53] 또한 9등호제는 호구수와 토지 소유를 고려하여 구분하고 정전(丁田)을 지급함으로써 조·용·조를 수취하였다는 견해,[54] 전답의 소유 정도 곧 촌락의 입지조건과 전답의 비중에 따라 그 소유 비율로써 호등을 구분하였다는 견해,[55] 그리고

---

48) 李仁哲, 1986, 「신라통일기의 촌락지배와 計烟」, 『한국사연구』 54 ; 1993, 『신라정치제도사연구』, 240쪽.
49) 金基興, 1989, 「'新羅村落文書'에 대한 신고찰」, 『한국사연구』 64, 8쪽.
50) 旗田巍, 1958·1959, 앞의 논문 ; 旗田巍·井上秀雄 編, 1974, 앞의 책, 205쪽.
51) 明石一紀, 1975, 앞의 논문 ; 2011, 앞의 책, 304~305쪽.
52) 安部井正, 1989, 「新羅村落文書に見える九等戶區分について」, 『朝鮮學報』 133, 8~9쪽.
53) 李仁哲, 1992, 「新羅 九等戶制의 再論」, 『역사학보』 133 ; 1993, 『신라정치제도사연구』, 일지사, 284쪽.
54) 이인재, 1990, 「신라 통일 전후기 조세제도의 변동」, 『역사와 현실』 4, 106~109쪽.

자산 곧 토지가 제외된 곡물량을 기준으로 호등을 구분하였다는 견해56)
등이 있었다.

공연(孔烟)의 구성에 대해서는, 기존의 공연편호설을 비판하면서 다시
공연 자연호설57)이 제기되었고, 연호(烟戶)를 5인 정도의 소가족으로 보
는 견해58)가 있었다. 이에 대해 공연편호설의 관점에서, 공연은 기본적으
로 자연호이지만 하하연(下下烟)의 경우 조세의 수취를 위하여 편호(編
戶)로 만들었다는 설,59) 공연 가운데 등급연에는 편호가 많고 등외연은
자연호였던 것으로60) 보기도 한다. 또한 등급연은 수취단위로서 족류(族
類)나 인보인(隣保人)으로 편성된 편호라고 보는 견해가 있었고,61) 이에
대해 공(孔)은 가족으로 공연(孔烟=烟)의 구성요소이며, 공연은 ① 하나
의 가족으로 구성된 경우, ② 가족과 노비로 구성된 경우, ③ 주가족과
종속가족으로 구성된 경우, ④ 주가족과 편입인으로 구성된 경우가 있었
던 것으로 보기도 한다.62) 한편으로 공연은 중상연부터 하하연까지의 등
급연을 지칭하며, 하하연도 자연호로서의 연호가 모여 편성된 '큰 연'이
며, 이들 등급연은 이웃 사람[隣人]과 족류(族類)를 중심으로 편성되었을

---

55) 金琪燮, 1993, 「신라 통일기의 戶等制와 孔烟」, 『釜大史學(역사와 세계)』 17,
    119~120쪽.

56) 전덕재, 1997, 「통일신라의 호등산정 기준」, 『역사와 현실』 23, 27~47쪽.
    전덕재, 1997, 「통일신라시대 호등제의 성격과 기능에 관한 연구」, 『진단학
    보』 84, 46~71쪽.

57) 浜中昇, 1986, 「統一新羅の家族と村落」, 『朝鮮古代の經濟と社會』, 法政大
    學出版局, 74쪽.

58) 이인재, 1993, 「신라 통일기 烟戶의 土地所有」, 『동방학지』 77·78·79合,
    92~94쪽.

59) 崔在錫, 1982, 「신라 통일기의 가족형태 – 신라 촌락문서의 분석」, 『동방학지
    』 34, 16~20쪽. 金基興, 1989, 앞의 논문, 20쪽.

60) 李仁哲, 1995, 「신라장적의 烟受有田·畓과 농민의 사회경제적 형편」, 『국사
    관논총』 62, 168쪽.

61) 이인재, 1994, 「신라 통일기 조세 수취 기준과 등급연(等級烟)」, 『역사와 현실
    』 11, 219~221쪽.

62) 李喜寬, 1995, 「통일신라시대의 孔烟의 구조에 대한 새로운 이해」, 『한국사연
    구』 89, 215쪽.

것으로 보기도 한다.[63) 또한 공연을 국가가 설정한 수취 단위로 보면서, 혈연적 원리로 구성된 연(烟)과 국가가 인위적으로 편성한 수취 단위로서의 연(烟), 그리고 공연(孔烟)과 상연(上烟)의 예속 관계로 구성된 烟으로 분류하기도 한다.[64)

촌락의 성격에 대해서는 이전 시기의 연구에서 주류를 이루었던 녹읍제설과 관련하여 녹읍으로서 왕실직속지[왕실직할지]라는 견해[65)가 있었지만, 이에 대해 몇 개의 자연촌으로 이루어진 일반 행정촌,[66) 또는 전국에 보편적으로 존재했던 일반촌[67)이라는 견해가 강하게 제기되었다. 여기에서는 문서상의 D촌에 보이는 'ㅁ省'을 내성(內省)으로 볼 수 있느냐와 '내시령[답](內視令[畓])'의 성격에 대한 논의로 압축할 수 있다.

한편으로 4개 촌락을 일반 행정촌으로 보는 연구자들은 관모전·답, 촌주위답, 내시령답, 연수유전답 등 각 지목에 대한 성격을 규정하고, 이를 신라의 조세 제도 일반으로까지 확장하고자 하였다. 곧 본 장적의 연수유전·답은 편호인 공연에 한시적이고 제한적 토지소유권을 인정해주고 조용조와 군역을 수취하기 위해 실시한 일종의 의제적 균전제(擬制的 均田制)라는 견해[68)가 있는 한편으로 연수유전·답은 본래 사유지였는데

---

63) 이인재, 1994, 「신라 통일기 조세 수취 기준과 등급연(等級烟)」, 『역사와 현실』 11, 199~200·220~221쪽.

64) 윤선태, 2000, 「신라 통일기 왕실의 촌락지배」, 서울대 박사학위논문, 158~159쪽.

65) 浜中昇, 1986, 앞의 논문, 앞의 책, 87쪽. 姜晉哲, 1987, 「신라의 녹읍에 대한 약간의 문제점」, 『불교와 제과학』, 동국대 ; 1989, 『한국중세토지소유연구』, 일조각, 60~67쪽. 金基興, 1989, 「新羅村落文書'에 대한 신고찰」, 『한국사연구』 64 ; 1991, 『삼국 및 통일신라 세제의 연구』, 146쪽. 李泰鎭, 1990, 「新羅村落文書의 牛馬」, 『璧史李佑成敎授停年紀念論叢 民族史의 展開와 그 文化』 상, 126~150쪽. 윤선태, 2000, 『신라통일기 왕실의 촌락지배』, 서울대 국사학과 박사학위논문, 82쪽.

66) 李仁哲, 1986, 「신라 통일기의 촌락지배와 계연」, 『한국사연구』 1986, 19쪽 · 1996, 「촌의 형태와 촌주」, 『신라촌락사회사연구』, 일지사, 125쪽.

67) 李喜寬, 1994, 「신라 촌락장적에 보이는 촌의 성격」, 『이기백선생고희기념 한국사학논총』(上), 403쪽.

68) 이인철, 1995, 앞의 논문, 181~184쪽.

연수유전·답제의 성립으로 토지면적을 기준으로 한 전조(田租)에 한정하여 수취한 것으로서 북위 이래 균전제적 이념의 영향을 받은 것이라는 견해69)가 있었다. 관모전·답에 대해서는 고려시대 공해전과 같은 성격으로서 전호제의 방식으로 경영되었다고 보는 견해70)가 있었고, 내시령답을 문무관료전으로 보고 국유지에 설치되어 관직을 매개로 수조권만을 지급한 것이라는 견해71)가 우세하였다. 또한 촌주위답에 대해서는 대체로 촌주 자신의 연수유전·답에 대한 면조권(免租權)을 부여한 것72)으로 본다.

이 시기 토지제도 연구는 대체로 통일신라시기 경제질서가 주로 토지를 중심으로 운영되었다는 관점에서 이루어졌다. 곧 신라 9등호제가 인정(人丁)의 많고 적음에 의한 구분으로서 수탈의 기준이 인정 즉 노동력의 부담능력에 있었다는 고대 노예제사회설73)에 대하여, 9등호제 구분의 기준은 1차적으로 토지로서 수탈 기준은 재산=토지인 바 중세봉건사회로 규정되어야 한다는 비판이 제기되었다.74) 나아가 연(烟)을 매개로 다른 재산들까지를 합친 경제력에 따라 호등을 매기고 계연을 파악하는 것은 8~9세기 통일신라의 사회발전 정도를 보여주는 것으로서, 인정 기준 9등호제를 실시하였던 것은 임시적·과도적 현상에 불과하며 토지의 소유가 보다 우선적인 생산요소로서 주목되는 시기라고 보기도 한다.75) 또는 신라의 9등호제가 당의 제도에 영향을 받았을 개연성이 크다는 점에서, 토지가

69) 李喜寬, 1995, 「統一新羅時代의 烟受有田·畓과 그 經營農民」, 『사학연구』 50 ; 1999, 『통일신라 토지제도연구』, 일조각, 161~162쪽.
70) 李喜寬, 1989, 「統一新羅時代의 官謨田·畓」, 『한국사연구』 66 ; 1999, 위의 책, 128~129·140~143쪽.
71) 李喜寬, 1992, 「통일신라시대 관료전의 지급과 경영」, 『신라산업경제의 신연구』 13, 경주시 ; 1999, 위의 책, 113~115쪽.
72) 이희관, 1992, 「統一新羅時代의 村主位田·畓과 村主勢力의 成長」, 『국사관논총』 39 ; 1999, 위의 책, 185~186쪽.
73) 姜晉哲, 1966, 「한국사의 시대구분 문제에 대하여」, 『역사학보』 31, 165쪽.
74) 李仁哲, 1986, 「신라통일기의 촌락지배와 計烟」, 『한국사연구』 54 ; 1993, 『신라정치제도사연구』, 256~257쪽.
75) 金基興, 1989, 「'新羅村落文書'에 대한 신고찰」, 『한국사연구』 64, 6~10쪽.

자산의 평가항목에서 제외되고 토지의 생산성을 반영하는 곡물량이 평가항목에 포함된 것으로 보거나,[76] 통일신라시대의 토지제도를 전시과로 이어지는 집권적 봉건국가의 토지제도로 성격을 규정하기도 하였다.[77]

문서의 작성 시기에 대해서는 대체로 문서상의 을미년을 후기 녹읍제가 부활된 815년으로 보거니와, 본 문서가 경질 안에 배접되어 일본에 건너갈 때까지는 상당한 연월이 걸렸으리라는 점과 정창원[쇼소인]에 후대의 것도 약간 섞여 있다는 점에서 헌덕왕 7년(815, 乙未) 내지 헌강왕 원년(875, 乙未)설[78]을 제시하거나, 장적의 이두(吏讀)는 토(吐)가 발달하기 시작한 초기의 모습이라는 점과 문서의 형식으로 미루어 경덕왕 17년(758, 戊戌)설[79]이 있었다. 한편으로 신라에 수학한 적이 있는 심상(審祥)이 천평(天平) 12년(740) 이전에 일본으로 가져간 『화엄경론(華嚴經論)』 65권 중 제7질이 신라촌락문서가 발견된 '화엄경론제7질(華嚴經論第七帙)'이었던 것으로 보아 장적의 작성 연대를 효소왕 4년(695, 乙未)으로 보는 견해가 제기되었다.[80] 이에 대한 비판이 강하게 제기되어 이 시기에는 대체로 헌덕왕 7년(815, 乙未)설이 대세를 이루었다고 할 수 있다.[81]

回 그후 2000년대에 들어와서는 촌락문서의 공연과 호등제를 당·일본과 비교하거나,[82] 호구(戶口)와 호등(戶等), 호등 및 계연의 산정 방법,

---

76) 전덕재, 1997, 「통일신라기 호등산정 기준」, 『역사와 현실』 23, 47쪽.

77) 李仁在, 1995, 『신라통일기 토지제도 연구』, 연세대 박사학위논문

78) 李弘稙, 1954, 「日本 正倉院 發見의 新羅 民政文書」, 『學林』 3 ; 1971, 『韓國古代史의 研究』, 신구문화사, 538쪽.

79) 남풍현, 1992, 「正倉院 所藏 新羅帳籍의 吏讀 研究」, 『中齋 張忠植博士 華甲紀念論叢』 인문·사회과학편, 46·50쪽

80) 윤선태, 1995, 「正倉院 所藏 「新羅村落文書」의 作成年代 : 日本의 『華嚴經論』 流通狀況을 중심으로」, 『진단학보』 80, 23~30쪽.

81) 이인철, 1996, 앞의 책, 78~79쪽. 이희관, 1999, 『신라토지제도연구』, 일조각, 13~14쪽.

82) 金琪燮, 2000, 「唐과 新羅의 戶等制 比較 研究」, 『한국민족문화』 15. 윤선태, 2001, 「신라 촌락문서의 計烟과 孔烟 −中國·日本의 戶等制 −年齡等級制와의 비교검토를 중심으로−」, 『韓國古代史研究』 21. 김기섭, 2010, 「唐代 호등

문서의 작성 방식에 대한 연구83)가 진행되기도 하였다. 특히 호등산정의 기준을 인정과 우마가 결합된 노동력과 토지 결수로 보거나,84) 인정을 중심으로 한 총체적 자산으로 보는 견해85)가 있었다. 그밖에 기왕의 쟁점이었던 정전제설, 녹읍제설, 균전제설과 관련한 견해가 다시 제기되었고86) 촌락의 성격을 왕실의 직속촌락으로 보는 견해87)에 대하여, 본 문서를 국가가 일반촌을 대상으로 작성한 문서88)라는 관점에서 본 촌락을 행정촌89) 또는 연합촌90)으로 보는 견해가 제기되었다. 또한 촌락문서의 작성연대 등, 촌락문서를 두고 벌였던 쟁점 부문에 대한 연구가 지속되었다.

본 문서의 작성시기에 대해서는 이미 살폈듯이 성덕왕 21년(722)에 지급하였다는 정전과 연수유전답을 동일하게 보는 관점의 경덕왕 14년(754)설이 있었지만, 본 문서의 전답을 녹읍으로 보는 관점에서의 헌덕왕 7년(815)설이 대세를 이루었다. 한편으로 본 문서가 있었던『화엄경론』제7질의 정창원 입고과정과 관련하여 이를 심상(審祥)의 것으로 간주하여

　　제의 신라적 수용과 변용」,『한국고대사연구』57. 정덕기, 2019, 「통일신라
　　연령등급제의 연령과 속성」, 『歷史學報』 242.
83) 田中俊光, 2003, 「新羅村落文書에 나타난 孔烟 區分과 計烟」, 경희대 석사학
　　위논문, 22쪽.
　　백영미, 2005, 「新羅統一期 戶口와 戶等에 대하여」,『한국고대사연
　　구』40. 木村誠, 2006, 「統一新羅村落支配의 諸相」,『人文學報』368,
　　13쪽. 백영미, 2009, 「삼국 및 통일신라 戶口 관련 자료 검토와 帳
　　籍의 작성」,『한국사학보』35. 백영미, 2012, 「新羅村落文書의 戶等
　　算定 방법」,『한국고대사연구』67.
84) 백영미, 2005, 위의 논문, 211~213쪽.
85) 노태돈, 2009,『한국 고대사의 이론과 쟁점』, 집문당, 47~49쪽.
86) 박찬흥, 2002, 「新羅의 烟受有田・畓과 孔烟」,『한국사연구』 116, 68~73
　　쪽. 김창석, 2005, 「菁州의 祿邑과 香徒」,『신라문화』26, 7~9쪽. 김기섭,
　　2010. 「신라 중고기・중대 균전제 이념의 수용과 전개」,『한국중세사연구』
　　29.
87) 윤선태, 2000, 앞의 논문, 82쪽.
88) 김수태, 2001, 앞의 논문, 22쪽.
89) 이인철, 1996, 앞의 책, 120~121쪽. 이인철, 2009, 앞의 책, 52쪽.
90) 강봉룡, 2002, 앞의 논문, 42~46쪽.

695년설이 제기된 바 있다. 그 후 본 문서의 정창원 입고 과정은 이미 지적되었듯이 정황적인 추정에 불과하다는 점에서 비판을 받아 왔지만,[91] 학계에서는 기왕의 효소왕 4년(695, 乙未)설에 대한 지지[92]와 반비판[93]이 이어졌다.

이에 대해 일본 학계의 동향을 소개하면서, 서풍(書風)으로 미루어 「신라촌락문서」도 7세기 말의 것으로 판단할 수 있는 가능성이 있다는 견해가 제기되었다.[94] 일찍이 일본학계에서는 『화엄경론』의 유포와 관련하여 「신라촌락문서」를 반고지(배지)로 사용한 「화엄경론」의 경질을 제1질로 파악하면서 심상의 소장본일 가능성이 큰 것으로 보고, 그 제작시기를 소급하여 고찰해야 하지 않을까 하는 견해가 있었다.[95] 또한 본 문서의 서풍(書風)이 대보(大寶) 2년(702) 일본 호적의 서풍과 일맥상통하는 부분이 있고, 6조풍의 영향을 받은 성덕태자(聖德太子, 쇼토쿠태자)의 『법화의소(法華義疏)』에 보이는 서풍과 유사하다는 점, 그리고 본 문서의 서풍이 등원경(藤原京, 후지와라경) 출토 목간과 유사하므로, 본 문서의 제작연대를 8세기 이후로 볼 수 없는 것으로 보는 견해가 있었다.[96] 아울러 동 「화엄경론」의 서풍이나 서체, 지질 등으로 미루어 신라에서 수입된 심상의 사경(寫經) 그 자체로 추정하기도 하였다.[97]

91) 木村誠, 2004, 「新羅村落文書の作成年代について」, 『古代朝鮮の國家と社會』, 97~104쪽 ; 山田章人 譯, 2018, 「新羅村落文書의 작성 年代에 대하여」, 『대구사학』 133, 1~7쪽.

92) 金昌鎬, 2001, 「新羅村落(屯田)文書의 작성연대와 그 성격」, 『사학연구』 62, 37~54쪽. 宋浣範, 2003, 「正倉院所藏 '華嚴經論帙內帖文書'(いわゆる新羅村落文書)について」, 『東京大學日本史學研究室紀要』 7, 77~89쪽.

93) 김수태, 2001, 앞의 논문, 12~18쪽. 이인철, 2001, 「신라 촌락장적에 대한 몇 가지 논의」, 『한국고대사연구』 21, 72~81쪽. 이인철, 2003, 앞의 책, 303~306 · 329~338쪽. 木村誠, 2004, 「新羅村落文書の作成年代について」, 『古代朝鮮の國家と社會』, 97~104쪽.

94) 송완범, 2007, 앞의 논문, 275~276쪽.

95) 堀池春峰, 1980, 「華嚴經講說よりみた良弁と審祥」, 東大寺 編, 『南都佛敎史の研究』(上), 法藏館, 411~412쪽.

96) 東野治之, 1983, 「藤原京木簡の書風について」, 『日本古代木簡の研究』, 塙書房(초출은 1977)

이러한 의견을 좇아 736년 심상이 양변(良弁)의 요청에 따라 화엄경을 강설하고 있었기 때문에, 심상이 사경한 경론이 일본에 전래된 것은 736년 이전이며, 그 포심에서 발견된 본 문서의 작성 시기는 736년 이전일 개연성이 높고, 화엄경질 내첩문서의 작성연대를 재검토할 수 있는 기준이 될 수 있는 것으로 보기도 한다.98) 또한 본 문서에 보이는 '병(幷)'의 용법이 중국에서는 한대(漢代)까지로 한정되어 나타나고, 백제의 경우 7세기 목간에 보이고, 일본의 사례에 비추어, 「신라촌락문서」도 7세기 말의 것으로 판단할 수 있는 가능성을 추론하기도 한다.99) 이와 같은 일본 학계의 동향에 따라, 본 문서상의 이두 가운데 상당수가 이미 「신라백지 묵자화엄경사본 발문」에 보인다는 점에서 755년 또는 695년에 작성되었을 것으로 보기도 한다.100) 이에 기왕의 695년설을 주장하였던 논자는 처(妻)의 이체자 '妻'가 신라에 있어서 6세기에 주로 사용되다가 8세기 이후로 사라지고 해서인 '妻'로 바뀐다는 점을 들어 본 문서의 자설을 보강하고자 하였다.101)

이와 같이 본 문서의 제작연도에 대한 근래의 주장은 일본학계의 서풍(書風)에 대한 주장과 흐름을 같이하는 것으로 여겨지거니와, 우리 학계에서는 신라 이두의 발전 단계로 보아 8세기 중반이나 후반에서야 신라촌락문서와 같은 이두가 나올 수 있다는 견해가 일찍이 있었다. 사실 신라의 이두는 시기를 달리하여 발전하여 왔던 만큼, 본 문서에서 사용된 용어나 이두 등의 사용례를 면밀히 분석할 필요가 있지 않을까 한다.

---

97) 宮崎健司, 1997, 「大谷大學圖書館藏『判比量論』と大安寺審祥」, 史聚會 編, 『奈良平安時代史の諸相』(上), 高科書店 ; 2006, 「大谷大學圖書館藏『判比量論』斷簡の性格」, 『日本古代の寫經と社會』, 塙書房, 41~45쪽.

98) 송완범, 2007, 앞의 논문, 276쪽.

99) 方國花, 2016, 「幷字の使用法から文字の受容·展開を考える -'並', '合'との比較から-」, 『正倉院文書の歷史學·國語學的研究』, 和泉書院, 186~189쪽.

100) 백영미, 2009, 「삼국 및 통일신라 戶口 관련 자료 검토와 帳籍의 작성」, 『한국 사학보』 35, 68쪽.

101) 윤선태, 2017, 「〈新羅村落文書〉 중 '妻'의 書體- 문서의 작성연대와 관련하여」, 『목간과 문자』 18, 79쪽.

그럼에도 불구하고 본 문서에 대한 2000년대의 연구는 기왕의 논의에서 크게 벗어나지 않으면서도, 제작 연도에 대해서는 다시 1~3주갑을 소급한 듯하다. 이러한 데는 기왕의 연구자들이 「신라촌락문서」의 작성시기를 815으로 보는 연구가 대세를 이루면서 더이상 논의를 진전시키지 않은 데 대해, 695년설 논자는 자신의 논의를 지속적으로 보강하고자 하는 견해를 제출함으로써 동 문서에 대한 논의를 이끌어 온 데102) 따른 것이 아닌가 한다.

그럼에도 불구하고 정창원(正倉院, 쇼소인)에 756년 6월 광명황후(光明皇后)의 보물 헌납 당시 작성한 목록문서인 「국가진보장(國家珍寶帳)」이 전하고 있는데도, 본 문서를 담고 있던 『화엄경론』의 정창원 입고 과정을 밝혀줄 만한 기록을 전혀 살필 수 없다는 점이, 695년설의 가장 큰 맹점이라고 할 수 있다. 『화엄경론』의 정창원 입고 과정에 대한 심도있는 연구가 필요한 바, 이는 1894년에야 정창원에 헌납된 경론이라는 점에서 더욱 그러하다. 여기에 더하여 본 문서가 『화엄경론』 포심에 들어간 시기를 신라로부터 일본에 전해지기 전인가 아니면 일본에 전래된 이후 일본에서 보수하는 과정에 들어간 것인가 하는 점도 검토해야 할 필요가 있다고 본다. 이들 문서가 낱장으로 전해진 것이, 「신라내성모접문서」[사하리가반부속문서]처럼 신라완의 완충용으로 사용되다가 보수과정에 『화엄경론』 포심에 사용되었을 가능성도 없지 않기 때문이다.103)

한편으로 기왕에는, 연구자 개개인의 관점에 따라 문서의 용어를 다양하게 해석함으로써 본 문서의 쟁점에 대한 어떠한 합의점에도 도달하기 어렵게 한다. 이미 지적되듯이 문서의 명칭으로부터 문서상의 몇 군데 석독의 문제, 공연과 9등호제의 관계, 계연의 기능, 토지 지목이나 통일

---

102) 윤선태, 2017, 「新羅村落文書 중 '妻'의 書體 – 문서의 작성연대와 관련하여」, 『木簡과 文字』 18. 윤선태, 2020, 「新羅 종이문서의 現狀과 裝幀·廢棄·再活用 과정」, 『新羅史學報』 50. 윤선태, 2022.9.2, 「신라촌락문서의 작성시기를 둘러싼 논의」, 『신라촌락문서에 대한 새로운 시각』 학술회의 발표문, 청주시·충북대 박물관 ; 2022.12, 「신라촌락문서의 작성연대에 대한 종합적 고찰」, 『한국고대사탐구』 42.

103) 박남수, 2021, 「「신라촌락문서」의 인구통계와 그 작성 시기」, 『新羅史學報』 52, 162~171쪽.

신라사회의 성격 등 촌락문서 전반에 걸쳐 나타나는 용어가 모두 쟁점으로 부각되거니와, 이를 어떻게 해석하느냐에 따라 문서의 작성 연대뿐만 아니라 토지지목의 성격, 토지제도 일반에 대한 해석, 그리고 촌락 및 당해 사회의 성격 등을 달리 규정하고 있음을 볼 수 있다. 이러한 데는 이미 지적되듯이 문서상의 다양한 용어에 대한 개념의 혼란에서 비롯한 것으로서, 문서를 대함에 있어서 가장 기본적이고도 중요한 사실 곧 문서 자체에 대한 철저한 분석이 이루어져야 함을 의미한다.[104]

3. 「신라촌락문서」의 추기(追記)와 석독

본 문서는 모두 두 장으로 이루어진 것으로, 각 장마다 2개 촌의 인구, 전답 등의 내역을 기록하였다. 두 장의 문서는 서로 지질이 다르고, 두 번째 장의 첫 촌은 앞 부분이 결락되어 있어 두 장의 문서가 서로 연결된 것인지는 분명하지 않다. 다만 두 장의 문서에 보이는 촌락의 내역을 기술한 서식과 서체가 동일한 것으로 미루어 볼 때, 두 장의 문서가 동 시기에 제작된 일련의 것임은 분명한 것으로 여겨지고 있다.

야촌충부(野村忠夫, 노무라 타다오)는 본 문서를 소개하면서 처음으로 석독문을 제시하였는데, 그 후로 기전외(旗田巍, 하타다 다카시), 무전행남(武田幸男, 다케다 유끼오), 겸약일지(兼若逸之, 가네와카 도시유키) 등을 거쳐 이기백(李基白)이 다시 이를 정리하였다. 그 동안 연구자에 따라서는 오기 등이 있을 것으로 추정하기도 하였다. 다음의 석독문은 이기백이 정리한 것[105]을 바탕으로 하되, 필자가 새롭게 석독한 글자는, 그 근거를 제시하면서 여러 연구자의 견해를 소개하고자 한다. 이에 장황하기는 하지만 그 전문을 편의상 가로쓰기로 바꾸어 제시하고, 그 동안 연구자들의 관행에 따라 각 촌명을 A, B, C, D촌으로 일컫고, 필요시에 촌명을 제시하기로 한다.

---

104) 김수태, 2001, 앞의 논문, 45쪽.
105) 이기백, 1987, 「신라 촌락장적」, 『한국상대고문서자료집성』, 일지사, 28~34쪽.

A(1) 當縣沙害漸村見內山榲地周五千七百廿五步 合孔烟十□ 計烟四余分三

(2) 此中仲下烟四 下上烟二 下々烟五 合人百卌七 此中古有

(3) 人三年間中產并合人百卌五 以丁廿九[以奴一] 助子七[以奴一]

(4) 追子十□ 小子□ 三年間中產小子五 除公一 丁女卌□

(5) [以婢五] 助女十一[以婢一] 追女九 小女八 三年間中產小女八[以婢一]

(6) 除母□ 老母一 三年間中列加合人二 以追子一 小子一

(7) 合馬廿五 [以古有廿二 三年間中加馬三] 合牛廿二 [以古有十七 三年間中加牛五]

(8) 合畓百二結二負四束 [以其村官謨畓四結 內視令畓四結] 烟受有畓九十四結二負四

(9) 束[以村主位畓十九結七十負] 合田六十二結十負五束 並烟受有之

(10) 合麻田一結九負 合桑千四 [以三年間中加植內九十 古有九百十四]

(11) 合栢子木百廿 [以三年間中加植內卅四 古有八十六] 合秋子木百十□ [以三年間中加植內八 古有七十四]

(12) 乙未年見賜節公ホ前及白他郡中妻追移去因敎合人五

(13) 列廻去合人□ [以丁一 小子一 丁女□ 小女一 除母一] 死合人□ [以丁二 小女一 丁婢一 除母一] 以丁一

(14) 小子三[以奴一] 丁女一 小女一 老母三 賣如白貫甲一

(15) 合无去因白馬二[並死之] 死白牛四

B(1) 當縣薩下知村見內山榌地周万二千八百卅步 此中薩下知村古地周八

(2) 千七百七十步 掘加利何木杖谷地周四千六十步

(3) 合孔烟十五 計烟四余分二 此中仲下烟一 ^余子 下上烟二 ^余子

(4) 下仲烟五 ^並余子 下下烟六 ^(以余子五 法私一) 三年間中收坐內烟一

(5) 合人百廿五 ^五*1 此中古有人三年間中產幷合人百十 ^(七/八)

(6) 以丁卅 ⊖ ^以奴四 助子五 追子二 小子二 三年間中產小子三

(7) 老公一 丁女卅五 ^以婢三 助女四 追女十三 小女六

(8) 三年間中產小女三 除母*교一 老母二 三年間中加收內合

(9) 人七 以列加人三 ^(以丁一 追女一 小女一) 收坐內烟合人四 ^(以助子一 老公一 丁女二)

(10) 合馬十八 ^(以古有馬十六 三年間中 加馬二) 合牛十二 ^(以古有十一 加牛一) 合畓六十三結六十四

(11) 負九束 以其村官謨畓三結六十六負七束 烟受有畓五十九結

(12) 九十八負二束 合田百十九結五負八束 ^並烟受有之 合麻田

(13) ■合桑千 二百八十 ^(以三年間中加植內百八十九 古有千九十一) 合栢子木六十 ^(五/九)

(14) ^(以三年間中加植內十 古有五十九) 合秋子木七十一 ^並古之

(15) 乙未年烟見賜以彼上烟亡廻去孔一 以合人三 ^(以丁一 丁女二) 列廻去合人丁一

C(1)　　　　以?下仲烟一　　下᠁烟六　　三年間中新收坐內烟一

(2)　　　　合人 ⑦⑬　　此中古有人三年間中産幷合人六十五
　　　　　　　　（六十九）

(3)　　　　以丁十⑧　助子二　追子七　小子⑦　三年間中産小子三
　　　　　　　　　（六）　　　　　　　　　（六）

(4)　　　　丁女十四　助　四　追　三　小女四　三年間中産小女二

(5)　　　　老母一　三年間中新收內合人七　以列收內小女一

(6)　　　　收坐內烟合人六　以丁一　追子一　小子一　丁女二　追女一
　　　　　　　　以古有四　三年間中加四　　　　　　以古有五　三年間中加六

(7)　　　　合馬八　　　　　　　　合牛十一

(8)　　　　合畓七十一結六十七負　以其村官謨畓三結　烟受畓[106]六十
　　　　　　　　　　　　　　　　　　　　　　　並烟受有之

(9)　　　　八結六十七負　合田五十八結七負一束

(10)　　　合麻田 一結▨[107]負　合桑七百卅
　　　　　　　　　　　　　　　　　　以三年間中加植桑九十
　　　　　　　　並前內視令節植內之　古有六百卅

(11)　　　合栢子木 卅二　　　　　　合秋子木百七
　　　　　　　　並前內視令節植內之　　　　並古之

(12)　　　　　　　　（四）　　　　　　　　　　　　（六　丁一　小子一*주(5)）
　　　列廻去合人⑶　以丁二*주(4) 丁女一 小女一　列死合人⑷　以丁女二 小 二

(13)　　　合无去因白馬四　以賣如白三　死牛一
　　　　　　　　　　　　　死白一

(14)　　　前內視令節植內是而死白栢子木十三

---

106) 이기백이 '烟受有畓'으로 석독하였으나(李基白(1987,「新羅 村落帳籍」『한국
　　　상대고문서자료집성』, 일지사), 본문에 '有'가 없으므로 '烟受畓'으로 수정함.
107) 현재 남아 있는 자획은 '▨'뿐이다. 다만 이를 '二'로 추독하는 견해가 있다.
　　　(兼若逸之, 1984,『신라 《均田成册》의 分析을 통해서 본 촌락지배의 실태』,
　　　연세대 박사학위논문, 23쪽).

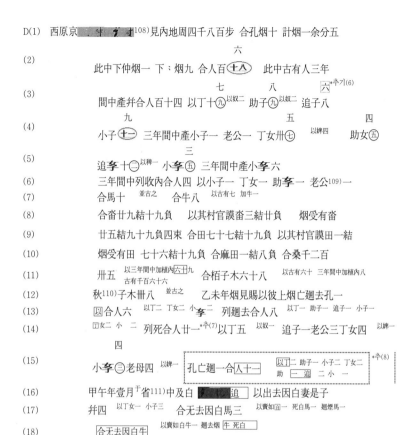

D(1)　西原京 [　　　]108)見內地周四千八百步　合孔烟十　計烟一余分五
　　　　　　　　　　　　　　六
(2)　此中下仲烟一　下ㄴ烟九　合人百 十八　　此中古有人三年
　　　　　　　　　　七　　八　　 六 추기(6)
(3)　間中產幷合人百十四　以丁十九 以奴二　助子九 以奴二　追子八
　　　　　　　九　　　　　　　五　　　　　四
(4)　小子十一　三年間中產小子一　老公一　丁女卅七 以婢四　助女五
　　　　　　　　　　三
(5)　追孝十二 以婢　小孝五　三年間中產小孝六
(6)　三年間中列收內合人四　以小子一 丁女一 助孝一 老公109)一
(7)　合馬十 並古之　合牛八 以古有七 加一
(8)　合畓廿九結十九負　以其村官謨畓三結廿負　烟受有畓
(9)　廿五結九十九負四束　合田七十七結十九負　以其村官謨田一結
(10)　烟受有田　七十六結十九負　合麻田一結八負　合桑千二百
(11)　卅五 以三年間中加植內六十九　合栢子木六十八 以古有六十 三年間中加植內八
　　　　　　古有千百六十六
(12)　秋110)子木卅八 並古之　乙未年烟見賜以彼上烟亡廻去孔一
(13)　囚合人六 以丁二 丁女二 小孝一　列廻去合人八 以丁一 助子一 追子一 小子一
(14)　ㅁ女二 小ㅁ二　列死合人廿一 추(7) 以丁五 以奴二　追子一老公三丁女四 以婢一
　　　　四
(15)　小孝三老母四 以婢一　孔亡廻去合人十二 以丁二 助子一 小子二 丁女二 추(8) 助ㅁ一 追ㅁ二 小ㅁ一
(16)　甲午年壹月丁省111)中及白 [　　追]　以出去因白妻是子
(17)　幷四 以丁女一 小子三　合无去因白馬三 以賣如囚一 死白馬一 廻烟馬一
(18)　合无去因白牛 以賣如白牛一 廻去烟 牛死白

---

108) ' [　] '는 현재 4자 정도 인데, ' [ ] '는 모두가 지적하듯이 '村'의 오른쪽 획임이 분명하다. 다만 ' [ ] '을 '椒'으로(兼若逸之, 1984, 앞의 논문, 23~25쪽) ' [ ] '를 '子'로 석독하여, D촌을 오늘날 초정약수터 부근으로 비정하기도 한다.(이인철, 2009, 「신라장적의 연구현황과 과제」『한국 고·중세 사회경제사 연구』, 45쪽)

109) '公'을 '母'의 오기일 가능성이 있는 것으로 보기도 한다. 곧 '老公'이 옳다면 上文 '소자'와 '정녀'와의 사이에 기입하기만 하면 되고, 이 서식의 순서로 말하면 '노모'이지 않으면 안된다. 다만 여기에서는 표기의 '公'자를 따른다.(武田幸男, 앞의 논문, 252쪽 각주 6) 사실 가능한 지적이라 할 수 있지만, 본 귀절은 '三年間中列收內合人四 以小子一 丁女一 助孝一 老公一'으로서 老公에 대한 사회 경제적 처지 곧 조세 부담에서 제외된 존재라는 점에서

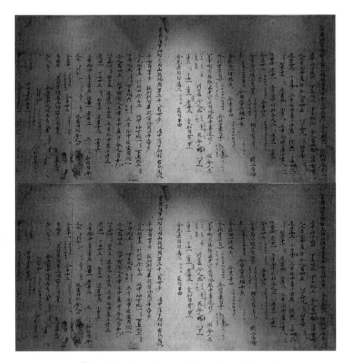

「신라촌락문서」: 상(a·b촌), 하(c·d촌)

비중이 적었다던가, 아니면 거두어 들인 사람들의 순서에 따라 기술한 것이
아닌가 추측해 볼 수도 있다.

110) '秋'자의 앞(위)에 마땅히 '合'자를 관칭해야 한다고 지적됨(武田幸男, 앞
의 논문, 252쪽 각주 6)

111) 기왕에 이를 '內省'으로 추독하여 이 문서의 촌을 녹읍지역이나 왕실직속
촌으로 추정하는 주요한 논거로 삼아 왔다. 이에 종래에 '內' 또는 불명으
로 보았던 글자를 '柠'로 보거나(이인철, 1996, 『신라촌락사회사연구』, 45
쪽), '烟'의 우변(이인철, 2009, 「신라장적의 연구현황과 과제」『한국 고·
중세 사회경제사 연구』, 49쪽 각주 12)이나 '初'의 우변(이희관, 1999, 『통
일신라토지제도연구』, 46~47쪽)으로 추정하기도 하였다. 현재 문서에 보
이는 글자는 본 문서의 '子'와는 차이가 있고, '烟'이나 '初'의 우변과는 二
의 가로획이 'J'를 가로지르고 있다는 점에서 차이가 있다. 또한 본 글자
(■) 왼쪽 부분에서 박락된 흔적을 살필 수 없다. 이에 다른 글자와 달리 본
글자를 마치 구결을 표기하는 것처럼 우측 상단 부분에 치우쳐 쓴 것이 아닌가
생각하며, 시점을 나타내는 '于'자로 보아야 하지 않을까 한다.

지금까지의 석독문에서 글자의 흔적만이 남아 있는 부분을 제외하고, 쟁점이 될만한 글자는 C촌 1행 첫 글자를 '以'로 볼 수 있느냐의 문제, 그리고 D촌의 촌명과 갑오년조 'ㅁ省'에 대한 석독 정도이다. C촌 1행 첫 글자를 '以'로 본 것은 무전행남(武田幸男, 다케다 유키오)가 처음 제시한 것으로,[112] 글자 모양이 본 문서에 사용된 '以'에 가깝고, 대체로 본

문서에서 추가 설명할 때에 '以'를 사용하였다는 점에 근거한다. 그럼에도 불구하고 A, B, D촌의 경우 계연 이후에 등급연을 서술할 때면 어김없이 '차중(此中)' 이하에 등급연을 제시하는 투식을 보인다는 점에서 약간의 의문이 있다. 또한 후술하듯이 '하중연일(下仲烟一)' 위에 '하상연삼(下上烟三)'이 있었으리라 예상되는데, 글자 모양으로 보아 이를 '삼(三)'으로 읽을 수 없다는 점에 대한 의문이 있다.

다만 서원경 소속 '◼◼◼◼'(D①)의 '◼'은 '村'의 우획이 분명하므로 촌명을 기재한 것으로 여겨진다. 여기에서 첫 번째 글자는 불명이고, 두 번째 글자 '◼'를 '椒'으로 추독하기도 하지만 우변이 '禾'인 글자로 보아야 할 듯하다. 따라서 '◼'는 㜺, 秝, 穌, 櫬 가운데 하나일 가능성이 높다. 세 번째 글자 '◼'에 대해서는 '子'로 석독하기도 하지만, 문서 중의 '子'의 서체와 차이가 있고, 현재 남아 있는 글자 획만으로 추독하기가 여의치 않다.

본 문서에서 가장 쟁점이 되는 것으로 D촌의 '甲午年壹月◼省中'의 '◼'자를 들 수 있다. 기왕에 이를 '內'로 추독하여 본 문서가 신라의 '내성(內省)'과 관련된 것으로 여김으로써, 이 문서의 촌을 녹읍지역이나 왕실직속촌으로 추정하는 주요한 논거로 삼아 왔다.

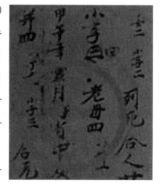

그런데 이종욱은 본 글자의 왼쪽 획의 대부

---

112) 武田幸男, 1976, 앞의 논문, 216쪽.

분이 박락되고 오른 쪽 획의 일부만이 남아 있어 무슨 글자인지 분명하지 않다고 지적한 바 있다.113) 이에 남아 있는 글자를 '子'와 흡사하다고 보아 '杍'114)로 보거나, 또는 '烟'115)이나 '初'116)의 우변으로 추정하기도 한다. 그러나 현재 문서에 남아 전하는 자획 '于'는 본 문서상의 '子'의 서체와는 차이가 있고,117) 또한 '烟'이나 '初'의 우변과도 차이가 있다.

다음 사진에서 보듯이, 본 글자(■) 왼쪽 부분에서 박락된 흔적을 살필 수 없다. 이에 다른 글자와 달리 본 글자를 마치 구결을 표기하는 것처럼 우측 상단 부분에 치우쳐 쓴 것이 아닌가 생각해 볼 수 있다. 이렇게 볼 때에 본 글자는 시점을 나타내는 '于'자로 보아야 하지 않을까 한다. 시점을 나타내는 '于'는 신라에서도 한문체의 문장에 일찍부터 사용되어 왔다.118) 특히 본 문서가 우리말 어순을 따라 기술하였음을 볼 때에, '우(于)'는 "갑오년 1월(甲午年 壹月)'에"란 의미로 사용된 것으로 판단할 수 있다. 이러한 데는 본 문서를 작성할 무렵에 뒤이어 나오는 처격의 '중(中)'과 그 의미의 혼돈 뿐만 아니라 중복을 피하고자 종전에 사용되던

---

113) 李鍾旭, 1980, 「신라장적을 통하여 본 통일신라의 촌락지배체제」, 『역사학보』 86, 24쪽 각주 38.

114) 이인철, 1996, 『신라촌락사회사연구』, 45쪽.

115) 이인철, 2009, 「신라장적의 연구현황과 과제」, 『한국 고·중세 사회경제사 연구』, 49쪽 각주 12.

116) 이희관, 1999, 『통일신라토지제도연구』, 46~47쪽

117) 木村誠, 2004, 『古代朝鮮の國家と社會』, 92~93쪽.

118) "于時敎之若此者獲罪於天"(「蔚珍 鳳坪里 新羅碑」, 法興王 11년(524))

   "于是隨駕沙門道人法藏慧忍"(「磨雲嶺 新羅 眞興王 巡守碑」, 眞興王 29년(568))

   "于時見者 愕然而驚"(「慶州 鍪藏寺址 阿彌陀佛 造像 事蹟碑」, 哀莊王 2년(801))

   "大師居士之形 至于三月 口(마멸) 口山輻湊"(「高仙寺 誓幢和上碑」, 哀莊王代 (800~808))

   "于時口]覓居士"(「鐵原 到彼岸寺 鐵造毘盧遮那佛坐像 造像記」, 景文王 5년 (865))

   "晏駕已來 于今三十四也"(「聖德大王神鍾銘」, 惠恭王 7년(771))

   "旣于文聖大王之代"(「慶州 皇龍寺 九層木塔 金銅刹柱本記」, 景文王 12년 (872))

시점의 접미사 '우(于)'의 음을 따서 구결처럼 사용한 것이 아닌가 한다.

또한 본 문서에 처음으로 등장하는 문자로는 산개지(山檐地)의 '개(檐)'와 '답(畓)', 그리고 '여자(女子)'의 조합자 '李'를 들 수 있고, 이체자로서 昔(谷), 寸(等), 无(無), 桒(桑), ▦(煙), 京(京), 妻(妻) 등이 사용되었다.

'개(檐)'는 목(木)과 개(蓋)의 이체자 '盖'를 조합한 글자인데, '개(盖)'는 진(晉)나라 왕희지체에서 비롯하여 당나라 때에도 많이 사용되었는데,「충주고구려비」이래로「감산사석조미륵보살상」(719)「창녕 인양사조성비」(810) 등 8~9세기 신라 금석문 대부분 이를 사용하였다.

'곡(昔)'은 후한 때의「석문송(石門頌)」과「조전비(曹全碑)」에 사용되었고, 수·당대에는 초서체로 등장한다. 寸(等)은 왕희지의 초서체로서 수·당대에 이르기까지 사용되었다. '무(无)'는 한(漢)의「장천비(張遷碑)」이래로 사용되었고, '상(桒)'은 한대의「화산묘비(華山廟碑)」등에 두루 사용되어 진(晉)의 왕희지를 거쳐 당나라 육간지(陸柬之)의『文賦』등에 두루 사용되었다. '연(▦)'은「광개토대왕릉비」에서 '烟'으로 쓰이다가 당나라에 이르러 본 서체로 등장한다. '경(京)'은 진(晉)의 왕희지체에서 사용되었는데 수·당대에 이르러서도 '경(京)'과 함께 많이 사용되었다. '처(妻)'는 북위에서 주로 사용되었는데, 대체로 중고기 신라 금석문에서 많이 나타난다. 신라에 있어서 '妻'가 6세기에 주로 사용되다가 8세기 이후로 사라지고 해서인 '妻'로 바뀐다는 점을 들어 본 문서의 작성연대를 695년이 합당한 것으로 주장하기도 한다.[119] 그러나 삼국통일기 '妻'의 용례가 네 자료에 불과하고,「영천 청제비 정원명」(798)에 보이는 소(所)의 이체자 '所'는 중고기에 사용된 '所'와 다르게 한대(漢代)「예기비(禮器碑)」에 사용되던 예서체나 전국시대에 사용되던 전서에만 등장하는 서체인데, 8세기 말에 다시 등장한다는 점을 주목할 수 있다. 또한 왕희지체의 경우 시대를 막론하고 사용되었던 바, 본 문서를 작성한 시기에 전국시대, 한 대, 진대 등 시대를 막론하고 다양한 이체자와 서체를 사용하는 사조가 있었다는 점을 인정할 수 있겠지만, 이들 서체나 이체자로써 시기

---

119) 윤선태, 2017, 앞의 논문, 79쪽.

를 확정하기는 힘들지 않을까 한다.

본 문서의 외형적인 특징 가운데는 다양한 서체 외에도 추기는 물론 교정의 흔적을 살필 수 있다는 점이다. 특히 본 문서에서는 다양한 방식의 추기를 살필 수 있는데, 대체로 다음의 세 유형으로 나눌 수 있다.

첫째, 가장 일반적인 것으로 해당 글자를 'O'으로 둘러 삭제하였음을 표기하고, 그 우측에 정정한 글자를 기입하는 방식이다.

둘째, 정정한 숫자에 획을 더하여 숫자를 정정하는 방식이다. 예컨대 C촌 (12)행 6줄의 合人'三'을 '四'로 고치면서 주기의 '丁一'을 '丁二'(C(12),[*추(4)])로 정정하는 방식이다.

셋째, 문서의 빈 여백에 새로이 추가로 기입하는 방식이다. A촌 (13)행 '列廻去合人三'의 '三'을 '七'로 고치면서 그 주기의 빈 여백에 '追子一 小子一 丁女一'[*추(1)]과 '丁婢一'[*추(2)]을 추기하거나, 같은 촌 (13)행 '死合人九'의 '九'를 '十'으로 고치면서 (14)행의 여백에 '除母一'[*추(3)]을 추기한 것, C촌 (12)행의 '列死合人四'의 '四'를 '六'으로 고치면서 그 여백에 '丁一 小子一'[*추(5)]을 추기한 것, 그리고 D촌 (15)행 3줄 '小孚三'의 '三'을 '四'로 고치면서 동 촌 (14)행 본문 '列死合人廿'의 '廿' 뒤에 '一'[*추(7)]을 추기하여 '廿一'로 고친 것을 들 수 있다. 또한 D촌 15행 '*추(8)'과 같이 남은 여백에 孔亡廻一合人十一　以丁二 助子一 小子二 丁女二　助孚一 道孚二 小孚一 을 일 괄하여 추기하기도 하였다. 이와 같은 추기는 원장의 서체와 서로 다른 것으로 이미 지적된 바 있다.

넷째, D촌 (3)행 본문 19줄과 같이 고쳐야 할 '八'에 대하여 삭제의 'O'을 표기하지 않고 그 옆에 '六'[*추(6)]을 함께 기록한 특이한 사례도 보인다.

이와 같이 다양한 형태의 추기가 있지만, B촌락 (8)행 10줄의 '女'를 '母'로 교정한 것[*교]과 같은 경우도 살필 수 있다. 본 문서를 작성, 또는 추기하는 자가 숫자의 정정 뿐만 아니라 글자의 교정까지도 매우 신중하게 처리하였고 하나의 수치도 소홀히 하지 않았음을 알 수 있다. 따라서 본 문서가 이와 같이 작성되었다는 점에 유의하여, 본 문서를 정확하게 이해하기 위해서는 본 문서의 어법과 용례 등을 가장 먼저 주목할 수 있다.

4. 「신라촌락문서」의 이두 사용례와 어법

본 문서에는 '孝' '畓' 등의 조합자와 함께 다양한 이체자와 이두, 그리고 처음 보이는 용어들이 등장한다. 이들 어법에 대해서는 이미 상세한 연구가 있었고, 여러 연구자들이 본 문서를 다루면서 부분적인 지적이 있어, 그 대체적인 의미를 파악할 수 있게 되었다.

사실 언어는 시간의 흐름에 따라 발전 변화하게 마련이고, 특히 신라의 독특한 문자생활을 보여주는 이두는 신라 관등이나 인명 등의 표기 방식과 마찬가지로 시간의 흐름에 따른 변화의 과정을 보여준다.

일찍이 남풍현은 동 문서의 이두(吏讀)에 보이는 토(吐)는 발달하기 시작한 초기의 모습을 보여주는 것으로서, 이와 함께 동 문서의 형식으로 미루어 볼 때에 경덕왕 17년(758, 戊戌)에 본 문서를 작성한 것으로 보았다.[120] 그런데 본 문서에는 이미 중고기부터 사용된 이두 또는 어법뿐만 아니라 그 이후 시기의 것도 살필 수 있다. 따라서 이들을 각 시기별 금석문 또는 목간 등과 비교할 때에 해당 시기를 확정할 수 있지 않을까 한다. 다만 본 문서에만 등장하는 공연(孔烟)이나 계연(計烟), 여자(余子), 법사(法私), 호등(戸等), 그리고 전답의 지목인 촌주위답(村主位畓), 연수유전답(烟受有田畓), 내시령답(內視令畓) 등의 용어에 대해서는 별도의 장을 나누어 다루기로 한다.

(1) '본[見內]'의 '~ㄴ, 안[內]'과 '누적하여 거둔[列收內]'의 '열(列)'

본 문서에서 가장 먼저 등장하는 이두로서 '견내(見內)'를 들 수 있다. 이는 모두 세 군데[A(1), B(1), D(1)] 보이는데, 「무진사종명」(745)의 '견수내성기(敎受內成記)'와[121] 「영태 2년명 비로자나불조상기」(혜공왕 2

년, 766)의 '견내(見內)' '문내(聞內)'에서[122] 처음으로 그러한 용례를 살필 수 있다. 이들 '수내(受內)'와 '견내(見內)', '문내(聞內)'의 '내(內)'는 중세 국어의 관형어 '~안, ~ㄴ[內]'에 상응하는 것으로,[123] 「신라촌락문서」의 '견내(見內)'는 '보안[본]'으로 풀이된다.[124] 이와 같은 '~ㄴ, 안[內]'의 용법은 본 문서에서 수좌내연(收坐內烟)[B(4)(9), C(6)], 신수좌내연(新收坐內烟)[C(1)], 가수내합인(加收內合人)[B(8)], 신수내합인(新收內合人)[C(5)], 열수내소녀자(列收內小孑)[C(5)], 열수내합인(列收內合人)[D(6)] 등으로 사용되었다.

신수좌내(新收坐內)의 '신수(新收)'는 '수좌내(收坐內)'에서 파생된 것으로, 당에 있어서도 주현(州縣)에 새로이 이주해 온 자를 지칭하는 바,[125] '새로이 수좌(收坐)한'으로 새겨진다. 마찬가지로 가수내(加收內)와 신수내(新收內), 열수내(列收內)는 '수내(收內)'에서 파생된 것으로 각각 '더하여 거둔[收한]' '새로이 거둔[收한]', '열(列)하여 거둔[收한]'으로 풀이된다. 다만 '수좌내(收坐內)'의 경우 연(烟)을 꾸미는 수식어로서 그 새김을 알 수 없으나 '거두어 앉힌 [烟]' 곧 '촌락에 이주하여 정착한 연(烟)'으로 풀이된다. '수내(收內)'의 경우 합인(合人) 또는 소녀자(小孑)를 꾸미고 있어, '거둔 합인(合人)' 또는 '거둔 소녀자(小孑)'로 풀이된다. 요컨대 '거두어 앉힌[收坐]'은 연(烟) 단위, 그리고 '거둔[收內]'은 사람 단위로 촌락이 거두어 들여 정착하도록 한 사정을 보여준다고 하겠다.

그런데 본 문서에서는 '열수내(列收內)'와 함께 '열회거합인(列廻去合

---

121) "思仁大角干」爲賜夫只山村无盡寺鍾成」 敎受內成記.(思仁大角干을」 위하시어 夫只山村 无盡寺鍾을 만드라는 가르침을 받아 이룬 기록이다"(남동신 역주, 1992, 「无盡寺鐘銘」, 『한국고대금석문자료집』 Ⅲ, 381쪽)

122) "若見內人那, 向尔頂禮爲那」 遙聞內那 隨喜爲內那"(이것을 본 사람이나 향하여 頂禮한 사람이나 멀리서 들은 사람이나 隨喜하는 사람이나)"(정병삼 역주, 1992, 「永泰 2年銘 毗盧遮那佛造像記」, 『한국고대금석문자료집』 Ⅲ, 317쪽)

123) 장지연·장세경, 1976, 『이두사전』, 정음사, 33쪽.

124) 남풍현, 1992, 앞의 논문, 34쪽.

125) "…戶版不緝 無浮游之禁 州縣行小惠以傾誘鄰境 新收者優假之 唯安居不遷之民 賦役日重"(『新唐書』 권 52, 志 42, 食貨 2, 兩稅法)

人)'(A(13)、B(15)、C(12)、D(13))、'열가합인(列加合人)'(A(6))、'열가인(列加人)'(B(9))、'열사합인(列死合人)'(C(12)、D(14)) 등의 용례를 살필 수 있다. 여기에서 '열(列)'은 모두 동사를 꾸미고 있다. 대체로는 '열(列)'을 '개별적'인 것으로 풀이하지만,[126] 군대에서 쓰이던 '열(列)'자가 일반화되어 '촌인으로 이루어진 대열'을 뜻하던 것이 단순히 촌의 인구수를 가리키게 된 것으로 추정하기도 한다.[127]

사실 본 문서의 '열수내소녀자(列收內小孑)' '열수내합인(列收內合人)', 그리고 '열가합인(列加合人)' '열사합인(列死合人)'에서 열수내(列收內)와 열가(列加), 열사(列死)는 모두 소녀자(小孑)나 합인(合人) 등 사람을 꾸미고 있다. 그런데 열수내(列收內)한 소녀자(小孑)는 1명이지만, 합인(合人)의 경우 수 명에 이르고 있다. 특히 추기한 경우에는 '열회거합인(列廻去合人)'의 총수가 3명에서 7명, 3명에서 4명으로 바뀌고 있는 바, '열회거합인(列廻去合人)'이 1명 또는 4명 등 '몇 차례에 걸쳐 회거(廻去 : 되돌아 간)한 사람의 누적 인원 총수'라고 판단된다. 따라서 '열수내합인(列收內合人)'은 '[해당 촌이] 거둔 사람의 누적 총수'이고, '열회거합인(列廻去合人)'은 '회거(廻去)한 누적 인원 총수', '[3년간중] 열회거합인([三年間中]列加合人)'은 '[3년간에] 불어난 사람의 누적 총수', '열사합인(列死合人)'은 '죽은 사람의 누적 총수'라고 풀이된다. 다만 C촌 문서 (5)(6)행에서 "3년간에 새로 거둔 합인 7, 누적하여 거둔 소녀자 1」 거둔 연의 합인 6[三年間中新收內合人七 以列收內小孑一」 收坐內烟合人六]"이라 한 것은 '3년간에 새로이 거둔 사람의 총수가 7명인데, 거두어들인 小孑 총 1명, 거두어 앉힌 烟의 사람 총수 6명이다'로 풀이된다. 따라서 소녀자(小孑) 1명이 단독으로 이주하였던 것으로, '열(列)'은 1명 또는 수 명을 막론하고 3년간 이주한 누적 총 인원을 기술하는 어법으로 풀이된다.

요컨대 '내(內 : ~ㄴ, 안)가 동사 어미로 사용된 용법은 「무진사종명(戊盡寺鍾銘)」(745)의 '받은[受內]' 이래로 「신라백지묵자 대방광불화엄경사경 발

---

126) 旗田巍, 앞의 논문 ; 旗田巍·井上秀雄 편, 1974, 앞의 책, 212쪽. 李泰鎭, 1979, 앞의 논문 ; 1989, 앞의 책, 26쪽 각주 9.
127) 남풍현, 1992, 앞의 논문, 40쪽.

문」(754)의 '이룬[成內]', '~한[爲內]'에도 동일하게 사용되었다. 이러한 '내(內 : ~ㄴ, 안)의 용법은 신라 하대에 이르기까지 다양한 자료에서 지속적으로 나타나지만,[128] 그 이전으로 소급할 만한 자료는 아직 보이지 않는다.

(2) 산개지(山楷地)와 주(周 : 둘레)

다음으로 산개지(山楷地)는 본 문서 A(1)과 B(1)에만 등장하는 용어이다. 이에 '개(楷)'는 목(木)과 개(盖)를 합친 조자(造字)로서, '나무가 무성한 지역'을 뜻한다거나,[129] 우마(牛馬)를 방목할 수 있는 초지(草地)도 포함된 것으로 보기도 한다.[130] 또한 산개(山楷)와 지(地)를 구분하여 우마(牛馬)를 방목할 수 있는 초지(草地)와 전답(田畓)과 대지(垈地)로 보거나,[131] 경지로 개척되지 못하고 아직 산림지로 남아있는 부분으로 시지(柴地)와 같은 자연상태의 미개간지로서 각 촌의 경지 개척 대상지라는 견해가[132] 있다. 나아가 각 촌락의 주변에 위치한 산록지 하단부로서 경지 개척지로 보기도 한다.[133]

그런데 A촌에서는 본래의 촌락이 '산개지(山楷地)'였다 하고, B촌에서는 촌락이 산개지(山楷地)인데 여기에는 '고지(古地)'와 새로이 개간한 것

---

128) '內'[~ㄴ, 안]가 동사 어미로 사용된 용법은, 「无盡寺 鍾銘」(745)을 비롯하여 「신라백지묵자 대방광불화엄경사경 발문」(754)의 '成內', '爲內', 「山淸 石南巖寺址 石造毘盧遮那佛坐像 蠟石舍利壺」(766)의 '見內', '聞內', '爲內', 「襄陽禪林院址 鍾銘」(804)의 '爲內', '誓內', 「菁州 蓮池寺 鍾銘」(833)의 '成內', 「竅興寺 鍾銘」(856)의 '爲內', 「咸通六年銘 禁口」(865)의 '成內', 「慶州 禪房寺 塔誌」(879)의 '治內' 등을 살필 수 있다.

129) 李泰鎭, 1980, 「토론 : 正倉院發見 新羅村落文書에 관하여」, 『歷史學報』 86, 152쪽.

130) 이우태, 1983, 「신라 〈촌락문서〉의 村域에 대한 일고찰」, 『김철준박사 화갑기념 사학논총』, 지식산업사, 141쪽.

131) 남풍현, 1992, 앞의 논문, 35쪽.

132) 金相昊, 1976, 「生活空間의 基礎地域 硏究 —面里洞의 地域的 基盤—」, 『地理學硏究』 2, 4~5쪽.

133) 李昇漢, 1994, 「高麗前期 耕地開墾과 陳田의 발생」, 『國史館論叢』 52, 246쪽.

으로 보이는 '굴가리하목장곡지(掘加利何木杖谷地)'가 있다고 하였다. 따라서 '산개지(山檯地)'는 A촌과 B촌의 지형적 특징을 지칭한 것으로서, 두 촌 모두 '산으로 둘러싸인 (산)촌'으로 보는 것이 합당할 듯하다.

다만 B촌에 보이는 '굴가리하목장곡지(掘加利何木杖谷地)'에 대해서는 '굴가리(掘加利)를 한 목장곡(木杖谷)의 땅'[134]이나 '개간한 이하목장곡(利何木杖谷)의 땅'[135] 등으로 풀이하기도 한다. 그런데 '굴가리하목장곡지(掘加利何木杖谷地)'에서 '가리(加利)'는 사로 6촌 가운데 한지부의 전신 '가리촌(加利村)'이나 성산군(星山郡)을 고려시대에 고친 '가리현(加利縣)'에서 지명으로 사용되었다. 국어학계에서는 가리촌(加利村)의 '가리(加利)'를 '갈래' '가람'과 동일계통의 어휘로서 큰 하천의 갈래를 뜻하는 '지(歧)'에 다름 아니라고 한다.[136] 더욱이 B촌의 촌역인 산개지(山檯地)[12,830보]는 고지(古地)[8,770보]와 굴가리하목장곡지(掘加利何木杖谷地)[4,060보]를 통칭한 것이다. 이로써 월경지에 별도의 개간지를 둔 것으로 이해하기도 하는데, 그 모양이 장(杖 : 지팡이) 모양으로 길기 때문에 굳이 월경지라고 할 필요가 있을까 하는 의문이 있다. 어의 그대로라면 살하지촌(薩下知村)은 본래의 고지(古地)에 여러 수종[何木]으로 이루어진 지팡이 모양의 긴 두 갈래 계곡이 합해진 곳을 개간한(掘)[137] 곳으로서 '두갈래 계곡이 합해진 지팡이 모양의 여러 수종의 임야의 땅(掘加利何木杖谷地)'을 확장하여 이룬 산촌 마을[山檯地]이라고 할 수 있다.

다만 여기에서 촌역을 나타내는 '주(周)'의 의미에 대해서는 종래 촌역의

---

134) 이인재, 1994, 「신라통일기 조세 수취기준과 등급연」, 『역사와 현실』 11, 189쪽.
135) 김기섭, 2002, 「신라촌락문서에 보이는 '촌'의 입지와 개간」, 『역사와경계』 42, 60쪽.
136) 梁柱東, 위의 책, 159·569~570쪽.
137) '掘'은 「영천청제비 병진명」에 보이는 '排掘里'의 '掘'과 통하지 않을까 생각한다. '排掘里'는 '나무 속을 파서 만든 木桶'으로서 영천 지방에서는 '빼구리'라 일컫는다고 한다.(李宇泰, 1985, 「永川 菁堤碑를 통해 본 菁堤의 築造와 修治」『邊太燮博士 華甲紀念 史學論叢』, 삼영사, 117~121쪽) 동 문서의 '掘'이나 「영천청제비」의 '排掘里'에 보이는 '掘'은 모두 '(땅 또는 나무)를 파다'는 의미로, 동 문서에서는 '개간하다' 정도로 새겨도 좋지 않을까 한다.

'둘레'인가 아니면 '이르다'를 의미하는가의 논쟁이 있었다.138) 본 촌락문서에서는 전답의 면적을 결부법(結負法)으로 표기한 바, '주(周)'는 촌의 둘레로써 촌의 영역을 표기한 것으로 보아야 할 듯하다.139)『삼국사기』에서 진평왕 13년(591) 남산성(南山城)을 쌓았는데 '周 2,854보(周二千八百五十四步)'였다고 하였다. 이는「남산신성비」의 각 지방 행정단위별로 받은 작업 구역 곧 수작(受作) 거리 '11보(步) 3척(尺) 8촌(寸)'(제1비)과 같이 보척(步尺) 단위로 받은 단위 집단의 작업 구역을 모두 합산한 축성 길이를 지칭한 것으로 보인다. 또한『삼국사기』지리지에서 신라 왕경의 강역을 서술하면서 금성이나 월성, 만월성, 명활성을 비롯한 성뿐만 아니라 양주의 성이나 중원경 등의 경계를 표시하면서 모두 '주(周)○○○보(步)'의 방식으로 서술한 바, 행정 구역을 동일한 투식으로 표기하는 방식이었다고 본다. 사실『삼국사기』직관지에 보이는 경성주작전(京城周作典)은 왕경을 에워싼 성을 축조하고 수리하는 관사로서의 의미로 새겨지거니와, 본 촌락문서의 '주(周)' 또한 촌의 '둘레'를 표기하여 촌의 영역을 나타낸 것이라 하겠다.

(3) 乙未年見賜節公亦前及白他郡中妻追移[去因]敎合人五'[을미년 보신 때 공등에게 「다른 군에 [있는] 처를 좇아[따라] 옮겨갔다」고 사룀으로 인하여, 말씀하신[가르치신, 허락하신] 총 인원(合人)이 5명이다]

가) 見'賜[보시'샤]와 때[節]

A촌 (12)행의 "乙未年見賜節公亦前及白他郡中妻追移[去因]敎合人五"의 구절에서, '견사(見賜)'의 '사(賜)'는 동사를 보조하면서 높이는 말로, 우리말 '하셔서, 하시어'에 상당한다. '견사(見賜)'와 동일한 존칭 보조 용언 '사(賜)'는, 「신라백지묵자 대방광불화엄경사경 발문」(754)에서도 '緣起法師爲內賜 第一恩賜父'[연기법사가 하시샤, 제1로는 은혜로우신 아버

138) 역사학회 편, 1980, 토론「正倉院發見 新羅村落文書에 관하여」,『歷史學報』 86, 151~152쪽.
139) 남풍현, 1992, 앞의 논문, 35쪽.

지] 가운데 '爲內賜'[하시샤]와 '恩賜[은혜로우신]'의 '사(賜)', '成佛道欲爲以成賜乎'[(중생이 모두) 불도를 이루기를 바램으로써 (사경을) 이루심이라]'의 '성사(成賜)'에 보인다. 또한 「경주 월성해자 출토 목간-149」제3면의 '牒垂賜敎在之[첩을 내리시어 말씀하셨다]'의 '수사(垂賜)'에서 살필 수 있다. 본 목간에 사용된 '재지(在之)'는 「산청 석남사지 석조비로자나불좌상 납석사리호」(766)의 '內物是在之'[넣은 물건 이것이다]와 「김천갈항사 석탑지」(798)의 '業以成在之[업으로써 이루어졌다]'에서야 나타나는 서법으로, '재(在)'는 '겨-'로서 '잇-(有)'의 뜻이며 '지(之)'는 종결사이다.[140] 따라서 본「경주 월성해자 출토 목간-149」의 작성 시기는 8세기 중엽을 소급하기 어렵다고 본다.

한편 '절(節)'은 '지위' 곧 오늘날의 '때'에 해당한다. 이처럼 때를 나타내는 '절(節)'의 용법은 「울진봉평신라비」(524)의 '절서인(節書人)', 「함안산성 진내멸촌주 사면목간」(2016-W150)의 '선절(先節)', 「천전리서석(川前里書石)」 을묘명(乙卯銘)의 '성법흥대왕절(聖法興大王節)' 등 일찍이 법흥왕 때부터 보이는데, 대체로 이 때에는 '명사+절(節)'의 형태로 사용되었다.

그런데 '절(節)'이 동사와 함께 '때'를 나타내는 용법으로 사용된 것은 삼국통일 이후부터라고 할 수 있다. 다만 '시(時)'와 '절(節)'은 시기를 달리하여 나타난다. 곧 「신라백지묵자 대방광불화엄경사경 발문」(754)에서는 '經寫時中[경을 베껴 쓸 때에]' '菩薩像作時中[보살상을 만들 때에]', 「무진사종명」(745)의 '无盡寺鍾成'敎受內成記時願助在衆邸]一切衆生'[무진사 종을 만드라고 가르침을 받아 이루어 기록한 때에, 원하기는 도운 뭇 저택으로 僧村宅方 일체 중생은]에서는 '成記時[만들어 기록한 때], 그리고 「양양 선림원지 종명(襄陽 禪林院址 鍾銘)」(804)의 '誓內'時寺聞賜主[서원한 때에 절에서 들으신 님(분)은]에서는 '誓內時[서원할 때]'라고 하여, 모종의 행동을 한 때를 '시(時)'로 표현하였다.

그 이후로 「천주 연지사 종명(菁州 蓮池寺 鍾銘)」(833)에서는 '鐘成內

---

140) 南豊鉉, 1988, 「永泰二年銘 石造毘盧遮那佛造像記의 吏讀文 考察」, 『新羅文化』 5, 18~20쪽.

節[종을 만든 때]', 「전 대구 동화사 비로암 삼층석탑 납석사리호(傳 大邱 桐華寺 毘盧庵 三層石塔 蠟石舍利壺)」(865)에서는 '塔治節[탑을 다스릴 (고칠) 때]', 그리고 「경주 선방사탑지(慶州 禪房寺塔誌)」(879)에서는 '銀 十五分道如入節[은 15푼도가 들어간 때], 「송산촌대사종명(松山村大寺 鍾銘)」(904)의 '鐘成文內節'[종을 만들어 글을 쓸 때]에서는 모두 '절(節)' 을 사용하여, 본 촌락문서의 '견사절(見賜節)'과 동일하게 '동사+절(節)'의 용법을 사용하였다. 이와 같은 '동사+절(節)'의 용법은 「청주 연지사종명」 (833)에 이르러 처음으로 등장한다.

이는 이두문에서 모종의 행동을 행한 '때'를 '시(時)'로 사용하다가, 「양 양 선림원지종명」(804) 이후 어느 무렵부터 이전의 '명사+절(節)'에서 '절 (節)'을 채용하여 '동사+절(節)'로 사용하였던 것이 아닌가 한다.[141] 아무 튼 '견사절(見賜節)'은 '보신 때'로 풀이할 수 있다.

나) '公示前及白'[공등에게 나아가 사뢴다]

'공등전급백(公示前及白)'에서 '등(示)'은 '등(等)'의 이체자이다. '등(等)' 은 중고기 「포항중성리비」・「포항냉수리비」・「울진봉평비」 등에서 최고 위급 인물에게 붙여진 복수형 접미어이다. 이는 『일본서기』 권 6, 수인천 황(垂仁天皇) 2년 7월조에 보이는 귀인(貴人)의 존칭 '지간지(智干岐)'와 같은 의미의 경어(敬語)이다.[142]

'전급백(前及白)'에서 '급백(及白)'은 고려 초기에 건립된 「예천 명봉사

---

141) 「旡盡寺 鍾銘」(745)의 '苦離樂得」教受成在節唯乃秋長幢主'의 '節'을 '成在節'로 석독할 수도 있겠으나, 오히려 「정원14년명 영천청제비」(798)의 '節所內使'나 「 襄陽 禪林院址 鍾銘」(804)의 '節唯乃', 「菁州 蓮池寺 鍾銘」(833)의 '節州統'과 같 은 용법으로 보아야 할 듯하다. 사실 「菁州 蓮池寺 鍾銘」에는 '鐘成內節'의 용법 과 '節州統'의 용법을 함께 사용하였는데, '節'이 이두문의 형용 동사형과 함께 '~때'로 쓰인 용법은 본 촌락 문서와 「菁州 蓮池寺 鍾銘」(833)이다. 다만 「竅興寺 鍾銘」(856)에서는 '節縣令'과 '時都乃'를 함께 사용하였는데, 이는 '節縣令'이나 ' 節州統'이 '당시의 현령' '당시의 주통'이란 의미로 사용되었음을 보여준다.

142) 박남수, 2010, 「浦項中城里新羅碑의 新釋과 지증왕대 정치개혁」, 『한국고대 사연구』 60 ; 2013, 『신라 화백제도와 화랑도』, 38쪽.

자적선사비(醴泉鳴鳳寺 慈寂禪師碑)」(941) 음기(陰記)의 「광평성첩(廣評省牒)」에서도 확인할 수 있다. 이를 '밎숪'으로 읽혔을 것으로 추정하고 '직접 출두하다'의 뜻으로 풀이하기도 한다.[143] '전(前)'이 '~앞에[에게]'의 뜻으로 새겨지는 바, 이미 「임신서기석(壬申誓記石)」의 '天前誓'[하늘에 서약하니]나 「하남이성산성목간−118」의 '須城道使村主前'[수성도사 촌주에게]에서 살필 수 있는 바, 신라사회에서 일찍부터 이러한 용법을 사용했음을 알 수 있다. 여기에서 '公亦前及白'은 '공등(公亦)에게 나아가 (출두하여) 사뢴다'로 풀이할 수 있는데, '전급백(前及白)'의 용례는 아직 까지는 「신라촌락문서」가 처음이며, 고려 초기 「광평성첩」에까지 사용되었다.

다) '他郡中妻追移去因敎合人五'[다른 군에 (있는) 처를 좇아(따라) 옮겨감으로 인하여 교(말씀 : 허락)하신 사람 총 5인]

'타군중(他郡中)'의 '중(中)'은 시간이나 장소를 나타내는 '~에'를 뜻한다. 시간을 나타내는 용법으로는 「울주 천전리서석 을축명(蔚州 川前里書石 乙丑銘)」(545)의 '乙丑年九月中'[을축년 9월에]와 「단양적성비」의 '△△△△月中王敎事'[△△△△월에 왕이 말씀하신 일] 등이 대표적이다. 장소를 나타내는 용법으로는 「울주 천전리서석 갑인명(蔚州 川前里書石 甲寅銘)」(534년)의 '甲寅大王寺中'[갑인년 대왕사에서]을 비롯하여, 「경주 남산신성비 제2비(慶州 南山新城碑 第二碑)」(591)의 '郡中上人'[군에 있는 상인], 「백률사 석당기(栢栗寺石幢記)」(818)의 '路中携哭'[길에 연이어 통곡하는] 등을 꼽을 수 있다.

'인(因)'은 후대의 이두 '인우(因于)' '인호(因乎)'인 '지즈로' 곧 오늘날 '인하여' '말미암아' '탓으로' '까닭으로'의 뜻으로[144] 여겨진다. 이러한 용법은 「충주 고구려비」(4~5세기)와 서봉총 출토 「연수원년명 은합우(延壽元年銘 銀盒杅)」(391), 그리고 신라 중고기 「경주 명활산성작성비」

---

143) 남풍현, 1994, 「高麗 初期의 帖文과 그 吏讀에 대하여 ; 醴泉鳴鳳寺 慈寂禪師 碑의 陰記의 解讀」, 『고문서연구』 5, 12쪽.

144) 장지연·장세경, 1976, 앞의 책, 66·292~293쪽.

(551)에 이미 등장한다.

이에 대해 '이(以)'는 조격조사로서 이미 「남산신성비」에 '南山新城作節如法以作'[남산 신성을 만들 때 법과 같이(을 따라) 만들었다]에서 보듯이 '~로'로 사용되었다. 이러한 용법은 통일신라시대에도 「신라백지묵자대방화엄경사경 발문」의 '一切衆生皆成佛欲爲賜以成賜乎'[일체중생이 모두 성불하고자 하심으로 이루심이라]나 「김천 갈항사석탑기(金泉 葛項寺石塔記)」(798)의 '娚姉妹三人 業以成在之'[오라비와 누이 자매 3인이 업으로 이루었다], 「정원14년명 영천청제비」(798)에 '所內使 以見令賜矣'[소내사로 보라(고 하)시니], 「양양 선림원지 종명(襄陽 禪林院址 鍾銘)」(804)의 '此以本爲內'[이로써 밑천(本)으로 하여] 등에서 살필 수 있다.

또한 본 문서에서는 '합인(合人)'과 동일한 용례로서 '합(合) + 공연(孔烟), 우마(牛馬), 목(木), 전답(田畓)' 등을 살필 수 있다. 이러한 '합(合)'의 용법은 「정원14년명 영천청제비」(788)의 '도합 부척 136(都合斧尺 百卅六)'에 보이는 '도합(都合)'이나 「창녕 인양사조성비(昌寧 仁陽寺造成碑)」(810)의 '합용(동)식 15,595석(合用(同)食 一萬五千五百九十五石)'의 '합(合)', 「청주연지사종명(菁州蓮池寺鍾銘)」(833)의 '합입금(合入金)', 「규흥사종명(竅興寺鍾銘)」(856)의 '합입유(合入鍮)'와 '도합(都合)', 「송산촌대사종명(松山村大寺鍾銘)」(904)의 '합입금(合入金)' 등에서 보듯이, 총인원이나 수량의 총계를 표시하는 것에 상응한다. 이들 용법은 순 한문으로 서술된 「경주 숭복사비(慶州 崇福寺碑)」(896)의 '益丘壟餘式百結, 酬稻穀合二千苫'[구롱지(丘壟地) 백여 결을 사서 보태었는데 값으로 치른 벼가 모두 2천 점]에 보이는 '도곡합(稻穀合)'의 용법과는 그 순서에서 차이가 있다. 그러므로 본 문서의 '합(合)'은 지적되듯이 일종 이두의 용법으로서 '합한' '도합(都合)'의 뜻으로 음독된 것이라 한다.[145]

한편 본 구절의 '추이거(追移去)'와 비슷한 용법으로는 본 문서에서 열회거(列廻去), 망회거(亡廻去), 회거(廻去), 출거(出去), 무거(无去) 등을 살필 수 있다. 이들 용법을 정리하면 다음과 같다.

---

145) 남풍현, 1992, 앞의 논문, 36쪽.

用例	사용된 구절	사용처
列廻去	列廻去合人三七	A(13)
	列廻去合□□□□□□□	B(15)
	列廻去合人三四	C(12)
	列廻去合人八	D(13)
亡廻去	亡廻去孔一 以合人三	B(15)
	亡廻去孔一 ◪合人六	D(12)~(13)
廻去	廻去烟牛 死白	D(18)
出去	🔲🔲追以出去因白妻是子孝	D(16)
无去	合无去因白馬二[並死之]	A(15)
	合无去因白馬四	C(13)
	[以賣如白三] 死白一]	
	合无去因白馬三	D(17)
	[以賣如□一 死白馬一 廻煙馬一]	
	合无去因白牛	
	[以賣如白牛一 廻去烟牛 死白]]	D(18)

위의 표에서 보듯이 열회거(列廻去)와 망회거(亡廻去)는 모두 회
거(廻去)에서 파생된 어휘이다. '회(廻)'는 「경주 월성해자 목간 –
160」 뒷면에 '×문길회(文吉廻)'라고 보이는데, 결락으로 그 의미를
살피기 어려우나 '돌아가다'의 뜻으로 여겨진다. 그런데 본 문서에는
'회거연우(廻去烟牛)'(D(18))와 '회연마(廻烟馬)'(D(17))가 함께 등
장한다. 이들 모두 '없어진[无去]' 까닭으로 사뢴 것이기 때문에 '廻去
烟'[돌아갔던 연]이나 '廻烟'[돌아 간 연] 모두 그 의미에 있어서 크게
차이는 없다고 생각한다. '거(去)'가 동사의 보조의 의미로 사용되지
않았을까 의심케 한다. 이들 '회(廻)'나 '거(去)'의 새김을 알 수 없으
나, '회(廻)'가 '회거(廻去)'로 발전한 것으로 보아 크게 어긋나지 않으
리라 본다.

아무튼 본 문서에 보이는 '거(去)'의 용법은 본문서에서 '추이거(追移
去)', '무거(无去)', '출거(出去)' 등에서도 살필 수 있다. 여기에서의 '이거
(移去)'를 후대의 법령 자료『대전통편』등에 보이는 '이래(移來)' '이거(移
去)'의 의미로 새길 수도 있겠지만, '합무거인백마[우](合无去因白馬[牛])'

에서 '거(去)'를 동사 '가다'의 뜻으로 해석할 경우 '간 곳 없음으로 인하여 사뢴 말(소)'이라고 하여, 동 항목의 주기에서 '팔았다고 사뢴 세 마리, 죽었다고 사뢴 한 마리이다(以賣如白三 死白一)'라고 자세히 그 사유를 밝힌 것과 상충하게 된다.

따라서 '무거(无去)'의 '거(去)'는 후대의 이두 '없거든[無去等]'이나 '없어야[無去沙]', '업거늘[無去乙]'의 보조 어간, 곧 동사의 아래에 붙어 그 움직임이 이미 되어 이제까지 있음을 보여주는 '거(去)'146)에 상응하는 초기 형태의 이두라고 할 수 있다.147) 그러므로 본 문서의 '이거(移去)', '무거(无去)', '출거(出去)', '회거(廻去)', '망회거(亡廻去)' 등에 사용된 '거(去)'는 음차한 초기 형태의 이두로, '옮겼다' '없어졌다' '나갔다' '돌아갔다'148) '도망하여 돌아갔다' 등으로 풀이할 수 있다.

이와 같은 '거(去)'의 용법은 「신라백지묵자 대방광불화엄경사경 발문」(764)이나 이두를 사용한 여타 신라 목간, 금석문 등에서는 보이지 않고, 오직 「양양 선림원지종명」의 '佛道中到內去'[부처님 도에 이르렀기를]이라고 한 데서 살필 수 있을 뿐이다. 이는 고려 「정토사5층석탑 조성형지기(淨土寺五層石塔造成形止記)」(1031)에서는 '遷世爲去在乙'[세상을 떠났거늘]로 발전된 모습으로 나타난다.

다만 '추이거(追移去)'에서 '추(追)'는 훗날의 이두 '조초아[追良]', '조추[追于·追乎]'에 상응하는 것으로 '쫓아서', '따라서' 등의 뜻으로 새길 수 있으리라 본다.149)

따라서 A촌 (12)행의 "乙未年見賜節公木前及白他郡中妻追移[去因]敎

---

146) 장지연·장세경, 1976, 앞의 책, 99쪽.
147) '无去'의 용법은 본 촌락문서 외에는 전혀 살필 수 없으나, 고려 초기 「鳴鳳寺境淸禪院慈寂禪師凌雲塔碑」(941) 음기의 광평성 첩 중에서 '別地主無亦在弥'에서 '无去'와 함께 '無亦'의 형태로 사용되었음을 추측할 수 있다.
148) '廻去'를 '어딘가의 토지로부터 B촌·D촌으로 왔다가 그곳의 토지로 되돌아간다'는 의미로 풀이하거나(旗田巍, 旗田巍, 1958·1959, 앞의 논문 ; 旗田巍·井上秀雄 編, 1974, 앞의 책, 212쪽), '逃亡'한 烟(武田幸男, 앞의 논문, 224쪽)으로 풀이하기도 한다.
149) 장지연·장세경, 1976, 앞의 책, 312~313쪽

合人五"는 '을미년 보신 때 공등에게 「다른 군에 [있는] 처를 좇아[따라] 옮겨갔다」고 사룀으로 인하여, 말씀하신[가르치신, 허락하신] 총 인원(合人)이 5명이다'라고 풀이된다. 곧 거주지를 이전하게 된 사유를 보고하고 이에 따른 허락을 받아[敎] 다른 군으로 이주한 것임을 알 수 있다. 이는 조선시대에 원래 살던 고을과 새로 살게 된 고을의 공문(公文)을 서로 대조한 뒤에 거주의 이동을 허락한 것에 비교할 수 있다.[150]

(4) '乙未年烟見賜以彼上烟亡廻去孔一'[을미년에 연(烟)을 보시고 그 「올린(보고한) 연」으로 도망하여 돌아간 공(孔)이 하나이다]와 '상연(上烟)'

D촌 12행의 '乙未年烟見賜以彼上烟亡廻去孔一' 구절은 B촌 15행의 결락부분을 보완할 수 있는 근거이기도 한데, 이들이 동일한 투식으로 사용되었음을 알 수 있다. 본 구절의 '연견사(烟見賜)'는 앞에서 살핀 '연(烟)을 보시샤'로서 '연(烟)을 살펴 보시고' 정도로 헤아려진다.

여기에서 '이피상연(以彼上烟)'을 어떻게 석독할 것인가의 문제가 있다. '상연(上烟)'에 대해서는 대체로 '上'을 동사로 보아 '[상급행정기관에] 올릴 또는 올린[보고한] 연(烟)'으로 풀이한다.[151] 다만 공연편호설의 관점에서 '상연(上烟)'을 '공연 중의 중심 연이나 위치상의 윗 집',[152] 공연의 구성 요소로서 '[어떤 공연의 중심 연에] 올린 연'[153] 등으로 풀이한다.

---

150) "士大夫・庶民, 一從家坐次序作統[移來・移去之類, 元居官・新居官公文相準後, 許接](사대부와 서민은 일체 가옥이 위치한 순서에 따라 통(統)을 만든다. [이사 오거나 이사 가는 사람들에 대해서는 원래 살던 고을과 새로 살게 된 고을의 公文을 서로 대조한 뒤에 거주의 이동을 허락한다.)]"(『대전통편』 戶典, 戶籍, 士大夫庶民作統).

151) 兼若逸之, 1979, 앞의 논문, 99쪽. 浜中昇, 1986, 앞의 논문, 앞의 책, 11쪽. 李喜寬, 1995, 「통일신라시대의 공연의 구조에 대한 새로운 이해」, 『한국사연구』 89, 204쪽.

152) 이태진, 1979, 앞의 논문, 35쪽.

153) 윤선태, 2001, 「신라 촌락 문서의 공연과 계연」, 『한국고대사연구』 21, 129쪽.

그런데 당나라의 경우 주현(州縣)은 해마다 호구(戶口)의 증가와 손실 [登耗]을 올리면[州縣歲上戶口登耗] 채방사(採訪使)가 거듭 사실을 조사하였다.154) 본 문서가 호구의 등모(登耗) 곧 연의 증감에 대한 문서라는 점에서, 당나라의 그것과 동일한 것으로 보아 좋을 것이다. 따라서 본 문서의 '상연(上烟)'은 '연(烟)'의 등모(登耗)를 올린' 행위 곧 '호구의 증감을 올린[보고한][上戶口登耗]'라고 본다. 따라서 '을미년연견사이피상연망회거공일(乙未年烟見賜以彼上烟亡廻去孔一)'은 '을미년에 연(烟)을 보시고 그「올린[보고한] 연」으로 도망하여 돌아간 공(孔)이 하나이다'로 풀이된다.

(5) '甲午年壹月于155)省中及白 ▨▨▨ 追 以出去因白妻是子

----

154) "(開元)十六年, 乃詔每三歲以九等定籍° 而庸調折租所取華好, 州縣長官勸織, 中書門下察濫惡以貶官吏, 精者褒賞之° 二十二年, 詔男十五女十三以上得嫁娶° 州縣歲上戶口登耗, 採訪使覆實之, 刺史´ 縣令以為課最"(『新唐書』권 51, 志第 41, 食貨 1, 租庸調法)

155) 이 글자에 대해서는 기왕에 '內'자로 판독하여(旗田巍, 1958·1959, 「新羅の村落」, 『歷史學硏究』226·227 ; 1972, 『朝鮮中世社會史硏究』, 419쪽) 대체로 이를 따라 왔다.(武田幸男, 1976, 「新羅の村落支配 - 正倉院所藏文書の追記をめぐって」, 『朝鮮學報』81, 233~235쪽 ; ; 李基白(1987, 「新羅 村落帳籍」, 『한국상대고문서자료집성』, 일지사, 28쪽 ; 木村誠, 2004, 『古代朝鮮の國家と社會』, 92~93쪽) 다만 이종욱이 이에 대해 의문을 표한(李鍾旭, 1980, 「신라장적을 통하여 본 통일신라의 촌락지배체제」, 『역사학보』86, 24쪽 각주 38) 이래로 이인철은 이를 '梓'의 속자 '杼'(이인철, 1996, 『신라촌락사회사연구』, 45쪽) 또는 '烟'의 꺽기 부분만 남고 나머지 부분이 지워질 가능성을 상정하기도 하였다.(이인철, 2009, 「신라장적의 연구현황과 과제」, 『한국고·중세 사회경제사 연구』, 49쪽 각주 12) 또한 이희관은 문제의 글자가 壹月 내의 어느 시점을 가리키는 말이었다면, 남아 있는 획으로 보아 初와 末 가운데 '初'일 가능성이 높은 것으로 보았다.(이희관, 1999, 『통일신라토지제도연구』, 46~47쪽) 그후로도 이를 '內'자로 볼 수 없다는 견해가 계속 제기되었거니와(박명호, 1999, 「신라촌락문서에 보이는 내시령의 성격」, 『사학연구』58·59, 357쪽 : 김창석, 2001, 「신라 촌락문성의 용도와 촌락의 성격에 관한 일고찰」, 『한국고대사연구』21, 51~52쪽), 필자는 후술하듯이 본 글자 사진에서 왼쪽의 박락 사실을 전혀 살필 수 없는 바, 시간을 나타내는 '于'자로

孝'[갑오년 1월에 성장(省狀)으로 사뢰었는데, ~하여 좇아 출타함으로 인하여 사뢴 처와 그 자녀 모두 4명이다]

  본 구절에서는 앞서 살폈듯이 '우(于)'가 쟁점이었다. 앞서 살폈듯이 문제의 글자를 '우(于)'로 석독할 수 있다면, '甲午年壹月于'는 '갑오년 1월에'로 석독할 수 있다. 본 D촌에서의 '성중급백(省中及白)'에서 '중(中)'은 '~에'의 뜻이 분명하므로 앞서 A촌 (12)행의 "공등전급백(公示前及白)"과는 차이가 있다. 곧 '공등전급백(公示前及白)'은 '공등의 앞에 미치어 사뢰었다[공등의 앞에 나아가 사뢰었다]'이고, '성(省)'에서 미치어 사뢰었다(성에서 사뢰었다)[省中及白]'에서 '성(省)'은 모종의 문서일 가능성이 있는 바 서로 구별되어야 하지 않을까 한다.
  '성(省)'은 『주관(周官)』 6전(六典)에는 왕이 말한 7가지 유형의 제서(制書)[王言之制 : 勅·牒·例·令·省·授] 가운데 하나이지만,[156] 오히려 『삼국유사』 인용 「가락국기(駕洛國記)」에 보이는 '신성장(申省狀)'이나 조선시대의 '진성장(陳省狀)'과 같은 성격의 것이 아닐까 생각해 볼 수 있다. 전자는 고려 성종 10년(991) 양전사(量田使)가 수로왕릉 왕묘(王廟)에 속한 전결(田結)과 관련하여 보고한 것이고,[157] 후자는 조선시대에 입거(入居)시키거나 정속(定屬)된 사람이 서울이나 다른 도에 가려면 소재지의 관(官)에서 진성장(陳省狀)을 작성하여 떠나는 날과 돌아오는 날을 관찰사에게 보고하고 기한을 넘기도록 돌아오지 않는 경우에는 공문을 보내 돌아오기를 독촉하고 죄를 다스리도록 한 것이었다.[158] 당

석독한다.

156) "王言之制有七 曰勅·牒·例·令·省·授 爲係勅王言 故用黃紙"(『周官』 六典)

157) "淳化二年金海府量田使中大夫趙文善申省狀稱 "首露陵王廟屬田結數多也 宜以十五結仍舊貫 其餘分折於府之役丁"(『삼국유사』 권 2, 紀異 2, 駕洛國記)

158) "入居及定屬人 京中及他道 毋得因事差送 如有老病親者 考所在官陳省 除來往給假一朔 發還日 報觀察使 過限不還者 移文督還 治罪 其違法給假及過限不還而不申報守令 冒給陳省官吏 竝以制書有違律論斷 罷黜"(『典錄通考』 刑典 下, 雜令, 後續錄 [入居及定屬人毋得因事差送])

나라에 있어서도 새로이 들어온 호[新附之戶]에 대하여 현(縣)이 주(州)에 조사하여 사뢰고[覆], 다른 지방에 갈[出境] 경우 호부(戶部)에 사뢰도록 하였다.159) 당나라의 '복(覆)'이나 조선시대의 '진성(陳省)'은 본 문서에서 '~좇아 출타함으로 인하여 사뢰었다[~追以出去因白]'고 한 것에 상응한다.

한편 D촌 16행 '妻是子**孕**幷四'에서의 '시(是)'는 앞의 명사 처(妻)를 지칭하여 강조하는 것으로, 본 문서 C촌 (14)행의 '前內視令節植內是而死白栢子木十三[전 내시령 때에 심은 그것(是)으로 죽었다고 사뢴 백자목 13그루]'의 '是'와 동일한 용법으로 여겨진다. 이러한 용법은 「신라 백지묵자 대방광불화엄경 사경 발문」(754)에는 보이지 않고, 「산청 석남암사지 석조비로자나불좌상 납석사리호」(766)의 '…自毘盧遮那是术覺[스스로 비로자나 그인 것을 깨닫고]와 '內物是在之'[안에 (넣은) 물건 그것이 있다]나 「양양 선림원지 종명」(804)의 '願旨是者'[원하는 뜻 그것은] 등에 이르러서야 등장한다. 또한 「광평성첩」에 '大山是在以別地主無亦在弥'[대산 이것이 있음으로써 별지주가 없음이며]로 사용되기도 하였다. 현재의 자료상 이와 같은 '是'의 용법은 「산청 석남암사지 석조비로자나불좌상 납석사리호」(766)가 처음이라고 할 수 있다.

또한 '병4(幷四)'의 '병(幷)'은 본 문서에서 본 구절과 더불어 "이 가운데 예부터 있었던 사람과 3년간에 태어난 사람 '此中古有人三年間中產幷合人'[모두[幷]' 합한 사람]"(A(2)~(3), B(5), C(2), D(3))의 투식으로 나타난다. 특히 네 차례에 걸쳐 일정한 투식으로 나타난 '병(幷)'은, 옛날부터 있던 사람[古有人]과 3년간에 태어난 (사람)[三年間中產] '모두'를 지칭한

---

159) "凡里有手實, 歲終具民之年與地之闊陜 爲鄕帳 鄕成於縣 縣成於州 州成於戶部 又有計帳 具來歲課役以報度支 國有所須 先奏而斂 凡稅斂之數 書于縣門村坊 與衆知之 水旱霜蝗耗十四者 免其租 桑麻盡者 免其調 田耗十之六者 免租調 耗七者 課役皆免 凡新附之戶 春以三月免役 夏以六月免課 秋以九月課役皆免 徒寬鄕者 縣覆於州 出境則覆于戶部 官以開月達之 自畿內徒畿外 自京縣徒餘縣 皆有禁 四夷降戶 附以寬鄕 給復十年 奴婢縱爲良人 給復三年 沒外蕃人 一年還者給復三年 二年者給復四年 三年者給復五年 浮民部曲客女奴婢縱爲良者 附寬鄕"(『新唐書』 志 41, 食貨 1, 租庸調法)

다, 이러한 '병(幷)'은 한자어 그 자체로도 동일한 의미로 사용되었지만, 이두로는 '갋' 또는 '아오로[幷以]', 또는 '다무기[竝只]'로 사용되었는데, '아울러, 함께, 나란히, 모두' 등으로 풀이된다.160) 여기서의 '모두[幷]'는 '함께'라는 의미의 '아오로[幷以]' 또는 '다무기[竝只]'의 선행적 이두라고 보아 좋을 것이다. 따라서 '妻是子孝幷四'는 그 이후의 주기 '以丁女一小子三'[정녀 1, 소자 3으로써]를 아우른 '처(妻)와 그 자·여자(子孝) 모두 4명[으로써 정녀 1과 소자 3명이다]' 정도로 풀이할 수 있다.

사실 이러한 '병(幷)'의 용법은 일찍이 「울주 천전리 서석(蔚州 川前里 書石) 원명」(525)의 '幷遊友妹麗德光妙於史'郞安郞三之'[다맛 놀은(遊한) 누이로 수려하고 덕이 있고 빛나며 젊은 어사추와 따님과 셋이서 함께 하였다]에서 처음 보이는데, 「나주 복암리-목간7」의 '幷五'[모두 5], 「부여 쌍북리-280-5 좌관대식기」의 '幷十九石'[모두 19석], 「함안 성산산성 목간 Ⅳ-597」의 '幷作前口酒四ㅣ瓮'[모두 만든 앞의 口술 네 항아리]를 비롯하여, 「무진사종명(无盡寺鍾銘)」(745)의 '僧村宅方 一切檀越 幷成在'[승촌택방의 일체단월이 함께 만든], 「산청 석남암사지 석조비로자나불좌상 납석사리호(山淸 石南巖寺址 石造毘盧遮那佛坐像 蠟石舍利壺)」(766)의 '釋法勝法緣 二僧 幷'內'[승 법승·법연 두 승려이 함께 넣은]과 '無垢淨光陀羅尼幷'石南巖藪觀音巖中' 在內如'[무구정광타라니와 함께」 석남암수의 관음암 안에 넣다], 그리고 「창녕 관룡사 석조여래좌상 조성기(昌寧 觀龍寺 石造如來坐像造成記)」(772)의 '▨▨法師幷二人'[▨▨법사와 모두 두 사람]「해인사 묘길상탑기·운양대 길상탑기(海印寺 妙吉祥塔記·雲陽臺 吉祥塔記)」(895)의 '作造料幷租百卄石'[만든 비용은 모두 조 120석] 등에 두루 사용되었다.

따라서 D촌 16행은 "갑오년 1월에 성장(省狀)으로 사뢰었는데, ～하여 좇아 출타함으로 인하여 사뢴 처와 그 자·여자(子孝) 모두 4명이다"로 풀이된다. 아마도 이들 처와 그의 자녀 3명은 외지에 나가 있는 남편[夫]을 좇아 출타하였고, 이러한 사실을 성장으로 상부의 모처에 보고한 것이

---

160) 장지영·장세경, 1976, 『이두사전』. 정음사, 149~150쪽.

라 할 수 있다.

(6) '賣如白貫甲一'[팔았다고 사뢴 관갑 1]과 '관갑(貫甲)'

본 문서의 '매여(賣如)'는 모두 세 차례(A(14), C(13), D(17)) 사용되었는데, '~如'는 지적되듯이 종지형 어미이다. 현재 전하는 자료 가운데 '동사+如'로서 '~다'의 용법은 중고기에 보이지 않고 「신라 백지묵자대방광불화엄경 사경 발문(755)」의 '舍利尓入內如'[사리를 안에 넣다]와 「영태2년명 비로자나불조상기(永泰二年銘 毘盧遮那佛造像記)」(766)의 '在內如'[넣어 있다] 등에서 비롯하여 그 이후 많은 사례를 살필 수 있다.

'白'은 '술 ᄫᆞᆯ' '숣' '슬오' '숩'으로서 '고하다', '여쭙다'나 높임말의 꼬리 붙임 '사오', '사옵', '옵' 등으로 사용되었다.[161] 이는 이미 「중성리신라비」(501)의 '白口'[숣구]라고 하여 나타나 중고기 이래로 두루 사용되었다.

다만 '관갑(貫甲)'은 본 문서 뿐만 아니라 다른 자료에 보이지 않는다. '賣如白'은 '팔았다고 사뢴'으로 풀이되는데, '관갑(貫甲)'을 숫자로 나타낸 바 물품 내지 모종의 갯수를 셀 수 있는 개체임을 알 수 있다. 이를 노(奴)의 일종으로 사노비,[162] 또는 제공(除公)·제모(除母)·노공(老公)·노모(老母)에 해당하는 연령층의 노비에 해당한 것으로 보기도 한다.[163] 또한 갑주(甲胄) 등 전투용구 제조와 관련된 특수한 역을 지고 있었던 수공업자[164] 등으로 풀이하기도 하는데, 이를 노비로 본다면 반드시 연령구분의 표기가 있어야 하는데 그렇지 못하다는 점에서 사람으로 보기 어렵다는 지적이 있었다.[165]

그런데 조선 『태종실록』 태종 7년 8월 6일조(권 14)에 견강계(鐥江界)

---

161) 장지영·장세경, 1976, 앞의 책, 138쪽.

162) 旗田巍, 1958·1959, 앞의 논문 ; 旗田巍·井上秀雄 編, 1974, 앞의 책, 213쪽.

163) 兼若逸之, 1979, 「新羅 《均田成册》의 研究」, 『한국사연구』 23, 77~78쪽.

164) 김창석, 2001, 「신라 촌락문서의 용도와 촌락의 성격에 관한 일고찰」, 『한국고대사연구』 21, 64~65쪽 각주 38.

165) 武田幸男, 앞의 논문, 253쪽 미주 11.

의 세공(歲貢) 가운데 '관갑피(貫甲皮)'가 보이고, 『세종실록』 세종 3년 6월 1일조(권12)에는 기병(騎兵 또는 騎徒)의 무리가 모두 '관갑(貫甲)'을 하였다고 하였다. 이 밖에 『진서(晉書)』에서 모용외(慕容廆)가 몸소 관갑주를 하고 말을 달려 격퇴하였다[乃躬貫甲冑, 馳出擊之]고 하였는데,[166] 『위서(魏書)』에서는 '관갑이 교전하였다[貫甲交戰]'고 하여,[167] '관갑(貫甲)'만으로 '갑옷을 입은 병사'를 지칭하기도 하였다. 따라서 본 문서의 관갑(貫甲)은 사고 팔 수 있는 물품으로서, 가죽으로 꿰어 만든 갑주를 지칭한다고 할 것이다.

5. 맺음말

「신라촌락문서」는 1953년 학계에 공개된 이후 신라 사회경제를 밝히는 일급 자료로서 주목된다. 그러나 그동한 연구자의 관점에 따라 정황적 설명만으로 본 문서에 접근한 까닭에, 본 문서가 담고 있는 신라 사회경제 상황이나 심지어 제작 연도에 이르기까지 다양한 의견이 백출한 상태이다. 이에 먼저 본 문서의 연구사를 모두 4개 시기로 나누어 살피고자 하였다. 다음으로 본 문서의 성격과 특징, 실체를 밝히기 위한 기초작업의 일환으로 본 문서의 석독과 추기를 살피고, 본 문서에 사용된 이두의 용례를 역대 금석문과 목간 자료와 비교 검토하였다.

먼저 본 문서의 연구는, 첫째시기(1953~1965) 무렵 연구의 쟁점은 9등호제(九等戶制) 구분의 기준이 인구와 토지점유의 다과인가, 아니면 인정(人丁)의 다과인가의 문제와, 그 목적이 과세를 위한 것인가 아니면 부역을 부과하기 위한 것인가의 문제였다. 아울러 토지의 성격을 균전제로 볼 것인가 아니면 정전제와 녹읍제의 반영으로 볼 것인가의 문제도 주요한 쟁점이었다. 동 문서의 제작 시기에 대해서도 을미년설(755, 815, 875)과 병신년설(756, 816, 876)이 주류를 이루면서도, 연구자에 따라

---

166) 『晉書』 권 108, 載記 8, 慕容廆.
167) 『魏書』 권 99, 列傳 87, 鮮卑禿髮烏孤.

실제 적용 연대에 있어서는 1~3주갑의 차이가 있었다. 다만 이 시기에는 경덕왕 14년(755, 乙未)설, 그리고 인정의 다과로써 9등호제를 실시하는 공연자연호설 및 정전제가 시행되었다고 보는 견해가 우세하였다.

둘째 시기(1974~1985)에는 계연의 기본수가 6/6을 기본수로 한다는 점을 밝히는 성과가 있었다. 이 시기에는 공연편호설과 녹읍제설이 대세를 이루면서 균전제설이 힘을 잃었으며, 그 작성시기를 대체로 경덕왕 14년(755, 乙未)으로 보았다.

셋째 시기(1986~1996)에는 공연편호설이 대세를 이루면서, 녹읍제설과 관련하여 일반행정촌으로 보는 견해가 대세를 이루었고, 왕실직속지라는 견해가 강하게 제기되었다. 문서의 작성시기는 815년설이 755설에 대하여 우세를 보였지만, 새로이 「화엄경론」의 정창원(쇼소인) 입고와 관련한 695년설이 제기되기도 하였다.

넷째 시기(2000~현재)는 촌락문서를 당, 일본의 사례와 비교하는 연구가 많았으며, 기왕의 쟁점이었던 정전제설, 녹읍제설, 균전제설이 다시 제기되고, 왕실직속촌설과 일반촌락설, 그리고 695년설이 815년설과 대립하였다. 근래에 본 문서에 대한 연구가 소강상태에 접어들면서 695년설이 대세를 이룬 듯하였으나, 최근에 다시 818년설이 제기된 상태이다. 근래에 695년설이 대세를 이룬 배경에는 먼저 2000년대 활기차게 본 문서를 연구했던 연구자들의 주도로 그 작성시기를 815년으로 보는 견해가 통설을 이루면서 이에 대한 논쟁이 부재하였다는 점, 그리고 근래에 들어서서 기왕에 695년설을 제기한 연구자가 지속적으로 자설을 보강하여 이후 동 문서에 대한 논의를 주도하였던 때문이라 할 수 있다.

요컨대 경덕왕 14년(755)설의 경우 정전제와 공연자연호설, 그리고 815년설의 경우 녹읍제와 공연편호설을 주장하였고, 내성(內省)의 석독과 내시령(內視令)에 대한 해석에 따라 왕실직속촌인가 일반행정촌인가의 견해에 차이가 있으며, 최근에 중국, 일본의 사례와 비교하여 연령구분을 다룬 연구가 늘어나는 추세라고 할 수 있다.

한편 본 문서의 작성시기를 설정하기 위한 기초작업으로서, 지금까지 살핀 본 문서의 이두가 지니는 시대적 특징을 정리하면 다음과 같다.

① 본 문서에 여러 차례 등장하는 '見內' 등에 사용된 '~內'[~ㄴ, 안]의 용법은 이미 「무진사 종명」(745)의 '受內' 이래로 「신라백지묵자 대방광불화엄경사경 발문」(754)의 '成內', '爲內'에서 등장한다. 이러한 용법은 신라 하대에 이르기까지 다양한 자료에서 지속적으로 나타나지만, 그 이전으로 소급할 만한 자료는 아직 보이지 않는다.

② 본 문서의 촌역을 나타내는 '周'는 촌의 '둘레'를 지칭하는 것으로, 이미 「남산신성비」(591)에서 그 선례를 살필 수 있다.

③ '見'의 높힘말 '見賜[보시샤]'의 '賜'와 같은 용법은 「신라 백지묵자 대방광불 화엄경 사경」(755) 및 「경주 월성해자 출토 목간 - 149」 이래로 중·하대에 이르기까지 두루 사용되었다.

④ 때를 나타내는 '節'은 이미 「울진봉평신라비」(524)나 「함안산성 진내멸촌주 사면목간」, 「천전리서석」 을묘명 등 중고기 금석문이나 목간에서 등장하지만, '節'이 동사와 함께 사용되면서 '때'를 나타내는 용법은 9세기 전반부터였다. 특히 삼국통일 이후로 동사와 함께 때를 나타내는 용법으로 사용된 것은 「신라백지묵자 대방광불화엄경사경 발문」(754) 이후 「양양 선림원지 종명」(804) 때까지는 '時'를 사용하던 것이 「청주 연지사종명」(833)으로부터 '節'로 바뀌었다. 이는 때를 나타내는 용법이 '時'로부터 '節'로 바뀐 때가 「양양 선림원지종명」(804) 때부터 「청주 연지사종명」(833) 사이였음을 시사한다.

⑤ '공등전급백(公亢前及白)'의 '前'의 용법은 이미 「임신서기석」의 '천전서(天前誓)'나 「하남이성산성목간-118」의 '수성도사촌주전(須城道使村主前)'에서 살필 수 있지만, '及白'['밎솗' : 이르러 사뢰다]의 용법은 현재까지의 자료로는 「신라촌락문서」가 처음이며, 고려 초기 「광평성첩」에도 등장한다.

⑥ 시간이나 장소를 나타내는 '中(~에)'는 「울주 천전리서석 을축명」이나 「단양적성비」 이래로 두루 보이고, '囙'[지즈로 : 인하여, 말미암아, 탓으로, 까닭으로]은 「충주 고구려비」(4~5세기)와 서봉총 출토 「연수 원년명 은합우」(391), 「경주 명활산성비」(551) 이래로 두루 등장한다. 조격

조사 '以[~로]'는 「남산신성비」 이래로 사용되었다. 한편으로 본 문서 '합인(合人)'의 용례는 「정원14년명 영천청제비」(788) 이래로 자주 등장한다. 다만 D촌 갑오년조에 구결로서 '우(于)'를 사용한 용법은 본 문서가 유일하다.

⑦ 본 문서 '추이거(追移去)'와 '열회거(列廻去)', '망회거(亡廻去)', '회거(廻去)', '출거(出去)', '무거(无去)'에 보이는 '去'는 후대의 이두 '無去等'[없거든]이나 '無去沙'[없어야], '無去乙'[업거늘]의 보조 어간, 곧 동사의 아래에 붙어 그 움직임이 이미 되어 이제까지 있음을 보여주는 '去[거]'에 상응하는 초기 형태의 이두라고 할 수 있다. 이러한 용법은 「신라백지묵자 대방광불화엄경사경 발문」(764)이나 이두를 사용한 여타 신라 목간, 금석문 등에서는 보이지 않고, 오직 「양양 선림원지종명」의 '佛道中到內去[佛道에 이르기를]'이라고 한 데서 살필 수 있을 뿐이고, 고려 「정토사5층석탑 조성 형지기」(1031)에서 '遷世爲去在乙[遷世하였거늘]'로 발전된 모습으로 나타난다.

⑧ D촌 16행에 보이는 '처시자여자병4[妻是子孚幷四]'의 '是'는 앞의 명사[妻 등]을 지칭하여 강조하는 것으로서 「신라백문자대방광불화엄경 사경 발문」(754)에는 보이지 않고, 「산청 석남암사지 석조비로자나불좌상 납석사리호」(766)나 「양양 선림원지 종명」(804)에서야 등장한다.

⑨ '함께'라는 의미의 '幷[모두]'은 일찍이 「울주 천전리 각석 원명」(525)이나 「함안 성산산성목간 IV-597」 등에 등장하여 신라 중·하대에 두루 사용되었는데, 이는 '아오로[幷以]' 또는 '다무기[竝只]'의 선행적 이두로 보아 좋을 것이다.

⑩ '~如'는 지적되듯이 종지형 어미로서 중고기에는 보이지 않고 「신라백지묵자대방광불화엄경 사경 발문(755)」와 「영태 2년명 비로자나불조상기」(766) 이래로 두루 사용되었다.

이와 같이 본 문서에 보이는 다양한 이두 가운데, '周'와 동사의 어미로 사용된 경어체 '賜'의 용법, '公亦前'의 '前', 시간이나 장소를 나타내는 '中[~에]', '因'[지즈로 : 인하여, 말미암아, 탓으로, 까닭으로], 조격조사 '以[~로]', 부사 '幷[모두]' 등은 이미 중고기부터 사용된 것이었다.

다만 때를 나타내는 '절(節)'은, 중고기에는 '명사+절(節)'의 형식으로 사용되었는데, 중·하대에 이르러 '동사+시(時) 또는 절(節)'의 형식이 등장한다. 곧「신라백지묵자 대방광불화엄경사경 발문」(754) 이후「양양 선림원지 종명」(804) 때까지는 '시(時)'를 사용하던 것이「청주 연지사 종명」(833)으로부터 '절(節)'로 바뀌었다. 이는 동사와 함께 쓰이면서 때를 나타내는 어휘가「양양 선림원지 종명」(804) 때부터「청주 연지사 종명」(833) 사이에 '時'로부터 '節'로 바뀐 사실을 보여준다.

한편으로 '見內' 등에 사용된 '~內'[~ㄴ, 안]의 용법은 이미「무진사 종명」(745)의 '受內' 이래로 「신라백지묵자 대방광불화엄경사경 발문」(755), 그리고 신라 하대에 이르기까지 다양한 자료에서 지속적으로 나타나지만, 그 이전으로 소급할 만한 자료는 아직 보이지 않는다. 또한 종지형 어미 '~如[~다]'는 중고기에는 보이지 않고「신라 백지묵자대방광불화엄경 사경 발문」과「영태 2년명 비로자나불조상기」(766) 이래로 두루 사용되었다.

본 문서의 이두 가운데 가장 특징적인 것은, D촌 '처시자여자병4(妻是子李 并四)'에서 앞의 명사[妻 등]를 지칭하여 강조하는 '是'의 용법, '추이거(追移去)' 등에 보이는 동사의 아래에 붙어 그 움직임이 이미 되어 이제까지 있음을 보여주는 '去', 그리고 '공등전급백(公亦前及白)'에 보이는 '及白'('밋숣' : 직접 출두하다)의 용법이다. '是'는「신라백지묵자대방광불 화엄경 발문」등에는 보이지 않고「산청 석남암사지 석조비로자나불좌상 납석사리호」(766)나「양양 선림원지 종명」(804)에서야 등장하며, '추이거(追移去)'의 '去'는 오직「양양 선림원지종명」(804)의 '佛道에 이르기를[佛道中到內去]'라고 한 데서 살필 수 있고 고려「정토사오층석탑조성형지기」(1031)에서 '세상을 떠났거늘(遷世爲去在乙)'로 발전된 모습으로 나타난다. 또한 '及白'은 본 문서에만 보이고 이후「광평성첩」에 등장한다.

따라서 본 문서의 이두는 중고기 이래로 사용된 것뿐만 아니라,「산청 석남암사지 석조비로자나불좌상 납석사리호」(766)에서 처음 보이는 '是', 「양양 선림원지 종명」(804)에 처음으로 보이는 '去', 본 문서와 고려 초기의「광평성첩」에만 나타나는 '及白', 그리고「양양 선림원지 종명」(804)

때부터 「청주 연지사종명」(833)의 사이에 등장한 '동사+節'의 용법 등이다. 이로써 볼 때에 본 문서의 작성 시기는 빨라야 「양양 선림원지 종명」(804) 이후라고 할 수 있다.

「신라촌락문서」의 인구통계와 그 작성 시기

1. 머리말

본 문서가 1953년 처음으로 학계에 소개된 이후, 신라 촌락사회의 사회 경제 전반에 대한 괄목할 만한 연구가 진행되어 왔다. 그럼에도 불구하고, 아직까지 공연과 계연, 이에 따른 자연호 내지 편호설, 그리고 토지 및 촌락의 성격, 문서의 작성 시기 등에 대해서 명확한 결론을 내리지 못하고 있다.[1] 이는 그 동안 신라사회를 어떻게 바라보느냐의 관점에 따라 정황적 설명만으로 본 문서에 접근했기 때문이라고 본다. 이에 대한 반성으로 본 문서의 추기와 이두, 문자 표기 및 서풍(書風) 등에 대한 검토가 없지 않았지만,[2] 본 문서의 객관적 지표라고 할 수 있는 인구 통계에 대해서는 만족할 만한 이해에 도달하지 못하였다. 본고에서는 본 문서의 원장과 추기를 판별한 바탕 위에서 인구 통계 부분에 집중하여 공연과 계연, 9등연의 관계 및 동 문서의 작성과정을 추적하고, 그 작성 시기를 확인하고자 한다.

---

1) 김수태, 2001, 「신라 村落帳籍 연구의 쟁점」, 『한국고대사연구』21, 5~45쪽.
2) 추기에 대해서는 武田幸男, 1976, 「新羅の村落支配-正倉院所藏文書の追記をめぐって」, 『朝鮮學報』81, 이두에 대해서는 남풍현, 1992, 「正倉院 所藏 新羅帳籍의 吏讀 硏究」, 『中齋 張忠植博士 華甲紀念論叢』 인문·사회과학편, 書風에 대해서는 東野治之, 1977.5, 「藤原京木簡の書風について」, 『MUSEUM』314, 東京 國立博物館 : 1983, 『日本古代木簡の硏究』, 塙書房을 대표적인 것으로 꼽을 수 있다.

먼저 지금까지 밝혀진 본 문서의 추기 방식에 대한 연구 성과를 바탕으로 다시 정리하면 다음과 같다.[3] 첫째, 가장 일반적인 것으로 해당 글자를 'O'으로 둘러 삭제하였음을 표기하고, 그 우측에 수정한 글자를 기입하는 방식이다. 둘째, 수정한 숫자에 획을 더하여 숫자를 정정하는 방식이다. 예컨대 C촌 (12)행 6줄의 合人'三'을 '四'로 고치면서 주기의 '丁一'을 '丁二'(C(12),[*추(4)])로 수정하는 방식이다. 셋째, 문서의 빈 여백에 새로이 추가로 기입하는 방식이다. A촌 (13)행 '列廻去合人三'의 '三'을 '七'로 고치면서 그 주기의 빈 여백에 '追子一 小子一 丁女一'[*추(1)]과 '丁婢一'[*추(2)]을 추기하거나, (13)행 '死合人九'의 '九'를 '十'으로 고치면서 (14)행의 여백에 '除母一'[*추(3)]을 추기한 것, C촌 (12)행의 '列死合人四'의 '四'를 '六'으로 고치면서 그 여백에 '丁一 小子一'[*추(5)]를 추기한 것, 그리고 D촌 (15)행 3줄 '小孥三'의 '三'을 '四'로 고치면서 (14)행 본문 '列死合人卄'의 '卄' 뒤에 '一'[*추(7)]을 추기하여 '卄一'로 고친 것을 들 수 있다. 넷째, D촌 15행 '*추(8)'과 같이 남은 여백을 이용하여 '

| 孔亡廻一合人十二 | 以丁二 助子一 小子二 丁女二 |
| | 助孥一 追孥二 小孥一 |

'을 일괄하여 추기하기도 하였다. 이밖에도 D촌 (3)행 본문 19줄과 같이 고쳐야 할 '八'의 경우 삭제의 'O'을 표기하지 않고 그 옆에 '六'[*추(6)]을 병기한 특이한 사례도 보인다.

이와 같이 다양한 형태의 추기가 있지만, B촌락 (8)행 10줄의 '女'를 '母'로 교정한 것[*교]과 같은 경우도 살필 수 있다. 본 문서를 작성, 또는 추기하는 자가 숫자의 수정 뿐만 아니라 글자의 교정까지도 매우 신중하게 처리하였고 하나의 수치도 소홀히 하지 않았음을 알 수 있다.

사실 본 문서의 원장과 추기는 작성 시기의 차이를 반영한다.[4] 또한 공연과 계연, 9등연 및 인구의 증감은 작성 시기의 차이 뿐만 아니라 작성

___

3) 본 문서의 전체적인 석독과 원장 및 추기 부분에 대한 것은 武田幸男, 1976, 위의 논문을 중심으로 기왕의 연구 성과를 바탕으로 하되, 필자의 견해를 덧붙인 것으로, 본 서의 제2편 1장에 실어 놓았다. 본고에서 지칭한 문서의 행수는 제2편 1장에 소개한 본문에 준하였다.

4) 武田幸男, 위의 논문, 221쪽.

과정을 보여준다. 특히 정확한 통계 수치는 그 어떤 정황적 증거보다도 객관성을 담보하는 것이니 만큼, 이에 대한 검토는 「신라촌락문서」를 이해하는 첩경이 되리라 믿는다.

2. 공연과 계연, 9등연

촌락의 인구와 관련된 문서의 기재 내용으로는 공연과 계연, 등급연, 총 인구, 그리고 이들과 관련된 추기가 있다. 특히 문서 앞 부분에서는 현재 인원과 증가 인원을, 그리고 뒷부분의 감소 내역에서는 그 사유를 구체적으로 기재하였다.

'연(烟)'은 '연호(烟戶)'의 개념으로 「광개토대왕릉비」의 '수묘인연호(守墓人烟戶)'에서 그 용례를 살필 수 있다. 신라에 있어서 연호의 용례는 보이지 않으나 이미 「단양적성비」에서 '적성연(赤城烟)'이라고 하여 중고기부터 '烟'이란 용어를 사용하였음을 알 수 있다. 이들 연을 『삼국사기』에는 일괄하여 '민호(民戶)'라고 하였는데, 여기에는 『삼국유사』에 보이는 칭정호(秤定戶)를 비롯하여 본 문서에 보이는 여자호(余子戶), 법사호(法私戶) 등을 포괄하는 것으로 이해된다. 본 문서에서 이들 '연(烟)'과 관련하여 '공연(孔烟)'과 '계연(計烟)'이 등장한다.

(1) 공연

공연(孔烟)에 대해서는 자연호 2~3호가 합쳐진 과호(課戶) 내지 편호(編戶)로 보는 견해5)와 자연호(自然戶)로 보는 견해6)로 나뉜다. 나아가

---

5) 오장환, 1958, 「신라장적에서 본 9세기 전후 우리 나라의 사회 경제 형편에 대한 몇 가지 문제」, 『력사과학』 1958-5, 70~72쪽. 李泰鎭, 1979, 「新羅統一期의 村落支配와 孔烟」, 『한국사연구』 25 ; 1989, 『한국사회사연구』, 지식산업사, 29~36쪽.
6) 旗田巍, 1958 · 1959, 「新羅の村落」, 『歷史學研究』 226 · 227 ; 旗田巍·井上

편호의 관점에서 연호(烟戶)를 5인 정도의 소가족으로 보는 견해,[7] 공연은 원칙적으로 편호이지만 등급연과 수좌내연(收坐內烟)의 경우 예외적으로 공연을 자연호로 보는 견해[8]가 있다. 또한 공연은 기본적으로 자연호이지만 하하연(下下烟)의 경우 조세의 수취를 위하여 편호(編戶)로 만들었다는 견해가 있고,[9] 공연에는 등급연과 등외연이 있는데, 등급연은 대부분 편호였고 등외연은 자연호였던 것으로 보기도 한다.[10] 또한 공(孔)은 가족으로 공연(=烟)의 구성요소이며, 공연은 ① 하나의 가족으로 구성된 경우, ② 가족과 노비로 구성된 경우, ③ 주가족과 종속가족으로 구성된 경우, ④ 주가족과 편입인으로 구성된 경우가 있었던 것으로 보기도 한다.[11] 한편으로 공연은 중상연부터 하하연까지의 등급연을 지칭하며, 하하연도 자연호로서의 연호가 모여 편성된 '큰 연'이며, 이들 등급연은 인인(隣人)과 족류(族類)를 중심으로 편성되었을 것으로 보기도 한다.[12] 또한 공연을 국가가 설정한 수취 단위로 보면서, 혈연적 원리로 구성된 연(烟)과 국가가 인위적으로 편성한 수취 단위로서의 연(烟), 그리

　　秀雄 編, 1974, 『古代の朝鮮』, 學生社, 200쪽. 明石一紀, 1975, 「統一新羅の村制について」, 『日本歷史』 322 ; 2011, 『編戶制と調庸制の基礎的考察』, 校倉書房, 311~316쪽. 浜中昇, 1986, 「統一新羅の家族と村落」, 『朝鮮古代の經濟と社會』, 法政大學出版局, 74쪽.

　7) 이인재, 1993, 「신라 통일기 烟戶의 土地所有」, 『동방학지』 77 · 78 · 79合, 92~94쪽.

　8) 崔在錫, 1982, 「신라 통일기의 가족형태 – 신라 촌락문서의 분석」, 『동방학지』 34, 16~20쪽.

　9) 김기흥, 1991, 「'신라촌락문서'의 분석」, 『삼국 및 통일신라 세제의 연구』, 역사비평사, 132쪽. 金琪燮, 1993, 「신라 통일기의 戶等制와 孔烟」, 『釜大史學(역사와 세계)』 17, 120쪽.

　10) 李仁哲, 1993, 『新羅의 村과 村民支配에 관한 硏究』, 한국정신문화연구원 한국학대학원 박사학위논문, 124~125쪽·1995, 「신라장적의 烟受有田 · 畓과 농민의 사회경제적 형편」, 『국사관논총』 62, 170~171쪽.

　11) 李喜寬, 1995, 「통일신라시대의 孔烟의 구조에 대한 새로운 이해」, 『한국사연구』 89, 215쪽.

　12) 이인재, 1994, 「신라 통일기 조세 수취 기준과 등급연(等級烟)」, 『역사와 현실』 11, 199~200·220~221쪽.

고 공연과 상연(上烟)의 예속 관계로 구성된 연(烟)으로 분류하기도 한
다.13)

그런데 본 문서에서는 다음과 같이 각 촌 모두 공연 합계와 계연을 기재
하고, 뒤이어 등급연수를 서술하였다.

A촌 : 當縣沙害漸村…合孔烟十㊀ 計烟四余分三」 此中 仲下烟四 下上烟
二 下ᇰ烟五
B촌 : 當縣薩下知村…合孔烟十五 計烟四余分二 此中 仲下烟一〔余子〕
下上烟二〔余子〕下仲烟五〔並余子〕下下烟六〔以余子五」法私〕三
年間中收坐內烟一
C촌 : …(以?)下仲烟一 下ᇰ烟六 三年間中新收坐內烟一
D촌 : 西原京□□□村…合孔烟十 計烟一余分五」此中 下仲烟一 下ᇰ烟九

각 촌 모두 등급연은 '此中' 이하에 기재하였다. '此中[이 가운데]'에서
지칭하는 '이[此]' 것이란 '공연의 합계(合孔烟)'라고 할 수 있다. 수정 이전
인 원장의 공연 합계는 등급연과 새로이 전입한 수좌내연(收坐內烟) 등
아직 등급이 책정되지 않은 연(烟) 곧 등급외연을 포함한다. 공연의 합계
는 앞 부분이 결락된 C촌을 제외하고 A촌의 등급연 11, B촌의 등급연
14와 3년간의 수좌내연 1을 합한 15, D촌의 등급연 10으로서, 당식년
현재의 실제 烟의 합계이다.

그런데 본 문서에서 공연의 추기는 오직 A촌에만 보이는데, 11에서 10
으로 감소하였다.[A(1)] 그럼에도 불구하고 개별적인 호등의 수효는 '11'
그대로이다.[A(2)] 공연의 감소에도 불구하고 등급연의 수효를 그대로 두
고 수정하지 않은 것은, 본 문서를 추기할 당시에 개별 호에 대한 호등을
자의적으로 고칠 수 없었기 때문이 아닐까 한다.

본 문서 A촌의 추기에서 '공연 1'이 줄어든 사정은, 추기시에 5명의 인
구가 감소된 사실 외에는 찾기 어렵다. 감소된 인구는 을미년에 옮겨간
인구 5명이 아니라, 추기 1·2의 '열회거(列廻去)'한 4명[追子 1, 小子 1,

---

13) 윤선태, 2000, 「신라 통일기 왕실의 촌락지배」, 서울대 박사학위논문,
158~159쪽.

丁女 1, 丁婢 1][A(13)]'과 추기 3의 '제모(除母) 1명[A(14)]'에 다름 아니다. 여기에서 줄어든 5명이 모두 공연을 구성하였는지, 아니면 함께 열회거한 4명만이 공연을 구성하였는지는 분명하지 않다. 다만 이들에 대하여 '공(孔)' 또는 '연(烟)'이라 하지 않고 '합인(合人)'이라 한 것으로 미루어 보아, 이들 외에 A촌에서 이미 열회거한 2명의 정(丁)[A(13)], 또는 그 가운데 1명이 이들과 감소된 하나의 연(烟)을 구성하지 않았을까 추측된다. 그렇다면 이들 연(烟)은 원장에 보이는 열회거한 정(丁) 1명 내지 2명을 비롯하여, 추기에 보이는 정녀(丁女) 및 추자(追子)와 소자(小子) 각 1명, 정비(丁婢) 1명으로 구성되었거나, 아니면 여기에 제모(除母) 1명이 더해진 가족이 하나의 공연(孔烟)을 구성하지 않았을까 한다.

또한 B촌의 '3년간에 거주어 앉힌 연 1[三年間中 收坐內烟 1][B(4)]'은 그 아래에 보이는 '거두어 앉힌 연 합인 4[收坐內烟 合人 四]'인 '조자(助子) 1, 노공(老公) 1, 정녀(丁女) 2[B(9)]'로써 공연을 구성한 셈이다. C촌의 새로 거두어 앉힌 연[新收坐內烟]은 '합인 6(合人六)' 곧 '정 1, 추자 1, 소자 1, 정녀 2, 추녀자 1'의 구성을 보인다.[C(6)] D촌에서는 을미년조에 '도망하여 돌아간[亡廻] 공(孔)이 1[D(12)]'이라고 추기하였지만, 공연 합계에는 변동이 없다. 이는 후술하듯이 '공(孔)의 도망'이 과거의 사실로서 이미 통계에 포함된 때문으로 여겨진다.

아무튼 D촌 을미년조의 '돌아갔던 공 1[亡廻去孔 1][D(12)]'은 모두 6명으로서 '정 2, 정녀 2, 소녀자 2[D(13)]'이고, 그 아래 감소 인구를 추기한 '공이 도망하여 돌아간[孔亡廻] 1'의 인원은 모두 11명으로 '정 2, 조자 1, 소자 2, 정녀 2, 조녀자(助孼) 1, 추녀자(追孼) 2, 소녀자(小孼) 1'의 구성을 보인다.[D(15)] 본 문서에서는 이들을 모두 '공(孔)'이라 지칭하였다. 그런데 을미년조의 '도망하여 돌아간 공[亡廻去孔]'을 '연(烟)'이라 지칭하면서 공연(孔烟) 합계에 포함하였던 만큼, '공(孔)' 또한 공연을 지칭한다고 본다. 이들은 모두 정 2명으로 구성된 만큼, 후술하듯이 이들의 호등은 하중연에 해당하리라 본다. 이들 공연을 구성한 '연(烟)'과 '공(孔)'을 정리하면 다음과 같다.

구분	촌명(행)	사례	구성원	
			합계	내역
孔烟	A(13)(14)	列廻去合人(추기)	4(~6)	丁 1(또는 2?), 追子 1, 小子 1, 丁女 1, (除母 1?)
烟	B(4)(9)	三年間中收坐內烟 1 (원장)	4	助子 1, 老公 1, 丁女 2
	C(6)	三年間中新收坐內烟 1 (원장)	6	丁 1, 追子 1, 小子 1, 丁女 2, 追孕 1
孔	D(12)(13)	亡廻去孔 1(원장)	6	丁 2, 丁女 2, 小孕 2
	D(15)	孔亡廻 1(추기)	11	丁 2, 助子 1, 小子 2, 丁女 2, 助孕 1, 追孕 2, 小孕 1

위의 표에서, A촌의 추기 돌아간 누적 합인[列廻去合人]에 대해서
는 명확하게 밝히지는 않았지만, 추기의 감소한 공연 1[A(1)]에 포함
된 것으로 여겨지므로 이를 공연으로 간주해도 좋을 듯하다. 또한 B,
C촌에서 거두어 앉힌 호(戶)를 '연(烟)'이라 지칭한 바 공연에 포함되
었음을 확인할 수 있다. 다만 D촌의 도망한 호에 대해서는 원장과 추
기 모두 '공(孔)'이라 지칭하였다.

'공(孔)'과 '연(烟)'에 대해서는 대체로 공연(孔烟)의 약칭으로 본다.[14]
사실 등급연(等級烟)을 기재하면서는 중하'연'(仲下'烟') 등을 모두 '연(烟)'
으로 표기하였지만, 엄밀하게 구분하여 말할 때에 '공(孔)'과 '연(烟)'의 합
칭을 공연(孔烟)이라 일컬었던 것이 아닌가 생각해 볼 수 있다.

D촌 '망회거공(亡廻去孔)'의 경우 정과 정녀 모두 2명씩이고 소녀자가
2명인 것으로 미루어 보아[D(12)(13)], 정 2명은 부자간, 그리고 정녀 2명
은 시어머니와 며느리간이 아닐까 추측된다. 또한 '공망회(孔亡
廻)[D(15)]'의 경우 그 자식들의 구성으로 보아 조자 1명과 조녀자
(助孕) 1명은 아버지 부부의 자식, 그리고 소자 2명과 추녀자(追孕) 2명,
소녀자(小孕) 1명은 아들 부부의 자식일 가능성이 높다. 이에 정 2명은

---

14) 旗田巍, 1958 · 1959, 앞의 논문 ; 1974, 앞의 책, 204쪽, 浜中昇, 1986, 앞의
책, 5~12쪽.

부자간, 정녀 2명은 시어머니와 며느리 사이가 아닐까 추측된다. 그렇다면 '공(孔)'은 아버지 부부와 분가하지 않은 아들 부부가 함께 사는 가족 구성이지 않았을까 생각한다.

따라서 A촌 열회거(列廻去)한 연(烟)의 가족은 4~6명으로서, 정 1명일 경우 그와 정녀 1명의 부부 사이에 추자 1명과 소자 1명을 거느리면서 정비(丁婢)가 딸린 단혼 가족이라 할 수 있다. 만일 제모(除母) 1명이 이 가족에 속하였다면, 부부 내외가 나이 든 어머니를 봉양하면서 추자(追子) 1명과 소자(小子) 1명을 거느리고 정비(丁婢)를 거둔 형태이다. 또한 정 2명으로 볼 경우, 위의 단혼 가족과 제모의 또다른 아들이 포함되었을 가능성도 없지 않다고 추측된다.

B촌 수좌내연(收坐內烟)의 경우에는 조자가 정을 대신하여 호주가 된 셈이다. 이들 가족은 아마도 정을 여읜 가족으로서 조자가 호주를 상속하였던 것이 아닌가 추측된다. 이 가족에는 정녀가 2명인 바, 아마도 이들 정녀 가운데 1명이 40~50대의 어머니로서, 그 슬하에 딸인 정녀와 아들인 조자를 두고 노공(老公)을 봉양하였거나, 아니면 조자가 정녀 1과 조혼하여 나이든 어머니 정녀와 노공을 봉양하였으리라 추측된다.

C촌 '신수좌내연(新收坐內烟)'의 경우 호주로 여겨지는 정 1명에 정녀가 2명이다. 세 명의 아이들이 추자와 소자, 추녀자 등 비교적 나이가 어린 것으로 미루어 정녀 2명은 시어머니와 며느리 사이가 아닌가 하며, 정 1명은 어머니인 정녀의 아들일 것으로 추정된다.

이와 같이 본 문서상에 나타나는 연(烟)은 호주 1명의 단혼가족을, 공(孔)은 호의 분가가 가능한 대가족을 지칭하는 것이 아니었을까 생각한다. 일본 『양노령(養老令)』 호령(戶令) 13, 위호(爲戶)조에는, 호구를 나누어 분가[折出]하려는 자로 중남(中男)이 되지 않았거나 홀로 된 처첩(妻妾)은 허락되지 않았다.15) 여기에서 B촌의 조자는 일본의 중남(中男)에 상응한다. 이러한 조자(助子)의 호주 상속은, 진성왕 3년(889) 원종과 애

---

15) "凡戶內欲折出口為戶者 非成中男 及寡妻妾者 並不合折 応分者 不用此令"(『養老令』戶令 13, 為戶)

노가 사벌주에서 난을 일으킨 때에 촌주 우련(祐連)이 힘써 싸우다가 전사하자 10세에 불과한 그의 아들이 촌주의 지위를 승계하도록 하였다는 데서[16] 짐작할 수 있다. 10여 세에 불과한 우련의 아들이 촌주위를 승계하였다는 것은 특별한 경우이겠지만, 일반으로 조자의 경우 호주 유고시에 호주의 지위를 상속하지 않았을까 생각한다.[17] 따라서 D촌의 망회거공(亡廻去孔)이나 공망회(孔亡廻)의 가족은 아들 부부가 슬하에 아이를 두었지만 아직 부모로부터 분가하지 않은 상황을 보여주는 것으로 여겨진다.

한편으로 B촌의 '3년간에 거두어 앉힌 연(三年間中 收坐內烟) 4명[조자 1, 노공 1, 정녀 2)[B(4)(9)]'이나 C촌의 '3년간에 새로 거두어 앉힌 연(三年間中新收坐內烟) 7명[정 1, 추자 1, 소자 1, 정녀 2, 추녀자 1][C(6)]'은 각각 연을 이루었다. 이들이 이주 당시에 곧바로 공연이 된 것은 아니고, 호구를 조사하여 등급연에 산정된 이후에야 공연으로 편제되었으리라 여겨진다. 아마도 새로운 등급연에 산정되기 전까지는 등외연으로 처우되었을 것이다.

이들 연(烟) 단위의 이주와는 달리, A촌의 3년간 열가인(列加人) 2명[추자 1, 소자 1][A(6)], B촌의 열가인(列加人) 3명[정 1, 추녀자 1, 소녀자 1][B(9)], C촌의 열수내(列收內) 소녀자 1명[C(5)], 그리고 D촌의 3년간 열수내인(列收內人) 4명[소자 1, 정녀 1, 조녀자 1, 노공 1][D(6)]과 같이 개별적으로 각 촌에 전입한 인구가 있었다. 열가인(列加人)과 열수내인(列收內人)은 의도적으로 구분한 것으로 여겨지는데, '가(加)'와 '수(收)'의 용례를 주목할 수 있다. 가수내합인(加收內合人)[B(8)]은 열가인(列加人)과 수좌내연합인(收坐內烟合人)을 모두 지칭한 것이고, 신수내합

---

16) 『삼국사기』 권 11, 新羅本紀 11, 眞聖王 3년.
17) 이와 같은 조치는 「단양적성비」에서 공훈을 세우고 사망한 也尒次의 아들 小人에게 赤城烟를 구성할 수 있도록 한 別教의 조치로부터 비롯한 것이 아닐까 생각한다. 이 조치가 있기 전의 赤城佃舍法에는 정남을 중심으로 편제된 적성연호에게만 佃作權과 거주할 숨가 지급되었는데, 아버지의 공로로 也尒次의 아들 小人에게 적성연을 구성하도록 하였고, 이러한 법적인 전승이 본 문서의 助子에게도 적용되지 않았을까 생각한다.

인(新收內合人)[C(5)]은 열수내소녀자(列收內小㛨)와 수좌내연합인(收坐內烟合人)을 합하여 일컫는 것으로서, '수내(收內)'란 촌락이 새로이 거두어[또는 받아들여] 인구수가 증가한 것을 지칭하였다.

'가(加)'[인(人)]은 '삼년간중 가마 · 우(三年間中加馬 · 牛)'라 하여 우마의 증가나 '삼년간중 가식내(三年間中加植內)'[A(10)(11)]라 하여 식목의 증가 등에도 사용되었다. 곧 '가(加)'는 사람이나 우마, 식목을 막론하고 수치상의 증가를 표시한 것이고, 수내(收內)는 '신수내(新收內)'에서 살필 수 있듯이 촌락이 새로이 거둔[받아들인] 사람이나 연을 지칭할 때 사용하였다. 따라서 수내(收內)은 '신수내(新收內)'한 사람이나 외지로부터 새로이 전입한 연 또는 인구라고 한다면, 가인(加人)은 D촌 갑오년조에 보듯이 어떤 사유로 인하여 외지에 출거(出去)[D(16)]하였다가 회거(廻去)한 [A(13), B(15), C(12), D(13)] 사람이나 연처럼, 외지에 출거하였다가 저들의 촌락으로 귀환한 사람이나 연을 지칭한 것이 아닐까 추측된다. 이들의 경우 '회연마(廻烟馬)'[D(17)] 나 '회거연우(廻去烟牛)'[D(18)] 등으로 미루어, 연 단위의 출거에는 노비(奴婢)나 우마(牛馬) 등 저들 연의 재산을 가지고 출거하였다가 되돌아 온 것이라 할 수 있다.

다만 '3년간에 거두어 앉힌 연(三年間中 收坐內烟) 1'[조자 1, 노공 1, 정녀 2][B(4)(9)]이나, '거두어 앉힌 연(收坐內烟) 1'[정 1, 추자 1, 소자 1, 정녀 2, 추녀자 1][C(1)(6)]의 경우 각각 연을 구성하였으나, 연호의 통계에는 잡히지 않은 것으로 보아 등외연으로 처리되었음을 알 수 있다. 이러한 데는 이들 본 문서의 원장을 작성하거나 추기를 할 때에 연의 등급을 아직 판정하지 않은 때문이라 할 수 있다.

요컨대 촌민은 공연을 구성하는 등급연과 공연을 구성하지 못하는 등외연이 있었고, 등급연은 다시 3~4세대가 함께 생활하는 대가족 그룹인 공(孔)과 단혼의 소가족으로 구성된 연(烟)으로 구성되었던 것이 아닐까 한다. 특히 대가족은 율령에 의거하여 결혼이나 분가의 형태로 호구를 나누는 분가[折出]의 방식으로 새로운 연을 구성하는 경우도 있었을 것이다. 본 문서에서는 각 촌락의 촌역에 이어 공연, 계연수를 우선하고, 각 등급연의 구체적인 내역과 인구수를 기재하였다. 각 등급연의 내역은 계

연과 공연수의 구체적인 내역을 설명하는 부가적인 것인 만큼, 국가는
계연과 공연의 통계치만으로 전체 호구의 현황을 파악할 수 있었으리라
여겨진다. 이에 촌락민의 구성을, 등급연(等級烟)과 등외연(等外烟), 공연
(孔烟)[孔, 烟]으로써 도시하면 다음과 같다.

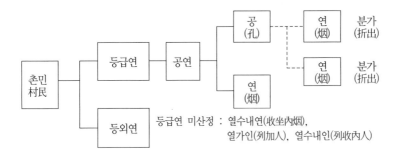

(2) 계연과 9등연

계연(計烟)은 각 촌락의 연호 곧 민호를 파악하기 위한 것으로서, 일찍
이 어떤 기준수에 따른 값이라는 지적이 있었다.[18] 그후 계연의 기본수를
분수화하는 새로운 산정법이 제시됨으로써,[19] 계연 수치에 대한 의미에
접근할 수 있게 되었다. 이에 따라 중상연(仲上烟)을 '6/6'으로 하는 기준
수로 보고, 문서상의 각 등급연의 가중치를 5/6(중중연), 4/6(중하연),
3/6(하상연), 2/6(하중연), 1/6(하하연)로 곱한 값이, 정확하게 본 문서의
계연의 값과 일치한다는 견해가 제시되었다.[20] 이처럼 중상연을 '6/6=1'
의 기준수로 풀이한 견해는 본 문서의 계연에 대한 이해도를 높이는 획기
로서 평가되는 바, 등급연과 계연이 밀접하게 관련됨을 확인할 수 있게
되었다.

---

18) 旗田巍, 1958 · 1959, 앞의 논문 ; 1974, 앞의 책, 204~205쪽.
19) 虎尾俊載, 1974,「硏究 ノ―ト : 正倉院藏新羅國民政文書に見える〈計烟〉
　　の算出法について」,『歷史』45. 明石一紀, 1975, 앞의 논문 ; 2011, 앞의
　　책, 302~306쪽.
20) 李泰鎭, 1979, 앞의 논문 ; 1989, 앞의 책, 47~49쪽.

또한 계연의 산정이 과역(課役)과 관련되리라 예상할 수 있다. 사실 그동안 과역에 대해서는, 7세기 후반 이후 9등호제와 연령 구분에 의해 정을 역역 부담대상자로 설정하여 촌 단위로 부과하였다는 견해[21]가 제시되었다. 곧이어 역(役)은 9등연제를 바탕으로 호별로 징발하였고, 조(租)는 답전량(畓田量), 조(調)는 전적(田積)과 나무수에 따라 촌별로 부과한 것이라는 견해[22]가 있었다.

이에 9등호 중상연의 '6/6=1'을 기준수로 한 계연의 수치에 의해 조용조를 부과 징수한 것으로 보기도 한다.[23] 한편으로 계연수(計烟數)는 특수한 역역과 관련된 것이고, 전조(田租)는 경작면적, 그리고 조(調)와 역역(力役)은 노동력 수에 비례하여 징수하였다는 견해가 있었다.[24] 이들 견해는 다시 9등호를 토지[烟受有田·畓]의 다과로써 구분하고 계연은 조·용·조(租·庸·調) 전반과 관련된다는 견해,[25] 토지에 노비와 우마를 합친 재산의 크기가 기준이었다는 견해[26] 등으로 이어졌다.

그 후로도 9등연과 관련하여 C촌의 '하상연 3(下上烟三)'의 설정을 둘러싸고 벌인 새로운 인정기준설(人丁基準說)[27]과 이에 대하여 토지결수와 등급연 사이의 상관관계를 다시 증명하여 토지 다과에 의한 9등호 설정을 재주장한 견해,[28] 호구수와 전결수(田結數) 곧 토지 소유를 고려한 구분이라는 견해,[29] 전답의 가치 비율이 반영된 호등제(戶等制)라는 견해,[30]

---

21) 石上英一, 1974, 「古代における日本の税制と新羅の税制」, 『朝鮮史研究會論文集』 11 ; 1974, 『古代朝鮮と日本』, 朝鮮史研究會, 244쪽.
22) 明石一紀, 1975, 앞의 논문 ; 2011, 앞의 책, 323~325쪽.
23) 李泰鎭, 1979, 앞의 논문 ; 1989, 앞의 책, 51~52쪽.
24) 浜中昇, 1983, 「新羅村落文書みえる計烟について」, 『古代文化』 35 ; 1986, 앞의 책, 75~81쪽.
25) 李仁哲, 1986, 「신라통일기의 촌락지배와 計烟」, 『한국사연구』 54 ; 1993, 『신라정치제도사연구』, 233~246쪽.
26) 金基興, 1989, 「新羅〈村落文書〉에 대한 신고찰」, 『한국사연구』 64, 6~13쪽.
27) 安部井正, 1989, 「新羅村落文書に見える九等戶區分について」, 『朝鮮學報』 133, 6~9쪽.
28) 李仁哲, 1992, 「新羅 九等戶制의 再論」, 『역사학보』 133 ; 1993, 앞의 책, 262~273쪽.

그리고 자산 곧 토지가 제외된 곡물량을 기준으로 호등을 구분하였다는 견해,31) 인정을 중심으로 한 총체적 자산으로 구분한 것이라는 견해32) 등으로 다양하게 나타났다.

또한 촌락 문서의 공연과 호등제를 당·일본과 비교하거나,33) 계연을 북위의 호조제(戶調制)에서 사용된 '솔호(率戶)'를 제도적 연원으로 하여 9품차조(九品差調)의 수취제를 차용한 것으로 보기도 한다.34) 이어 호구와 호등, 호등 및 계연의 산정 방법, 문서의 작성 방식에 대한 연구가 진행되었고,35) 기왕의 견해들을 바탕으로 호등산정의 기준을 인정(人丁)과 우마(牛馬)가 결합된 노동력과 토지 결수로 보는 견해도 등장하였다.36) 이처럼 계연과 9등연에 대한 다양한 견해가 나타나게 된 단초는, 계연의 수치가 정, 또는 정·정녀, 아니면 정·정녀와 함께 조자·조녀자까지 포함한 것인가, 아니면 전지(田地) 등의 재산까지 포괄하여 나타난 수치로 볼 것인가 하는 논쟁37)에서 이미 배태하였다고 본다.

---

29) 이인재, 1990, 「신라 통일 전후기 조세제도의 변동」, 『역사와 현실』 4, 107·110쪽.

30) 金琪燮, 1993, 앞의 논문, 107·120쪽.

31) 전덕재, 1997, 「통일신라의 호등산정 기준」, 『역사와 현실』 23, 27~47쪽·1997, 「통일신라시대 호등제의 성격과 기능에 관한 연구」, 『진단학보』 84, 46~71쪽.

32) 노태돈, 2009, 「고대사회 성격론」, 『한국 고대사의 이론과 쟁점』, 집문당, 47~49쪽.

33) 金琪燮, 2000, 「唐과 新羅의 戶等制 比較 硏究」, 『한국민족문화』 15. 윤선태, 2001, 「신라 촌락문서의 計烟과 孔烟 −中國·日本의 戶等制 −年齡別級制와의 비교검토를 중심으로−」, 『韓國古代史硏究』 21. 김기섭, 2010, 「唐代 호등제의 신라적 수용과 변용」, 『한국고대사연구』 57. 정덕기, 2019, 「통일신라 연령등급제의 연령과 속성」, 『歷史學報』 242.

34) 윤선태, 2000, 앞의 논문, 142~144쪽.

35) 木村誠, 2006, 「統一新羅村落支配の諸相」, 『人文學報』 368, 13쪽. 田中俊光, 2003, 「新羅村落文書에 나타난 孔烟 區分과 計烟」, 경희대 석사학위논문, 22쪽. 백영미, 2005, 「新羅統一期 戶口와 戶等에 대하여」, 『한국고대사연구』 40·2009, 「삼국 및 통일신라 戶口 관련 자료 검토와 帳籍의 작성」, 『한국사학보』 35·2012, 「新羅村落文書의 戶等 算定 방법」, 『한국고대사연구』 67.

36) 백영미, 2005, 위의 논문, 211~213쪽.

아무튼 각 촌락의 계연수는 등급연으로부터 도출한 계산값이고, 그 여분은 기준수 '6'으로 나눈 나머지 값이 분명하다. 그런데 본 문서에 보이는 등급연의 수에 해당 가중치의 분자 곧 5(중중연), 4(중하연), 3(하상연), 2(하중연), 1(하하연)을 곱하여 합산한 값은, 계연수의 정수 값에 계연의 분모 6을 곱하여 여분 수를 더한 값과 일치한다. 이들 값은 동 문서의 정남의 수와 근사치를 보인다. 따라서 이들 계연수는 각 등급연의 정남과 관련되는 것으로 추측되며, 계연의 분모 '6'은 '6명 단위의 정남'을 지칭하는 것이 아닐까 생각해 볼 수 있다.[38]

A촌 計烟 四余分三 : 4×6명＋3＝27명＝4(중하연)×4명 ＋ 2(하상연)×3명＋5(하하연)×1명

B촌 計烟 四余分二 : 4×6명＋2＝26명＝1(중상연)×4명 ＋ 2(하상연)×3명＋5(하중연)×2명＋6(하하연)×1명

C촌 計烟數 결락〔二余分五〕 : 〔2×6명＋5〕＝17명＝〔3(하상연)×3명〕 ＋ 1(하중연)×2명＋6(하하연)×1명

D촌 計烟 一余分五 : 1×6명＋5＝11명 ＝ 1(하중연)×2명 ＋ 9(하하연)×1명

（〔 〕안은 C촌에 한정한 것으로 결락부분에 대한 추정치임）

위의 수식에서 살필 수 있듯이, 각 촌락의 계연수에 6을 곱하여 여분수(나머지)를 더한 값이나 등급연 수에 가중치를 곱하여 더한 값은 일치한

---

37) 金光洙·李泰鎭·崔弘基·兼若逸之·李鍾旭, 1980, 「종합토론 : 正倉院 發見 新羅村落文書에 관하여」, 『역사학보』 86, 155~164쪽.
38) 兼若逸之(1976, 「신라 고문서를 둘러싼 문제에 대하여」, 『한국사연구』 145, 149쪽)는 계연수 1이 정남 6명을 지칭한 것임을 밝힌 바 있지만, 각 촌락의 실제 정남수와 일치하지 않는다는 점 등의 의문에 대해 충분한 해명이 없었다. 또한 김기섭은 계연의 기본수 1을 6정의 노동력을 기준으로 각 등급연의 호별 경작 능력지수를 파악한 수치로 보는 한편, 각 촌락 실제 정의 수가 계연수로 계산한 값과 다른 것은 奴를 포함한 免役者가 포함된 때문으로 보았다. (김기섭, 2010, 앞의 논문, 411~414쪽) 그러나 정남의 수와 계연의 계산값이 불일치한 것처럼 보이는 것은 각각의 통계치를 낸 시점의 차이에서 비롯한 것으로, 사실상 이들 통계치는 다음 장에서 살펴보듯이 모두 일치하며, 노를 포함한 모든 정남은 군역과 역역의 징발 대상자였다.

다. 이는 계연값만으로 본 문서 작성처에서 필요로 하는 정남의 인구를 쉽게 파악할 수 있었다는 것으로서, 계연수가 합공연(合孔烟)에 이어 기재된 이유이며, 촌락을 단위로 공연 당 정남의 군역과 역역을 징발하기 위한 계수였던 때문이 아닐까 한다.

그런데 이들 계연수나 등급연으로 계산한 정남의 수는 문서의 원장에 보이는 정남의 실제 인원수와는 차이가 있다. 곧 각 촌별 원장상의 '정(奴)'의 수는 각각 29(1)명, 31(4)명, 18명, 19(2)명으로, 계연 또는 등급연의 가중치로 계산한 27명, 26명, [17명], 11명과 각각 2명, 5명, [1명], 8명의 차이가 있다. 이러한 차이는 아무래도 원장의 현재 정남의 인원을 기재하기 이전에 등급연이나 계연을 산정한 때문이 아닐까 생각해 볼 수 있다. 이에 이들 계연수 내지 등급연으로 산정한 정의 수는, 계연과 등급연을 산정할 당시의 것으로서, 현재 인원으로부터 등급연 산정시에 감소한 인원을 뺀 인원이 아닐까 한다.

원장상의 각 촌락별 감소 인구는 B촌의 경우 결락되어 알 수 없지만, A, C, D촌은 각각 4명, 1명, 8명이다. C, D촌의 경우 원장상의 현재 丁의 수에서 감소한 丁의 수를 빼면, 정확하게 등급연의 가중치로 계산한 수치나 계연으로 계산한 수치와 일치한다. 곧 C촌의 현재 丁의 수는 18명이지만 열회거한 정 1명을 빼면 17명이 되고, D촌의 경우 19명의 丁 가운데 을미년에 도망한 공[亡廻去孔]에 딸린 정 2명, 돌아간[列廻去] 정 1명, 죽은[列死] 정 5명 등 총 8명을 빼면 등급연이나 계연수로 계산한 11명과 동일하다.

다만 A촌의 경우 감소한 정의 인원이 모두 4명으로 2명의 오차가 있지만, 오히려 그러한 사실이 당식년 현재 인구수를 파악하기 이전에 등급연과 계연수의 산정이 이루어졌음을 보여주는 것이 아닐까 한다. 곧 A촌의 경우 감소한 정남의 수는 을미년에 다른 군(郡)에 있는 처(妻)를 따라 이사한 가족 중에 보이는 정 1명, 그리고 각각 돌아간[列廻去] 정 2명, 사망자 1명으로 모두 4명이다. 따라서 이들 가운데 2명의 유고가 있은 이후에 등급연과 계연의 산정이 이루어지고, 그 이후 본 문서의 원장을 작성할 때 까지의 기간에 2명의 결원이 추가로 생긴 것이 아닌가 여겨진다.

이로 미루어 앞부분이 결락된 C촌의 경우에도 계연수를 추산할 수 있다. 곧 C촌의 확인 가능한 등급연은 하중연 1, 하하연 1이고 정의 수는 18명이다. B촌과 마찬가지로 새로이 거둔 수좌내연(收坐內烟)은 등급외의 연이므로 이에 딸린 정 1명은 계연수에 포함되지 않은 만큼, 추산 가능한 정의 수는 17명이 된다. 이에 정 17명에서 하중연 1의 정의 수 2명[1×2명]과 하하연 6의 정의 수 6명[6×1명]을 빼면 '9'의 값이 나온다. 이 9명은 홀수이므로 하상연 가중치 3명의 3배수이거나, 중하연 1의 4명과 중중연 1의 5명을 합한 인원이라고 할 수 있다. 다만 본 문서에서 가장 촌세가 두드러지는 A촌의 경우도 중하연이 가장 상층에 위치하고 C촌의 촌세가 D촌보다는 약간 우위에 있다고 판단되므로 '하상연(下上烟) 3'이지 않았을까 추정된다.[39] 어떠한 경우라도 C촌의 계연수는 '2여분 5(17/6)'라고 할 수 있다. 이에 본 문서 원장에 보이는 현재 정의 수 현황과 계연수, 등급연 수는 그 계산 방식에 따라 다음과 같이 정리할 수 있다.

다음의 표에서 다음 두 가지 점을 주목할 수 있다.

첫째, 등급연을 바탕으로 한 계연은 정남수만을 기준으로 한 것이었다. 이에 등급연 또한 정남을 기준으로 산정한 것이고, 등급연과 계연을 산정하는데 있어서 노(奴)가 포함되었다는 점을 주목할 수 있다. 곧 D촌의 경우 사망한 丁 5명 가운데 1명이 너(奴)이고 현재 인원 19명 가운데 2명이 노(奴)인데, 모두 계연이나 등급연의 인원수에 포함되어 있는 것이다. 따라서 각 촌의 정(丁) 가운데 A촌의 노(奴) 2명이나 B촌의 노(奴) 4명, D촌의 노(奴) 2명 모두 똑같이 등급연이나 계연에 포함되었음을 알 수 있다. 이는 기왕에 역역 대상에서 제외되

---

39) 이인철은 필자와 접근 방법이 다르지만, 일찍이 C촌에 3개의 下上烟이 더 있었을 것으로 추정한 바 있다. 곧 그는 4개 촌 각 등급연의 토지 결수를 추정하고(하하연 9.9결, 하중연 12.9결, 하상연 15.9결, 중상연 18.9결), 등급연의 수와 곱하여 합계를 내어 촌락문서의 토지결수와 비교함으로써 C촌에 3개의 하상연이 더 있었을 것으로 추정하였다.(李仁哲, 1986, 앞의 논문 ; 1993, 앞의 책, 235쪽)

		當縣 沙害漸村(A)		當縣 薩下知村(B)	
		원장	丁의 數	원장	丁의 數
合孔烟		11		15	
計烟		4余分3	27명(4×6명+3)	4余分2	26명(4×6명+2)
등급연	仲下烟	4	16명(4×4명)	1(余子)	4
	下上烟	2	6명(2×3명)	2(余子)	6
	下仲烟			5(並余子)	10
	下下烟	5	5명(5×1명)	6(余子5,法私1)	6
	소계	11	27명	14	26명
등외연	收坐內烟			1	0명
원장 合人중의 丁(奴)			29(1)		31(4)
등급연과 원장의 丁數差			−2		−5
감소	乙未年		丁 1(追移)		丁 1(亡廻)
	列廻去丁ⓐ, 列死丁ⓑ, 死丁ⓒ	이하 결락	丁 2(ⓐ) 丁 1(ⓒ)		[丁 4]
	소계		4 [2명 유고시 等級烟 산정]		[5]

		逸名村(C)		西原京 逸名村(D)	
合孔烟		원장	丁의 數	원장	丁의 數
計烟		缺		10	
등급연	仲下烟	缺[2余分5]	[17명](2×6명+5)	1余分5	11명(1×6명+5)
	下上烟	缺[0]			
	下仲烟	缺[3]	[9명](3×3명)		
	下下烟	1	2명(1×2명)	1	2명(1×2명)
	소계	6	6명(6×1명)	9	9명(9×1명)
등외연	收坐內烟	11	[17명]	10	11명
원장 合人중의 丁(奴)		1	1명		
등급연과 원장의 丁數差			18명		19(2)
감소	乙未年		−1		−8
	列廻去丁ⓐ, 列死丁ⓑ, 死丁ⓒ		丁1(ⓐ)		丁 2(亡廻)
	소계				丁1ⓐ 丁5(1)ⓑ
			1		8

었다고 여겼던 노(奴)[40] 또한 군역이나 역역의 징발 대상이었음을 보여준다. 함안 성산산성 목간에 보이는 '仇利伐 仇陀知○ 從人',[41] 大城의 從人,[42] '仇利伐(近)德知一伐奴人口',[43] '仇利伐仇陀知一伐奴人毛利支負',[44] '旱尸智居伐尺奴'와 '卜今智上干支奴'[45] 등의 종인(從人)이나 노인(奴人), 노(奴) 등은, 신분에 관계없이 모두 일반 정역(丁役)과 마찬가지로 부역을 담당하였다.[46] 이에 함안 성산산성목간이 비록 법흥왕대의 것이지만,[47] 본 촌락 문서를 작성할 당시에도 노(奴) 등을 부역 징발의 대상자로 여겼던 것으로 판단된다.

둘째, 계연과 등급연을 산정한 시점이 현재 정남의 인원을 파악한 때와 다르다는 점이다. 곧 A·B·D촌에서 보듯이 을미년의 감소한 인원은 계연과 등급연 산정에 이미 포함되었고, 특히 계연과 등급연에 산정된 정남의 수는 현재 정남의 수에서 을미년 이후 어느 시점까지의 정남의 감소 인원을 뺀 값이다. 이로써 계연과 등급연의 산정은 을미년부터 현재 인원을 파악한 당식년 사이에 이루어졌음을 알 수 있다.

등급연은 상중하를 각각 3개 등급으로 나누어 9개 등급으로 구분하고, 상상연으로부터 하하연까지 등급별로 9에서 1에 이르는 정수(丁數)를 배열한 것이었다. 신라 9등연의 구분은, 당의 3등호제가 9등호제로 발전한 것으로부터 유래한 것으로, 신라에서는 성덕왕대에 시행된 것으로 추측하고 있다. 이에 대해 계연은 신라의 독특한 것으로 이해하고 있다.[48]

---

40) 김기섭, 2010, 앞의 논문, 411~414쪽.
41) "仇利伐 仇陀知○從人 毛利文負" (국립가야문화재연구소, 2011, 『함안 성산산성 발굴조사 보고서 Ⅳ』Ⅱ, 도면 535-1)
42) 문화재청·국립가야문화재연구소 편, 2011, 『한국 목간자전』 221번 목간.
43) 문화재청·국립가야문화재연구소 편, 위의 책, 26-1.
44) 문화재청·국립가야문화재연구소 편, 위의 책, 156-1.
45) 손환일, 2017, 「함안 성산산성 출토 목간의 의미와 서체」, 『한국사학사학보』 35, 9쪽 11·15번 목간.
46) 박남수, 2017, 「신라 법흥왕대 '及伐尺'과 성산산성 출토 목간의 '役法'」, 『신라사학보』 40, 66~67쪽.
47) 박남수, 2017, 위의 논문, 69~72쪽.

그러나 이러한 9등호나 계연법의 연원은 오히려『주례(周禮)』소사도 (小司徒)조에서 국중(國中)의 부가(夫家)를 9명을 단위로 한 9비(九比)의 수로써 그 귀천(貴賤)과 노유(老幼), 폐질(廢疾)을 판별하여 정역(征役) 등 을 부과하도록 하고, 정남 5명을 하나의 단위로 삼아 순려(軍旅)와 전역 (田役)에 징발한 데서 찾아야 하지 않을까 한다.

소사도(小司徒)의 직(職)은 나라를 세우는 교법(教灋)을 관장한다. 국 중(國中)과 4교(四郊), 도비(都鄙)의 부가(夫家)를 살펴 9비(九比)의 수로써 귀천과 노유, 폐질을 판별하여, 무릇 정역(征役)을 베풀고 면 제하거나 그 제사와 음식(飲食), 상기(喪紀)의 금령을 시행한다. 이에 6향(六鄕)의 대부(大夫)에게 비법(比灋)을 내려 그 향(鄕)의 〔인구 의〕 많고 적음과 6축(六畜)과 거련(車輦)을 등록하게 하고, 그 물산을 판별하여 세시(歲時)로써 그 수를 기입하도록 함으로써, 정교를 베풀 고 징벌의 영을 행한다. 3년이 되면 대비(大比)인데, 대비년(大比年) 에는 방국(邦國)의 비요(比要)를 받아 만민의 졸오(卒伍)를 모집하여 쓴다. 5인으로 오(伍)를 삼고, 5오(伍)로 양(兩)〔25인〕을 삼으며, 4 량(兩)으로 졸(卒)〔100인〕을 삼고, 5졸(卒)로 여(旅)〔500인〕를 삼고, 5려(旅)로 사(師)〔2,500인〕를 삼으며, 5사(師)로 군(軍)〔12,500인〕 을 삼음으로써 군려(軍旅)를 일으키고 전역(田役)을 일으키는 것이다. 이로써 추서(追胥)를 갖추고, 공부(貢賦)를 다스리는 것이다. 이에 토 지를 균등히 하고 그 인민을 헤아려 그 수를 두루 안다. 상지가(上地 家)는 7인으로 맡길 만한 자가 가(家)에 3인이고, 중지가(中地家)는 6인으로 맡길만한 자가 2가(家)에 5인이며, 하지가(下地家)는 5인인 데 맡길만한 자가 가(家)에 2인이다. 무릇 도역(徒役)을 일으키는 데 있어서 가(家)에 1인을 넘지 않으며, 그 나머지로써 선(羨)을 삼아 오 직 전(田)을 추서(追胥)와 함께 경작에만 힘쓰기를 다한다. 무릇 중서 (衆庶)를 써서 그 정교(政教)를 관장하고, 그 경계하고 금하는 것으로 그 사송(辭訟)을 들으며, 그 상벌을 시행하고 명을 어긴 자를 벤다. 무릇 국가의 대사(大事)는 민(民)에게 이르고, 큰 변고에는 여자(餘 子)에게 이른다. 이에 토지를 경영함에는 그 전야(田野)를 정목(井牧) 하는데, 9부(夫)로 정(井)을 삼고, 4정(井)으로 읍(邑)〔36夫〕을 삼으 며, 4읍(邑)으로 구(丘)〔144夫〕를 삼고, 4구(丘)로 전(甸)〔576夫〕을 삼고, 4전(甸)으로 현(縣)〔2,304夫〕을 삼고, 4현(縣)으로 도(都)

48) 김기섭, 2010, 앞의 논문, 403~404·409쪽.

〔9,216夫〕를 삼음으로써 지사(地事)에 임하여 공부(貢賦)를 다스린다. 무릇 세렴(稅斂)의 일은 이에 지역(地域)을 나누어 그 수령〔其守〕을 분별하여 그 직분을 맡기어 균평하게 다스리도록 한다. … 무릇 민(民)의 송사(訟事)는 지비(地比)로써 바르게 하고, 지송(地訟)은 도(圖)로써 바르게 하며, 한 해의 끝에는 속관(屬官)의 치성(治成)으로써 바르게 하여 벌하거나 상을 주어, 군리(羣吏)로 하여금 요회(要會)을 바르게 하여 일에 이르게 한다. …(『重栞宋本周禮注疏 附 校勘記』地官司徒 2, 附釋音周禮注疏 권 11, 小司徒)

위의 9비법(九比法)에 대하여, 정현(鄭玄, A.D.127~200)은 '부(夫)가 있고 부(婦)가 있으면 가(家)를 이루는데, 2인으로부터 1등(等)으로 하여 10인에 이르러 9등으로 삼으니, 2인, 3인, 4인이 하지(下地)의 3등이고, 5인, 6인, 7인이 중지(中地)의 3등이며, 8인, 9인, 10인이 상지(上地)의 3등이다'[49]라고 하였다. 이와 같이 가족[家]의 수에 따라 가(家)를 상·중·하 9등으로 나누는 것은, 9부(夫)로 정(井)을 삼아 정전(井田)을 지급하던 주(周)의 전통적인 방식에서 비롯하였다.

신라의 9등연은 연호(烟戶)를 정 1명으로부터 9명까지로 나눈 것이지만, 그 연원을 주대의 9비제도에서 찾아야 하지 않을까 한다. 또한 본 문서에서 계연의 기본 수를 정남 6명으로 한 것은 주나라 때의 정남 5명을 기준으로 하는 5비제(五比制)와 차이가 있지만, 정남을 6명 또는 5명의 배수를 기준으로 하는 기본 개념은 동일하다고 여겨진다. 사실 본 문서에 보이는 '여자(余子)'[B(3)(4)]는 위의 『주례』 소사도조에 보듯이 주나라의 5비제(五比制)에서 유래한 명칭이다. 따라서 신라가 정을 단위로 등급연제를 시행한 것이나 계연을 산정한 것은, 주나라의 그것으로부터 끌어와 신라의 독자적인 방식으로 운용하였을 가능성을 높여준다. 그러하다면 신라의 역역이나 군역의 동원, 그리고 지방 행정체계의 편성 또한 비록 기준수에 차이가 있다고 하지만 그 원리는 『주례』로부터 끌어왔을 가능

49) "夫有婦乃成家 從此二人為一等 至十人則為九等 自二人三人四人是下地之三等也 五人六人七人是 中地之三等 八人九人十人 是上地之三等"(『重刊宋本十三經注疏附校勘記』地官 司徒 2, 「附釋音周禮注疏」 권 11, 小司徒)

성을 상정할 수 있지 않을까 한다.

3. 문서의 인구 통계와 그 작성과정

(1) 문서의 구조와 인구 통계의 정합성

본 문서의 원장은 크게 촌역과 현재 인구·전답·식목, 그리고 인구·전답·식목의 감소 내역으로 구성되어 있다. 이 가운데 현재 인구는 공연-계연-9등연-총인구와 연령별 인구로, 전답은 답(畓)·전(田)·마전(麻田)의 총 수량, 식목은 상(桑)·백자목(栢子木)·추자목(秋子木)의 총 수량으로 구성되어 있다. 감소 인원은 A, D촌의 을미년조 인구 감소 내역을 비롯하여 모든 촌의 회거(廻去) 및 사(死)·망회(亡廻)한 총 인원으로 구성되었고, D촌의 경우 갑오년에 감소한 인구수를 특기하고 있다. 뒤이어 관갑(貫甲)과 우마·식목의 감소 내역을 기재하였다. 이들 가운데 추기는 현재 인구 가운데 공연(孔烟)과 합인(合人) 및 연령별 인구, 그리고 문서 뒷 부분 인구 감소 내역의 회거인과 망회한 孔과 사람, 그리고 사망자 부분에만 이루어져 있다. 이를 표로 정리하면 다음과 같다.

아래 표에서 보듯이 현재 인구에서 공연 합계의 감소에도 불구하고 계연과 9등연의 추기는 보이지 않는다. 이는 추기할 당시에 이들을 산정할 수 없었던 까닭이라 할 수 있다. 앞서 살폈듯이 현재의 등급연과 계연을 산정한 시기는, 을미년의 유고[追移 또는 亡廻] 인원이 포함된 것으로 미루어 을미년 이후 어느 시점이라고 할 수 있다. 특히 계연과 등급연에 산정된 정의 수가 현재 정의 인원으로부터 을미년 이후 어느 시점까지의 정의 결원을 뺀 값이라는 점에서, 을미년과 현재 인원을 파악한 당식년 사이에 이루어진 것임을 알 수 있다.

「신라촌락문서」의 내용 구성

	村名	원장			추기
		A·B촌	C촌	D촌	
촌역	村域	○			
현재 인구 및 증감	合孔烟	○			○
	計烟	○			
	9등연	○			
	合人 / 연령별 인구	○			○
현재 우마수	合馬	○			
	合牛	○			
현재 전답	合畓	○			
	合田	○			
	合麻田	○			
현재 식목	合桑	○			
	合栢子木	○			
	合秋子木	○			
을미년 인구감소 내역	乙未年	○	×	○	×
인구 감소	列廻去合人		○		○
	(列)死合人				
	孔亡廻一合人				
갑오년 인구감소 내역	甲午年	×	×	○	×
기물, 우마, 식목 감소	기물(貫甲) 및 우마 감소	○			
	식목감소	○			

현재 인원을 파악한 당식년의 인구 내역 가운데 '3년간 태어난 소자[三年間中産小子]' '3년간 더해진 누적 인구 합계[三年間中列加合人]' 등의 용례로 볼 때에 당식년은 을미년으로부터 3년이 지난 시점이라고 할 수 있다. 사실 원장의 당식년이 을미년으로부터 3년이 지난 시점이라는 것은, 현재 인구 총계[合人]와 추기에 나타난 인구수에서도 드러난다. 본 문서의 원장과 추기의 내역을 정리하면 다음과 같다.

		當縣 沙害漸村(A)		當縣 薩下知村(B)	
		원장	추기	원장	추기
	合人	147	142	125	[124]
	古有人	145	[140]	118	117
	三年間中産合人				
	丁(奴)/丁女(婢)	29(1)/42(5)	/40[-2]	31(4)/45(3)	30/
	助子(奴)/助子(婢)	7(1)/11(1)		5/4	
	追子/追子	12/9	11[-1]/	2/13	
	小子(奴)/小子(婢)	10/8	9[-1]/	2/6	
	三年間中産 小子(奴)/小子(婢)	5/8(1)		3/3	
	除公/除母	1/2	/1[-1]	/1	
	老公/老母	0/1		1/2	
	소계	64(2)/81(7)	[-2]/[-3] 62(2)/78(7)	44/74	[-1]/ 43(4)/74(3)
증가	3년간 전입인구	2 (列加合人)		7 (加收內合人)	
乙未	他郡中妻追移去因教合人ⓐ	5			
	彼上烟亡廻去孔一以合人ⓑ			3	
감소	列廻去合人ⓐ	3	7[+4]	이하 결락	
	列死合人ⓑ				
	死合人ⓒ	9	10[+1]		
	孔亡廻一合人ⓓ				
	丁(奴)/丁女(婢)	ⓐ 2/ ⓒ 1/1	ⓐ /1, 丁婢 1	결락	
	助子(奴)/助子(婢)				
	追子/追子		ⓐ 1/		
	小子(奴)/小子(婢)	ⓐ /1 ⓒ 3(1)/1	ⓐ 1/		
	三年間中産 小子(奴)/小子(婢)				
	除公/除母		ⓒ /1		
	老公/老母	ⓒ /3			
	소계	12	[+5]		
甲午	追以出去因白妻是子孕				

		逸名村(C)		西原京 逸名村(D)	
		원장	추기	원장	추기
合人		72	69	118	106
古有人 三年間中産合人		65	[62]	114	[102]
丁(奴)/丁女(婢)		18/14	16/	19(2)/37(4)	17/35
助子(奴)/助㸑(婢)		2/4		9(2)/5	8/4
追子/追㸑		7/3		8/12(1)	6/10(8/10) ('ㅇ' 없이추기)
小子(奴)/小㸑(婢)		7/4[小女]	6/	11/5	9/3
三年間中産 小子(奴)/小㸑(婢)		3/2		1/6	
除公/除母		/			
老公/老母		/1		1/	
소계		37/28	[-3]/ 34/28	49/65	[-7]/[-7]([-5]/[-7]) 42/58(44/58) [2명(追子)의 오차]
증가	3년간 전입인구	7 (新收内合人)		4 (列收内合人)	
乙未	他郡中妻追移去因 教合人ⓐ	•	•		
	彼上烟亡廻去孔一 以合人ⓑ	•	•	6	
감소	列廻去合人ⓐ	3	4[+1]	8	
	列死合人ⓑ	4	6[+2]	20	21[+1]
	死合人ⓒ				
	孔亡廻一合人ⓓ	•	••		+11
	丁(奴)/丁女(婢)	ⓐ 1/1 ⓑ /2	ⓐ 2/ ⓑ 1/	ⓐ 1/2 ⓑ 5(1)/4(1)	ⓓ 2/2
	助子(奴)/助㸑(婢)			ⓐ 1/	ⓓ 1/1
	追子/追㸑			ⓐ 1/ ⓑ 1/	ⓓ /2
	小子(奴)/小㸑(婢)	ⓐ /1 ⓑ /2	ⓑ 1/	ⓐ 1/2 ⓑ /3	ⓑ /4[+1] ⓓ 2/1
	三年間中産 小子(奴)/小㸑(婢)				
	除公/除母				
	老公/老母			ⓑ 3/4(1)	
	소계	7	[+3]	28	[+12]
甲午	追以出去因白妻是 子㸑			4	

* 연령별 인구수는 ‘추기’가 있는 경우에만 표기함 ** [ ] 안의 수치는 필자가 보완한 것임

	富縣 沙害靹村(A)		富縣 蒲下知村(B)		逸名村(C)		西原京 逸名村(D)	
147	列加合人 (2)(145)	列廻去/孔亡廻 (-4) 142						
125			加收內合人 (7)(118)	不明(T) (-1) 124				
118							列收內合人 (4)(114)	列死/孔亡廻 (-1) 106
72					新收內合人 (7)(65)	列廻去/列死 (-1)(-2) 69		

古有人 3年間産	감소된 追記인구	列加合人	列廻去	孔亡廻	不明	新收坐內	列死	列收內

원장 / 추기

위의 도표와 그래프에서 보듯이, 추기는 인구의 총 합계[合人], 원주민과 3년간 태어난 아이 및 이에 따른 연령별 인구수, 인구 감소부분의 개별적으로 되돌아 간 인구 합계[列廻去合人], 죽은 누적 인구[列死合人], 죽은 사람 합계[死合人], 도망한 공(孔)의 인구[孔亡廻一合人] 등에만 이루어졌다. 이에 대해 3년간 전입한 인구[列加合人, 加收內合人, 新收內合人, 列收內合人]나 을미년과 갑오년에 마을을 떠나거나 도망한 인구수에는 추기가 없다.

본 문서 원장의 수치로 보았을 때에, 각 촌별 총 인구수[合人]는 그 지역의 원주민[古有人]과 3년간 태어난 아이, 그리고 새로이 전입한 인구[列加合人(A촌), 加收內合人(B촌), 新收內合人(C촌), 列收內合人(D촌)]를 합한 값임을 알 수 있다. 곧 원장의 총인구수는, 원주민 등급연 연령별 인구수의 합계 A, B, C, D촌 각각 145명, 118명, 65명, 114명에, 각 촌의 새로이 전입한 인구 2명, 7명, 7명, 4명을 더한 값으로서, 각 촌의 총인구 147명, 125명, 72명, 118명이다.

또한 인구 합계의 변동이 있는 경우 어김없이 그 변동 내역을 연령 등급별로 추기하였다. 인구 합계의 변동 내역에 있어서는 A, C, D촌의 경우 총인구수에, B촌의 경우 원주민의 합계에만 그 내용을 수정하였다. 그럼에도 불구하고 어느 경우라도 그 변동된 합계는 연령 등급별 인구 변동 내용과 정확하게 일치한다. 곧 A촌의 경우 2명[追子1, 小子 1]과 3명[丁女2, 除母1]의 감소에 따라 총인구수[合人]가 147명에서 142명으로 줄어들었다. 또한 B촌의 경우 정 1명이 감소함에 따라 원주민 수 118명을 117명으로 수정한 것, C촌의 경우 정 2명, 소자 1명이 감소함에 따라 총인구수가 72명에서 69명으로 감소하여, 총인구수의 변동 내역과 개별 등급연의 변동 내역이 모두 일치한다.

다만 D촌의 경우, 정 2명, 조자 1명, 추자 2, 소자 2명, 정녀 2명, 조여자 1명, 추여자 2명, 소녀자 2명 등 모두 14명의 인원이 감소하였으나, 총인구수를 118명에서 106명으로 수정함으로써 12명만이 감소한 것으로 나타나 '2명의 오차'가 있다. 이를 기재자가 잘못 기록한 것으로 보기도 하지만,[50] 원장의 '8'을 제외하는 'ㅇ' 표기를 하지 않고 '6'을 추기한 데에는 그럴 만한 까닭이 있다고 본다. 곧 'ㅇ' 표기를 하지 않은 것은 D 촌락에서 해당 인원을 제적시키지 않음으로써, 이들 2명의 인원을 촌락의 총인구수로 계산하였기 때문으로 보고자 한다. 사실 이들 2명이 '追子'라는 점을 고려하면, 이들 2명이 실종되어 찾지 못한 상태에서 아직 호적에서 제적되지 않았던 사정을 반영하는 것이 아닌가 풀이되는 것이다. 이렇게 이해할 때에 아직까지 문서상에는 현행 '8'명이 유효하므로, D촌의 실제 감소한 인원은 '12명'이 되어 추기 총 인원수 106명[=118-12]과 일치하게 된다.

이와 같은 총인구수 추기의 각 촌별 감소 인원은, 문서 뒷부분에 있는 감소 내역의 연령 등급별 추기에도 반영되었다. 곧 B촌의 뒷부분 결락 부분을 제외한 A, C, D촌 추기의 감소 인원은 각각 5명, 3명, 12명인데,

---

50) 윤선태, 2000, 앞의 논문, 51쪽.

이들 문서 뒷부분의 감소 내역 연령 등급별 추기의 수치는, 문서 앞부분 추기에 보이는 각 촌의 감소된 인구수와 정확하게 일치한다.51) 이로 미루어 볼 때에 결락된 B촌의 인구 감소 내역은 '열회거합인(列廻去合人)[丁一]'이리라 판단된다.

이와 같이 문서 뒷부분에 기재된 인구 변동 사항은, 앞 부분 당식년의 현재 인구수 변동 내역과 서로 유기적으로 연동됨을 알 수 있다. 그런데 문서 앞 뒤 부분의 상호 연동되는 내역은 돌아간 인구[列廻去合人], 사망자 수[列死死合人], 도망간 수[孔亡廻合人]에만 한정된다. 을미년이나 갑오년 관련 내역의 경우 어떠한 추기도 보이지 않고, 문서 앞에 기재된 추기의 인구 변동 내역과 전혀 무관하다. 따라서 이들 을미년이나 갑오년의 내역은, 당해년만의 특이 사항으로 원장 앞부분 당식년 인구 현황 및 계연과 등급연 수치에 이미 포함되어 반영되었으나, 원장 뒷부분의 감소 내역[列廻去合人, 列死·死合人, 孔亡廻合人]의 변동 사항과는 연동되지 않았던 것이다.

만일 문서 뒷부분 감소 내역의 추기 부분[돌아간 인구(列廻去合人), 사망자 수(列死·死合人) 등]이 을미년의 상황이라면, C촌에도 마땅히 '을미년' 관련 내역이 기재되었어야 할 것이다. 그런데도 C촌의 경우 을미년이나 갑오년의 내역이 전혀 보이지 않는다. 또한 D촌 을미년조에 이미 '망회거공(亡廻去孔)' 관련 기록이 있음에도 불구하고 이곳에 추기하지 않고, 이와 동일한 것으로 여겨지는 '공망회(孔亡廻)' 관련 내역을 뒤쪽 여백에 추기하였다. 이는 갑오년과 을미년의 내역이 문서 뒷부분 감소 내역의 추기 부분[돌아간 인구(列廻去合人), 사망자 수(列死·死合人), 도망간 수

---

51) A촌의 경우 돌아간 인구(列廻去合人)가 3에서 7로 4명이 늘고, 사망자 수(死合人)가 9명에서 10명으로 1명 늘어난 수치 5명은, 앞서 당식년에서 추기된 감소 인원 5명에 상응한다. C촌의 돌아간 인구 3과 사망자수(列死 合人) 4명이 각각 4명과 6명으로 늘어 사망자수가 모두 3명 늘어난 수치는, 앞의 당식년 추기시 감소한 인구 3명에 짝한다. D촌의 사망자수(列死 合人) 20명을 21명으로 수정하고, 새로이 孔이 도망한 인구(孔亡廻一合 人) 11명을 추기함으로써, 모두 12명이 감소한 수치는, 앞서 당식년 인구 118명에서 추기시 12명이 줄어 106명으로 정정된 그것과 일치한다.

(孔亡廻合人)]과 별도의 시점의 것으로, 해당 연도에만 한정된 것임을 시사한다.

따라서 을미년이나 갑오년 관계 기록은 원장을 작성할 당시에 이미 과거의 사실로서, '他郡中妻追移去因教合人[다른 군에 (있는) 처를 좇아(따라) 옮겨감으로 인하여 교(말씀 : 허락)하신 사람 합]'[A(12)]이나 '彼上烟亡廻去孔一 以合人[그 올린(보고한) 연으로 도망하여 돌아간 공(孔)이 하나로써 총 인원]'[B(15)], '追以出去[좇아 출타함으로]'[D(16)] 구절에만 해당함을 알 수 있다. 이들 기록은 일본『양노령(養老令)』호령(戶令) 18, 조계장(造計帳)조에는 계장을 만드는데 있어서 만일 호구 전체가 향(鄕)에 있지 않으면 옛 호적을 전사하여 부재한 사유를 밝히도록 하였는데,[52] 갑오년과 을미년조는 바로 그러한 배경에서 옛 호적을 전사하여 부재한 사유를 밝힌 것이라 하겠다. 그러므로 인구 현황을 보여주는 앞 부분의 원장은 당식년의 현황을 보여주는 것으로서, 을미년이나 갑오년의 그것을 이미 반영한 것으로 보아 좋을 것이다.

(2) 문서의 작성 과정

지금까지 신라촌락문서에 기재된 인구 통계 관련 공연과 계연, 9등연의 관계, 그리고 총인구수의 변동과 뒷부분 인구 감소 내역과의 관계를 살핌으로써 다음과 같은 사실을 확인할 수 있었다.

첫째, 문서 원장에 보이는 공연의 합계는 각 촌의 등급연과 3년간의 수좌내연(收坐內烟)을 합한 수이다. 다만 추기에 공연의 변동을 기재하였으나 등급연의 수에는 반영하지 않았다. 이는 본 문서의 원장을 작성하거나 추기할 때에 새롭게 연의 등급을 판정하지 않았던 때문으로, 연의 등급을 판정하기 위하여 별도의 정해진 시기가 있었음을 의미한다.

---

52) "凡造計帳 每年六月三十日以前 京国官司 責所部手実 具注家口年紀 若全戶不在鄕者 即依旧籍転写 并顕不在所由 収訖 依式造帳 連署 八月三十日以前 申送太政官"(『養老令』戶令 18, 造計帳)

둘째, 현재 인원을 파악한 당식년의 인구 내역 가운데 '3년간 태어난 소자[三年間中産小子]' '3년간 더해진 누적 인구 합계[三年間中列加合人]' 등의 용례로 볼 때에 당식년은 을미년으로부터 3년이 지난 무술년이다. 이는 각 촌별 총 인구수[合人]가 각 지역의 원주민[古有人]과 3년간 태어난 아이, 새로이 전입한 인구[列加合人(A촌), 加收內合人(B촌), 新收內合人(C촌), 列收內合人(D촌)]를 합한 값이라는 점, 그리고 인구 합계의 변동이 있는 경우 어김없이 그 변동 내역을 연령 등급별로 추기한 데서 확인할 수 있다.

셋째, 공연과 9등연은 노(奴)를 포함한 정남(丁男)을 기준으로 한 것이고, 계연수는 등급연으로부터 정남 6명을 기준으로 도출한 계산값이었다. 또한 계연과 등급연을 산정한 때는 현재 정남의 인원을 파악한 때와 시점을 달리한 바, 현재 정남의 수를 파악하기 이전이라고 할 수 있다.

넷째, 총인구수 추기의 각 촌별 감소 인원은, 문서 뒷부분에 있는 감소 내역의 연령 등급별 추기에도 정확하게 반영되었다. 다만 문서 앞 뒤 부분의 상호 연동되는 내역은 돌아간 인구[列廻去合人], 사망자 수[列死·死合人], 도망간 수[孔亡廻合人]에만 한정되고, 을미년이나 갑오년 관련 내역의 경우 어떠한 추기도 보이지 않고 문서 앞에 기재된 추기의 인구 변동 내역과 전혀 무관하다. 이는, 을미년이나 갑오년의 내역이 원장 뒷부분의 감소내역[列廻去合人, 列死·死合人, 孔亡廻合人]과 함께 원장 앞부분 당식년 인구 현황 및 계연과 등급연 수치에 이미 포괄되어 반영된 때문으로, 동 을미년과 갑오년 기록이 원장을 작성할 당시에 이미 과거의 사실로서 옛 호적을 전사하여 부재한 사유를 밝힌 것임을 확인할 수 있었다.

이러한 사실로부터 을미년으로부터 3년이 지난 무술년이 본 문서 원장을 기재한 당식년임을 확인할 수 있었다. 또한 본 문서 원장의 계연과 등급연이 갑오년으로부터 당식년인 무술년의 전년도인 정해년까지의 3년간 정남수로 산정된 것이라는 점에서, 이들 계연과 등급연의 산정이 식년의 전년도 곧 갑오년과 정유년에 각각 행해진 것으로 판단된다. 당식년에 원장이 만들어지고 그 이후 추기된 것으로 미루어, 추기를 일종 계장(計帳)으로 간주할 수 있다면 신라에 있어서도 당과 마찬가지로 매년 계장을 작성한 것으로 보아 좋지 않을까 한다.

지적되듯이 본 촌락문서의 9등호제 등은 당 호령(唐戶令)의 영향을 받은 것으로, 본 문서에 보이는 을미년은 당령에서도 호적을 만드는 해이기도 하다.[53] 이와 관련하여 현재 전하는 당령(唐令)은 다음과 같다.

제천하(諸天下)의 인호(人戶)는 그 자산(資産)을 헤아려 9등의 호 (戶)를 정한다. 매 3년마다 정하여 기록하면 주사(州司)가 이를 다시 살핀 연후에 호적에 기록하고 성(省, 상서도성)에 보고한다.〔申之于 省〕 매번 호등을 정하는 것은 중년(中年 : 子卯午酉)에 하고, 호적을 만드는 것은 계년(季年 : 丑辰未戌)에 한다.[54]
매 1년마다 한 번 계장(計帳)을 만들고, 3년에 한 번 호적(戶籍)을 만든다. 현(縣)이 호적을 주(州)에 올리면, 주(州)는 성(省, 상서도 성)에 올리고, 호부(戶部)가 모두 모아 관장한다. 무릇 천하의 호(戶) 는 그 자산을 헤아려 9등으로 정하는데, 매번 호등을 정하는 것은 중 년(仲年)에 하고, 호적을 만드는 것은 계년(季年)에 한다. 주현(州縣) 의 호적은 항상 5차례 조사분〔五比 : 15년분〕을 남겨두고, 상서도성 은 9차례 조사분〔九比 : 27년분〕을 남겨둔다.[55]

곧 위의 당령에 의하면, 천하의 호에 대하여 1년에 한 번씩 계장(計帳) 을 만들고, 중년(中年 : 子卯午酉)에 호등을 정하며, 3년에 한 번 곧 계년 (季年 : 丑辰未戌)에 호적을 만들었음을 알 수 있다. 또한 당의 호적은 1차적으로 현이 만들어 주에 올리면, 주에서 이를 확인한 이후에 상서도 성에 올리고, 호부가 이를 총괄하였다. 아울러 중년(中年)에 호등을 정하 고 계년(季年)에 호적을 작성한 바, 호등의 산정이 호적 작성과 각각 1년 차이로 이루어지지만, 모두 3년에 1회씩 작성되었다. 특히 호적은 주현에

---

53) 旗田巍, 1958 · 1959, 앞의 논문 ; 1974, 앞의 책, 201쪽.
54) "諸天下人戶 量其資産 定爲九等 每三年 縣司注定 州司覆之 然後注籍而 申之于省 每定戶而中年[子卯午酉] 造籍而季年[丑辰未戌]"(『唐令拾遺』 戶令 9)
55) "每一歲一造計帳 三年一造戶籍 縣以籍成于州 州成于省 戶部總而領焉 凡 天下之戶 量其資 定爲九等 每定戶以仲年 造籍以季年 州縣之籍 恆留五比 省籍留九比"(『舊唐書』 권 43, 志 23, 職官 2, 尚書都省 戶部)

서는 5차례 조사분[五比 ; 15년분]을, 상서도성은 9차례 조사분[九比 : 27년분]을 보관하였다.56)

사실 본 촌락문서 중에 보이는 을미년(乙未年)은 당 호적을 만드는 계년(季年)에 해당한다. 본 문서에서 을미년의 내역이 과거의 사실이고, 당식년에 '3년간에 태어난[三年間中産]'이나 '3년간에 누적 증가 총인구[三年間中列加合人]', '3년간에 가두어 앉힌 연[三年間中收坐內烟]' 등을 기록한 것으로 보아, 본 문서를 작성한 당식년은 을미년으로부터 3년 이후의 계년(季年)인 '무술년(戊戌年)'이 된다.

더욱이 본 촌락문서가 호적은 아니고 일종 촌락의 인구, 전답, 우마, 식목 등의 내역에 대한 집계장이라는 점에서, 당의 계장(計帳)에 상응한다. 당의 계장이 매년 만들어졌다는 점을 고려하고, 본 문서의 추기에 호등을 다시 정한 내역은 보이지 않는 바, 본 문서의 원장은 호적을 조사하고 나서 집계한 계장이라 할 수 있고, 그 추기는 다시 호등을 정하는 중년(中年 : 子卯午酉) 곧 경자년(庚子年) 이전에 작성되었다고 볼 수 있다. 따라서 본 문서의 추기는 일종의 계장(計帳)에 상응하는 것으로서, 본 문서의 원장을 작성한 무술년(戊戌年) 이듬해인 기해년(己亥年)에 이루어진

---

56) 이와 동일한 내용이 『唐六典』에도 보이는데, 김택민 주편, 2003, 『역주 당육전』 상(신서원, 313~315쪽)에서는 '縣以籍成于州 州成于省'을 '縣籍은 州에서 만들고, 州籍은 尙書省에서 만들며'로, 그리고 '州縣之籍 恆留五比 省籍留九比'을 '주·현의 호적은 늘 다섯 번 대비할 것을 남기고, 성의 호적은 아홉 번 대비할 것을 남긴다'고 풀이하였다. 그러나 이와 동일한 내용의 『당회요』 권85, 籍帳조에 따르면, 무덕 6년(623) 주현에 5比, 상서도성에 3比를 남겨두게 하였던 것을 경룡 2년(708)에 위의 『구당서』 직관지와 같이 고쳤는데, 이들 보관한 문서 가운데 오래된 것은 순차적으로 없애도록 하였다. 또한 개원 18년(730)에는 縣司의 책임하에 手實로 호적을 작성하여 주에 올리면, 주에서는 式에 따라 헤아려 향별로 모두 3통의 사본을 작성하여 권축을 만들고, 縫하여 '某州 某縣 某年籍'이라 주기하고 주와 현의 관인을 찍어 장횡한 이후 상서도성에 1通을 보내고, 주와 현에 각각 1통씩을 보관하도록 하였다. 따라서 본 직관지에서 '縣以籍成于州 州成于省'은 '縣이 호적을 州에 올리면, 州는 尙書省에 올리고'로, 그리고 '五比'와 '九比'는 각각 3년마다 작성한 호적 5차례 조사분(15년분)과 9차례 조사분(27년분)을 지칭하는 것으로 풀이해야 함을 지적해 둔다.

것으로 판단된다.

그러므로 본 문서에 보이는 계연과 호등은 을미년 이후의 중년(中年 : 子卯午酉) 가운데 '정유년'에 산정된 것이라고 할 수 있다. 또한 본 문서에 보이는 갑오년은 전식년에 반영된 호등 산정의 해로서, 당시에 호구의 변동으로 인하여 본 문서에 옛 호적을 전사하여 부재한 사유를 특별히 밝힌 것이라 할 수 있다. 따라서 본 문서에서는 기해년 연호의 변동에도 불구하고 개별 호등이나 계연의 변동이 없었던 것이다.

요컨대 신라 촌락문서의 9등호(九等戶)와 계연 산정의 기본 원리는『주례』의 9비법(九比法)과 5비제(五比制)에 기원한 것이지만, 신라촌락문서의 작성 방식은 당 호령의 영향을 받은 것이라 할 수 있다. 이에 정유년의 호등 산정에는 3년간의 인구의 증감이 모두 반영되었고, 이를 바탕으로 계연수를 산정하였다고 본다. 그 이듬해 무술년에 호적을 작성하고 본 계장(원장)을 만들 때에는 이미 원주민 인구의 변동 속에 감소 부분이 포함되었고, 새로이 전입한 인구를 부기하면서 인구의 증감을 기록하였던 것이라고 할 수 있다. 인구 총계에 과거의 인구 변동 사항이 이미 포함된 만큼 새로이 전입된 인구만이 인구 총계에 반영되었던 것이다. 그러한 까닭으로 계장을 다시 만든 추기시 곧 무술년 이듬해인 기해년의 인구 감소 부분이 곧바로 총인구의 감소로 연동되었다고 본다.

4. 문서의 작성 시기

(1) 695년설의 몇 가지 문제

앞에서 인구 증감의 통계 수치를 검토함으로써 문서 작성 과정을 추출할 수 있었다. 곧 갑오년(甲午年)에 전식년의 호등을 산정하고, 을미년(乙未年)에는 전식년의 호적을 작성하였다. 그리고 정유년(丁酉年)에는 당식년의 계연(計烟)과 호등(戶等)을 산정하였음을 확인할 수 있었다. 또한 무술년(戊戌年)에 호적(戶籍)과 계장(計帳)을 작성하였고, 기해년(己亥年)에 인구 이동 사항에 대해 追記하였음을 살필 수 있었다.

문서의 작성시기에 대하여 연구 초창기에는 성덕왕 21년(722)에 지급하였다는 정전과 연수유전답을 동일하게 보는 관점의 경덕왕 14년(755, 乙未)설57)이 대세를 이루는 한편으로 경덕왕 16년(757, 丁酉)설,58) 헌덕왕 7년(815, 乙未)설,59) 헌덕왕 7년(815, 乙未) 내지 헌강왕 원년(875, 乙未)설60) 등이 있었다. 그후 신라토지제도를 연구하는 새로운 연구자들이 녹읍제설을 부정하고, 연수유전답을 고려의 민전과 같은 성격으로 보면서, 헌덕왕 7년(815, 乙未)설이 대세를 이루었다.61)

한편으로 본 문서를 배지로 사용한 『화엄경론』 제7질의 정창원(쇼소인) 입고과정과 관련하여, 이를 일본의 신라 유학승 심상(審祥)의 것으로 간주하여 695년설이 제기되었다.62) 사실 이러한 주장 이전에 일찍이 일본 학계에서는 『화엄경론』의 유포와 관련하여 「신라촌락문서」를 반고지(배지)로 사용한 『화엄경론』의 경질을 제1질로 파악하면서 심상(審祥)의 소장본일 가능성이 큰 것으로 보고, 그 제작시기를 소급하여 고찰해야 하지 않을까 하는 견해가 있었다.63) 또한 본 문서의 서풍

---

57) 旗田巍, 1958·1959, 앞의 논문 ; 1974, 앞의 책, 202쪽. 崔吉成, 1960, 「新羅におけるる自然村落制の均田制」, 『歷史學研究』 237, 41·45쪽. 이기백 편, 1987, 「신라 촌락장적」, 『한국상대고문서자료집성』, 일지사, 28쪽.

58) 野村忠夫, 1954, 「正倉院に發見された新羅の民政文書について」, 『史學雜誌』 62-4, 60~61쪽.

59) 田鳳德, 1956, 「新羅의 律令攷」, 『서울대 논문집 인문·사회과학』 4, 321쪽.

60) 李弘稙, 1954, 「日本 正倉院 發見의 新羅 民政文書」, 『學林』 3 ; 1971, 『韓國古代史의 研究』, 신구문화사, 538쪽.

61) 이인철, 1996, 「신라촌장적의 기재방식과 작성연대」, 『신라촌락사회사연구』, 일지사, 78~79쪽. 이희관, 1999, 「서론」, 『통일신라토지제도연구』, 일조각, 13~14쪽.

62) 윤선태, 1995, 「正倉院 所藏 「新羅村落文書」의 作成年代 : 日本의 『華嚴經論』 流通狀況을 중심으로」, 『진단학보』 80, 23~30쪽.

63) 堀池春峰, 1980, 「華嚴經講說よりみた良弁と審祥」, 東大寺 編, 『南都佛

(書風)이 대보 2년(702) 일본 호적의 서풍과 일맥상통하는 부분이 있고, 6조풍의 영향을 받은 성덕태자(聖德太子, 쇼토쿠태자)의 『법화의소(法華義疏)』에 보이는 서풍과 유사하다는 점, 그리고 본 문서의 서풍이 등원경(藤原京, 후지와라경) 출토 목간과 유사하므로, 본 문서의 제작연대를 8세기 이후로 볼 수 없는 것으로 보는 견해가 있었다.[64] 이들 견해는 다분히 동 문서의 을미년을 755년으로 보는 당시의 통설을 염두에 둔 것이었다. 그러나 지적되듯이 「신라 백지묵자대방광불화엄경 사경 발문」(755)의 '천보13재(天寶十三載)'에서 보듯이 당시에 연도를 '년(年)'이 아닌 '재(載)'로 표기하였다는 점에서 755년설은 성립할 수 없다.[65]

아무튼 695년설이 제기된 이후 학계에서는 그에 대한 지지[66]와 비판[67]이 이어졌다. 또한 동 『화엄경론』의 서풍이나 서체(書體), 지질(紙質) 등으로 미루어 신라에서 수입된 심상(審祥)의 사경(寫經) 그 자체로 추정한 일본 학계의 견해를[68] 받아들임으로써, 736년 심상(審祥)이 양변(良弁)의 요청에 따라 화엄경을 강설하였기 때문에 심상(審祥)의 화엄경론의 일본 전래는 736년 이전이고, 그 포심에서 발견된 본 문서의 작성 시기는 736년 이전일 개연성이 높은 것으로 보기

　　　敎史の硏究』(上), 法藏館, 411~412쪽.
64) 東野治之, 1977.5, 앞의 논문 ; 1983, 앞의 책.
65) 윤선태, 1995, 앞의 논문, 24쪽. 木村誠, 2018, 앞의 논문, 2~3쪽.
66) 金昌鎬, 2001, 「新羅村落(屯田)文書의 작성연대와 그 성격」, 『사학연구』 62, 37~54쪽. 宋浣範, 2003, 「正倉院所藏 '華嚴經論帙內帖文書'(いわゆる 新羅村落文書)について」, 『東京大學日本史學硏究室紀要』 7, 77~89쪽.
67) 김수태, 2001, 앞의 논문, 12~18쪽. 이인철, 2001, 「신라 촌락장적에 대한 몇 가지 논의」, 『한국고대사연구』 21, 72~81쪽. 이인철, 2003, 앞의 책, 303~306 · 329~338쪽. 木村誠, 2004, 「新羅村落文書の作成年について」, 『古代朝鮮の國家と社會』, 97~104쪽 ; 山田章人 譯, 2018, 「新羅村落文書의 작성 年代에 대하여」, 『대구사학』 133, 1~7쪽.
68) 宮崎健司, 1997, 「大谷大學圖書館藏 『判比量論』と大安寺審祥」, 史聚會 編, 『奈良平安時代史の諸相』(上), 高科書店 ; 2006, 「大谷大學圖書館藏 『判比量論』斷簡の性格」, 『日本古代の寫經と社會』, 塙書房, 41~45쪽.

도 한다.[69] 한편으로 본 문서에 보이는 '병(幷)'의 용법이 중국에서는 한대까지로 한정되어 나타나고, 백제의 경우 7세기 목간에 보이고, 일본의 사례에 비추어 「신라촌락문서」도 7세기 말의 것으로 판단할 수 있는 가능성을 추론하기도 한다.[70] 아울러 「신라 백지묵자대방광불화엄경 사본 발문」(755)의 '內之, 內, 中, 等'의 용법이 신라 촌락문서에도 보인다는 점에서, 본 촌락문서가 연기법사의 화엄경 사경과 거의 같은 시기인 755년에 작성되었거나 그 이전인 695년에 작성되었을 가능성이 있는 것으로 보기도 한다.[71] 또한 일본에 전래된 「화엄경론」은 심상(審祥)의 것뿐만 아니라 자훈(慈訓) 등의 판본도 있음을 지적하고, 755년설을 주장하기도 한다.[72]

기왕의 695년설을 주장하였던 논자는 처(妻)의 이체자 '𡢃'가 신라에 있어서 6세기에 주로 사용되다가 8세기 이후로 사라지고 해서인 '처(妻)'로 바뀐다는 점을 들어 자설을 보강하고자 하였다.[73] 최근에는 695년설을 견지하면서 종래의 견해에 덧붙여 촌락문서가 사찰에 불하되어 『화엄경론』의 경질(經帙) 제작에 재활용된 것으로 보는 견해를 제기하기도 하였다.[74]

최근의 연구사를 보면 「신라촌락문서」의 을미년을 695년으로 보는 경향이 우세한 듯이 보인다. 그러나 목촌성(木村誠, 기무라 마코토)이 지적

69) 송완범, 2007, 「신라의 경제제도와 소위 '촌락문서'」, 『한국고대사연육의 새동향』, 한국고대사학회, 275~276쪽.
70) 方國花, 2016, 「'幷'字の使用法から文字の受容・展開を考える －'並', '合'との比較から－」, 『正倉院文書の歴史學・國語學的研究』, 和泉書院, 186~189쪽.
71) 백영미, 2009, 「삼국 및 통일신라 戶口 관련 자료 검토와 帳籍의 작성」, 『한국사학보』 35, 68쪽.
72) 福士慈稔, 2007, 「『大日本古文書－正倉院編年文書』にみられる新羅佛教の二・三の問題」, 『東洋文化研究所小報』 11.
73) 윤선태, 2017, 「〈新羅村落文書〉 중 '妻'의 書體－ 문서의 작성연대와 관련하여」, 『목간과 문자』 18, 79쪽.
74) 윤선태, 2000, 앞의 논문, 8~18쪽·2020, 「新羅 종이문서의 現狀과 裝幀・廢棄・再活用 과정」, 『신라사학보』 50, 355·362쪽.

하였듯이, 거듭 주장되고 있는 695년설에도 불구하고 「화엄경론」 제7질의 정창원 입고과정에 대한 확증을 제시하지 못하고 추측에만 그치고 있다는 점, 그리고 기년 표기에서 '갑오년일월(甲午年壹月)'을 주(周) 정월(正月)과 관련시켰음에도 불구하고 『삼국사기』에는 695년 1월부터 주(周) 정월(正月)을 채용하였다고 한 바 『삼국사기』 기사를 부정하지 않는 한 갑오년을 694년으로 볼 수 없다는 점, 그리고 755년에는 연도를 '재(載)'로 표기하였다는 점을 들어, 촌락문서의 을미년을 815년으로 보는 주장[75] 또한 간과할 수 없다고 본다.

695년설에서는, 751년 이전에 입적한 것이 분명한 심상(審祥)의 『화엄경론』 제7질이 748년 무렵 동대사(東大寺, 도다이지) 사경소(寫經所)의 물품으로 보관되어 있다가, 912년 견색원(羂索院) 쌍창(雙倉)으로 옮겨지고, 다시 950년 무렵 정창원(쇼소인) 남창(南倉)으로 입고된 것이라고 주장하였다가, 적어도 1117년 이전에 하여법원(下如法院)의 일체경이 정창원(正倉院) 남창(南倉)에 입고된 것이라는 수정 의견을 제시하였다. 다만 수정론에도 불구하고 심상(審祥)이 신라 유학 시절에 구입한 「화엄경론」의 경질에 내재된 신라촌락문서는 서원경이 설치된 신문왕 5년(685) 이후부터 751년 사이의 을미년 곧 695년에 작성되었다는 주장을 견지하였다.[76] 사실 이러한 주장은, 이미 굴지춘봉(堀池春峰, 호리이케 슌포)이 『화엄경론』의 일본 전래를 755년으로부터 소급될 수 있다고 본 주장[77]을 「신라촌락문서」의 작성시기에 적용하여 구체화시킨 것

---

75) 木村誠, 2004, 앞의 책, 97~104쪽 ; 山田章人 譯, 2018, 앞의 논문, 2~5쪽.
76) 윤선태는 종래 下如法院을 羂索院 雙倉과 동일하게 보아 950년 무렵 정창원 南倉으로 입고된 것이라 한 주장(윤선태, 1995, 앞의 논문, 22~23쪽)을 수정하여, 적어도 1117년 이전에 下如法院의 일체경이 正倉院 南倉에 입고된 것이라 수정하였지만, 審祥의 『화엄경론』의 경질이라는 점에 대해서는 기왕의 견해를 견지하였다.(윤선태, 2001, 앞의 논문, 152~154쪽) 물론 永久 5년(1117)에 8슴으로 줄어든 일체경을 현재의 南倉 下藏으로 옮겼지만, 후술하듯이 文治 원년(1185) 11월에 다시 이들 일체경을 일명의 다른 經藏으로 옮겼고, 建久(1190~1198)~正治 2년(1200) 무렵 東大寺 尊勝院의 동남쪽에 聖語藏을 재건하면서 經卷을 이납하였다가, 1894년에야 비로소 正倉院 南倉에 헌납되었음을 지적하여 둔다.

이라 할 수 있다.

그런데 굴지춘봉(堀池春峰, 호리이케 슌포)은 일찍이, 명치(明治) 27년
(1894) 5월 2일 동대사(東大寺, 도다이지) 존승원(尊勝院)의 성어장(聖語
藏)에 보관되던 광명황후(光明皇后, 고묘황후) 5월1일경(五月一日經)
[750권]을 비롯한 수경(隋經), 당경(唐經) 등 고사경판경(古寫經版經)을
정창원(쇼소인)에 헌납하면서 심상(審祥)의 『화엄경론』이 포함된 것
으로 보았다.78) 이로써 영목정민(鈴木靖民, 스즈키 야스타미)은 「신
라촌락문서」가 있는 『화엄경론』 제7질의 경질이 1894년에 이르러서
야 정창원(쇼소인)에 헌납된 것으로 보았다.79)

광명황후(光明皇后, 고묘황후)의 사원경(私願經)은 천평(天平) 12년
(740) 5월 1일자의 '황후등원씨광명자(皇后藤原氏光明子)'로 시작하는 원
문(願文)이 있음으로 인하여 「광명황후어원일체경(光明皇后御願一切經)」
또는 「5월1일경(五月一日經)」으로 지칭된다. 이는 천평(天平) 7년(738)
당에서 귀국하여 전래한 현방(玄昉)의 『개원석경목록(開元釋經目錄)』의
일체경 1부 5,048권을 원본으로 하여, 천평(天平) 8년(736) 9월 29일부
터 사경(寫經)을 시작하여 천평(天平) 17년(745) 5월 경에 마무리한 것으
로 여겨진다. 이들 사경(寫經)은 동대사 사경소(東大寺 寫經所)에 안치되
었다가 사경을 마친 이후 12개의 궤(櫃)에 넣어 평성경(平城京, 헤이
조경)의 내리(內裏)로 옮겨진 것으로 보고 있다.80) 그런데 실충(實
忠)이 신호경운(神護景雲) 원년(767)부터 보구(寶龜) 4년(773) 간
에 일체경 회과회(一切經悔過會)를 창설하면서, 일체경 신궤(一切經
辛櫃) 35합(合)[皇后宮의 12합, 審祥의 4合, 大佛殿의 19合]을 청하
여 동대사(東大寺)의 경장(經藏)인 하여법원(下如法院)에 보관하게

---

77) 堀池春峰, 1973, 「華嚴經講說よりみた良弁と審祥」, 『南都佛教』 31 ;
    1980, 『南都佛教史の研究 : 東大寺篇』(上), 411~412쪽.
78) 堀池春峰, 1980, 「光明皇后御願一切經と正倉院聖語藏」, 앞의 책,
    302~303쪽·1973, 앞의 논문 ; 1980, 앞의 책, 410~411쪽.
79) 鈴木靖民, 1985, 「正倉院の新羅寶物」, 『古代對外關係史の研究』, 吉川弘
    文館, 421쪽.
80) 堀池春峰, 1973, 앞의 논문 ; 1980, 앞의 책, 410쪽.

되었다. 하여법원(下如法院)의 경장은 연희 12년(912) 견색원(羂索院) 쌍창(雙倉)과 함께 강봉(綱封)되었는데, 다시 천력(天曆) 4년(950) 6월에 수장한 경론이 썩고 훼손되어 퇴락이 심하였기 때문에 정장(正藏)·삼소장(三小藏)·남단장(南端藏)의 강봉장(綱封藏)으로 이납되었다. 영구(永久) 5년(1117)에는 신궤(辛櫃)가 8합(合)으로 줄었지만 현재의 남창(南倉) 하장(下藏)으로 옮겨졌고, 문치(文治) 원년(1185) 11월 강봉장의 하층을 대권진중원(大勸進重源)으로 사용하면서 일체경을 다른 경장(經藏)으로 옮기게 되었다. 그후 건구(建久, 1190~1198)~전치(正治) 2년(1200) 무렵 동대사 존승원의 동남쪽에 새롭게 경고[聖語藏]를 재건하면서 경권(經卷)을 이납하였거니와, 이들 경권이 바로 1894년 정창원(正倉院) 남창(南倉)에 헌납된 존승원 성어장(尊勝院 聖語藏)의 일체경 등인 것이다.[81]

존승원 성어장(尊勝院 聖語藏)의 일체경(一切經)은 천평(天平) 8년(736) 9월 29일부터 천평(天平) 17년(745) 5월 경까지 사경(寫經)을 위해 차람되었고, 다시 실충(實忠)이 신호경운(神護景雲) 원년(767)부터 보구(寶龜) 4년(773) 간에 일체경 회과회(一切經 悔過會)를 창설하여 60명의 승려를 청하여 27일간 일체경을 봉독하며 6시행도(六時行道)를 베풀면서 차람되었다. 또한 정창원 3창의 보물의 혼재는 중세 이후로 3창을 수리하면서 존승원 성어장(尊勝院 聖語藏)에 일체경 등을 이납하면서 남겨지고, 그 후 천정(天正) 2년(1574) 무렵 다시 중창으로 옮겨진 때문으로 보고 있다.[82] 특히 겸창(鎌倉, 가마쿠라) 시대에 존승각(尊勝閣)으로부터 많은 화엄의 학승들이 배출된 것은 당시 변효(弁曉)에 힘입은 바이지만, 존승원 성어장(尊勝院 聖語藏) 등의 고경권(古經卷)을 자유롭게 열람할 수 있었기 때문으로 지적된다.[83]

사실 「화엄경론」은 심상(審祥)의 것뿐만 아니라 몇 개의 판본이 있었다. 곧 「율론소집전등 본수납 병 반송장(律論疏集傳等本收納幷返送帳)」

---

81) 堀池春峰, 1980, 위의 책, 302~313쪽.
82) 堀池春峰, 1973, 앞의 논문 ; 1980, 위의 책, 410~411쪽.
83) 堀池春峰, 1980, 위의 책, 312쪽.

천평 15년(743) 9월 9일자의 '화엄론 제1권을 납함. 자운스승 소장서[納花嚴論 第一卷 慈訓師所書]'로 미루어 자훈(慈訓)의 소장본이 있음을 확인할 수 있고, 천평 19년(747) 12월 19일자의「자내리봉청소본(自內裏奉請疏本, 내리로부터 청한 소본)」의『화엄론(華嚴論)』7질[65권]은 황후궁 소장본이었다. 이들은「화엄종 보시법 정문안(華嚴宗布施法定文案)」의 천평승보(天平勝寶) 3년(751) 5월 25일자 영변(靈弁)의 '화엄경론 1부(華嚴經論 一部)[五十卷且來者]'와 '화엄경론 1부(華嚴經論 一部)[五十卷欠二卷]', 그리고 심상(審祥)의 소장본『화엄론(華嚴論)』[65卷 穀皮帙 六(七)]에서도 확인할 수 있다. 곧 천평승보(天平勝寶) 5년(753)의「봉사장소집전목록(奉寫章疏集傳目錄)」에는 21, 29권이 결권인 '화엄경론50권(華嚴經論五十卷)'을 기재하면서, 당시에 사경하지 않은 목록[「미사경률론집목록(未寫經律論集目錄)」] 가운데 유겸(劉謙)의「화엄론(華嚴論)」600권과 영변(靈辨)의「화엄론(華嚴論)」100권이 포함되었다. 또한 신호경운(神護景雲) 2년(768)에서야「일체경봉청문서계문(一切經奉請文書繼文)」중의 봉사일체경사(奉寫一切經司)가 조동대사사(造東大寺司)에게 보낸 첩문에서 751년 이전에 사망하였다는 심상(審祥)의 '화엄경론 1부 65권(華嚴經論 一部 六十五卷)'의 명칭이 비로소 등장한다. 동 심상(審祥)의『화엄경론』이「자내리봉청소본(自內裏奉請疏本)」의『화엄론(華嚴論)』7질[65卷]과 동일한 지는 분명하지 않으나, 심상의 소장 여부에 대한 기재의 유무로 미루어 '1부 65권본'의 다른 판본일 가능성이 높다. 그후 보구(寶龜) 2년(771)『화엄경론』8질에 대한 교정작업이 이루어진 것으로 보아, 영변의『화엄경론』100권이 모두 일본에 전래된 것은 아니라 하더라도[84] 71~80권이 보구(寶龜) 2년(771) 교정 작업 이전에 일본에 전래된 것으로 판단된다. 이 때에 추가로 전래된『화엄경론』은 당시에 사경을 주도한 동대사사경소(東大寺寫經所)에 의해 수입되었을 것이다.

---

84) 新藤晉海, 1961,「靈弁述華嚴經論新發見分の紹介」,『南都佛教』9, 108쪽.

또한 「自內裏奉請疏本」에 보이는 『화엄경론』이나 審祥 소장본의 제7 질은 61~70권을 온전하게 갖추지 못한 판본이기 때문에, 8질을 갖추었다면 審祥의 1부 65권본 『화엄경론』이 등장한 神護景雲 2년(768) 이후 어느 때에야 7질의 잔여분과 8질이 일본에 전래되지 않았을까 추측된다.

따라서 현재 전하는 정창원의 『화엄경론』 제7질이 심상(審祥)의 소장본일 가능성이 없지 않으나, 당시 일본에 전래된 『화엄경론』의 여러 판본이 존재하였다. 또한 심상(審祥)의 1부 65권본 『화엄경론』이 등장한 신호경운(神護景雲) 2년(768) 이후 보구(寶龜) 2년(771) 『화엄경론』 8질에 대한 교정작업이 이루어진 무렵에 『화엄경론』 제8질이 전래되었던 것이 확실하며, 이 무렵 『화엄경론』 65권본 가운데 제7질의 잔여본이 전래되었을 가능성이 높고, 이 때의 경론의 수입은 동대사의 주도로 이루어졌다고 보아야 하지 않을까 한다. 더욱이 1894년 동대사에서 정창원에 헌납한 경론의 모체라고 할 수 있는 보구(寶龜) 4년(774) 하여법원(下如法院) 보관 신궤(辛櫃) 35합(合) 가운데 19합(合) 분량이 동대사 대불전의 것으로서, 이 가운데 또다른 판본의 『화엄경론』이 존재했을 가능성이 없지 않다고 본다.

또 한편으로 동대사는 일본에 전래된 『화엄경론』을 보관, 활용하기 위하여 몇 차례의 수리, 복원하는 작업을 하였을 가능성을 상정할 수 있다. 사실 동대사(東大寺)는 사경이나 법회, 그리고 불경 연구 등을 위하여 『화엄경론』을 비롯한 일체경 등을 빈번하게 차람하였다. 또한 하여법원(下如法院)에 보관하였던 일체경은 연희 12년(912) 견색원(羂索院) 쌍창(雙倉)의 강봉(綱封) 시에 강봉(綱封)되었지만, 다시 천력(天曆) 4년(950) 6월에 동 경권이 썩고 훼손되어 퇴락이 심하였기 때문에 정장(正藏)·삼소장(三小藏)·남단장(南端藏)의 강봉장(綱封藏)으로 이납되었다. 이를 고려한다면, 천력(天曆) 4년(950)에 『화엄경론』이나 그 경질(經帙) 또한 상당한 훼손이 있었다고 여겨진다.

그러므로 「신라촌락문서」 또한 「화엄경론」 제7질의 제작 당시가 아닌 수리, 복원 과정에서 배지(반고지)로 사용되었을 가능성을 상정할 수 있다. 「신라백지묵자 대방광불화엄경 사경 발문」(755)에는 신라

사회에서 '경을 만드는 법식[經成內法]'이 신앙의례에 준하는 것이었음을 알 수 있다. 곧 경을 만들기 위해 닥나무를 기르는 과정뿐만 아니라 사경하는 과정에서 매우 엄숙하고 경건한 의례 과정을 살필 수 있는데, 과연 사경 당시에 『화엄경론』 경질(經帙)에 용도 폐기한 관문서를 사용할 수 있었을까 하는 의문이 있다. 이에 오늘날 책자나 권질본 고서의 장황이나 표지의 보수작업에는 가능한한 해당 자료와 동일한 시기, 동일한 재질을 찾아 배지로 활용하고는 하거니와, 일본에서 구하기 힘든 한지를 동대사 물품 창고에서 「좌파리가반부속문서」와 같이 물품의 완충제로 쓰였던 한지 가운데 우량한 것을 골라 훼손된 경질을 보수하는 가운데 「신라촌락문서」를 『화엄경론』 제7질의 경질로 사용하였을 가능성을 상정할 수 있지 않을까 하는 것이다.

지금까지는 「신라촌락문서」를 사용한 후 파기된 불용품으로서 불하되어 신라에서의 사경 당시에 『화엄경론』 제7질의 배지로 사용된 것으로 간주함으로써, 「신라촌락문서」의 작성 시기를 추정하고는 하였다.[85] 이는 일본 금광명사(金光明寺, 곤고묘지) 사경소(寫經所)에서 대보(大寶) 2년(702)부터 천평(天平) 12년(740) 말까지의 문서가 일괄하여 천평(天平) 15년(740)부터 천평승보(天平勝寶) 초년(749)에 걸쳐 사경소에 불하되어 주로 이면지로 이용되었다는 점[86]을 염두에 둔 것으로서, 695년설은 이러한 관점에서 제시된 것이라 할 수 있다.

그러나 현재 전하는 『화엄경론』 제7질의 현상에 한정하여 보더라도 다음 제전(題箋) 확대 사진에서는 '華'[(1)]와 '嚴'자의 세로 열(縱列)[(2)]이 어긋나고, '嚴'자는 '論第七帙'과 세로열이 일치하지만[(2)], '經'자[(3)]와는 열이 맞지 않는다. 이는 제전(題箋) 부분의 손상으로 훼손된 부분을 핀셋 등으로 고정하여 보수하는 과정에서 나타난 현상으로,[87] 제전 부분

85) 田鳳德, 1956, 앞의 논문, 317쪽. 堀池春峰, 1973, 앞의 논문 ; 1980, 앞의 책, 411쪽.

86) 東野治之, 1983, 「金光明寺寫經所における反故文書の利用について」, 『正倉院文書と木簡の研究』, 塙書房, 259~276쪽.

에서만 최소한 두어 차례 정도의 보수작업이 이루어졌음을 반영하는 것으로 판단된다. 특히『화엄경론』제7질의 배지(반고지)로「신라촌락문서」가 사용된 형식이, 금광명사(金光明寺, 곤고묘지) 사경소에서 관문서를 반고지로 사용한 것이나, 1929년 정창원 중창의 「조모립녀병풍(鳥毛立女屛風, 도리게류조병풍)」제5폭의 배지(반고지)로 30장의 「매신라물해(買新羅物解)」(752)

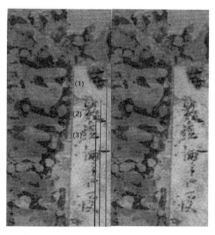

「화엄경론』제7질」의 제전(題箋)

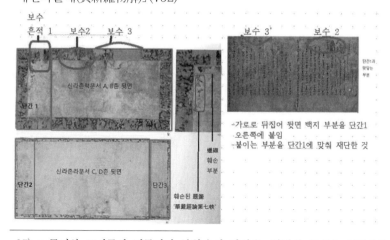

87) 고문서와 고서류의 전통적인 복원·수리 방식은, 한지의 특성을 고려하여 분무기 등으로 물을 뿌려 한겹씩 벗겨내면서 원문 부분만을 가려 동일한 지질의 바탕지에 풀칠하여 붙이는 방식이다. 현재 국사편찬위원회 사료복원실에서도 이 방법을 사용하거니와, 이 때에 새로이 배지로 사용하는 종이(한지)는 가능한한 동 시기의 동일한 재질을 사용하기 마련인데, 「신라촌락문서」를 배지로 사용한 것은 그러한 배경에서 이해할 수 있다. 특히 경론의 題箋이 어긋나게 배열된 것은, 남아 있는 원본 부분을 새로운 바탕지 곧 배지(반고지)에 풀칠하여 핀셋 등으로 고정하는 과정에서 나타난 현상이라 여겨진다.

를 사용한 것과 흡사하다는 점에서, 『화엄경론』이 일본에 전래된 이후에 배지로 사용되지 않았을까 하는 의심이 있는 것이다.

요컨대 정창원의 주요 경론은 1894년에 헌납된 성어장(聖語藏)의 경론으로서, 이는 767~773년 무렵 동대사 하여법원(下如法院)에 수장된 35합(合)의 경론이 중심을 이루는데, 황후궁의 12합분, 심상의 4합분 외에도 동대사 대불전의 19합분이 있었다. 또한 『화엄경론』은 심상(審祥)의 소장본 외에도 황후궁, 자훈(慈訓)의 소장본이 확인되며, 8세기 중후반 이후로 동대사가 사경과 함께 화엄학을 증진하면서 그 동안 전래되지 않은 『화엄경론』 제8질과 함께 『화엄경론』 제7질의 잔여분이 전래되었을 가능성이 높다. 이들 경론은 동대사의 경고에 수장되어 일시 강봉되었다고 하지만 중세에 있어서도 지속적으로 자유롭게 화엄학승들에게 차람되었던 만큼, 1894년에서야 정창원(正倉院, 쇼소인)에 헌납된 『화엄경론』 제7질을 심상(審祥)의 것만으로 특정하기 어렵지 않을까 한다.

더욱이 성어장(聖語藏)의 경론은 연희 12년(912) 강봉(綱封)되었지만 천력(天曆) 4년(950) 6월에는 강봉장의 경론이 심하게 훼손됨으로써 정장(正藏)·삼소장(三小藏)·남단장(南端藏)으로 이납되어 다시 강봉되었거니와, 이 무렵에 이미 훼손된 경론에 대한 복원 작업이 있었으리라 예상할 수 있다. 특히 신라에서의 사경 작업은 신앙 의례에 준하는 것이었던 만큼, 사경 당시에 불용의 관문서를 활용하는 것은 신라나 일본 모두 상상하기 어렵고, 본 경질이 일본에 전래된 이후 1천여 년 이상 지나는 동안 몇 차례의 복원, 수리하는 작업이 있었으리라 예상되는 바, 그 과정에 「신라촌락문서」를 배지로 사용하였을 가능성을 상정하지 않을 수 없다. 따라서 「신라촌락문서」의 작성 시기를 『화엄경론』의 일본 전래만으로 판별하기에는 여러 가지 변수를 고려하지 않으면 안되는 바, 무엇보다도 문서 자체에서 그 작성시기를 판별하는 것이 올바른 방법이라고 본다.

(2) 이두의 용법으로 본 문서의 작성 시기

앞서 지적하였듯이 695년설을 주장하는 연구자도 처(妻)의 이체자 '𡜏'가 신라에 있어서 6세기에 주로 사용되다가 8세기 이후로 사라지고 해서인 '妻'로 바뀐다는 점을 들어 695년설을 보강하고자 하였다. 그러나 그 또한 8~9세기 무렵 신라에서는 다양한 이체자와 고체를 사용하는 서체상의 유행이 있었음을 고려해야 한다.

그러므로 본 문서의 작성시기를 획정하는 데는 본 문서상의 '을미년'이나 '갑오년', '서원경(西原京)' 뿐만 아니라 당시에 사용된 이두의 용법을 주요한 단서로 삼을 수 있으리라 본다. 사실 본 문서에서 '주(周)'와 동사의 어미로 사용된 경어체 '사(賜)'의 용법, '공등전(公示前)'의 '전(前)', 시간이나 장소를 나타내는 '中[~에]', 인과관계를 나타내는 '因'[지즈로 : 인하여, 말미암아, 탓으로, 까닭으로], 조격조사 '以[~로]', 부사 '幷[모두]' 등은 이미 중고기부터 사용된 것이지만, 한편으로 '是'와 '去', '及白', '동사+節' 등은 신라 중·하대에 특징적으로 등장하는 용법이다.

'시(是)'는 「신라백지묵자대방광불 화엄경 발문」 등에는 보이지 않고 「산청 석남암사지 석조비로자나불좌상 납석사리호」(766)나 「양양 선림원지 종명」(804)에서야 등장한다. '추이거(追移去)'의 '去'는 오직 「양양 선림원지종명」(804)의 '佛道中到內去[불도에 이르기를]'라고 한 데서 살필 수 있고 고려 「정토사오층석탑조성형지기」(1031)에서 '遷世爲去在乙[천세하였거늘]'로 발전된 모습으로 나타난다. 또한 '급백(及白)'은 본 문서에 만 보이고 이후 고려 초기에 건립된 「예천 명봉사 자적선사비(醴泉 鳴鳳寺 慈寂禪師碑)」(941) 음기(陰記)의 「광평성첩」에 등장한다.

때를 나타내는 본문서의 '견사(見賜)+절(節)'에서 '절(節)'의 용법은, 중고기에는 '명사+절(節)'의 형식으로 사용되다가 중대에는 '동사+시(時)'의 용법으로 쓰였다. 이는 다시 하대에 이르러 '동사+절(節)'의 용법으로 바뀌었다. 곧 「신라백지묵자 대방광불화엄경사경 발문」(754) 이후 「양양 선림원지종명」(804) 때까지는 '동사+시(時)'를 사용하였는데, 「청주 연지 사종명」(833)으로부터 '동사+절(節)'의 용법으로 바뀌어 등장하는 것이다. 이는 본 문서의 '동사+절(節)'의 용법이 「양양 선림원지종명」(804) 때

「신라촌락문서」 중의 이두 관련 금석문 및 목간 자료 사용례

촌락문서\이두 시기	及白	中/因/以	追移(出, 无 廻去)	妻是子孚	并四	賣如
중고기		月中(川前里書石乙丑銘, 「단양적성비」 등/因, 以(경주 명활산성비」(551)			并遊友妹울주천전리각석원명(525))/并作前口酒(성산산성목간)	
「무진사종명」(745)					僧村宅方一切檀越并成在	
「신라백지묵자 대방광불화엄경사경발문」(754)		成佛欲爲賜以成賜乎				舍利尒入內如
「石南巖寺址 石造毘盧遮那佛坐像 蠟石舍利壺」(766)				自毘盧]遮那是术覺/內物是在之	釋去腁去緣 二僧 并」內	在內如
「월성해자 출토 목간-149」(8C중엽~?)						
昌寧 觀龍寺 石造如來坐像造成記(772)					▨法師并二人	
「김천갈항사석탑지」(798)		業以成在之				
「정원14년명 영천청제비」(798)		所內使」以見令賜矣				
「禪林院址鍾銘」(804)		此以本爲內	佛道中到內去	願旨是者		
「菁州 蓮也寺鍾銘」(833)						
傳 大邱 桐華寺 毘盧庵 三層石塔 蠟石舍利壺(865)						
「慶州 禪房寺 塔誌」(879)						
「海印寺 妙吉祥塔記·霄陽臺 吉祥塔記」(895)					作造料并租百廿石	
「醴泉鳴鳳寺 慈寂禪師碑」(941) 陰記「광평성첩문」	及白節中					
淨土寺五層石塔造成形止記(1031)			遷世爲去在乙			

부터 「청주 연지사종명」(833) 사이에 '시(時)'로부터 '절(節)'로 바뀐 것임

을 보여준다.

이와 같이 본 문서에서 사용된 이두의 용법으로 볼 때에, 본 문서의 작성 시기는 빨라야 「양양 선림원지종명(襄陽 禪林院址鍾銘)」(804) 이후의 시기라고 보아야 한다. 그렇다면 본 문서의 을미년은 헌덕왕 7년(815), 헌강왕 1년(875)에 비정할 수 있다.

그런데 서원경은 신문왕 5년(685)에 설치된 것이다. 주지하듯이 신라의 소경은 지증왕 15년(514) 아시촌소경(阿尸村小京)을 설치하면서 비롯하는데, 진흥왕 18년(557) 국원소경을 두었다. 선덕여왕 8년(639)에는 하슬라주(何瑟羅州)를 북소경(北小京)으로 삼았으나, 무열왕 5년(658)에 폐지하였다. 이후 문무왕 18년(678)에 북원소경을, 문무왕 20년(680)에 금관소경을 설치하고, 신문왕 5년(685)에는 서원소경과 함께 고룡군(古龍郡)에 소경을 설치함으로써 5소경제를 완비하였다. 『삼국사기』에는 경덕왕대(재위 742~765)에 각각 중원경(中原京), 북원경(北原京), 금관경(金海京), 서원경(西原京)으로 승격시키고, 경덕왕 16년(757)에 남원소경(南原小京)을 설치하였다고 하였다.

신라의 금석문이나 문서에는 다음 표에서 보듯이, 소경과 왕경을 기재하는 방식이 『삼국사기』와 차이가 있다.

王京과 小京 표기 일람

왕경	소경	部/府	용 례	전 거
	[金京]		金京元千毛主作北堺	慶州 關門 山城 石刻(7세기 후반)
		(倉府)	倉府充溢民免飢寒之憂	淸州 雲泉洞 新羅寺蹟碑(686)
大京 (同京)	南原京		南原京文莫沙弥卽曉韓舍…經心匠大京能吉奈麻…佛菩薩像筆師同京義本韓奈麻…	「新羅 白紙墨書 大方廣佛華嚴經」寫經 跋文(754)
京師			煥煥乎京師	聖德大王神鍾銘(771)
京			京 奉德寺, 永興寺, 天巖寺, 寶藏寺	昌寧 仁陽寺 造成碑(810)
	東京御里		禪師 俗姓金氏, 東京[88]御里人也	山淸 斷俗寺 神行禪師碑(813)
		(倉部)	知官前倉部	慶州 興德王陵 碑片(836년 경)
京邑			辰韓京邑	金立之撰 聖住寺碑(845?)
		(倉府)	勾當修造官前倉府史	慶州 昌林寺 無垢淨塔誌(855)

		西原部	西原部 小尹 奈末 金遂宗	長興 寶林寺 北塔誌(870)
		(倉部)	倉部卿一吉干 臣 金丹書.	慶州 皇龍寺 九層木塔 金銅刹柱本記(872)
京師			字體空, 俗姓朴氏, 京師人也	谷城 大安寺 寂忍禪師塔碑(872)
京轂		定邊府	朝請郎 守定邊府司馬 賜緋魚袋 臣 金穎 奉敎撰 …大王聆風仰道, 勞于夢魂, 願聞禪扉, 請入京轂	長興 寶林寺 普照禪師塔碑(884)
京都			諱利觀 字有者, 金姓 京都人也	襄陽 禪林院址 弘覺禪師塔碑(886)
京邑			仍貫籍于大皇寺, 徵詣京邑	河東 雙磎寺 眞鑑禪師塔碑(887)
		□□江府 通化府 仲停里	□□□(新羅國?) □□江府 月巖山 月光寺 …其家 通化府 仲停里	堤川 月光寺址 圓朗禪師塔碑(890)
京			僧入雲 京租 一百碩	潭陽 開仙寺址 石燈記(891)
	東原京		至東原京 福泉寺 受具于潤法大德…	南原 實相寺 秀澈和尙塔碑(893)
玉京			越二年, 攻石封層冢, 聲聞玉京	保寧 聖住寺址 朗慧和尙塔碑(890~897)
		(東原京) →金海府	先是知金海府進禮城諸軍事 明義將軍金仁匡	昌原 鳳林寺址 眞鏡大師塔碑(924)
京都			其京都內有七處伽藍	我道碑(?)

　위의 표에서 보듯이, 금석문이나 문서류의 각종 사료에는 신라 왕경을 대경(大京), 경사(京師), 경곡(京轂), 경도(京都), 경읍(京邑), 경(京) 등으로 일컬었음을 알 수 있다. 경사, 경곡, 경도, 경읍, 경 등이 대체로 수도를 지칭하는 보통명사라면, 대경(大京)은 소경을 염두에 둔 표현으로 생각한다. 이와 같은 대·소경의 인식은 「신라 백지묵자서 대방광불화엄경사경 발문(新羅 白紙墨書 大方廣佛華嚴經寫經 跋文)」(754)에서 분명히 드러난다. 곧 왕경을 '경사(京師)' 또는 '대경(大京)'이라 지칭한 데 대하여 남원소경을 남원경으로 지칭하고 있어, 여타 소경 또한 이미 '경(京)'으로 일컬었던 것으로 짐작된다.

　더욱 주목되는 것은 「산청 단속사 신행선사탑비(山淸 斷俗寺 神行禪師塔碑)」(813)의 '동경(東京)'과 「남원 실상사 수철화상 탑비(南原 實相寺

---

88) 이를 慶州로 풀이하기도 하지만(남동신, 1992, 「단속사 신행선사비」, 한국고대사회연구소 편, 『역주 한국고대금석문』, 19쪽 각주 18), 후술하듯이 이는 金官京을 지칭하는 것으로 보아야 한다.

秀澈和尚 塔碑」(893)의 '동원경(東原京)'의 명칭이다. 신라의 5소경은 중
원경을 중앙으로 동·서·남·북으로 설치되었고, 그 명칭 또한 이에 준
하였음을 생각할 때에, 동경(東京) 또는 동원경(東原京)은 금관경을 지칭
하는 것임에 틀림없다고 본다. 사실「경주 관문산성 석각(慶州 關門山城
石刻)」의 '금경(金京)'은 동경(東京) 또는 동원경(東原京)으로 고치기 이전
의 금관경(金官京)을 지칭한 것일 가능성이 높다.[89]

　한편「장흥 보림사 북탑지(長興 寶林寺 北塔誌)」(870)에는 서원경
(西原京)을 '서원부(西原部)'라고 지칭하였다. 서원부(西原部)를 효
소왕대에 김인문을 장사지낸 '경서원(京西原)'이라 할지도 모르겠지
만,[90] 동 비에 보이는 김수종(金遂宗)의 관직 '소윤(小尹)'은 신라의
외관(外官) 사대사(仕大舍)의 혹칭인 소윤(少尹)이라 판단된다. 따
라서 '서원부(西原部)'는 서원경 그것을 지칭한 것이라 할 수 있다.[91]
이는 서원경의 명칭에 변화가 있음을 시사한다. 이에 대해 개원 원년
(713)의 경조부와 하남부를 필두로 지덕 2년(757)까지 5부에 각각
5경을 둔 당의 5경제도를 본따, 신라에서도 인적·물적 자원을 중앙에
서 장악하고 그 중요 지역을 거점으로 주변지역에의 통제를 강화하기
위하여 흥덕왕 3년(828)부터 동왕 11년(836) 사이에 부제(府制)를
채용하였을 것으로 보기도 한다. 이는「경주 흥덕왕릉 비편」(836년
전후)의 '창부(倉部)'가「경주 창림사 무구정탑지」(855)에서는 '창부
(倉府)'로,「경주 황룡사 구층목탑 금동찰주본기」(872)에서 다시 '창
부(倉部)'로 사용하였듯이, 관부명에서 '부(部)'와 '부(府)'가 교체 사
용된 사실로부터 서원부(西原部)를 서원부(西原府)와 동일한 명칭으
로 본 것이다.[92]

---

89) 경주를 金城이라 한 것으로 미루어 경주를 지칭한 것으로 보기도 하지만
　　(최연식, 1992,「大岾城石刻(關門城石刻)」,『역주 한국고대금석문』 3,
　　433쪽 각주 9), 金官京을 지칭할 가능성이 높다고 본다.
90)『삼국사기』권 44, 列傳 4, 金仁問.
91) 배종도, 1989,「신라하대 지방제도 개편에 대한 고찰」,『학림』 11, 37쪽.
92) 배종도, 위의 논문, 36~45쪽.

이에 따른다면 신라의 소경제(小京制)가 당의 부제(府制)와 결부되어 개편되고 있는 사정을 반영하는 것으로 보아 좋을 듯하다. 그러나 신라에 있어서 '부(部)'는 경의 하위 행정단위였는데, 왜 하필 '서원부(西原部)'라 지칭하였는지는 여전히 의문이다. 더욱이 신라 하대 부제(府制)의 시행은 소경에만 한정된 것은 아니었다. 곧 「장흥 보림사 보조선사탑비」(884)의 '정변부(定邊府)', 「제천 월광사지 원랑선사탑비」(890)의 'ㅁㅁ강부(ㅁㅁ 江府)'와 '통화부(通化府)', 「창원 봉림사지 진경대사탑비」(924)의 '김해부(金海府)' 등의 명칭은, 신라 하대에 부제(府制)가 광범위하게 시행되었음을 반영한다. 이들 부(府)의 등장은, 「남원 실상사 수철화상탑비」(893)의 '동원경(東原京)'이 김해부로 개편된 것뿐만 아니라, 지방 주요 거점에 지방 도시가 성장함에 따라 이들에게도 점진적으로 부제(府制)를 채용한 사실을 반영한다.

다만 서원부(西原部)의 명칭이 신라 고유의 부제(部制)와 관련된 것이라면, 이는 김헌창의 난 이후 서원경이 난에 가담함으로 말미암아 행정조직이 부(部)의 등급으로 격하되었을 가능성도 없지 않다고 본다.[93] 아무튼 신라의 소경제가 모종의 행정체계 및 정치적 변동으로 개편되었음을 알 수 있고, 그 과정에서 서원부(西原部)의 명칭이 등장한 사실을 인정할 수 있다.

그러므로 「신라촌락문서」의 서원경의 존속기간은 신문왕 5년(685)부

---

93) 본 논문의 심사과정에서, 신라 하대로 비정되는 상당산성 출토 기와의 '沙喙部屬長池馹ㅁㅁ'의 명문으로 미루어 서원경을 6부로 구획하였고(충청북도, 1982, 『상당산성 지표조사 보고서』; 충북대학교 중원문화연구소, 1997, 『상당산성 서장대 및 남문 외 유적지 조사보고』), 「長興 寶林寺 北塔誌」(870)의 '西原部'는 신라 하대에 서원경을 西原部(府)로 개편한 것을 반영하는 것으로 보아야 하지 않을까 하는 지적이 있었다. 사실 소경에도 6부가 구획되었음은 익히 지적되는 바이지만, 「南原 實相寺 秀澈和尚塔碑」(893)의 '東原京'이 '金海府'로 개편된 것이 「鳳林寺址 眞鏡大師塔碑」(924)에 이르러서이고, 지방 도시의 府制 또한 「長興 寶林寺 普照禪師塔碑」(884)에서 처음 보인다는 점에서, 「長興 寶林寺 北塔誌」(870)의 '西原部'를 서원경에서 西原府로 바꾼 사례로 보기는 어렵다고 본다.

터 서원부(西原部)가 등장한 「장흥 보림사 북탑지(長興 寶林寺 北塔誌)」
(870) 사이라고 할 수 있다. 또한 본 문서에서 사용된 이두의 용법으로
볼 때에, 본 문서의 작성 시기는 빨라야 「양양 선림원지종명」(804) 이후
의 시기라고 할 수 있다. 따라서 두 조건을 충족시키는 시기의 을미년은
헌덕왕 7년(815)이 된다.

또 한편으로 「청주 연지사종명」(833)까지는 촌주가 관등의 차이로만
구분되던 것이, 「규흥사 종명」(856) 부터는 동일한 현령 휘하의 촌주들이
'상촌주-제2촌주-제3촌주' 등으로 구분되었다는 점을 지적할 수 있다.
본 「신라촌락문서」에서 A촌의 촌주만이 촌주위답을 받고, 여타 촌락의
경우 관모전답만이 있다는 것은, 각 촌락에 촌주 상당의 유력자가 있음에
도 불구하고 A촌의 촌주만이 촌주위를 받은 사실을 반영하거니와, 같은
현령 휘하의 촌주들이 등급화되기 이전의 상황을 반영하는 것이라 생각한
다. 요컨대 본 문서에 보이는 촌주의 지위는 「규흥사종명」(856)에서 촌주
가 '상촌주-제2촌주-제3촌주' 등으로 구분되기 이전의 상황으로 판단되
는 바, 본 문서에 보이는 을미년을 헌덕왕 7년(815)으로 확정할 수 있다.

본 문서는 원장을 작성하고 다시 추기한 것으로 전후 두 차례에 걸쳐
작성된 것이다. 그렇지만 그 내역에 있어서 갑오년(814)의 변동 내역은
이전의 호등 산정시의 것이며, 을미년(815)의 기록은 이전의 호적 작성시
곧 전식년의 것, 그리고 본 문서의 원장에 보이는 계연과 호등은 새로이
호등을 산정한 정유년(817)의 것, 본 문서의 원장인 계장은 호적을 작성
한 무술년(818), 그리고 추기는 그 이듬해인 기해년(819)에 기재된 것이
라 하겠다. 이를 표로 정리하면 다음과 같다.

	戶籍 작성	等級烟, 計烟 산정	計帳 작성 (《신라촌락문서》)
甲午(814)		[○]	[○]
乙未(815)	○		[○]
丙申(816)			[○]
丁酉(817)		○	[○]
戊戌(818)	○		○
己亥(819)			○

5. 맺음말

본 「신라촌락문서」는 원장을 작성하고 다시 추기한 것으로 전후 두 차례에 걸쳐 작성되었다. 이에 본고는 본 문서의 원장과 추기의 인구 변동 사항에 주목하여, 공연과 계연, 9등연의 관계 및 동 문서의 작성과정과 시기를 살피고자 하였다. 이에 지금까지 검토한 내용을 정리하면 다음과 같다.

첫째, 공연(孔烟)은 3~4대 대가족으로 구성된 공(孔)과 단혼 가족인 연(烟)을 통칭하며, 공(孔)의 구성원이 율령에 따라 정남(丁男)을 중심으로 새로운 연(烟)으로 분가[折出]할 수 있었다. 따라서 신라의 공연(孔烟)은 정남을 중심으로 소가족[烟] 내지 대가족[孔]으로 이루어진 자연호로 보아야 하지 않을까 한다.

둘째, 계연(計烟)의 기준수인 중상연의 '6/6=1'의 분모 '6'은 노(奴)를 포함한 정남(丁男) 6명을 단위로 한 것으로서, 이를 단위로 군역이나 역역을 동원하였던 사정을 반영하는 것으로 보았다. 특히 계연과 밀접한 관련이 있는 9등연의 연원은, 부부로 이루어진 가(家)를 9등급으로 나누어 그 수로써 귀천과 노유, 폐질을 판별하고자 인구의 다과와 육축, 물산 등을 해마다 등록하여 정령을 베푸는 기준으로 삼은 『주례』의 9비법(九比法)에 연원을 둔 것으로 보았다. 또한 계연은, 9비법(九比法)을 바탕으로 9등의 가(家)를 3등씩 상(上)·중(中)·하지(下地)로 나누어 군려(軍旅)와 전역(田役)을 일으키는 5비제(五比制)에 상응하는 것으로 보았다. 주나라의 경우 정남 5명을 단위로 한 것이지만, 신라의 경우 6명을 단위로 계연을 산정하는 것에 차이가 있을 뿐, 그 편제나 군역 및 역역의 동원 방식은 동일한 것으로 여겨진다. 따라서 신라의 9등연이나 계연은 『주례』의 9비법(九比法)이나 5비제(五比制)에 연원을 두지만, 신라는 독자의 9등연과 계연의 방식을 운영한 것이라 하겠다.

셋째, 「신라촌락문서」는 실제 운영이나 작성면에서 당 호령(唐 戶令)의 영향을 받은 것으로서, 집계장의 성격을 띤 것이라 할 수 있다. 곧 당 호령에서 매년 계장(計帳)을 만들고, 중년(中年 : 子卯午酉)에 호등을 정하며,

3년마다 계년(季年 : 丑辰未戌)에 호적을 작성한 것과 마찬가지로, 신라에 있어서도 전식년인 을미년과 당식년인 무술년에 호적을 만들고, 갑오년과 정유년에 호등과 계연수를 산정하였으며, 당식년인 무술년에 호적을 작성하면서 계장인 「신라촌락문서」의 원장을 만들고 그 이듬해인 기해년에 계장의 성격을 띤 추기를 작성하였던 것이다.

넷째, 동 문서의 이두 '是'[「산청 석남암사지 석조비로자나불좌상 납석사리호」(766)]와 '去'[「양양 선림원지종명」(804)], '及白'[「예천 명봉사 자적선사비」(941) 음기의 「광평성첩」], '동사+節'[「양양 선림원지종명」(804) 때까지는 '동사+時'를 사용하였는데, 「청주 연지사종명」(833)으로부터 '동사+節'의 용법으로 바뀌어 등장] 등의 용법으로 볼 때에, 본 문서의 작성 시기는 빨라야 「양양 선림원지종명」(804) 이후의 시기라고 판단된다. 또한 「장흥 보림사북탑지」(870)에 서원경이 변화한 것으로 보이는 서원부(西原部)가 등장하고, 본 문서의 촌주가 「규흥사종명」(856)의 '상촌주-제2촌주-제3촌주'로 분화되기 이전이라는 점에서, 본 문서의 을미년은 헌덕왕 7년(815)이라 할 수 있다.

그러므로 본 문서에 보이는 갑오년(814)의 변동 내역은 이전의 호등 산정시에 작성된 것이며, 을미년(815)의 기록은 이전의 호적 작성시 곧 전식년, 그리고 본 문서의 원장에 보이는 계연과 호등의 산정은 정유년(817), 본 문서의 원장인 계장은 호적을 작성한 무술년(818), 그리고 추기는 그 이듬해인 기해년(819)에 각각 작성된 것이라 하겠다.

「신라촌락문서」의 연령구분과 촌락사회

1. 머리말

「신라촌락문서」는 서원경 주변 4개 촌락의 4~5년에 걸친 호구, 인구, 전지, 우마, 식목 등의 증감을 기재한 일종 계장의 성격을 띤 문서이다. 이들 가운데 특히 호구와 인구의 증감을 매우 정밀하게 기재하여, 이에 대한 국가적 관심이 높았음을 알 수 있다. 이 문서가 1953년 처음으로 학계에 소개된 이후로 공연과 계연, 이에 따른 자연호 내지 편호설, 그리고 토지 및 촌락의 성격, 문서의 작성 시기 등에 대한 논쟁이 있었지만, 어느 것 하나 명확한 결론을 도출하지 못한 실정이다.

이에 필자는 근래에 「〈신라촌락문서〉의 인구통계와 그 작성시기」를 발표하여, 공연과 9등연은 정남을 기준으로 한 것이고, 계연수는 등급연으로부터 정남 6명을 기준으로 도출한 계산값임을 알 수 있었다. 또한 9등연(九等烟)이 『주례』에 연원을 두는 한편으로 촌락문서의 운영, 작성 방식은 당(唐) 호령(戶令)의 영향을 받은 것으로 이해하였다. 아울러 동 문서에 사용된 이두로 미루어 볼 때에 본 문서의 을미년이 815년이며, 갑오년(814)에 호등을 산정하고, 을미년(815)에는 전식년의 호적을 작성하였으며, 정유년(817)에는 원장의 계연과 호등을, 무술년(818)에는 본 문서의 원장인 계장과 호적을, 그리고 기해년(819)에 본 문서의 추기인 계장을 각각 작성하였음을 밝힐 수 있었다.[1]

다만 본 문서에서 가장 중요한 인구통계 가운데, 쟁점으로 남아 있는 연령구분과 제(除)·노(老)의 문제, 그리고 살하지촌(薩下知村, B촌) 내의 호구 구분 가운데 보이는 여자(余子)와 법사(法私)의 성격 등을 다루지 못하였다. 따라서 본고에서는 본 문서상에 보이는 6개 등급의 연령을 실제로 어떻게 구분·운영하였는지를 신라 하대 선종 승려들의 비문에 전하는 생애주기와 비교하여 살피고, 제·노에 대한 필자의 견해를 더하고자 한다. 이에 살하지촌에 보이는 여자(余子)가 『주례』 소사도조에 등장한다는 점에 주목하여 이를 신라의 군호 여갑당(餘甲幢)과 관련하여 그 의미를 밝히고, 아울러 법사(法私)의 성격을 나주 복암리 목간의 법호(法戶), 그리고 성산산성과 팔거산성 목간의 '왕사(王私)' 및 '사(私)'의 용법과 관련하여 밝히고자 한다. 나아가 본 문서상의 '서원경-촌'의 행정체계가 지닌 의문으로부터 시작하여 내시령(內視令)과 성장(省狀)의 성격을 밝힘으로써, 본 문서가 신라 왕실에서 운영하였던 촌락의 문서임을 밝히고자 한다. 마지막으로 이들 4개 촌락의 인구 증감의 통계치를 바탕으로 하여, 각 촌락의 인구성장율과 인구증가율, 사회증가율, 남녀 인구 성비, 부양비율 등을 추출하여, 당시 서원경 주변 촌락사회에 일어난 사회변동의 요인과 동요의 실상을 살피고자 한다. 제현의 질정을 바란다.

2. 연령구분과 제(除)·노(老)

본 문서에서는 인구를 모두 남·녀 각 6개 등급으로 나누어 구분하였다. 곧 정(丁)·정녀(丁女), 조자(助子)·조녀자(助孖), 추자(追子)·추녀자(追

---

1) 박남수, 2021, 「〈신라촌락문서〉의 인구 통계와 그 작성시기」, 『신라사학보』 52.

孥), 소자(小子)·소녀자(小孥), 제공(除公)·제모(除母), 노공(老公)·노모(老母)로 나누었다. 이 가운데 소자(小子)·소녀자(小孥)를 다시 '3년간에 태어난 소자(小子)·소녀자(小孥)'로 나누기도 하였다.

이와 같은 신라의 연령구분은 중국에 있어서 3~5세기 무렵의 '소(小)-반[차]정(半[次]丁)-정(丁)-노(老)', 6세기 북조의 '소(小)-중(中)-정(丁)-노(老)', 그리고 수·당대나 8세기 일본의 '황(黃)-소(小)-중(中)-정(丁)-노(老)'의 구분보다도 더 세분된 것이다. 이 가운데 '추(追)'와 '조(助)', '제(除)'의 개념은 신라의 독특한 연령구분의 방식이라 할 수 있다.

백제의 경우 나주 복암리 1호 수혈 출토 목간(404호)에서는 '정(丁), 부(婦), 중구(中口), 소구(小口)'의 구분을, 그리고 백제 부여 궁남지 목간(295호)에서는 중구(中口)와 소구(小口)의 연령 구분을 살필 수 있다.[2] 백제의 중구(中口)와 소구(小口)의 구분은 수당, 일본의 중(中)·소(小)에 상응한 것으로 여겨진다. 여기에서 수당, 일본의 '황(黃)'의 구분이 백제에 있었는지는 아직 확인되지 않지만, 백제의 연령 구분이 일본에 영향을 끼쳤다면 백제에서도 황구(黃口)의 구분이 있었을 가능성이 없지 않다고 본다.

한편 신라촌락문서의 소인(小人)과 추자(追子)·추녀자(追孥), 조자(助子)·조녀자(助孥)의 연령대를 곧바로 중국의 '반정(半丁)'이나 수당의 '중(中)'과 동일한 것으로 단정하거나, '정(丁)'의 연령대를 중국이나 고려의 그것으로 특정하기는 어렵다고 본다. 중국에서의 정(丁)의 연령대가 서진·동진·남송 등 3세기~5세기 중엽까지는 16~60세, 북위·북제·북주 등 6세기 중엽에는 15·20·17세부터 70·59·65세까지로 일률적이지 않았으며, 수대에는 18·22·23세부터 59세까지, 그리고 당대에는 21·23·25세부

---

2) 국립나주문화재연구소, 2010, 「나주복암리유적 1 : 1~3차발굴조사보고서」, 411쪽 사진. 국립부여박물관국립가야문화재연구소, 2009, 『나무 속 암호 목간』, 67쪽.

터 59·57·55세까지로 변동이 있었기 때문이다. 고려의 경우에는 『고려사』 식화 2, 호구조에는 '백성은 16세에 정이 되어 비로소 국역에 복무하고, 60세에 노(老)가 되어 역을 면한다'고 하여, 16세부터 59세까지를 정으로 하였다.

이처럼 중국과 고려의 연령등급의 차이로 인하여, 본 촌락문서에 보이는 丁의 연령대에 한정하더라도 그 하한을 15·16·18·20·21세, 그 상한을 59·60·69세로 보는 다양한 견해가 제시되었다. 이러한 정의 연령대에 대한 견해 차이는 소자와 추자, 조자 및 제공, 노공 등의 연령 등급에도 연동되어 나타난다.[3]

이와 같이 본 촌락문서의 각 연령 등급 구분에 대한 다양한 견해 차이는, 이미 지적되듯이 통일신라와 고려의 정(丁)을 등치하여 풀이하거나 당령 또는 일본령 위주로 이해하는 관점, 연령집단별 인구비례나 인구구성비, 고대 의서에 나타난 신체연령·평균수명·사망율 등으로 집단 연령을 풀이하는 관점, 기존 연구자들이 제시한 기준 연령을 종합하거나 수정하여 제시하는 견해 등으로 구분된다.[4] 그럼에도 불구하고 아직까지 본 문서의 연령 등급별 구분의 기준이 제시되지 못한 것은, 이에 대한 명확한 자료가 없는 데서 비롯한다.

따라서 신라의 연령 등급 구분의 변화 과정에서 신라인들의 연령에 대한 인식을 살필 필요가 있다고 본다. 신라인의 연령 구분에 대한 인식의 일면은, 신라 하대 선사들의 비문에서 그 생애주기를 서술한 데에서 어느 정도 살필 수 있지 않을까 한다. 이들 선사 비문에는 선사들의 행장을 바탕으로 하여, 그들의 탄생으로부터 적멸에 이르기까지의 생애를 일정한 나이로 구분하여 서술하고 있기 때문이다.

---

3) 정덕기, 2019, 「통일신라 연령등급제의 연령과 속성」, 『역사학보』 242, 5·16~17쪽 표 참조.
4) 정덕기, 2019, 위의 논문, 3~4쪽.

[표 1] 신라 하대 선사들의 비문에 보이는 연령 구분 인식

	탄생	어린아이 행적	출가	수계(具足戒)
神行[704(성덕3) ~ 779(혜공 15)]			年方壯室 趣於非家 /辭辣閨舍室 超出煩籠	
慧昭 [774 (혜공 10) ~850(문성 12)]	生而不啼	旣齔從戲 必火 貫葉爲香, 采花 爲供	自妝洎角丱 志切反哺, /壯 齡滯亦 遂於貞元卄年 詣歲 貢使…及達彼岸…謁神鑑大 師…頓受印契	元和五年, 受具 於崇山少林寺
慧徹(體空) [785(원성 1) ~ 8 61(경문1)]	785년 (원성왕 1) 출생 褓褓	褓褓已來 법을 지니는 아들(持法之 者)	年當志學(15세), 出家止 于浮石山	泊二十二受大 戒 / 州司, 취 성군 郡監
朗慧(無染) [800년~ 888년]	阿孩	阿孩[方言謂兒 與華无異] 時行 坐必掌合趺/ 아홉 살에 공부 를 시작(九歲始 鼓篋)	20~21세 : 유학(儒學)이 좁게 느껴져 불도(佛道)에 들어가고자 하여, 설악산 오색석사(五色石寺)로 출 가/ 跨一星終有陷九流 意 入道 … 遂柰雪山五色石 寺口精嘗藥力銳補天有法 性禪師	/應東身者八 十九春 服西戎者六十 五
體澄 [804년(애장5) ~880년(헌강 6)]	褓褓	齠齔之歲.	花山 勸法師	大和丁未歲, 至加良峽山 普願寺, 受具 戒
弘覺(利觀)[? ~ 888(헌강 6)]			年十七 遂剃髮 披緇具俗 (마멸)往海印寺 / 耆宿	법랍 50세/광 명 원년(880: 헌강왕 6) 겨 울 10월 21일
圓朗(大通, 太融) [816년(헌덕 8)~883년(헌강 9)]	816년(憲 德王8년) 탄생		將萬齡年 爱登冠歲…勉旃 於翰墨之場, 耽翫於經史之 域/ 遂投籠落髮, 解褐披緇, 以 會昌 乙丑年(845)春, 投大 德 聖鱗, 進具戒 僧口, 配 居丹嚴寺	進具戒 僧口, 配居丹嚴寺
秀澈 [817(헌덕 9) ~893(진성 7)]		幼而恃怙, 旋悟 幻夢, 瞥聞口龜 有緣 視佛無 斁.	年餘志學, 學佛是圖, 落采於 緣虛律師	旬出至東原京 福泉寺, 受具 于潤法大德
審希 [855(문성17) ~923(경명7)]	大中 9년 (855) 12 월 10일 탄생	綺執 / 齠齔而 口口佛事 聚沙 成塔 摘葉獻香	年九歲 徑往惠目山 謁眞鑑 大師. 大師 知有惠牙 許栖 祇樹. 歲年雖少 心意自精, 勤勞則高鳳推功 敏起則揚烏 讓美, 俾爲僧口 離去堂	

위의 표에서 보듯이, 선사들의 행적은 출가하기 이전의 어린 시절을 강보(襁褓) 또는 아해(阿孩), 유(幼)로 표현하거나, 기환(綺紈), 초츤(齠齔) 등으로 기술하였다. 기환(綺紈)은 본래 '무늬 놓은 비단과 흰 비단'의 뜻으로 여기서는 기환세(綺紈歲) 또는 기세(綺歲)의 의미로서 '부귀한 집의 소년시절'의 의미로 사용되었다. 이에 대해 초츤(齠齔)은 유치를 가는 나이로서 7~8세를 일컫는다. 초츤(齠齔) 이후에 대한 서술로는 '년9세(年九歲)'에 공부를 시작하였다거나 절에 들어가는 경우가 보인다.

출가 시기는 경우에 따라 차이가 있는데, '년당지학(年當志學)'인 15세와 '휴년(觿年)'이나 '등관세(登冠歲)'인 20세가 많다. '휴년(觿年)'에서 뿔송곳[觿]은 본래 매듭을 푸는 데 사용하는 도구로, 남자가 성년이 된 뒤에 차고 다니는 패물 중 하나인데, 이익(李瀷)은 이 나이가 되면 "모든 물리(物理)를 구해(究解)하여 깨닫도록 한 것"이라고 풀이하기도 하였다.[5] '등관세(登冠歲)'는 의미 그대로 머리에 관(冠)을 쓰는 나이로 성년인 20세를 뜻하는데, 각변(角弁) 또한 동일한 의미이다.

이들 선사 비문에서 '초츤(齠齔)'과 '년9세(年九歲)', 지학(志學)과 각변(角弁)·휴년(觿年)·등관세(登冠歲)가 생애의 분기점으로 서술된 것은, 이들을 신라사회에서 연령 구분의 기점으로 인식하였던 때문이 아닐까 생각한다. 곧 '년9세(年九歲)'에 공부를 시작한다는 것은 진성왕 때에 이미 향리에 학교를 세워 유학을 가르쳤던 바[6] 이에 입학할 나이를 의미한 것으로 본다. 또한 국학에 학습할 수 있는 나이가 15세에서 30세까지인 바, 선사들 가운데 15세에 출가한 이들이 많다. 선사들의 행장에서 30세인 장실(壯室)이 언급되는 것은, 30세가 국학의 수학 최종 연한이 되는 나이일 뿐더러, 나이가 들도록 가정을 꾸리지 못한 기준 나이로 인식되었기 때문일 것이다.

이러한 사례로부터 본다면, 신라 하대 사회에 있어서 이를 새로이 가는 초츤(齠齔)의 나이 곧 7~8세까지는 어린아이인 소자(小子)로 여겨졌고,

---

5) 李瀷, 『星湖僿說』 권20, 經史門 佩觿佩韘.
6) 박남수, 2018, 「신라 진성왕대 효종랑과 화랑도」, 『사학연구』 132, 299~300쪽.

또한 지학(志學)의 나이가 하나의 경계를 이루어 9살부터 15세인 지학(志學) 전까지, 그리고 15세부터 20세인 각변(角弁)·휴년(觿年)·등관세(登冠歲) 전까지가 또 하나의 경계가 되었을 가능성이 높다. 심희(審希)가 9세에 혜목산(惠目山)에 들어가 거처하면서 승ㅁ(僧ㅁ)의 발걸음을 밟게 하였다는 것은 추자(追子)의 그것을 연상케 한다. 선사들의 비문이 신라의 연령구분에 대한 인식에 따라 서술되었다면, 사실 그러할 가능성이 높다고 보는데, 통일 신라시대의 연령 구분은 소자(小子, 1~8세), 추자(追子, 9~14세), 조자(助子, 15~19세)라고 할 수 있다. 또한 정(丁)의 하한은 '각변(角弁)', '휴년(觿年)' 또는 '등관세(登冠歲)'로 표현되는 20세라고 볼 수 있지 않을까 한다.

한편으로 기왕에 정(丁)의 나이를 15세 이상으로 본 것은 고구려 봉상왕 9년(300) 국내의 정남 나이 15세 이상을 징발하여 궁실을 수리하도록 했다는 기사,[7] 그리고 신라 자비마립간 11년(468) 9월에 하슬라인(何瑟羅人) 15세 이상인 자를 징발하여 니하(泥河)에 성을 쌓았다는 기사,[8] 그리고 『고려사』 식화지 호구조에서 16세에 정(丁)이 되어 비로소 국역에 복무한다는 기사[9]로부터 비롯한다.

그러나 고구려와 신라의 경우는 4~5세기의 상황이고, 고려시대의 것을 신라 중하대에 그대로 적용하기는 어렵다고 본다. 무엇보다도 연령등급의 구분에 차이가 있기 때문이다. 곧 「영천청제비 병진명」(536)과 「무술오작비」(578)에 각각 등장하는 장작인(將作人)과 공부(功夫)는, 「영천청제비 정원14년명」(798)에서는 법공부(法功夫)와 조역(助役)으로 구분되었다. 아마도 법공부는 일반 정으로 구성되었을 것이고, 조역은 조자(助子)로 구성된 역역 집단이지 않을까 한다. 그렇다면 삼국시대의 15세 이상의 역역(力役) 징발 기사는, 삼국시대의 역역징발이 통일신라시대의 15세~19세의 조자를 비롯하여 20세 이상의 일반 정을 대상으로 하였던 것이라 할 수 있다. 이에 역역징발 대상이 삼국시대의 정(丁, 功夫)으로부

---

7) 『삼국사기』 권 49, 열전 9, 倉助利.
8) 『삼국사기』 권 3, 신라본기 3, 자비마립간 11년 9월.
9) 『고려사』 권 79, 志 33, 食貨 2, 戶口.

터 통일신라시대의 조자(助子, 助役)와 정(丁, 功夫)으로 분화된 것이 아
닐까 한다.

이러한 구분은 「단양적성비」(~551) 단계에 종래의 정(丁)의 그룹 안에
서 정의 연령을 올리면서 대인(大人)으로 규정하고, 다시 그 가운데 후일
조자(助子) 그룹을 소인(小人)그룹에 포함하였던 데서 비롯한 것이 아닌
가 한다. 따라서 종래에 정에 속했던 그룹을 15~19세의 조자와 20세 이
상의 정으로 구분한 셈이다.[10]

사실 신라의 연령 구분에 대한 구체적인 자료로는 현재까지 중고기 「단
양적성비」가 처음이다. 동 비문에 보이는 '소녀(小女), 소자(小子), 대인
(大人), 소인(小人), 기생자 · 여자(其生子 · 女子)' 등은 일종 연령 등급의
규정을 반영한 것이다. 곧 '기생자 · 여자(其生子 · 女子)'는 본 신라촌락문
서의 '3년간에 태어난 소자 · 소녀자(小子·小孖)'로 수당의 황자(黃子)에
상응한다. 또한 소자와 소녀는 각각 본 문서의 소자와 소녀자(小孖) 및
추자(追子)·추녀자(追孖)에, 그리고 대인(大人)은 정(丁)에 비정할 수 있
다. 따라서 「단양적성비」의 소인(小人)은, 본 문서의 소자(小子)·소녀자
(小孖)와 정(丁)·정녀(丁女)의 사이에 있는 조자(助子)·조녀자(助孖)라고
볼 수 있다. 본 문서 C촌 4행에서 서사자가 소녀자(小孖)를 소녀(小女)라
고도 기재한 것은 「단양적성비」와 같은 전통적인 연령 구분의 인식에서
비롯한 것으로 생각한다.

수당의 중(中)이 조자(助子)·조녀자(助孖)에 상응하고, 노(老)가 제공
(除公)·제모(除母)와 노공(老公)·노모(老母)로 세분화되었음을 알 수 있다.
다만 신라의 정(丁)·정녀(丁女)는 백제의 정(丁)·부(婦)라고 여겨지며, 신라
의 조자(助子)·조녀자(助孖)는 백제의 중구(中口)에, 그리고 신라의 추자

---

10) 신라 승려들의 경우 금석문에는 15세에 출가한 사례가 많이 보이는데, 여기에
는 "許度僧一百人"(『삼국사기』 권 5, 新羅本紀 5, 善德王 5년(636) 3월), "度僧
一百五十人"(『삼국사기』 권9, 新羅本紀 9, 景德王 5년(746) 4월), "許度僧六十
人"(『삼국사기』 권 11, 新羅本紀 11, 眞聖王 2년(888)) 등은, 15세에 이르면
역에 징발하는 나이가 됨으로써 국가의 허가가 필요하였던 것과 일정하게 관
련되지 않을까 생각한다.

(追子)·추녀자(追孝)와 소자(小子)·소녀자(小孝)가 백제의 소구(小口)에 조응하지 않을까 한다. 여기에서 남녀의 구별은, 백제의 경우 정(丁)과 부(婦)만을 구분한 데 대하여, 신라는 정(丁)-정녀(丁女), 제공(除公)-제모(除母), 노공(老公)-노모(老母), 그리고 자(子)-여자(孝)로써 엄격하게 구분하였다는 점을 지적할 수 있다. 그 이유를 분명하게 알 수는 없지만, 이들을 대상으로 하여 역의 징발이나 조세 등의 징수 방식에 신라와 백제 간에 차이가 있었기 때문이 아닐까 추측된다. 그렇다면 정의 상한 연령을 어떻게 볼 것인가. 이에 대해 명확하게 설명할 자료는 없다. 다만『고려사』권 79, 식화 2, 호구조에서 60세에 노(老)가 되어 역을 면한다는 기사로부터 유추할 수 있을 뿐이다.

그런데 「신라촌락문서」에는 『고려사』나 중국 어느 사서에도 보이지 않는 제공(除公)과 제모(除母)가 보인다. 이에 대해서는 일찍이 제공[모](除公[母])의 '제(除)'에 대한 사전적 해석상의 문제가 지적된 바 있었다. 곧 제공[모](除公[母])과 노공[모](老公[母]) 중 어느 그룹이 나이가 많은가의 문제였다. 대체로는 기재순서 곧 정(丁)·조(助)·추(追)·소(小), 그리고 제(除)·노(老) 순서로 보아 제공이 노공보다 나이가 적은 것으로 보아 왔으나, 확실한 근거가 없는 것으로 지적된 바 있다.[11]

이에 대해 겸약일지(兼若逸之, 가네와카 도시유키)는 『고려사』식화지에 근거하여 60세가 되면 누구라도 역을 면하기 때문에, 3년에 1번씩 호구조사를 하는 신라로서는 3년 전에 58세부터 60세까지의 연령층을 제공(除公)으로 설정하여 미리 면역자를 파악할 필요가 있었다고 주장하였다.[12] 또한 빈중승(浜中昇, 하마나카 노부루)은 『삼국사기』에서 70세에 고로(告老) 또는 청로(請老)하였던 것은, 『예기(禮記)』곡례(曲禮)편에서 대부(大夫)는 70세에 치사(致仕)하는데 대부가 '국왕에게 고로(告老)'한 것을 관장한다는 중국의 고전적인 제도에서 비롯한 것으로서, 연령구분으로서의 노(老)와 구분하여야 한다고 보았다. 이와 같이 70

---

11) 역사학회, 토론「正倉院發見 新羅村落文書에 관하여」, 『歷史學報』86, 152쪽.
12) 兼若逸之, 1979, 「신라 均田成册의 연구」, 『한국사연구』23, 105~106쪽.

세에 고로(告老)하는 제도는 60세를 노(老)로 보는 당나라에서도 행해졌다는 것이다. 또한 본 문서에서 을미년 현재 노공·노모가 8명이고 제공·제모가 4명이라는 인구 비율, 그리고 일본 고대의 경우 60대의 사람수에 비하여 70대의 사람수가 격감한다는 점에 비추어 볼 때에, 노공·노모를 60세부터 69세, 제공·제모를 70세 이상으로 보아야 한다는 것이다.[13]

그런데 나주 복암리 1호 수혈에서 출토된 백제 목간(404호)은 "先將[14]除云[15] 丁 婦 中口二 小口四」……之」…"로 석독되거니와, "먼저 장차 제(除)하려고 이르기를, 정(丁)과 부(婦), 중구(中口) 2명과 소구(小口) 4명…"으로 풀이되는 바, '제(除)'를 동 목간의 정(丁)과 부(婦), 중구(中口), 소구(小口)에게 무엇인가를 제(除)하려 한 것으로 풀이하는 것이 옳다고 본다. 그런데 양(梁) 무제(武帝) 천감(天監) 17년(518) 8월 임인의 조칙에서 "병사의 말꼴을 먹인 노비는, 남자는 나이 66세, 여자는 나이 60이 되면 [노비를] 면하여 편호(編戶)한다[兵驃 奴婢 男年六十六 女年六十 免為編戶]"고 하여[16] 노비(奴婢)를 면제하여

---

13) 浜中昇, 1986, 「統一新羅の年齡區分と稅制」, 『古代朝鮮の經濟と社會』, 東京 : 法政大出版局, 49~56쪽.

14) 將의 이체자 将(A01063-020) 또는 將(A01063-021)으로(中華民國 國家教育研究院, 2017, 教育部 『異體字字典』6版, '將'字. ; https://dict. variants. moe.edu.tw), 나주복암리 1호수혈출토유물 405호목간의 '將法戶匋次'의 '將'과 동일하다.(국립나주문화재연구소, 2010, 「나주복암리유적 1 : 1~3차발굴조사보고서」, 411쪽 사진)

15) 국립나주문화재연구소에서 '除乙'로 석독한 것을(국립나주문화재연구소, 2010, 「나주복암리유적 1 : 1~3차발굴조사보고서」, 411쪽 사진·511쪽 석독문), 목간학회에서는 '除公'으로 판독하여 「신라촌락문서」와 같은 연령 구분으로 풀이하였다.(권인한 등 편, 2015, 『한국고대문자자료연구 백제(상)-지역별-』한국목간학회 연구총서 01, 주류성, 463~465쪽) 그러나 이는 위에서 제시한 확대사진의 필획의 수효나 글자 모양으로 볼 때에 '除云'임에 분명하다. 본 지면을 빌어 나주 복암리 1호수혈에서 발견된 404, 405호 유물 목간에 대한 정밀 원본 사진과 적외선사진을 제공해준 국립나주문화재연구소 측에 감사드린다.

16) 『南史』 권 6, 梁武帝 蕭衍 上, 紀 上 6, 天監 17년(518) 8월 壬寅.

일반 민호로 편제한다고 하였다. 이러한 규정은 당대에도 이어졌거니와, 『당률소의(唐律疏議)』 사위사제거관호노비(詐僞詐除去官戶奴婢)조에는, 관호(官戶)·노비(奴婢)의 경우 각각 부장(簿帳)이 있는데, '제(除)'는 '급사(給賜)'를, '거(去)'는 그 명부(名簿)를 없앤다는 의미로 새기고, '제거(除去)'란 관호와 노비를 그 명부에서 제거한다는 것으로, 나이 60이 되거나 폐질(廢疾)이 있으면 본색(本色) 곧 관호(官戶)와 노비를 면해준다는 것이다.17) 이는 당과 신라의 제도를 승계하여 제도를 정비한 고려의 경우, 『고려사』식화 2, 호구조 서문에서는 60세에 '노(老)'가 되면 역(役)을 면한다[免役]는 것으로 나타난다.

나주복암리 1호수혈출토유물404호목간(복2)[국립나주문화재연구소 제공]

따라서 나주 복암리 1호 수혈의 백제 목간(404호)에서 '제운(除云)' 아래 내용에 정(丁)과 부(婦) 이하 중구(中口)와 소구(小口)의 인원이 등장한 것으로 보아, 이들에게 불명의 직을 면하여18) 편호한 사실을 반영하는 것이 아닐까 판단된다.

사실 『삼국사기』 열전 8, 효녀지은조에는 한지부의 여정(女丁)이었던

---

17) "諸詐除·去·死·免官戶奴婢及私相博易者, 徒二年° 卽博易贓重者, 從貿易官物法° 疏議日, 官戶·奴婢, 各有簿帳° 除者, 謂詐言給賜° 去者, 謂去其名簿° 死者, 謂詐言身死° 免者, 謂加年入六十及廢疾, 各得免本色之類° 及私相博易, 謂將私奴婢博易官奴婢者, 各徒二年° 博易贓重者, 從貿易官物法"(『唐律疏議』권 25, 詐僞詐除去官戶奴婢)

18) 여기에서 '불명의 직'이란, 除의 용법으로 미루어 볼 때 아무래도 노비의 신역을 면제하여 편호한 사정을 반영한 것이 아닐까 추측된다.

지은(知恩)이 몸을 팔아 비(婢)로서 부잣집에서 부역하였던 것을, 그 효성으로 인하여 정덕본에는 '복제정역(復除征役)'이라 하고, 성암본에는 '복제요역(復除徭役)'이라 하였다.[19] 어떠한 판본이든 간에 여정(女丁) 곧 본 문서의 정녀(丁女)가 비의 신분에서 벗어나 정녀(丁女)의 신분을 회복함과 아울러 요역을 면하게 되었음을 알 수 있다. 『진서(晉書)』제기(帝紀) 권4, 효혜제(孝惠帝) 사마충(司馬衷) 기(紀) 4, 영평(永平) 원년 5월 임오조에는 천하의 호조면견(戶調縣絹)을 면제(除)하고 효제(孝悌)와 고년(高年), 환과(鰥寡)로서 역전자(力田者)에게는 백(帛)을 각 사람별로 3필씩을 내렸다고 하였다.[20] 『신당서』본기 8, 무종황제(武宗皇帝) 재성(開成) 5년 6월 병인조에서도 한해로 인하여 하북, 하남, 회남, 절동, 복건 등 누리와 역병의 피해가 있는 주(州)의 요역을 면제(除)하였다.[21]

곧 '제(除)'란 노비의 직을 면제하여 편호하거나, 요역 또는 조(調)를 면제한 것을 지칭한다. 사실 제(除)·노(老)의 구분이 없던 고려에서 60세가 되면 요역 등을 면제하였던 것은, 당나라의 경우 60세가 되면 노비의 역을 제거(除去)한 데서 비롯하였을 것으로 여겨지거니와, 신라의 제공(除公)이란 명칭 또한 당률의 법규로부터 비롯하지 않았을까 생각된다.[22]

제공(除公)과 노공(老公)의 구분은, 신라 사회에서 노(老)에 대한 인식과 치사(致仕) 및 청로(請老), 고로(告老)의 개념을 살필 때에 보다 명확해지지 않을까 한다. 「보령 성주사지 낭혜화상탑비」(890~897)에서는 무염(無染, 810~888)이 그의 나이 75세에 스스로를 노산승(老山僧)이라 일컬었고, 그의 나이 86세에 정강대왕(定康大王)의 부름을 '늙고 병들었다[老且病]'는 이유로 사양하였다.[23] 또한 『삼국유사』 낙산이대성 관

---

19) 『삼국사기』 권 48, 列傳 8, 知恩.

20) "五月…壬午 除天下戶調縣絹 賜孝悌高年鰥寡 力田者帛 人三匹"(『晉書』帝紀 권4, 孝惠帝 司馬衷 紀 4, 永平元年 五月 壬午)

21) "六月丙寅 以旱避正殿 理囚. 河北, 河南, 淮南, 浙東, 福建蝗疫州除其徭"(『新唐書』 권 8, 紀 8, 武宗 開成 五年 6월)

22) 「신라촌락문서」에서 除公(母), 老公(母)에 奴婢가 보이지 않는 것도 이와 관련될 것으로 생각한다.

23) 한국고대사회연구소 편, 1992, 「聖住寺 朗慧和尙塔碑」, 『역주 한국고대금석

음 정취 조신조에서, 조신(調信)이 명주 날이군(捺李郡) 세달사(世達寺)의 장사(莊舍)의 지장(知莊)이 되어 꾸었던 꿈에서도 그 편린을 엿볼 수 있다. 곧 조신이 김흔(金昕)의 딸을 연모하여 꾸는 꿈에 "그대와 함께 나온지 50년 … 부부가 늙고 병들고 주리어 일어날 수 없으니 [與子共之出處五十年…夫婦老且病飢不能興]"라고 한 데서,[24] 조신이 지장(知莊)이 된 때가 적어도 20세는 넘었으리라 여겨지거니와 50년을 더하면 70세가 되는 바, 이를 '늙고 병든 것[老且病]'으로 묘사하였음을 알 수 있다.

『삼국사기』에는 청로(請老) 또는 고로(告老)한 사실들이 보이거니와, 특히 헌덕왕 15년(823) 1월 원순(元順)·평원(平原) 두 각간(角干)이 70세에 고로(告老)하여 궤장(几杖)을 하사하였다는 기사에서,[25] 신라 사회에서 70세가 되면 노(老)를 칭하였음을 알 수 있다. 김지성의 경우 67세에 왕사(王事)를 조정에 치사(致仕)하고 '농사일로 돌아갔다[歸田]'고 하였다.[26] 67세에는 청로를 할 수 없었던 사정을 보여준다고 할 수 있다. 이에 신라 사회에서 70세에 고로(告老)하였다는 것은, 일반 백성의 경우 70세 이전에는 김지성의 경우처럼 귀전(歸田)에만 힘썼기 때문이 아닐까 생각해 볼 수 있다. 관직에 있다는 것 자체가 직역이었다면, 일반 백성의 경우 군역이나 역역이 면제되었다 하더라도 전작(田作)에 힘쓰고, 아마도 전작의 소출 가운데 일부를 전조(田租)로 납부했으리라 생각한다. 이에 대해 '노(老)'의 경우 전작(田作)이나 전조(田租)의 의무까지도 완전히 벗어나, 『삼국유사』권5, 효선 9, 손순매아 흥덕왕대조에 보이는 손순의 어머니 '노양(老孃)' 운오(運烏)처럼 오로지 자식의 봉양을 받거나, 환과고독

문』Ⅲ, 113·117쪽.

24) 『삼국유사』권 3, 塔像 4, 洛山二大聖 觀音 正趣 調信.

25) "元順·平原二角干七十告老, 賜几杖"(『삼국사기』권 10, 新羅本紀 10, 憲德王 15년 1월.

26) "…之玄寂年六十有「七致王事於淸朝逐歸田於開野披閑五」千言之道…"(한국 고대사회연구소 편, 1992, 「甘山寺 彌勒菩薩像 造像記」, 앞의 책, 296쪽)

(鰥寡孤獨)이나 폐질(廢疾)자와 함께 국가적 차원의 구휼을 받는 존재이지 않았을까 한다.

사실 70세에 '고로(告老)'하는 제도는 『예기』 곡례편에 비롯하지만,[27] 당나라 백제유민 「진법자묘지(陳法子墓誌)」(691)에서도 확인할 수 있다. 다만 「진법자묘지」(691)에서는 그의 나이 70세를 '대질(大耋)'라고 한 바,[28] 당에 있어서도 '노(老)'와 '대질(大耋)'를 구분하였음을 알 수 있다. 이러한 구분은 『예기』 곡례에서 나이 60세를 기(耆), 70세를 노(老), 80세와 90세를 모(耄), 100세를 기(期)로 각각 구분한 것[29]과 관련이 있으리라 생각한다. 곧 당나라 때의 '노(老)'와 '대질(大耋)'은 『예기』의 기(耆)와 노(老)를 각각 지칭한다. 조선시대의 사례이긴 하지만 『대전통편』 호전 호적조의 호적부실(戶籍不實)항에서 "나이가 70세인 자와 여자는, 본인이 호적에서 누락되었을지라도 그 자식이 호적에 편입되어 있으면 속전을 받기만 하고 그 자식을 처벌하지 않는다"라고 규정한 것도, 나이 70이 되면 국가의 조세 의무로부터 완전히 벗어났던 사정을 반영한 것이라 할 수 있다.

요컨대 제공[모](除公[母])은 『예기』의 기(耆)에 상응하는 60세부터 69세일 가능성이 높고, 이들은 군역이나 요역이 면제되지만, 전작(田作)으로 전조만을 바치는 존재이지 않았을까 한다. 이에 대해 본 문서의 노(老)는 모든 조세부담에서 벗어나 오로지 국가나 가족의 보호를 받는 존재로서, 「진법자묘지」(691)에서의 '대질(大耋)'에 상응하며, 『예기』에서 모든

---

27) "大夫 七十而致事 若不得謝 則必賜之几杖 行役 以婦人 適四方 乘安車 自稱曰 老夫 於其國則稱名 越國而問焉 必告之以其制"(『禮記』 曲禮 上 19章)

28) "… 文明元年(684), 又加明威將軍, 職事依舊. 然以大耋貽歡, 恒思鼓缶, 通人 告老, 固請懸車. 雲路垂津, 日門迴鑒. 特聽致仕, 以弘止足. 豈謂輔仁無驗, 梁 木云摧. 唐載初元年(690)二月十三日, 終於洛陽縣繡財里之私第, 春秋七十有 六. …"(권덕영, 2021, 「陳法子墓誌」, 『재당한인묘지명연구』 자료편, 496·499 쪽)

29) "人生十年曰幼學 二十曰弱冠 三十曰壯 有室 四十曰强而仕 五十曰艾 服官政 六十曰耆 指使 七十曰老而傳 八十九十曰耄 七年曰悼 悼與耄 雖有罪 不加刑焉 百年曰期 頤"(『禮記』 曲禮 上 18章).

직에서 은퇴하여 봉양을 받는 노(老)와 모(耄), 기(期)에 상응하는 이들을 일컫는다고 할 수 있다. 이에 각 시기별 각 나라의 연령구분을 「신라촌락문서」의 연령구분과 관련하여 제시하면 다음과 같다.

[표 2] 국가 · 시기별 연령구분

구분		연 령 구 분					
서진동진남송(3~5C)		小		半丁	丁		老
북조(6C)		小		中	丁		老
수당, 일본		黃	小	中	丁		老
백제(복암리목간)		[黃口?]	小口	中口	丁		[老?]
신라	적성비	其生子女子	小子·小女	小人	大人		[老]
	촌락문서	3年間産小子小孥(1~3세)	小子·小孥(4~8세)追子·追孥(9~14세)	助子·助孥(15~19세)	丁(20~59세)	除公除母(60~69)	老公老母(70~)

* [　]는 추정

3. 공연의 여자(余子)와 법사(法私)

본 「신라촌락문서」 살하지촌에는 연령구분과는 달리 모든 공연을 여자(余子)와 법사(法私)의 유형으로 나누었다. 곧 15개 공연을 이루는 중하연, 하상연, 하중연, 하하연의 연호를 14개의 여자(余子)와 1개의 법사(法私)로 규정하였던 것이다. 여자(余子)와 법사(法私)가 대가족 그룹인 공(孔)과 단혼의 소가족으로 구성된 연(烟)의 가족 단위를 다시 나눈 것임을 알 수 있다.

사실 본 문서의 여자와 법사는 기왕의 연구자들의 논쟁 가운데 하나였거니와, 이들을 법당의 군사조직으로 보는 견해가 일찍부터 있어 왔다. 곧 여자와 법사를 해당 공연마다 정 1명씩 각각 여갑당(餘甲幢)·경여갑당(京餘甲幢)·소경여갑당·외여갑당과 법당 자체에 징발되어 복무한 것으로 보거나,30) 특히 법사(法私)와 「영천청제비 정원14년명」(798)의 법공부(法功夫)를 법당에 소속된 고려 일품군과 같은 성격으로 보기도 한다.31) 나아가 법사는 정정(正丁)으로서 법당 부대에 속하였지만, 여자(餘子)는 법사를 보조하는 여정(餘丁)의 역을 담당한 것으로 보기도 한다.32) 이에 대해 여자(餘子)를 4~10세인 추자소자의 유소년층을 일정 기간 징발하여 훈련시켜 장래의 군사부역 부담을 감당할 수 있도록 양성하는 제도로 보고, 법사에 대한 설명은 없으나 이와 동일한 형태의 것으로 간주하기도 한다.33) 한편으로 여자(餘子)는 계연상의 여분 설정으로 발생하는 문제를 해결하기 위하여 '여분에 상당하는 역역부담자'를 지칭한 것이고 법사(法私)는 '신라의 국법에 기초하여 징발되어 특히 왕실에 출사하여 잡역을 부담하는 역역 종사자'로 보기도 한다.34) 이에 대해「신라촌락문서」의 작성시기에 대한 이설과 함께 '법사(法私)'·'여자(餘子)'와 법당의 연관성에 대해 회의적인 관점에서, 여갑당(餘甲幢)=법당(法幢)으로 간주하여 중고기 군사조직인 법당이 7세기 후반의 군제 개혁을 통해 여갑당[경·소경·외여갑당 등 39여갑당]으로 개편된 것으로 추정하기도 한다.35)

이러한 논란에도 불구하고 아무튼「신라촌락문서」는 818년에 작성된 것으로서, 이미 호적에 기재되었던 여자(餘子)와 법사(法私)가 계장의 성격을 띤「신라촌락문서」에 반영되었다고 할 수 있다. 따라서 여자(餘子)

---

30) 旗田巍, 1958·1959,「新羅の村落 : 正倉院にある新羅村落文書の研究」,『歷史學研究』226·227 ; 旗田巍·井上秀雄 편,『古代の朝鮮』, 學生社, 207~208쪽. 井上秀雄, 1958,「新羅軍制考」下,『朝鮮學報』12, 142쪽. 李基白, 1969, 「永川 菁堤碑 貞元修治記 考察」,『고고미술』102 ; 1974,『신라정치사회사연구』, 일조각, 293쪽.

31) 李基白, 1969, 위의 논문 ; 1974, 위의 책, 295쪽.

32) 武田幸男, 1984,「中古新羅の軍事的基盤 - 法幢軍團とその展開」,『東アジアにおける國家と農民』, 岩波書店, 221~258쪽. 李仁哲, 1988,「新羅 法幢軍團과 그 性格」,『韓國史研究』61·62합 : 1993,『新羅政治制度史研究』, 一志社, 313~314쪽.

33) 明石一紀, 1975,「統一新羅の村制について」,『日本歷史』322 ; 2011,『編戶制と調庸制の基礎的考察』, 校倉書房, 308~309쪽.

34) 木村誠, 2006,「統一期新羅村落支配の諸相」,『人文學報』368, 東京都立大學人文學部, 8~15쪽.

35) 李文基, 2016,「『三國史記』'法幢 冠稱 軍官' 記事의 새로운 이해 - 신라 法幢의 재검토를 위하여 - 」,『歷史敎育論集』60, 174~175쪽.

와 법사(法私)는 본「신라촌락문서」의 공연에 포함되며, 각각 등급연으로 산정되었던 것은 분명하다고 하겠다. 이에 여자와 법사는 공연을 다시 분류한 것으로서, 공연 가운데 일반 공연(孔烟)과 여자(余子), 법사(法私)를 구분한 것이라 하겠다.

(1) 여자(余子)

호적에서 연호를 구분하고 등급연을 나누는 것은『주례』소사도조에 연원하는 것으로서, 신라의 경우 정남 6명을 단위로 삼아 군려(軍旅)를 비롯하여 전역(田役) 내지 역역(力役)에 징발하기 위한 것이었다.[36] 본 문서 A촌(사해점촌) 13행에서 팔았다는 '관갑(貫甲)'[賣如白貫甲一]은 군졸의 갑옷에 다름 아니다. 곧 '관갑(貫甲)'은 본 문서 뿐만 아니라 다른 자료에 보이지 않지만, '賣如白'은 '팔았다고 사뢴'으로 풀이되거니와 '관갑(貫甲)'을 숫자로 나타낸 바 물품 내지 모종의 개수를 셀 수 있는 개체임을 알 수 있다. 이를 노(奴)의 일종으로 사노비,[37] 또는 갑주(甲冑) 등 전투용구 제조와 관련된 특수한 역을 지고 있었던 수공업자[38] 등으로 풀이하기도 한다.

그러나『진서(晉書)』에서 모용외(慕容廆)가 몸소 관갑주(貫甲冑)를 하고 말을 달려 격퇴하였다[乃躬貫甲冑, 馳出擊之]고 하거니와,[39]『위서(魏書)』에서는 '관갑교전(貫甲交戰)'이라 하여[40] 갑옷을 입은 병사를 지칭하기도 하였다. 또한 조선『태종실록』태종 7년 8월 6일조(권 14)에 견강

---

36) 박남수, 2021, 앞의 논문, 151~153쪽.

37) 旗田巍, 1958·1959, 앞의 논문 ; 旗田巍·井上秀雄 편, 1974, 앞의 책, 213~215쪽. 한편 兼若逸之는 '甲'은 갑옷을 뜻하지만, 갑옷 및 집은 팔 수 있으나 서식항목 중에 그들 항목이 없다는 이유로 고찰의 대상에서 제외하고, 서식상 사람이라면 노예라고 하였다.(兼若逸之, 1979, 앞의 논문, 78쪽)

38) 김창석, 2001,「신라 촌락문서의 용도와 촌락의 성격에 관한 일고찰」,『한국고대사연구』21, 64~65쪽 각주 38.

39)『晉書』권 108, 載記 8, 慕容廆.

40)『魏書』권 99, 列傳 87, 鮮卑禿髮烏孤.

계(䞧江界)의 세공(歲貢) 가운데 '관갑피(貫甲皮)'가 보이고, 『세종실록』 세종 3년 6월 1일조(권12)에는 기병(騎兵, 騎徒)의 무리가 모두 '관갑(貫甲)'을 하였다고 하였다. 따라서 본 「신라촌락문서」의 관갑(貫甲)은 사고 팔 수 있는 물품으로서, 가죽으로 꿰어 만든 갑주(甲冑)를 지칭한다고 할 것이다. 이에 A촌(사해점촌) 13행에서 팔았다는 '관갑(貫甲)'은, A촌의 사 합인(死合人) 9명 가운데 포함된 정(丁) 1명의 사망으로 인하여 그가 입던 '관갑(貫甲)'을 팔았다는 의미로 풀이된다.

이로써 보건대 A촌의 정남은 정졸로서 군역에 징발되었음을 알 수 있는 데, A, C, D촌의 정이 관갑을 갖춘 정졸로서의 역할을 하였던 사정을 반영한다고 보아 좋을 것이다. 따라서 이들은 역역 뿐만 아니라 군역에도 종사하였다고 여겨진다.

다만 B촌(살하지촌)의 '여자(餘子)'는 『주례』 소사도(小司徒)조에 등장 하는 존재로서, 이에 따르면 나라에 대사(大事)가 있으면 징발되었다고 한다. 여기에서의 대사(大事)는 융사(戎事)인데, 나라에 전쟁 등 큰일이 일어났으므로 마땅히 소사도가 백성들을 소집하여 정졸(正卒) 외에 여자 (餘子)까지 징발한다는 것이다.[41] 이 여자(餘子)를 정사농(鄭司農, 鄭衆,

---

41) "小司徒之職 掌建邦之教灋. 以稽國中及四郊都鄙之夫家 九比之數 以辨其貴賤 老幼廢疾. 凡征役之施舍 與其祭祀飲食喪紀之禁令. 乃頒比灋于六鄉之大夫 使 各登其鄉之眾寡 六畜車輦 辨其物 以歲時入其數 以施政教 行徵令. 及三年則 大比 大比則受邦國之比要 乃會萬民之卒伍而用之. 五人為伍 五伍為兩 四兩為 卒 五卒為旅 五旅為師 五師為軍 以起軍旅 以作田役 以比追胥 以令貢賦. 乃均 土地 以稽其人民 而周知其數. 上地家七人 可任也者 家三人. 中地家六人 可任 也者 二家五人. 下地家五人 可任也者 家二人. 凡起徒役 毋過家一人 以其餘為 羨. 唯田與追胥竭作 凡用眾庶 則掌其政教 與其戒禁 聽其辭訟 施其賞罰 誅其 犯命者. 凡國之大事 致民 大故 致餘子. 乃經土地 而井牧其田野 九夫為井 四井 為邑 四邑為丘 四丘為甸 四甸為縣 四縣為都 以任地事而令貢賦. 凡稅斂之事 乃分地域 而辨其守 施其職而平其政. 凡小祭祀 奉牛牲 羞其肆 小賓客 令野脩 道委積. 大軍旅 帥其眾庶 小軍旅 巡役. 治其政令 大喪. 帥邦役 治其政教. 凡建 邦國 立其社稷 正其畿疆之封. 凡民訟 以地比正之. 地訟 以圖正之. 歲終 則攷 其屬官之治成而誅賞 令羣吏正要會而致事. 正歲則帥其屬 而觀教灋之象 徇以 木鐸 曰不用灋者 國有常刑 令羣吏憲禁令 脩灋糾職 以待邦治. 及大比 六鄉四 郊之吏 平教治 正政事 攷夫屋 及其眾寡六畜兵器 以待政令"(『重栞宋本周禮注

A.D. ?~83년)은 선(羨)이라 하여 그 선졸(羨卒)로써 오직 밭의 경작이나 도적을 잡는다 하였고, 정현(鄭玄, A.D.127 ~ 200년)은 경대부(卿大夫)의 아들로 장자를 도와 왕궁을 숙위한다고 보았다.[42]

이에 따른다면 여자(余子)는 국가 비상시에 동원되는 예비 병력[羨卒]인 셈인데, 신라 23개 부대 가운데 제18부대인 39여갑당에 속한 경여갑, 소경여갑, 외여갑은 이들 여자(余子)로 구성된 예비군이 아니었을까 생각한다. '여갑(餘甲)' 자체가 '남은[잉여의] 갑병'을 뜻하는 바,[43] 여갑당(餘甲幢)은 '남은 갑병 부대'로 일종 예비군이라 할 수 있기 때문이다.

39여갑당의 군관은 '법당주-법당감-법당두상-법당화척-법당벽주'로만 구성되어 있다. 이들 법당 계열의 군관으로만 구성된 부대는 39여갑당을 비롯하여 백관당(百官幢), 사설당(四設幢), 외법당(外法幢), 군사당(軍師幢)과 사자금당(師子衿幢)이다. 이들 부대의 최고 지휘관은, 백관당(百官幢)·사설당(四設幢)의 경우 군관 가운데 15번째 순위의 법당주이고, 외법당은 27번째의 법당두상, 그리고 군사당과 사자금당은 28번째의 밥당화상이다. 신라의 주력부대인 6정과 9서당에는 최고위의 장군 이하 10번째의 보기당주까지 모든 고위 군관들이 배치되고, 십정군단의 경우도 제3군관인 대대감(隊大監)을 최고 지휘관으로 하여 제11군관인 삼천당주를 제일 하위 군관으로 구성되었다. 이에 대하여 법당계열의 군관으로 구성된 부대의 최고 지휘관은, 제12위 군관 저금기당주를 최고 지휘관으로 한 9주의 만보당보다도 하급 군관으로 구성되었음을 알 수 있다. 이처럼 군호에 배치된 군관의 등급은 곧 동 군관이 배치된 부대[군호]의 위상을 드러낸다., 이들 법당군관이 다른 여타 부대에는 배속되지 않고 오로지 39여갑당, 백관당, 사설당, 외법당, 군사당과 사자금당에만 배속되었다

疏 附 校勘記』地官司徒 2, 附釋音周禮注疏 권 11, 小司徒)

42) "司農云 餘子 謂羨也者 以其羨卒 唯田與追胥竭作乃使之 此經大 故不合使羨 故鄭不從之 玄謂 餘子 卿大夫之子 當守於王宮者也 知義然者 以經云大 故當宿 衛王宮"(『重栞宋本周禮注疏 附 校勘記』地官司徒 2, 附釋音周禮注疏 권 11, 小司徒)

43) "行于時° 累封長樂縣公° 擢東川節度使, 完城郛, 增兵械十餘萬, 詔分餘甲 賜黔巫道"(『新唐書』권 177, 列傳 102, 馮宿)

는 것은, 이들 부대가 주력부대가 아닌 사정을 반영한다.

더욱이 여자(余子)가 『주례』소사도(小司徒)조에 예비 병력[羨卒]으로 성격지워졌다면, 여갑당(餘甲幢) 또한 예비부대로서 여자(余子)를 병사로 배치하여 법당 군관의 지휘를 받도록 하였다고 보아 좋을 것이다. 다만 39여갑당이 경, 소경, 지방(외)의 전국적인 규모로 구성된 데 대하여, 이와 별도로 외법당이 존재하였음을 주목할 수 있다. 39여갑당의 경우 그 군호로 미루어 볼 때에 전국적으로 39개 부대였을 것으로 판단되는데, 외법당은 정식 군호명에는 보이지 않고 그 명칭으로 미루어 볼 때 지방에만 편성된 부대였음을 알 수 있다.

흥미로운 것은 외여갑당의 법당화척이 102명이고, 외법당의 법당두상이 102명으로 동수라는 점이다. 이는 신라의 115개 군보다는 13개의 수효가 부족하다. 그런데 각종 군호 가운데 5주서(五州誓)의 우수주서(牛首州誓)와 하서주서(河西州誓), 대장적당(大匠尺幢), 중당(仲幢), 개지극당(皆知戟幢), 구칠당(仇七幢), 2계당(二罽幢)의 우수주당(牛首州幢), 3변수당(三邊守幢)의 한산변(漢山邊), 우수변(牛首邊), 하서변(河西邊), 신삼천당(新三千幢, 外三千)의 우수주삼천당(牛首州三千幢), 나토군삼천당(奈吐郡三千幢), 나생군삼천당(奈生郡三千幢) 등 13개 군호에는 군관의 배속관계가 전혀 드러나지 않는다. 이들 13개 군호의 경우 병사의 충원 방식을 외여갑당이나 외법당과는 달리하고 있음을 시사한다. 이들 13개 군호 가운데 대장척당(大匠尺幢)은 일종 공병부대이고, 개지극당은 개지극(皆知戟)을 사용하는 특수부대로서 오로지 왕도에만 배치되었다. 또한 중당이나 구칠당은, 그 명칭이 중군(中軍)과 보구(報仇)[44] 등에서 비롯한 것으로 짐작되어 일종의 소모병(召募兵)으로 구성된 부대가 아닐까 추측

44) 仇七幢의 군호는 선덕왕 11년(642) 백제의 대야성 침공 때에 김춘추의 딸인 都督인 品釋의 아내가 죽은 데 대한 '報怨'(『삼국사기』권 5, 신라본기 5, 善德王 11년) 또는 '報仇'['"玄齡 … 遂上疏曰 '… 傳曰 : 知足不辱, 知止不殆' 陛下 威名功烈旣云足矣, 拓地開疆亦可止矣'… 今無是三者, 而坐敝中國, 為舊王雪恥, 新羅報仇, 非所存小'所損大乎?…'(『新唐書』권 96, 列傳 21, 房玄齡)]와 관련하여 '報仇七年'에서 비롯한 명칭이 아닐까 추측해 볼 수 있을 듯하다.

된다.

나머지 우수주서와 하서주서, 우수주당, 한산변당, 우수변당, 하서변당, 우수주삼천당, 나토군삼천당, 나생군삼천당은 모두 신라의 국경지대인 우수주(변)[현 春川], 하서주(변)[溟州, 현 강릉], 한산변[현 경기도 북변], 나토군[奈堤郡, 현 제천], 나생군[奈城郡, 현 영월]에 배치된 부대였다. 이들 지역은 『삼국사기』 설씨녀전(薛氏女傳)에서 보듯이 정남들이 3년을 기간으로 하여 교대로 방추(防秋)의 임무를 맡았고, 유사시에는 6년까지 연장되기도 하였던 것으로 여겨진다.45) 『신당서』 신라전에서 국경의 관문에 노사(弩士) 수천명을 주둔시켜 지킨다는 것은 이들 번상입역하는 정남을 지칭한 것이라 여겨진다.

특히 외여갑당의 법당화척이나 외법당의 법당두상이 102명이라는 것은, 신라의 115개 군 가운데서 위의 13개 지역을 뺀 나머지 지역의 총수를 지칭한 것이 아닐까 생각한다. 군관의 배치관계가 드러나지 않은 13개 지역이 신라의 왕도를 비롯한 변경지역이라는 점에서, 이들 13개 지역 가운데 특히 변경지역의 경우 주 도독이나 군태수, 소수 및 현령 등의 지휘하에 일종 군관구적 형태로 운영되었으리라 짐작되기 때문이다.

아무튼 군호의 위상에서는 외여갑당이 외법당보다 우위이지만, 두 부대는 엄연하게 서로 다른 독립 부대를 구성하였다는 점46)을 지적할 수 있다. 먼저 법당(法幢)은, 후술할 백제의 법호(法戶)와 마찬가지로 '법(法)'으로 규정된 과역의 일종이 군호처럼 일컬어졌던 것이 아닐까 생각해 볼 수 있다. 곧 법당은 진평왕 건복(建福) 41년(624) 백제의 속함(速含)·앵잠(櫻岑) 등 6성에 대한 침입에 대하여 상주·하주·귀당·서당 등과 함께 투입된 부대로 등장하지만, 통일신라의 병제에는 군관의 명칭으로만 전하고, 법당의 군호도 외법당에만 한정되어 전한다.

특히 선덕왕 3년(782)에 대곡성두상(大谷城頭上)이 처음으로 임명된 것47)으로 미루어 볼 때에, 법당두상-법당벽주만이 배속된 외법당은 선

---

45) 『삼국사기』 권 48, 列傳 8, 薛氏女.
46) 盧重國, 1987, 「法興王代의 國家體制强化」, 『統一期의 新羅社會 硏究』, 慶尙北道·東國大新羅文化硏究所, 53~57쪽.

덕왕 3년을 전후한 시기에 다시 편제되었을 가능성이 높다. 이에 여갑당이 여자(余子)로 병사를 구성한 데 대하여, 외법당은 다시 편제될 무렵에 기왕의 법당에서 병사를 징발하지 않았을까 추측된다.

또한 사자금당의 경우 사자금당주와 사자금당감이 당연히 포함되었을 법하지만, 이들은 9주에 배치된 만보당에만 배속되었다. 만보당에는 9주에 각 두 금색(衿色)을 두었다고 하였으나, 이미 만보당에는 저금기당주(著衿騎幢主)와 저금감(著衿監), 비금당주(緋衿幢主)와 비금감(緋衿監), 그리고 군호에 걸맞게 만보당주가 배속된 만큼, 사자금당주(師子衿幢主)는 이들 저금(著衿)과 비금(緋衿) 두 금(衿) 이외의 여분의 군관인 셈이다.

그러므로 법당 관련 군관이 배속된 이들 부대는 유사시에 법당 군관이 지휘하지만, 징발 대상자는 문무백관과 법당호, 여자호를 대상으로 하는 예비부대라고 할 수 있을 것이다. 이들 법당 군관이 배치된 부대는 편제상으로만 존재하는 부대로서, 평상시에는 직역과 부역 및 전작(田作)과 훈련에 동원되겠지만, 유사시에는 전투에 징발되는 예비군으로 보아야 하리라 본다. 곧 백관당은 유사시에 백관을 징발하는 부대이고, 노당, 운제당, 충당, 석투당 등으로 구성된 사설당은 유사시 공성(攻城)을 위한 예비부대, 그리고 법당화척으로 구성된 대장척당과 개지극당, 외법당은, 6정이나 9서당에 속한 화척이 기병과 보병으로 구성된 것으로 보아, 기병과 보병으로 구성된 예비부대로서 그 직능에 따라 공병[장척]이나 개지극으로 무장한 병사를 운영하거나, 보병과 기병으로써 실제 전투에 임할 수 있었던 부대였다고 판단된다.

따라서 A, C, D촌의 등급연이나 계연에 산정된 정은 군역 또는 역역의 일반 징발대상이라고 여겨지며, B촌의 여자(余子)는 A, C, D촌의 정졸에 대응하는 예비군적 성격으로 평상시에는 여부(餘夫)로서 경작에 종사하다가 유사시 도적을 체포하거나 예비군으로서 동원되어 여갑당에 징발될 수 있는 존재였다고 할 수 있다.

본 촌락문서에서 계연의 기준수를 정 6명으로 한 것은, 주나라의 5비제

---

47) 『삼국사기』 권 40, 雜志 9, 外官 浿江鎭典 頭上大監.

(五比制)에서 부(夫) 곧 정(丁) 5인을 오(伍)로 삼아 군역(軍役)과 전역(田役)에 동원한 그것에 견줄 수 있으리라 본다. 주의 9등호의 5비제에 짝하는 것이, 신라의 9등호제에서 정남 6명을 계연의 기본수로 삼은 것에 비교할 수 있기 때문이다.[48] 신라 군관 조직에서 최하급 군졸의 정원을 분명하게 알 수는 없으나, 지방 군사 조직으로 여겨지는 삼천당의 당주가 6명이고 이들 병졸이 3천명으로 구성된 것, 그리고 외법당의 군관으로 오직 법당두상 102명과 법당벽주 306명의 1대 3의 비율을 유지하면서 이들 모두 6의 배수인 것도 이러한 신라의 독특한 군역 징발 단위인 6비제도와 관련이 있지 않을까 상정해 볼 수 있을 듯하다.

(2) 법사(法私)

B촌의 여자(余子)와 함께 등장하는 법사(法私)에 대해서도 다양한 견해가 있었다. 곧 B촌은 여자(余子)로 편성된 15개 연(烟)에 정 25명이고, 법사(法私)로 편성된 1개 연(烟)에 정 1명이다. 기왕에는 법사(法私)를 여자(余子)에 대비되는 법당의 정졸(正卒)로 보아 왔지만,[49] 앞서 살폈듯이 9세기 초에는 여자(余子)로써 예비군을 편성하였고, 법당의 군호는 23개 군호 외의 부대로 외법당만이 남아 있어 수긍하기 어렵다. 또한 B촌의 26명의 정 가운데 25명을 예비군으로 삼으면서도, 정 1명만을 정졸로 징발하였다는 것은 논리적으로 모순이 아닐 수 없다.

다만 법사(法私)는 여자(余子)와 마찬가지로 공연을 다시 분류한 것으로서, 등급연에 포함되어 있다. 그런데 백제에 있어서도 이와 유사한 형태의 연호 구분이 있었음을 확인할 수 있다. 곧 나주 복암리 1호수혈에서 발견된 405호 유물 목간(복암리 3호목간)의 '법호(法戶)'를 주목할 수 있다.[50]

---

48) 박남수, 2021, 앞의 논문, 152~153쪽.
49) 旗田巍, 1958·1959, 앞의 논문 ; 旗田巍·井上秀雄 편, 앞의 책, 207~208쪽. 井上秀雄, 1958, 앞의 논문, 142쪽.
50) 국립나주문화재연구소, 2010, 앞의 책, 412쪽 사진·511쪽 석독문

동 목간은 이미 지적되듯이 상단 부분을 주 걱모양으로 잘라 새로운 용도로 사용된 것으로서, 상단 부분의 글자 상당수가 결락되었다. 이로 말미암아 정확하게 그 내용을 파악하기 어려운데, 「나주복암리유적 1 : 1~3차 발굴조사보고서」에서는 본 목간이 모라(毛羅)라는 특정지역에서 특정한 일을 7월 17일부터 8월 23일까지 37일만에 완수하고 보고한 내용으로 추정하였다. 나아가 본 목간은 반나(半那) 지역의 비고(比高)로 대표되는 장인(墻人)을 차출하되 전항(前巷)의 나솔(奈率) 오호류(烏胡留)의 소속인인 '~우호(尤戸)'의 지차(智次), 검비두(鈒非頭)의 한솔(扞率) 마진(麻進) 소속인인 '야지(夜之)'와 '간도(間徒)', 그리고 같은 지역인인 일비두(鈒非頭)의 덕솔(德率) ~의 소속인인 장법호(將法戸)의 국차(匊次) 등 4인을 추가로 지원받아 소명을 다했다는 보고 내용으로 추정하였다.[51]

나주복암리 1호수혈 출토유물 (405)목간(복3)
[좌 : 앞면, 우 : 뒷면]

사실 본 목간의 서식은 앞면에 공사기일과 공사명, 그리고 공사를 주관한 마을(毛羅) 이름으로 구성되었다고 여겨진다. 곧 공사기간은 'ㅁㅁ 十[52]年 7월 17일~8월 23일'까지이고, 해당 작업은

'充'자비교 : 좌로부터 ① 복암리3호목간 ② 懷素의 草體千字文 ③ 歐陽詢 千字文행서

반나(半那)의 칠고장인등(汃高墻人等[等])이 참여하였다고 보아 좋을 것이다. 보고서에서는 칠(汃)을 '비(比)'로 석독하였으나,[53] '칠(柒)'의 생획

51) 국립나주문화재연구소, 2010, 위의 책, 514쪽.

52) 목간의 상부가 결실되어 윗부분의 글자가 분명하지 않아 보고서에는 미상으로 하였으나(국립나주문화재연구소, 2010, 위의 책, 513쪽), 연도를 나타내는 숫자가 분명한 만큼 남은 자획으로 미루어 '十'자가 분명하다.

자로 보아야 하지 않을까 하며, 아마도 뒤의 고장(高墻)으로 미루어 담장의 높이를 지칭한 것이 아닐까 추정해 볼 수 있을 듯하다.

이에 대해 뒷면의 '충'호('充'戶, B①-1·2)를 '우'호('尤'戶)로 석독하여 왔으나,[56] '一' 획과 '儿' 획 사이에 작은 '-'획을 발견할 수 있어 위의 그림에서 보듯이 오히려 당나라 회소(懷素)의 『초체천자문(草體千字文)』이나 『구양순천자문(歐陽詢千字文)』의 행서체 '충(充)'자[57]의 잔획으로 보아야 하지 않을까 한다. 또한 보고서에서는 진비두(鎮[鎭]非頭, B②-5·6·7)의 '鎮'을 '일(釰)'로 석독하였으나,[58] '금(金)'변 우측에 '패(貝)'변과 그 위의 세로 획 'ㅣ'을 확인할 수 있으므로, '鎮(鎭의 이체자)' 또는 '鎖', '鎖' 으로 추정할 수 있다. 다만 패(貝)변 위의 'ㅣ'획은 희미하게나마 '+'획을 흘려쓴 듯한 획을 볼 수 있고, '非'와 더불어 하나의 단어로 사용될 수 있는 것으로는 '진비(鎭非)'가 유일하므로, 진비두(鎮非頭)로 석독해도 좋지 않을까 한다.

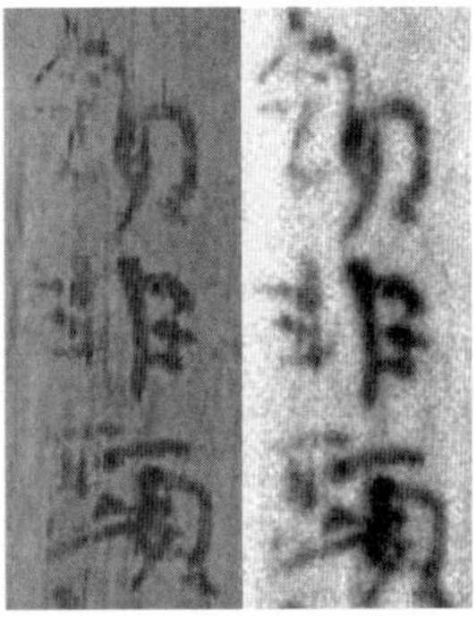

'鎭非頭' 원본(좌)과 적외선(우) 사진

'진비두(鎭非)'란 '진비상(鎭非常)'의 의미로[59] 국왕의 거둥시에 빈 궁궐을 지키는 것을

53) 국립나주문화재연구소, 2010, 위의 책, 513쪽.

54) 나주복암리유적 1 : 1~3차발굴조사보고서에서는 '比'로 석독하였으나(국립나주문화재연구소, 2010, 위의 책, 513쪽)

55) 나주복암리유적 1 : 1~3차발굴조사보고서에서는 '若'으로 석독하였으나(국립나주문화재연구소, 2010, 위의 책, 513쪽), 昌의 이체자 '昌'으로 석독한다.

56) 국립나주문화재연구소, 2010, 위의 책, 513쪽.

57) 『書法字典』 充 행서(http://www.shufazidian.com/s.php).

58) 국립나주문화재연구소, 2010, 앞의 책, 513쪽.

59) "司憲府大司憲尹繼謙等 … 又上箚子曰: 臣等伏聞今講武, 承旨俱扈從而以假承旨留都° 臣等竊考先王舊例, 凡有行幸, 必擇承旨愼重者二人, 使守宮闕, 所以備空虛而鎭非常也° 況今四殿在宮, 必有出納之命, 如奉視膳具´ 巡綽´ 警守´ 符牌出入之事, 在所當謹, 殿下諒察° 傳曰: "自占檢察官, 果非也° 然孝元業已許之, 自今勿令自占° 行在所事多, 故悉令承旨扈從耳, 今卿等言之, 故從之° " 因命右副承旨孫舜孝´ 同副承旨洪貴達留都° "(『성종실록』 75권, 성

의미한다. 여기에서 '두(頭)'는 신라의 「남산신성비」에 등장하는 나두(邏頭), 그리고 군관명에 보이는 법당두상(法幢頭上)이나 두상대감(頭上大監)에서도 살필 수 있는데, 남송에서 부세(賦稅)의 수송책임자로 군읍에 30호를 단위로 1갑(甲)이라 하고 갑두(甲頭)를 두어 책임을 지도록 한 것[60]을 참조할 수 있다.

따라서 진비두(鎭非頭)는 궁궐 내지 성, 관청 등을 지키는 부대의 지휘관을 뜻하며, 이는 그 앞 줄의 '야지간도(夜之間徒)'와 연계하여, 밤에 경비를 서는 무리들의 우두머리를 일컫는 것으로 생각한다. 요컨대 진비두(鎭非頭)는 본 목간의 '고장(高墻)에 둘러싸인 장소를 야간에 경비하는 무리[夜之間徒]의 우두머리'인 셈이다.

그렇다면 본 목간 뒷면의 내용은 상단의 칠고장인등(柒高墻人等)으로서 충호(充戶) 지차(智次)와 야지간도(夜之間徒), 법호(法戶) 국차(匊次), 그리고 이들의 징발 내지 공사 책임자인 전항(前巷)의 나솔(奈率) 오호류(烏胡留), 진비두(鎭非頭) 한솔(扞率) 마진(麻進)과 일명의 관등 소지 책임자로 구성되었다고 할 수 있다. 여기에서 칠고장(柒高墻)은 아무래도 진비(鎭非)와 관련된 성이나 관사의 7장 높이의 담장으로 생각된다. 이에 법호(法戶)는 이 공사를 위해 징발된 호(戶)를, 그리고 충호(充戶)는 법호의 작업을 지원하기 위해 충당된 호(戶)이며, 동 관사를 경계하는 야지간도(夜之間徒)가 이들을 도와 본 공사를 진행하였던 것으로 생각한다.

사실 이와 유사한 공사가 통일 신라기에도 있었다. 곧 「영천청제비 정원14년명」(798)에는 청제(菁堤)를 수리하기 위하여 부척(斧尺, 136인)과 법공부(法功夫, 14,140인), 그리고 인근의 절벌(切火)·압탁(押喙)에서 징발한 각조역(角助役)으로써 2월 12일부터 4월 13일까지 공사를 진행하였다. 청제비의 법공부(法功夫)는 복암리 3호 목간의 법호(法戶)에, 각조역(角助役)은 복암리의 충호(充戶)에 각각 상응하며, 여기에 작업 현장에 복

종 8년(1477) 1월 12일 辛亥)

60) "紹興三十年 … 十一月四日, 臣寮言:「賦稅之輸, 各有戶名, 戶之不輸, 孰任其咎? 郡邑乃有以三十戶為一甲, 創為甲頭而責其成效者…"(『宋會要輯稿』 食貨 14, 免役 下, 高宗)

무하는 야지간도(夜之間徒)가 참여한 것으로 보아 좋을 것이다. 이는 법호(法戶)가 과역의 일종으로 규정되었음을 의미하며, 법공부(法功夫) 또한 법당(法幢)이나 일품군(一品軍)이라기 보다는 공역에 징발된 연호를 지칭한다고 할 수 있다.

그러므로 신라의 법당(法幢)도 백제의 법호(法戶)와 마찬가지로 '법(法)'으로 당(幢)에서의 복무를 과역으로 규정하였던 것인데, 진평왕 때의 유사시에 동원됨으로써 군호처럼 일컬어졌던 것이라고 할 수 있다. 이로 인하여 법당의 군호는, 전쟁이 끝난 통일신라시대에 신라 23 군호 명단에는 존재하지 않으면서, 법당두상, 법당벽호가 배속된 지방 예비부대로서 다시 설치되어 외법당의 명칭만이 전하게 된 것으로 여겨진다.

마찬가지로 「영천청제비 정원14년명」의 법공부(法功夫)와 본 문서의 법사(法私) 또한 과역의 일종으로 백제의 법호(法戶)와 동일한 성격을 띤 것이라 할 수 있다. 이에 '공부(功夫)'와 '사(私)'가 해당 연호의 과역을 규정한 것임을 알 수 있다.

'사(私)'의 용례와 관련하여 최근에 함안 성산산성 목간과 대구 팔거산성 목간 중에 보이는 '왕사(王私)'의 용례를 살핀 연구가 주목된다. 동 연구에서는 팔거산성 목간의 임술년과 병인년을 각각 602년과 606년으로 추정하면서, 왕사(王私)가 나오는 성하맥(城下麥) 목간은 왕실직할지에서 역역동원된 사람에게 거점성이 식량을 지급한 것으로 보았다.[61] 사실 팔거산성 목간의 임술년과 병인년을 각각 602년과 606년으로 추정한 것은 팔거산성의 추정 집수지 2호의 제IV 단층 목재 구조물 내부에 퇴적된 회청색과 회색 니토층에서 단경호, 독[甕], 1단 투창고배 각부편과 함께 출토된 때문으로 보고 있다.[62] 이에 대해서는 자세한 검토가 필요하겠지만, 보고자 또한 발표회 당시에는 작성 기년을 1갑자 올려 542년, 546년일 가능성을 배제하지는 않았던 듯하다.[63]

---

61) 하시모토 시게루, 2022, 「함안 성산산성 목간의 '王私'와 '城下麥'」, 『신라사학보』 54.

62) 전경효, 2022, 「대구 팔거산성 출토 목간 소개」, 『목간과 문자』 28, 249쪽.

63) 전경효, 2022, 1,21, 한국목간학회 제37회 정기발표회 「대구 팔거산성 출토

사실 함안 성산산성 목간과 대구 팔거산성 목간에서는 '왕사(王私)'를 비롯하여, '사(私)', '하맥(下麥)' 등 유사한 용례를 살필 수 있다. 서식 또한 기본적으로 '지명+인명+곡물명[米 또는 麥]+석(石[또는 一石])'으로서 양자가 대동소이하다. 다만 팔거산성 목간의 경우 총 16점의 목간 가운데 모두 10점의 목간에만 글자가 남아 있고, 그나마도 각 목간의 내용을 파악하기가 쉽지 않다.[64]

그런데 팔거산성의 목간 연대를 비정하는데 있어서 주목할 만한 것은, 제16호 목간의 "安居利干支私男谷村支之"에 보이는 관등 '간지(干支)'의 표기 방식이다. 주지하듯이 「포항 중성리비」(501)에서는 중앙과 지방을 막론하고 '간지(干支)'의 관등을 사용하였고, 관등이 점차 분화되면서 중앙관의 경우 「단양 적성비」(~551)나 「명활산성작성비」(551) 단계까지 파진간지(波珎干支), 아간지(阿干支), 하간지(下干支) 등 '간지(干支)'를 사용하였던 것을, 「창녕 진흥왕순수비」(561)에 이르러서는 대일벌간(大一伐干), 일벌간(一伐干)와 같이 '간(干)'으로 표기 방식이 바뀌었다. 이에 대해 외위의 경우 「영천청제비 병진명」(536)과 「명활산성작성비」(551)까지 사용하던 하간지(下干支) 등 '간지(干支)'의 표기방식이, 「단양적성비」(~551) 단계부터 찬간(撰干), 하간(下干) 등 '간(干)'으로 바뀌었다.

사실 대구 팔거산성 목간의 '간지(干支)'는 외위로 판단되거니와, 이로써 그 기년을 살핀다면 늦어도 「명활산성작성비」(551) 단계 이전이 되어야 하며, 따라서 동 목간의 임술년과 병인년은 542년, 546년일 가능성이 높다. 그간 팔거산성의 목간의 제작시기를 602년과 606년으로 본 데는 학계에서 성산산성의 임자년 목간을 592년으로 보려고 한 데서 비롯한 것이라 짐작되거니와, 당시에는 관등의 표기 방식이 「남산신성비」(591)의 찬간, 상간, 간 등에서 보듯이 '간지'가 아닌 '간'이었음을 주목해야 한다. 무엇보다도 성산산성 목간에서 '급벌척(及伐尺)', '급벌척(急伐尺)'과 함께 「울진봉평신라비」(524, 법흥왕 11)의 '거벌척(居伐尺)'이 등장한 점,

---

목간 소개」 발표문, 18쪽 각주 34.
64) 팔거산성목간의 정밀 원본과 적외선 사진을 제공해준 국립경주문화재연구소 (전경효)측에 본 지면을 빌려 감사드린다.

경위 12관등의 대사(大舍)를 지칭한 '대사하지(大舍下智)'가 「천전리서석 원명」(525)의 대사제지(大舍帝智) 이후 「영천청제비 병진명」(536)의 대사제(大舍苐)에 선행하는 명칭이라는 점, 그리고 사면목간의 문장형식이 신라어 어순을 따르면서 '在弥[~잇며]' 등의 일부 훈독과 구결이 나타나지만 아직 「천전리서석 추명」(539)의 '叱[~을]' 등의 용법이 보이지 않는다는 점에서, 성산산성 목간의 임자년은 법흥왕 19년(532)으로 보지 않으면 안된다.[65]

앞서 언급하였듯이 성산산성 목간과 팔거산성 목간은 매우 흡사한 서식과 왕사(王私), 사(私), 하맥(下麥) 등의 용례를 보여준다. 특히 필자는 이미 성산산성 진내멸촌주 사면목간에서 眞乃滅村主가 '迊法卅'에 따라 성산산성의 卽十智 大舍下智에게 '卅日食'을 보낸 사실에 주목하여, 그 동안 세금 꾸러미의 하찰목간으로 여겨왔던 성산산성 목간이 『唐令拾遺』의 당나라 부역령에 상응하는 입역자들의 私糧에 부찰한 목간이었음을 밝혔다.[66] 이러한 견해는 산성 축조시 동원된 인부들이 자신의 양식으로 自擔한 것이라는 견해로 이어졌다.[67] 下麥에 대해서도 그 동안 'ㅇㅇ城下'이라 하여 'ㅇㅇ城 아래에 예속된'의 의미로 해석하던 것을, '~城下麥'의 구절은 '~城이 麥을 ~村에 내린다'는 의미로 풀이하는 견해[68]를 보완하여 밝힘으로써,[69] 현재는 점차 호응을 받는 듯하다.[70]

그럼에도 불구하고 성산산성 목간에는 팔거산성 목간에 보이지 않는 다양한 지명과 상간지(上干), 일척(一尺), 일벌(一伐), 급[거]벌척(急[居] 伐尺)의 관등을 지닌 관인층, 일반 정역층과 노인(奴人), 노(奴), 종인(從

---

65) 박남수, 2017, 「신라 법흥왕대 '及伐尺'과 성산산성 출토 목간의 '役法'」, 『신라사학보』 40, 69~74쪽.

66) 박남수, 2017, 위의 논문, 48~49·59~62쪽.

67) 하타나카 아야코, 2018, 「목간군으로서 함안성산산성목간」, 『목간과 문자』 21.

68) 이수훈, 2012, 「城山山城 木簡의 '城下麥'과 輸送體系」, 『지역과 역사』 30, 2012, 163쪽

69) 박남수, 2017, 앞의 논문, 55~56쪽.

70) 하시모토 시게루, 2022, 앞의 논문, 213~216쪽.

人) 등을 살필 수 있다. 다만 두 종의 목간에서 왕사(王私), 사(私) 등의 용례를 살필 수 있거니와, 이에 대한 최근의 하시모토 시게루의 지적은 그 동안 간과하였던 문제에 많은 시사점을 던진 것으로 평가된다. 무엇보다도 함안 성산산성에서 불분명하였던 왕사(王私) 및 사(私)의 용례를 더함으로써, 신라촌락문서의 '법사(法私)'의 의미를 추적할 수 있는 단서를 제공하였다는 데에 그 의미가 적지 않다고 할 것이다.

먼저 성산산성과 팔거산성의 목간에서 '사(私)'의 용법은 다음 세 가지로 분류할 수 있는데 이를 정리하여 제시하면 다음과 같다.

㉮① ×〔申?〕年王私□〔劉?〕習夫□麦石 (팔거산성 3호목간)

② 丙寅年〔王〕〔私〕□〔分〕□□休 (팔거산성 6호목간)

③ ×□村王私禾□□□〔之〕× (팔거산성 15호 목간)

④ 王私烏多伊伐支壱〔乞〕負支 (김해1269)

⑤ 王私烏多伊伐支卜然 (가야1614(81))

⑥1. 夷津支城下麥王私巴珎壬村

　2. 弥次二〔石〕 (가야2025)

⑦--1. 三月中鐵山下麥十五斗

　2. 王私□阿利〔秕〕村波利足 (가야4686)

㉯① 安居利干支私男谷村支之 (팔거산성 16호 목간)

②-1. 石密日智私

　2. 勿利乃亢花支稗 (가야 56)

㉰①-1. 卆波部 □□村□□□□

　2. 米一石私 (팔거산성 14호 목간)

② ×…□那只私[71)]米 (가야4697)

③ 〔赤〕〔城〕〔安〕爾加稗石負 (성산산성 목간 144-1)

④ 可初智行負一麥石 (가야46)

⑤ 內恩知奴人居助支負 (가야34)

---

71) 국립가야문화재연구소 편, 2017, 『한국의 고대목간』 Ⅱ, 384쪽에서는 '飾'으로 석독하였으나 위 그림에서 실획 私 는 팔거산성의 '私'에 왕희지의 행서체 '私'(서법자전 http://www.shufazidian.com/s.php)를 혼용한 서법으로 인정되는 바, '私'로 석독해야 하지 않을까 한다.

위의 성산산성과 팔거산성의 목간에서 '사(私)'가 표기된 목간을 그 용법에 따라 ⓐ 왕사(王私), ⓑ 사속인의 사(私), ⓒ 개인 곡물의 사(私)로 구분하였다.

첫째, '왕사(王私)+인명' 또는 '왕사(王私)+지명+인명'의 표기 방식이다. 팔거산성 목간의 경우 대체로 '왕사(王私)+인명'의 구조인데, 성산산성 목간은 '왕사(王私)+지명+인명'의 구조이다.

'왕사(王私)'는 왕에 예속된 사속인이란 의미로, 신라사회에서 이와 관련한 직임 또는 직역으로서는 내성(內省)과 어룡성(御龍省)의 '사신(私臣)'을 비롯하여 본피궁의 '사모(私母)' 등의 용례를 들 수 있다. 이에 사신(私臣), 사모(私母)가 경영체로서의 궁을 통하여 왕실의 토지, 예속민 관리와 관련된 것으로 추정하고, 왕사도 그러한 왕왕실이 소유하는 토지, 예속민과 관련이 있는 것으로서, 왕사에 딸린 촌명은 왕왕실 직할지이며, 인명은 거기에 예속된 사람으로 보기도 한다.[72]

물론 성산산성의 왕사 관련 목간에서는 오다이벌지(烏多伊伐支)라는 동일 지역에서 ☐부지(☐負支)와 복휴(卜烋) 두 사람의 용례를 살필 수 있다. 파진임촌(巴珎壬村)과 ☐아비촌(☐阿利村), 신촌(新村) 등에 속한 인명을 왕사(王私)로 지칭한 데 대하여 이론은 없지만, 이들 촌명이 모두 왕실 직속촌인가 하는 점에 대해서는 보다 면밀한 검토가 필요할 듯하다.

팔거산성 3호·6호·15호 목간의 경우 '촌명+왕사(王私)+인명'의 구조로 이루어진 바(ⓐ③), 왕사가 인명에 한정된 규정임을 알 수 있다. 팔거산성 목간의 용례로 보았을 때에는 성산산성의 목간이 비록 '왕사+지명+인명'의 구조이지만, 왕사는 최종적으로 인명을 수식하는 용어일 가능성이 높지 않을까 한다.

둘째, 개인에 예속된 사속인이란 의미로 사용된 '사(私)'의 용례가 있다. 이는 '인명1+私+(지명)+인명2(+곡물명)'의 서식을 보이는데, 팔거산성 16호 목간의 '안거리간지사남곡촌지지(安居利干支私男谷村支之)'는 '안

72) 하시모토 시게루, 2022, 앞의 논문, 209쪽. 윤선태, 2022, 「대구 팔거산성 출토 신라 지방목간」, 『신라학리뷰』, 동국대 신라문화연구소, 48쪽.

거리간지(安居利干支)의 사속인으로 남곡촌(男谷村)에 거주하는 지지(支之)'로 풀이된다. 이는 성산산성 목간의 '석밀일지사(石密日智私)」 물리내문[둔]지패(勿利乃文[芚]支稗」)' 곧 '석밀일지(石密日智)의 사속인으로 물리내(勿利乃)에 거주하는 문[둔]지(文(芚)支)의 패(稗)'와 동일한 구조이다. 패(稗)가 개별 인명의 것임을 지칭하는 바, '사(私)' 또한 지명과 인명 가운데 인명2를 규정하며, 이들은 사(私)의 앞에 나오는 인명1의 사속인이란 의미로 새겨야 하리라 본다.

셋째, 팔거산성 14호 목간에서 보듯이 '지명+인명+곡물 종류 및 수량+사(私)'의 서식으로 곡물명 뒤에 '사(私)'를 표기한 용례를 들 수 있다. 성산산성 목간에는 '짐[負]'으로써 곡물의 소유 관계를 표기하고는 하였는데, 여기에는 '지명+인명+곡물 종류 및 수량+짐[負]'의 형식을 취하거나, '인명+짐[負]+곡물 종류 및 수량', 또는 곡물 수량의 표기 없이 '인명+짐[負]'만으로 소유자를 밝힌 경우도 있다. 어느 경우라도 동 곡물의 소유자를 분명히 한 점에서는 동일하다. 다만 성산산성 목간의 일반적인 서식인 '지명+인명+곡물 종류 및 수량+負'와 팔거산성 목간의 '지명+인명+곡물 종류 및 수량+사(私)'를 비교할 때에, '부(負)'가 '사(私)'로 바뀌었음을 살필 수 있다. 이로써 볼 때에 팔거산성의 '사(私)'는 성산산성 목간의 '부(負)'의 '모인(某人)의 짐'과 마찬가지로 '모인(某人)이 소유한 사량(私糧)'이란 의미로 풀이된다. 이러한 용법은 이미 성산산성 목간에서도 살필 수 있는데, 가야4697 목간 '…ㅁ那只私米'는 '…ㅁ나지의 개인 쌀[米]'이란 의미로서, 성산산성 목간의 곡물이 축성에 징발된 입역자들의 사량(私糧)임을 다시 확인하여 주며, 개인의 소유를 뜻하는 '사(私)'의 용법이 '부(負)'와 함께 이미 사용되었음을 보여준다. 다만 수 점에 불과하긴 하지만 팔거산

[좌로부터]가야4697호목간 '那只私米'와 왕희지체(행서) 및 가야56의 '私'

성 목간에서 성산산성 목간의 '부(負)'의 용법이 전혀 보이지 않는 것은, 두 종의 목간의 시간적 차이에 기인한 것으로서, 종래의 '부(負)'의 표기 방식이 '사(私)'로 변해가는 과정을 반영하는 것으로 생각한다.

요컨대 성산산성과 팔거산성목간에서 신분을 규정하는 '사(私)'는 왕에 예속된 '왕사(王私)'와 개인에 예속된 사속인으로 구분할 수 있다. 특히 성산산성 목간에 등장한 신분층은, 왕사와 사 외에도 외위를 소지한 관인 층[上干支, 干支, 一伐, 一尺, 急伐尺, 大村主, 阿那典智]을 비롯하여 일반 정역자(丁役者), 일반 노인(奴人)과 일벌(一伐)의 관인에 속한 노인(奴人), 개인에 속한 노(奴)와 종인(從人)이 등장한다. 이들은 성·촌 또는 구리벌 (仇利伐) 등과 같은 각지의 행정단위에 광범위하게 존재하였고, 성산산성 과 팔거산성의 축성을 위해 징발되었던 것이다.

함안 성산산성 목간에서 노인(奴人)의 경우 '벌(伐)' 단위의 수장급 외위 소지자나 특정 개인의 관할 내지 예속하에 있었고, 노(奴)는 독립적인 생 활이 가능하거나 특정 개인 또는 벌(伐)이나 촌 예하 마을 단위의 외위 소지자 휘하에 예속된 존재였던 것으로 보인다. 특히 「울진봉평비」로 미 루어 볼 때에 노인(奴人)의 경우 정복 등에 의한 집단 예속 상태에서 비롯 한 신분층인데 대해, 노(奴) 등은 사회경제적 발전 단계에서 내재적으로 발생한 신분층이라 할 수 있다. 또한 從人은 「마운령진흥왕순수비」에 보 이는 이내종인(裏內從人)과 비슷한 성격의 존재로서 지방 성(城) 소속의 속리(屬吏)나 모벌(某伐)의 유력 인물에 속한 가인(家人) 내지 공봉(供奉) 과 같은 존재였던 것으로 추정된다. 이와 같은 신분적 규정에 차이가 있음 에도 불구하고 이들이 일반 정역자와 마찬가지로 모두 축성에 동원되었 던 것은 분명하다고 하겠다.[73] 이들 가운데 노(奴)는 「신라촌락문서」에 도 남아 전하지만, 이들 또한 일반 정남과 마찬가지로 계연수에 포함되는 만큼 군역과 역역의 징발대상이었다고 믿어진다.

그렇지만 왕사(王私)가 어떠한 과정을 거쳐 어떻게 변했는지는 분명하 지 않다. 다만 「마운령진흥왕순수비」의 이내종인(裏內從人)은 내성 산하

---

73) 박남수, 2017, 앞의 논문, 65~67쪽.

관사의 관리로 변질되었다. 이로써 볼 때에, 왕사(王私)와 개별 사속인은 함안성산산성 목간에 보이는 종인(從人)과 구별되며, 종인들이 훗날『신당서』신라전의 甲兵을 비롯하여 '장인 이상택하전(匠人 里上宅下典)'[74]이나 '조남택장 사□대사(照南宅匠 仕□大舍)'[75] 등으로 활동하게 된 데 대하여, 왕사 또는 사는 부역에 징발되는 존재로서 궁중수공업 산하 사모(私母)나 옹(翁)의 휘하에 번상입역하거나, 촌락에 산재한 왕실이나 개별 귀족 관리의 토지 경작 및 생산 물품을 조달하는 존재가 아니었을까 짐작된다.

신라는 함안산성 목간과 팔거산성 목간 이후 어느 시기엔가 왕사(王私)를 비롯하여 귀족의 사속인에 대한 권리를 보장하기 위한 조치로서, 이들 사속인을 법사호(法私戶)로 규정하지 않았을까 추측된다. 이들 법사호가 노(奴)와는 다르게 연호(烟戶)를 구성하였던 만큼 그들이 법사호로 규정되면서 그들에 대한 종속 관계를 세습하도록 하였을 것인데, 6세기 전반의 이들 사속인이 9세기 초반「신라촌락문서」에 법사(法私)로 전승된 것으로 생각한다.

법사호(法私戶)로 규정된 이들은 왕실이나 귀족 관료들에 의탁하여 전조(田租) 등의 부담을 더는 한편으로 그들을 위해 종세복로(終歲服勞)하였을 것인데, 이와 같은 법사의 규정은 당나라와 마찬가지로 녹읍의 확대나 신라 하대 귀족들의 대농장 경영의 발단이 되는[76] 하나의 요인으로 작용하였을 것이다.

요컨대 법공부, 법당, 여자 등이 주어진 과역에 따라 편제되었듯이, 법사(法私) 또한 중고기의 사속(私屬)의 범주에서 사적 경영에 투입되는 과역이 정해지고, 이에 따라 호명(戶名)을 정한 것으로 볼 수 있다. 이는 당나라에서 사농공상을 구분하여 오로지 각자의 업(業)에 전념하게 하면

---

74)『삼국유사』권3, 탑상4, 황룡사종 분황사약사 봉덕사종.
75)「신라상원사동종」, 황수영 편, 1981,『한국금석유문』제3판, 일지사, 280쪽.
76) "古者百畝地號一夫 蓋一夫授田不得過百畝 欲使人不廢業 田無曠耕 今富者萬畝 貧者無容足之居 依託彊家 爲其私屬 終歲服勞 常患不充"(『新唐書』권 52, 志 42, 食貨 2, 兩稅法)

서77) 공(工)·악(樂)·잡호(雜戸) 등의 호명(戸名)을 정한 것78)의 신라적
인 운용양상이 아닐까 한다. 곧 각 공연에 별도의 법공부, 법당, 여자,
법사 등을 규정한 것은 공연의 안에 별도의 과역을 규정하여 이에 전념하
도록 한 조치로서, 국가의 수요 및 귀족들의 권리와 이익을 보장하는 방책
이었다고 여겨진다. 이들 법사(法私)는 사속인으로서 귀족들의 전지를 경
작하였던 만큼 奴와 마찬가지로 전조를 납부할 의무는 없었다고 여겨지
며, 그밖의 역역이나 군역 등의 징발은 일반 연호와 크게 다르지 않았을
것으로 생각한다.

4. 왕실 직속촌의 운영

필자는 본 문서의 이두와 기재방식으로 보아 본 문서의 을미년은 815년
이고, 본 문서의 원장을 작성한 때가 818년임을 밝힌 바 있다. 이로써
신라는 당과 마찬가지로 3년에 1회씩 계년(季年 : 丑辰未戌)마다 호적을
작성하고, 중년(中年 : 子卯午酉)에 호등을 산정하였으며, 매년 계장을
작성하였음을 알 수 있었다.79) 다만 당나라가 정남 5명을 단위로 한 5비
제(五比制)를 채용한 데 대해, 신라는 '정 6명을 단위'로 계연(計烟)을 작
성하였다는 점에서 양자간에 차이가 있다. 이러한 신라의 독특한 제도를
일종 '6비제(六比制)'라고 일컬을 수 있을 것이다. 그럼에도 불구하고 당

---

77) "辨天下之四人, 使各專其業° 凡習學文武者爲士, 肆力耕桑者爲農, 巧作器
用者爲工, 屠沽興販者爲商° 工商之家, 不得預於士° 食祿之人, 不得奪下
人之利"(『舊唐書』 권 43, 志 23, 職官 2, 尚書都省 戸部)

78) "諸詐自復除, 若詐死及詐去工·樂·雜戸名者, 徒二年° 疏議曰, 詐自復除之
條, 備在格·令, 謂詐云落番新還或詐云放賤之類, 以得復除° 若詐作死狀, 及
詐去工·樂及雜戸等名字者, 徒二年° 其太常音聲人, 州縣有貫, 詐去音聲人名
者, 亦同工·樂之罪° 卽有所詐得復役使者, 徒一年° 其見供作使, 而詐自脫及
脫之者, 杖六十° 計所詐庸重者, 各坐贓論° 疏議曰, 謂詐爲雜任之類, 而得復
免役使者, 徒一年° 其見供作使, 謂權充雜役, 而詐自脫及知情脫之者, 各杖六
十° 計其詐庸重者, 各坐贓論"(『唐律疏議』 권25, 詐僞 詐自復除)

79) 박남수, 2021, 앞의 논문, 159~162·176~177쪽.

의 5비제가 이웃간에 상호 검찰하여 위법한 사항에 대해 고발 의무와 연대 책임을 가졌던 인보제(隣保制)로서 운영되었던 만큼, 신라의 '6비제' 또한 동일한 방식으로 '6정(六丁)'을 단위로 공동 책임을 지는 방식으로 운영되었을 가능성을 상정할 수 있을 듯하다.

아무튼 신라는 호등과 계연의 산정이나 호적과 계장을 작성하는 데 있어서 당의 호적제도를 채용하여, 신라의 실정에 맞추어 운영하였음을 알 수 있다. 이에 호등과 계연의 산정이나 호적과 계장의 작성 과정도 당의 제도와 크게 어긋나지 않았다고 본다.

『구당서』 권 43, 직관 2, 상서도성(尚書都省) 호부(戶部)에는 당나라의 호적 작성에 대하여 '현(縣)이 호적을 주(州)에 올리면, 주(州)는 성(省: 상서도성)에 올리고, 호부(戶部)가 모두 모아 관장한다' 하였고,[80] 『신당서』 권 51, 지 41, 식화 1, 조용조법(租庸調法)에는 '무릇 리(里)에는 수실(手實)이 있는데, 매년 말에 백성의 나이와 땅의 넓고 좁음을 갖추어 기록하여 향장(鄉帳)을 만들면, 향(鄉) 단위로 현(縣)에서 작성하고, 현(縣) 단위로 주(州)에서 작성하며, 주(州) 단위로 호부(戶部)에서 작성한다. 또한 계장(計帳)이 있는데, 다음해의 과역(課役)으로써 탁지(度支)에 보고한다. 나라에서는 필요한 바가 있으면 먼저 아뢰어 거둔다'[81]고 하였다. 곧 당의 경우 '리(里)-향(鄉)-현(縣)-주(州)-성(省: 尚書都省)-호부(戶部)'의 절차에 따라 호적을 작성하고 계장을 작성하였는데, 국가재정의 지출을 헤아려 과세액을 정하였다.

신라에 있어서도 일반행정은 『삼국사기』 향덕(向德)전에 보듯이 향사(鄉司)가 주(州)에 보고하고, 주(州)가 왕에게 보고하는 체계를 갖추었다. 그런데 본 문서에서는 '모현(某縣)-촌(村)'과 '서원경(西原京)-촌(村)'의 행정 체계를 살필 수 있다. 『삼국사기』 지리지의 편성이 '주-(소경)-군·현' 단위로 이루어졌음을 고려한다면, 본 문서의 A, B촌은 '주-군-현'의

---

80) 『舊唐書』 권 43, 志 23, 職官 2, 尚書都省 戶部.

81) "凡里有手實, 歲終具民之年與地之闊陿, 為鄉帳 鄉成於縣, 縣成於州, 州成於戶部 又有計帳, 具來歲課役以報度支 國有所須, 先奏而斂"(『新唐書』 권 51, 志 41, 食貨 1, 租庸調法)

하위 단위로 편철된 것이고, C촌은 주의 영현 또는 '주-군-현'의 하위 단위였으리라 짐작된다. C촌에 뒤이어 서원경이 편철된 것으로 보아, C촌은 서원경에 앞선 주의 영현 하위 단위로서 웅주의 2개 영현 곧 니산현(尼山縣)이나 청음현(淸音縣)에 속하는 촌이었으리라 본다.

다만 D촌의 경우 '소경-촌'의 구조로 기재되어 있어 몇 가지 의문이 있다. 이에 대해 소경의 행정 체계를 '소경-촌'으로 보지만,[82] 강수(强首)를 중원경 사량인(中原京 沙梁人)[83]이라 일컬은 것이나, 진흥왕 19년(558) 국원소경에 귀척자제(貴戚子弟)와 6부(六部)의 호민(豪民)을 국원소경으로 옮겨 채웠다는 데서[84] 소경도 왕경과 마찬가지로 6부의 행정구역이 설정된 도시지역과 이를 둘러싼 현 규모의 자연촌이 에워싸고 있었던 것으로 보기도 한다.[85]

사실 왕경의 행정체계는 '6부(部)-[방(坊)]-리(里)·촌(村)'인데,[86] 소경 또한 대경-소경 체계에서 엄연한 '경(京)'으로서 동일한 체계였지 않았을까 상정해 볼 수 있다. 곧 앞서 강수가 중원경의 사량인이라 밝혔고, 상당산성 남문 밖에서 '사량부(沙梁部)' '속장지일(屬長池馹)' 명문와가 발견되거나, 우암산성 명문기와에서 '탁부속(啄部屬)' '속장지일(屬長池馹)' 명문와가 발견된 바,[87] 소경의 행정체계에 대한 성급한 결론을 내리기

82) 이종욱, 1980, 「신라장적을 통하여 본 통일신라의 촌락지배체제」, 『역사학보』 86, 7~9쪽. 이문기, 1990, 「통일신라의 지방관제연구」, 『국사관논총』 20, 33쪽.
83) 『삼국사기』 권 46, 列傳 6, 强首.
84) 『삼국사기』 권 4, 新羅本紀 4, 眞興王 19년 봄 2월.
85) 藤田亮策, 1953, 「新羅九州五京攷」, 『朝鮮學報』 5, 105~107쪽. 임병태, 1967, 「신라소경고」, 『역사학보』 35·36합, 105~108쪽.
86) 「남산신성비」(3비)의 '啄部 主刀里', 그리고 월성해자 9호 목간의 '牟啄의 仲里, 新里, 上里, 下里', 習比部의 '上里, 阿今里, 岸上里…'(문화재관리국 문화재연구소, 1978, 『안압지』, 94쪽) 등을 살필 수 있고, 최근에 발견된 팔거산성 14호목간의 '夲波部 □□村□□□□'(전경효, 2022, 앞의 논문, 257쪽)에서 '部-(里)·村' 행정조직을 확인할 수 있다. 다만 팔거산성 목간의 '夲波部'는 후술할 상당산성 남문 밖에서 출토된 명문기와의 '沙梁部'나 우암산성 명문기와의 '啄部屬' 등과 관련하여 검토가 필요하리라 본다.
87) 차용걸, 1993, 「서원경의 위치와 구조」, 『호서문화연구』 11, 38~43쪽.

어렵게 한다.

「산청 단속사 신행선사탑비」(813)에서 신행선사(神行禪師)가 '동경 어리(東京 御里)' 출신으로서 동경(東京 : 東原京) 곧 금관소경에 '리(里)'의 행정체계가 있었음을 확인할 수 있으며, 후일 부제(府制)가 채택된 이후 원랑선사(圓郞禪師) 대통(大通)의 출신지를 '통화부 중정리(通化府 仲停里)'라고 한 데서 '소경(부)−리'의 체계를 살필 수 있다. 또한 「창원 봉림사지 진경대사탑비」(924)의 '지김해부 진례성제군사 명의장군 김인광(知金海府進禮城諸軍事 明義將軍金仁匡)'에서 금관소경의 후신인 김해부(金海府)의 행정 단위로서 진례성(進禮城)이 김해부의 치소였음을 확인할 수 있다. 이러한 사례로 미루어 볼 때에 본 신라촌락문서의 소경 관련 문서는 왕경과 마찬가지로 '6부−성 · 리 · 촌'의 체계이거나, 소경의 치소인 성−리·촌의 순서로 편제되지 않았을까 한다.

그럼에도 불구하고 본 촌락문서에는 서원경 필두의 행정 구역명으로서 촌주가 부재한 일명의 D촌이 등장하고 있다. 만일 본 문서가 서원경의 모든 행정 구역을 망라하는 것이라면, 당연히 서원경에서 가장 상위의 행정구역명 곧 6부나 성 · 리의 명칭이 먼저 기재되어야 할 것인데, 촌주도 없는 일명의 D촌이 서원경의 가장 수위의 행정 단위로 등장하는 것이다. 이는 본 「신라촌락문서」의 계장이 서원경의 전 행정구역을 망라한 것이 아니며, 본 「신라촌락문서」를 포함한 본래의 문서가 주 또는 전국의 행정구역을 망라한 계장이 아니라는 점을 시사한다.

사실 본 문서는 모두 촌을 단위로 기재되었다. 곧 본 문서는 '현의 촌', '소경의 촌'을 단위로 한 바, 현 또는 소경의 상위에 있는 모종의 기구가 촌을 단위로 직접 관리하였던 사정을 반영한다. 그런데 본 문서에서는 A촌에만 촌주가 배속되고 촌주위답이 설정되었으며, 촌주가 있는 촌에만 내시령답(內視令畓)이 설정되었다. 이로써 A촌을 행정촌으로, 그리고 다른 3개 촌을 자연촌으로 일컫기도 한다.[88]

그러나 이들 각 촌락의 현황을 별개로 기록하였고 각 촌락마다 기촌관

---

88) 이종욱, 1980, 앞의 논문, 17쪽.

모답(其村官謨畓)이 있었다는 것은, 각 촌락마다 나름대로의 행정 관사가 있었음을 의미한다. 그럼에도 불구하고 A촌에만 촌주위답이 설정된 데는 그럴만한 사정이 있었음에 틀림 없다. 이에 4개 촌의 촌세를 원장을 기준으로 하여, 촌역, 계연, 합인(合人), 정(녀)수, 호구, 인구수, 전답, 우마, 식목수를 비교할 때에, 그러한 배경을 살필 수 있지 않을까 한다.

[표 3] 4개 촌의 촌세(村勢) 비교표

	當縣 沙害漸村(A)	當縣 薩下知村(B)	逸名村(C)	西原京 逸名村(D)
	원장	원장	원장	원장
村域	周 5,725步	周 12,830步	缺	周 4,800步
合孔烟	11	15	缺[11]	10
공연 내역	仲下烟 4, 下上烟 2, 下下烟 5	仲下烟 1, 下上烟 2, 下仲烟 5, 下下烟 6	[하상연 3], 하중연 1, 하하연 6	하중연 1, 하하연 6
計烟	4余分3	4余分2	缺[2余分5]	1余分5
合人	147	125	72	118
정(노)/정녀(비)	29(1)/42(5)	31(4)/45(3)	18/14	19(2)/37(4)
合馬	25	18		10
合牛	22	12		8
합우마	47	30		18
合畓	102結2負4束	63결64부9속	71결67부	29결19부
合田	62結10負5束	119결5부8속	58결7부1속	77결19부
합답전	164결31부9속	182결70부7속	129결74부1속	106결38부
合麻田	1結 9負	?	1결□부	1결8부
合桑	1004	280	730	1,235
合栢子木	102	69	42	68
合秋子木	11⧄	71	107	48

위의 표에서 같은 현 소속으로서 인접 촌으로 인정되는 A, B촌을 비교할 때에, 오히려 B촌이 A촌에 비하여 촌역은 약 2.24배, 총인구수는 약 1.18배, 전답수는 약 1.11배 우월하고, 정남의 수도 많을뿐더러 정(녀)의 총비율도 약 1.07배 정도 우월하다. 다만 A촌이 B촌에 비하여 계연이 약간 우세하고(4+3/6 〉4+2/6), 답의 비율이 1.6배 많으며, 우마수에 있어서는 약 1.57배, 그리고 식목수에 있어서는 모두 월등함을 알 수 있다.

사실 계연 정수로 계산할 때에는 A촌이 27명, B촌이 26명이고, 공연의 등급 비율로 보았을 때에는 A촌이 중하연(仲下烟) 4로서 B촌의 중하연 1에 비하여 월등하다고 할 수 있다. 이는 촌세의 우위가 단순히 인구수만으로 규정되는 것은 아니고, 정남수와 유력한 등급호의 존재, 우마수, 전답 · 식목 수까지 고려하여 결정된 것임을 시사한다. B촌의 경우 15개 공연 가운데 14개 공연이 여자(余子)이고, 1개 공연은 법사(法私)로서 주로 예비군 성격의 정남으로 구성된 데 비하여, A촌은 11개 공연임에도 불구하고 군정으로 징발할 수 있는 정남의 수가 27명에 이른다는 점 등이, 촌주가 거주하는 우세 촌락으로 규정하는 결정적인 역할을 하였을 것으로 짐작된다.

그럼에도 불구하고 기촌관모답(其村官謨畓)은 4개 촌에 모두 설정되었다. 기촌관모답은, '촌관이 국법을 중정하게 행하기 위하여 설정된 답' 정도로 풀이할 수 있다. 곧 본 문서의 관모(官謨)와 내성 산하 관사의 신모(新謨)에 사용된 '모(謨, 謀)'는, 『서경(書經)』에서 대우(大禹)의 모(謨)를 "형벌을 가하는 것은 형벌을 없게 하기 위한 것으로, 백성들이 중정의 도에 화합하여 때를 맞추어 공을 이룸이니, 성대하도다[刑期於無刑, 民協於中, 時乃功, 懋哉]"[89]라고 한 데서 비롯한 명칭으로 사용하였다. 곧 동아시아 고대사회에서의 '모(謨)'는 '왕도를 행하기 위하여 중정한 법을 집행한다'는 이념에서 비롯한 것이라 할 수 있다. 그렇다면 내성 산하의 신모전(新謨典)은 '새로 국법을 중정하게 수행하기 위한 (내성의) 관사' 정도로 생각해 볼 수 있고, 기촌관모답(其村官謨畓)은 '촌관이 국법을 중정하게 행하기 위하여 설정된 답' 정도로 풀이할 수 있다. 이렇게 이해할 때에 관모전 · 답을 고려시대의 공해전과 같은 성격으로 보는 것[90]은 옳다고 본다

다만 각 촌마다 관모답 또는 관모전이 설정되었다는 점에서, B · C · D 촌의 유력한 수장급들 곧 우월한 등급의 공연의 호주가 후일 「규흥사종명」 (856)의 '상촌주-제2촌주-제3촌주'의 제2촌주, 제3촌주와 같은 지위에서 A촌의 촌주를 보좌하였을 것이다. 이들 B · C · D촌의 유력한 수장급들은

---

89) 『虞書』 「尚書注疏」 권 4, 大禹謨 3.

90) 이희관, 1989, 「統一新羅時代의 官謨田 · 畓」, 『한국사연구』 66 ; 1999, 『통일신라토지제도연구』, 일조각, 128쪽.

단순히 연수유전답을 받아 촌관(村官)의 수장으로서의 직임을 다하고, 기촌관모답(其村官謨畓)의 소출로써 촌의 행정에 필요한 물품과 비용에 충당하면서 각각의 촌정(村政)을 관장하였으리라 여겨진다. 이들은 후일 촌주가 분화되면서 제2촌주, 제3촌주로 등급화되었던 것으로 여겨진다.

따라서 A촌에만 촌주(村主)가 배속되고 촌주위답이 설정되었다는 것은, B·C·D촌의 유력한 수장급들이 각 촌에서의 행정을 관장하지만, A촌의 촌주를 통하여 상급 관사와의 문서 수발 등의 행정 업무를 처리하였음을 의미한다. 마찬가지로 A촌에만 내시령답이 설정되었다는 것은, 내시령이 A촌을 거점으로 촌주가 관장하는 몇 개 촌락을 실사관리하였던 것으로 생각된다. 사실 내시령답은 기촌관모답에 뒤이어 기재하고 있거니와 기촌관모답에 부차적인 성격을 띤 것으로서, 내시령의 활동을 위해 필요한 경비 내지 활동을 위해 설정된 답이었다고 여겨진다.

내시령(內視令)은 본 촌락문서가 유일하여 그 성격에 대해서는 많은 논의가 있었다. 곧 내시령에 대해서는 내관(內官) 중의 고관(高官) 또는 내성(內省)의 역인(役人),[91] 내성의 장관인 내성사신,[92] 내성의 사령(使令)[93]으로 보는 견해가 있었다. 또 한편으로 내시령을 총관(도독), 사신, 태수, 소수의 명령을 받던 행정촌에 파견되어 주로 조용조(租庸調)의 재정관련 업무를 취급한 하급 지방관으로 보기도 한다.[94] 또는 내시령을 '관내(管內)를 시(視)하는 영(令)'이란 뜻으로 외사정(外司正)의 별칭으로 풀이하거나,[95] 창부에 소속되어 권농의 임무와 함께 수취의 임무를 띠고

91) 旗田巍, 1958·1959, 앞의 논문 ; 旗田巍·井上秀雄 편, 1974, 앞의 책, 220쪽.
92) 武田幸男, 1976, 「新羅の村落支配 - 正倉院所藏文書の追記をめぐて」, 『朝鮮學報』 81, 245~247쪽. 木村誠, 1976, 「新羅の祿邑制と村落構造」, 『歷史學硏究』 別冊(世界史の新局面と歷史像の再構成) ; 2004, 『古代朝鮮の國家と社會』, 吉川弘文館, 77~78쪽.
93) 김기흥, 1991, 「신라촌락문서의 분석」, 『삼국 및 통일신라 세제의 연구』, 역사비평사, 141쪽.
94) 李鍾旭, 1980, 앞의 논문, 24~26쪽.
95) 이인철, 1996, 「촌의 형태와 촌주」, 『신라촌락사회사연구』, 일지사, 126~127쪽.

현령을 보좌하는 현사(縣司)의 구성원으로 보기도 한다.96)

사실 내시령의 기능이나 성격 등에 대해서는 분명하지 않다. 다만 본 문서에서 내시령과 관련하여 다음 몇 가지 사항을 추출할 수 있다. 곧 내시령에게는 기촌관모답과 동일한 성격의 토지로서 내시령답이 촌주가 있는 A촌에만 설정되었으며, C촌의 '전내시령절(前內視令節)'이라고 한 데서 내시령이 교체될 수 있었다는 것, 그리고 내시령이 栢子木의 식수에 관여하였다는 것 등이다.

또한 본 문서 갑오년과 을미년 기사에서 내시령의 직능에 대한 단서를 살필 수 있지 않을까 한다.

A(12) 乙未年見賜節公亽前及白他郡中妻追移 去因 教合人五 …
B(15) 乙未年烟見 賜以彼 上烟亡廻去孔一 以合人三 …
C(14) 前內視令節植內是而死白栢子木十三
D(12)(13) 乙未年烟見賜以彼上烟亡廻去孔一 囚合人六 …
D(16)(17) 甲午年壹月于97)省中及白 丿乚追 以出去因白妻是子
　李幷四

〔A~D는「신라촌락문서」의 4개 촌을 지칭.
( ) 안의 숫자는 촌별 문서의 행수〕

위의 A(12)에서 '보신[見賜]'의 주체는 뒤이은 구절 '공등의 앞에 이르러 사뢴[公亽前及白]'에 보이는 '공등(公亽)'이라 보아 좋을 것이다. 본 문서의 공등은 상급의 기구에서 파견된 인물임에 틀림 없다고 본다. 내시령(內

---

96) 김주성, 1983, 「신라하대의 지방관사와 촌주」, 『한국사연구』 41, 62~66쪽.
97) 이 글자에 대해서는 기왕에 '內'자로 판독하여 본 신라촌락문서가 內省 직할 촌락을 밝히는 유력한 증거로 채용되어 왔으나(旗田巍, 1958 · 1959, 앞의 논문; 旗田巍·井上秀雄 편, 1974, 앞의 책, 199·220쪽 각주 20) 그후 이를 '梓'의 속자 '杍'(이인철, 1996, 『신라촌락사회사연구』, 45쪽) 또는 '烟'의 잔획(이인철, 2009, 「신라장적의 연구현황과 과제」, 『한국 고 · 중세 사회경제사 연구』, 49쪽 각주 12), '初'(이희관, 1999, 『통일신라토지제도연구』, 46~47쪽) 등으로 석독하기도 하였지만, 필자는 현전하는 글자에서 박락 사실을 전혀 살필 수 없는 이유로 시간을 나타내는 어조사 '于'로 석독한 바 있다.(박남수, 2021, 앞의 논문, 183쪽 각주 90).

視令)은 글자 그대로의 뜻이라면 '내(內)의 시령(視令)'이라 할 수 있다. '내(內)'가 '내성(內省)', '내양(內養)', '내공봉(內供奉)', '소내(所內)' 등 궁내의 의미로 사용되었다는 점에서, 내성에서 파견된 순시관이 아닐까 추측해 볼 수 있다.

　'시령(視令)'은 『고려사』에서 제사나 각 지방의 성(城)과 도(道)의 순력, 전주(田疇), 공역(工役) 등에 호부시랑이나 승선 등을 파견하여 '순시(巡視)'하도록 한 데서[98] 살필 수 있다. 조선에서도 중앙관이나 지방의 수령이 순령수(巡令手)로서 지방을 순력할 때면 전건(戰巾)을 쓰고 검(劒)을 차는데 순령수와 뇌자(牢子)만은 철삭(鐵索)을 두르고 순시령기(巡視令旗)를 받들었다고 한다.[99] 사실 본 「신라촌락문서」의 내시령이 촌락의 연호가 증감한 상황을 살피고 식목 등에 관여한 사실 등은 고려·조선시대의 순시관(巡視官)이나 순시령(巡視令)의 직임과 크게 어긋나지 않는다. 이로써 볼 때에 본 문서의 '공등(公ホ)'은 바로 본 문건에 보이는 '내시령'이라 보아 좋을 것이다.

　본 문서에서 '공등(公ホ)'은 을미년에 각 촌락을 '살피셨다[見賜]'(A(12), B(15), D(12)(13))고 하였는데, 여기에서 '견[사](見[賜])'은 일종 '실사(實査)'의 의미로 새겨진다.[100] 아마도 C촌에서 식목을 권장

---

98) 『고려사』 世家 권 11, 肅宗 7년(1102) 9월·권 12, 睿宗 즉위년(1106) 11월·世家 권 12, 睿宗 2년(1107) 3월·睿宗 11년(1116) 1월·世家 권 26, 元宗 11년(1270) 7월·世家 권 27, 元宗 13년(1272) 5월 등.

99) 『萬機要覽』 군정편 2, 訓鍊都監, 服착.『각사등록』 南原縣公事, 英祖 12년 (1736) 정월 22일.『연행록총서』, 북원록 권 1, 영조36년 경진(1760) 6일(병오).

100) 당에 있어서도 "貞元四年, 詔天下兩稅審等第高下, 三年一定戶 … 帝以問宰相陸贄, 贄上疏請釐 … 革其甚害者, 大略有六 … 其三日 : 廉使奏吏之能者有四科, 一曰戶口增加, 二曰田野墾闢, 三曰稅錢長數, 四曰率辦 … 宜命有司詳考課績, 州稅有定, 傜役有等, 覆實然後報戶部゚ 若人益阜實, 稅額有餘, 據戶均減十三為上課, 減二次之, 減一又次之゚ 若流亡多, 加稅見戶者, 殿亦如之゚ 民納租以去歲輸數為常, 罷據額所率者゚ 增闢勿益租, 廢耕不降數゚ 定戶之際, 視雜產以校之゚ 田既有常租, 則不宜復入兩稅゚ 如此, 不督課而人人樂耕矣"(『新唐書』 권 52, 志 42, 食貨 2, 兩稅法)의 '加稅見戶者'

한 것으로 보아, C촌도 다른 촌과 마찬가지로 '공등(公㖧)'이 실사하였다고 여겨진다. 이 때에 각 촌락은 다른 군에 있는 처를 좇아 이주한 촌민을 보고하고(A(12)), 연호의 증감을 올리면서[上烟, 보고하면서](B(15), D(12)(13)), 아울러 도망한 공(孔)에 대하여 보고하기도 하였다. 이 공등은 관할 촌을 순시하고 연호의 증감에 대해 보고를 받으면서, 특별히는 타군으로의 전출을 허가하고, 도망한 연호에 대한 보고를 받은 셈이다.

따라서 내시령으로 여겨지는 공등(公㖧)이 보셨다[見賜]는 것은, 촌 단위의 인구 증감, 전답, 우마, 식목 등에 대한 보고 내용을 직접 실사하고 확인하는 것이었다고 보아 좋을 것이다. 또한 내시령의 임기가 정해지고 그 직임에 상응하는 내시령답(內視令畓)을 수령하였던 바, 중앙과 지방을 연계하는 역할을 하였으리라 판단되는데, 「영천청제비 정원14년명」(798)의 '소내사(所內使)'에 상응하는 직책이었다고 여겨진다. 곧 청제비의 '절소내사 상간 연내말(節所內使 上干 年柰)'은 '상간(上干)'의 외위와 함께 내말(柰)의 경위를 받아 임시로 소내사(所內使)에 임명되었고, 본 「신라촌락문서」의 내시령은 교체 임명되고 현지 촌락에서 내시령답을 받은 만큼 재지 세력일 가능성이 높으며, 절소내사(節所內使)나 내시령(內視令) 모두 재지 세력을 임명하여 중앙관사인 후술할 내성과의 중간 매개자로서의 역할을 하였으리라 판단된다.

당나라의 경우 상서성(尙書省)에 호부(戶部), 탁지(度支), 금부(金部), 창부(倉部)를 두고, 호부낭중(戶部郎中)이 호구(戶口), 토전(土田), 부역(賦役), 공헌(貢獻), 견면(蠲免), 우복(優復), 혼인[姻婚], 계사(繼嗣)의 일을 관장하여 남녀의 연령을 황(黃)·소(小)·중(中)·정(丁)·노(老)로 나누어 장적(帳籍)을 만들고, 영업(永業)·구분(口分)·원택(園宅)으로써 토전을 균등히 나누며, 조·용·조(租·庸·調)로써 그 산물을 거두고, 천하의 호구를 9등으로 나눈다고 하였다. 또한 탁지낭중(度支郎中)은 해

에서 보듯이 호구를 실사하는 것을 '見戶'라고 하였는데, 본 「신라촌락문서」의 '見' 또한 동일한 의미로 새겨 좋을 것이다.

마다 국가의 지출을 계산하여 지출을 조정하며, 금부낭중(金部郎中)은 천하 고장(庫藏)의 출납(出納)과 도량형, 시전의 교역을, 창부낭중(倉部郎中)은 천하의 고저(庫儲)와 조세(租稅), 녹량(祿糧), 창름(倉廩)의 출납하는 일을 관장하였다. 아울러 상서성 휘하의 각 부서에는 영사(令史), 서령사(書令史), 계사(計史), 정장(亭長), 장고(掌固) 등을 두어 각각의 직임을 맡겼다.101) 아마도 본 신라촌락문서의 계연이나 각종 통계 등으로 미루어 볼 때에, 이의 작성은 당 상서성 호부에 설치된 계사(計史)의 직임에 상응한다고 할 수 있다.

그런데 신라의 중앙 관사에서 상서성 호부에 상응하는 기구나 직임은 보이지 않는다. 다만 『삼국사기』 권 40, 잡지 9, 외관조에는 태봉의 관제가 보이는데, 김부식은 내봉성(內奉省)을 『삼국사기』 편찬 당시의 도성(都省)에 견주었다. 이에 대해 『고려사』 권 76, 지 30, 백관 1, 상서성조에는 성종 원년에 광평성을 어사도성(御事都省)으로 고쳤다가 동왕 14년에 다시 상서도성(尙書都省)으로 고쳤다고 하여, 『삼국사기』의 기사와 차이가 있다.

그런데 고려 태조 원년(918) 6월 20일 관리 임명에 관한 조서를 내리면서 한찬(韓粲) 김행도(金行濤)를 광평시중(廣評侍中)으로 삼았다. 또한 그 차순위로 한찬(韓粲) 검강(黔剛)으로 내봉령(內奉令)을 삼고, 병부령, 창부령, 의형대령(義刑臺令), 도항사령(都航司令), 물장성령(物藏省令), 내천부령(內泉部令), 진각성령(珍閣省令) 등을 임명하였다.102) 그 4일 후에는 다시 다음과 같은 조서를 내렸다.

> 을축일에 조서를 내려, "나라를 다스리려면 마땅히 힘써 절약하고 검소해야 한다. 백성이 부유하고 창고가 넉넉하면 비록 홍수나 가뭄으로 기근이 들더라도 걱정할 필요가 없다. 내장(內莊)에 있는 것과 동궁(東宮)의 식읍(食邑)에 쌓아둔 곡식이 오래되어, 반드시 썩고 손상된 것이 많을 것이니, 이를 살피도록 내봉낭중(內奉郎中) 능범(能梵)을 심곡사(審穀使)로 임명하라."고 하였다. 내봉원외랑 윤형(尹珩)을 내

---

101) 『新唐書』 권 46, 志 36, 百官 1, 尙書省.
102) 『고려사』 권 1, 世家 1, 太祖 元年 6월 辛酉.

봉낭중으로, 내봉사 이긍회(李矜會)를 내봉원외로 임명하였다.[103]

위의 기사에서 고려 태조는 내장(內莊)에 있는 것과 동궁(東宮)의 식읍 (食邑)의 곡식을 살피도록 내봉령 휘하의 내봉낭중 능범(能梵)을 심곡사 (審穀使)로 파견하였음을 알 수 있다. 이는 내봉성이 신라의 내성에 상응 하는 것임을 보여주거니와, 고려 초기의 내봉령이나 태봉의 내봉성 또한 신라의 내성으로부터 유래한 것임을 보여준다. 사실 김부식이 태봉의 내 봉성을 고려의 상서도성과 같은 것으로 인식한 데는, 내봉성의 성격을 상서도성과 유사한 것으로 인식하였기 때문일 것이다. 그렇다면 신라의 내성 또한 태봉이나 고려 초 내봉성과 동일한 성격, 곧 고려의 상서도성이 나 당의 상서도성의 성격과 유사한 측면이 있지 않았을까 생각해 볼 수 있다.

그런데 본 문서 D촌의 갑오년에 올린 성장(省狀)은, 『삼국유사』 가락국 기에서 김해부양전사(金海府量田使)가 올린 신성장(申省狀)과 마찬가지 로 내시령이 올린 보고서라고 할 수 있다. 이들 보고된 인구 증감 내역이 나 우마수, 전답, 마전, 식목 등의 자료는 중앙의 內省 모처에 수합되었으 리라 여겨진다. 특히 본 문서의 계연수는 촌락의 정남을 쉽게 파악하기 위한 계연수로서 특징지워지며, 군역 내지 왕실 직속 토지 경작 등을 위한 역역 징발의 주요한 자료로 활용되었을 것이다.

앞서 살폈듯이, 본 문서의 D촌은 서원경 휘하의 촌으로서 서원경의 수 위 행정 단위처럼 기재되었다. 이는 왕경과 마찬가지였을 소경의 행정체 계 곧 '소경-6부-[방(坊?)]-성·리·촌' 또는 '소경-성(城)-리·촌'에서 D촌의 수위에 있는 부(部) 또는 성(城)·리(里) 등의 행정단위가 제외되었 다는 점에 문제가 있다. 곧 본 「신라촌락문서」는 서원경에 한정하더라도

---

103) "乙丑 詔曰, '爲國, 當務節儉, 民富倉實, 雖有水旱饑饉, 不能爲患. 所有內莊及 東宮食邑積穀歲久, 必多朽損, 其以內奉郎中能梵爲審穀使' 以內奉員外郎尹珩 爲內奉郎中, 內奉史李矜會, 爲內奉員外"(『고려사』 권 1, 世家 1, 太祖 元年 6월 乙丑)

서원경 휘하의 모든 행정 단위를 망라한 계장이 아니고, 그 일부분만을 보고한 것이라는 점을 알 수 있다. 지방행정 조직의 일부 지역만을 보고하였다는 것은, 이들 일부 행정단위가 본 문서에 보이는 내시령이 직접 관리하는 지역이었음을 의미한다. 내시령이 내성에서 파견한 순시령이라는 점에서, 본 「신라촌락문서」가 다루는 촌락은 아무래도 내성 관할하의 왕실 직속 촌락으로 보아야 하지 않을까 한다.

본 문서가 일본 정창원(쇼소인)의 「화엄경론」의 포심에서 발견된 것도 신라 왕실과 일본 왕실과의 교류 내지 교역을 떠나서는 생각하기 어렵다고 본다. 곧 왕실을 매개로 한 양국간의 교역 과정에서 신라의 가반 등을 일본에 보내면서 「신라내성모접문서('사하리가반부속문서')」처럼 그릇의 완충제로서 사용된 낱장의 본 문서를 후일 「화엄경론」의 경질을 보수할 때에 동 경론과 동일한 지질로써 포심재로 재활용하였을 가능성이 높기 때문이다.[104]

아무튼 중대 이후 신라의 재정은 왕실재정과 국가재정이 분리되어 있었던 것으로 풀이된다. 곧 문무왕 9년(669) 말목장[馬陸] 174개소를 김유신·김인문 등의 신하에게 나누어 주면서 소내(所內)에 22개소, 관(官)에 10개소를 배정한 것은[105] 왕실재정과 국가재정이 분리되어 있었고, 재정 운영의 중심이 왕실에 있었던 사정을 반영하는 것이라 할 수 있다.[106] 『삼국사기』 직관지에 보이는 내성 산하 기구 가운데 수많은 수공업생산 관사가 보이는 것은 이곳에서 왕실에 필요한 물품을 생산하기 위한 때문이었다.

주지하듯이 왕실의 재정이나 행정을 총괄하는 관사로 내성을 꼽을 수 있거니와, 내성은 중고기 왕권의 신장과정에서 성립하였다. 중대 왕권이

---

104) 박남수, 2021, 앞의 논문, 166~171쪽.
105) 『삼국사기』 권 6, 新羅本紀 6, 文武王 9년.
106) 이와 관련하여 흥미로운 것은 아차산성에서 신라 명문와 가운데 '受囲' 명 기와와 연이은 격자 모양 안에 '官'자 명문(官)의 기와가 발견된 것이다. 아직 자세한 검토가 필요하지만 이들 '囲'과 '官'의 표기는 왕실과 관의 소유와 관련된 표기가 아닐까 추정해 볼 수 있을 듯하다.

권력을 집중시키려는 과정에서 무열왕계의 혈연을 중심으로 내성사신(전중령)을 승계하여 상재로서 보임하고, 기구를 확대하여 병부 등과 함께 권력의 핵심기관으로 삼았다. 그 후 애장왕 2년(801) 왕의 숙부로 섭정의 자리에 있던 김언승(金彦昇)이 어룡성 사신에 취임하는 것을 계기로 종전 내성의 1국이었던 어룡성이 독립하여 내성과 동격의 관사가 되었다.[107] 신라 하대에 내성 산하의 세택(洗宅) 또는 중사성(中事省) 등 근시기구의 기능과 역할이 커지게 되었거니와, 그 과정에서 내성의 조직이 당의 상서성과 같은 성격을 띠지 않았을까 생각한다.

김부식이 신라 내성의 계통을 이은 태봉의 내봉성을 당의 상서도성과 같은 것으로 인식한 것은, 신라의 내성이 이들 촌락의 호구나 전지, 우마, 식목 등을 직접 관장하였던 것이 당의 상서도성에서 그러하였던 것과 같은 성격으로 인식하였던 때문으로 볼 수 있지 않을까 한다. 이에 대해서는 향후 보다 자세한 연구가 필요하겠지만, 본 문서가 헌덕왕대에 작성된 점에서, 헌덕왕이 애장왕대에 왕의 숙부로서 섭정직에 있으면서 어룡성 사신을 역임하면서 왕실제사를 주관함[108]과 아울러 당의 상서도성과 같은 직임을 내성에 맡겨 운영하지 않았을까 추측되는 것이다.

특히 신라 내성산하의 근시기구는 고려 관제에서는 금서성(禁書省), 전교시(典校寺) 등으로 독립되어 갔는데, 그러한 과정은 왕실과 국가의 이원적 체계의 관제가 국가 중심의 관리체계로 일원화되어 가는 과정이라고 할 수 있다. 이는 신라에서 궁중수공업과 관영수공업이 이중체계로 운영되던 것이 태봉·고려의 관제에서 국가 관리체계의 정점으로서의 왕권을 중심으로 궁중수공업을 관영수공업에 통합 운영하는 과정[109]과도 흐름을 같이한다. 앞서 살핀 왕사와 사로 표현된 왕실과 귀족의 사속인을 법사로 규정한 것도 이와 같은 맥락이라고 여겨진다.

107) 李基東, 1980, 「新羅 中代의 官僚制와 骨品制」, 『震檀學報』 50 ; 1984, 『신라 골품제사회와 화랑도』, 일조각, 125~141쪽.
108) 박남수, 2013, 「신라 「法光寺石塔記」와 御龍省의 願堂 운영」, 『한국고대사연구』 69, 245~246쪽.
109) 박남수, 1996, 「궁중수공업의 운영과 변천」, 『신라수공업사』, 신서원, 132~135쪽.

그러므로 본 문서의 대본이 되는 호적은 3년에 한 번씩 계년(季年 : 丑辰未戌)에 촌주를 중심으로 한 촌의 관사에서 촌락 백성의 나이와 땅의 넓고 좁음을 갖추어 수실(手實)로 촌장(村帳)을 작성하면, 이를 소경과 현 단위로 작성하여 내성에 보고하지 않았을까 한다. 아마도 내성에서는 보고된 호적을 바탕으로 내성의 근시기구인 중사성(中事省) 또는 세택(洗宅) 등에서 이를 정리하여 본 문서와 같은 계장을 작성하고, 그 다음해에는 인구 변동 등의 사항을 다시 보고받고 원장에 추기하였을 것으로 헤아려진다. 아마도 동 문서의 촌락에 대한 호등의 산정이나 연령 구분 등은 중년(中年 : 子卯午酉)에 내시령이 직접 관여하여 호적의 내용을 실사하고[見賜] 연호의 등급을 정함과 아울러 계연을 산정하는 과정이 있었으리라 짐작된다.

다만 본 문서에 등장하는 촌주위답이나 연수유전답 등으로 미루어 볼 때에, 이들 촌락이 비록 왕실 직속이라 하더라도 그 운영 체계는 일반 촌락과 동일한 방식이었으리라 짐작된다. 그런데 고려 태조 17년(934) 예산진조서(禮山鎭詔書)에서 보듯이, 이들 왕실직손촌에 편제된 연호의 정남은 귀족들의 녹읍과 마찬가지로 군역과 역역에 징발될 뿐만 아니라 지급받은 연수유전답을 경작하여 왕실에 일정한 전조를 바치고, 왕실의 수요에 필요한 식목이나 우마 등에서의 산물을 징납하였을 것으로 생각한다. 본 촌락문서의 내시령이 연호의 증감을 살피고, 촌민의 타군으로의 전출이나 도망호 등을 중앙에 보고하면서, 촌락의 전답이나 식목 등 농상을 권면하는 직임을 수행하였던 이유가 바로 여기에 있다고 하겠다.

5. 헌덕왕대 촌락사회의 인구 변동과 동요

일반적으로 인구 변동의 요인으로는 출생과 사망, 그리고 전입 내지 전출 등의 인구 이동을 꼽거니와, 본 「신라촌락문서」의 인구 증감을 바탕으로 본 문서 4개 촌락의 인구 변동의 보다 구체적인 내역을 살필 수 있지 않을까 한다.

본문서의 인구수에 대한 기재 내용은, 갑오년(814)과 정유년(817)에 호등과 계연을 산정하였고, 을미년(815)과 무술년(818)에 호적을 작성하였다. 따라서 본 문서에 보이는 을미년은 전식년이고, 당식년은 무술년이라 할 수 있다. 또한 본 문서의 원장인 계장은 무술년(818)에 호적을 작성하

[표4] 「신라촌락문서」 각 촌락의 세부 연령별 인구성장율

인구성장율 (전식/당식/추기년) 촌락명		전식년(을미, 815)인구		당식년(무술, 818)인구			당식년 인구성장율	추기년(기해, 819)인구		추기년 인구성장율
		총인구	감소	古有인구+3년간출생	증가(전입)	총인구	당식년/전식년 ×100	증감	총인구	추기년/당식년 ×100
當縣沙害漸村(A)	丁(奴)/丁女(婢)	31(1)/43(5)	2/1	29(1)/42(5)		29(1)/42(5)	丁 96.7%(29/30) 丁女 97.7%(42/43) [97.3%](71/73)	0/-2(-1))	29(1)/40(5)	丁 100%(29/29) 丁女 95.2%(40/42) [97.3%](71/73)
	助子(奴)/助李(婢)	7(1)/11(1)	0	7(1)/11(1)		7(1)/11(1)	100%	0/0	7(1)/11(1)	100%
	追子/追李	12/9	0	12/9	1/	13/9	追子 108.3%(13/12) 追李 100% [104.8%](22/21)	-1/0	12/9	追子 92.3%(12/13) 追李 100%(9/9) [95.5%](21/22)
	小子(奴)/小李(婢)	11/9	1/1	10/8	1/	11/8	小子 100%(11/11) 小李 100%(8/8) [100%]	-1/0	10/8	小子 90.9%(10/11) 小李 100%(8/8) [94.7%](18/19)
	三年間中產 小子(奴)/小李(婢)			5/8(1)		5/8(1)		0	5/8(1)	100%
	除公/除母	1/3	/1	1/2		1/2	100%(1/1) 66.7%(2/3) [75%](3/4)	0/-1	1/1	除公 100%(1/1) 除母 50%(1/2) [66.7%](2/3)
	老公/老母	0/1	0	0/1		0/1	100%	0	0/1	100%
	소계	62(2)/76(6) [138(7)]	3/3	64(2)/81(7)	2/	66(2)/81(7) {147(9)}	남 106.5%(66/62) 녀 106.6%(81/76) [106.5%](147/138) 노비[128.6%](9/7)	-2/-3	64(2)/78(7) {142(9)}	남 93.9%(64/66) 녀 96.3%(78/81) [96.6%](142/147) 노비[100%](9/9)
當縣薩下知村(B)	丁(奴)/丁女(婢)	32(4)/47(3)	결락	31(4)/45(3)	/1	31(4)/46(3)		-1/	30(4)/46(3)	丁 96.8%(30/31) 丁女 100%(46/45) [98.7%](75/76)
	助子(奴)/助李(婢)		결락	5/4	1/	6/4				100%
	追子/追李		결락	2/13		2/13				100%
	小子(奴)/小李(婢)		결락	2/6		2/6				100%
	三年間中產 小子(奴)/小李(婢)		결락	3/3		3/3				100%
	除公/除母		결락	0/1		0/1				100%
	老公/老母		결락	1/2	1/	2/2				100%
	소계			44/74	2/1	46(4)/75(3) {121(7)}		[-1]/	45(4)/75(3) {120(7)}	남 97.8%(45/46) 녀 100%(75/75) [99.2%](120/121)

		전식년(을미, 815)인구		당식년(무술, 818)인구			당식년 인구성장율	추기년(기해, 819)인구		추기년 인구성장율
(전식/당식/추기년) 총락명		총인구	감소	호적인구+3년간증성	증가(전입)	총인구	당식년/전식년×100	증감	총인구	추기년/당식년×100
遝名柱 (C)	丁(奴)/丁女(婢)	19/17	1/3	18/14	1/2	19/16	丁100%(19/19) 丁女94.1%(16/17) [97.2%]35/36)	-2/	17/16	丁89.5%(17/19) 丁女100%(16/16) 94.3%33/35)
	助子(奴)/助季(婢)	2/4		2/4		2/4	100%		2/4	100%
	追子/追季	7/3		7/3	1/1	8/4	追子114.3%8/7) 追季133.3%(4/3) [120%]12/10)		8/4	100%
	小子(奴)/小季(婢)	7/7	/3	7/4[小女]	1/-	8/4	小子114.3%8/7) 小季57.2%(4/7) [85.7%]12/14)	-1/	7/4	小子87.5%(7/8) 小季100%(4/4) 91.7%(11/12)
	三年間中産 小子(奴)/小季(婢)			3/2		3/2	100%		3/2	100%
	除公/除母	0/0		0/0		0/0	100%		0/0	100%
	老公/老母	0/1		0/1		0/1	100%		0/1	100%
	소계	35/32 (IL7)	1/6	37/28	3/3	40/31 (7L)	남114.3%(40/35) 녀96.9%(31/32) [106%]62/67)	-3/0	34/28 (62)	남85%(34/40) 녀90.3%(28/31) [87.3%]62/71)
西原京 遝名柱 (D)	丁(奴)/丁女(婢)	25(3/43.5)	6(1)/6(1)	19(2)/37(4)	/1	19(2)/38(4)	丁76%(19/25) 丁女88.4%(38/43) [83.8%]57/68)	-2/-2	17(2)/36(4)	丁89.5%(17/19) 丁女88.9%(8/9) 93%(53/57)
	助子(奴)/助季(婢)	10(2)/5	1/	9(2)/5		9(2)/6	助子90%(9/10) 助季120%(6/5)	-1/-1	8(2)/5	助子88.9%(8/9) 助季83.3%(5/6) 86.7%(13/15)
	追子/追季	10/12(1)	2/	8/12(1)		8/12(1)	追子80%(8/10) 追季100%(12/12)	[-의]/-2	8[6]/10(1)	追子100%(8/8) [75%6/8] 追季83.3%(10/12) 90%(18/20) 80%[16/20])
	小子(奴)/小季(婢)	12/10	1/5	11/5	1/	12/5	小子100%(12/12) 小季50%(5/10) [77.3%]17/22)	-2/-2	10/3	小子83.3%(10/12) 小季60%(3/5) 76.5%(13/17)
	三年間中産 小子(奴)/小季(婢)			1/6		1/6	100%		1/6	100%
	除公/除母									
	老公/老母	4/4(1)	3/4(1)	1/0	1/	2/0	老公50%(2/4) 老母0%(0/4) [25%](2/8)		2/0	100%
	소계	61(5)/74(7){135、12)	13(1)/15(2)	49(4)/66(5)	2/2	51(4)/67(5){118(9)	남83.8%(51/61) 녀90.5%(67/74) [87.4%]118/135)	-8(-6)/-7	43[41](4)/60 {104[102]9}	남84.3%(43/51) 80.4%(41/51] 녀89.6%(60/67) 88.1%(104/118)[86.4%]102/118)
총계						203(10)/254(15) 457(25)			186[184](10)/241(15) 427[425](25)	남89.2%186/203) 90.6%184/203] 녀94.9%241/254) 93.4%[93%] (427[425]/457)

고 나서 작성된 것이며, 추기는 그 이듬해인 기해년(819)에 기재된 것으로 여겨진다.

그러므로 전식년인 을미년(815)의 인구는, 당식년(818) 총인구에서 3년간 태어난 인구와 전입한 인구를 제외하고 3년간 감소된 인구를 더한 것이라고 할 수 있다. 이에 당식년의 3년간 인구 성장율은 '당식년 인구/전식년 인구×100', 추기년의 1년간 인구 성장율은 '추기년 인구/당식년 인구×100'으로 계산하면 위의 [표 4]와 같다. 이를 바탕으로 각 촌락별 인구 성장률을 그래프로 제시하면 [표 5]와 같다.

[표 5] 「신라촌락문서」 각 촌락별 인구 성장율 비교표

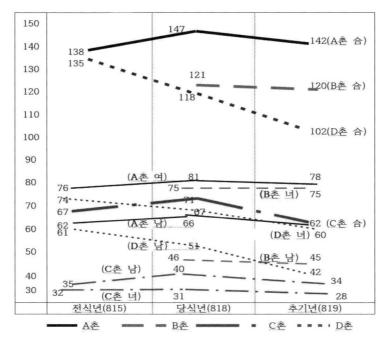

또한 인구증가율은 일반적으로 자연증가율에 사회증가율을 더한 값이다. 자연증가율은 출생율에서 사망율을 뺀 값인데, 일반적으로 출생율은 특정 1년의 총 출생아수를 그 해 중간의 가임기(15-49세) 여자인구수로 나눈 것을 1,000분비로 나타낸다.

이에 본 문서의 특성상 전식년으로부터 당식년까지의 3년간의 출산율과 당식년으로부터 추기시까지 1년간의 출산율을 살피고, 가임기 여성은 정녀의 나이를 49세로 한정할 수 없기 때문에 정녀(丁女)와 조녀(助女)를 일괄하여 가임 여성으로 간주하여 문서상의 인구수로 계산하고자 한다. 또한 사망율의 경우 다음 [표 6]과 같이 당해 시기의 사망자수를 당해 시기의 총인구수로 나누어 출생율과 동일하게 1,000분비로 계산할 수 있다. 이로써 어느 정도 오차를 예상할 수 있으나 그 대체적인 경향성을

파악할 수는 있으리라 본다.

[표 6] 「신라촌락문서」 각 촌락의 연령별 인구수와 사망자수 일람

구분 / 촌별	蓋縣 沙害漸村(A)		蓋縣 薩下知村(B)		逸名村(C)		西原京 逸名村(D)	
	원장	추기	원장	추기	원장	추기	원장	추기
合人	147	142	125	[124]	72	69	118	106
丁(奴)/丁女(婢)	29(1)/42(5)	/40[-2]	31(4)/45(3)	30[-1]/	18/14	16[-2]/	19(2)/37(4)	17[-1]/36[-2]
助子(奴)/助孝(婢)	7(1)/11(1)		5/4		2/4		9(2)/5	8[-1]/4[-1]
追子/追孝	12/9	11[-1]/	2/13		7/3		8/12(1)	6[-2]/10[-2]
小子(奴)/小孝(婢)	10/8	9[-1]/	2/6		7/4[小女]	6[-1]/	11/5	9[-2]/3[-2]
三年間中産 小子(奴)/小孝(婢)	5/8(1)		3/3		3/2		1/6	
除公/除母	1/2	/1[-1]	/1		/		1/	
老公/老母	0/1		1/2		/1		1/	
소계	64(2)/81(7)	[-2]/[-3] 62(2)/78(7)	44/74	[-1]/ 43(4)/74(3)	37/28	[-3]/ 34/28	49/65	[-7]/[-7] 42/58
列死合人ⓐ					4	2	20	1
死合人ⓑ	9	1						
丁(奴)/丁女(婢)	ⓑ1/1		결락		ⓐ/2	ⓐ1/	ⓐ5(1)/4(1)	
助子(奴)/助孝(婢)								
追子/追孝							ⓐ1/	
小子(奴)/小孝(婢)	ⓑ3(1)/1				ⓐ/2	ⓐ1/	ⓐ/3	ⓐ/1
三年間中産 小子(奴)/小孝(婢)								
除公(奴)/除母(婢)		ⓑ/1						

연령별인구수 / 사망자수

  한편으로 사회증가율은 전입율에서 전출율을 뺀 값이다. 전입율은 당
해 시기의 전입자수를 당해 시기의 총 인구수로 나누되 출생율과의 계산
을 위해 1000분비로 나타내고, 마찬가지로 전출율은 전출자수를 인구수
로 나누어 1000분비로 나타내되, 도망한 인구수는 전출자로 간주하고자
한다.
  그밖에 남녀 성비율과 부양비율 등을 살핌으로써 이들 4개 촌락의
사회경제적 처지를 이해하는 데 도움이 되지 않을까 한다. 부양비는
생산연령(15-64세) 인구 100명에 대한 비생산연령(0-14세, 65세
이상) 인구비율을 지칭하는데, 본 문서에서는 조자(녀)와 정(녀)만을
생산인구로 하고, 소자(녀)·추자(녀)·제공(모)·노공(모)를 비생산인

구로 간주하고자 한다. 이러한 각종 비율을 본 문서의 원장과 추기 내역 및 인구증가율표를 바탕으로 하여 계산하고, 아울러 연령별 인구 성장율 등을 다음 [표 7]과 같이 정리할 수 있다.

[표 7] 「신라촌락문서」의 인구증가율 및 사회증가율, 인구 및 생산연령 성비, 부양비율

/ (상) 전식년~당식년 (3년) (하) 당식년~추기 (1년)	A촌	B촌	C촌	D촌
인구성장율	106.5%	●	106%	87.4%
	96.6%	99.2%	87.3%	88.1%[86.4%]
인구증가율 (자연증가율+사회증가율)	177.3	●	249.2	-44.3
	-21.2		0	-94.4
자연증가율[인구 1000명당] (출생율-사망율)	184.1(245.3-61.2)	●	193.7(250-56.3)	-10.4(159.1-169.5)
	-7		-29	-9.4
일반출생율 (총출생아수/정녀·조녀×1000)	13/53×1000=245.3	6/50×1000=120	5/20×1000=250	7/44×1000=159.1
	0	0	0	0
	[1/6×1000=166.7]	●	●	●
	●	●	●	●
사망율 (사망자수/총인구×1000)	9/147×1000=61.2	/121	4/71×1000=56.3	20/118×1000=169.5
	1/142×1000=7	●	2/69×1000=11.8	1/106×1000=9.4
사회증가율 (전입율-전출율)	-6.8	●	55.5	-33.9
	-28.2		-29	-103.8

이동율 (이동자수/인구수)×1000	5/147×1000=34	•	10/72×1000=138.9	12/118×1000=101.7
	•	•	•	•[전출율과 동일]
전입율 (전입자수/인구수)×1000	2/147×1000=13.6	7/118×1000=59.3	7/72×1000=97.2	4/118×1000=33.9
	•			
전출율 (전출자수/인구수)×1000	3/147×1000=20.4	결락	3/72×1000=41.7	8/118×1000=67.8
	4/142×1000=28.2	•	2/69×1000=29	{11/106×100아}=103.8
인구성비 남/녀[노/비]	66/81(81.5%) [2/7](28.6%)	46/75(61.3%) [4/3](133.3%)	40/31(129%)	51/67(76.1%) [4/5](80%)
	62/78(79.5%) [2/7](28.6%)	43/74(58.1%) [4/3](133.3%)	34/28(121.4%)	42/58(72.4%) (44/58)(75.9%)[실종포함]
생산연령성비 丁(女)	29/42(69%) [1/5](20%)	31/46(67.4%) [4/3](133.3%)	19/16(118.8%)	19/38(50%) [2/4](50%)
	29/40(72.5%)	30/46(65.2%)	17/16(106.3%)	17/36(47.2%)
助子(女)	7/11(63.6%) [1/1](100%)	6/4(150%)	2/4(40%)	9/6(150%) [2/0]
	상동	상동	상동	8/5
생산연령성비	36/53(67.9%) [2/6](33.3%)	37/50(74%) [4/3](133.3%)	21/20(105%)	28/44(63.6%) [4/4](100%)
	36/51(67.9%)	36/50(72%)	19/20(95%)	26/42(61.9%)
부양비 (小·追·除·老/丁·助 ×100)	56/89×100=62.9	33/85×100=38.8	27/38×100=71.1	44/70×100=62.9
	54/88(61.4%)	40/84(47.6%)	33/36(91.7%)	42/64(65.6%)

먼저 앞의「신라촌락문서」각 촌락별 인구 성장율에 대한 [표 5]의 그래프에서 대략적인 인구 증감의 경향을 살필 수 있다. 비록 B촌의 경우 문서 뒷부분의 인구 감소 부분이 결락되어 전식년의 인구를 살필 수 없지만,

다른 촌의 경우 전식년으로부터 당식년에 이르는 인구 증감의 개략을 살필 수 있다. 곧 A, C촌의 인구는 3년 동안 106~106.5% 정도로 완만하게 증가하는 데 대해, D촌은 87.4% 수준으로 급락하였다. 이는 동 기간 동안에 D촌 안에 어떤 변고가 있었음을 의미한다.

자연증가율에 사회증가율을 더한 인구증가율의 경우, A촌이 177.3명/1000명, C촌이 249.2명/1000명인데 비해, D촌은 -44.3명/1000명으로 감소하였다. 자연증가율은 출생율에서 사망율을 뺀 값이다. A, B, C, D촌의 출생율은 각각 245.3명/1000명, 120명/1000명, 250명/1000명, 159.1명/1000명이고, 사망율은 A, C, D촌 각각 61.2명/1,000명, 56.3명/1,000명, 169.5명/1,000명이다. 따라서 D촌의 출생율은 A, C촌에 비해서는 저조하지만, C촌에 비해서는 월등하다고 할 수 있다. 그럼에도 불구하고 D촌의 사망율은 A촌의 약 277%, C촌의 301.1%수준이다. 사회증가율에 있어서는 A촌이 -6.8명/1000명이고, C촌은 55.5명/1000명, D촌은 -33.9명/1000명이다.

여기에서 사망자 내역이 결락된 B촌과 사망율이 월등히 높은 D촌을 제외하더라도, A, C촌의 3년 동안 사망율 가운데 小子(奴)와 小孝의 비율이 높다. 곧 이들 촌락에서 정과 정녀가 3년에 1~2명 정도 사망한 것은 질병 등으로 인한 것일 가능성을 인정할 수 있다.

그렇지만 모든 촌락에서 조자나 조여자, 추자·추녀자, 3년간 태어난 소자·소녀자의 사망이 전혀 없는데 비하여 小子(奴)·小孝는 A촌에 4명, C촌에 2명, D촌에 3명, 그리고 당식년으로부터 추기년에 있어서도 C, D촌에 각 1명이 사망하였다.[표7 참조] 이는 소자·소녀자의 연령층 곧 4세부터 7~8세에 이르기까지 흔히 걸리는 홍역 등의 소아병으로 인하여 사망한 것이 아닐까 추측된다.

4개 촌 가운데 C촌의 경우 인구 증가율이 매우 높게 나타나는데, 이는 전입 인구가 다른 촌에 비하여 많은 때문이다. 또한 D촌의 인구증가율이 극감한 것은, 무엇보다도 사망율이 다른 촌에 비하여 2.8~3배 정도이고, 전입율에 비하여 전출율이 높은 때문이다. 따라서 D촌의 많은 사망과 전출은 전식년으로부터 당식년에 이르기까지 모종의 사회적 변고 때문이라고 할 수밖에 없다.

한편 당식년인 818년으로부터 추기년인 819년까지의 인구성장율은 4개촌 각각 -3.4%, -0.8%, -12.7%, -11.9%의 감소율을 보인다. 이 시기 사망자 수는 A촌 1명, C촌 2명, D촌 1명으로 각 촌락별로 크게 차이가 나지 않고, 인구 비율로 볼 때에도 A, C, D촌 각각 7명/1,000명, 11.8명/1,000명, 9.4명/1,000명 정도이다.

사망율의 경우 4개 촌 모두 비슷하다고 할 수 있지만, 인구 성장율에 있어서는 C, D촌이 3~4배 정도 낮다. 이에 비하여 전입률에서 전출률을 뺀 사회증가율은, A, C, D촌 각각 -28.2명/1,000명, -29명/1,000명, -103.8명/1,000명으로 모든 촌락의 전출자가 전입자 수보다 많다.

특히 D촌의 인구 유출이 A, C촌에 비하여 368.1%, 358%로서 압도적이다. 이는 818년 당식년으로부터 추기년인 819년까지 A, C촌의 경우 동 촌락에 들어왔다가 본거주지로 되돌아간 인구 때문도 있겠지만, 무엇보다도 D촌의 경우 도망한 인구가 11명에 달할 정도로 많았던 때문이다. D촌의 도망 인구는, 전식년(815)으로부터 당식년(818)에 이르는 3년 사이에 20명이 사망할 정도로 어떤 변고로 인하여 촌락사회가 붕괴된 것과 관련된 것으로 풀이된다.

이에 비하여 당식년으로부터 추기년까지 C촌의 인구 성장율 -12.7%는 D촌의 -11.9%보다도 낮은데, 이는 C촌의 인구가 적은 탓에 조그마한 변동에도 통계치가 높게 나타난 까닭도 있겠지만, D촌의 변동으로 인한 직·간접적인 영향 때문이 아닐까 추측해 볼 수 있다.

사실 본 문서 통계의 대상 시기인 헌덕왕 6년(814)부터 동왕 11년(819)까지의 기간 동안에 『삼국사기』 신라본기에는 본 문서의 촌락과 관련될 만한 기사를 전한다.

〔헌덕왕 6년(814)〕여름 5월 나라 서쪽에 큰 홍수가 있어, 사자를 보내 수해를 입은 州郡의 인민을 위로하고, 1년 동안 租와 調를 면제하였다.(夏五月 國西大水. 發使撫問經水州郡人民, 復一年租調.)(『삼국사기』권 10, 신라본기 10, 헌덕왕 6년 夏 5월)

〔헌덕왕 7년(815)〕 가을 8월…서쪽 변경 州郡에 큰 기근이 있어 도적이 벌떼처럼 일어나니, 군대를 내어 토벌하여 평정하였다.(出軍討平之)(『삼국사기』 권 10, 신라본기 10, 헌덕왕 7년)

〔헌덕왕 8년(816)〕 봄 정월…흉년이 들어 백성이 굶주리니(年荒民飢), 浙江 동쪽에서 식량을 구하는 자가 170명이었다.(『삼국사기』 권 10, 신라본기 10, 헌덕왕 8년)

〔헌덕왕 9년(817)〕 여름 5월에 비가 오지 않아, 山川〔의 群神〕에 두루 기도하니, 가을 7월에 이르러 비가 왔다.(『삼국사기』 권 10, 신라본기 10, 헌덕왕 9년)

〔헌덕왕 9년(817)〕 겨울 10월에 사람이 많이 굶어 죽으니, 州郡에 교서를 내려 창고의 곡식을 내어 存恤하도록 하였다.(『삼국사기』 권 10, 신라본기 10, 헌덕왕 9년)

〔헌덕왕 11년(819)〕 3월에 草賊이 곳곳에서 일어나자, 여러 州郡의 도독과 태수에게 명하여 그들을 잡도록 하였다.(『삼국사기』 권 10, 신라본기 10, 헌덕왕 11년)

위의 기사에서 보듯이, 헌덕왕 7년(815) 서쪽 변경 주변에 큰 기근이 들어 도적이 일어나고, 동왕 8년(816)과 동왕 9년(817)에 기근이 들어 州郡이 힘써 구휼하도록 하였음을 알 수 있다. 아마도 헌덕왕 7년(815)의 기근과 도적 봉기의 직접적인 원인은 헌덕왕 6년(814)의 홍수 때문일 것이다.[110] 본 문서에 보이는 헌덕왕 7년(815)부터 동왕 9년(817) 사이에 D촌에서 많은 사망자가 나온 것은, 헌덕왕 6년의 홍수와 연이은 기근의 직접 피해지역이었기 때문이지 않을까 한다. 동 시기에 A촌의 관갑(貫甲) 판매 사실은 헌덕왕 7년(815) 초적을 토벌하는 과정에 징발된 정남이 사망한 사실을 반영한 것이 아닐까 추측할 수 있다.

또한 4개 촌락 모두 당식년인 헌덕왕 10년(818)과 추기한 헌덕왕 11년

---

110) 木村誠은 본 「신라촌락문서」를 815년에 작성된 것이라는 관점에서, 당시 인구감소의 요인을 수해와 기근 때문으로 보고, 그 결과 도적이 봉기함으로써 혼란이 발생한 것으로 풀이하였다.(木村誠, 1976, 앞의 논문 ; 2004, 앞의 책, 81~82쪽) 「신라촌락문서」를 815년에 작성된 것이라는 관점은 문제가 있지만, 이 시기 수해와 기근으로 인하여 인구가 감소하였다는 평가는 옳다고 본다.

(819) 사이에 인구가 감소한 것도 당시 기근과 초적의 봉기로 인한 것이 아니었을까 한다. 당시 본 문서상의 인구증가율의 경우 C촌이 '0%'로서 현행을 유지한 데 대해, A촌은 -21.2/1000(명), D촌은 -94.4 /1000(명)으로 감소하였다. 이 시기 인구 증가율이 저조한 것은 A, C, D촌 모두 사망자가 1~2명에 불과한 데도 출생율이 모두 '0%'에 그치고, 전입에 비하여 전출이 크게 늘어난 때문이라고 할 수 있다.

사실 이들 각 촌락의 사회증가율은, 전식년으로부터 당식년까지 3년 동안은 C촌만이 55.5명/1000명인 것을 제외하고, A촌은 -28.2명/1000 명, D촌 -33.9명/1000명으로 모두 감소하였다. 이는 C촌의 경우 전입률이 높고, A, D촌의 경우 전출률이 높은 까닭인데, 특히 D촌의 경우 A, C촌과 비교할 때에 2.7배 정도의 전출 인구를 보인다.

당식년으로부터 추기년까지의 사회증가율의 경우 A, C, D촌 각각 -28.2/1000(명), -29 /1000(명), -103.8/1000(명)으로 모두 감소하였다. 특히 D촌의 경우 A, C촌에 비하여 3.6~3.7배 더 감소하였는데, A, C촌의 경우 개별적으로 합법적인 방식으로 되돌아간 인원이라면, D촌의 경우 도망한 가족 11명이 포함된 까닭이라고 할 수 있다.

이처럼 전식년으로부터 당식년에 이르는 시기에 모든 촌락의 출생율은 정상적이었던 것으로 여겨지지만 D촌만은 사망자 수가 비정상적으로 높았음을 알 수 있다. 또한 당식년으로부터 추기년에까지 모든 촌락의 출생율이 '0%'임에도 불구하고, C촌만이 인구성장율 '0%'로 현상을 유지하였을 뿐이고 다른 촌락들은 마이너스 성장율을 기록하였다. 이는 측정 가능한 A, C, D촌의 사회증가률이 크게 감소한 때문인데, 이들 촌락이 속해 있던 주군(州郡)의 기근과 초적의 봉기로 말미암아 전출 내지 도망한 인구가 많았던 때문이었다고 보아 좋을 것이다.

B촌과 D촌의 孔이 도망한 때가 을미년(815)이고, 또한 D촌 소속의 11명의 孔이 도망한 때가 기해년(819)인 바, 이 때는 모두 초적이 봉기한 때와 겹친다. 따라서 이들 촌락에서 도망한 연호 또는 사람들은 이 때 봉기한 초적의 영향 때문이지 않았을까 추측된다. D촌의 실종된 추자(追子) 또한 헌덕왕 11년(819) 3월의 초적과 관련된 것으로 생각해 볼 수

있다. 이 때는 당의 해적이 인신을 약매하는 때이기도 하거니와, 헌덕왕 8년(816) 절강(浙江) 동쪽에 식량을 구하러 떠난 유이민이 되거나 당나라 해적에 의해 약매된 피해자가 아니었을까 추측할 수 있을 듯하다.

다만 이들 촌락 가운데 C촌이 인구수가 적음에도 불구하고 여타 3개 촌보다도 인구증가율이나 사회증가율에 있어서 비교적 안정적이었다고 여겨지는데, 인구비율로만 본다면 위의 표에서 보듯이 C촌이 부양비. 곧 생산연령인 정(丁)·조(助)의 비율이 당식년 71.1%, 추기년 91.7%로 피부양 연령인 소(小)·추(追)·제(除)·노(老)에 비하여 가장 높았던 때문이라 할 수 있다. 또한 C촌은 생산연령 성비에 있어서도 4개 촌 가운데 유일하게 정의 비율이 당식년 129%, 추기년 121.4%로 높은 지역이기도 하다. 이러한 까닭인지 다른 촌의 경우 전식년으로부터 당식년에 이르는 기간의 사회증가율이 마이너스로 감소한 데 비하여, C촌만이 유일하게 '+55.5명/1000(명)'의 성장율을 보이고 있다. C촌의 인구 유입률이 높은 것은 상대적으로 홍수나 기근의 피해가 없음으로 인하여 안정적 촌락 생활 여건을 갖췄기 때문이 아니었을까 여겨진다. 아마도 일반 촌락의 경우 홍수나 가뭄, 기근 등의 피해가 없다면 대체로 C촌과 같이 안정적인 생활을 영위하였으리라 여겨진다. 이는 역으로 역병이나 홍수, 한해 등 자연재해가 신라 촌락사회에 심각한 영향을 끼쳤음을 의미하거니와, 이들 자연재해에 대해 신라 중앙정부에서 매우 심각하게 받아들였고, 그 결과 그러한 사실을 기록함으로써 『삼국사기』에까지 전하는 배경으로 작용하였다고 믿는다.

6. 맺음말

필자는 근래에 「신라촌락문서」의 을미년은 815년이고 동 문서의 원장은 818년, 그리고 추기는 819년에 작성되었음을 밝힌 바 있다. 본고는 당시에 미루어 놓았던 「신라촌락문서」의 6개 등급의 연령구분과 제공(모), 노공(모)의 문제, 그리고 살하지촌(B촌)의 여자(余子)와 법사(法私)

의 성격을 살피고, '서원경-일명의 D촌'이란 행정체계에 대한 의문에서 시작하여, 내시령과 성장(省狀)의 성격을 검토함으로써 이들 4개 촌락이 내성 관할의 왕실직속촌임을 밝히고자 하였다. 아울러 본 촌락문서의 통계가 갑오년(814)부터 헌덕왕 11년(819)까지라는 점에 주목하여 각 촌락의 인구성장율과 인구증가율, 사회증가율, 남녀 인구 성비, 부양비율 등을 추출하여, 당시 서원경 주변 촌락사회에 일어난 사회변동과 동요가 홍수와 기근, 초적들의 발호에 있었음을 살폈다. 이에 지금까지의 검토한 내용을 요약 정리하면 다음과 같다.

첫째, 신라의 연령 등급 구분의 변화 과정에서 신라인들의 연령에 대한 인식을 살피고자 하였다. 이에 신라 하대 선사들의 비문에서 '초츤(齠齔)'과 '년9세(年九歲)', 지학(志學)과 각변(角弁)·휴년(齀年)·등관세(登冠歲)가 생애의 분기점으로 서술되었음에 주목하여, 통일 신라시대의 연령구분은 소자(1~8세), 추자(9~14세), 조자(15~19세)이고, 정의 하한은 '각변', '휴년' 또는 '등관세'로 표현되는 20세로 보았다.

또한 제공(除公)의 '제(除)'의 용례를 나주 복암리 1호 수혈에서 출토된 백제 목간(404호)의 "先將除云 丁 婦 中口二 小口四" ……之"와 비교하여, '제(除)'는 『당률소의(唐律疏議)』 사위사제거관호노비(詐僞詐除去官戶奴婢)조에서 '나이 60세가 되면 노비의 역을 제거(除去)'한 데서 비롯하였을 것으로 보았다. 아울러 노공(老公)에 대해서는 『삼국사기』의 청로(請老) 또는 고로(告老) 기사, 70세에 '고로(告老)'하는 제도가 『예기』 곡례편에서 비롯한 점, 그리고 「진법자묘지(陳法子墓誌)」(691)로부터 70세를 '대질(大耋)'이라고 하여 당에 있어서도 '노(老)'와 '대질(大耋)'를 구분한 점 등을 살폈다. 이에 제공(모)은 『예기』의 기(耆)에 상응하는 60세부터 69세로서 군역이나 요역이 면제되지만 전작(田作)으로 전조만을 바치는 존재이며, 노공(모)은 70세 이상을 지칭하는 것으로서 모든 조세부담에서 벗어나 오로지 국가나 가족의 보호를 받는 존재였던 것으로 판단하였다.

둘째, 여자(余子)와 법사(法私)는 본 「신라촌락문서」의 공연에 포함되며, 각각 등급연으로 산정되었다는 점에서 공연 가운데 일반 공연(孔烟)

과 여자(余子), 법사(法私)를 구분하였다고 할 수 있다. 이러한 전제에서 B촌(살하지촌)의 '여자(余子)'는 『주례』 소사도(小司徒)조에 국가 비상시에 동원되는 예비 병력[羨卒]으로 등장하는 바, '남은 갑병 부대'로 풀이되는 여갑당(餘甲幢)에 편제된 일종 예비군으로 풀이하였다.

나아가 39여갑당을 비롯하여 백관당, 사설당, 외법당, 군사당과 사자금당은 법당군관만이 배속되었는데, 이들은 유사시에 법당 군관이 지휘하지만, 징발 대상자는 문무백관과 법당호, 여자호를 대상으로 하는 예비부대였던 것으로 이해하였다. 이들 법당 군관이 배치된 부대는 평상시에는 직역과 부역 및 전작(田作)과 훈련에 동원되겠지만, 유사시에 백관당은 백관을 징발하는 부대이고, 노당, 운제당, 충당, 석투당 등으로 구성된 사설당은 공성(攻城)을 위한 예비부대, 그리고 법당화척으로 구성된 대장척당과 개지극당, 외법당은, 그 직능에 따라 공병(장척)이나 개지극으로 무장한 병사를 운영하거나, 보병과 기병으로써 실제 전투에 임할 수 있었던 예비부대였던 것으로 보았다.

셋째, 나주 복암리 1호수혈의 405호 유물 목간(복암리 3호목간)의 '법호(法戶)'로부터 법당(法幢), 법공부(法功夫)의 '당(幢)', '공부(功夫)'를 과역의 일종으로 살피고, '법사(法私)'의 '사(私)'도 과역을 규정하는 것으로 이해하였다. '사(私)'에 대해서는 최근에 지적된 함안산성과 팔거산성 목간의 왕사(王私), 사(私)와 관련하여, 함안산성 목간에 등장한 임자년이 532년이고, 팔거산성 제16호목간의 "안거리간지사남곡촌지지(安居利干支私男谷村支之)"에 보이는 관등 '간지(干支)'의 표기 방식으로 미루어 동 목간중에 등장하는 임술년·병인년을 각각 542년, 546년일 가능성이 높은 것으로 보았다. 특히 동 목간에서 신분을 규정하는 '사(私)'는 왕에 예속된 '왕사(王私)'와 개인에 예속된 사속인(私屬人)으로 풀이되었다. 이러한 규정은 이후 어느 시기엔가 왕실과 귀족의 사속인에 대한 권리를 보장하기 위한 조치로서, 이들 사속인을 법사호(法私戶)로 규정하지 않았을까 추측하였다. 이들 법사호가 노(奴)와는 다르게 연호(烟戶)를 구성하였던 만큼 그들이 법사호로 규정되면서 그들에 대한 종속 관계를 세습하도록 하였을 것인데, 6세기 전반의 이들 사속인이 9세기 초반 「신라촌락문서」에 법사

(法私)로 전승된 것으로 생각하였다.

이는 당나라에서 사농공상을 구분하여 각각 오로지 각자의 업(業)에 전념하게 하면서 공(工) · 악(樂) · 잡호(雜戶) 등의 호명(戶名)을 정한 것과 마찬가지로, 법사(法私) 또한 법공부, 법당, 여자 등과 함께 주어진 과역에 따라 편제된 것이라 할 수 있다. 이에 법사는 중고기의 사속(私屬)의 범주에서 사적 경영에 투입되는 과역이 정해지고 이에 따라 호명(戶名)을 정한 것으로서, 국가의 수요 및 귀족들의 권리와 이익을 보장하는 방책이었던 것으로 풀이하였다. 또한 이들은 왕실이나 귀족들의 사속인으로서 전지를 경작하였던 만큼 노(奴)와 마찬가지로 전조를 납부할 의무는 없었다고 여겨지며, 그밖의 역역이나 군역 등의 징발은 일반 연호와 크게 다르지 않았을 것으로 생각하였다.

넷째, 「신라촌락문서」에 등장한 4개 촌락의 성격과 관련하여, 특히 본 문서의 D촌이 '서원경-촌'의 구조로 기재된 것은, 소경의 행정체계 곧 '소경-6부-[방(坊?)]-성(城) · 리 · 촌' 또는 '소경-성(城)-리 · 촌'에서 D촌의 수위에 있는 부(部) 또는 성(城) · 리(里) 등의 행정단위가 제외되었다는 것으로서, 본 「신라촌락문서」가 모든 행정 단위를 망라한 계장이 아니고 이들 일부 행정단위가 본 문서에 보이는 내시령이 직접 관리하는 지역에 한정된 것으로 이해하였다.

내시령은 내성에서 파견한 순시령으로서, 그는 「영천청제비 정원14년명」(798)의 '소내사(所內使)'에 상응하는 직책이었으며, 중앙관사인 내성과의 중간 매개자로서 촌 단위의 인구 증감, 전답, 우마, 식목 등에 대한 보고 내용을 직접 실사하고 확인한 것을 D촌 문서의 갑오년조 '성장(省狀)'의 형식으로 내성에 보고하였던 것으로 생각하였다. 따라서 내시령의 관할하에 있던 이들 4개 촌락을 왕실직손촌으로 규정할 수 있었다.

다만 본 문서에 등장하는 촌주위답이나 연수유전답 등으로 미루어 볼 때에, 이들 촌락이 비록 왕실 직속촌이라 하더라도 그 운영 체계는 일반 촌락과 동일한 방식이었던 것으로 여겨졌다. 또한 이들 왕실직손촌에 편제된 연호의 정남은 귀족들의 녹읍과 마찬가지로 군역과 역역에 징발될 뿐만 아니라 지급받은 연수유전답을 경작하여 전조를 왕실에 바치고, 왕실의 수요에 필요한 식목이나 우마 등에서의 산물을 징납하였을 것으로 생각하였다.

다섯째, 이들 4개 촌락의 인구 증감의 통계치를 바탕으로 하여, 각 촌락의 인구성장율과 인구증가율, 사회증가율, 남녀 인구 성비, 부양비율 등을 추출하여, 당시 서원경 주변 촌락사회에 일어난 사회변동의 요인과 동요의 실상을 살피고자 하였다.

이에 전식년으로부터 당식년에 이르는 3년동안, 인구성장률의 경우 A, C촌이 106~106.8%로 완만하게 증가하는 데 대해, D촌만이 87.4%로 급락하였다. 또한 모든 촌락의 출생율은 정상적이었던 데 대하여 D촌만은 사망율이 A촌의 277%, C촌의 301.1% 수준으로 비정상적으로 높았음을 확인할 수 있었다. 또한 일반적인 사망율을 보이는 A, C촌의 사망율 가운데 소자, 소녀자의 사망율이 높은 것은 홍역 등 소아병 때문인 것으로 추정하였다.

인구증가율에 있어서도 A촌이 177.3%, C촌이 249.2%인데 비하여 D촌은 -44.3%로 급감하였는데, 무엇보다도 사망율이 다른 촌에 비하여 2.8~3배 정도이고, 전입율에 비하여 전출율이 높은 때문이었다. 이는 동시기에 D촌에 어떠한 사회적 변고가 있었음을 의미하는 바, D촌이 헌덕왕 6년(814)의 홍수와 연이은 기근의 직접적인 피해지역이었기 때문으로 판단하였다. 또한 4개 촌락 모두 당식년인 헌덕왕 10년(818)과 추기한 헌덕왕 11년(819) 사이에 인구가 감소한 것은, 당시 기근과 초적의 봉기 때문이었던 것으로 여겨졌다.

특히 B촌과 D촌의 공(孔)이 도망한 때가 을미년(815)이고, 또한 D촌 소속의 11명의 공(孔)이 도망한 때가 기해년(819)인 바, 이들 촌락에서 도망한 연호 또는 사람들은 이 때의 홍수 또는 봉기한 초적의 영향 때문으로 이해하였다. 더욱이 D촌의 실종된 추자(追子) 또한 헌덕왕 11년(819) 3월의 초적과 관련된 것이거나, 아니면 당나라 해적에 의해 약매된 피해자로서, 814년의 홍수와 기근, 초적의 봉기 등으로 촌락민이 집단으로 도망하게 되어 동 촌락을 붕괴시킬 지경에 이르렀음을 확인할 수 있었다.

다만 이들 촌락 가운데 C촌이 인구수가 적음에도 불구하고 여타 3개 촌보다도 인구증가율이나 사회증가율에 있어서 비교적 안정적이었는데, 인구비율로만 본다면 생산연령인 정(丁)·조(助)의 비율이 당식년 71.1%, 추기년 91.7%로 피부양 연령인 소(小)·추(追)·제(除)·노(老)에 비하여 가장 높았던 때문으로 보았다. 또한 C촌은 생산연령 성비에 있어서도 4개 촌 가운데 유일하게 정의 비율이 당식년 129%, 추기년 121.4%로 높은 지역이기도 하였다. 이러한 까닭인지 다른 촌의 경우 전식년으로부터 당식년에 이르는 기간의 사회증가율이 마이너스로 감소한 데 비하여, C촌만이 유일하게 '+55.5명/1000(명)'의 성장율을 보였는데, 이는 C촌이 홍수나 기근의 피해가 없음으로 인하여 인구 유입률이 높고 상대적으로 안정적 촌락 생활 여건을 갖췄기 때문인 것으로 이해하였다.

「신라촌락문서」의 우마 사육과 전답 및 수목 경영

1. 머리말

본 「신라촌락문서」가 1953년 학계에 공개된 이후 신라 사회경제를 밝히는 일급 자료로서 주목되었다. 특히 연구 초창기에는 주로 9등호제(九等戶制) 구분의 기준을 두고 인구와 토지점유의 다과인가, 아니면 인정(人丁)의 다과인가의 문제에 집중되었다면, 그 이후로는 토지의 성격에 대하여 균전제설과 왕실직속지에 대한 논의가 진행되었다.

필자는 이미 본 문서를 집계장으로서의 성격을 띤 문서로 보고, 가장 중요시한 인구통계와 연령구분의 문제를 살핀 바 있다. 그 과저에서 본 문서의 인구 통계는 3년마다 작성된 호적을 바탕으로 하여 작성되었고, 매년 인구 변동에 따른 추기가 이루어졌음을 밝힌 바 있다. 아울러 본 문서의 인구 통계의 정합성과 이두로 미루어 볼 때에 본 문서의 원장이 818년에 작성되었음을 밝히고, 당시 왕실 직속 서원경 주변 촌락의 사회 변동 상황을 살폈다.

그런데 본 문서에는 인구의 증감에 이어 우마수와 전답·식목수를 기록하였다. 이들 우마수와 전답·식목수는 인구통계와 다르게 매년의 증감이 기록되지 않고, 3년 동안의 증감만을 기재하였다는 특징이 있다. 그럼에도 불구하고 이들 기록은 이 문서의 성격 뿐만이 아니라 9세기 전반 왕실이 운영한 촌락의 사회경제 상황을 밝혀주는 주요한 자료라는 점에서는 이견이 있을 수 없을 것이다. 특히 우마의 과도한 수효나 촌락마다 상이한 전답의 소유, 그리고 식목수의 불일치는 본 문서를 이해하는 데 어려움을 주고 있다. 이에 본 절에서는 이들 각각의 기재 내용을 분석함으로써 그 성격을 밝힘으로써 본 문서의 성격을 분명히 하고자 한다.

2. 촌락의 우마(牛馬) 사육

우마에 대한 기록은 인구수와 마찬가지로, 증가 수를 먼저 기록하고, 감소의 내역을 뒷부분에 기록하였다. 먼저 우마와 관련된 기사를 제시하면 다음과 같다.

A(7) 合馬廿五 〔以古有廿二 三年間中 加馬三〕　　合牛廿二 〔以古有十七 三年間中加牛五〕

A(15) 合无去因白馬二 〔并死之〕　　死白牛四

B(10) 合馬十八 〔以古有馬十六 三年間中 加馬二〕　　合牛十二 〔以古有十一 加牛一〕

C(7) 合馬八 〔以古有四 三年間中加四〕　　合牛十一 〔以古有五 三年間中加六〕

C(13) 合无去因白馬四 〔以賣如白三 死白一 并古之〕　　死牛一 〔以古有七 加牛一〕

D(7) 合馬十　　合牛八 〔以賣如囬一 死白馬一 廻烟馬一〕

D(17) … 合无去因白馬三 〔以賣如白牛一 廻去烟牛 死白〕

D(18) 合无去因白牛

위 기사에서 보듯이 총 우마수는 본 문서의 원장을 작성할 당시의 현재 우마수이다. 감소한 우마수는 이미 이들 현재 우마의 합계에 산정된 것으로, 그 감소 내역을 밝힌 것이라 본다. 따라서 각 촌락 우마의 총계는 모두 옛부터 있던 우마에 3년간에 더해진 수를 합한 값이다. 이는 인구 총계에 있어서 옛부터 있던 인구에 3년간 태어난 인구와 3년간 전입해 온 인구를 더한 숫자와 같은 형식의 기재 방식이다. 따라서 우마에 있어서 '三年間中加馬'[3년간에 더한(증가한) 말]는 자연증가 곧 3년간에 낳은 우마와 전입자가 가져온 우마수를 합한 값일 것으로 추측된다. 이에 이들 우마수의 증감율을 수식으로 정리하면 다음 표와 같다.

당식년 우마수 = 古有 우마 + 증가수
전식년 우마수 = 古有 우마 + 감소수
당식년 우마 증가율(%) = 당식년 우마/전식년 우마×100

		전식년 우마수		당식년 우마수			당식년 우마증가율(%)
		합계	감소	古有牛馬	증가	합계	당식년/전식년×100
沙害漸村 (A)	마	24(22+2)	2(死)	22	3	25	104.2%(25/24×100)
	우	21(17+4)	4(死)	17	5	22	104.8%(22/21×100)
薩下知村 (B)	마	16(16+?)	결락	16	2	18	112.5%?(18/16?×100)
	우	11(11+?)	결락	11	1	12	109.1%?(12/11?×100)
逸名村 (C)	마	8(4+4)	4(賣3, 死1)	4	4	8	100%(8/8×100)
	우	6(5+1)	1(死)	5	6	11	183.3%(11/6×100)
西原京逸名村 (D)	마	13(10+3)	3(賣1, 死1, 廻烟 1)	10	0	10	76.9%(10/13×100)
	우	10+α ?(7+3+α ?)	3+α ?(賣1, 廻去烟 ?, 死 ?)	7	1	8	80%?(8/10?×100)

위의 표에서 각 촌락 우마수에 대한 기록이 인구수의 기재법과 다른 점은, 추기나 전식년인 을미년에 별도로 보고한 사실이 보이지 않는다는 점이다. 을미년에 별도의 보고가 없었다는 것은 본 계장으로써 보고에 가름한다는 의미로 새겨진다. 또한 추기가 보이지 않는 것은, 우마수의 증감은 추기 때에는 별도로 보고하지 않았다는 것을 의미한다. 후술하듯이 호적을 작성할 때에 보고된 우마수는 개별 연호의 호등 산정시에 기본 자료로 활용되었으리라 짐작된다.

그럼에도 불구하고 본 문서에 그러한 사항이 기재되었다는 것은, 호적을 작성한 당식년의 계장에 이들 증감 내역을 적기하는 것이 원칙이었음을 의미한다. 다만 호등을 산정하는 계년(季年 : 丑辰未戌)에 우마의 증감을 별도로 보고하였는 지는 확인할 수 없다. 다만 본 문서에 추기가 보이지 않고 3년을 단위로 한 증감 부분이 기재되었다는 점에서 3년 단위로 보고하지 않았을까 생각한다. 따라서 본 문서의 감소 부분에 기재된 우마의 감소 내역은 3년을 단위로 하여 보고된 것임을 알 수 있다.

위의 표 가운데 전식년에 대한 당식년의 우마 증감율의 경우 결락된 B촌을 제외하고 A, C촌은 증가 추세인데 대하여, D촌의 경우에만 모두 감소하고 있다. D촌의 우마가 감소한 요인으로는 매도[賣]와 죽음[死], 그리고 이 촌락에 들어온 본래의 지역으로 되돌아 간 연호[廻烟]를 따라 우마가 옮겨감으로 인한 것이다. 되돌아 간 연호[廻烟]로 인한 우마의 감소는 오직 D촌에만 보인다. 이 되돌아간 연호의 말[廻烟馬]과 되돌아 갔던 연호의 소[廻去烟牛]는 D촌 '列廻去合人'[되돌아 간 총 인구] 8명을 구성원으로 한 연호(烟戶)의 소유였다고 여겨지는데, 이들을 '열(列)[누적 인구]'이라 한 것으로 미루어 두 가구였을 것으로 추측된다. 각각의 가족 구성이나 되돌아 간[廻去] 까닭 등은 분명하지 않지만, 원장의 누적 사망자 20명 중의 정(丁) 5명 가운데 이들 가족이 포함되었을 가능성이 없지 않다고 본다. 따라서 이러한 사실만으로 이들 가족 구성의 등급을 추정하기는 어렵지 않을까 한다.

그런데 우마수의 내역에서 주목할 수 있는 것은, 우마의 죽음이나 매도에도 불구하고, D촌을 제외하고는 당식년에 전식년의 우마수를 유지하거나 증식하였다는 점이다. 이는 각 촌락마다 일정 한도 수효 내에서 이들 우마를 유지 내지 증식해야 하는 모종의 규정이 있었던 때문이 아닐까 추측하게 한다.

먼저 마필 수에 있어서 D촌의 특별한 경우를 제외하고, 본 문서로부터 추출한 전식년의 마필은 A촌 24필, B촌 16필, C촌 8필이다. B촌은 결락으로 확인할 수 없지만, A촌에서는 2필이 죽었고, C촌에서는 1필이 죽고 3필을 매도하였지만, 당식년에 이르러 A, B, C촌의 마필수는 각각 25필, 18필, 8필로서 전식년에 비하여 1~2필 늘거나 현행을 유지하는 수준이다. 이들 각 마필 수가 어떻게 산정되었는지는 분명하지 않지만, 계연수가 군역 내지 요역의 징발 단위였다는 점에서 모종의 관련이 있지 않을까 한다.

앞 절에서 살폈듯이 A촌은 계연치가 4余分3[4와 3/6]으로 총 공연수가 11개 연[仲下烟 4, 下上烟 2, 下下烟 5]이고, B촌은 계연치 4余分2[4와 2/6]에 총공연수 15[仲下烟 1, 下上烟 2, 下仲烟 5, 下下烟 6], C촌은 추정 계연치 2余分5[2와 5/6]에 총 공연수 11[하상연 추정 3, 하중연 1, 하하연 6], D촌은 계연치 1余分5[1과 5/6]에 총 공연수 10[하중연 1, 하하연 6]이다. 그런데 촌주가 거주하는 A촌의 전식년 말 24필은 계연 정수 '4'에 계연 정수 당 정남의 수 '6'을 곱한 수치와 동일하다. 이에 비해 여자(余子)와 법사(法私)로 구성된 B촌의 말 16필은 계연 정수 '4'에 계연 정수 당 정남의 수 '6'의 2/3에 해당하는 '4'를 곱한 값과 동일하다. 마찬가지로 C촌의 말 8필은 계연정수 '2'에 B촌과 마찬가지로 '4'를 곱한 값과 동일하다. D촌의 경우 전식년으로부터 당식년에 이르는 사이에 홍수로 인한 기근과 초적 등으로 촌락이 붕괴 직전의 단계에 이르렀다는 점을 고려한다면, 전식년의 호등 산정시 계연치가 3이었을 가능성이 있고, 그에 따라 마필수 또한 촌 본래의 12필에 전입한 마필 1필을 합하여 13필이었을 가능성이 높다고 본다.

이러한 추정이 가능하다면 이들 각 촌락의 마필이 「신라내성모접문서[佐波理加盤付屬文書]」의 그것에 비하여 과도하게 많았던 것은, 이들 촌락에 소속한 정이 군역에 징발되는 존재로서 유사시 각 촌락의 소유 마필을 동원하여 초적의 토벌이나 반란의 진압 등에 동원되는 체제를 갖추었던 때문이 아닌가 한다. 이러한 군역의 징발에는 아무래도 촌주가 위치한 A촌이 중심이었고, 그 밖의 촌은 B촌과 같이 예비군적 성격의 정남(丁男)을 징발하거나, C, D촌처럼 A촌과 같은 촌주 주재촌을 보좌하는 성격으로 인하여, 마필 또한 계연 정수의 2/3 수준만을 유지 내지 마필을 증식하지 않았을까 추측해 볼 수 있다. 이에 A촌의 촌민들에게 있어서는 군역이나 마필을 기르는 데 소용되는 초가(草價)[1] 등의 징수로 인한 부담이 다

---

1) 신라에서의 초가에 대한 문헌상의 기록은 보이지 않으나, 조선시대에는 職

른 여타 촌에 비하여 과중하지 않았을까 생각되며, 비교적 촌세가 크고 전답도 풍부한 A촌으로부터 전출률이 높았던 것은 이러한 부담 때문이지 않았을까 추측된다. 또한 촌락마다 차이가 있지만 본 문서에서 최소한 현재의 마필수를 유지하거나 1~2필의 말을 증식한 것은, 아무래도 관리의 고과(考課)에 반영되었던 당나라의 규정[2]과 같은 그러한 규정이 신라에도 있었기 때문일 것으로 추측된다.

한편 소 사육의 경우 어떤 정합성을 추출하기 어렵지만, 대체로 B촌을 제외하고는 하하연의 경우 소를 소유하지 못하고 그 상위의 등급연별로 정의 수에 준하는 소를 소유하지 않았을까 추측해 볼 수 있다. 곧 A촌의 경우 당식년 중하연(仲下烟) 4개 호와 하상연(下上烟) 2개 호의 정의 수는 모두 22명으로, 이는 A촌의 당식년 소 소유수 22두와 동일하다. 또한 C촌의 당식년 등급연은 하상연 추정 3호와 하중연 1호로서 정의 수 11명인데 이는 B촌 당식년 소의 소유수 11두와 동일하다. D촌의 경우 앞서와 같이 전식년의 계연을 3으로 추정한다면, 등급연을 중하연 1(丁 4명), 하상연 2(丁 6명), 하중연 1(丁 2명), 하하연 6(丁 6명)으로 산정할 수 있다. 이로써 D촌의 하하연을 제외한 정남의 수는 모두 12명인 바, 전식년 당시 소의 소유량 10+α ?에 근접함을 알 수 있다. 다만 이와 같은 계산법으로 추정한다면, B촌의 경우 중하연(仲下烟) 1개 호, 하상연(下上烟) 2개 호, 하중연(下仲烟) 5개 호로서 모두 20두 내외의 소를 소유해야 하는데, 전식년의 경우 11+α ?이고, 당식년의 경우 12두에 불과하여, 하중연의 호구에도 소를 소유하는 경우와 소유하지 못한 경우가 있었음을 알 수 있다.

요컨대 마필의 경우 각 촌락에 군역을 부과하였던 가중치에 따라 계연

田·賜田의 稅를 草價와 함께 京倉에 3월 10일을 한도로 납부하되 草 1束에 대해 米 2승의 비율로 軍資監의 米·豆로 換給하도록 한 규정이 『經國大典』 戶典, 諸田조에 "職田·賜田稅 幷草價納京倉 限來春三月初十日 以軍資監米豆 換給 草一束準米二升"라고 하여 있다. 신라에서도 이와 같은 규정이 있었으리라 여겨지는데 이에 대해서는 박남수, 2019, 「〈新羅內省毛接文書〉('佐波理加盤付屬文書')와 신라 內省의 馬政」, 『新羅文化』 54에 실린 논문(본서 3장 1절) 참조.

2) 『大唐六典』 권 17, 太僕寺.

정수로 산정된 정남의 수로써 소유한 데 대하여, 소의 경우는 하하연을 제외한 그 상위 등급연의 연호별로 소유하였던 것이 아닌가 한다.

한편 C촌의 경우 노비도 존재하지 않은데도 비교적 상위의 등급연이 많이 존재하였던 배경에는, 앞 절에서 살폈듯이 다른 촌락에 비하여 인구 성비나 생산연령 성비에서 정남의 구성 비율이 120% 내외에 이르고, 조(助)의 생산연령이 소(小)·추(追)·제(除)·노(老) 등 피부양 연령층을 부양하는 부양비가 다른 3개 촌보다 월등하였던 때문이라 할 수 있다. 따라서 등급연의 산정에는 마·소의 소유 등이 일정 정도 영향을 끼쳤다고 볼 수 있고, 여기에는 부양비 등에 의한 노동력의 여유, 그리고 경작할 토지 면적 등도 영향을 끼친 것으로 여겨진다.

3. 기촌관모[전]답(其村官謨[田]畓), 내시령답(內視令畓)과 연수유 전답(烟受有田畓)·촌주위답(村主位畓)의 성격

본 문서에는 우마수에 뒤이어 토지 지목을 기재하였다. 이는 크게 합전(合畓)과 합전(合田), 합마전(合麻田)으로 구분된다. 이들 토지 지목은 인구의 이동에도 불구하고 3년간의 변동이 전혀 없다는 데에 가장 큰 특징이 있다. 이러한 데는 토지 측량[量田]이 쉽지 않다는 데서 비롯한 것으로 이해되지만, 새로이 진전(陳田) 등을 파악하는 것보다는 기왕에 조사된 토지 결부(結負)로써 전조(田租) 등을 부과할 수 있었기 때문일 것이다. 이는 새로운 인구 변동 사항을 파악하고 있음에도 불구하고, 기왕에 책정된 계연수나 등급연에 따라 군역이나 요역을 부과하였던 것과 맥락을 같이하는 것이 아닌가 한다.

먼저 본 문서에서 토지 지목과 관련된 부분을 정리하면 다음과 같다.

A촌 :　合畓百二結二負四束 ^{以其村官謨畓四結}
^{內視令畓四結}　烟受有畓九 十四 結二負四」 合

畓百二結二負四束 ^{以其村官謨畓四結}
^{內視令畓四結}　烟受有畓九 十四 結二負四」束

以村主位畓十九結七十負　　　合田六十二結十負 [五束]　並烟受有之　　合麻田一結九負

B촌 : [合畓六十] 三結 [六十四]」 負九束 以其村官謨畓三結六十六負七束 [烟受]

有畓五十九結」 九十八負二 [束] 合田百十九結五負八束 [並烟受 有之]　　　合

麻田」□

C촌 : 合畓七十一結六十七負　以其村官謨畓三結 烟受畓六十」 八結六十七

負 合田五十八結七負一束 [並烟受 有之]　」合麻田 一結■負

D촌 : 合畓廿九結十九負以其村官謨畓三結廿負烟受有畓」 廿五結九十九

負四束 合田七十七結十九負 以其村官謨田一結」 烟受有田 七十六結

十九負 合麻田一結八負

　위의 토지 지목 관련 내용에서 합답(合畓) 내에서 기촌관모답(전)(其村
官謨畓(田))과 　내시령답(전)(內視令畓(田))을 　연수유전답(전)(烟受有畓
(田))과 구분하고, 연수유답(烟受畓) 안에 촌주위답(村主位畓)이 포함되
어 있음을 알 수 있다. 연수유답(烟受有畓)을 C촌에서는 연수답(烟受畓)
이라고도도 하였는데, 동일한 의미로 보아 좋을 것이다. A, C촌의 합전
(合田)에는 '모두 연(烟)이 받아 소유한다[並烟受有之]'고 하였는데, 이를
D촌에서는 '연(烟)이 받아 소유한 전(田：烟受有田)'이라고 하였다. 이에
연수유답(烟受有畓)이든 연수유전(烟受有田)이든 간에 '연(烟)이 받아 소
유하는 답(畓) 또는 전(田)'임을 알 수 있다. 이에 토지 지목에 따라 위의
내용을 정리하면 다음 표와 같다.

촌명	구분	合畓(田)	其村官謨畓(田)	內視令畓	烟受有田畓			合麻田
					소계	村主位畓	烟受有畓	
當縣沙害漸村(A)	답	102결21부4속	4결	4결	94결21부4속	19결70부		
	전	62결10부5속					62결10부5속	1결 9부
	소계	164결31부9속	4결	4결	94결21부4속	19결70부	62결10부5속	1결 9부
當縣薩下知村(B)	답	63결64부9속	4결66부9속				59결98부2속	
	전	119결5부8속					119결5부8속	?(결락)

	소계	182결70부7속	4결66부9속				179결4부	
逸名村(C)	답	71결67부	3결				68결67부	
	전	58결7부1속					58결7부1속	1결口부
	소계	129결74부1속	3결				126결74부1속	1결口부
西原京逸名村(D)	답	29결19부	3결20부				25결99부4속	
	전	77결19부	1결				76결19부	1결8부
	소계	106결38부	4결20부				102결18부4속	1결8부

위에서 보듯이 각 촌에는 기촌관모답(전)(其村官謨畓(田))과 마전(麻田)이 있고, 내시령답(內視令畓)과 촌주위답(村主位畓)은 오직 A촌에만 설정되었다. 또한 기촌관모답(전)과 내시령답은 연수유전답(烟受有田畓)과 구분되었으며, 이들과는 달리 마전(麻田)이 별도의 토지 지목으로서 기술되었음을 알 수 있다.

(1) 기촌관모[전]답(其村官謨[田]畓)

먼저 기촌 관모답은 4개 촌 모두 설정되었다. 대체로는 관모전·답을 고려시대 공해전과 같은 성격으로 이해하는데,[3] 전호제의 방식으로 경영되었을 것으로 본다.[4] 관모전·답의 명확한 의미는 분명하지 않으나, 『삼국사기』 직관지(중)에는 내성 산하 관사 가운데 상(上)·하(下)·좌(左)·우신모전(右新謀典)과 모종의 관련이 있지 않을까 생각해 볼 수 있다. 상·하·좌·우신모전은 신모전의 직임을 상·하·좌·우 네 개로 나눈 것이라 할 수 있다. 이들 신모전의 설치 연원이나 직능 등을 알기 어렵지만, 조전(租典)의 바로 앞에 기술되었다는 점에서, 내성의 조전(租典)보다도 중시된 직임이지 않았을까 추측할 수 있을 뿐이다.

---

3) 李喜寬, 1989, 「統一新羅時代의 官謨田·畓」, 『한국사연구』 66 ; 1999, 『統一新羅 土地制度研究』, 一潮閣, 128~129·140~143쪽.
4) 李喜寬, 1989, 위의 논문 ; 1999, 위의 책, 128~129·140~143쪽.

그런데 본 문서의 관모(官謨)와 내성 산하 관사의 신모(新謀)간에 사용된 '모(謨 또는 謀)'는, 동아시아 고대 사회에서 『서경(書經)』 대우모(大禹謨)의 "형벌을 가하는 것은 형벌을 없게 하기 위한 것으로, 백성들이 중정의 도에 화합하여 때를 맞추어 공을 이룸이니, 성대하도다"라고 한 데서 비롯한 명칭으로 사용되고는 하였다.5) 곧 동아시아 고대사회에서의 '모(謨)'는 '왕도를 행하기 위하여 중정한 법을 집행한다'는 이념에서 비롯한 것이라 할 수 있다. 그렇다면 내성 산하의 신모전(新謀典)은 새롭게 국법(國法)을 중정히 수행하기 위한 내성의 관사 정도로 생각해 볼 수 있고, 기촌관모답(其村官謨畓)은 '촌관(村官)이 국법을 중정하게 행하기 위하여 설정된 답' 정도로 풀이할 수 있을 듯하다.6)

이렇게 이해할 때에 관모전·답(官謨田·畓)을 고려시대의 공해전과 같은 성격으로 보는 것은7) 옳다고 본다. 다만 각 촌마다 관모답 또는 관모전이 설정되었다는 점에서, 이들 촌락의 촌주 또는 유력한 공연의 호주가 후일 「규흥사종명」(856)의 '상촌주(上村主)-제2촌주(第二村主)-제3촌주(第三村主)'의 제2촌주, 제3촌주와 같은 직임을 수행하였을 것이다. 이들 B·C·D촌의 유력한 수장급들은 단순히 연수유전답을 받으면서, 기촌관모답의 소출로써 촌의 행정에 필요한 물품을 조달하거나 필요한 비용을 사용하여 각각의 촌락의 행정[村政]을 관장하고, 「규흥사종명」의 상촌주와 동일한 지위였다고 생각되는 A촌의 촌주를 보좌하였으리라 여겨진다.

---

5) "刑期於無刑, 民協於中, 時乃功, 懋哉° […正義曰 帝以禹讓皐陶 故述而美之 帝呼之曰皐陶 惟此羣臣眾庶 皆無敢有干犯 我正道者 由汝作士官 明曉於五刑 以輔成五敎 當於我之治體用 刑期於無刑 以殺止殺 使民合於中正之道 令人每事得中 是汝之功 當勉之哉…]"(『虞書』「尙書注疏」권 4, 大禹謨 3).

6) 兼若逸之는 '謨'를 한자 뜻대로 풀이하여, 其村官謨畓을 '그 마을에 官이 計劃한 畓'으로 풀이한 바 있다.(兼若逸之, 1979, 「新羅 '均田成冊'의 研究」, 『韓國史研究』 23, 81쪽)

7) 李喜寬, 1989, 앞의 논문 ; 1999, 앞의 책, 128~129·140~143쪽.

(2) 내시령답(内視令畓)

 내시령답(内視令畓)에 대해서는 대체로 이를 문무관료전으로 보고 국
유지에 설치되어 관직을 매개로 수조권만을 지급한 것이라는 견해[8]가 우
세하였다. 이에 대해 본 촌락의 전답이 모두 내성의 장관인 내시령을 구성
원으로 하는 집단 즉 내성에 관직을 가진 관료들에게 일괄해서 지급된
녹읍으로 보는 견해가 있었다.[9] 한편으로 본 문서의 촌락은 재지세력 중
심의 행정촌과 자연촌이며, 행정촌의 촌사(村司)는 내시령(内視令)·촌
주(村主)·군사(軍師)로 구성되었다는 관점에서 내시령답을 행정촌 촌사
의 관리에게 지급된 답(畓)으로 보기도 한다.[10] 또는 내시령을 외사정으
로 보아 그들에게 지급된 직전(職田)으로 풀이하기도 한다.[11]
 그런데 본 문서에서 내시령답은 기촌 관모답에 뒤이어 기재하고 있는
바, 기촌 관모답의 부차적인 성격을 띤 것으로 판단된다. 사실 내시령답
은 촌주위답 결부수의 1/5 정도에 불과하여 과연 중앙 파견관의 직전으로
기능하였을까 의문이다. 또한 왜 내시령답을 촌주'위답'(村主'位畓')과 같
이 내시령'위답'(内視令'位畓')으로 설정하지 않았을까 하는 점도 의문으로
남는다.
 또한 'ㅁ省'을 '내성(内省)'으로 보았던 견해에 대해서는, 앞서 살폈듯이
'于省(우성)'으로 여겨지는 바, '성(省)'은 일종 보고서 형식의 성장(省狀)
으로 판단된다. 또한 신라 내성의 수반인 내성사신은 왕실 종친의 우두머
리로서 정해진 임기가 없었다. 따라서 내성사신은 본 문서의 '전내시령(前

---

 8) 李喜寬, 1992, 「통일신라시대 관료전의 지급과 경영」, 『신라산업경제의 신연
  구』 13, 경주시 ; 1999, 위의 책, 113~115쪽.
 9) 木村誠, 1976, 「新羅の祿邑制と村落構造」, 『歷史學硏究』 別册(世界史の新局
  面と歷史像の再構成) ; 2004, 『古代朝鮮の國家と社會』, 吉川弘文館, 82~83
  쪽.
10) 李鍾旭, 1980, 「신라장적을 통하여 본 통일신라의 촌락지배체제」, 『역사학보
  』 86, 54~55쪽.
11) 이인철, 1996, 「촌락지배와 토지」, 『신라촌락사회사연구』, 일지사, 218~219
  쪽.

內視令)'과 같이 기간을 정하여 전·현직으로 임명될 수 없는 직함인 바, 본 문서의 내시령을 내성의 장관으로 보기는 어렵다고 본다.

본 문서의 내시령(內視令)은 어의대로라면 '내(內)의 시령(視令)'이라 할 수 있다. '시령(視令)'은 『고려사』에 빈번하게 보이는 '순시(巡視)'와 동일한 의미로 추정된다. 곧 고려는 국가는 제사나 각 지방의 성(城)과 도(道)의 순력, 전주(田疇), 공역(工役) 등에 호부시랑이나 승선 등을 사신으로 파견하여 '순시(巡視)'하도록 하였다.[12] 조선시대에는 중앙관이나 지방의 수령이 순령수(巡令手)로서 지방을 순력할 때면 전건(戰巾)을 쓰고 검(劍)을 차는데 순령수와 뇌자만은 철색(鐵索)을 두르고 순시령기(巡視令旗)를 받들었다고 한다. 이 때에 해당 지방의 군민(軍民)이 말을 준비하거나 향소(鄕所)의 삼공형(三公兄)·군뢰(軍牢)·육각(六角)·순시령기수(巡視令旗手) 등이 이를 수행하였다고 한다.[13] 사실 본 문서의 내시령이 촌락의 연호가 증감한 상황을 살피고 식목(植木) 등에 관여한 사실 등은 고려·조선시대의 순시관(巡視官)이나 순시령(巡視令)의 직임과 크게 어긋나지 않는다.

그런데 본 문서에서는 '내시령(內視令)'이라고 하였다. 신라에서 '내(內)'를 관칭할 수 있는 용례로는 '내성(內省)'을 비롯하여 '내양(內養)',[14] '내공봉(內供奉)',[15] '소내(所內)',[16] '소내사(所內使)',[17] '마소내(馬所內)'[18] 외에 내구(마)(內廏(馬)), 내의(內醫) 등이 있다. 이들 '내(內)'는 관사

---

12) 『고려사』 世家 권 11, 肅宗 7년(1102) 9월·권 12, 睿宗 즉위년(1106) 11월·世家 권 12, 睿宗 2년(1107) 3월· 睿宗 11년(1116) 1월·世家 권 26, 元宗 11년(1270) 7월·世家 권 27, 元宗 13년(1272) 5월 등.

13) 『萬機要覽』 군정편 2, 訓鍊都監, 服着. 『각사등록』 南原縣公事, 英祖 12년 (1736) 정월 22일. 『연행록총서』, 북원록 권 1, 영조36년 경진(1760) 6일(병오).

14) 한국고대사회연구소 편, 1992, 「鳳林寺 眞鏡大師塔碑」, 『역주 한국고대금석문』 Ⅲ, 219쪽.

15) 한국고대사회연구소 편, 1992, 「聖住寺 朗慧和尙塔碑」, 위의 책, 92쪽.

16) 『삼국사기』 권 6, 신라본기 6, 문무왕 9년·권 39, 잡지 8, 직관(중) 소내학생.

17) 한국고대사회연구소 편, 1992, 「永川 菁堤碑 貞元銘」, 『역주 한국고대금석문』 Ⅱ, 30쪽.

18) 박남수, 2019, 「〈新羅內省毛接文書〉('佐波理加盤付屬文書')와 신라 內省의

와 관직을 막론하고 모두 궁내(宮內)의 의미로 사용되었다.

특히 「영천청제비 정원14년명」(798)의 '절소내사 상간 연내말(節所內使 上干 年柰)'은 헌덕왕 2년(810) 국내의 제방을 수습하도록 사신을 보낸 조치이지만, 중앙의 사신은 실제로는 동 비의 절소내사(節所內使)에서 보듯이 '상간(上干)'의 외위와 함께 내말(柰)의 경위를 받고 임시로 소내사(所內使)에 임명되어 파견되었다. 그는 보와 둑[洑堤]의 손상된 곳을 확인하고, 법공부와 함께 절불[切火]·압량(押梁) 2개 군에서 조역을 징발하여 공사를 감독하였다. 또한 「신라내성모접문서」('사하리가반 부속문서')에서는 파천촌(巴川村)의 마모미(馬毛尾)를 징납하기 위하여 내성의 직할하에 있는 마소내(馬所內)가 관여하였다. 「영천청제비 정원14년명」(798)의 '절소내사(節所內使)'나 「신라내성모접문서」의 '마소내(馬所內)' 등으로 미루어 볼 때에, 본 문서의 내시령 또한 재지 유력자를 순시령에 임명하였을 가능성이 없지 않은데, 그가 내성 소속으로서 모종의 직임을 맡았던 점은 분명하다고 하겠다.

따라서 내시령답은 내성에서 파견된 내시령의 필요 경비, 곧 조선시대 순령(巡令)을 위해 각 향촌에서 마련한 비용과 같은 예컨대 말을 준비하거나 인력을 동원하고, 내시령의 순시에 필요한 각종 행정 조치 등의 비용을 충당하기 위한 답이었다고 여겨진다. 그러므로 내시령답은 내시령의 순시를 위해 필요한 경비를 마련하고자 설정한 공해전의 성격을 띠는 것으로 여겨지는 것이다.

(3) 연수유전답(烟受有田畓)과 촌주위답(村主位畓)

본 문서에서 가장 중요한 토지 지목은 그 대부분을 차지하는 연수유전답이라고 할 수 있다. 연수유전·답에 대해서는 일찍이 정전제(丁田制) 실시로 생겨난 것으로 보았다.[19] 또한 정전제(丁田制)에 대해서는 토지

馬政」, 『新羅文化』 54, 186~188쪽.

19) 림건상, 1977·1978, 「신라의 〈정전제〉에 대하여」(1)(2), 『력사과학』

지급이 아니라 농민들을 농토에 긴박시켜 조·용·조(租·庸·調)와 군역을 수취하기 위해 실시한 의제적 균전제(擬制的 均田制)라고 보는 한편으로 연수유전·답을 편호인 공연(孔烟)에 한시적이고 제한적으로 토지소유권을 인정해 준 것으로 보기도 한다.[20] 이에 대해 연수유전·답을 성덕왕 21년(722) 처음으로 백성들에게 나누어 주었다는 정전(丁田)과 동일한 성격으로 보고, 국가가 이를 지급한 것처럼 그 소유권을 인정함으로써 토지면적을 기준으로 전조(田租)를 부담시킨 것으로 고려시대의 민전(民田) 곧 사전(私田)의 성격으로 이해하기도 한다.[21]

연수유전·답은 어의대로라면 '연(烟)이 [국가로부터] 받아 소유한 전답'이란 의미이다. 앞서 살폈듯이 연등(烟等)이나 계연(計烟)은 모두 정남(丁男)을 기준으로 한 것이었다. 따라서 연수유전·답 또한 정남을 기준으로 한 연등에 따라 지급된 것으로 보아야 하리라 본다. 이러한 측면에서 연수유전답은 성덕왕 21년(722) '국가가 정남을 단위로 지급한 전(田)'이란 의미의 정전(丁田)의 계통을 승계한 것이라 보아야 하지 않을까 한다. 정전은 정남에게 주어진 것이고 연수유답은 연(烟)을 단위로 받은 것이라는 점에서 차이가 있지만, 국가의 관점에서 보면 정전이나 연수유전답은 모두 국가가 정남을 기준으로 하여 내린 전답[賜田]인 셈이다.

그런데 성덕왕대에 정전을 지급하면서 구분전(口分田)을 지급하였던 것으로 보인다. 이는 경덕왕 14년(755) 웅천주(熊川州) 판적향(板積鄕)의 향덕(向德)이 넓적다리살을 베어 그의 아버지를 봉양한 효행으로 구분전을 지급한 사례[22]로부터 짐작할 수 있다. 동일한 사실에 대하여 『삼국유

　　1977-4 · 1978-1.

20) 李仁哲, 1993, 『신라의 촌과 촌락지배에 관한 연구 : 정창원 소장 신라장적을 중심으로』, 한국정신문화연구원 한국학대학원 박사학위논문 ; 1995, 「신라 장적의 烟受有田·畓과 농민의 사회경제적 형편」, 『국사관논총』 62, 181~184쪽.

21) 李喜寬, 1994, 『통일신라 토지제도연구 : 신라촌락장적에 대한 검토를 중심으로』, 서강대 박사학위논문 ; 1999, 「烟受有田·畓과 그 經營農民」, 앞의 책, 148~155쪽.

22) "(경덕왕) 十四年, 春, 穀貴民饑. 熊川州向德, 貧無以爲養, 割股肉, 飼其父.

사』에는 향덕을 사지(舍知)라고 하였는데, 이로써 향덕은 판적향의 사지였음을 알 수 있다. 그렇다면 향덕은 사지에 따른 직전(職田)을 받았을 법한데, 두 사서 모두 그가 가난하여 아버지를 봉양할 수 없었다고 하였다. 그것이 흉년으로 인한 것인지 아니면 빈궁하여서인지 자세한 사정을 알 수 없으나, 구분전을 지급하였다는 것은 당시에 토지가 없어 아버지를 봉양하기 어려웠다는 것을 뜻한다.

당나라의 경우 처음부터 사람들에게 구분전과 세업전(世業田)을 주어 조·용·조를 징수하였다. 특히 영업전(永業田)은 왕공(王公) 이하 모두에게 내렸는데, 왕족 및 황후 등의 친족과 9품 이상에 준하는 자, 그리고 노(老) 및 남자로서 폐질인 자, 의부·효순·과처첩(寡妻妾), 그리고 부곡(部曲)·객녀(客女)·노비(奴婢) 등에 대해서는 과세하지 않고, 주호(主戶) 안에 과구(課口)가 있을 경우 과호(課戶)로 삼았다.[23] 당의 제도를 모방한 고려 전시과체제하에서도 문무백관으로부터 부병(府兵)·한인(閑人)에 이르기까지 과(科)에 따라 토지와 초채지(樵採地)를 나누어 주었는데, 죽으면 나라에 환납하도록 하였다. 부병의 경우 20세에 받아 60세가 되면 환급하는데, 자손과 친척이 있으면 그를 대신하여 전정(田丁)에게 주도록 하고, 자식이 없으면 감문위(監門衛)에 편적하도록 하였다. 70세 이후에는 구분전을 지급하되, 나머지 전(田)을 거두어 후손이 없거나 죽거나 전사한 자의 처에게 구분전으로 지급하도록 하였다.[24]

王聞, 賜賚頗厚, 仍使旌表門閭."(『삼국사기』 권 9, 신라본기 9, 경덕왕 14년)
"熊川州板積鄉人也 …鄉司報之州, 州報於王. 王下教, 賜租三百斛·宅一區·口分田若干, 命有司立石紀事以標之."(『삼국사기』 권 48, 열전 8, 向德)
"能川州有向得舍知者. 年凶, 其父幾於餒死, 向得割股以給養. 州人具事奏聞, 景德王賞賜租五百碩."(『삼국유사』 권 5, 孝善 9, 向得舍知割股供親 景德王代)
23) "自王公以下 皆有永業田 太皇太后·皇太后·皇后總麻以上親 內命婦一品以上親 郡王及五品以上祖父兄弟 職事·勳官三品以上有封者 若縣男父子·國子·太學·四門學生·俊士·孝子·順孫·義夫·節婦同籍者 皆免課役 凡主戶內有課口者為課戶 若老及男廢疾 篤疾·寡妻妾·部曲·客女·奴婢及視九品以上官 不課"(『新唐書』 권 51, 志 41, 食貨 1, 租庸調法)
24) "高麗田制, 大抵倣唐制. 括墾田數, 分膏堉, 自文武百官, 至府兵閑人, 莫不科受, 又隨科給樵採地, 謂之田柴科. 身沒, 並納之於公, 唯府兵年滿二十始受, 六

당과 고려의 사례로 미루어 볼 때에 성덕왕 21년(722)의 정전(丁田)은 군역이든 부역이든 간에 정역에 대한 대가로 지급한 토지일 것으로 짐작된다. 정전의 전통을 계승한 연수유전답 또한 정남을 기준으로 한 연호에 지급한 것이라는 점에서, 국가가 정남의 군역 내지 부역에 대한 대가로 각 연호에 대하여 지급한 토지일 가능성이 높다고 보아 좋을 것이다. 이러한 정전제 하에서는 역이 끝난 제공(除公)의 경우 향덕의 사례처럼 일반적으로 영업전인 정전을 환급하고, 구분전을 받아 생업을 영위하지 않았을까 여겨진다.

이처럼 정전제하에서는 역을 면한 호구에 대하여 별도의 구분전을 내렸던 것으로 짐작되지만, 연수유전·답제하에서는 국가가 연호를 단위로 토지를 지급함으로써 국역을 면한 제공·제모나 노약자 등에게 별도의 구분전을 지급하지 않고도 부양의 부담을 덜 수 있지 않았을까 한다. 곧 국가로서는 피부양자의 부양 의무를 연수유전답을 지급함으로써 각 연호에 맡겼다고 여겨진다. 이러한 요인으로는 정전제를 시행하면서 향덕의 사례처럼 기근이나 흉년 등으로 각 연호의 정전이 점차 겸병(兼并)되어 지급할 토지가 부족하게 된 때문이 아닐까 추측된다.

한편 연수유전답 내에는 촌주위답이 포함되어 있다. 이에 촌주위답을 문무관료전으로 보거나,[25] 종래의 토지를 인정받은 것으로 진촌주에게 수조권만을 지급한 것이라는 견해[26] 등이 있었다.

그런데 촌주위답은 오직 A촌에만 설정되어 있다. 본 문서 A촌에 할당된 촌주위답은 일종의 위전으로서 모두 19결 70부이다. 문무왕 13년(673)에 강수에게 사찬의 관등으로 승급시키면서 세조 200석을 내렸다.

十而還, 有子孫親戚, 則遞田丁. 無子, 籍監門衛, 七十後, 給口分田, 收餘田, 無後身死者及戰亡者妻, 亦皆給口分田. 又有功蔭田柴, 亦隨科以給傳子孫, 又有功廨田柴, 給庄宅宮院百司州縣館驛, 皆有差. 後又以官吏祿薄, 給畿縣祿科田. 其踏驗損失租稅貢賦之制, 并附于後."(『高麗史』 권 78, 志 32, 食貨 1, 田制 序)

25) 李仁哲, 「村民支配와 土地」, 『新羅村落社會史研究』, 一志社, 1996, 217쪽.
26) 李喜寛, 「村主位田·畓과 村主勢力의 成長」, 『統一新羅土地製度史研究』, 一潮閣, 1999, 181쪽.

A촌 촌주의 관등을 알 수 없으나, 「청주 연지사종명」(833)에서는 촌주의 관등이 급간(及干)·대내말(大奈),[27] 「규흥사종명」(856)에서는 사간(沙干)·급간(及干)이었다.[28] 따라서 A촌 촌주의 관등은 대체로 강수의 관등 사찬에 버금하는 정도였으리라 예상할 수 있다. 이에 촌주위답의 성격을 파악하기 위해서는 동 위답 19결 70부에서 생산했을 조곡의 양을 살필 필요가 있다.

통일신라시대 토지 1결당 생산량에 대해서는 기왕에 「숭복사비」의 '於是括以邇封, 求之善價, 益丘壟餘貳百結, 酬稻穀合二千苫[이에 부근의 땅을 묶어 좋은 값으로 구하여 구롱지 백여 결을 사서 보탰는데 값으로 치른 벼가 모두 2천 섬]'을 근거로 하여 파악하고자 하였다. 그러나 본 구절은, 원성왕릉을 조성하기 위하여 김문량이 기진하여 조성한 곡사(鵠寺)를 옮기고 왕릉의 조성을 위하여 공전이 아닌 땅을 매입한 사실을 반영한 것이라 할 수 있다. 이로 말미암아 9세기 후반 토지 1결당 소출을 파악할 수 있는 주요 근거로 활용되었던 자료를 잃었지만, 최치원의 세주로부터 9세기 후반 석(石)을 섬(苫)이라 하고, 15두를 1섬으로 한 사실만을 확인할 수 있었다.[29] 다만 「신라내성모접문서」에서 17두 운운의 기사가

---

27)「菁州 蓮池寺鍾銘」黃壽永·濱田耕策, 국사편찬위원회 편, 1996, 『韓國古代金石文資料集』Ⅲ, 127·129쪽.

28)「竅興寺 鍾銘」허흥식, 국사편찬위원회 편, 1996, 위의 책, 136쪽.

29)「숭복사비」필사본의 '於是括以邇封, 求之善價, 益丘壟餘貳百結, 酬稻穀合二千苫'의 구절을 근거로 하여, 畓 1결의 소출을 稻 10苫 곧 150두로 이해하여 왔다.(이병도, 1959, 『한국사 고대편』, 진단학회, 649쪽. 李基東, 1978, 「新羅 金入宅考」, 『震檀學報』 45 ; 1984, 『新羅骨品制社會와 花郎徒』, 一潮閣, 203~204쪽) 필자도 동일한 관점에서 이해하였다가(박남수, 1997, 「金大城의 佛國寺 造營과 그 經濟的 基盤」, 『신라문화제학술발표회논문집』 18)「崇福寺碑」를 검토하면서 '益丘壟餘貳百結'이 동 비의 잔존 비편에서 '弎百結酬'임을 확인함으로써 丘隴 1결 당 생산량을 20苫(섬)으로 풀이한 바 있다.(박남수, 2013, 「新羅 崇福寺碑 板本의 갈래와 崔致遠의 割註」, 『신라사학보』 27) 그런데 본 비문을 자세히 검토하면서, '於是括以邇封, 求之善價, 益丘壟餘弎百結, 酬稻穀合二千苫'의 '稻穀合二千苫'은 아무래도 토지에 대한 보상가로 보아야 하지 않을까 판단된다. 그런데 후술하듯이 고려 태조 때의 조세 감면조치로 볼 때에 단위 면적 1결당 생산량이 20석으로서 토지의 보상가와 동일함

있는 것으로 미루어, 동 모접문서가 작성된 9세기 전반 무렵에는 20두/1
석이었던 것으로 여겨진다.

그런데 신라 하대 토지 1결당 생산량에 대한 또다른 자료로서 고려 건
국 직후 태조 원년(918) 7월에 왕건이 조세를 옛 법에 따라 1/10세로 감
면하는 조치를 내린 기사를 주목할 수 있다.

태조 원년(918) 7월 유사(有司)에 일러 말하기를, "태봉(泰封)의 왕
은 민(民)을 자기의 욕심대로 하여 오직 거두어들이는 것만을 일삼고
옛 제도를 따르지 않았다. 1경(頃)의 토지[田]에서 조세(租稅)는 6석
(碩)이나 되고, 역(驛)을 관리하는 호(戶)에 실[絲]을 3속(束)이나 매
기니, 마침내 백성들로 하여금 농사짓는 것을 멈추고 베 짜는 것을 그
만두고 서로 이어 유망하게 하였다. 지금부터 조세와 정부(征賦)는 마
땅히 옛 법을 사용하도록 하라."라고 하였다[30].(『고려사』 권 78, 志
32, 食貨 1, 田制 租稅)
[우왕 14년(1388)] 7월 대사헌(大司憲) 조준(趙浚) 등이 상서(上書)
하여 말하기를, … 신라 말에 토지가 고르지 않고 부세(賦稅)가 무
거웠으므로 도적이 무리지어 일어났습니다. 태조께서 왕업(王業)을 일
으켜 즉위하신 지 35일 만에 여러 신하들을 맞이하여 보고 탄식하며
말씀하시기를, '근래에 무자비하게 거두어 1경(頃)에서 조(租)를 거두
는데 6석(石)에 이르러 민이 삶을 이어갈 수 없으니, 내가 이를 심히
안타깝게 여긴다. 지금부터는 마땅히 10분의 1을 거두는 제도를 써서

을 알 수 있다. 이에 숭복사비문으로써 畓 1결 당 소출로 보아 왔던 계산 방식
에 문제가 있음을 지적해 둔다. 정병삼은 본 구절을 "왕릉을 이루는 데 비록
王土라고는 하나 실은 公田이 아니어서 부근의 땅을 묶어 좋은 값으로 구하여
丘壟地 백여 결을 사서 보태었으며 값으로 치른 벼가 모두 이천 苫이었습니
다."(「崇福寺碑」, 한국고대사회연구소 편, 1992, 『역주 한국고대금석문』 Ⅲ,
1992)라고 해석한 것이 옳다고 여겨진다. 다만 그 의미에서는 동일하지만 필
자는 본 문장을 직역하여 "왕릉을 만드는데, 비록 王土라고는 하지만 또한
公田이 아니었다. 이에 부근의 땅을 묶어 좋은 값으로 구하여 丘壟(능묘)의
나머지 1백 결을 더하고, 稻穀으로 모두 2천 苫(섬)을 보상하였다."로 해석하
여 둔다.
30) "太祖元年(918) 七月 謂有司曰 '泰封主 以民從欲 惟事聚斂 不遵舊制 一頃之
田 租稅六碩 管驛之戶 賦絲三束 遂使百姓 輟耕廢織 流亡相繼 自今 租稅征賦
宜用舊法"(『고려사』 권 78, 志 32, 食貨 1, 田制 租稅)

토지〔田〕 1부(負)에서 조 3승(升)을 내게 하라.'라고 하시고, 드디어 민간의 3년 동안의 조를 면제하셨습니다. 당시는 세 나라가 정립(鼎立)하여 대치(大峙)하면서 군웅들이 각축을 벌였으므로, 써야될 재정이 바야흐로 급하였음에도 우리 태조께서는 전공(戰功)을 뒤로 돌리고 민을 구휼하는 것을 앞세우셨으니, 즉 하늘과 땅이 만물을 기르는 마음이며, 요임금과 순임금, 문왕과 무왕의 어진 정치라고 할 수 있습니다. …31)(『고려사』 권 78, 志 32, 食貨 1, 田制 祿科田)

신라 말 전(田) 1경(頃)에 6석의 조를 거두던 것을 옛제도에 따라 1/10 세인 전(田) 1부(負)에 조 3승을 거두어 조세를 경감하였다는 것이다. 경(頃)은 경무제(頃畝制)의 단위이고, 부(負)는 결부제(結負制)의 단위이다. 그런데 경과 부를 경무제와 결부제의 단위로 계산하면 다음 표와 같이 오히려 신라 말[태봉]의 조세가 고려 태조의 감면 조치 때보다도 가벼운 것이 되어 모순이다. 따라서 동 기사의 문맥 곧 태조 때에 태봉의 무거운 조세를 감면했다는 취지에 따를 때에, 결(結)과 경(頃), 무(畝)와 부(負)는 동일한 단위로 사용된 것으로 보아야 한다. 이로써 신라 말과 고려 태조 때의 조세율과 단위면적 당 생산량을 계산하면 다음과 같다.

	신라 말 (태 봉)	고려 태조	비고
租	6석/田 1頃	3승/田 1負	『고려사』 전제
경무제와 결부제로 구분한 값	0.7128석/ 결	300升(30斗)/결 1석 10斗[20두/석]/결 2석/1결 [15두/석]/결	·1頃=100畝(10,000步) 1畝=100步(步), 1步=5尺 ·1결=100負 ·1결=5畝×240步−12步(60尺) =1,188步 = 5,940척 ▶1頃=10,000보=50,000尺 =8.4175結

31) "[禑王 14年(1388)] 七月 大司憲趙浚等上書曰 … 新羅之末 田不均 而賦稅重 盜賊群起 太祖龍興 卽位三十有四日 迎見群臣 慨然嘆曰 '近世暴斂 一頃之租 收至六石 民不聊生 予甚憫之 自今 宜用什一 以田一負 出租三升' 遂放民閒三 年租 當是時 三國鼎峙 群雄角逐 財用方急 而我太祖 後戰功 先恤民 卽天地生 物之心 而堯·舜·文·武之仁政也"(『고려사』 권 78, 志 32, 食貨 1, 田制 祿 科田)

			2석/田1결	
경무제와 결부제를 동일시한 값	租	6석/田 1頃(結)	1석 10斗[20두/석]/결 2석/1결 [15두/석]/결	·結=頃, 畝=負
	조의 수취율	3/10稅	1/10稅	
	생산량 /結	20석 /田1결	20석/田1결 ([15두/석]/결)	

위의 기사와 표에서 보듯이 태조의 조세 감면 조치의 문맥으로 볼 때에, 경(頃)은 결(結), 부(負)는 무(畝)와 동일한 의미로 사용되었다고 판단된다. 이렇게 볼 때에 신라 말 태봉이 1결 당 6석의 조를 거둔 데 대해, 태조는 동 시기 15두/1석의 기준으로 1결 당 2석의 조로 감면하였음을 알 수 있다. 태조는 이를 1결 당 생산량의 1/10세라고 하였다. 이로 미루어 볼 때에 당시 1결 당 생산량은 조곡(租穀) 20석임을 알 수 있다. 이에 태봉 때의 수조율은 3/10조였음을 알 수 있다. 이 때에 태조 왕건이 일컬은 전(田)의 성격이 분명하지 않지만, 대체로 수전(水田) 곧 답(畓)이지 않았을까 추측된다.[32]

---

32) 성종(成宗) 11년(992) 판(判)에 따르면 공전의 조를 1/4을 거두는데, 水田의 경우 상등(上等) 1결(結)의 조는 2석(石) 11두(斗) 2승(升) 5홉[合] 5작[勺]이며, 중등(中等) 1결의 조는 2석 11두 2승 5홉, 하등(下等) 1결의 조는 1석 11두 2승 5홉, 그리고 한전(旱田) 상등 1결의 조는 1석 12두 1승 2홉 5작, 중등 1결의 조는 1석 10두 6승 2홉 5작이라 하였다.(『고려사』 권 78, 지 32, 食貨 1, 田制 租稅 성종 11년 判) 이에 따라 성종 대의 토지 1결당 생산량을 上田 11석 8승 2홉, 중등 11석, 하등 7석으로 보기도 한다.(이태진, 1986, 「畦田考」, 『한국사회사연구』, 지식산업사, 71쪽) 그런데 동 判文에는 이와 함께 또 다른 수조액을 적시하고 있다. 곧 수전 상등 1결의 조 4석 7두 5승, 중등 1결 3석 7두 5승, 하등 1결 2석 7두 5승과 旱田에 있어서 上等 1결에 租 2석 3두 7승 5홉, 中等 1결에 1石 11두 2승 5홉, 下等 1결에 1石 3두 7승 5홉의 수조액을 전하고 있다. 이에 두 종류의 수조액을 두 가지 자료의 전승으로 보면서, 전자에 비하여 수조액이 더 많은 후자의 기록은 생산력이 높아진 후대의 것으로 보기도 한다.(이태진, 1986, 위의 논문, 위의 책, 72쪽) 그런데 전자의 수조액은 오히려 태조 원년 7월의 1/10세의 수조액 2석/결을 약간 상회하고, 후자의 경우 전자의 두 배 가량의 수조액을 보인다. 따라서 전자는 일반 백성들의 水田에 대한 수조액 1/10세를, 후자는 여타 공전의 수조액 1/4세를 지칭하는

그러므로 고려 태조 원년(918) 7월의 조세 감면조치에 보이는 토지의 생산량 20석/결로 계산한다면, 촌주위답 19결 70부에서 생산했을 조곡의 량은 394석 가량이다. 이는 강수가 사찬의 관등으로 받은 세조 200석 보다는 훨씬 많은 수량으로, 9세기 무렵 촌주의 관등인 「청주 연지사종 명」(833)의 급간(及干)·대내말(大柰)[33]이나 「규흥사종명」(856)의 사간 (沙干)·급간(及干)[34]의 위답(位畓)보다도 훨씬 상회한다고 할 수 있다.

그러므로 촌락의 정남이 정역에 대한 대가로서 연수유전·답을 지급받 았듯이, 촌주는 촌주의 직역에 대한 대가로서 촌주위답을 지급받았다고 볼 수 있다. 고려 목종 원년(998) 3월 군현(郡縣)의 안일호장(安逸戶長)들 에게 직전(職田)의 반을 지급하였던 데서 보듯이,[35] 본 문서의 촌주들은 일종 직전(職田)으로서 촌주위답을 받은 것이 아닌가 한다. 따라서 촌주 위답이 연수유전·답에 분류되었던 것은, 국가가 정남이든 촌주이든 간 에 정역과 직역에 대한 대가로서 내려진 사전(賜田)의 성격을 띠었던 때문 이 아닐까 한다.

이는 본 「신라촌락문서」의 B, C, D촌의 경우 기촌관모답(其村官謨畓) 이 있음에도 불구하고 촌주위답이 없었던 사정을 보여준다. 곧 관모전답 이 각 촌마다 있었다는 것은 그 촌을 운영할 관사가 있었음을 의미한다. 이에 해당 촌의 촌주급의 수령은 연수유전답으로 그 직위에 대한 대가를 받은 셈이고, 촌의 관사 운영의 비용은 기촌관모전·답(其村官謨田·畓) 의 소출로써 충당하였으리라 추측되는 것이다.

판적향의 향덕 사지의 경우도 당시에 지급되었을 토지로 생활하였겠지 만, 춘궁기에 곡식이 귀하고 백성이 굶주림[穀貴 民饑]으로써 생활할 수 없었던 사정을 알 수 있다. 당나라의 경우 일반 백성이 고향을 옮기거나 가난하여 장례를 치르지 못할 때에 세업전(世業田)을 팔기도 하고, 좁은

것이 아닐까 생각해 볼 수 있을 듯하다.
33) 「菁州 蓮池寺鍾銘」黃壽永·濱田耕策, 국사편찬위원회 편, 1996,『韓國古代 金石文資料集』Ⅲ, 127·129쪽.
34) 「竅興寺 鍾銘」허흥식, 국사편찬위원회 편, 1996, 위의 책, 136쪽.
35) 『고려사』지 32, 食貨 1, 田制, 田柴科.

향촌[狹鄉]으로부터 넓은 향촌[寬鄉]으로 옮기는 자가 구분전(口分田)을 팔기도 하였다. 그러할 경우 그들에게는 다시 이들 토지를 지급하지 않았는데, 결국 일반 백성의 곤궁함으로 인하여 호부(豪富)들이 영업전과 구분전까지 겸병(兼并)함으로써 사회적 문제를 일으켰던 것이다.[36] 이로 미루어 볼 때에 향덕이 넓적다리 살을 베어 아버지를 봉양하는 효행으로 구분전을 받았다는 것은, 그가 받았을 것으로 여겨지는 정전을 이미 매도하여 생활을 영위하고자 하였지만 여의치 않았던 사정을 보여주는 것이 아닌가 추측된다. 신라의 정전이 당나라의 일종 영업전으로서의 성격으로 이해할 수 있는 부분이다. 또한 향덕의 사례로 볼 때에 신라에 있어서도 8세기 중반에는 이미 귀족들에 의한 정전의 겸병이 상당히 진행되지 않았을까 생각된다.

아무튼 본 문서 A촌의 촌주나 일반 하급 관리들은 관등과 호등을 기준으로 일정한 연수유전·답을 지급받지 않았을까 추측된다. 아마도 연수유전·답을 경작하는 이들은 일정액의 조(租)를 부담하였을 것이다. 비록 A촌의 경우 촌주위답을 구분하였지만, 각 촌락의 전답은 촌락 내의 연수유전답의 총 결수로 보고되었는데, 태조 원년의 감세 조치에서 보듯이 신라의 결부제는 수확의 단위이자 수세의 단위였다. 이러한 점에서, 각 촌락의 총 결수는 곧 수세의 단위였다고 볼 수 있다. 곧 총 전답수로 조를 과세하는 지표로 삼았던 만큼, 국가로서는 촌 단위의 전답의 결부수만 알고 있으면 과세에 문제가 없었다고 할 수 있다. 그러나 당시에 휴경지가 상당수 존재하였으리라 예상되는 만큼, 총 전답수로 조를 징수하는 방식은 일반 백성에게는 큰 부담으로 작용하였으리라 예상된다. 본 문서에서 돌아간 연호가 적지 않게 보이는 것은, 저들 농민들이 토지 기반을 잃고 타지에서 노동력의 품을 파는 용작의 상황을 보여주는 것이 아닐까 추측되는 것이다. 이들 연호는 일종 교거자(僑居者)라 일컬을 수 있는 자들로

---

36) "凡庶人徙鄉及貧無以葬者, 得賣世業田° 自狹鄉而徙?寬鄉者, 得并賣口分田° 已賣者, 不復授° 死者收之, 以授無田者° 凡收授皆以歲十月° 授田先貧及有課役者° 凡田, 鄉有餘以給比鄉, 縣有餘以給比縣, 州有餘以給近州" (『新唐書』 권 51, 志第 41, 食貨 1, 租庸調法)

서, 용작이 끝난 이후에 본래의 소속지로 되돌아간 것으로 여겨지는데, 아마도 본 촌락의 과호(課戶)에서는 제외되지 않았을까 추측된다.

4. 마전(麻田)의 경작과 수목(樹木)의 재배

본 문서에서 토지 지목 관련 내용 가운데 합마전(合麻田)은 합답(合畓)과 합전(合田)에 뒤이어 별도로 기재되었고, 그 뒤에 식목 관련 내용을 기재하였다. 마전(麻田)은 다른 토지 지목과 마찬가지로 3년간의 변동이 전혀 보이지 않는다. 다만 식목에 관한 내역은 3년간에 더해진 식목과 본래 있었던 식목으로 구분하였고, 더해진 식목은 다시 '加植內[더 심은]'와 '前內視令節 植內之'[전내시령 때에 심은]로 구분하였다. 먼저 본 문서의 토지 지목과 관련 내용을 적시하고, 표로 정리하면 다음과 같다.

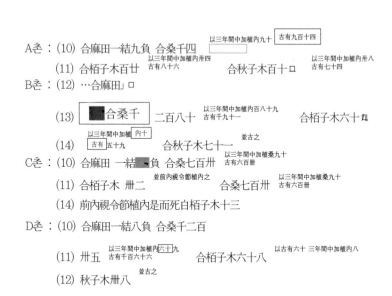

「신라촌락문서」의 마전(麻田)과 식목(植木)

			전식년 식목 합계	당식년 전 3년간 식목수 증감		당식년 合麻田과 植木數	당식년 식목 증가율
				감소	증가		당식년/전식년×100
當縣 沙害漸村 (A)	麻田					1결 9부	
	植木	桑	914		90	1004	109.8%(1004/914)
		栢子木	86		34	120	139.5%(120/86)
		秋子木	74		38	112	151.4%(112/74)
當縣 薩下知村 (B)	麻田					?(결락)	
	植木	桑	1091		189	1280	117.3%(1280/1091)
		栢子木	59		10	69	116.9%(69/59)
		秋子木	71		0	71	100%(71/71)
逸名村 (C)	麻田					1결 □부	
	植木	桑	640		90	730	114.1%(730/640)
		栢子木	[55]	13	0	42 (並前內視令節植)	76.4%(42/55)
		秋子木	107		0	107	100%(107/107)
西原京 逸名村 (D)	麻田					1결 8부	
	植木	桑	1166		69	1235	105.9%(1235/1166)
		栢子木	60		8	68	113.3%(68/60)
		秋子木	48		0	48	100%(48/48)

위에서 보듯이 각 촌락의 마전(麻田)은 각 촌락마다 설정되었는데, 각각 1결 8~9부 정도로서 4결여의 기촌관모답(전)(其村官謨畓(田))보다도 적은 수준이다. 마전에서 생산되는 마포(麻布)는 삼한시대부터 잘 알려진 품목이기도 하다. 곧 『삼국지』 위지 동이전에는 예(濊)의 특산물로 마포가 있었다 하고, 같은 책 한(韓)조에는 토지가 비옥하여 5곡(五穀)에 적당하다 하였는데, 『주례』 천관(天官) 질의(疾醫)조와 『대대례(大戴禮)』 증자(曾子) 천원(天圓)조, 그리고 『초사(楚辭)』 대초(大招)조의 주(注)에는 5곡의 하나로서 마(麻)를 꼽고 있기 때문이다.37) 동 한조에서 변진(弁辰)과 진한(辰韓) 지역에서 광폭(廣幅)의 세포(細布)를 만든다고 하였

37) ① 麻·黍·稷·麥·豆(『周禮』 天官, 疾醫條의 注) ② 黍·稷·麻·麥·菽(『大戴禮』 曾子 天圓條의 注) ③ 稻·稷·麥·豆·麻(『楚辭』 大招條의 注)

는데, 『주서』 권 49, 열전 41, 백제전에는 부세의 하나로서 마(麻)를 들었고, 『수서』 권 81, 열전 46, 고[구]려전에서는 유인(遊人)의 세(稅)로서 세포(細布)를 들었다. 『양서』 신라전에서도 신라의 토지가 비옥하여 5곡에 적당하다고 하면서 상마(桑麻)가 많다고 하였다. 이들 사료에 보이는 세포(細布)는 마(麻)의 생산을 전제로 한 것으로서, 섬세한 삼실을 켜는 소사(繅絲)과정을 필요로 하는 고급기술이었던 만큼 신라의 중국에 대한 조공품으로 많이 사용된 고급 직물이었다.38)

또한 8월 한가위 길쌈놀이의 기원으로 알려진 『삼국사기』 신라본기 유리이사금 9년(A.D.32)조의 기사는 음력 7월 16일부터 8월 15일까지 매일 아침 일찍부터 밤 10시 무렵까지 부녀자들이 함께 모여, 여름에 무성해진 삼나무를 베어 물에 불렸다가 껍질을 벗겨 삶아서 사로국의 중심지인 대부의 뜰에 모여 마포를 만들던 공동 생산의 모습을 보여주는 것으로 풀이된다.39) 『신당서』(권 220, 열전 145) 신라전에서는 "남자는 경작하며 여자는 길쌈한다"고 전하는데, 마포의 직조가 여성의 일이었다면, 마를 심는 작업은 성민(城民) 또는 촌민의 공동의 요역 형태로 진행되었다고 여겨진다. 문무왕 15년(675) 아달성태수(阿達城太守) 급찬 한선(漢宣)의 명에 따라 성민이 일제히 마의 종자를 심다가 말갈의 침입을 받았다는 것으로40) 미루어 마전의 경작은 노유(老幼)를 제외한 성민 공동으로 이루어졌음을 알 수 있다.

보다 구체적으로는 노유(老幼)를 제외한 정(丁)·정녀(丁女)와 조자(助子)·조여자(助女子)가 마전(麻田)에서 마(麻)를 공동으로 경작하여 해당 촌락의 정녀(丁女)와 조여자(助女子) 공동으로 길쌈을 하여 일종 조(調)로 납부하였다고 믿어진다. 이것이 조(調)로서 납부되었다는 것은, 비록 백제의 사례이긴 하지만 성곽의 수축에 역역을 바치는 것을 조역(調役)이라

---

38) 박남수, 1996, 「각종 수공업기술의 발달」, 『신라수공업사』, 71~72쪽.
39) 安秉佑, 1992, 「6~7세기 토지제도」, 『韓國古代史論叢』 4, 307~313쪽 ; 박남수, 1992, 「新羅 上代 手工業과 匠人」, 『國史館論叢』 39, 54~55쪽 · 1996, 「신라의 성장과 수공업 경영형태」, 『신라수공업사』, 신서원, 34~35쪽).
40) 『삼국사기』 권 47, 列傳 7, 素那.

일컫고, 『주서』 권 49, 열전 41, 백제전에는 부세의 하나로서 마(麻)를 들었다는 점, 그리고 고려 현종 22년(1031)의 일이기는 하지만 "나성(羅城)을 쌓고 중광사(重光寺)를 경영하였는데, 부역자에게는 금년의 조포(調布)를 감하였다"[41]라는 사례에서, 신라에 있어서도 마포를 일종 조(調)의 명목인 정포(征布)로서 징수하였을 것으로 짐작된다.[42]

마(麻)는 변방 군인들의 정포(征袍), 승려들의 가사나 신발 등의 재료로 사용되었다. 또한 불국사 석가탑 출토 「무구정광대다라니경」이나 「대방광불화엄경」 사경 등에 사용되는 종이의 재료로도 사용되었는데, 이는 「경주 월성해자-149」의 '經中入用思買白不雖紙一二个'[경에 들어가 사용하려고 샀다고 사뢴 불유지 1, 2개]에서도 확인할 수 있다. 『삼국사기』에는 마(麻)의 수공업 관사로서 마전(麻典：織紡局)과 마리전(麻履典)을 살필 수 있는데, 마전(麻典)의 간(干)-사(史)-종사지(從舍知)의 구성은 사지가 설치된 중대 이후에 다시 개편된 모습으로 판단된다.[43]

이들 궁중 수공업관사에서는 보다 섬세한 소사작업을 거쳐 고급의 마사(麻絲)를 만들고 궁중에 소용된 세포(細布)의 의류나 조공품에 충당하였으리라 짐작된다. 또한 이들 마는 고려시대의 사례이긴 하지만 「정토사5층석탑조성형지기(淨土寺五層石塔造成形止記)」(1031)에서 장인들에게 노임으로 지급되기도 하여 일종 교환 수단으로 사용되었다는 점에서,[44]

---

41) 『高麗史』 권80, 食貨3, 賑恤 恩免. 이와 동일한 내용으로 보이는 기사가 『高麗史』 권5, 世家 현종 21년 6월조에 "築羅城 營重光寺 員吏·僧俗工匠 并加階職 赴役者 減今年調布"라고 보인다. 이는 工匠과 赴役者가 별개의 신분층이었음을 보여주는데(洪承基, 1975, 「高麗時代의 工匠」, 『震檀學報』 40, 66쪽), 이러한 사례는 이미 신라시대부터 축성에의 力役動員과 調의 서로 통하는 성격 때문에 말미암은 것이 아닌가 추측된다.

42) 박남수, 1996, 「신라의 성장과 수공업 경영형태」, 『신라수공업사』, 54~55쪽.

43) 舍知란 관직은 신문왕 5년(685) 執事部調府에 이를 설치함으로써 비롯한 것으로 풀이된다.(李基白, 1982, 「統一新羅의 統治組織」, 『韓國史講座』 I, 329쪽)

44) 林英正, 1990, 「高麗時代 '隨院僧徒'에 關する 金石文資料의 檢討」, 『鷹陵史學』 16, 141쪽·1992, 「高麗時代 使役工匠僧에 대하여」, 『伽山李智冠스님華甲

신라에서도 일정하게 교환 수단으로 사용되지 않았을까 짐작된다.

한편 본 문서에서 식목(植木)한 수종은 뽕나무(桑)와 잣나무(栢子木), 가래나무(秋子木)인데, 원장의 당식년 각 촌락별 수종 및 각 수종별 촌락 보유율을 촌역(村域), 공연 및 인구수 및 정(녀)·조자(여자), 공연, 전답 수와 비교하여 정리하면 다음 표와 같다.

『신라촌락문서』 원장의 당식년 각 촌락별 수종 및 각 수종별 촌락 보유유 비율(원장)

		當縣 沙害漸村(A)	當縣 薩下知村(B)	逸名村(C)	西原京 逸名村(D)
촌역(村域)		周 5,725步	周 12,830步	缺	周 4,800步
전		62結 10負 5束	119결5부8속	58결7부1속	77결19부
답		102結 2負 4束	63결64부9속	71결67부	29결19부
合孔烟		11	15	缺[11]	10
공연 내역		중하연 4, 하상연 2, 하하연 5	중하연 1, 하상연 2, 하중연 5, 하하연 6	[하상연 3], 하중연 1, 하하연 6	하중연 1, 하하연 6
計烟		4余分3	4余分2	缺[2余分5]	1余分5
合人	전식년	62(2)/76(6)[138(7)]	결락	35/32[67]	61(5)/74(7)[135(12)]
	당식년	147	125	72	118
정(노)/정녀(비)	전식년	31(1)/43(5)[74(6)]	32(4)/47(3)[77(7)]	19/17[36]	25(3)/43(5)[68(8)]
	당식년	29(1)/42(5)[71(6)]	31(4)/45(3)[76]	18/14[32]	19(2)/37(4)[56]
조자(노)/조녀자(비)	전식년	7(1)/11(1)[18(2)]	결락	2/4[6]	10(2)/5[15(2)]
	당식년	7(1)/11(1)[18(2)]	5/4	2/4[6]	9(2)/5[14(2)]
소계[정(녀)+조자(여자)]	전식년	38(2)/54(6)[92(8)]	32(4)+α /47(3)+α	21/21[42]	35(5)/48(9)[83(14)]
	당식년	36(2)/53(6)[89(8)]	36(4)+α /49(3)+α	20/18[38]	28(4)/42(4)[70(8)]
뽕나무	각촌별 수종중의 비율	81.2%	90.1%	83%	91.4%
	4개촌 뽕나무 총수 비율 (/4,249주 ×100)	23.6%[1,004주]	30.1%[1,280주]	17.2%[730주]	29.1%[1,235주]

紀念論叢 韓國佛教文化思想史』上, 780~781쪽.

잣나무	각촌별 수종중의 비율	9.7%	4.9%	4.8%	5%
	4개촌 잣나무 총수 비율 (/ 2 9 9 주 ×100)	40.1%[120주]	23.1%[69주]	14%[42주]	22.7% [68주]
가래나무	각촌별 수종중의 비율	9.1%	5%	12.2%	3.6%
	4개촌 가래나무 총수 비율 (/ 3 3 8 주 ×100)	33%[112주]	21%[71주]	31.7%[107주]	14.2% [48주]
각 촌별 수목 총계		[1,236주]	[1,420주]	[879주]	[1,351주]

　각 수종의 그루 수는 촌역보다는 전(田)의 수와 관련된 것으로 보인다.
곧 B촌의 촌역은 다른 A, C촌에 비하여 2배 가량 넓어서 대체로 촌역이나
전의 수에 비례하여 수목이 1,420주로 가장 많은 것이 당연하겠다고 할
수 있다. 그런데 D촌의 경우 촌역이 둘레 4,800보로서 A촌 둘레 5,725보
에 비하여 좁은데도 불구하고, D촌의 식목수는 1,351주로서 A촌 1,236
주보다 많다. 따라서 식목수는 촌역보다는 전(田)의 넓이와 관련된 것이
아닌가 여겨진다.

　본 문서에 보이는 각 촌락의 수종 가운데 뽕나무는 전체 수종 가운데
81.2%~91.4%를 차지하는데, 이는 국가적 관심이 뽕나무의 식목에 집중
되었음을 반영한다. 뽕나무의 그루수는 B촌(1,280그루), D촌(1,235그
루), A촌(1,004그루), C촌(730그루)의 순으로 나타난다. 이러한 순서는
이들 촌락이 가진 田의 결수의 다과의 순(B촌 119결 5부 5속, D촌 77결
19부, A촌 62결 10부 5속, C촌 58결 7부 1속)이기도 하다. 그런데 뽕나
무 수를 인구수와 비교하였을 때에 촌락의 총 인구 합계나 정(녀)의 합계,
또는 정(녀)·조자(여자)의 합계와는 상관관계를 살피기 어렵다. 오히려
정녀의 수와 일정한 관계가 있지 않은가 여겨진다. 곧 B촌의 정녀는 47명
으로 4개 촌 가운데 가장 많고, D촌의 경우 당식년의 경우 37명으로 A촌
의 43명보다 적지만, 전식년으로부터 당식년 사이에 D촌에 모종의 변고
가 있었다고 여겨지는 바, 전식년 D촌의 정녀는 43명으로 A촌과 동일하

였음을 알 수 있다. 이러한 수치는 뽕나무의 식목 수가 전(田)의 결수와
정녀의 수에 따라 책정되었던 사정을 반영하는 것이 아닌가 여겨진다.

마전과 상전은 북제에서도 운영하였던 바, 하청 3년(563) 영을 내려,
매 전(丁)마다 영업전 20무(畝)를 지급하여 뽕나무 밭[桑田]을 경작하도록
하였다. 뽕나무 50뿌리, 느릅나무 세 뿌리, 대추나무 다섯 뿌리를 심도록
하되, 뽕나무에 마땅하지 아니할 경우 마전(麻田)으로 지급하고, 조(調)로
1인에 견(絹) 1필, 면(綿) 8량 총 10근 분량을 거두고, 면 가운데 1근으로
는 사(絲)를 만들도록 하였다. 수나라 고조 때에는 북제의 제도를 따라
영업로전(永業露田)을 지급하고, 뽕나무 밭[桑土]의 경우 견(絹)·시(絁)
로써 조(調)를 내며, 삼밭[麻土]에서는 포(布)로써 조(調)를 바치도록 하였
다. 견·시는 필(疋)로써 하되 면(綿) 3량을 더하고, 포는 단(端)으로써
하되 마(麻) 3근을 더 내도록 하되, 단정(單丁) 및 복예(僕隸)는 각각 그
절반을 내도록 하였다. 땅을 받지 못한 자는 모두 과세하지 않았다. 수나
라의 경우 대체로 조(調)는 빈부의 차에 따라 징수하였고, 부자의 조(調)
는 6 내지 9등급으로 나누어 전(錢)으로 징수하되, 가난한 자의 경우 조
(調) 대신 역(役)을 부과하였다.[45] 당나라에 있어서는 향(鄕)의 생산 물품
에 따라 정은 해마다 견(絹) 2필, 능(綾)·시(絁) 2장(丈)을 내도록 하였는
데, 포(布)는 1/5을 더 내고, 면(綿)은 3량, 마(麻)는 3근을 더 내도록 하였
다.[46] 북제 이래로 중국의 조(調)는, 마전을 지급하여 마 또는 포를 징수
하였고, 상전을 지급하여 견(絹)·시(絁) 또는 면(綿 : 솜풀)을 징수하였
음을 알 수 있다.

중국의 사례에 비추어 볼 때에 본 문서에 보이는 마전과 뽕나무의 관리
는 조를 수취하기 위한 것이었다고 보아 좋을 것이다. 마전은 각 촌락이
인구수나 호구수와 무관하게 촌별로 일정하게 1결 8~9부를 지급하였던
만큼, 일종 촌조(村調)의 형식으로 징수하였으리라 여겨진다.[47]

---

45) 『수서』 권 24, 제 19 식화지.
46) 『新唐書』 卷 51, 志 41, 食貨 1, 租庸調法.
47) 安秉佑는 麻田의 경작 방법이 民田과 달랐을 것으로 전제하고, 이를 촌락공유
　　지의 잔재로서 공동경작되고 麻布 또한 공동 직조되었을 것으로 추정하고 調

다만 뽕나무의 경우 각 촌락마다 상전의 규정이 없이 총 그루수 만이 있고, 그것이 촌이 보유한 전이나 정녀의 수에 상응한다는 점에서 중국처럼 일종 상전의 지급 가능성을 상정할 수 있을 듯하다. 주지하듯이 뽕나무는 양잠을 위한 수종이다. 또한 양잠은 비단의 생산을 전제로 한다. 신라에 있어서 비단의 생산은 '뽕나무의 재배[栽桑]→누에치기[養蠶]→풀섬[綿]→고치실켜기[繅絲]→실의 정련[練絲 : 精練 후에 漂白]→옷감짜기[織調]→염색[印染]→옷감의 종류[織品](→옷의 제조[製衣])' 과정을 거쳤던 것으로 여겨지는데, 신라 궁중수공업장의 소전(疏典), 표전(漂典), 염궁(染宮)과 홍전(紅典), 찬염전(攢染典), 금전(錦典 : 織錦房), 조하방(朝霞房), 기전(綺典 : 別錦房)은 비단옷을 제조하기 위한 공정에서 매우 분업화된 모습을 보여준다.[48] 아마도 본 문서에서 국가가 뽕나무에 대해 큰 관심을 쏟고 장려하였던 것은 조를 수취하기 위한 것이었다고 여겨지며, 중국과 마찬가지로 견(絹)과 능(綾)·시(絁) 등의 비단이나 풀솜[綿], 고치실[絲]의 형태로 수취하였으리라 짐작된다.

중국의 경우 마전과 상전 이외에 느릅나무와 대추나무를 심도록 한 데 대해, 본 문서에는 백자목과 가래나무가 등장한다.

백자목은 「매신라물해」에 그 씨앗인 잣 곧 송자(松子)라고 하여 등장하는데, 이미 신라의 특산물로서 주목한 견해가 있었다.[49] 이를 『본초강목(本草綱目)』에서는 신라송자(新羅松子) 곧 해송자(海松子)라 하였고, 『고려도경(高麗圖經)』에는 고려의 토산으로서 오엽송(五葉松)에서만 취할 수 있다고 하였다.[50] 『지봉유설(芝峰類說)』의 옥각향(玉角香)이나 용아자(龍牙子) 또한 이를 가리킨다.[51] 송대 조여괄(趙汝适)의 『제번지(諸蕃

의 주요한 항목으로 보았다.(安秉佑, 1992, 「6~7세기의 토지제도」, 『한국고대사논총』 4, 307~311쪽)

48) 박남수, 1996, 「궁중수공업의 성립과 정비」, 『신라수공업사』, 109~111쪽.
49) 鈴木靖民, 1985, 「正倉院の新羅文物」, 『古代對外關係史の研究』, 吉川弘文館, 423~428쪽. 李成市, 1997, 「新羅の毛氈生産とその社會的背景」, 앞의 책, 75~80쪽.
50) 『宣和奉使 高麗圖經』 권 23, 雜俗 2, 土産.
51) 東野治之, 1974, 앞의 논문 : 1977, 앞의 책, 321~322쪽.

志)』권 상, 신라국조에도 중국 강남도에서 교역되던 신라 토산 송자가 등장한다. 송자는『동의보감』에는 골절풍(骨節風)과 풍비증(風痺症), 어지럼증 등의 치료와 함께 오장 및 허약체질의 개선에 효능이 있다고 한 바, 대체로 약제로 사용되었다. 이와 같은 송자 곧 잣은 8~9세기 신라의 주요 교역품 가운데 하나로서 일본과 중국에까지 교역되었다.

추자목(秋子木)은 추목(楸木), 핵도추(核桃楸), 산핵도(山核桃), 호도추(胡桃楸), 추자(楸子), 추피(楸皮)라고도 하는데, 소백산·속리산 이북의 높이 100~1,500m 사이의 산록과 계곡에서 자라며, 나무의 재질이 치밀하고 질겨서 잘 뒤틀리지 않기 때문에 내장재·기계재·조각재로 사용된다고 한다. 열매는 그대로 먹거나, 기름을 짜서 쓰며, 한방에서 나무껍질의 해열·수렴작용을 이용하여 장염·이질의 치료제로 사용한다고 한다.52) 당시의 추자목에 관한 용례는『신당서』예악지에 고려의 비파 앞면 용재로 사용한다는 데서 살필 수 있을 뿐이다. 곧 고려기(高麗伎) 가운데 '비파(琵琶)는 뱀껍질[蛇皮]로써 두께 1촌 가량의 뒷면의 조(槽)를 만들고, 앞면은 추목(楸木)으로 만들어 상아(象牙)로 장식하는데 국왕의 형상을 그린다'고 하였다.53)『고려사』세가 숙종 6년(1101) 4월조에는 할평로진(割平虜鎭) 관내의 추자전(楸子田)을 백성들에게 나누어 주어 경작하게 하였다고 한 바, 고려시대에는 추자목을 기르기 위해 별도의 추자전(楸子田)을 설정하였음을 알 수 있다.54)『조선왕조실록』세종실록지리지에는 이를 지방의 공물로 징수한 기록이 보이며,55) 선공감(繕工監)에서 제향(祭享)의 기명(器皿) 및 상교의(床交倚) 등을 만들기 위해 공물로 징수하였다.56) 그밖에 병선(兵船)이나 상례에 필요한 제구(諸具) 가운데 향합(香合)·두(豆), 그리고 악기 생(笙)의 바가지[匏], 조회 때의 종(鍾)·경

---

52) 이창복, 1996,「가래나무」,『한국민족문화대백과사전』, 한국학중앙연구원 (http://encykorea.aks.ac.kr).
53)『新唐書』권 21, 志 11, 禮樂 10, 燕樂.
54)『고려사』권 11, 世家 11, 肅宗 6년(1101) 4월.
55)『세종실록』149권, 지리지 충청도 청주목 천안군.
56) 六典條例 卷10 工典 繕工監 鴨島色 簾簟各種

(磬)·북[鼓] 등의 악기(樂器)를 거는 틀인 헌가(軒架), 뽕을 채취하는 어구(御鉤)의 자루(柄), 길례(吉禮)의 축판(祝版) 등의 제작에 사용되었다.[57] 신라에서의 추자목의 용도는 확인되지 않으나, 대체로 제향(祭享)의 기명(器皿) 및 상교의(床交倚)나 무기류, 악기, 선박 등의 부재로 사용되지 않았을까 추측된다.

그런데 본 문서에서 뽕나무가 많은 B, D촌의 경우 백자목과 추자목의 그루 수가 적은 편이고, 뽕나무가 적은 A촌은 백자목과 추자목이 모두 많으며, C촌의 경우 전 내시령 때에 55그루의 잣나무를 새로이 심었으나 13그루가 고사하였지만 추자목은 107주로서 A촌 112주에 버금하였음을 살필 수 있다. 각 촌락의 토양이나 전(田)의 형편 등에 따라 수종의 다과를 조절하지 않았는가 여겨진다.

중국의 경우 마전과 함께 상전을 설정하였고, 고려에서는 추자전을 설정하였다. 이로써 보건대 신라에 있어서도 이들 수목 또한 상전과 백자목전, 추자목전 등을 설정하였으리라 예상된다. 다만 마전 외에 별도의 식목전이 보이지 않는다. 이에 마전과 여타 수종의 전을 달리 운영하였기 때문이 아닐까 생각해 볼 수 있다. 곧 마전이 촌락 공동 경작의 형태로 운영된 데 대해, 상전이나 백자목전, 추자목전 등은 연수유전 내에 설정되어, 연호별로 공물을 징수하지 않았을까 추측된다. 각 촌락 연호별로 배정된 수목의 수량은 분명하지 않으나, 각 촌별 수목 총계를 계연수 곧 정남의 수로 나누면 A, B, C, D 각각 45.7, 54.6, 51, 122그루 가량이 된다. 이 가운데 D촌의 당식년 인구는 전식년으로부터 3년간의 변고로 인구가 격감한 상황의 것이므로 일반적인 수치로 인정하기 어려우므로, 수목의 총계 1,351주를 전식년의 정남의 수 25로 나누면 54.5로 다른 3개 촌락의 각 정남이 관리하였던 나무 수는 당나라에서 정남이 관리하던 나무의 그루 수와 비슷함을 알 수 있다. 이러한 수치는 북제에서 매 정(丁)마다 영업전 20무를 내려 뽕나무 50뿌리를 심게 한 그것에 상응한다. 신

---

57) 『세종실록』 48권, 세종 12년(1430) 5월 24일 계해·9월 21일 기미. 『國朝喪禮補編』 권 2, 發引儀 諸具. 『國朝喪禮補編圖說』 發引 彩轝·明器 笙. 『國朝五禮通編序例』 권4, 嘉禮 親蠶器械圖說 鉤. 『大韓禮典』 권 2, 序例 吉禮 祝版.

라에 있어서도 최소한 뽕나무의 경우 매 정(丁)마다 연수유전 20무 정도를 내려 50그루 내외의 뽕나무를 기르도록 하지 않았을까 생각되는 부분이다. 북제의 경우 조(調)의 수량은 1인당 견 1필, 면 8량 10근을 거두되 면 가운데 1근은 사(絲)로 징수하였다고 하지만, 신라의 경우 연을 단위로 한 바, 연의 정남을 세는 기준값인 계연수로써 징수하였을 것으로 짐작된다.

이로써 볼 때에 각 촌락의 수목은 토양과 정남의 수에 따라 연수유전에 수종을 배치하되, 정녀가 많은 촌락은 뽕나무를 상대적으로 많이 심고, 뽕나무가 적은 곳은 잣나무와 가래나무를 많이 심어 각 촌락간의 균형을 맞추지 않았을까 생각된다. 각 촌락의 정남별 수목수는 대체로 45.7~54.6주 정도였던 것으로 보이며, 각 등급연이 관리하는 수목의 수량은 정남의 수에 비례하였으리라 생각된다. 이는 계연수가 식목의 보유수량을 가늠하는 표지가 되었음을 의미하는데, 식목수의 보유수량은 연수유전의 보유와도 연계되는 바 연수유답의 경우도 이와 동일하지 않았을까 여겨진다.

5. 맺음말

본 절에서는 인구의 증감에 이어 기재된 우마수와 전답·식목에 대해 살피고자 하였다. 특히 우마수와 전답·식목수는 3년 동안의 증감만을 기재하였다는 특징이 있다는 점에 주목하여, 우마의 과도한 수효나 촌락마다 상이한 전답의 소유, 그리고 식목수의 불일치가 지니는 성격을 각각의 기재 내용을 분석함으로써 밝히고자 하였다. 이에 그 결과를 요약 정리함으로써 맺음말에 가름하고자 한다.

첫째, 본 문서의 마필 수는 본 촌락에 소속한 정남이 유사시 각 촌락의 소유 마필을 동원하여 초적의 토벌이나 반란의 진압 등에 동원되는 체제를 갖추었던 때문으로 보았다. 군역의 징발에는 아무래도 촌주가 위치한 A촌이 중심으로서 마필수 또한 정남수에 준한 것이었다. 그 밖의 촌은

B촌과 같이 예비군적 성격의 정남(丁男)을 징발하거나, C, D촌처럼 A촌과 같은 촌주 주재촌을 보좌하는 성격으로 인하여, 마필 또한 계연 정수의 2/3 수준만을 유지 내지 마필을 증식하였던 것으로 보았다. 특히 본 문서에서 촌락마다 최소한 현재의 마필수를 유지하거나 1~2필의 말을 증식한 것은, 아무래도 관리의 고과(考課)에 반영되었던 당나라의 규정과 같은 그러한 규정이 신라에도 있었기 때문일 것으로 추측하였다.

둘째, 소의 소유는 상위 등급연의 연호별로 소유되었던 것으로 보이는데, B촌을 제외하고는 하하연의 경우 소를 소유하지 못하고 그 상위의 등급연별로 정의 수에 준하는 소를 소유하였던 것으로 보았다. C촌의 경우 노비도 존재하지 않은데도 비교적 상위의 등급연이 많이 존재하는 데는, 앞서 살폈듯이 다른 촌락에 비하여 인구 성비나 생산연령 성비에서 정남의 구성 비율이 120% 내외에 이르고, 조(助)의 생산연령이 소(小)·추(追)·제(除)·노(老) 등 피부양 연령층을 부양하는 부양비가 다른 3개 촌보다 월등하였던 때문이었다. 이로 미루어 볼 때에 등급연의 산정에는 마·소의 소유 등이 일정 정도 영향을 끼쳤다고 볼 수 있고, 여기에는 앞에서 살핀 부양비 등에 의한 노동력의 여유, 그리고 경작할 토지 면적 등도 영향을 끼친 것으로 여겨졌다.

셋째, 토지의 지목으로 관모답, 내시령답과 연수유전·답, 촌주위답에 주목하였다. 각 촌마다 관모답 또는 관모전이 설정되었다는 점에서, 이들 촌락의 촌주 또는 유력한 공연의 호주는 단순히 연수유전·답을 받으면서, 관모답의 소출로써 촌의 행정에 필요한 물품을 조달하거나 필요한 비용을 사용하여 각각의 촌의 행정[村政]을 관장하고, A촌의 촌주를 보좌하였으리라 여겨졌다.

내시령답은 내성에서 파견된 내시령의 필요 경비, 곧 내시령의 순시에 필요한 각종 행정 조치 등의 비용을 충당하기 위한 답으로서, 고려시대 공해전의 성격을 띠는 것으로 여겨졌다. 한편으로 정전은 정남에게 주어진 것이고 연수유답은 연(烟)을 단위로 받은 것이라는 점에서 차이가 있지만, 국가의 관점에서 보면 정전이나 연수유전답은 모두 국가가 정남을 기준으로 하여 내린 전답[賜田]이라 할 수 있다. 정전제하에서는 역을 면한 호구에 대하여 별도의 구분전을 내렸던 것으로 짐작되지만, 연수유전·답제하에서는 국가가 연호를 단위로 토지를 지급함으로써 국역을 면한 제공·제모나 노약자 등에게 별도의 구분전을 지급하지 않고도 부양의 부담을 덜 수 있었고, 국가로서는 피부양자의 부양 의무를 연수유전답을 지급함으로써 각 연호에 맡겼던 것이라 할 수 있다.

연수유전답 내에는 촌주위답이 포함되어 있는데, 오직 A촌에만 설정된 촌주위답 19결 70부에서 생산했을 조곡의 량은 394석 가량으로, 강수가 사찬의 관등으로 받은 세조 200석 보다는 훨씬 많은 수량으로, 촌주는 촌주의 직역에 대한 대가로서 촌주위답을 지급받았다고 볼 수 있다. 다만 촌락의 정남이 정역에 대한 대가로서 연수유전·답을 지급받았듯이, 촌주는 촌주의 직역에 대한 대가로서 촌주위답을 지급받은 것이라 할 수 있다. 다만 촌주위답이 연수유전·답에 분류되었던 것은, 국가가 정남이든 촌주이든 간에 정역과 직역에 대한 대가로서 내려진 사전(賜田)의 성격을 띠었던 때문으로 보았다.

본 문서에서 각 촌락의 전답은 촌락 내의 연수유전답의 총 결수로 보고되었는데, 태조 원년의 감세 조치에서 보듯이 신라의 결부제는 수확의 단위이자 수세의 단위였던 것으로 보인다. 이러한 점에서, 각 촌락의 총 결수는 곧 수세의 단위였고, 총 전답수로 조를 과세하는 지표로 삼았던 만큼 국가로서는 촌 단위의 전답의 결부수만 알고 있으면 과세에 문제가 없었다고 할 수 있다.

넷째, 촌락의 수목은 토양과 정남의 수에 따라 연수유전에 수종을 배치하되, 정녀가 많은 촌락은 뽕나무를 상대적으로 많이 심고, 뽕나무가 적은 곳은 잣나무와 가래나무를 많이 심어 각 촌락간의 균형을 맞추었던 것으로 이해하였다. 각 촌락의 정남별 수목수는 대체로 45.7~54.6주 정도였던 것으로 보이며, 각 등급연이 관리하는 수목의 수량은 정남의 수에 비례하였으리라 생각된다. 이는 계연수가 식목의 보유 수량을 가늠하는 표지가 되었음을 의미하는데, 식목수의 보유수량은 연수유전의 보유와도 연계되는 바 연수유전·답의 경우도 이와 동일하지 않았을까 여겨졌다.

신라의 토지제도 변화와 촌락민의 생활

1. 머리말

「신라촌락문서」에는 관모전·답, 내시령답, 연수유전·답, 촌주위답 등 신라 토지제도와 관련한 용어들이 등장한다. 이로 인하여 『삼국사기』 정전제 및 녹읍제 실시 기사와 관련한 토지제도에 대한 연구는 동 문서에 대한 연구 초창기부터 있어 왔다.

본 절에서는 본 「신라촌락문서」의 이들 토지 지목과 관련하여 신라 토지제도의 변화과정을 일람하고, 그에 따른 촌락민의 생활상을 살피고자 한다. 『삼국사기』에 따르면 신라는 통일 이후 다음과 같이 모두 네 차례에 걸쳐 토지제도의 개혁이 있었다고 한다.

A. 〔신문왕 7년(687)〕 5월에 차등을 두어 문무관료전(文武官僚田)을 내렸다.[1]
B. 〔신문왕 9년(689년)〕 봄 정월에 교를 내려 내외(內外) 관료의 녹읍(祿邑)을 폐지하고, 매년 조(租)를 차등을 두어 내리는 것으로 항식(恒式)을 삼았다.(逐年賜租有差, 以爲恒式)[2]

---

1) "五月, 教賜文虎[武]官僚田有差"(『삼국사기』 권 8, 新羅本紀 8, 神文王 7년 夏5월)
2) "九年, 春正月, 下教, 罷內外官祿邑, 逐年賜租有差, 以爲恒式"(『삼국사기』 권

C. 〔성덕왕 21년(722)〕 가을 8월에 처음으로 백성들에게 정진(丁田)을 나누어 주었다.[3]

D-1. 〔경덕왕 16년(757)〕 3월에 중앙과 지방의 여러 관리들에게 주던 월봉(月俸)을 없애고 다시 녹읍(祿邑)을 주었다.[4]

2. 〔소성왕〕 원년(799년) 봄 3월에 청주(菁州 거로현(居老縣)을 국학생의 녹읍으로 삼았다[5]

위 『삼국사기』 기사에서 문무관료전과 녹읍, 그리고 정전, 월봉 등이 서로 교차하여 시행되었음을 알 수 있다. 따라서 이들 각각의 성격을 분명히 하여 토지제도 운영의 실상을 살필 필요가 있다. 특히 백성들에게 지급한 정전(丁田)에 대해서는 촌락문서의 연수유전·답과의 관계 등을 분명히 할 필요가 있다. 기왕에 연구자들은 촌락문서의 작성 시기에 따라 동 문서의 토지제도에 대한 견해에 차이가 있었다. 곧 경덕왕 14년(755)설의 경우 정전제설을, 그리고 815년설의 경우 녹읍제설을 주장하는 한편으로 고려시대 민전과 같은 성격으로 보기도 하였다.

이에 본 절에서는 이러한 연구성과를 바탕으로 하여 사서에 보이는 문무관료전과 녹읍, 세조(歲租)를 살피고, 중고기 적성연사법(赤城佃舍法)으로부터 정전제(丁田制), 연수유전·답제(烟受有田·畓制)에 이르는 과정을 검토하고자 한다. 아울러 신라 말 사전(私田)의 발생에 따라 촌락민의 생활상에 어떠한 변화가 있었는지를 밝히고자 한다.

2. 문무관료전(文武官僚田)

먼저 앞의 사료 A에서 신문왕 7년(687)에 차등을 두어 내렸다는 문무관

8, 新羅本紀 8, 神文王 9년 春 1월)

3) "秋八月, 始給百姓丁田"(『삼국사기』 권8, 新羅本紀 8, 聖德王 21년 秋8월)

4) "三月, 除內外羣官月俸, 復賜祿邑"(『삼국사기』 권 9, 新羅本紀 9, 景德王 16년 春3월)

5) "元年(799), 春三月, 以菁州居老縣爲學生祿邑"(『삼국사기』 권 10, 新羅本紀 10, 昭聖王 1년 3월)

료전은 관료의 골품이나 품계 및 직위에 따라 차등적으로 주었던 전답으로 풀이되고 있다.6) 그렇다면 신문왕 7년(687)에 문무관료전을 지급하고 신문왕 9년(689)에 녹읍제를 폐지할 때까지 문무관료전과 녹읍제가 함께 시행되었다고 할 수 있다. 이에 문무관료전을 관직에 따른 직전(職田), 녹읍을 관등에 따라 지급하던 위전(位田)으로 나누어 보면서, 문무관료전은 세조제의 시행이나 녹읍제의 부활에도 불구하고 지속되었으며, 「신라촌락문서」의 내시령답을 문무관료전으로 보기도 하고,7) 여기에 촌주위답까지 포함시키기도 한다.8) 그런데 촌주위답은 연수유전답 안에 설정되었고, 내시령답의 규모가 고려시대 공해전과 같은 성격의 관모전(官謨田)과 거의 동일하다는 점에서, 위답과 직전을 구분하여 보는 견해를 받아들이기 주저하게 한다.

사실 문무관료전 관련 기사는 『삼국사기』 신라본기 신문왕 7년(687)조 기사 외에 전혀 살필 수 없다. 또한 문무관료전은 신문왕 즉위 이후 두 차례의 반란을 진압하고 일련의 개혁을 시행한 이후에 지급되었다. 따라서 문무관료전은 신문왕대 두 차례에 걸친 모반을 진압하고 개혁 정치를 주도한 신진 관료군에게 지급되었을 가능성을 상정할 수 있다.

신문왕은 즉위년에 진복(眞福)을 상대등(上大等)으로 삼고 김흠돌의 난을 진압하였다. 아울러 김흠돌의 모반을 보고하지 않았다는 이유로 병부령 군관(軍官)을 베고 시위감(侍衛監)을 혁파하면서 6인의 장군(將軍)을 설치하였다. 기왕에 신문왕 원년의 김흠돌의 난에 대해서는 김흠돌의 딸 신문왕비가 자식을 갖지 못해 궁에서 내쫓겼다는 것과 관련된 것으로 추측하여 왔다.9) 상대등 겸 병부령이었던 김군관이 함께 처형된 것에 대해서는, 귀족의 대표자였던 상대등의 지위가 전제왕권을 지향하는 신문왕

---

6) 김기흥, 2002, 「토지제도의 정비와 조세제도」, 『한국사』 9 : 통일신라, 국사편찬위원회, 154쪽.

7) 李喜寬, 1992, 「통일신라시대 관료전의 지급과 경영」, 『신라산업경제의 신연구』 13, 경주시 ; 1999, 『통일신라 토지제도연구』, 일조각, 113~115쪽.

8) 李仁哲, 1996, 「촌락지배와 토지」, 『新羅村落社會史研究』, 一志社, 217쪽.

9) 이병도, 1959, 『한국사 고대편』, 乙酉文化社, 645쪽. 井上秀雄, 「新羅政治體制の變遷過程」, 《古代史講座》 4, 1962, 220쪽.

의 결단에 의해 변질된 것,10) 삼국통일전쟁 과정에서 세력을 키운 일부 무장(武將) 세력을 통일 후에 정치적으로 억압하려 한 것에 대한 반발,11) 관료제를 기반으로 하여 전제왕권을 지향하는 무열왕계의 정책에 대한 진골귀족들의 반발12) 등으로 풀이한다.

그런데 신문왕 2년(682) 7월 25일에 세운 「문무왕릉비」에는 당나라가 자신들에게 칼날을 세웠던 문무왕의 묘호를 용납하지 않았고, 신라 또한 당나라의 천하에 속한 '대당국신라(大唐國新羅)'로 강제하였다. 또한 당 고종의 수복을 빌기 위한 망덕사나 「황복사비(皇福寺碑)」 비편에 보이는 측천무후를 기리는 '[봉]성신충사([奉]聖神忠寺)'는, 당시에 신라가 당나라의 압력을 수용하여 친화적인 외교적 자세을 견지하였던 사정을 반영하는 것으로 여겨진다. 신문왕 3년(683) 10월 보덕국왕(報德國王) 안승(安勝)을 불러 소판(蘇判)으로 삼고 김씨(金氏) 성을 하사한 것은 보덕국을 신라에 내속한 신하임을 밝힌 것으로서, 나당전쟁 과정에서 당과의 갈등으로 작용하였던 안승의 고구려왕 책봉을 철회한 것을 의미한다. 또한 신문왕 5년의 봉성사와 망덕사의 완공은 측천무후와 당 고종의 수복을 빌기 위한 것으로서, 이러한 일련의 조치로 말미암아 당에 『예기』와 문장에 관한 책을 요청하여 무후(武后)로부터 「길흉요례(吉凶要礼)」와 「문관사림(文官詞林)」 등을 받을 수 있었다고 판단된다.13)

이러한 사정은 신문왕대 활동한 인물들의 이력을 통하여 어느 정도 윤곽을 살필 수 있지 않을까 한다. 이에 김흠돌의 난과 연계되어 처형된 인물과 신문왕대 활동한 관료들을 구분하여 그 이력을 살피면 다음 표와 같다.

---

10) 이기백, 1974, 「상대등고」, 『신라정치사회사연구』, 일조각, 106~107쪽.
11) 강성원, 1983, 「신라시대 반역의 역사적 성격」, 『한국사연구』 43, 34~35쪽.
12) 김수태, 1992, 「신라 신문왕대 전제왕권의 확립과 김흠돌난」, 『신라문화』 9, 157~179쪽.
13) 박남수, 2016, 「신라 문무대왕의 삼국통일과 宗廟制 정비」, 『신라사학보』 38, 296쪽.

신문왕대 활동한 관료들의 이력

구분	인물명	이력
김흠돌의 난에 관여한 자로 처형된 귀족	소판 김흠돌 (蘇判 金欽突)	문무왕 1년(661) 7월에 대당장군(大幢將軍)으로 김유신을 도와 시이곡정(始飴谷停)까지 진격, 668년 6월 대아찬으로 고구려 정벌에 공을 세워 파진찬(波珍飡) 승진
	파진찬 흥원 (波珍飡 興元)	문무왕 8년(668) 계금당(罽衿幢) 총관으로 고구려 정벌에 참여. 이적(李勣)이 고구려의 보장왕 등을 사로잡아 귀환할 때 김인문·조주(助州) 등과 함께 이른바 '입공장군(立功軍將)'으로서 인태(仁泰), 의복(義福)·수세(藪世)·천광(天光) 등과 함께 입당 문무왕 10년(670) 7월 백제 부흥군 토벌시에 퇴각하였다가 면직
	진공(眞功)	문무왕(文武王) 8년 6월 22일 유인원(劉仁願)이 고구려의 대곡(大谷)과 한성(漢城) 등 2군 12성이 귀순하여 항복하였음을 알리자, 일길찬(一吉飡)으로서 당 진영에 파견되어 축하 메시지를 전함 문무왕 11년 당과 백제군이 신라를 침입해온다는 정보를 듣고 대아찬으로서 옹포(甕浦)를 지킴
	대아찬 김군관 (大阿飡 金軍官)	문무왕 1년(661) 남천주(南川州) 총관(摠管)으로 고구려 정벌에 참여 문무왕 4년 한산주(漢山州) 도독(都督)으로 고구려 공격의 공을 세움 문무왕 8년(668) 도유(都儒), 용장(龍長)과 함께 한성주행군총관(漢城州行軍摠管)으로 평양성 함락에 공을 세워 이찬(伊飡)이 됨. 문무왕 20년(780) 상대등(上大等)이 되어 병부령(兵部令)을 겸직
신문왕대 관료군	상대등 진복 (眞福, 眞服)	문무왕 1년(661)에 서당(誓幢) 총관(摠管)으로 고구려 정벌에 참여하였다가 백제의 유민을 물리쳐 상을 받았고, 다음해에는 김유신의 부장군(副將軍)으로 인문(仁問)·양도(良圖) 등과 함께 군사를 거느리고 평양 근처에 머물고 있었던 소정방(蘇定方)에게 군량을 전하여 역시 상을 받음. 문무왕 5년(665) 2월에는 이찬(伊飡)으로 중시(中侍)에 임명되어 문무왕 8년(668) 3월까지 재임하였고, 곧이어 대당(大幢) 총관에 임명되어 고구려 정벌에 참여. 신문왕 1년(681) 8월에 상대등에 임명되어 효소왕 3년(694)까지 재임한 듯.

	중시(中侍) 순지(順知), 이찬 대장 (大莊), 이찬 원사(元師), 아찬 선원 (仙元)	중시(中侍) 임면 기사 외에 없음
	김흠운(여) (金欽運(女))	김흠운(金欽運)은 내물왕(奈勿王) 8세손 무열왕 6년에 백제와 양산(陽山)에서 싸워 장렬하게 전사 나물왕의 8세손으로 화랑 문노(文弩)의 낭도 무열왕 2년(655)에 백제와의 양산(陽山) 전투에 낭당대감 (郎幢大監)으로 참전하였다가 전사 사후(死後) 일길찬에 추증 신문왕 3년(683)에 왕이 김흠운(金欽運)의 딸 납비 때에 부인(夫人)으로 책봉됨
	이찬 문영 (文穎)	660년(무열왕 7) 백제를 정벌시 독군(督軍)으로 참전 661년(문무왕 원년)에는 수약주총관(首若州摠管) 668년(문무왕 8) 대아찬(大阿湌)으로서 비열성주행군총관 (卑列城州行軍摠管)이 되어 사천성(蛇川城)에서 고구려의 군사를 크게 격파 670년에는 군관(軍官)과 함께 백제의 고지(故地) 12성(城)을 재점령 683년(신문왕 3)에는 伊湌으로서 신문왕의 혼례(婚禮)를 주선 694년(효소왕 3) 상대등(上大等)
	파진찬 삼광 (三光)	김유신의 장남으로 문무왕 6년(666)에 숙위학생으로 입당. 668년 당나라 장수 유인궤를 따라 당고종의 고구려 정벌 칙지를 가지고 당항진에 도착 고구려 정벌 때 당군의 부장(副長)으로 활약, 파진찬을 거쳐 이찬의 관등에 오름. '집정(執政)'(『삼국사기』 열기(裂起)전)
	대아찬 지상 (智常)	
	개원(愷元, 禮元)	태종무열왕의 5자로 무열왕 2년(655)에 이찬. 문무왕 7년(667) 당 고종의 칙명으로 대아찬이 되었으며, 다음해에 대당(大幢) 대총관(大摠管). 신문왕 3년(683)에 왕이 김흠운(金欽運)의 딸 납비 때에 부인(夫人)으로의 책봉서 전달 효소왕 4년(695) 상대등(上大等)

	완산주 총관 용원(龍元)	
	청주(菁州) 총관 복세 (福世)	문무왕 8년(668) 비열성주(卑列城州) 행군총관(行軍摠管) 으로 고구려 정벌에 참여, 신문왕 5년(685)에 대아찬(大阿湌)에 올라 청주(菁州) 총관 (摠管)
	서원소경의 사신(仕臣) 원태(元泰)	성덕왕 3년에 왕비가 된 배소(陪昭, 成貞) 왕후의 아버지 성덕왕 15년(716) 성정왕후 출궁
	사벌주(沙伐 州) 총관 관 장(官長)	문무왕 20년(680) 대아찬으로 안승(安勝)에게 신라왕의 교 지와 교서를 전달 신문왕 7년(687)에는 사벌주(沙伐州) 총관(摠管)

위의 표에서 보듯이 김흠돌을 비롯하여 함께 난을 일으킨 흥원(興元)·
진공(眞功), 그리고 난을 보고하지 않았다는 이유로 처형된 김군관(金軍
官) 등은 문무왕대에 고구려 정벌이나 나당전쟁 때에 최일선에서 무훈을
세운 일급 귀족들이었다. 다만 흥원(興元)은 문무왕 10년(670) 7월 백제
부흥군 토벌시에 퇴각하였다가 면직되었고, 김군관은 문무왕 20년(780)
상대등이 되어 병부령을 겸직하다가, 곧이어 신문왕 1년 진복(眞福, 眞服)
을 상대등에 임명함으로써 면직되었다.

이에 대하여 신문왕을 보위한 귀족 관료군은 대체로 세 가지 유형으로
나눌 수 있다. 첫째 그룹으로 김흠돌이나 김군관처럼 고구려 정벌이나
백제 유민 진압에 활약한 상대등 진복(眞福, 眞服), 이찬 문영(文穎), 청주
(菁州) 총관 복세(福世) 등이 있다. 둘째 그룹으로는 당에 숙위학생으로
파견되어 고구려 정벌 때에 당군의 부장군으로 활약한 삼광, 당 고종의
칙명으로 대아찬에 임명된 태종무열왕의 5자 개원(愷元, 禮元) 등 친당적
성향의 인물을 들 수 있다. 셋째 그룹으로는 문무왕 때의 행적이 전혀
보이지 않고 신문왕 때에 이르러 그 이름이 보이는 순지(順知), 이찬 대장
(大莊), 이찬 원사(元師), 아찬 선원(仙元) 등의 중시(中侍) 그룹과 대아찬
지상(智常), 서원소경(西原小京)의 사신(仕臣) 원태(元泰), 그리고 문무왕
20년(680) 대아찬으로 안승(安勝)에게 신라 왕의 교지와 교서를 전달한

사벌주(沙伐州) 총관 관장(官長) 등을 들 수 있다.

이로써 볼 때에 김흠돌의 난 때에는 통일 전쟁이나 나당 전쟁에 참여한 무장들 가운데 김흠돌을 둘러싼 세력과 당에 숙위하고 돌아와 당군의 부장으로 활약한 삼광과 같은 친당적 인사 및 무열왕의 5자로 당시 정국의 상재(上宰)로서 신문왕을 보위한 개원공의 정책에 합류한 무장들이 있었음을 알 수 있다. 아마도 『삼국사기』 열기전에서 삼광을 집정(執政)이라 일컬은 것은, 삼광이 상재적 지위에 있던 개원공을 보좌하여 정책의 방향을 좌우하였던 사정을 반영한 것이 아닐까 추측되는 것이다. 그밖에 신문왕대에 들어와 비로소 이름이 나타나는 중시 그룹과 새로운 관료군은 신문왕대에 새로이 발탁된 귀족층이라 보아 좋을 것이다.

이렇게 볼 때에 당시 신라의 정국은 신문왕 즉위에 따라 문무왕대에 당과의 대결구도를 주도한 김군관-김흠돌 세력과 당과의 화해를 주장하는 상대등 진복(眞福)과 삼광, 개원공 등의 세력간에 갈등이 있었던 것으로 추측해 볼 수 있다. 그렇다면 김흠돌의 난은 「문무왕릉비」에 보이는 '[대당]국신라문무왕릉지비([大唐]國新羅文武王陵之碑)'의 제명이나 그 이후 정치과정에서 보듯이, 나당 전쟁 과정에서 당과의 전쟁을 주도하던 귀족들이 당과의 화해를 서두르는 주화파의 세력에 밀려 대규모로 숙청된 사건이라 보아야 하지 않을까 한다. 이는 사실상 병권을 잡고 있던 병부령으로서 상대등의 지위에 있었던 김군관을 숙청한 데서 충분히 짐작할 수 있다. 그러므로 신문왕대 일련의 조치는 문무왕대의 훈구 무장세력을 배제하고 군제를 개편하여 새로운 인물로 배치한 것으로 풀이되는 것이다. 신문왕을 둘러싼 주화파의 승리는 정치 사회 전반적인 개혁을 예정한 것이었다. 이후 진행된 관료기구나 조직의 개편, 지방행정제도의 개혁이나 녹봉제의 개편 등 당의 제도에 따른 대대적인 개혁은 이러한 정치 상황에서 가능한 것이었다고 본다.

김흠돌의 난을 진압하고 김군관을 처형하여 군제를 개편한 신문왕은 즉위 2년(682)에 위화부령(位和府令) 2인을 설치하여 인재의 선발과 천거를 관장하도록 하고, 국학(國學)과 공장부(工匠府) 및 채전감(彩典監)을 설치하였다. 위화부령과 국학의 설치는, 신문왕 원년 8월 16일과 28일의 교서에서 김흠돌에 대해서는 '지위가 자신의 재주로 오른 것이 아니고, 관직은 실로 성은(聖恩)으로 오른 것인데도, 처음부터 끝까지를 삼가지 못하여 부귀를 보전하지 못하였다.[位非才進 職實恩升 不能克愼始終 保全富貴]'라 하고, 김군관에 대해서는 '반열의 순서에 의해 마침내 높은 자리에 올랐다.[因緣班序 遂升上位]'라고 하여, 이들 세력이 문무왕의 총애나 귀족의 반열의 순서[班序]로 인하여 상위에 오르는 것을 비판하였다.14) 이러한 교서에서 보듯이 위화부령과 국학의 건립은 재주와 실력으로 관료를 임명하고 재주있는 관료를 기르기 위한 것이었지만 다른 한편으로 신문왕의 정책에 찬동하는 귀족층을 발탁하기 위한 조치였다고 믿어진다.

신문왕 3년(683)에는 순지(順知)를 중시(中侍)로 삼고 일길찬 김흠운(金欽運)의 딸을 왕비로 들이는 일을 추진하는 한편으로 보덕왕(報德王) 안승(安勝)에게 김씨성을 하사하고 소판으로 삼아 왕경에 머무르게 하였다. 또한 고구려 유민으로써 황금서당(黃衿誓幢)을 설치하였다. 동왕 4년(684)에는 금마저(金馬渚)에서의 고구려 유민 대문(大文)의 반란을 진압하고, 신문왕 6년(686) 보덕성의 고구려 잔민으로써 벽금서당(碧衿誓幢)과 적금서당(赤衿誓幢)을 설치하였다.

김흠운의 딸을 새로이 왕비로 받아들인 것은 김흠돌의 세력을 축출한 이후에 기획된 정략적 결정이 아니었을까 한다. 양산 전투에서 장렬히 전사한 김흠운은 통일전쟁 때의 영웅으로 기려졌지만, 그의 딸을 왕비로 채택하더라도 현 정치제제하의 정책 결정에 간여할 수 없다는 점도 고려하였을 것으로 생각하기 때문이다.

또한 안승에게 김씨성을 하사하고 소판의 신라 관등은 내린 것이나 고구려유민으로써 황금서당을 설치한 것은 고구려 유민들의 독자성을 배제하고 신라에 내속화시킴을 의미하는 것이었다. 그렇지만 다른 한편으로는 문무왕대에 안승을 고구려왕 또는 보덕국왕에 책봉하여 저들의 독자적인 관료체계와 외교권을 보장하였던 신라 국왕의 황제적 지위를 포기한

---

14) 『삼국사기』 권 8, 新羅本紀 8, 神文王 원년(681) 8월 28일.

것이었다.

이와 같은 신문왕의 조치는, 이미 나당전쟁의 원인 가운데 하나로 작용하였던 '고구려의 존속'으로 당과의 마찰을 더 이상 바라지 않았던 정책의 발로였다고 본다. 결국 보덕국의 유명무실화 정책은 필연으로 고구려 유민들의 반발을 불러 일으켜 대문의 반란으로 이어졌다. 이의 진압은 신문왕 6년(686) 고구려 유민들의 대대적인 일본 망명으로 이어졌고, 신라는 보덕국의 잔민들로써 벽금서당과 적금서당을 설치함으로써 고구려의 신라 귀속을 마무리하였던 것이다.

그 과정에 신문왕 5년(685) 9주(九州)를 완비하고, 서원소경(西原小京)과 남원소경(南原小京)을 설치하여 여러 주군(州郡)의 민호(民戶)을 사민시켜 분거하도록 하였다. 동왕 6년(686)에는 대장(大莊)을 중시로 삼고 예작부경(例作府卿) 2인을 설치하였으며, 당의 측천무후에게 사신을 보내어 『예기(禮記)』와 『문장(文章)』을 요청하였고, 동왕 7년(687)에 원자(元子)를 낳아 조묘(祖廟)에 치제(致祭)한 이후에 문무관료전을 내렸다.

신문왕 전기의 일련의 정치적 과정에서 신문왕 7년(687) 문무관료전을 지급한 것은, 김흠돌의 난으로 문무왕대의 훈구세력을 몰아내고 신문왕을 위요한 귀족세력을 중심으로 정치 개혁을 완수한 이후에 내려진 조치였다고 본다. 신문왕은 문무관료전을 지급하기 직전 조묘에 치제하였다. 동 치제문에는 '4시의 기후를 순조롭게 하시고 [왕자의 덕목으로 갖추어야 할] 5사(五事 : 모습[貌], 말씨[言], 보는 것[視], 듣는 것[聽], 생각[思])의 징후를 어그러짐이 없게 하소서. 농사가 풍년이 들고 역병이 사라지고 입고 먹을 것이 풍족하며 예의가 갖추어지게 되어 안팎이 편안하고 도적이 사라지며 후손들에게 길이 많은 복을 넉넉하게 남겨주어 받도록 해주십시오[順四時之候 無愆五事之徵 禾稼豊而疫疫消 衣食足而禮義備 表裏淸謐 盜賊消亡 垂裕後昆 永膺多福]'라고 하여,[15] 당시 신라 조정에 닥쳤던 '안팎이 편안하고 도적이 사라지며'와 일련의 정치개혁이 '입고 먹을 것이 풍족하며 예의가 갖추어지게 되어' 있었음을 보여준다. 여기에서의

---

15) 『삼국사기』권 8, 新羅本紀 8, 神文王 7년(687) 4월.

'안팎이 편안하고[表裏淸謐]'란 김군관을 처형하면서 내린 교서에서 '임금을 섬기는 규범은 충(忠)을 다하는 것을 근본으로 삼고, 관직에 있는 의리는 둘이 없음[不二]을 으뜸으로 여긴다.[事上之規 盡忠爲本 居官之義 不二爲宗]'[16]는 것에 다름 아니며, '도적이 사라지며[盜賊消亡]'란 김흠돌과 대문의 반란 음모가 소멸되었음을 의미한다고 여겨진다. 아무튼 원자의 탄생으로 조묘에 치제한 것은 후손에게 편안하고 잘 다스려지는 나라를 만들어 많은 복을 기원한 것이지만, 일련의 정치적 갈등을 가라앉히고 정치개혁을 이루고 나서 전년도의 당나라에 대한 나라 안팎의 사정을 밝힌 것을 조묘에 최종적으로 고한 것이라 본다.

그렇다면 문무관료전은, 신문왕의 개혁에 반발하는 훈구세력을 진압하고 제도의 개혁을 완수한 이후 원자의 탄생으로 왕권이 안정되었다고 인정된 때에 이르러, 새로이 형성된 관료군에 대한 일종 포상의 성격이라 볼 수 있지 않을까 추측할 수 있다. 이는 새로운 관료군의 안정된 생활을 보장함으로써 '안팎이 편안하고[表裏淸謐]'의 이념 곧 새로운 관료군들의 국왕에 대한 충성을 이끌고자 한 것이라 여겨진다.

사실 문무관료전을 내린 1년 7개월여 만에 녹읍을 혁파하고 세조(歲租)로 관료들의 녹봉을 통일하였다면, 문무관료전의 사여는 김흠돌과 대문의 반란을 진압하고 개혁정치 일선에서 수고한 문무관료들에게 노고를 치하하는 성격의 사전(賜田)으로 보아야 하지 않을까 한다. 이는 고려 의종 7년(1153) 4월에 왕자 홍(泓)을 왕태자로 책봉하면서 사면령을 내리고 내외의 문무양반에게 산직(散職)을 더하고 전시(田柴)를 내린 조치[17]나, 신종 즉위년(1197) 11월에 왕의 즉위에 따라 사면령과 함께 명산대천(名山大川)의 신령들에게 존호를, 조상들과 역대 명왕(名王)들에게 시호를 올림과 함께 정려(旌閭)의 표창, 시위한 재추(宰樞) 이하 및 군졸들에게는 작호(爵號)와 관직을 내리고 그 자손에게 음직(蔭職)을 내림과 아울러 문무 양반에게 산직(散職) 1급과 전시(田柴)을 내리는 등의 은전을 내린

---

16) 『삼국사기』 권 8, 新羅本紀 8, 神文王 원년(681) 8월 28일.
17) 『고려사』 권 18, 世家 18, 毅宗 7년 4월

것18)에 비교할 수 있다.

신라에 있어서도 문무왕 5년(665) 왕자 정명(政明)을 태자로 삼으면서 대사면[大赦]을 베푼 것19)이나 신문왕 11년(691) 3월 왕자 이홍(理洪)을 태자로 책봉하면서 대사면을 베푼 것20)도, 태자의 책봉에 따른 국왕의 은사를 베푼 사례라고 할 수 있다.

만일 문무관료전의 지급을 항식으로 삼았다면 관료들의 녹봉을 녹읍, 문무관료전, 세조 등 세 가지 방식으로 지급한 셈이 된다. 이는 김흠돌과 병부령 김군관 일족 등을 숙청한 신문왕의 단호한 개혁 정치의 방향과는 어울리지 않는다. 오히려 신문왕 9년 녹읍을 혁파하고 관료의 녹봉을 세조로 통일한 조치가 신문왕의 개혁의 방향을 명확하게 보여주는 것으로 여겨진다. 따라서 신문왕 5년에 내린 '문무관료전'이란, 신문왕이 원자의 탄생을 계기로 '안팎이 편안하고[表裏淸謐]'의 이념에 따라, 나당전쟁 중에 식읍 등 공훈을 독차지한 김흠돌의 난을 진압하고 정치개혁에 수고한 관료군과 새로이 등장한 관료들의 노고를 위로하고자 내린 일시적 성격의 사전(賜田)이었으리라 생각된다.

3. 녹읍(祿邑)의 폐지와 세조(歲租)

문무관료전을 지급한 2년 뒤인 신문왕 9년(689)에는 녹읍을 폐지하고 매년 조(租)를 차등을 두어 내리도록 하였다. 신문왕 9년(689)의 조치에 대해서는, 대체로 동 조치 이전에 녹봉을 사람에 따라 녹읍 또는 세조로 지급하다가 동 조치로 세조 지급체제로 일원화된 것으로 이해한다.21) 여기에서 녹읍을 폐지하면서 세조를 지급하였다면, 세조는 녹읍을 대체하는 성격의 것이라고 할 수 있다. 신문왕 9년(689)에 지급하도록 한 세조

---

18) 『고려사』 권 21, 世家 21, 神宗 卽位年 11월
19) 『삼국사기』 권 6, 新羅本紀 6, 文武王 7년 가을 8월.
20) 『삼국사기』 권 8, 新羅本紀 8, 神文王 11년 봄 3월.
21) 李喜寬, 1999, 「祿邑의 性格과 變化」, 앞의 책, 73~74쪽.

는, 문무왕 13년(673) 강수(強首)에게 기왕에 지급하던 매해의 신성조 100석(新城租一百石)을, 그를 사찬으로 삼으면서 조 200석으로 증봉한 그것과 동일한 성격이었을 가능성이 높다. 이는 문무왕 13년(673) 당시까지 관리들에게 신성(新城)과 같은 일정 지역의 조를 녹봉으로 지급하였던 방식을, 녹읍을 지급하던 관료에게까지 확대 적용하였음을 의미한다.

그런데 경덕왕 16년(757) 중앙과 지방의 여러 관리들에게 주던 월봉(月俸)을 없애고 다시 녹읍(祿邑)으로 주었다고 한다. 이는 녹읍이 중앙과 지방의 관리들에게 지급하는 녹봉에 다름 아님을 보여준다. 기왕에 세조는 대체로 강수 등과 같은 6두품 이하에게 지급된 것이었고, 녹읍은 진골 귀족들의 주요한 녹봉으로서 기능하였던 것이 아닐까 한다.

그렇지만 왕실 친족이나 진골귀족으로서 '은승(恩升)'이나 '반서(班序)'에 의해 관직에 오르는 것을 비판하고 재주에 따라 관직에 나아가는 체제를 추구하는 신문왕으로서는, 세조(歲租)로 녹봉을 지급하는 것이 당시에 추구하던 개혁의 방향이었다고 본다. 따라서 신문왕 9년(689) 녹읍을 혁파하고 세조를 지급하는 것을 항식으로 삼은 것은 출신 신분보다는 관직의 대가로서 지급한 것으로 보고자 한다.

한편 경덕왕 16년(757) 월봉을 없애고 다시 녹읍을 주었던 조치로부터, 신문왕 9년 이후 어느 때인가 1년 단위의 조(租)를 월봉으로 고쳤고, 그것을 경덕왕 16년(757)에 다시 녹읍제로 부활시켰음을 알 수 있다. 사실 신문왕의 녹읍 혁파 조치 이전에 녹읍을 어떻게 지급하였는지는 분명하지 않다. 다만 내항자나 진골 귀족의 유공자에게 식읍을 사여한 기록을 살필 수 있을 뿐이다.

신라에 있어서 식읍(食邑)을 내린 기록은, 법흥왕 19년(532) 금관국주(金官國主)가 내항하자 국왕에게는 상등의 관위를 내리면서 본국으로 식읍을 삼게 하였다는 데서 처음 살필 수 있다. 또한『삼국사기』에는 무열왕 4년(653) 김인문이 압독주총관이 되어 장산성(獐山城)을 쌓은 공로로 '식읍 300호(戶)'에 봉해졌다고 하였는데[22] 그러한 사실을 「김인문묘비」

---

22)『삼국사기』권 44, 列傳 4, 金仁問.

(701)에서 확인할 수 있다. 그 밖에 총장(摠章) 원년(668) 문무왕은 고구려 평양성 함락의 공로에 대하여 박뉴(朴紐)에게 식읍 500호를 봉하였고,[23] 김유신을 태대서발한(太大舒發翰)을 제수하면서 식읍 500호를 내리기도 하였다.[24]

이러한 식읍의 성격에 대해서는, 식읍으로 책정된 일정 지역 또는 봉호수를 단위로 하여 조세, 공부, 역역을 취식(取食)하는 것으로 보는 견해[25]와 일정 지역 내에서 정해진 봉호(封戶)에서만 조용조(租庸調)를 수취할 수 있다는 견해[26]가 있다. 또 한편으로, 6세기까지는 금관국주(金官國主) 김구해(金仇亥)에게 "본국으로써 식읍으로 삼았다[以本國爲食邑]"고 한 것에서 보듯이 일정한 지역을 식읍으로 주었지만, 7세기 통일전쟁기에는 국가에 큰 공로를 세운 자들에 대해 봉호수를 정하여 지급한 것이라는 견해[27]가 있었다. 아무튼 이들 식읍은 일정 지역이나 호(戶) 단위로 봉해진 바, 해당 지역의 민이 예속된 것으로 보아 좋을 것이다.

고구려의 경우 금관국주와 마찬가지로 내항한 소국의 수장이나 해당 지역을 정벌한 군공자에게 식읍을 지급하거나 해당 지역을 통할하는 권한을 주었다.[28] 신라가 주변 소국들을 정벌하는 과정에서도 고구려와 동일한 양상이었다고 짐작된다.

신라가 새로이 강역을 넓혀가는데 있어서 소국의 정벌과 소국 수장의 내항의 경우가 있었다. 정벌의 경우 파사이사금 23년(102) 8월 음즙벌국(音汁伐國)의 정벌과 같이 그 지역 세력자 뿐만 아니라 관련 6부의 수장까

---

23)『삼국사기』권 44, 列傳 4, 金仁問.

24)『삼국사기』권 43, 列傳 3, 金庾信 下.

25) 강진철, 1980, 「신라통일기의 토지제도」,『고려토지제도사연구』, 고려대출판부, 14~15쪽.

26) 이경식, 1988, 「고대, 중세의 식읍제의 구조와 전개」,『손보기박사 정년기념한국사학논총』, 138~140쪽.

27) 노중국, 1995, 「신라시대 성씨의 분지화와 식읍제의 실시」,『한국고대사연구』15, 226쪽.

28) 박남수, 2006,「高句麗 租稅制와 民戶編制」,『東北亞歷史論叢』14 ; 2011,『한국 고대의 동아시아 교역사』, 주류성, 395~399쪽.

지도 교체하거나, 일성이사금 13년(146) 10월 압독국(押督國)의 반란을 토벌하여 평정하고 그 지역 주민을 사민시켰다. 이에 대해 당해 지역의 수장이 투항한 경우에는, 조분이사금 7년(236) 2월 골벌국왕(骨伐國王) 아음부(阿音夫)의 내항에 대해서처럼 제택(第宅)과 전장(田莊)을 내리고 그 땅을 신라의 군(郡)으로 삼거나, 금관국주처럼 본국을 식읍으로 삼게 하는 한편으로 상등의 관위를 내려 신라의 지배체제에 속하게 하였다. 사실 중고기 신라 금석문에 보이는 간지급의 촌주는 모두 이러한 과정 속에서 자신의 기왕의 전지에 대한 권리를 인정받았거나 새로이 신라에 협조한 지방 유력자들로서 그 지역을 관리하는 책임을 맡게 된 것이라고 볼 수 있다. 후일 그들의 세력이 약해졌다고는 하지만 촌락사회에서의 그들의 지위는 유지되었다고 본다.

아무튼 기왕의 간지층은 신라에 내속함으로써 촌주로서 전장(田莊)을 지급받고 재지 세력으로서의 지위를 유지하거나, 금관국주 김구해처럼 내항을 통하여 자신의 나라를 식읍으로 받았다. 또는 김인문, 박뉴, 김유신처럼 공로로 인하여 식읍을 받았다. 연맹왕국 단계의 식읍은 새로이 정벌한 지역이나 군공에 대한 포상으로 지급된 것으로서, 해당 지역의 민들까지도 포괄하였다고 여겨진다. 이에 대해 7세기 무렵의 식읍은 대체로 당의 작록 제도를 따른 것이지만, 상고기와 중고기 초 군공자(軍功者)에 대한 포상의 성격을 계승한 것이었다고 본다.

정복지에 대한 포상의 성격을 띤 식읍은 고대국가의 체제를 갖추면서 점차 민을 국가 또는 국왕에 직속된 민으로 편제하였을 것으로 여겨진다. 「광개토대왕릉비」(414)에 따르면 본래 왕릉의 수묘역을 옛 고구려민들로 맡겼는데, 광개토대왕에 이르러 약취해 온 한인(韓人)과 예인(穢人)들로 수묘하도록 하였다. 그후 장수왕은 「광개토대왕릉비」를 건립하면서 신·구민을 1대 10의 비율로 국연(國烟)과 간연(看烟)으로 편제하여 왕릉을 수묘하도록 하였다. 신·구민을 1대 10의 비율로 편제하는 방식은 북제의 비린제(比鄰制) 곧 10가(家)를 비린(比鄰)으로 삼고, 50가를 여리(閭里)로, 100가를 족당(族黨)으로 편제하여 10가를 단위로 공동 책임을 지도록 한 그것에 비교할 수 있을 것이다. 동 비에서 '수묘인을 이제부터 다시 서로 팔아넘기지 못하며, 비록 부유한 자가 있을지라도 또한 함부로 사들이지 못할 것'이라 하였다. 수묘인을 상대로 한 모종의 매매를 할 수 없도록 법제화한 것으로, 수묘인이 팔고 또한 부유한 자가 사들일 수 있는 대상은, 수묘역에 대한 대가로서 지급되었을 토지였을 것으로 짐작된다.[29]

신라에 있어서는 문무왕 13년(673) 김유신묘의 경우에도「광개토대왕릉비」와 마찬가지로 민호(民戶)를 정하여 수묘역을 담당하도록 하였다. 이들 수묘인에게는 수묘역에 따른 토지가 지급되었을 것이다.『삼국유사』가락국기에 보이는 수로왕 능묘 소속 전답 관련 일화는 스로능왕묘(首露陵王廟)에 속한 전(田)이 있었고, 이를 제향의 비용뿐만 아니라 수묘인들의 생활을 영위할 수 있는 수묘역의 대가였다고 믿어진다. 김유신묘의 수묘역도 동일하게 토지를 지급하여 제향과 함께 수묘인의 생활을 위한 수묘전이 지급되었으리라 여겨진다. 이처럼 민호를 정하여 수묘역을 맡게 하는 방식은, 식읍의 운영 방식과 동일하였으리라 여겨진다. 결국 왕실의 친족이나 귀족, 또는 군공자에게 지급된 식읍이나 수묘전 등은 새로이 신라의 영역에 편입된 지역의 수령에게 제택과 전장을 내리고, 반발한 지역의 경우 사민시킴으로써 새로이 복속한 민으로 편제하던 방식을 승계한 것이라 생각한다.

한편 녹읍에 대해서는 신문왕 7년(685)에 분급한 문무관료전(文武官僚田)과 같은 직전(職田)으로 보기도 하지만,[30] 대체로는 녹읍과 직전을 달리 보거나 병행되는 제도로 본다. 녹읍의 분급 방식이나 수취방식에 대해서는 다양한 견해가 있었다. 먼저 분급방식에 있어서는 일정한 지역 전체를 녹읍주에게 분급했다는 견해[31]와 군현 등 행정단위와 관계없이 봉호

---

29) 박남수, 2006, 위의 논문 ; 2011, 위의 책, 412쪽.

30) 野村忠夫, 1953, 「正倉院より發見せる新羅の民政文書について」,『史學雜誌』62-4, 60쪽.

31) 白南雲, 1933,『朝鮮封建社會經濟史』, 改造社, 東京, 4쪽. 김철준, 1962, 「신라귀족세력의 기반」,『인문과학』7 ; 1975,『한국고대사회연구』, 지식산업사, 236~239쪽. 武田幸男, 1976, 「新羅の村落支配」,『朝鮮學報』81, 244~248쪽. 木村誠, 1979, 「新羅の祿邑制と村落構造」,『역사학연구』別

의 수로써 분급해 주었다는 견해[32]가 있다. 특히 후자의 경우 직전의 집합체를 1개 녹읍(=지역)으로 보기도 한다. 수취 방식에 대해서는 노동력과 공납의 수취를 강조한 조·용·조(租·庸·調) 수취설[33]과 조(租)·노동력 수취설[34], 공납(貢納)·역역(役力) 수취설[35]이 있고, 수조권설(收租權說)[36]이 있는 한편으로 양자를 절충하여 노동력 수취에서 토지생산물 수취로 변화했다고 보는 설[37]이 있다.

사실 신문왕 9년 이전에 존속하였다는 녹읍 경영방식은 분명하지 않다. 그런데 문무왕 8년(668) 김유신을 태대서발한의 직위와 함께 식읍 500호를 내린 이후로 식읍 관련 기사가 보이지 않는다. 식읍 관련 기사가 사라지면서, 문무왕 17년(677) 처음으로 좌사록관(左司祿館)을 설치하였고, 문무왕 21년(681)에 다시 우사록관(右司祿館)을 설치하였다. 이들 관사의 명칭 '사록(司祿)'은 녹을 관장한다는 의미로 이해된다. 좌·우사록관의 설치를 전후한 시기에 군공자에 대한 관등의 승급과 함께 사조(賜租) 형식의 포상이 행해졌고, 녹읍 혁파 이후에도 출궁한 성정왕후(成貞王后) 등에게 조(租)를 내렸다. 이는 좌·우사록관의 설치 이전에 이미 국가가 직접 조를 사여하였지만, 이후 좌·우사록관을 두어 관료의 녹봉을 관장하도록 하였던 것이 아닌가 추측하게 한다. 이들 조(租)는 경조(京租)와 주현조(州縣租) 등의 용례로 보아, 중앙과 지방으로 나누어 관리되었으리라 판단된다. 특히 좌·우사록관을 설치하면서 식읍을 지급한 내역이 보

      冊 ; 2004, 『古代朝鮮の國家と社會』, 吉川弘文館, 84쪽.
 32) 이경식, 1988, 「고대·중세의 식읍제의 구조와 전개」, 『손보기박사정년기념 한국사학논총』, 지식산업사, 138쪽.
 33) 강진철, 1969, 「신라의 녹읍에 대하여」, 『이홍직박사회갑기념 한국사학총론』, 60쪽.
 34) 김철준, 1962, 앞의 논문, :1975, 앞의 책, 239쪽.
 35) 武田幸男, 1976, 앞의 논문, 250쪽. 木村誠, 1979, 앞의 논문 ; 2004, 앞의 책, 86쪽.
 36) 백남운, 1933, 앞의 책, 4쪽. 이경식, 1988, 앞의 논문, 155쪽.
 37) 김기흥, 1991, 『삼국 및 통일신라기 세제의 연구』, 역사비평사, 156~157쪽. 정구복 외, 2012, 『역주 삼국사기』 3 주석편(상), 한국정신문화연구원, 251~252쪽.

이지 않은데, 이러한 변화는 식읍의 경우 식읍주가 직접 봉호의 민호를 관장하던 것을 국가가 직접 민호를 지배하는 체제로 변화한 사실을 반영하는 것이 아닐까 한다.

그런데 『삼국유사』 효소왕 죽지랑조에서 사리(使吏) 간진(侃珍)이 추벌군(推火郡) 능절조(能節租)를 수취하였다는 기록을 보인다. 화랑 죽지랑의 일화는 선덕왕 원년(632)을 전후한 시기의 일화이다. 물론 부산성(富山城)과 같이 통일기의 명칭이 나타나지만, 본 죽지랑조에는 진골 귀족의 가신(家臣)으로 여겨지는 사리 간진이 추벌군으로부터 능절조를 수취하여 귀경하였다. 추벌군으로부터 가신이 조(租)를 수취하는 방식은, 고려 건국 직후인 태조 17년(934) 여름 5월 왕건의 예산진(禮山鎭) 조서에서 살필 수 있는 녹읍의 운영상과도 동일한 것으로 여겨진다.

고려 태조 17년(934)] 여름 5월 을사 왕이 예산진(禮山鎭)에 행차하여 조서(詔書)를 내려 이르기를, "지난날 신라의 정치가 쇠퇴하자 도적 무리가 다투어 일어나 백성은 어지러이 흩어지고 거친 들판에는 해골이 나뒹굴었다. … 〔내가〕 비바람 맞으며 주진(州鎭)을 순시하여 살피고 성책(城柵)을 완전하게 수리한 것은 백성들이 도적들〔綠林〕의 어려움을 면하게 하려 함이었다. 〔그러나〕 이로 말미암아 사내는 전부 군대로 나가게 되고 아낙은 오히려 부역에 동원되니, 수고로움과 고통을 참지 못해 깊은 산으로 도망쳐 숨거나 관청에 호소하는 자가 그 얼마인지 알 수 없다. 왕실의 친족이나 권세 있는 집안에서 포악하게 굴며 약한 자를 업신여기고 나의 백성을 괴롭히는 자가 없는지 어찌 알겠는가. 나의 한 몸으로 어찌 집집마다 이르러 눈으로 살펴볼 수 있겠는가. 미천한 백성들은 호소를 할 수가 없어 저 푸른 하늘에 대고 울부짖고 있다. 마땅히 너희들 공경(公卿)이나 장상(將相)과 같이 나라의 봉록을 받는 이들은 내가 백성을 자식처럼 사랑하는 마음을 헤아려 너희들의 녹읍(祿邑)에 편제되어 있는 백성을 불쌍히 여겨야 한다. 만약 가신(家臣) 가운데 아는 것 없는 무리를 녹읍에 보낸다면, 오직 거두어들이는 데만 힘써 마음대로 약탈할 것이니 너희 또한 어찌 알 수 있겠는가. 비록 혹시 안다고 하더라도 또한 금지하거나 제어하지 못할 것이다. 백성 중에 문제 삼고 고소하는 자가 있는데도 관리가 정에 이끌려 가리고 보호하므로, 원망하는 소리가 일어나고 바로 다투는 것도 이로 말미암은 것이다. … 죄 있는 자는 귀천(貴賤)을 논하지 않고 벌이 자손까지 미칠 것이며, 공이 많고 죄가 적다면 〔그것을〕 헤아려 상벌을 행할 것이다. 만일 잘못을 고치지 않는다면 그 녹봉을 추징(追徵)하고 혹 1년이나 2~3년, 5~6년에서 죽을 때까지 관직에 오르지 못하게 할 것이다. 만약 공무(公務)를 열심히 받들려는 뜻을 지니고 처음부터 끝까지 흠이 없으면 살아서는 영예와 녹을 누리게 하고, 〔죽은〕 뒤에는 명가(名家)로 일컫게 하며 자손에 이르기까지 우대하여 표창하고 상을 줄 것이다. 이는 다만 오늘뿐만 아니라 만세(萬世)에 전하여 법령으로 삼도록 할 것이다. 백성이 고소를 한 사람이 불러도 오지 않으면 반드시 명령으로 재차 소환하고, 먼저 장(杖) 열 대를 쳐서 명령을 어긴 죄를 다스린 후에 범한 바를 논하라. 관리가 고의로 멈추어 나아가지 않으면 그 날짜를 헤아려 벌하고 꾸짖을 것이며, 또 권력을 믿고 건드리지 못하게 하는 자는 그 이름을 보고하라.″라고 하였다.(『고려사』 권2, 世家2, 태조 17년 5월)

위의 기사에서 왕건은 동왕 17년(934) 문무관료에게 내린 녹읍에서 녹읍주의 가신들이 조를 수취하는 데 따른 폐단을 바로 잡으라는 조서를 내렸음을 알 수 있다. 당시에 이들 녹읍에는 백성들이 편적되어 있었고, 가신들이 조를 수취하면서 자의적인 약취가 행해졌음을 알 수 있다.

또한 본 기사에서 왕건은 녹읍에 편적된 백성들이 군역의 의무를 치르는 동안 아낙들이 녹읍의 경작에 동원된 것을 비판하였다. 이는 원칙적으로 녹읍에 편적된 정남이 경작을 담당하면서 군역에 징발되었고, 경작지에서 생산한 일정량을 조(租)로 바쳤음을 의미한다. 녹읍의 조는 원칙적으로 녹읍주가 수취하였을 것이고, 녹읍에 속하지 않은 조는 국가 또는 주현이 수취하여 관리하였으리라 믿어진다. 다만 녹읍의 경우 고려 태조 때의 조치로 미루어 볼 때에, 이에 속한 정남이나 백성들이 귀족에게 보다 더 강하게 예속되었다고 보아 좋을 것이다. 그럼에도 불구하고 녹읍이든 국가에 예속된 토지이든 간에 과호(課戶)가 설정되었고, 그들은 원칙적으로 녹읍주나 국가에 조를 바쳤으리라 여겨진다.

왕건이 지적한 녹읍의 수취방식은 『삼국유사』 효소왕 죽지랑조에서 진골 귀족의 가신으로 여겨지는 사리 간진이 추벌군으로부터 조를 수취하던 방식과 다른 점을 찾기 어렵다. 죽지랑조의 능절조라는 것도 고려 태조 때에 귀족들이 가신을 보내어 자의적으로 수취하던 방식과 닮아 있다는 점에서, 선덕여왕 초기에도 녹읍의 성격에 견줄 수 있는 토지가 있었음을 알 수 있다.

또한 선덕여왕 초기 사리(使吏) 간진(侃珍)이 추벌군(推火郡)으로부터 조를 수취한 것은, 강수가 문무왕 13년(673) 매해의 신성조(新城租) 100석을 받은 사실에 견줄 수 있으리라 본다. 곧 선덕왕 초년 사리 간진이 추벌군으로부터 조를 수취한 것이나 문무왕 13년(673) 무렵 강수가 신성조를 받은 것, 그리고 신문왕 9년(689년)에 혁파한 녹읍과 경덕왕 16년(757)에 부활한 녹읍 등은, 모두 관료들에게 일정 지역을 사여하고 그로부터 가신 등을 통하여 조를 징수하였음을 의미한다. 이들이 일정 지역으로부터 조를 수취하였다면 그 대상은 분명히 녹읍에 편성된 일반 백성이었음을 의미한다.

고려 초기 녹읍의 사례에서 군역과 부역은 국가가, 녹읍에서의 조(租)의 수취는 녹읍주가 관장하였음을 알 수 있다. 다만 녹읍과 식읍이 공존하였다면, 녹읍은 일반 관료들의 직역에 대한 대가였고, 식읍은 내항한 국가 또는 지역의 수장이나 유공자에게 봉호까지 관장하도록 하였다는 점에서 차이가 있다.

당나라의 경우 식읍의 봉호(封戶)는 3정(丁) 이상을 비율로 하여 정하고, 세조(歲租)의 1/3을 조정에 납입하며, 황후(皇后)·제왕(諸王)·공주(公主)의 식읍은 모두 과호(課戶)를 두었다.[38] 조용조법(租庸調法)에서는 정(丁)과 남자의 나이 18세 이상자 1인에 구분전(口分田) 80무(畝), 영업전(永業田) 20무를 주어 정(丁)을 단위로 세수(歲輸) 속(粟) 2곡(斛), 도(稻) 3곡(斛)을 조(租)로 징수하였다.[39] 그후 덕종(德宗)의 양세법(兩稅

---

38) "凡封戶, 三丁以上為率, 歲租三之一入于朝庭 食實封者, 得真戶, 分食諸州°皇后´諸王´公主食邑, 皆有課"(『新唐書』 권 46, 志 36, 百官 1, 尚書省 吏部)

39) "丁及男年十八以上者 人一頃 其八十畝為口分 二十畝為永業 … 凡授田者 丁歲輸粟二斛稻三斛 謂之租 丁隨鄉所出 歲輸絹二匹 綾絁二丈 布加五之一 綿三兩 麻三斤 非蠶鄉 則輸銀十四兩 謂之調 用人之力 歲二十日 閏加二日 不役者 日為絹三尺 謂之庸 有事而加役二十五日者免調 三十日者租 調皆免 通正役不

法) 이래로 조정의 지출을 계산하여 조부(租賦)를 정하는 양출제입(量出制入)의 예산 원칙을 채택하였다.[40] 신라의 경우 국가 또는 왕실의 재정 운영의 원칙을 알 수 없으나, 당의 사례로 미루어 볼 때에 최소한 식읍과 녹읍 내지 세조지에는 과호가 있었고, 해당 지역의 과호가 부담해야 할 조(租)의 비율이나 요역의 징발 방식 등은 해당 토지의 지목이나 시기에 따라 차이가 있었으리라 짐작할 수 있다.

4. 적성전사법(赤城佃舍法)과 정전 · 연수유전답(丁田 · 烟受有田畓)

「신라촌락문서」에서 가장 중요한 토지 지목은 그 대부분을 차지하는 연수유전 · 답이다. 앞서 살폈듯이 연수유전 · 답은 어의대로라면 '연(烟)이 [국가로부터] 받아 소유한 전답(田畓)'이라는 뜻이다. 본 문서의 연등(烟等)이나 계연(計烟)은 모두 정남(丁男)을 기준으로 한 것으로서, 연수유전 · 답은 연호의 정남의 수를 기준으로 한 것이라 할 수 있다. 정전 또한 정남을 기준으로 한 것이라면, 연수유전답은 원칙적으로 정전(丁田)의 계통을 승계한 것이라 할 수 있다. 대체로 근래에는 정전이나 연수유전답 모두 고려시대의 민전(民田) 곧 사전(私田)의 성격으로 보면서, 연수유전 · 답의 성격에 대해서는 본래 사유지였던 것을 국가가 그 소유권을 인정한 것으로 본다.[41]

그런데 정전이나 연수유전답의 계통이나 그 성격은 분명하지 않다. 다만 국가가 백성에게 전지를 지급한 가장 이른 시기의 자료로는 「단양신라적성비」(~551)의 전사법(佃舍法)을 주목할 수 있다.

過五十日"(『新唐書』 권 51, 志 41, 食貨 1, 租庸調法)

40) "度支郎中 · 員外郎 各一人 掌天下租賦 物產豐約之宜 水陸道涂之利 歲計所出 而支調之 以近及遠 與中書門下議定乃奏"(『新唐書』 권 46, 志 36, 百官 1, 尚書省 戶部)

41) 이희관, 1999, 「통일신라 토지제도의 성립」, 앞의 책, 227~232쪽.

「단양 신라적성비」의 석문

비문 구성	원문	번역문
작성 일시	☑☑☑☑月中.	☑☑년 ☑월에
王教事	王教事. 大衆等 喙部伊史 夫智伊干☑, ☑☑☑豆弥智 佊珎干支, 喙部西夫叱智大 阿干☑, 　☑☑夫智大阿干 支, 內礼夫智大阿干支, 高 頭林城在軍主等, 喙部比次 夫智阿干支, 沙喙部武力智 阿干支, 鄒文村幢主沙喙部 導設智及干支, 勿思伐☑☑ ☑喙部 助黑夫智及干支,	왕이 교한 일. 대중등 탁부 이사부지 이간 ☑, ☑☑☑두미지 피진간지, 탁부 서부질 지 대아간☑, ☑☑부지 대아간지, 내례부 지 대아간지, 고두림성에 있는 군주 등으 로 탁부 비차부지 아간지, 사탁부 무력지 아간지, 추문촌의 당주 사탁부 도설지 급 간지, 물사벌☑(성) ☑☑(군주?) 탁부 조흑 부지 급간지
節教事	節教事. 赤城 也尒次 ☑☑中 作善庸懷 懃力使死 人是以後, 其妻三☑☑☑☑ ☑☑☑☑☑☑許利之. 四 年少女, 師文☑☑☑☑☑☑ ☑☑☑☑, 公兄鄒文村☑珎婁 下干支, ☑☑☑更赤城烟去使之. 後 者公☑☑☑☑☑☑☑☑ 異葉耶, 國法中分与, 雖然 伊☑☑☑☑☑☑☑☑子, 刀只小女, 　烏礼兮撰干支, ☑☑☑☑☑☑使法赤 城佃舍法爲之. 別官賜☑☑ ☑☑☑弗兮女, 道豆只, 又 悅利巴小子, 刀羅兮☑☑☑ ☑, 合五人之.	[그] 때에 교한 일). 적성의 야이차가 ☑☑ ☑☑에 선한 마음을 품어 힘쓰다가 죽음에 이르렀다. 사람들이 이 이후로 야이차의 처 삼☑☑와 ☑☑☑☑☑☑에게 ~를 허 락하여 이롭도록 하였다. 네살짜리 소녀 사문과 ☑☑☑☑☑☑☑ 등은 공형인 추문촌의 ☑진루하간지에게 ☑☑☑☑ ☑☑☑자로 문득 적성연에서 떠나게 하였 다(제적되었다). 후자는 공☑의 ☑☑☑☑ ☑☑☑☑으로 가계를 달리한다. 국법에는 나누어 주도록 되어 있는데, 비록 그렇지 만 이☑☑☑☑☑☑☑자, 도지소녀, 오례혜찬간지, ☑☑☑☑☑☑☑는 ~로 적성전사법을 법으로 삼게 하라[적성전사 법을 적용하여 기존의 전사를 유지하도록 하라). 별도로 관은 ~을 내리고 불혜녀, 도 두지, 우열리파소자, 도라혜☑☑☑☑ 등 5인을 합쳐 살도록 하라.
別教	別教, 自此後, 國中如也尒 次, ☑☑☑☑☑懷懃力使 人事, 若其生子女子年少 ☑☑☑☑☑☑兄弟耶. 如此	별도로 교한다. 이후로부터는 국중에 야이 차와 같이 마음을 다해 힘써 ~하여 인사 를 다한 경우, 만일 그가 낳은 아들과 딸, 연소한 ☑☑☑☑☑☑ 형제들이 이와 같

		白者, 大人耶, 小人耶, ▨▨ ▨▨▨▨▨	이 사뢰는 것은 대인이나 소인을 [막론하고] ▨▨▨▨▨▨▨▨[해당 지역의 법으로 생활을 보장하도록 하라]
입비관련자		▨部奈弗耽郝失利大舍, 鄒文▨▨▨▨▨▨▨, 勿思伐城幢主使人 那利村▨ ▨▨▨▨▨▨▨人, 勿支次阿尺, 書人喙部 ▨▨▨ ▨▨▨▨▨人, 石書立人, 非今皆里村▨▨▨▨ ▨▨▨智大烏之	▨부 내불탐학실리 대사, 추문▨ ▨▨▨ ▨▨▨▨, 물사벌성당주사인 나리촌▨▨ ▨▨▨▨▨▨▨인, 물지차 아척. 서인은 탁부 ▨▨▨▨▨▨▨▨▨인, 석서 입인은 비금개리촌▨▨▨▨▨▨▨지 대오지이다.

위의 「단양신라적성비」는 결락이 심하지만, 신라 상대의 여느 율령 관련 금석문과 마찬가지로 '왕교사(王敎事)-절교사(節敎事)-별교(別敎)'의 정연한 포고령의 투식을 보여 준다. 본 포고령은 절교사가 중심을 이루고, 별교는 적성 야이차의 사례를 확대하여 적용하라는 것으로 이해된다.

본 비문의 절교사에서는 다음 몇 가지 사항을 살필 수 있다. ① 야이차(也尒次)는 적성에 속한 인물이고, 그가 죽기 전에 그의 가족은 적성연(赤城烟)을 구성하였다. ② 야이차가 죽고나서 그의 처는 사람들의 도움으로 적성에서 생활할 수 있었으나, 그의 나이 어린 딸 사문(師文) 등은 야이차의 공형(公兄)인 추문촌(鄒文村)의 ▨진루(▨珎婁) 하간지(下干支)에게 옮겨감으로써 적성연에서 제적되었다. ③ 당시의 국법(國法)에는 적성연에서 떠나게 되면 그들의 밭과 가옥[佃舍] 등을 다른 누군가에 나누어 주게 되어 있었다. ④ 그럼에도 불구하고 이번의 별교로써 야이차의 아이들이나 그의 형제(?)들로 하여금 적성전사법(赤城佃舍法)을 적용하여 기존의 권리를 누리도록 하였다. ⑤ 관에서는 이들에게 모종의 ㅁ를 내리고 5인을 함께 살도록 조치하였다. 이에 대해 별교는 야이차처럼 나라의 일을 위해 진력한 이들의 자식과 형제에게 절교사에서 조치한 것(④)을 확대 적용하도록 하였다.

이러한 조치로부터 당시의 국법에서는 해당 지역 곧 적성에서의 연호 구성은 정남[也尒次]을 기준으로 하였고, 정남의 죽음으로 그의 부인인 정녀의 경우 적성에서 그대로 생활할 수 있었다. 야이차의 미망인이 적성에서 생활할 수 있었던 것이 무엇이었는지 분명하지 않지만, 아마도 정녀로서 정역(征役) 등을 부과할 수 있었기 때문이 아닐까 추측될 뿐이다. 그러나 그 자녀들은 해당 지역의 연호인 적성연에서 제적되어 모종의 권리를 박탈당하였고, 저들의 기왕의 권리를 적성연 거주자에게 분여하도록 하였음을 알 수 있다. 이에 야이차의 자녀들은 야이차의 공형(公兄)인 추문촌의 ▨진루 하간지의 연호로 이적되었지만, 가계가 다름으로 인하여 어려움이 있었던 것으로 추측된다. 그럼에도 불구하고 동 절교사로써 야이차의 자녀들과 어린 형제들에게 적성전사법을 적용시켜 그들의 어머니와 함께 적성연으로 편제됨으로써 전사 곧 전작(佃作)이나 주거지[舍]에 대한 권리를 다시 획득할 수 있도록 하였다.

사실상 「단양신라적성비」에는 기왕의 국법을 수정하여 공훈자의 미망인이나 유자녀들을 위하여 예외 조항을 신설한 셈이다. 기존의 국법은 정남을 기준으로 해당 지역의 연호로 편제함으로써 토지를 지급하고 전작의 책임을 맡긴 것이었다. 이는 기왕의 국법으로 묘사된 편호의 틀을 깨는 것이지만, 공훈자의 미망인과 자손에게 적성전사법(赤城佃舍法)의 권리를 보장한 조치라고 할 수 있다.

「단양적성비」에서 야이차의 자녀로 하여금 적성연을 구성할 수 있게 한 조치는 「신라촌락문서」 B촌의 '3년간에 거두어 앉힌 연[三年間中收坐內烟] 1'을 구성한 '조자(助子) 1, 노공(老公) 1, 정녀(丁女) 2'로써 공연을 구성한 것에 비교할 수 있다. 곧 양자의 시간적인 차이에도 불구하고, 앞서 살폈듯이 「단양신라적성비」의 연령구분이 「신라촌락문서」의 6개 연령구분으로 확대 발전한 데서, 「단양신라적성비」의 소인(小人)은 「신라촌락문서」의 조자(助子)에 상응한다. 이에 「신라촌락문서」에서 조자(助子)가 단독 연호를 구성할 수 있었던 것은, 「단양신라적성비」에서 야이차의 아들 소인(小人)에게 적성연을 구성할 수 있도록 한 별교의 조치로부터 비롯한 것이 아닐까 생각된다. 더욱이 적성전사법의 경우 적성연호에 편제된 연호에게만 전작권(佃作權)과 거주할 가옥[舍]이 지급된 바, 그 지급 기준은 연호의 구성과 정남에 있었다고 여겨진다.

그런데 앞서 살폈듯이 정전제하에서는 직역이나 역을 담당한 정남을 대상으로 영업전인 정전을 지급하였다. 역을 마친 제공(除公)의 경우 정전을 반납하고 구분전을 받아 생업을 영위하였으리라 짐작된다. 정전이 정남을 기준으로 하여 지급된 것이라는 점에서 「단양적성비」의 전사법을 닮았지만, 전사법과 달리 백성들의 최소한의 생활을 위한 구분전이라는 안전판을 두었다는 점에 차이가 있다.

이에 대해 「신라촌락문서」에서는 정남의 수에 따라 계연을 산정하였는데, 이는 각 등급연의 정남을 기준으로 한 것이었다. 이들 정남은 군역이나 요역에 징발되었던 것으로 생각한다. 또한 신라의 연호는 우마의 사유가 인정되었고, 정남의 수에 따라 뽕나무 등을 식목할 수 있는 전(田)을 지급받았지만, 이에 따른 조(調)를 바쳐야 했다. 마전의 경우 마을 공동 요역에 의한 것이었다면, 잠상의 경우는 대체로 여성의 정역(征役)으로 충당하였다. 이들 조(租)와 조(調)는 촌(村)의 계연수를 바탕으로 전답, 우마, 식목수에 따라 징수되었는데, 이들 정남의 수에 따라 지급받은 전답(田畓)이나 뽕밭[桑田] 등은 「단양적성비」에서 살필 수 있듯이 해당 지역 또는 촌락에 편적된 연호에 한정되었다. 따라서 돌아간 연호[廻去烟]의 경우 본적지로 되돌아가면서 해당 촌락에서의 모든 권리를 박탈당하였고, 촌락에 편제된 연호는 토지와 뽕밭[桑田] 등을 지급받았으나 촌 단위로 할당된 군역과 요역 그리고 조(租)와 조(調)를 징납하는 존재로서 철저히 촌 단위의 토지에 긴박당하였음을 알 수 있다.

요컨대 정전은 정을 중심으로 지급된 것이라는 점에서 「단양적성비」의 전사법을 닮았지만, 전사법과 달리 백성들의 최소한의 생활을 위한 구분전이라는 안전판을 두었다는 점이 차이가 있지 않을까 한다. 이에 대해 연수유전답은 연(烟)을 단위로 전답을 지급함으로써 백성들의 자활을 가능하도록 조치한 것이 아닐까 추측된다. 이러한 데는 정전제를 시행하는 과정에서 향덕이 효행으로 말미암아 겨우 구분전을 받은 사례에서 알 수 있듯이, 정전제(丁田制) 본래의 취지와 다르게 관직에 있었던 자라 하더라도 별도로 직역 또는 역이 면제된 이들에게 지급할 구분전 등의 토지의 여유가 없게 된 때문이 아닐까 한다. 이러한 문제점을 개선하고자 연호를 단위로 토지를 지급하고자 강구하였다고 본다. 곧 연호를 단위로 토지를 지급할 경우 정전(丁田)과 구분전(口分田)의 구분 없이 일괄하여 연호의 생활을 보장할 수 있었기 때문이다. 따라서 연수유전답제는 정전제에 비하여 보다 개선된 토지 지급 방식이라 평가되며, 정전과 구분전을 통합한 토지 지급방식이 아니었을까 여겨진다.

5. 사전(私田)의 발생과 촌락민의 생활

정전(丁田)이든 연수유전답(烟受有田畓)이든간에 모두 정남에게 군역이나 역역, 또는 직역에 대한 대가로서 지급되었다. 이러한 관점에서 본 촌락문서의 연수유전답을 지급받은 연호를 고려의 정호(丁戶)에 비교할 수 있다. 고려의 정호는 정남을 기준으로 번상으로 군역을 담당하거나, 요역에 징발되는 과호(課戶)였다. 이는 「신라촌락문서」에서 정남을 기준으로 편성되어 계연수로써 군역과 요역, 조를 징수하는 연호에 상응한다고 할 수 있다.

고려시대에는 정호(丁戶)에게는 공전(公田)을 지급하였다.[42] 그런데 신라의 정전제는 연호를 구성하는 정남에게 국가가 정전을 지급한 것이었고, 연수유전·답(烟受有田·畓)은 연(烟)이 국가로부터 지급받은 것이라는 점에서, 이들 정전이나 연수유전답은 모두 고려시대 정호에게 지급하였다는 공전의 성격으로 보아야 하지 않을까 한다. 이에 연수유전·답을 본래 사유지였다고 보거나 고려시대의 민전(民田) 곧 사전(私田)의 성격으로 보는 견해는 보다 더 면밀한 검토가 필요하지 않을까 한다.

사실 신라에 있어서 공전과 사전의 개념이 언제부터 비롯하였는지는 분명하지 않다. 고려 인종 즉위년에 고려에 사신으로 온 송나라 서긍(徐兢)의 『선화봉사 고려도경』(권 23, 雜俗 2) 종예(種藝)조에는 '그[고려

---

42) "其咸富等男女七人, 並令旌表門閭, 免其徭役, 白丁給公田爲丁戶"(『高麗史節要』권 2, 成宗文懿大王 [庚寅九年 宋 淳化元年, 契丹 統和八年])

의] 풍속에서는 사전(私田)은 감히 가질 수 없고 대략 정전제[丘井]와 같
은 것이 있는데, 관리(官吏)나 민병(民兵)에게 등급[秩序]의 고하에 따라
지급한다'고 하여, 12세기 초 고려에는 사전이 존재하지 않은 것처럼 서술
되어 있다. 이는 원칙적으로 고려사회의 모든 토지는 왕토(王土)라는 관
념에 의한 것으로, 아마도 서긍이 왕토의 관념에서 사전을 인정하지 않은
고려 관료로부터의 정보를 취득하여 기록한 때문이라 여겨진다.

그럼에도 불구하고 『고려사』(권 78, 志 32) 식화지(1) 전제 조세조에는
이미 고려 광종대에 공전과 사전을 구분하였음을 확인할 수 있다.43) 또한
신라 하대에 있어서 '사전(私田)'이란 명칭은 보이지 않지만, 「숭복사비」
(896)와 「봉암사 지증대사탑비」(924)에서는 '공전이 아니지만[非公田]'이
나 '나의 밭[我田]' 등의 기록을 살필 수 있다. 이에 신라 하대에 있어서도
광범위하게 사전이 존재했던 것으로 보아 좋을 것이다.

A. 정원(貞元) 무인년(798) 겨울에 〔원성대왕께서〕 장례에 대해 유교
   (遺敎)를 남기면서 인산(因山)을 명하였다. … 왕릉을 만드는데,
   비록 왕토라고는 하지만 또한 공전이 아니었다. 이에 부근의 땅을
   묶어 좋은 값으로 구하여 능묘[丘壟]의 나머지 1백 결을 더하고,
   도곡(稻穀)으로 모두 2천 섬〔苫〕을 보상하였다.44)〔섬〔苫〕은 석

---

43) "…광종(光宗) 24년(973) 12월 판(判)하기를, "진전(陳田)을 개간하여 경작하
   는 사람에게는, 〈그 토지가〉 사전(私田)이면 첫 해에 수확한 것을 전부 지급
   하고 2년째에는 처음으로 토지 주인[田主]과 절반씩 나누도록 하며, 〈그 토
   지가〉 공전(公田)이면 3년을 기한으로 하여 〈수확한 것을〉 전부 지급하고
   4년째에 처음으로 법에 따라 조(租)를 거두도록 한다." 라고 하였다. … 예종
   (睿宗) 3년(1108) 2월 제서(制書)를 내리기를, "여러 주현(州縣)의 공전(公田)
   과 사전(私田)으로서 하천이 범람하여 떠내려가거나 나무들이 빽빽하게 자라
   서 농사지을 수 없는 곳인데도, 만약 관리들 중에서 그 전호(佃戶) 및 여러
   친족[族類]이나 인보인(隣保人)으로부터 세량(稅粮)을 징수하여 피해를 입히
   고 폐단을 일으키는 자가 있으면 서울과 지방의 소관 관청에서는 가서 조사하
   고 금지시키도록 하라."라고 하였다. …"
44) 정병삼은 본 구절 "其成九原, 則雖云王土, 且非公田. 於是括以邇封, 求之善價,
   益丘壟. 餘弍百結酬稻穀合二千苫"을 "왕릉을 이루는 데 비록 王土라고는 하나
   실은 公田이 아니어서 부근의 땅을 묶어 좋은 값으로 구하여 丘壟地 백여 결을

(石)을 밀한다. 신라 풍속에 500무에서 100궁(弓)을 감하면 결(結)이 된다. 유(斛)에서 1두(斗)를 감하면 섬(苫)이 되고, 30주(肘)는 100궁이고, 16두는 1유이다〔其成九原, 則雖云王土, 且非公田. 於是括以邏封, 求之善價, 益丘壟餘弍百結, 酬稻穀合二千苫〔苫猶言石也 東俗以五百畝減百弓爲結 斛除一斗爲苫 三十肘爲百弓 十六斗爲一斛45)〕(「숭복사비」, 896)

B. 함통 5년(864) 겨울 단의장공주(端儀長翁主)가 미망인을 자칭하며 당래불(當來佛)에 귀의하였다. 대사를 공경하여 자신을 하생(下生)이라 이르고 상공(上供)을 후히 하였으며, 읍사(邑司)가 소유한 현계산(賢溪山) 안락사(安樂寺)가 산수의 아름다움을 많이 가지고 있다 하여, 원학(猿鶴)의 주인이 되어 달라고 청하였다. 대사가 이에 그의 문도들에게 말하기를, "산의 이름이 현계(賢溪)이고 땅이 우곡(愚谷)과 다르며 절의 이름이 안락(安樂)이거늘, 중으로서 어찌 주지하지 않으리오" 하고는, 그 말을 따라 옮겨서 머물러 교화되었다. 산을 좋아하는 사람으로 하여금 산과 같이 더욱 고요하게 하고, 땅을 고르는 사람으로 하여금 신중히 생각토록 하였으니, 진퇴의 옳음이 첫째이다. … 〔함통〕 8년(867) 정해년에 이르러, 시주인 〔端儀長〕 옹주(翁主)가 여금(茹金) 등으로 하여금 伽藍 남쪽의 전지〔畝〕와 노비〔臧獲〕의 문서를 주어, 승려들을 위하여 쓸 수 있는 집을 전하여 영원히 바꾸지 못하도록 하였다. 대사가 깊이 생각하여 말하기를, "왕녀께서 법희(法喜)를 더하셨음이 오히려 이와 같으니, 부처의 후손이 선열(禪悅)을 맛봄이 어찌 다만 그러하겠는가. 내 집이 가난하지 않은데 친척〔親黨〕이 다 죽었으니, 길가는 사람의 손에 떨어지도록 놔두는 것보다 오히려 문제자(門弟子)들의 배를 채워주리라"고 하였다. 드디어 건부(乾符) 6년(879)에 장(莊) 12구(區)와 전(田) 500결(結)을 희사하여 절에 예속시키니, 밥을 두고 누가 밥주머니라고 조롱했던가. 죽도 능히

사서 보태었는데 값으로 치른 벼가 모두 이천 苫이었습니다."(「崇福寺碑」, 한국고대사회연구소 편, 1992, 『역주 한국고대금석문』 Ⅲ, 1992)라고 해석하였다.

45) 정병삼은 그 전거를 분명히 밝히지 않고 본 할주를 "斛除一斗爲苫 三十肘爲百弓 十六斗爲一斛"로만 적기하였다.(「崇福寺碑」, 한국고대사회연구소 편, 1992, 『역주 한국고대금석문』 Ⅲ, 253쪽) 한편 윤선태는 『拙藁千百』의 「崔大監墓誌」에 근거하여 "東俗以五畝減百弓爲結 斛除一斗爲苫"만을 최치원의 본래 할주였던 것으로 이해하였다.(윤선태, 앞의 논문, 117~118쪽)

솥에 새겨졌도다. 양식에 힘입어 정토를 기약할 수 있게 되었다.
그런데 비록 내 땅이라 하더라도 왕토에 거주하므로〔雖曰我田 且
居王土〕, 비로소 왕손인 한찬(韓粲) 계종(繼宗)과 집사시랑인 김팔
원(金八元), 김함희(金咸熙) 및 정법사(正法司)의 대통(大統)인 석
(釋) 현량(玄亮에)게 질의하니, 심원한 곳에서 소리가 나 천리 밖
까지 메아리쳐, 태부(太傅)에 추증된 헌강대왕께서 살피시어 허락
하셨다. 그 해 9월에 교지를 내려, 남천군(南川郡)의 승통(僧統)인
훈필(訓弼)로 하여금 농장을 가리어 정장(正場)을 구획하도록 하
였다. 이 모두가 밖으로는 군신이 땅을 늘리도록 도와주고, 안으로
는 부모가 천계(天界)에 태어나도록 하는데 이바지한 것이다. …
(「문경 봉암사 지증대사탑비」, 924)

위의 「숭복사비」에서 원성왕릉을 조성하기 위하여 1백 결에 대한 보상
가를 도곡(稻穀)으로 2천 섬을 주었다고 하였다. 태조 원년(918) 7월 왕건
의 조세 감면 조치로 미루어 당시 전(田) 1결 당 생산량을 조곡(租穀) 20석
으로 볼 때에, 당시의 전지 보상가는 1년간의 총생산량에 준하였음을 알
수 있다. 이들 공전이 아닌 토지를 지증대사비에서는 아전(我田)이라 하
여 개인 소유임을 밝혔다. 또한 그 토지가 본래 친척의 것으로서 남은
자손이 없기 때문에 아전(我田)이라 하였음을 알 수 있다. 지증대사의 아
전(我田)이란 조상 대대로 내려오는 일종 조업전(祖業田)이라 할 수 있는
것이었다. 지증대사는 왕도 사람으로 김씨 성이며, 아버지는 찬환(贊瓛)
이며 어머니는 이씨(伊氏)인 것 외에는 알려진 것이 없다. 다만 그 가문이
장(莊) 12구(區)와 전(田) 500결(結)을 소유할 정도의 가문이었음은 분명
하다. 지증대사가 기진한 토지는 사전(私田)으로서 그의 친척이 대대로
소유한 일종 조업전이었다고 판단된다.

지증대사는 장 12구와 전 500결을 왕손인 계종(繼宗)과 집사시랑 김팔
원(金八元), 김함희(金咸熙), 정법사 대통(大統) 현량(玄亮)에게 질의하여
왕의 윤허를 얻어 기진할 수 있었다.

계종(繼宗)은 「경주 창림사 무구정탑지」(855)에 문성왕의 종숙으로 감
수조사(監修造使)로 참여하였고, 「숭복사비」에는 경문왕의 명을 받아 종
신(宗臣)으로서 훈영(勛榮)과 원성왕을 위한 곡사(鵠寺)의 중창을 협의하

였다. 이렇듯이 그는 경문왕에게는 외가쪽 종조부인 셈이지만, 사찰의 건립이나 곡사의 중창에 참여하였다. 아마도 김계종은 지증대사의 장전(莊田)의 기진에 있어서도 왕의 윤허를 얻는데 결정적 역할을 하였을 것으로 여겨지며, 그 실무적인 절차를 집사시랑이 하고, 사찰에의 예속을 위한 절차를 정법사 대통 현량이 관장하였던 것으로 짐작된다.

이에 대해 동「봉암사지증대사탑비」에서 함통 5년(864) 단의 장공주(端儀 長翁主)가 지증대사에게 현계산 안락사에 주지하도록 청하고, 함통 8년(867)에는 가람 남쪽의 전지[畝]와 노비[臧獲]를 절에 기진하여 영원히 예속시키도록 하였다. 단의 장옹주는 경문왕의 손위 누이로서[46] 정강왕 (887~893) 때에 수철화상(秀澈和尙)에게 양주(良州) 형원사(瑩原寺 : 深源寺)에 주석하도록 하였다. 그는 경문왕가의 장옹주(長翁主)로서 그가 소유한 토지와 장획의 본적(本籍)을 사찰에 내리는 방식으로 토지와 노비의 소유권을 사찰에 기진하였던 것이다. 아마도 단의 장옹주가 기진한 토지는 고려의 내장전과 같은 성격의 토지로서, 단의 장옹주의 사유지로 인정되었을 것이다.

이러한 사전이 신라사회에서 어떻게 발생하였는지는 분명하지 않다. 다만 사찰에 전장, 전민, 또는 전지를 기진한 데서 그 편린을 살필 수 있을 뿐이다. 신라에서 최초의 사찰에 전지를 기진한 행위와 관련된 법령은 문무왕 4년(664) "사람들이 마음대로 재화나 전지를 사찰에 시주하는 것을 금지한다"라는 조치[47]이다.

이러한 금령에도 불구하고 김인문의 가문에서 임해군공(臨海君公)에 봉해진 땅을 기진하여 성주사의 전신 사찰을 건립하였고,[48] 신문왕대에 김대성의 어머니 경조(慶祖)는 화식복안가(貨殖福安家)에 역용(役傭)하여 의식의 비용으로 받은 화식복안가의 표전(俵田)을 육륜회(六輪會)를 위하여 흥륜사의 개사(開士) 점개(漸開)에게 시납하였다.[49] 또한 성덕왕

---

46) 『孤雲集』권 3, 碑, 智證和尙碑銘【竝序】
47) "禁人擅以財貨·田地 施佛寺."[『三國史記』권6, 新羅本紀6, 문무왕 4년]
48) 保寧 聖住寺址 朗慧和尙塔碑
49) "牟梁里 一作浮雲村.之貧女慶祖有兒. 頭大頂平如城因名大城. 家窘不能生育,

18년(719) 김지성(金志誠)은 감산장전(甘山莊田)을 기진하여 감산사(甘山寺)를 세웠고,50) 경덕왕대(742~765)에 귀진(貴眞)은 자신의 집을 기진하여 법왕사(法王寺)를 세우고 전과 민[田民]을 시납하였다.51)

이러한 사례는 문무왕의 금령에도 불구하고 왕족이나 일반인, 관리 출신을 막론하고 사찰에 식읍지나 전지, 장전, 전민까지 기진하였음을 보여준다. 이들이 기진한 토지 가운데 식읍지는 공훈자에게 내려진 것으로서 그 후손에게 전수될 수 있는 것이었다고 본다. 김지성의 장전은 지중대사의 그것처럼 장과 전지를 포함한 개념으로 이해되며, 김대성이 기진하였다는 표전(俵田)은 용역의 대가로 받은 용전(傭田)이었다. 그런데 귀진은 법왕사를 세우고 전민(田民)을 시납하였다고 한다. 전민(田民)은 토지와 그에 예속된 민까지 시납하였다는 것을 의미한다. 따라서 이들 시납한 전은 토지뿐만 아니라 그에 예속된 민을 포괄하는 것이지만, 이들 민은 경작자로서의 일종 전호의 성격을 띠지 않았을까 한다.

한편「담양 개선사지 석등기(潭陽 開仙寺址 石燈記)」(891)에서는 당시 답(畓)의 경영 방식에 대한 단서를 살필 수 있어 주목된다.

「담양 개선사지 석등기(891) 석문

원문
景文大王主 文懿皇后主, 大娘主, 願燈立 炷. 唐 咸通 九年(869) 戊子 中春夕 繼月光, 前國子監卿沙干金 中庸, 送上 油糧業租 三百碩,

因役傭於貨殖福安家. 其家俵田(재상 입은 논밭)數畝 以備衣食之資. 時有開士漸開欲設六輪會於興輪寺, 勸化至福安家. 安施布五十疋 … 大城聞之跳踉而入謂其母曰, "… 施我傭田於法會以圖後報何如." 母曰, "善." 乃施田於開."(『삼국유사』 권 5, 孝善 9, 大城孝二世父母 神文代)

50) "開元七年己未二月十五日 重阿喰全[金]至誠 … 又爲妻阿好里等 捨甘山莊田建伽藍."[『三國遺事』 권3, 塔像4, 南月山]

51) "景德王代 … [阿干]貴眞亦以其家異人托生之地 捨爲寺曰法王 納田民 …"[『三國遺事』 권5, 感通7, 郁面婢念佛西昇]

僧靈判　　　　建立石燈

龍紀三年辛亥 十月 日 僧入雲 京租

一百碩 烏乎比所里公書俊休二人

常買其分石保坪大業渚畓四結　　　　畦52)□ □
　　　　　　　　　　　　　　　　　　　□□□

畦□□　　　　土南也宅土53)西川　　　　奧畓55)十 結　　　　畦田土南也宅土
□□□　　　　東令行土54) 北同　　　　　　　　　　　　　　□川東令行土西北同

번역문

경문대왕님과

문의황후님, 큰 따님께서 등을 세워 향을 사르기를 원하심이라.

唐 咸通 9년(869) 戊子 2월 저녁

달빛을 이으니라. 前國子監卿 沙干 金

中庸이 送上 油糧業租 300석을 보내어 올렸다

僧 靈判이 石燈을 건립하였다.

龍紀 3년 辛亥(891) 10월 일에 僧 入雲이 京租

1백석을 내었다. 烏乎比所里의 公書와 俊休 2인이

항상 그 몫을 매입하였다. 石保坪大　　　　畦[田]은 □□□□□
業渚畓 4결

畦[田]은 □□□□土이고, 南으로는　　　　　　　　　　　畦田土인데 南은 池宅土이고, □[南?]東
池宅土, 西로는 川, 東으로는 令行土　　　奧畓은 10결이다.　　　은 令行土이며, 西北은 같다
이고, 北쪽은 같다

---

52) 종래에는 細注의 畦의 갯수를 나타내는 기록과 논의 사방 경계를 나타내는
기록을 섞어서 해독하였는데, 최근에 李泰鎭 교수에 의하여 세주가 두 개로
구성되어 있다는 것이 알려졌다.(이태진, 2008, 「畦田考」, 『한국사회사연구
』, 지식산업사, 62쪽) 畦의 의미는 원래 논 혹은 밭 두둑이지만, 여기에서는
그러한 두둑으로 경계지워진 하나의 단위를 가리키는 것이라고 생각된다. 곧
세주는 각 논의 외형(몇 개의 휴로 이루어졌나 하는)과 그 사방 경계를 나타내
는 것으로 생각된다.

53) 池宅土는 단순히 池씨집안의 토지(崔鉛植, 1992, 「開仙寺 石燈記」, 『譯註
韓國古代金石文 Ⅲ』, 韓國古代社會硏究所 編, 291쪽)라고 해석하는 것과
『三國遺事』에 기록된 신라 35金入宅 중의 池上宅의 토지라는 해석(鮎貝房
之進, 1934, 「潭陽開仙寺石塔記」, 『雜攷』 6上; 1982, 『雜攷-俗字攷·
俗文攷·借字攷』, 國書刊行會, 453쪽)이 있다. 후자의 경우라면 앞의 烏乎
比所里와 같이 연관하여 해석할 여지가 있을 수 있을 것이지만 확실하지는
않다.

54) 令行土는 그 성격이 확실하지 않지만 令行의 토지라고 해석되므로, 신라 촌락
문서의 內侍令畓과 비슷한 성격으로써 관료에게 주어진 토지가 아닌가 생각
된다.

「개선사석등기」는 전후 두 차례에 걸쳐 기술된 것이다. 곧 본 석등기는 함통(咸通) 9년(869) 석등을 세울 때의 명문과 용기(龍紀) 3년 신해(891) 10월에 승 입운(入雲)이 경조(京租) 100석을 바칠 때의 명문으로 구성되었다. 그런데 용기 3년(891) 입운이 바친 경조 100석은 아마도 함통 9년(869)에 전국자감경 사간 김중용(金中庸)이 보내 올린 유량업조(油糧業租)에 상응하는 것으로 여겨진다. 경조(京租)는, 승 입운이 왕경의 토지에서 걷워들인 왕경의 조로써 유량업조의 용도로 기진한 것으로 풀이되는데, 아마도 녹읍에서 걷워들인 조(租)일 것이다.

이에 대해 오호소부리(烏乎比所里)의 공서(公書)와 준휴(俊休) 두 사람이 '항상 그 몫을 샀다[常買其分]'는 것은, 이들 두 사람이 매년 늘상 '그 몫[其分]' 곧 경조 100석에 상응하는 몫을 매입하여 개선사 석등의 기름을 켜는 일[油糧業]의 비용으로 사용토록 하였다는 것으로 풀이된다. 따라서 이들 두 사람이 매입하였다는 몫의 뒤에 서술된 대업저(大業渚)의 답(畓) 4결과 오답(奧畓) 10결은, 경조 100석의 몫을 생산하기 위해 지정된 답이라 할 수 있다. 이 답에서 생산한 조(租) 100석을 매번 매입하여 개선사 석등의 유량업조(油糧業租)로 기진한 셈이다. 이는 대업저답(大業渚畓)과 오답(奧畓) 14결에서 생산된 물량이 '그 몫[其分]' 곧 경조(京租) 100석에 상당하는 물량이며, 두 논에서 생산한 조곡(租穀)이 100석에 상당함을 알 수 있다.

따라서 「개선사석등기」의 기사에서는 답 1결에서 충당한 조곡(租穀)이 대략 7.143석인 셈이다. 그런데 이 조곡의 양은 태조 때의 1결에서 생산한 조곡 20석에 크게 미치지 못한다. 이러한 데는 당시의 생산력의 차이라고 할 수도 있겠지만, 20여 년만에 생산성이 크게 나아졌다고 여겨지지 않기 때문에, 오히려 대업저답(大業渚畓)과 오답(奧畓)을 전작하여 대략 생산량의 35%를 매입하여 유량업조(油糧業租)에 충당한 것으로 보아야 하지 않을까 한다.

---

55) 奧畓은 渚畓과의 비교에서 물가로부터 멀리 떨어져 있는 관개에 불리한 토지라는 의미로 해석될 수 있다.

본 「개선사석등기」에서 녹읍의 조를 기진할 수 있지만, 녹읍지의 기진은 허용되지 아니하였음을 알 수 있다. 이는 녹읍지 곧 공전의 기진이 금해졌던 사정을 반영한다. 또한 대업저답(大業渚畓)과 오답(奧畓)의 생산량 가운데 일부를 매입하여 유량업조(油糧業租)로 기진하였다는 것은, 본 토지에서 생산된 물량이 토지주의 잉여생산물로서 경제적 수익의 한 방편이었던 사정을 반영한다. 아마도 본 토지의 지주는 용작 등에 의하여 본 토지를 운영하지 않았을까 추측된다.

그 밖에 대성의 어머니 경조가 용역의 대가로 받은 표전(俵田)은 용전(傭田)으로서 처분이 가능하였다고 본다. 이와 마찬가지로 정전이나 구분전, 그리고 그 이후 연수유전답 또한 개별적인 처분이 가능하지 않았을까 추측된다. 문무왕 9년(669) 빈한한 백성들 가운데 곡식을 빌려 쓴 사람들에게 원금과 이자를 감하는 조치를 취한 것56)은 백성들이 전토에서 유리될 것을 염려한 때문이었다고 여겨진다. 사실 『신당서』 신라전에는 고리대로 인하여 백성들이 노비로 전락하였음을 보고하였는데, 이미 8세기 무렵에 광범위하게 토지에서 유리된 백성들이 많았음을 알 수 있다.

토지에서 유리된 일반 백성들은 진정사의 사례에서 보듯이 졸오(卒伍)에 편제되어 있으면서 의무적으로 부역(部役)을 행하고, 용작(傭作)으로써 속(粟)을 얻어 생활하였다.57) 이에 대해 광자대사(廣慈大師, 864~945)가 주석하던 때에 곡성(谷城)의 태안사는 전라도 지역만이 아니라 경상도의 진주·합천 지역에도 토지를 소유하였고, 각 지역의 전지에는 장사(莊舍)를 설치하고 관리인으로서 지장(知莊)을 파견하였던 것으로 보인다.58) 이들 토지는 귀진이 법왕사(法王寺)를 세우고 시납하였다는 전민(田民)의 사례로부터 주로 전(田)에 긴박된 민이 경작하였으리라 생각된다. 이들 전이 귀진의 사유였다는 점에서, 이들 민은 토지에 긴박된 이들로서 용작 내지 전호의 형태로 경작하였으리라 짐작된다.

---

56) 『삼국사기』 권6, 新羅本紀 6, 문무왕 9년 2월 21일.
57) "法師眞定羅人也. 白衣時隷名卒伍, 而家貧不娶. 部役之餘傭作受粟以養孀母. 家中計産唯折脚一鐺而已"『삼국유사』 권 5, 孝善 9, 眞定師孝善雙美.
58) 이병희, 三國 및 統一新羅期 寺院의 田土와 그 經營, 國史館論叢 第35輯

사원의 장원은 지증대사비에서 보듯이 장사(莊舍)와 전지(田地)로 구성되었고, 각 지역의 장사에는 이들 전지를 관리하는 지장(知莊)이 파견되었다. 이들 전지에는 법왕사의 사례에서처럼 토지에 긴박된 농민들이 있었고, 이들 농민은 진정사의 사례와 같이 졸오에 편성되어 부역 외에 생활을 위하여 용작하지 않았을까 한다.

　이들 사원전에 예속된 민들은 본래 해당 토지가 있던 지역민이었다고 판단된다. 이들 지역의 민들은 「신라촌락문서」에 보듯이 거주 이전이 제한되어 해당 지역에 편제된 존재들이었다. 그런데 해당 지역의 토지가 사원 또는 귀족들의 사유가 됨으로써 이들 지역민 또한 토지에 예속되어 용작민화되거나 전호화되지 않았을까 한다. 이들 지주가 직접 경영하는 경우 지역민을 용작하여 많은 이득을 취할 수 있었다고 하지만, 점차 대토지 겸병이 확대됨으로써 간접 경영 방식 곧 지주-전호제의 방식으로 지역민을 예속시켰다고 본다. 이러한 데는 일반 민들의 경우 법제적으로 철저히 거주 이전이 제한된 데 따른 것이라 본다. 이로써 이미 토지를 잃은 농민의 경우라도 본 「신라촌락문서」에서 연고지로 돌아간 연[廻去烟]과 같이 다른 촌락에 용작하거나, 원거지의 토지에 긴박되어 지주-전호제의 방식으로 경작하는 예농으로 전락하지 않았을까 한다. 신라 하대에 용작에 관한 기사가 많이 보이는 것은, 고리대 등을 통하여 겸병이 확대되어 대토지 소유의 사원이나 귀족층이 증가함으로써, 지역에 긴박된 농민들이 토지를 잃고 용작민화되었던 사정을 반영한다고 본다.

　사실 「신라촌락문서」에 등장하는 내시령은 국왕의 가신으로 성격지을 수 있는 바, 그것은 사원의 전장을 관리하는 지장이나 녹읍주의 가신과 크게 다르지 않다. 따라서 촌락문서의 연수유전·답은 명목상 연호[烟]가 국왕으로부터 받은 공전의 성격을 띠지만, 사회경제적으로는 국왕 직속의 내성 관할 사유지의 성격을 띠는 것이라 할 수 있다. 본 문서에 보이는 촌락의 연호는 국가에 대해서는 군역과 함께 요역을 바치는 존재이면서도, 조(租)와 조(調)를 내성에 바치는 존재였다고 본다. 마찬가지로 녹읍이나 사원령 토지에도 연호가 편제되었던 바, 이들 또한 국가에 대해서는 법제적인 군역과 요역 등의 책임을 지면서도 녹읍주인 관료나 사원령의 지주인 사원에게 조나 조를 바치는 존재였다고 믿어진다. 고려시대의 사례에 비추어 볼 때에 아마도 용작민은 용전이나 벼를 대가로 받았고, 전호로 전락한 농민의 경우 지대를 바쳤으리라 본다. 이에 대해 녹읍주인 관료나 사원령의 지주인 사원은 국가에 대해 별도의 지세를 바치지 않았을까 추측된다.

	중고	7C 중엽	문무 왕대	신문왕 7년(687)	신문 왕 9년(689)	聖德王 21년(722)		경덕왕 16(757)
내항자	食邑							
군공자, 유공자	賜田	食邑		文武 官僚田				
문무 관료			祿邑? 歲租	祿邑	歲 租		月 俸	녹 읍
백성	佃舍 法					丁田지급		
관련 관사 변동			左·右 司祿館 설치					調府에 史 2인

III

「신라내성모접문서」와 모전첩포기

「신라내성모접문서」('사하리가반부속문서')와 신라 내성의 마정

「신라모전첩포기」와 신라물

「신라내성모접문서」('사하리가반부속문서')와 신라 내성의 마정

1. 머리말

　「신라내성모접문서(新羅內省毛接文書)」는 종래 '제2신라장적' 또는 '정창원 좌파리가반 부속문서(正倉院佐波理加盤付屬文書, 쇼소인 사하리가반 부속문서)'라고 지칭하던 것을 본고를 준비하면서 새로이 명명한 이름이다. '정창원 좌파리가반 부속문서'는 본 문서의 소재지로써 일컬은 명칭이지만, 문서의 작성처나 성격을 드러내지 못한다는 점을 지적할 수 있다. 일찍이 남풍현 선생이 이를 「제2신라장적」이라 일컬은 것은, 이 문서가 신라에서 작성된 것이고, 그것이 「신라촌락장적」과 모종의 관계가 있는 것으로 이해한 때문이었다. 본고에서는 기왕에 '제2신라장적' 또는 '정창원 좌파리가반 부속문서'라고 일컫던 문서를, '신라 내성(內省)에서 작성한 마모미(馬毛尾) 공납 단위인 모접(毛接) 관련 문서'임을 규명함으로써 이를 가칭 「신라내성모접문서」라고 명명할 것을 제안하고자 한다.

본 문서는 1976년 3월 일본 궁내청(宮內廳) 정창원사무소(正倉院事務所) 편찬 『正倉院の金工』(日本經濟新聞社)에 도판으로 처음 공개되었다. 그러나 1934년 『정창원어물조사서(正倉院御物調査書)』에서 이미 이에 대한 석문이 만들어졌음을, 1969년 7월 관근진륭(關根眞隆, 세키네 마타카)이 지적한 바 있다.[1] 이 문서는 정창원 남창의 제15호 4중완의 제4호완 안에서 낱장으로 발견되었는데, 안팎으로 글자가 씌여 있다.

본 문서에는 신라의 이두 '汚去如', 쌀[米]과 콩[大豆]의 단위로 '말(㪷)'과 '되(刀)', 그리고 신라의 제11관등인 '내말(柰)'[奈麻], 파천촌(巴川村)이라는 신라의 지명 등이 표기되어 있어, 신라의 문서로 보는 데는 이론이 없다. 다만 본 문서는 앞 면의 좌측면, 그리고 뒷면의 우측면이 훼손되었지만 대체로 앞면과 뒷면의 서체가 다른 것으로 인정되어, 앞면을 작성한 뒤에 뒷면을 재활용하여 다른 문서를 작성한 것으로 보고 있다.

필자로서는 이 문서의 앞, 뒷면이 서로 성격을 달리하는 문서일까 하는 데에 의문이 있다. 주지하듯이 이 문서의 뒷면 끝 부분에 보이는 폭 0.7~0.3cm의 갈색 풀자국이나 앞면의 계선(界線)은 책(册)을 만든 흔적으로 이해되고 있다.[2] 본 문서를 책으로 만들어 사용하였다면 뒷면에 추기(追記)하는 것은 가능하지만, 용도 폐기하여 별도의 장부로 사용하였을까 하는 점에 대하여는 의문이다. 이러한 관점에서 필자로서는 앞 뒤면이 서로 연관성을 가진 문서[3]가 아닐까 생각하여 왔다.

---

1) 關根眞隆, 1969, 「奈良時代の廚房用具」, 『奈良朝食生活の研究』.

2) 남풍현, 1976, 「第二新羅帳籍에 대하여」, 『美術資料』 19, 국립중앙박물관, 32~33쪽. 본 문서의 풀자국으로 미루어 동 문서를 '제1신라장적'과 동일한 두루마리 형태였을 것으로 추정하는 견해도 있지만(권인한, 2007, 「正倉院藏 '第二新羅文書'의 正解를 위하여」, 『구결연구』 18, 146쪽), 본 문서의 앞면 계선이나 문서의 분절성 등으로 미루어 책자의 형태로 이루어진 것으로 판단된다.

3) 이를 일괄 문서로 본 최초의 연구자는 平川南인 듯하다. 그는 본 문서의 앞, 뒷면은, 모두 椋(倉)을 관리하는 同一 官司의 出納點檢을 기록하거나, 또는 실제로 출납·점검을 하는 役人이 작성·휴대한 장부의 일부로 보았다.(平川南, 2010, 「正倉院佐波理加盤付屬文書の再檢討」, 『日本歷史』 2010년 11월호,

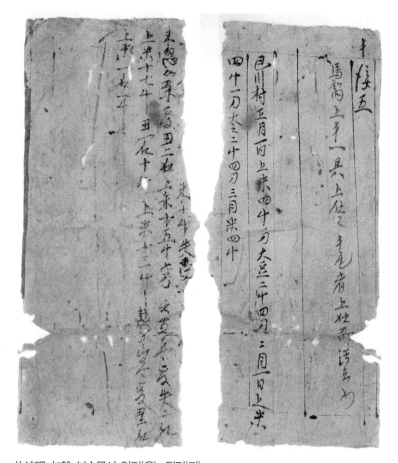

佐波理 加盤 부속문서 앞면(우), 뒷면(좌)

[국립 중앙박물관 편, 2011, 『문자, 그 이후 한국 고대 문자전』, 78쪽]

이에 먼저 본 문서에 대한 기왕의 연구를 정리하여 문제의 쟁점이 되는 [글자]와 [글자], [글자]의 의미를 검토하고자 한다. 이로써 신라 마모미(馬毛尾)를 공납하였던 모접(毛接)의 존재를 밝히고자 한다. 또한 파천촌(巴川村)의 미(米)와 대두(大豆), 그리고 뒷면의 축(丑)과 실(失)을 비롯한 미(米)의 성격이나 수량을 일본 「양로령(養老令)」과 고려시대의 「축마료식(畜馬料

吉川弘文館, 13쪽)

式)」, 그리고 최근에 발견된 부산 배산성지 목간 등과 비교 검토함으로써, 본 문서에 보이는 곡물 등이 내성 소속 마필 외양에 따른 마료(馬料)·초가(草價)의 수급과 관련된 것임을 밝히고자 한다. 나아가 본 문서에서 드러난 내성(內省)과 마소내(馬所內), 파천촌(巴川村), 뒷면의 인물과의 관계를 검토함으로써, 신라 내성(內省)의 마정(馬政) 운영의 단면을 살피고자 한다. 제현의 질정을 바란다.

2. 본 문서의 연구 현황과 쟁점

일찍이 본 문서는 8세기 전반에 신라의 공적 공방에서 제작되어, 752년(天平勝寶 4)을 전후하여 좌파리가반(佐波理加盤, 사하리가반)과 함께 일본에 전해진 것으로 보아 왔다. 곧 동 문서는 752년 이전에 제작되어 가반과 함께 조동대사사경소(造東大寺寫經所)로부터 견색원(羂索院) 쌍창(雙倉)을 경유하여 950년(天曆 4)에 정창원 남창에 입고되었던 것으로 추측하여 왔다.[4] 이는 다분히 752년 김태렴의 일본 파견시에 좌파리가반(佐波理加盤, 사하리 가반)이 일본에 전래되었을 것이라는 선입견에서 비롯한 것이 아닌가 한다.

이 문서는 처음에 흑백 사진으로 공개됨으로써 불분명한 부분이 있었지만, 2011년 10월 국립중앙박물관이 『문자, 그 이후 한국 고대 문자전』을 개최하면서 도록에 컬러 사진을 제시함으로써[5] 글자를 보다 명백하게 파악할 수 있게 되었다. 이에 먼저 원문을 제시하여 문서의 구조를 살피고 논의를 진행하고자 한다.

---

4) 鈴木靖民, 1977a, 「正倉院佐波理加盤付屬文書の基礎的研究」, 『朝鮮學報』 85 ; 1985, 『古代對外關係史の研究』, 吉川弘文館, 404쪽.
5) 국립중앙박물관 편, 2011. 『문자, 그 이후 한국 고대 문자전』, 78쪽.

「신라 내성 모접문서」의 전체 문장 구성

4	3	2	1(裏:B)	4	3	2	1(表:A)	
							筆	1
上	上	未	□	四	巳	馬	後	2
米	米	忽	□	卄	智	智	五	3
一	十	加	□	一	川	上		4
石	七	禾	□	刀	村	仒		5
一	卄	受	□	大	王	一		6
卄	丑	丑	□	豆	月	具		7
	一	二		二	一	上		8
	石	石		卄	日	仕		9
	十	上	米	四	上	乙		10
	卄	米	卄	刀	米	仒		11
	上	十	失	三	四	尾		12
	米	五	受	月	卄	者		13
	十	卄	□	米	一	上		14
	三	七	□	四	刀	仕		15
	卄	刀	□	卄	大	而		16
	熱	六	□		豆	汚		17
	花	盇	□		二	去		18
	山	彖	□		卄	加		19
	魚	受	□		四			20
	受	失	□		刀			21
	丑	二			二			22
	二	石			月			23
	石				一			24
					日			25
					上米			26

A① ▨▨五

② 馬▨上▨一具上仕▨▨尾者上仕而汚▨▨

③ 巴川村上月一日上米四▨一刀大豆二▨四刀二月一日上米

④ 四▨一刀大豆二▨四刀三月米四

B① □ □ □ □ □ □ □ □ □米十▨失受 □ □ □ □ □ □ □ □ □

② 末▨▨受丑二石上米十五▨十七刀六▨▨受失二石

③ 上米十七▨丑一▨石十▨上米十三▨▨▨山▨受丑二石

④ 上米一石▨▨

　본 문서의 앞면 1행(A①)에는, 먼저 크고 굵은 글씨로 보통 글자보다 1자를 높여 쓰는 대두법(擡頭法)을 사용함으로써, 본 문서의 성격을 드러내는 일종 표제어로 삼았다. 2행(A②)은 '馬▨'가 ▨와 ▨尾를 바친 것, 그리고 3~4행(A③④)은 파천촌(巴川村)이 전후 세 차례에 걸쳐 미(米)와 대두(大豆)를 바친 내용으로 구성되어 있다. 이에 대해 뒷면(B)은 세 명의 인물과 관련된 축(丑)과 실(失), 미(米)의 내역이 기록되어 있다. 아마도 뒷면 1행(B①)의 찢어진 부분을 고려하면 두 명의 내말(乃末, 奈麻)과 두 명의 인물에 관한 기록이라 여겨진다.

　위의 문서에서, 刀와 ▨, 石은 이두체로서 곡식의 단위를 나타내는 우리말 '되(刀)' '말(斗)' '섬(石)'에 해당한 것[6]으로 보는 데는 이견이 없다. 또한 파천촌(巴川村)의 '파(巴)'를 '파(巴)'의 이체자로 보고, 뒷면 문서 인명의 뒤에 보이는 '▨'을 '내말(乃末)'의 조합자로 보는 것도 견해가 같다. 다만 '▨', '▨', '▨'과 '丑'·'失'에 대해서는 다양한 견해가 있고, 그에 따라 본 문서의 성격을 달리 규정하고 있다. 이들 글자에 대한 각 연구자들의 견해를 정리하면 다음과 같다.

---

6) "升-刀-되, 斗-抹-말"(『해동역사』권28, 風俗志, 方言 ; 『鷄林類事』) 대체로 이러한 양사는 목간 자료에 그 실체를 볼 수 있는데, '▨'(斗 ; 말)'는 부여 능산리와 쌍북리, 안압지 출토 목간 등에 두루 보이고, '石'(石 : 섬)은 나주 복암리와 함안 성산산성 출토 목간에서 그 사례를 살필 수 있다. 또한 '刀'(되)는 안압지 출토 토기의 '四▨五刀'에서 확인되며, 고려시대의 태안 마도4호선 출토 목간에서도 살필 수 있다.

(1) 褐 : ① 〔마〕어내(〔馬〕於內)7) : 마구(馬具)의 일종,8) ′상褐1구
(上褐一具)를 바친 지역′ 곧 지명,9) ② 膊 : 부(腐)의 이체자
로서 마부(馬腑) 곧 마육(馬肉),10) ③ 豿 : 저(猪)의 가슴 부
위,11) 또는 저육(猪肉).12)

(2) 彳 : ① ′등(等)′의 초서인 ′朩′의 변형체로서 물품의 등급을 지
칭,13) ② ′짐승′ 또는 ′손(損)′의 이체자,14) 작은 가축〔猫
狸 猿 狐〕15) 또는 우(牛),16) 토표(土豹, 스라소니)나 호)狐,
여우),17) 저(猪)18) ③ 彳(어떤 짐승가죽 곧 「매신라물해」
의 간피〔干皮〕로서 담비로 추정되는 짐승 가죽)의 모피(毛皮
),19) ④ 마(馬)의 육(肉)과 같은 축산물20)

(3) 佐 : ① 접(接)21) : ′접5(接五)′는 접수한 차례로 제5(第五)′,

7) 李基白 편, 1987, 『韓國上代古文書資料集成』, 일지사, 22쪽.
8) 南豊鉉, 1976, 앞의 논문, 34쪽.
9) 윤선태, 1997, 「正倉院 所藏〈佐波理加盤附屬文書〉의 新考察」, 『國史館論叢』
74, 국사편찬위원회, 317쪽. 권인한, 앞의 논문, 155~156쪽.
10) 鈴木靖民, 1977b, 「正倉院佐波理加盤附屬文書の解讀」, 『古代東亞細亞論
集(上)』, 吉川弘文館 ; 『앞의 책』, 336쪽. 이용현, 2011.10.14, 「사발을 싼
新羅文書(佐波理加盤付屬文書)의 檢討」, 『문자, 그 이후 기념 심포지움』 발표
자료집, 국립중앙박물관, 95쪽.
11) 平川南, 앞의 논문, 3쪽.
12) 국립중앙박물관 편, 2011. 앞의 책, 78~79쪽.
13) 南豊鉉, 앞의 논문, 34쪽.
14) 鈴木靖民, 1977b, 앞의 논문 ; 앞의 책, 335쪽.
15) 이용현, 2003, 「경주 안압지(「月池」) 출토 목간의 기초적 검토」, 『국사관논
총』 101, 34쪽.
16) 이용현, 2006, 「8세기 중후반 신라 東宮 주변-경주 안압지 목간의 종합적
검토」, 『목간과 한국 고대의 문자생활』, 한국역사연구회 기획발표회, 56~60쪽.
17) 권인한, 앞의 논문, 168쪽.
18) 平川南, 앞의 논문, 4쪽. 국립중앙박물관 편, 2011, 앞의 책, 78~79쪽.
19) 윤선태, 앞의 논문, 320~324쪽.
20) 李成市, 1997, 「正倉院宝物新羅氈貼布記」, 『東アジアの王權と交易』, 青木
書店, 29~30쪽.
21) 李基白 편, 앞의 책, 22쪽.

또는 '대장(臺帳)에 연접(連接)한 차례로 제5장(第五張)을 지칭한 것,[22] '물품창고의 일련번호'로서 그 이하에 기록되어 있는 물품들이 보관되어 있는 장소.[23] ② 영(倭〔佞〕)[24] : 불량품, 조악한 것.[25]

(4) 丑 : ① 추(秋)의 가차(假借)로 '호도',[26] ② 화축(禾丑), 미축(米丑) 등의 생략형으로서 곡물의 종류,[27] ③ '12월의 월봉'을 간략히 표현한 것,[28] ④ 탈곡하지 않은 벼(籾).[29]

(5) 失 : ① '석(石)'으로 계량(計量)되어 있는 점에서 '실(實)'의 가차표기(假借表記)로 '잣',[30] ② '이두로서 '受〔받았다〕'의 반대말인 '받지 않았다'의 의미,[31] ③ '지난 달에 유고(有故)로 인해 수령하지 못했던 전월(前月)의 월봉',[32] ④ 탈곡을 담당한 어떤 이가 '받아감으로써 없어진 것',[33] 또는 '잘못받은 것'.[34]

이밖에 '상禾(上禾)'와 '상미(上米)'의 '상(上)'을 '상등품'의 뜻을 지닌 형용사로 보거나, '올리다'의 동사로 보기도 한다. 또한 인명으로 여겨지는 '未咎아'와 '六五卩', '哭氵山卩'에 대해서도 약간의 견해 차이가 있다. 이와 같은 풀이에 따라 본 문서의 석문과 성격에 대하여 다양한 견해가 있었다.

---

22) 南豊鉉, 앞의 논문, 35쪽.
23) 윤선태, 앞의 논문, 331쪽.
24) 鈴木靖民, 1977b, 앞의 논문 ; 앞의 책, 335쪽. 平川南, 앞의 논문, 4쪽.
25) 국립중앙박물관 편, 2011, 앞의 책, 79쪽.
26) 南豊鉉, 1976, 앞의 논문, 38쪽.
27) 鈴木靖民, 1977, 앞의 논문, 236~243쪽.
28) 윤선태, 1997, 앞의 논문, 306~307쪽.
29) 平川南, 앞의 논문, 7~11쪽. 이용현, 2011, 앞의 논문, 98쪽.
30) 南豊鉉, 1976, 앞의 논문, 38쪽.
31) 鈴木靖民, 1977b, 앞의 논문 ; 앞의 책, 349쪽.
32) 윤선태, 앞의 논문, 308~309쪽.
33) 이용현, 2011, 앞의 논문, 97쪽.
34) 이용현, 2018, 「배산성지 출토 목간과 신라 사회」, 『釜山금석문 : 역사를 새겨 남기다』, 부산박물관,   320쪽

	석독문(상:앞면, 하:뒷면)	해석문
남풍현	接五」馬於內上一具上仕之尾者上仕而汚去如」巳川村 正月一日上米四斗一刀大豆二斗四刀二」月一日上米」四斗一刀大豆二斗四刀三月米四斗」	[臺帳에 連接한 차례로 第五張] 馬於內(말의 裝具) 上等品 한 벌은 (上部에) 바치었다. 下等品은 바치긴 했으나 退去(削除)되었다.(巳川村에서 正月一日 上米 四斗一刀 大豆二斗四刀, 二月一日 上米 四斗一刀 大豆二斗四刀, 三月 米 四斗를 收納한 기록)
	…□□□□米十斗失受□□□…」未忽衣柒受丑二石上米十五斗七刀 六互壹受」失二石」上米十七斗丑一石十斗 上米十三斗 契米山壹受丑二石」上米一石一斗	未忽衣柒 受 丑二石 上米十五斗七刀 六互壹 受 失二石」上米十七斗 丑一石十斗 上米十三斗 契米山壹 受 丑二石 上米一石一斗
이기백	[接]五」 馬[於][內]上一具上仕之尾者上仕而汚去如」 巳(巴)川村 正月一日 上米 四斗一刀大豆二斗四刀 二月一日上米」四斗一刀大豆二斗四刀三月米四斗」	•
	米十斗失受 永忽知朶 受丑二石上 米十五斗七刀 六[直][舍]受失二[石]」上米十七斗丑一石十斗上米十三斗 褺米山[舍]受丑二石」上米一石一斗	•
鈴木靖民	佼五」 馬鷹上一具上仕之,尾者上仕而汚[去]如.巳川村, 正月一日, 上米四斗一刀, 大豆 二斗四刀, 二月一日, 上米 四斗一刀, 大豆二斗四刀, 三月, 米四斗.	말고기는 상등의 짐승 1구를 (건육의 포로 가공하여) 바쳤다. (말 혹은) 짐승의 꼬리는 바쳤지만, 더럽혀졌다
	米十斗失受 永忽[知][朶], 受丑二石, 上米 十五斗[七]刀. 六[直][舍] 受失 二石」上米十七斗, 丑一石十 斗, 上 米十三斗. 褺[米]山 [舍], 受丑二石. 上米一石一 斗.	•

윤선태	⻌侯五」 　　馬䳅上⻌一具上仕之　⻌尾 者上仕而汚去如　巳川村正月一 日上米四斗一刀大豆二斗四刀二 月一日上米」四斗一刀大豆二斗 四刀三月米四斗	'물품[담비피]창고 5(일련번호)' 馬於内(촌)에서 상등품의 담비모피 [上⺍] 1具를 바쳤다. 담비의 꼬리도 바쳤지만 더럽혀졌다. 巳川村에서 正月一日에 上米 4말(斗) 1되(刀) 大豆 2말 4되, 二月一日에 上米 4말 1되 大豆 2말 4되, 三月에 米 4말을 바쳤다.
	▭　　米十斗　失受 ▭ 　永忽知枲　受丑二石　上米十五 斗七刀 六直[舎]受失二石上　米十七斗 丑一石十斗上　米十三斗　熱米山 [舎]受丑二石上　米一石一斗	永忽知 乃末은 12월 월봉[丑]으로 (上米) 2石 분량을 받았음. 이 중 上 米는 15斗7刀만 받았음(나머지 차액 은 다른 곡물로 해당량을 수령하였 음). 六直大舎는 지난 달 11월에 有 故로 받지 않은 월봉[失]으로 (上米) 2石 분량을 받았음. 이 중 上米는 17 斗만 받았음(나머지 차액은 다른 곡 물로 해당량을 수령하였음). 또 12월 월봉[丑]으로 (上米 2石 분량을 받아 야 하지만) 1石10斗만 받았음. 이 중 上米는 13斗를 받았음(나머지 차액 은 다른 곡물로 해당량을 수령하였 음).(丑月의 월봉 중 지급하지 않은 나머지는 이를 증명으로 하여 다음 달에 급여함)
平川南 (앞의 논문, 3 ~5·13 쪽)	⻌侯五　　馬䳅上⻌一具上仕之 ⻌尾者上仕而汚去如　巳川村正 月一日上米四斗一刀大豆二斗四 刀二月一日上米」四斗一刀大豆 二斗四刀三月米四斗	不良品 5件」上仕한 乾肉(⻌[돼지])와 馬䳅. 그 안의 尾는 바쳤지만 오염되 었기 때문에 없앴다.」[巳川村으로부 터 각 月의 초하루에 椋(倉)에 상납한 곡물(米大豆)을 기재]
	⌐　　⌐　米十斗失受⌐ 　　　　　⌐ 永忽知枲受丑二石上米十五斗 七刀之立口(壹)受失二石」上米 十七斗丑一石十斗上米十三斗 熱口山口(壹)受丑二石」上米一 石一斗	[3인의 인물이 丑 2석을 지급받고, 米 15斗 7升, 17斗, 1석 1두를 상납 한 기록]
이용현(2011, 앞의 논 문 , 94~ 99쪽)	⻌接五 　　馬腐上⻌一具上仕之 ⻌尾者 上仕而汚去如 　巳川村 正月一日　上米四斗 一刀大豆　二斗四刀 二月一日上 米」四斗一刀大豆二斗四刀三月 米四斗	처음에, 창고에 돼지고기로 불량품이 5건 있었다. 거기에 추가되어 말 부 패한 것 1건과 돼지고기 1具가 상납 되었다. 상납된 돼지고기 1구를 점검 한 결과, 꼬리부분이 더럽혀져 있었 다. 巳川村 정월 1일 상납 쌀 4말1되, 콩

		2말 4되
		2월 1일 상납 쌀 4말 1되, 콩 2말 4되
		3월 (상납) 쌀 4말
	…米十斗 失受… 永忽知朶受丑二石上米十五斗 七刀之立畓受失二石」上米十七 斗丑一石十斗上米十三斗熱口 山畓受丑二石」上米一石一斗	丑은 탈곡되지 않은 상태의 벼를 표시하는 속자, '失受'와 '受失'의 '失'은 탈곡을 담당한 어떤 이가 '받아감으로써 없어진 것'

국립
중앙박
물관
	●	(彡로서) 조악한 것 5개
		앞가슴 말린 고기 상납받음
		돼지고기(말린 것) 1구 상납받은 것이다.
		돼지고기 꼬리부분은 상납받았지만 더럽혀져 버렸다.
		파진촌 정월1일 상납 쌀 4말1되
		콩 2말4되
		         2월1일 상납 쌀 4말1되
		콩 2말4되
		        3월 쌀 4말
		[창고에 수납되어 있는 말린 말고기와 돼지고기의 점검기록]

	●	永忽知나말 (彡)받음 벼 2섬 바침 쌀 15말 7되 之立口 잘못받음 2섬 바침 쌀 17말 벼 1섬 10말 바침 쌀 1섬 1말 熱口山口 받음 벼2섬 바침 쌀 1섬 1말 [각 개인에게 脫穀작업을 맡긴 것]

위에서 보듯이 앞면 문서의 경우 지방관부의 행정문서로서 물품의 출납대장(出納臺帳)으로 보거나,[35] 지방의 각 촌(村)에서 바친 조(調)와 조(租)를 수납·보관하던 '조부(調部)' 또는 '창부(倉部)'에서 이들 물품을 관리하기 위해 집계·기록한 문서로 보기도 한다.[36] 또한 내성(內省)의 물

---

35) 남풍현, 앞의 논문, 35~37쪽.

35) 남풍현, 앞의 논문, 35~37쪽.
36) 鈴木靖民, 1977a, 앞의 논문 ; 『앞의 책』, 370·404쪽.

Ⅲ. 「신라내성모접문서」와 모전첩포기   **377**

장전(物藏典)에서 왕실로 진헌된 물품을 상납 주체, 물품의 수량, 물품의 상태에 초점을 맞추어 작성한 수납물품의 관리장부,[37] 창고에 수납되어 있는 말린 말고기와 돼지고기의 점검 기록,[38] 식재료를 관리하는 창고에서 식재료의 수납상황을 기록한 장부[39] 등으로 보는 견해가 있었다.

뒷면 문서에 대해서는 좌우사록관(左右司祿館)이나 내성(內省)의 조전(租典) 등에서 관인에게 녹봉(祿俸)을 지급하고 그것을 기록한 문서,[40] 월봉급여와 관련된 문서철에서 떨어져 나온 관인별 12월의 급여,[41] 창고 관리 부서의 출납 점검문서로서 각 개인에게 탈곡(脫穀) 작업을 맡긴 기록[42] 등으로 보는 견해가 있다.

이와 같은 견해 차이는, 무엇보다도 '𢀈', '智', '𦀰', '丑', '失'의 글자를 어떻게 석독하느냐에 따라 본 문건의 성격을 달리 파악한 때문이라 할 수 있다. 사실 이들 글자는 신라인이 사용하였던 독특한 문자이고 이와 비교할 만한 자료가 거의 없다시피 한 까닭에, 연구자들이 쉽게 그 의미를 파악하기 어렵다. 따라서 본 문서를 이해하기 위해서는 무엇보다도 이들 문자에 대하여 먼저 정확하게 석독하고 그 의미를 파악하는 것이 반드시 필요하다고 본다.

3. 「신라내성모접문서」의 마소내(馬所內)와 마모미(馬毛尾) · 모접(毛接)

본 문서 앞면(A)은 모두 세 가지 내용으로 구성되어 있다. 곧 표제어(①), 馬智의 물품 진상과 물품의 경과(②), 그리고 파천촌(巴川村)의 곡

---

37) 윤선태, 1997, 앞의 논문, 330쪽.
38) 국립중앙박물관 편, 2011, 앞의 책, 79쪽.
39) 이용현, 2011, 앞의 논문, 97쪽.
40) 鈴木靖民, 1977a, 앞의 논문 ;『앞의 책』, 380·404쪽.
41) 윤선태, 앞의 논문, 307쪽.
42) 平川南, 앞의 논문, 13쪽. 국립중앙박물관 편, 2011, 앞의 책, 79쪽.

물 납부(③)로 나눌 수 있다. 본 문서의 앞면 1, 2행(A①②)은, 본 문서의 성격을 규정하는 일종 표제어와 본문인 셈이다. 이에 본문서 앞면 1, 2행 의 '䀋'와 '犭', '佳'이 동 문서에서 어떻게 활용되었는가를 살피면서 그 실체에 접근하는 것이 유용하리라 본다.

(1) 마소내(馬所內)

먼저 본 문건 제2행의 서두에 등장한 '馬䀋'에 대해서는, 앞서 살폈듯이 '마어내(馬於內)'로 석독 하여 마구(馬具) 또는 지명으로 보 기도 한다. 또한 '마부(馬腐)'로 석 독하여 마육(馬肉) 또는 부패한 고 기로 보거나, '䀋'로 석독하여 저육 (猪肉)으로 풀이하기도 한다. 이는 '犭'를 '犭' 변으로 보아 짐승을 지 칭한 것으로 이해한 때문이라 할 수 있다.

그런데 '䀋'의 아래 부분은 '내

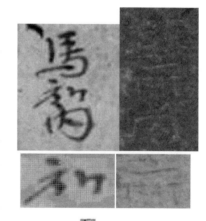

본 문서의 '馬䀋'와 영천청제비 병진명 (798)의 '故所內'

(內)'가 분명하다. 이는 부(腐)의 이체자 가운데 가장 가깝다고 할 수 있는 '廇'와는 윗부분에 차이가 있다. 한편으로 '䀋'의 윗부분을 '어(於)'에 가 까운 것으로 보기도 하지만, 윗부분 우변을 '仒'로 보기 어렵고, 오히려 초서의 흘림체로서 '㔾(斤)'으로 보아야 할 듯하다. 또 한편으로 이를 '䀋' 로 석독하기도 하지만, 윗부분 좌변은 오히려 '방(方)'에 가깝고 우변은 '口'와도 차이가 있다.

이에 '䀋'에서 '내(內)'를 제외한 윗 부분 '㔾'은 「영천청제비 정원명」 (798)의 '고소내(故所內)'의 '소(㕎[所])'와 비교할 수 있지 않을까 한다. 곧 '䀋'의 윗부분 '㔾'는 윗변의 'ㅗ'과 하변 좌측의 'ㄇ', 그리고 하변 우측의 ' ㅋ '에 상응하지 않을까 한다. 상변의 'ㅗ'부분이 좌측에 한정되고, 하좌변의 'ㄲ'이 좌측 아래쪽 사선 방향으로 누워 있다는 점에 의문이 있을 수 있지만, 이는 필기체의 특성상 서자의 서법에 따라 얼마든지 있을 수 있다고 본다. 아니면 '소(所)'자의 좌변과 우변이 각각 '戶'와 '斤'으로 이루어진 것에 상응한다고 볼 수도 있다. 그럼에도 불구하고 본 문서의 '𣲖'와 「영천 청제비 병진명」의 '𣲖'가 자획이나 획순이 모두 일치한 바, 본 문서의 '𣲖'을 「영천 청제비 병진명」의 '소(𣲖[所])'에 대응하는 것으로 볼 수 있지 않을까 한다.

본 문건에서 '馬𣲖'의 '𣲖'는 한 글자 정도의 크기인데, 이는 '내말(柰)'과 마찬가지로 '소내(所內)'의 조합자를 만들어 사용한 때문이 아닐까 한다. 곧 신라인들에게 있어서 '소내(所內)'는 조합자로 사용할 정도로 익숙한 어휘였다고 여겨진다.

'소내(所內)'는『삼국사기』신라본기 문무왕 9년(669)조에 처음 보이는데, 마거(馬阹) 174소(所)를 나누어 주면서 소내(所內)에 22소(所)를 내렸고, 동 직관지 내성(內省)조에는 성덕왕 20년(721) 소내학생(所內學生)을 설치하였다고 한다. 그 밖에 「永川菁堤碑 貞元銘」(798)에 '소내사(所內使)'가 등장한다. 소내(所內)는 내정(內廷) 곧 궁실을 가리키는 것으로 지적되거니와,[43] 고려·조선시대에도 궁궐을 지칭하였다. 강희(康熙) 27년(1688)에 건립된 「청제중립비(菁堤重立碑)」에서도 "상이 양 내사(內史)를 위임 파견하여[上委遣兩內史]"라고 하여 「영천청제비 정원명」의 '소내사(所內使)'를 국왕이 파견한 궁중 소속의 관리로 보았으며, 『삼국사기』 직관지에서도 '소내학생(所內學生)'이 내성에 속했던 만큼, 소내(所內)란 '궁궐 내'란 의미로

---

43) 三池賢一, 1972, 「新羅內廷官制考」 下, 『朝鮮學報』 62, 23쪽. 한편으로 '所'가 왕실과 직접 관련되며, 일정한 특수생산물을 생산하는 곳인 동시에 그 생산물을 왕실에 공급하던 '곳'이란 의미로서 고려시대의 金所·銀所 등에 상응하는 것으로 보거나(림건상, 1963, 「군현제의 일환으로서의 고려시기의 부곡제」, 『조선의 부곡제에 관한 연구』, 과학원출판사, 3~4쪽), 屬所內를 하나의 어휘로 보면서 車乘을 맡은 官廳 즉 「乘府」로 추측하기도 한다.(李丙燾 譯, 1977, 『國譯 三國史記』, 乙酉文化社, 102~103쪽)

서 내성(內省)을 지칭한 것으로 보아 좋을 것이다.[44]

이에 본 문서에 보이는 '마(馬)의 소내(所內)'란 문무왕 9년(669) 소내(所內)에 주었다는 마거(馬阹) 22소(所)와 관련된다고 할 수 있다. 신라에서 '마거(馬阹)'를 사용하였는지 확인할 수 없으나, 『고려사』에는 문종 25년(1071) "도거(島阹)에서 말을 기르는데 잘 돌보지 않아서 말을 죽게 할 경우는 담당 도리(島吏)에게 죄를 준다. 또 주진(州鎭)의 관마(官馬)가 노쇠하거나 잃어버렸을 경우에는 공수둔전(公須屯田)에서 징수한 수입으로 말을 사서 보충한다"고 규정하였다.[45] 『세종실록지리지』(권 150) 경상도 경주부 동래현조에는 '고지도거(古智島阹)'의 존재를 전하고 있다.[46] 『삼국사기』의 '마거(馬阹)'는 고려시대의 '도거(島阹)'를 염두에 둔 표현이 아니었을까 추측해 볼 수 있다. 사실 '거(阹)'는 『춘추좌전 주소(春秋左傳注疏)』에서 "금수(禽獸)를 막는 것을 거(阹)라고 한다[遮禽獸爲阹]"고 하였고,[47] '마거(馬阹)'는 『증보문헌비고』에 '산골짜기에 울타리를 치고 말을 기르는 곳을 말한다'고 하였다.[48]

아무튼 '마소내(馬所內)'는 목마(牧馬)를 관장하는 소내(所內)를 지칭하는 것으로 여겨지며, 내성(內省)이 이 문건과 관련됨을 알 수 있다. 그런데 '馬所內上ⵣ一具'에 보이는 '상(上)'은 문서 앞면 3행(A③) '상미(上米)'의 '상(上)'과 동일한 용법으로 사용되지 않았을까 한다. 곧 3행에서 파천촌(巴川村)이 정월 1일과 2월 1일에 각각 '상미(上米) 4말 1되·대두(大豆) 2말 4되'라고 하였는데, 3월에는 '미(米) 4말 1되'만을 기재하여, 정월 1일과 2월 1일자의 '상미(上米)'의 '상(上)'을 생략하였다. 이는 '상(上)'의 중복을 피하기 위한 서법으로서, '상미(上米)'의 '상(上)'이 '올리다'란 동사로

---

44) 박남수, 1992, 「新羅 宮中手工業의 成立과 整備」, 『동국사학』 26 ; 1996, 『신라수공업사』, 신서원, 97~98쪽.

45) "文宗25年判, "島阹馬畜, 不能監養致死者, 勾當島吏, 科罪. 又州鎭官馬齒老, 及亡失者, 以公須屯田所收, 買立."(『高麗史』 권 82, 志 36, 兵 2, 馬政)

46) 『세종실록』 권 150, 지리지, 경상도 경주부 동래현.

47) "千乘三去 惠士奇 云上林賦 江河爲阹 注云 遮禽獸爲阹 阹即去實一字"(『釋音春秋左傳 注疏』 권 14, 僖公 15년).

48) 『增補文獻備考』 권 125, 兵考 17, 馬政.

사용되었음을 증명한다. 이로 미루어 볼 때에 '上□'의 '상(上)' 또한 상품(上品)을 뜻하는 형용사적 용법이라기보다는 동사로서 사용된 것으로 보아야 할 것이다. 따라서 '馬所內上□一具'에 보이는 '상(上)'은 '올리다'의 의미로서, 마소내(馬所內)가 □ 1구(具)와 □미(尾)를 올린 주체라고 할 수 있다. 또한 두 차례 보이는 '상사(上仕)'는 '상(上)'보다도 높임말로서 '모종의 물품을 왕 또는 왕실이나 상급관청에 바치다'는 의미[49]라고 할 수 있다.

여기에서 본 문서 앞면의 2행(A②)은 '마소내(馬所內)' 또는 '마소내상□1구(馬所內上□一具)'를 주어로 볼 수 있다. '마소내(馬所內)'가 주어일 경우 '마소내가 □ 1구를 올려 상사(上仕)하고, □미는 상사(上仕)하였는데 더럽혀졌다[汚去如]'라고 풀이된다. 이에 대해 '馬所內上□一具'가 주어일 경우 '마소내가 올린 □ 1구는 상사(上仕)하고, □미는 상사(上仕)하였는데 더럽혀졌다[汚去如]'라고 하여, 행위의 주체가 보이지 않는다는 난점이 있다. 따라서 앞면 2행의 주어는 마소내(馬所內)가 되며, 上□의 '상(上)'과 두 개의 '상사(上仕)'는 동사로 보는 것이 옳을 듯하다.

(2) 마모미(馬毛尾)의 공납(貢納)

본 문서의 성격을 결정짓는 '□'는 앞면 문서 1, 2행에서만 모두 세 차례 사용되었다. '□□五', '上□一具' '□尾者'가 그것이다. '□尾'에서 '□'는 '미(尾)'와 함께 사용되었지만, 단독으로 사용될 수도 있음을 알 수 있다. 또한 '미(尾)'가 짐승의 꼬리를 의미하므로 '□'는 짐승과 관련된 어

---

49) "…熙寧三年(1070) 為其子師緤所弑° 師緤專為暴虐, 其兄師晏攻殺之, 并誅其黨, 納誓表于朝, 并上仕義平生鞍馬′器服 …"(『宋史』 권 493, 列傳 권 252, 蠻夷 1, 西南溪峒諸蠻 上) 윤선태도, 물품을 '바쳤다'는 의미로 사용한 '上仕'는 왕실에 대한 '上供'의 의미로 사용되었을 가능성이 있는 것으로 추측하였다.(윤선태, 앞의 논문, 330쪽) 다만 권인한은 이를 한국 고유의 한자어로 보았으나(권인한, 앞의 논문, 156쪽), 위의 『송사』에서 보듯이 '上仕'는 '上'보다 높힘 말의 한자어로 보아야 할 듯하다.

휘임에 분명하다. 기왕에 이를 짐승이나 담비 가죽, 저육(猪肉) 등으로 추정한 것은 이러한 이유 때문일 것이다.

그런데 '𫞏'는 본 문서 외에 안압지 207호 목간과 최근 월성 해자에서 발견된 꼬리표목간1(임071)에서도 확인할 수 있다.

□坪捧𫞏百卄二品上(안압지 207호 목간)[50]

舍尸麻村 一鷄得鵠□受𫞏(월성해자 꼬리표목간1[임071])[51]

위의 안압지 207호 목간에서는 '𫞏'의 단위를 '품(品)'이라 하였다. 사실 이 목간의 '품(品)' 이하의 글자는 사진만으로는 '上'의 오른쪽 획 '一'이 흠집 같기도 하여 판단하기 쉽지 않다. 그런데 본 글자의 '一'에 '도각(刀刻)'으로 인정할 만한 흔적이 보이므로 이를 '상(上)'으로 보아 좋을 듯하다. 그렇다면 이는 '봉(捧)~상(上)'을 하나의 관용구처럼 사용하여 후일의 이두 '捧上[밧자, 받자]'와 같은 용법으로 사용되었을 가능성이 높다. 이렇

안압지 207호 목간

게 볼 때에 안압지 207호 목간의 앞면은 '□坪이 𫞏 122品을 捧上함[받자

---

50) 국립창원문화재연구소 편, 2004, 『한국의 고대목간』, 248쪽.

51) 이용현은 이를 월성해자 '신5호목간'이라 하였는데, 본고에서는 국립경주문화재연구소의 방침에 따라 「꼬리표목간 1」이라 하고 아직 미정리자료로서 임시로 부여된 '임071'호로 명명해 둔다. 이용현은 이를 '舍尸麻村 一鷄得鵠□受𪙷'로 석독하였는데(이용현, 2018, 앞의 논문, 322쪽), 한성백제박물관과 국립경주문화재연구소가 공동 개최한 전시회 도록에서는 '舍尸麻□ 一鷄得鵠□受'라고 소개하였다.(2019.4, 『한성에서 만나는 신라 월성』, 175쪽) 필자는 다음에 제시한 사진자료로써 '鷄' '鵠' '受𫞏' 등을 분명하게 살필 수 있어, 기왕의 견해를 준용하면서 잠정적으로 "舍尸麻□(村?) 一鷄得鵠□受𫞏"로 석독하여 둔다.

함, 수령함, 영수함]' 정도로 해석이 가능하다.[52] 이에 '⿰'의 단위로 '구(具)'와 '품(品)'을 사용하였음을 알 수 있다.

한편으로 월성해자 꼬리표목간1(임071)은 사시마ㅁ[촌?](舍尸麻ㅁ[村?])에서 닭[鷄]·꿩[雉]과 관련하여 '⿰'를 받는데, 별도의 단위는 보이지 않는다. 다만 '⿰'가 '닭[鷄]' 또는 '꿩[雉]'와 관련된 사실을 확인할 수 있다. 따라서 '⿰'는 '닭[鷄]' 또는 '꿩[雉]'와도 관련된 어휘임을 알 수 있다.

먼저 본 문서의 '⿰미(尾)'에서 '미(尾)'와 함께 사용할 수 있는 어휘로는 '모미(毛尾)'를 들 수 있다. '모(毛)'와 '미(尾)'는, 공작(孔雀)이나 거위[鵝], 닭[鷄] 등 조류의 모(毛)와 미(尾),[53] 그리고 말갈기[鬣][54]와 말총을 지칭하는 마모(馬毛)와 마미(馬尾),[55] '사자(師子)의 모미(毛尾)'[56], '우(牛)의 모미(毛尾)',[57] '우모미(羽毛尾)'[58] 등과 같이 포유류이든 조류이든 간에

---

52) 안압지 207호 목간을 'ㅁ坪捧⿰百廿二品ㅁ'으로 석독하여 '某坪에서는 ⿰를 왕실에 122品이나 바쳤다'고 풀이하거나(윤선태, 앞의 논문, 319쪽), 'ㅁ坪捧 ⿰百廿二品上'으로 석독하고 정창원 문서 가운데 보이는 "陸奧上野二國上品 漆…"에 비교하여 '上品漆'의 上品과 같은 것으로 이해함으로써, '⿰ 곧 돼지의 上品의 脯 122(具)를 바쳤다'고 풀이하기도 한다.(平川南, 앞의 논문, 5쪽. 이용현, 2011, 앞의 논문, 97쪽)

53) "… 土貢 紗, 絁, 孔雀尾. 戶萬四千七百. 縣六. …"(『新唐書』 권 43上, 志 33 上, 地理7, 嶺南道 嶺南採訪使 愛州九真郡 下)
   "氅, 本緝鳥毛為之. 唐有六色, 孔雀, 大小鵝毛, 雞毛之制…"(『宋史』 권 148, 志 101, 儀衞 6, 鹵簿儀服)

54) "金滿求馬毛鞦皮´ 礪石´ 田犬, 命給之"(『세종실록』 세종 11년 11월 10일)
   '馬毛篩匠'(『典錄通考』 工典, 京工匠, 繕工監 :『增補典錄通考』 工典, 京工匠).

55) "紺馬寶者, 身紺青色, 其馬毛尾, 皆悉珠色"(『大正新脩大藏經』 제4책, 本緣部 下 202, 賢愚經 권 9, 摩訶令奴緣品 48)

56) "天帝釋化為師子 當路蹲坐 遮嫚姤之處 石上毛尾爪跡 今悉炳然"(『洛陽伽藍記』 권 5, 城北 凝圓寺)

57) "若說到念經發送 這只當去了他牛身上一根毛尾 …"(『醒世姻緣』 제1회 晁大舍 圍場射獵 狐仙姑被箭傷生)

58) "忠烈王 3年 昇平郡任內別良部曲長大冲家, 雌雞化爲雄, 羽毛尾距皆具, 唯冠未甚高. …'"(『고려사』 권 54, 志 8, 五行 2)

특정 짐승의 털과 꼬리를 함께 지칭한다.

'𣬠'가 본 문서에서 '마(馬)'와 함께 등장하고, 월성해자 꼬리표목간1(임071)에서 '닭[鷄]' 또는 '꿩[鵗]'와 함께 나타난다면, 이는 '모(毛)'로 석독하는 것이 옳지 않을까 한다. '모(毛)'는『설문해자』에서 '𣬓'로,[59]『書法字典』의 漢代 簡牘體에서는 '𣬟', '𣬟', '𣬟', '𣬟'로 나타나거니와,[60] 이는 본 문서나 안압지 207호 목간, 월성해자 꼬리표목간1(임071)의 '𣬠'와 동일한 바 '𣬠'를 '모(毛)'로 석독해도 좋을 듯하다.

그런데 '𣬠'를 '모(毛)'로 석독한다면 그 단위는 '근(斤)'이 되어야 하고, '마미(馬尾)'의 경우 '척(隻)'이 되어야 한다. 그럼에도 불구하고 구(具)와 품(品)을 단위로 한 것은 의문이 아닐 수 없다. 물론 '上𣬠一具'에 보이는 '구(具)'는 육고기 부위의 단위로 사용되기도 하지만, 짐승의 이름으로써 짐승의 가죽이나 고기의 부위를 설명하는 단어는 없다. 또한 '구(具)'를 단위로 짐승의 개체를 세는 경우도 없다. 이에 '𣬠'의 단위를 '구(具)'라고 하였다면, 이는 '모(毛)'로 만든 제품[61]을 지칭한 것이라 할 수 있다.

본 문서에 보이는 '모(毛) 1구(具)'는 '모(毛)' 만으로 물품명을 지칭하는 것으로서 그 단위를 '구(具)'로 삼았다고 할 수 있다. '모(毛)' 만으로 물품명을 삼은 경우는, 정창원(쇼소인) 소장 「신라자칭모첩포기(新羅紫稱毛帖布記)」['색모전첩포기(色毛氈帖布記)']에 보이는 '자초랑택 자칭모(紫草娘宅 紫稱毛)'라는 묵서명을 들 수 있다. 곧 '자칭모(紫稱毛)'는 자초(紫草)로써 '자주빛 염색을 한 모전(毛氈)'이라고 여겨지거니와, '모(毛)'로써 '모전(毛氈)'을 칭하였음을 알 수 있다. 정창원의 자칭모전(紫稱毛氈)의 용도는 분명하지 않으나, 모전(毛氈)과 관련하여『입당구법순례행기』에도 석로[전](席氈[氈]), 전욕(氈褥[褥]), 전모(氈帽)의 용례를 살필 수 있다. 모전(毛氈)은 조선시대에는 '부(浮)' 또는 '매(枚)', 그리고 오늘날 일본에서는 '상(床)'을 단위로 하지만,『입당구법순례행기』에서 보듯이 9세기 전반 모전(毛氈)으로 만든 제품을 주로 좌구(坐具)나 침구(寢具), 또는 전모(氈

---

59) 段玉裁 注, 1973,『說文解字注』, 臺北 ; 藝文印書館, 402쪽.

60)『書法字典』(http://www.shufazidian.com) 毛.

61) 남풍현, 앞의 논문, 34쪽.

帽)인 모구(毛具)[62]를 지칭하였던 바, 당시에 이들 모전 제품의 단위를 '구(具)'로 사용하였을 가능성이 높다.

또한 안압지 207호 목간의 '𣴎122품(𣴎百廾二品)'은 마모(馬毛)의 종류를 지칭한 것이 아닐까 한다. 『주례』 권8, 하관사마(夏官司馬) 하(下)에는 말을 관장하는 교인(校人)이 말의 본성과 재주에 따라 말을 6마(馬) 곧 종마(種馬)·융마(戎馬)·제마(齊馬)·도마(道馬)·전마(田馬)·노마(駑馬)로 구분하는데, 이는 모마(毛馬)와 물마(物馬) 곧 말 터럭의 빛깔과 말의 힘으로써 구분한다고 하였다.[63] 조선시대에는 말의 혈통, 털 빛깔, 높이의 치수, 나이 등으로 말을 분류하였는데, 문헌상 확인되는 것만 90여 종에 달한다고 한다.[64] 따라서 안압지 207호 목간의 '𣴎百廾二品'은 모(毛)의 빛깔 122품을 올려 말 터럭의 빛깔로써 마필 하나하나를 특정한 사실을 보여주는 것이 아닌가 한다. 후술하듯이 안압지 207호 목간은 마적(馬籍)을 만들기 위해 122종의 마모(馬毛)를 올린 것을 영수한 목간으로 여겨지는 바, 모(毛)의 빛깔 122품을 올렸다는 것은 해당 목장에 122두의 마필을 외양하였음을 의미한다고 하겠다.

한편으로 안압지 194호 목간을 "甲辰三月三日治犭五藏"으로 석독하고, '五藏'을 짐승의 '오장(五臟)'으로 보면서, '犭'를 '猪(돼지)'일 것으로 추측하기도 한다.[65] 그러나 씨가 '장(藏)'으로 석독한 것은 '竹'변의 '잠

---

62) 조선시대에 '毛具'는 '털로 만든 방한구나 방한모'를 지칭하였다. 곧 『六典條例』에는 '10월부터 정월까지 毛具를 착용하면 격식을 갖추지 않고 口頭로 상주한다'(『六典條例』 吏典 承政院 擧動)고 규정하였다. 또한 조선 영조 때에는 조회할 때에 10월부터 정월까지는 承宣들이 煖帽인 毛具를 착용하였고(『정조실록』 권 14, 정조 6년 12월 17일 己卯), 시위부도 이를 착용하도록 규정하였다.(『정조실록』 권 36, 정조 16년 12월 7일 辛未) 이들 방한구는 때때로 尙衣院에 명하여 조공사에게 지급하도록 하였다.(『성종실록』 권50, 성종 5년 12월 19일 庚子)

63) "凡大事祭祀 朝觀會同毛馬而頒之 凡軍事物馬而頒之 注云 毛馬齊其色 物馬齊其力"(『重栞宋本 毛詩注疏 附校勘記』 小雅, 南有嘉魚之什詁訓傳 17, 附 釋音 毛詩注疏 권 10, 10-234, 6월)

64) 남도영, 1976, 『조선마정사연구』, 아세아문화사, 83~125쪽 ; 1997, 『한국마정사』, 마사박물관, 238쪽.

(箴)'이 분명하며, '□' 또한 본 문서의 '□'와는 차이가 있다.[66] 또한 '치(治)'로 석독한 '□'도 오히려 '八石'을 위 아래로 붙여 놓은 모양 곧 '咎'에 가깝다. 안압지 194호 목간에 있어서 아직 '□□'에 대해서는 보다 면밀한 검토가 필요하지만, 이는 "甲辰三月三日□□五箴"으로 석독할 수 있으며, '갑진년 3월 3일 일종 계제(禊祭)를 지내면서[67] 5잠(五箴) 곧 경계해야 할 다섯 잠언을 내렸다'는 정도의 의미로 보아야 하지 않을까 생각한다.[68]

요컨대 본 문서의 '□1具'는 '毛氈 1具', 그리고 '□尾者'는 馬毛로 만든 '毛氈'과 구별하여 이를 만드는 원재료로서 馬毛와 馬尾를 총괄하여 일컬었던 것으로 보고자 한다.[69] 이에 본 문서의 '□'는, 앞면 2행의 '마(馬)'자와 연계되어 '(馬)毛[말갈기]', '(馬)毛尾[말갈기와 말꼬리털(말총)]' 등으로 사용되는 용어일 뿐만 아니라, '모(毛)'가 마모미(馬毛尾)로 만든 모전(毛氈)을 지칭한다는 점, 월성 해자 꼬리표목간1(임071)에 보이는 '□'가 닭[鷄]와 꿩[鴙] 등 조류와도 관련된다는 점, 그리고 안압지 207호 목간의

---

65) 平川南, 앞의 논문, 4쪽.

66) 권인한, 앞의 논문, 164쪽.

67) 3월 3일은 南齊 때에 曲水會를 지냈거니와, 이는 한나라 때의 禊祭로부터 비롯하였다고 한다.(『南齊書』권 9, 志 1, 禮 上) 또한 본 목간에서 '五箴'이라 일컬었다면, 3월 3일 禊祭를 지내고 나서 지녀야 할 箴言을 내린 것으로 보아야 하지 않을까 한다.

68) 박남수, 2019, 「당의 祀典 체계와 신라의 祀典 정비」, 『신라사학보』 45, 475쪽.

69) 말총을 '馬尾'라고 일컬었거니와, 꼬리털의 경우 '尾毛'라 하였던 것으로 여겨진다.("於是乃羣相與撩於薫圃, 娑姍勃窣, 上金隄, 揄翡翠, 射鷦䴏[師古曰: 「鳥赤羽者曰翡, 青羽者曰翠° 鷲䴏, 鷙鳥也, 似山雞而小冠, 背毛黃, 腹下赤, 項綠色, 其尾毛紅赤, 光采鮮明, 今俗呼為山雞, 其實非也° …]"(『漢書』권57上, 司馬相如傳 27上, 子 虛賦) 이에 대해 '毛尾'는, 앞서 살폈듯이 '其馬毛尾, 皆悉珠色', '帝釋化為師子 當路蹲坐遮嫚姹之處石上 毛尾爪跡今悉炳然' '雌雞化爲雄, 羽毛尾距皆具'라는 사용례를 보이거니와, '毛와 尾를 총괄하는 명칭'으로 사용하였다고 할 수 있다. 이에 본 문서에 일컬은 '毛尾'는, '毛氈'에 대응한 원료의 개념으로 '馬毛'와 '馬尾'를 총괄하는 명칭으로 생각한다.

'품(品)'이 마모(馬毛)의 빛깔로 마필의 개체수를 특정하였다는 점, 한대(漢代) 간독(簡牘)에 전하는 '모(毛)'의 서체가 '𣎵'와 흡사하다는 점에서, '𣎵'를 신라에서 사용하였던 '모(毛)'의 속자라고 보아 좋을 것이다.

사실 조선시대에 말갈기와 말꼬리털(말의 조리)은 엄격히 구분되어, 마모(馬毛, 鬣) 또는 마미(馬尾) 등으로 사용되었다.[70] 또한 이들은 중요한 공물 가운데 하나로서 모피류(毛皮類)로 분류되었다.[71] 이는 세종 5년(1423) 재인과 화척의 칭호를 백정으로 개명하면서 가죽과 말갈기[鬣], 힘줄, 뿔의 공물을 면제하여 민생을 안정시키고자 한 데서도[72] 확인된다. 그러므로 본 문서에서 마소내(馬所內)가 올린 (馬)毛[말의 갈기]와 (馬)尾[말의 꼬리(말총)]는 일종 공물로 징납된 것이라 할 수 있다.[73] 이를 마소내(馬所內)가 다시 왕실에 소용하도록 내성의 모 관사에 바쳤고, 아울러 모전(毛典)과 같은 궁중수공업장에서 모전(毛氈) 등으로 가공하여 왕실의 수요에 충당하지 않았을까 한다.

(3) 모접(毛接)

마소내(馬所內)가 馬毛[말의 갈기]와 馬尾[말의 꼬리]를 일종 공물로 징수한 것이라면, 본 문서의 표제격인 '毛𣎵五'도 이와 관련될 가능성이 높

---

70) "丁未…進官柳子光啓日 '臣竊聞濟州, 距京絶遠, 王化所未及° 其守令等, 多行不法, 織造鬃衣, 由是馬尾與鬣, 剪取殆盡…'(『성종실록』 권 239, 성종 21년 (1490) 4월 25일 丁未)

71) 金鎭鳳, 1984, 「조선 : 貢納制의 解弛」, 『한국사』 12, 국사편찬위원회, 17쪽.

72) "兵曹啓…'才人 禾尺本是良人…乞改號白丁 使之業農, 除田獵之役, 鐲柳器 皮鬣筋角之貢, 以安其生° …' 從之.(『세종실록』 권 22, 세종 5년(1423) 10월 8일).

73) 『大唐六典』에서는 (馬)毛와 (馬)尾 외에도 말과 소의 가죽과 말린 고기(脯) 및 힘줄과 뿔같은 것은 모두 有司에 납부하였으며, 羊毛 및 雜畜의 가죽과 뿔은 모두 그 수를 세어 보고하도록 하였다.("凡每歲進馬鬣良有差 … 使司 … 每年簡充諸衛官馬 凡馬牛皮脯及筋角之屬 皆納于有司 每年終 監牧使巡案孶課之數 以功過 相除爲之考課焉 …若百司應供者 則以時 皆供之 凡羊毛及雜畜皮角 皆具數申送所有焉"(『大唐六典』 권 17, 太僕寺)고 한다.

다. '接'에 대해서는 앞서 살폈듯이 '접(接)'으로 석독하여 집수한 차례 내지 대장에 연접한 차례로 보거나, 물품의 보관 장소로 보기도 한다. 또한 '녕(佞[佞])'으로 석독하여 조악한 것, 부패한 것 등으로 풀이하기도 한다.

먼저 『서법자전(書法字典)』에 따르면 '佞'과 '接'의 서체는 다음과 같다.74)

① 본 문건의 '接', ② '佞'(不分字体), ③ '佞'(明沈粲),④ '接'(唐·李懷琳) ⑤ '接'(王羲之)

위의 서체 가운데 '接'의 좌변은 '忄'변인 듯 하여 '悽'를 상정할 수 있지만 우변이 전혀 다르고, '佞'의 좌변은 '亻'변 외에는 찾을 수 없다.(②, ③) 다만 '接'의 좌변은 7세기에 활동한 당나라 서예가 이회림(李懷琳)의 '접(接)'(④)과 상통하며, 우변은 왕희지의 '접(接)'(⑤)과 동일하다. 이는 '接'이 당나라에 유행한 서체와 왕희지체를 혼용한 서체임을 보여주는 바, 이를 '접(接)'으로 석독해도 좋을 듯하다. 그렇다면 본 문건 앞면의 표제라고 할 수 있는 '毛接五'는 '모접5(毛接五)'라고 할 수 있다.

'접(接)'은 대체로 '접견(接見)'의 뜻으로 사용되지만, '입접(入接)'이라 하여 '접거(接居)하다'75)의 의미로도 사용된다. 한편으로 고려 인종 때에는 '접소(接所)'라고 하여 유생(儒生)들이 동아리를 이루어 학습하는 장소를 일컫기도 하였는데, 절에 30일 동안 동아리를 이루어 거처하면서 공부한다는 의미로부터 '접소(接所)'가 유래한 것으로 여겨진다.76) 이밖에도

---

74) 『書法字典』(http://www.shufazidian.com) 接佞.

75) "(忠烈王) 11年 3月, 下旨, "外方人吏等, 以所耕田, 賂諸權勢, 干請別常, 謀避其役者, 有之, 今後, 窮推還定. 又公私處久遠接居人內, 人吏之避役者, 勿論久近, 皆還本役."(『高麗史』 권 85, 志 39, 刑法 2, 禁令)

76) "(仁宗)十七年六月, 判, 東堂監試後, 諸徒儒生, 都會日時, 國子監知會, 使習業五十日而罷. 曾接寺三十日, 私試十五首以上製述者, 敎導精加考覈, 各其名下, '注接寺若干日, 私試若干首.' 論報, 方許赴會. 諸徒敎導, 不離接所勸學者, 學

조선시대에는 '접(接)'을 '적(籍)에 넣다(올리다)'의 의미로도 사용하였다. 곧 조선 태종 때에 '노적(盧績)의 노비(奴婢)를 한천(韓蔵)의 천안(賤案)에 접속(接續)시켜[盧績之奴婢, 接續韓蔵之賤]'라고 하거나, 각사노비쇄권색(各司奴婢刷卷色) 상소(上疏)에서 관리가 해유(解由)시에 '경외노비(京外奴婢)가 모처(某處)로 이접(移接)한 수효'를 보고하도록 하였다.77) 이 때의 '접속(接續)'과 '이접(移接)'은 소재지를 바꾸어 적을 옮긴다는 것을 의미한다. 또한『조선왕조실록』에는 목천접노(木川接奴) 김삼(金三)78)이나 평양 접노화상(接奴和尙),79) 그리고 양종(兩宗) 입접승인(入接僧人)80) 등의 사례를 살필 수 있는데, 노비안이나 승적에 올라 있다는 의미로 '접(接)'을 사용했음을 알 수 있다.

따라서 본 문서에서 모미(毛尾)를 올린 주체가 '모접(毛接) 5'였다는 점으로 미루어 볼 때에, 본 문서의 표제이인 '모접(毛接)'이란 '함께 거처하면서 장적(帳籍)에 편성되어 모(毛)와 모미(毛尾)를 [공납 등으로] 올리는 단위 집단'을 일컬은 것으로 보아 좋을 듯하다. 이는 조선시대 공물 납부 단위로서 곡초(穀草)를 공납하는 초계(草契),81) 조총(鳥銃)·화약(火藥)·탄환(彈丸) 등을 공물로 바치는 월과계(月課契)82) 의 '계(契)'와 같은 성격의 공납(貢納) 단위가 아닐까 한다.

官有闕, 爲先塡差, 以示褒獎."(『高麗史』권 74, 志 28, 選擧 2, 學校)

77) "淸城君 鄭擢, 再爲功臣, 致位宰輔, … 卒檢校侍中韓蔵, 巨富而無嗣, 擢在諸姪之中, 不顧兄弟之序, 惟以威力, 奪占其田庄財物, 恬不爲愧, 猶以爲不足, 乃以微劣人盧績之奴婢, 接續韓蔵之賤案, 恃力擅奪。 其陰謀貪冒之罪, 不可不懲,"(『조선왕조실록』권5, 태종 3년(1403) 5월 21일 정유)

"今丁酉年案付京外奴婢, 當該官吏解由時, 元數幾口內, 物故幾口˝ 逃亡幾口˝ 某處移接幾口˝ 生産幾口, 明白施行交付, 以憑後考˝ 其中不能完恤, 多致逃散者, 吏曹考其口數多少, 以行貶黜"(『朝鮮王朝實錄』 太宗實錄 권 33, 태종 17년(1417) 閏 5월).

78)『世宗實錄』권 114, 세종 28년(1446) 12월 18일.

79)『文宗實錄』권 3, 문종 즉위년(1450) 9월 28일.

80)『성종실록』권 140, 성종 13년(1482) 4월 11일 기유.

81) "司僕寺 草契要灰穀草…"(『六典條例』권4, 戶典, 宣惠廳 用下)

82) "三南·海西銃·藥·丸月課米, 自常平廳句管, 刱設課契貢物"(『大典通編』兵典, 軍器 [銃藥丸月課米])

아무튼 '모접5(毛接五)'는 '모접(毛接) 가운데 다섯 번 째'라는 의미로 새겨진다. 아마도 더 많았으리라 여겨지지만 본 문건에서 확인할 수 있는 한에서만 보더라도 최소 1~5까지의 모접(毛接)이 있었고, 접(接)을 단위로 하여 마모(馬毛)와 마미(馬尾)를 바친 내력과 그 물품의 경과를 장부에 기록함으로써 그 가운데 1면(面)만이 현재의 이른바 '좌파리[사하리]가반 부속문서'로 전해진 것이라 생각한다. 따라서 기왕에 이른바 '제2신라장적'이나 '좌파리[사하리]가반 부속문서'라는 명칭은, '신라 내성(內省)에서 작성한 마모미(馬毛尾) 공납 단위인 모접(毛接) 관련 문서'라는 의미에서 「신라내성모접문서(新羅內省毛接文書)」로 명명하는 것이 옳다고 본다.

4. 「신라내성모접문서」의 마료(馬料)·초가(草價)와 그 제작 시기

(1) 파천촌(巴川村)의 미(米)·대두(大豆) 징납과 마료(馬料)

본 「신라내성모접문서」에서 파천촌(巴川村)은 1월부터 3월까지 세 차례에 걸쳐 미(米)와 대두(大豆)를 납부하였다. 파천촌(巴川村)이 올린 미(米)와 대두(大豆)의 성격에 대해서는 '조(租)'로 보거나,[83] 최고품질의 '상미(上米)'를 골라 제수(祭需)나 왕실내수용으로 진헌한 것[84]으로 보기도 한다. 이로써 앞면 문서를 지방의 각 촌에서 바친 조(調)와 조(租)를 수납·보관하던 '조부(調部)' 또는 '창부(倉部)'에서 이들 물품을 관리하기 위해 집계·기록한 문서로 보거나,[85] 내성(內省)의 물장전(物藏典)에서 왕실로 진헌된 물품을 상납 주체, 물품의 수량, 물품의 상태에 초점을 맞추어 작성한 '수납물품의 관리장부'로 이해하기도 한다.[86]

그런데 파천촌(巴川村)은 다음 표와 같이 미(米)와 대두(大豆)를 1월부

---

83) 鈴木靖民, 1977a, 앞의 논문 ; 앞의 책, 369쪽.
84) 윤선태, 앞의 논문, 330쪽.
85) 鈴木靖民, 1977a, 앞의 논문 ; 앞의 책, 370·404쪽.
86) 윤선태, 앞의 논문, 330쪽.

터 3월에 걸쳐 납부하였다.

A		上米		(上)大豆
③④	巴川村	正月一日	上米四斗一刀	大豆 二斗四刀
		二月一日	上米四斗一刀	大豆 二斗四刀
		三月	米四斗	

위의 표에서 보듯이, 파천촌(巴川村)은 정월 1일과 2월 1일에 각각 미(米) 4말 1되와 대두(大豆, 콩) 2말 4되를 올리고, 3월에는 미(米) 4두(斗)만을 올렸다. 정량의 쌀과 콩을 1~3월에 걸쳐 납부한 셈이다. 이미 지적되듯이 이들 곡물의 량은 월구휼곡(月救恤穀)으로는 너무 소량이고, 녹봉으로 준 것으로 보기에는 3월의 량이 줄어든 것을 설명하기 어렵다. 이에 농번기에 접어든 춘궁기에 이들 곡물을 수납하면서 콩을 제외한 조치가 있었던 것으로 보기도 한다.[87] 또한 조(租)는 추수한 뒤에 징수하는 것인데 과연 이를 춘궁기인 1~3월에 분납하도록 하였을지는 의문이다. 이에 정월 1일, 2월 1일에 상미(上米)와 대두(大豆)를 상납한 것으로 보고 파천촌(巴川村)에서 최고의 품질을 골라 시조묘(始祖廟)나 신궁(神宮), 오묘(五廟)의 '제수(祭需)'로 왕실에 진헌한 곡물일 것이고, 3월의 미(米)도 제수(祭需)는 아니라고 하더라도 왕실 내수용으로 사용된 상미(上米)로 풀이하기도 한다.[88]

그런데 앞서 살폈듯이 '상미(上米)'의 '상(上)'은 '올리다'의 동사로 사용되었음이 분명하다. 파천촌(巴川村)은 정월 1일과 2월 1일에 미(米)와 대두(大豆)를 납부하고, 3월에는 일자의 지정이 없이 미(米)만을 바쳤던 것이다. 이는 다음의 일본 「양로령(養老令)」 구목령(廐牧令)에서 마종(馬種)에 따라 속(粟), 도(稲), 두(豆), 염(塩)이나 도(稲), 두(豆), 염(塩), 또는 도(稲), 건초(乾草), 목엽(木葉)을 먹이고, 11월 상순부터는 건초를, 4월 상순에는 청초(青草)를 먹인 것에 비교할 수 있다. 또한 고려 의종 13년(1159)의 「축마료식(畜馬料式)」에도 마종(馬種)에 따라 황초절(黃草

---

87) 남풍현, 앞의 논문, 37쪽.
88) 윤선태, 앞의 논문, 330쪽.

節：10~12, 1~4월)과 청초절(靑草節：5~9월)로 구분하여 패(稗)·두
(豆)·말두(末豆)·염(鹽)이나 전미(田米)·실두(實豆) 및 말두(末豆) 등의 마
료(馬料)를 지급하였는데, 청초절에 실두(實豆)를 제외한 것에[89] 비교할
수 있다.

　　무릇 구(廐)는 세마(細馬) 1필(疋), 중마(中馬) 2필, 노마(駑馬) 3필
을 두는데, 각각 전(丁) 1인을 두고, [사료용 꼴을 베기 위해 두는 丁인]
확정(穫丁)은 매 마(馬)마다 1인을 배치한다. 하루에 세마(細馬)는 속
(粟) 1승(升), 도(稻) 3승, 두(豆) 2승, 염(塩) 2석(夕)을 주고, 중마(中
馬)는 도(稻)와 두(豆) 2승, 염(塩) 1석(夕)을 준다. 노마(駑馬)는 도
(稻) 1승, 건초(乾草) 각 5위(圍), 목엽(木葉) 2위[周 3尺을 1圍로 삼는
다]를 주고, 청초(靑草)는 배(倍)로 한다. 모두 11월 상순부터는 건초를
먹이고 4월 상순에는 청초(靑草)를 먹인다.…[90]

----

89) "毅宗十三年 典牧司奏定諸牧監場畜馬料式. 戰馬一匹, 黃草節一日, 稗一斗·
豆二升·末豆四升, 靑草節, 稗一斗·末豆三升. 雜馬一匹, 黃草節一日, 稗四
升·豆二升·末豆三升, 靑草節, 稗三升·末豆二升. 駱駝一首, 黃草節一日,
稗五斗·豆二斗·鹽五合, 靑草節, 稗二斗·豆九升·鹽三合. 驢騾各一匹, 黃
草節一日, 稗六升·豆二升·末豆三升, 靑草節, 稗六升·末豆三升. 役牛一頭,
黃草節一日, 稗六升·豆二升, 靑草節, 稗四升, 末豆二升. 犢牛一頭, 黃草節一
日, 稗四升·豆二升, 靑草節, 稗三升·末豆二升. 尙乘局御馬一匹, 黃草節, 田
米·實豆及末豆各五升, 靑草節, 只除實豆. 件馬一匹, 黃草節, 田米·實豆·
末豆各三升, 靑草節, 亦除實豆. 役騾一匹, 稗一斗·實豆二升·末豆三升, 靑
草節, 亦除豆. 牝馬一匹, 稗一斗·豆二升·末豆三升, 靑草節, 稗一升·末豆
三升. 二歲駒, 稗四升·豆二升, 靑草節, 稗三升, 豆二升. 把父馬一匹, 一日,
加稗三升·豆二升. 典廐役騾一匹, 一日, 稗一斗五升·實豆·末豆各三升, 靑
草節, 除實豆. 大牛一頭, 一日, 稗八升·實豆三升·黃草七束. 大僕寺別立馬,
稗一斗三升·實豆三升·末豆四升, 靑草節, 除實豆. 常立馬, 稗一斗·實豆三
升·末豆四升, 靑草節, 除實豆. 役騾, 稗一斗·實豆二升·末豆三升, 靑草節,
除實豆."(『고려사』 권 82, 志 36, 兵 2, 馬政).

90) "凡廐°細馬一疋°中馬二疋°駑馬三疋°各給丁一人°穫丁每馬一人°日給
細馬°粟一升°稻三升°豆二升°塩二夕°中馬°稻若豆二升°塩一夕°駑
馬°稻一升°乾草各五圍°木葉二圍°[周三尺爲圍]°靑草倍之°皆起十一月
上旬飼乾°四月上旬給靑°…"(「養老令」廐牧令, 廐細馬)

고려 의종 13년(1159)「축마료식(畜馬料式)」

	황초절	청초절
戰馬	稗 1斗, 豆 2升, 末豆 4升	稗 1斗, 末豆 3升
雜馬	稗 4升, 豆 2升, 末豆 3升	稗 3升, 末豆 2升
驢騾	稗 6升, 豆 2升, 末豆 3升	稗 6升, 末豆 3升.
尙乘局 御馬	田米·實豆:末豆 각 5升	只除實豆(田米·末豆 각 5升)
件馬	田米·實豆·末豆 각 3升	亦除實豆(田米·末豆 각 3升).
役騾	稗 1斗, 實豆 2升, 末豆 3升	亦除豆
牝馬	稗 1斗, 豆 2升, 末豆 3升	稗 1斗, 末豆 3升
典廐 役騾	稗 1斗 5升, 實豆·末豆 각 3升	除實豆
二歲駒	稗 4升, 豆 2升	稗 3升, 豆 2升
把父馬	(稗 4升, 豆 2升)	(稗 3升, 豆 2升) 加稗 3升, 豆 2升
大僕寺 別立馬	稗 1斗 3升, 實豆 3升, 末豆 3升	除實豆
常立馬	稗 1斗, 實豆 3升, 末豆 4升	除實豆
役騾	稗 1斗, 實豆 2升, 末豆 3升	除實豆

위에서 보듯이, 고대 일본의 경우 미(米)는 세마에게, 도(稻)는 중마에게 먹였다. 고려 의종 때에는 상승국(尙乘局) 어마(御馬)와 건마(件馬)에게만 전미(田米)를 먹이고, 두(豆)는 모든 종의 말에게 먹였다.

이에 본 문서의 미(米)와 대두(大豆)는 일본이나 고려의 사례나 마소내가 관여되었다는 점으로 미루어 마료(馬料)일 가능성이 높다. 더욱이 미(米)와 대두(大豆)를 상납하였다는 1, 2월, 그리고 미(米)만을 상납한 3월은, 고려의 황초절에 포함된 달이기도 하다.

파천촌(巴川村)이 상납한 미(米) 41되(/월)와 대두(大豆) 24되(/월)는 1
일 평균 미(米) 1.3되와 대두(大豆) 0.8되의 분량이다. 미(米) 1.3되(升)는
「양로령」에서 1일 마료인 세마(細馬)의 속(粟) 1승, 도(稻) 3승, 두(豆)
2승이나 중마(中馬)의 도(稻)·두(豆) 각 2승에 비교할 수 있지만, 노마(駑
馬)의 도(稻) 1승보다는 많은 량이다. 또한 고려의 황초절에 상승국(尙乘
局)의 어마(御馬)와 건마(件馬)에게 먹인 1일 전미(田米) 3되보다는 적은
량이다. 이와 같은 마료량의 차이는 시대와 지역, 또는 마종(馬種)의 차이
라고 할 수 있고, 당시에 이들 곡물 이외에 마초(馬草)의 공급량에 따라
차이가 있을 수 있다고 본다. 아니면 파천촌(巴川村)이 납부한 미(米)와
대두(大豆)가 촌에서 공납한 마모(馬毛), 마미(馬尾)를 생산하기 위한 마
종(馬種)의 마료(馬料)이었기 때문일 수도 있다.

한편으로 파천촌이 3월에 미(米)만을 상납하고 대두(大豆)를 제외한 것
은, 고려에서 황초절 마지막 달인 4월에 실두(實豆, 大豆)를 제외한 그것
에 비교할 수 있다. 고려에 비교하여 한 달여의 차이가 있는 것은, 본 파천
촌(巴川村)이 고려시대 마목장과 달리 따뜻한 지역이었기 때문일 수 있
다. 곧 고려 전기의 목마장이 주로 개경 근처에 있었다면, 파천촌(巴川村)
은 따뜻한 지역으로서 늦봄이면 이미 청초를 먹일 수 있는 지역이었음을
의미하는 것이 아닐까 한다.

파천촌(巴川村)이 어디인지는 분명하지 않으나, 조선시대 읍지와 고지
도에서는 동일한 이름으로 충청도 음성(陰城)의 파천부곡(巴川部曲),[91]
경상도 청송군(靑松郡) 진보(眞寶) 파천(巴川),[92] 지례현(知禮縣) 파천촌
(巴川村),[93] 남해현(南海縣)의 파천포(巴川浦)[94]를 살필 수 있다. 그런데
목장의 입지조건으로서 대체로 도서지방을 선호하거니와, 신라에 있어서
도 대중(大中) 원년(847) 일본 승려 원인(圓仁, 엔닌)이 귀국길에 잠시 머
무른 신라 남계(南界) 구초도(丘草嶋)의 '신라 제3재상 방마처(放馬處)'와

91) 『陰城郡邑誌』(奎 10762)(http://e-kyujanggak.snu.ac.kr)
92) 『朝鮮地圖』(1750~1768) 7책 경상도, 眞寶.
93) 『海東地圖』(1750년대 초) 권 5, 慶尙道, 知禮.
94) 『東輿圖』(19세기) 권 20, 慶尙道, 南海縣.

그가 목도한 안도(雁嶋)의 '내가(內家) 방마지산(放馬之山)'95)은 해도(海島)에 위치하였다. 『신당서』 신라전에도 가축을 해중(海中)의 산에서 방목한다고 하였다. 고려·조선에 있어서도 방목장을 대체로 해도(海島)나 해안의 곶(串)에 설치하였는데, 이는 해도가 온화한 기후에 말의 식수원과 목초가 풍부하며, 방목하여도 농작에 피해가 없고 짐승의 공격을 막을 수 있다는 점에 기인한다.96)

　따라서 본 문서의 파천촌(巴川村)은 해도(海島)에 위치한 남해현(南海縣)의 파천포(巴川浦) 주변일 가능성이 높다.97) 파천포(巴川浦)는 파천(巴川)에서 유래한 이름인데, 파천(巴川)은 우리말로 '봉내'라고 일컫는다.98) 지금은 남해(南海)에 '파천포(巴川浦)'란 명칭은 없어졌으나 파천(巴川)을 지방하천으로 분류하여 '봉천'이라 일컫고 있다. 사실 『신증동국여지승람』 남해현(南海縣)조에는 금산(錦山)과 동천곶(凍川串)에 목장이 있다고 하였거니와, 본 문서의 파천촌은 남해현 파천(巴川, 봉내, 봉천) 주변의 촌락일 것이다. 파천촌은 금산(錦山)이나 동천곶(凍川串) 목장과는 20리 내지 25리 거리에 있지만,99) 모접(毛接) 5지역에 속하여 마모미(馬毛尾)를 공납하는 촌이었다. 지난해 말엽에 마모미를 공납한 이후, 그 하자에 대하여 파천촌 공동으로 황초절 가운데 1~3월분 마료를 납부하였다. 이는 파천촌이 마모미(馬毛尾)를 공납하는 단위로서, 공납 이후 공물의 하자에 대해 책임을 지고 말 1필의 3개월간 사료에 상당하는 미(米)와 대두(大豆)를 징납하였던 사실을 반영하는 것이 아닌가 한다.

---

95) 圓仁, 『入唐求法巡禮行記』 권 4, 大中 元年 9월 6일·8일.
96) 조병로·김찬수·이왕무, 2004, 「조선시대 사복시의 설치와 목장운영」, 『경기사학』 8, 215쪽.
97) 鈴木靖民은 위의 4개 지명 가운데 신라 國都(경주)와의 지리적 관계를 고려하여 음성현과 청송현의 巴川을 본 문서의 파천촌에 비정하였다.(鈴木靖民, 1977b, 앞의 논문 ; 앞의 책, 345~347쪽) 이에 대해 남풍현은 '제1신라장적' 과 동시대 동지역일 가능성이 높다는 점에서 西原京(淸州) 부근의 촌명일 것으로 보았다.(남풍현, 앞의 논문, 36쪽)
98) 『自菴金先生文集』 권 2, [別曲] 花田別曲.
99) 『신증동국여지승람』 권 31, 慶尙道, 南海縣.

한편 본 문서에서 3월에 미(米)를 상납한 일자가 보이지 않는 것은, 조선시대에 직전(職田)·사전(賜田)의 세(稅)를 초가(草價)와 함께 경창(京倉)에 3월 10일을 한도로 납부하되 초(草) 1속(束)에 대해 미(米) 2승의 비율로 군자감(軍資監)의 미(米)·두(豆)로 환급(換給)하도록 한 규정처럼,[100] 3월의 특정일을 한도로 하여 초가를 징납하였던 때문이 아닐까 한다. 특히 파천촌이 미(米)와 대두(大豆)를 파천촌 공동으로 납부하였다는 점에서, 「신라촌락문서」에 보이는 촌락 공동 경작의 소출 곡물로써 마모미(馬毛尾)에 대한 소정의 마료에 충당하였던 것이 아닌가 추측된다.

(2) 「신라내성모접문서」의 축(丑)·실(失)과 초가(草價)

「신라내성모접문서」 뒷면에 대해서는, 앞면의 용도가 다한 뒤 그 뒷면을 재활용하여 기록한 문서로서 서로 다른 별개의 문서로 보거나,[101] 양[창](椋[倉])을 관리하는 동일 관사의 출납·점검의 기록 또는 실제의 출납 점검에 휴대한 역인(役人)이 작성한 장부의 일부로 보기도 한다.[102] 앞, 뒷면을 다른 문서로 보았던 것은, 앞면에는 계선이 있는 데 대해, 뒷면에는 계선이 없고, 앞뒷면의 필체가 서로 다른 때문이라 할 수 있다.

그럼에도 불구하고 앞서 언급하였듯이, 본 문서 뒷면 끝 부분에 보이는 폭 0.7~0.3cm의 갈색 풀자국이나 계선(界線)은 책(册)을 만든 흔적으로 이해되거니와, 본 문서는 책자로 만들어진 문서철 가운데 찢겨져 나온 한 면임에 분명하다. 그렇다면 추기의 가능성은 있지만, 과연 앞뒷면을 별개의 문서로 볼 수 있을까 하는 의문이 있다.

먼저 문서 뒷면에는 모두 세 명의 인물이 등장한다. 기왕에는 이들이 각각 축(丑)과 실(失)을 수령하고 미(米)를 상납한 것으로 보거나, 또는 이들이 축(丑), 실(失), 상미(上米)를 받은 것으로 보기도 한다. 그런데 뒷

---

100) "職田·賜田稅 幷草價納京倉 限來春三月初十日 以軍資監米豆換給 草一束準 米二升"(『經國大典』 戶典, 諸田)

101) 鈴木靖民, 1977b, 앞의 논문 ; 앞의 책, 356쪽. 윤선태, 앞의 논문, 302쪽.

102) 平川南, 앞의 논문, 13쪽.

면 문서에 등장한 세 명의 인명과 관등에 대한 석독은 약간의 차이가 있다. 곧 '未忽初朶'에 대해서는 '未忽衣朶'(남풍현), '永忽知朶'(이기백, 鈴木靖民, 윤선태, 平川南, 이용현)로, '六立壹'에 대해서는 '六互壹'(남풍현), 六[直][舍](이기백, 鈴木靖民, 윤선태), 之立[壹](平川南), 之立舍(이용현), 그리고 '契米山壹'에 대해서는 '契米山壹'(남풍현), 熱(熱, 熱)米山[舍](이기백, 鈴木靖民, 윤선태), 熱ロ山[壹](平川南), 熱ロ山舍(이용현) 등으로 각각 석독한다. 따라서 이들 인명에 대해 정확히 석독할 필요가 있다.

첫째, '未忽初朶'에서 '未忽'은 자획으로 보아 '미총(未忽)'이 분명하다. 다만 '初'는 '초(初)'의 초서 '初'에 상응한다. '朶'은 '朶'로 썼으나 '내말(朶)'을 흘려 쓴 서체라고 보아 좋을 것이다. 따라서 첫번째 인물의 이름과 관등은 '미총내말(未忽初朶)'이다.

두번째 인물 '六立壹'에서 '六'은 '지(之)'보다는 '6(六)'으로 보아야 할 듯하다. 또한 '立'을 '직(直)' 또는 '입(立)'으로 석독하나, 이는 조금 서투르긴 하지만 '생(生)'의 초서 '生' 또는 '生'과 필획이나 획순이 동일한 바 '생(生)'자임이 분명하다. 다만 '六立壹'의 '壹'는 뒤이어 나오는 인물 '契米山壹'의 '壹'와 동일한 글자이다. 이를 '일(壹)' 또는 '대사(舍)'로 석독하기도 하지만, 이는 '지

본 문서의 '生'(①)과 생의 초서체 (②③)

본 문서의 知(①②)와 知의 초서 (③④)

(知)'의 초서 '知'에 가깝다. '知' 아래의 'ㆍ'은 혹 '지(知)'의 초서 가운데 '知'와 같이 'ㅁ'를 점으로 표현한 그것이 아닐까 생각해 볼 수 있겠다. 아니면 우리 말에서 사람을 지칭하는 '~치'를 이두식으로 표현한 것이 아닐까 추측해 볼 수도 있겠다. 아무튼 본 글자는 기왕에 석독하였던 '일(壹)' 또는 '대사(舍)'보다는 '지(知)'의 초서체로 석독해야 할 것으로 본다. 이에 동 인물의 이름은 '육생지(六生知)'이다.

마지막으로 세번째 인물 '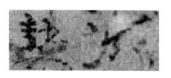山z'의

본 문서의 '熬[褧]次[山知]'

''는 '계(契)' 또는 '열(熱)' 등으로 석독하지만, 이에 합당한 글자체를 찾기는 어렵다. 다만 하변을 '大' 또는 '火', '犬'변으로 볼 때에 좌변에 가장 근사한 '오(熬)'의 이체자 '褧'나 '褧'가 이에 가장 가깝지 않을까 한다. '가'는 '미(米)'로 보기에는 좌측의 '冫'변이 분명하고 우변은 '攵'로서, 남북조시대 魏碑에 보이는 '次'의 우변에 가깝다.103) 그런데 '차(次)'는 한국 고대의 지명 가운데 매열차현(買熱次縣), 재차파의현(濟次巴衣縣), 오차현(烏次縣), 구차례현(仇次禮縣) 등으로 흔히 사용되었고, 개차산군(皆次山郡), 아차산현(阿次山縣) 등 산명으로도 씌었다. 따라서 이를 '차(次)'로 석독해도 좋을 듯하다. 다만 '차(次)'와 관련된 지명에는 오차산현(烏次山縣), 아차산현(阿次山縣) 등의 '오차(烏次)' '아차(阿次)' 등의 용례가 있어, 본 문서의 '褧山'은 '오차산(熬次山)'이나 '오차산(褧次山)' 모두 가능하리라 본다. 따라서 세 번째 인물은 '오차산지(熬[褧]次山知)'라고 할 수 있다.

그러므로 뒷면 문서에 등장하는 인물은 미총초내말(未悤初枲), 육생지(六生知)와 오차산지(熬[褧]次山知)이다. 이들은 모두 '丑' 또는 '失'을 받고, 일정량의 米를 올렸다.[上米]104) 1행의 일실된 부분의 경우 이를 2행과 비교하였을 때에, 현재 남아 있는 글자 '미10두실수(米十斗失受)'의 앞쪽의 글자수는 모두 6~7자, 뒷쪽의 글자수는 최대 8자 정도였을 것으로 추측된다. 아마도 1행에는 일명의 인물이 '丑'을 받아 미(米) 10말을 납부하고, '失'에 대해서도 미(米)를 납부하였을 것으로 여겨진다. 그는 2행의 미총초내말(未悤初枲)에 앞서 기록된 것으로 보아 내말(乃末)의 관등이었

---

103) 『書法字典』(http://www.shufazidian.com) 次.

104) '上米'를 '상등급의 米'로 보기도 하지만, 이는 앞면 문서에서 '上米'의 '上'과 같이 '올리다'의 동사로 보아야 하지 않을까 한다. 본 문서에서는 丑과 失을 '受'한 데 대하여 일관되게 '上米'라 하였거니와, 六生知의 경우 丑을 받았다는 '受'를 생략하면서도 '上米'라 한 것은, 이 문서에서 '受'와 '上'이 서로 대응 관계에 있음을 보여주기 때문이다.

을 것으로 짐작된다.105)

따라서 이들 최소 네 명의 인물은 두 명의 내말(乃末)과 두 명의 무관등자이다. 이들은 모두 동일하게 '丑'을 받았고, 1행의 첫번째 인물과 2행의 육생지(六生知)만이 '失'을 받고 두 번에 걸쳐 미(米)를 대가로 납부하였다고 할 수 있다. 이를 정리하면 다음과 같다.

뒷면 문서의 곡물(馬料) 수령과 [草價] 징납

B		受(丑, 失)	上(米)
㉠	○○ [朶]?	[受丑二石?]	[上?]米十斗
		失受 [口石?]	[上 米 口口斗口刀?]」
㉡	未忽初朶	受丑二石	上 米十五斗七刀
㉢	六生知	受失二石」	上 米十七斗
		[受?]丑一石十斗	上 米十三斗
㉣	熬[嫯]次山知	受丑二石」	上 米一石一斗

위의 표에서 B㉡의 미총초내말(未忽初朶)과 B㉣의 오차산지(熬[嫯]次山知)는 모두 丑 2석씩을 받고 미(米)를 올렸다. 육생지(六生知)의 경우 失 2석을 받고 미(米)를 바쳤는데, 다시 丑에 대하여 미(米)를 바치고 있다. 따라서 육생지(六生知)의 '丑' 앞에는 '수(受)'를 생략한 것으로 보아야 하지 않을까 한다. 말하자면 '失' 2석을 받고 미(米) 17말(斗)을 납부하였는데, 다시 '丑' 1섬(石) 10말(斗)을 받고 '미(米)' 13말(斗)를 바쳤다는 것이 문서의 전체 문맥상 자연스럽다고 하겠다.106) 다만 여기에서 '丑'과

---

105) 뒷면 첫 행의 일실된 부분을 '某人 某官位 12월 월봉 몇 石, (그 중) 上米 10斗 (받음), 지난번 유고로 받지 못한 월봉 몇 石, (그 중) 上米 얼마 (받음)'으로 복원하기도 한다.(노명호 외, 2000, 『한국고대중세 고문서연구』(上) 교감역주편, 서울대 출판부, 335쪽)

106) 鈴木靖民은 2행의 '21자(失)' 앞에 '丑'이 빠진 것이 아닌가 하였다.(鈴木靖民, 1977b, 앞의 논문 ; 앞의 책, 351쪽) 씨의 견해대로라면 '受丑失二石'이어야 하는데, 그가 '失'을 '받지 않았다'는 이두로 파악한 것과 관련하여 보더라도 '丑을 받았으나 2석을 받지 않았다'라고 해석되어 오히려 그 의미가 통하지 않는다는 남점이 있다. 이에 본 문장은 오히려 六生知가 '失 2석을 받고 미 17두를 납부하고, [다시] 丑 1석 10두를 받아 米 13두를 납부하였다'로 보는

400 일본 소재 한국 고대 문자자료

'失'이 의미하는 바가 무엇인가가 관건이 된다.

앞서 살폈듯이, '丑'에 대해서는 '호도'의 가차자(假借字), 화축(禾丑)·미축(米丑) 등 곡물의 생략형, 12월의 월봉, 탈곡하지 않은 벼[籾]로 본다. 또한 '失'에 대해서는 '잣'의 가차표기(假借表記), '받지 않았다'는 이두, 지난 달에 유고(有故)로 인해 수령하지 못했던 전월(前月)의 월봉', 탈곡을 담당한 어떤 이가 '받아감으로써 없어진 것', '잘못받은 것' 등으로 풀이한다.

그런데 (1) 丑과 失은 모두 글자 본래의 의미와 달리 '석(石)'을 단위로 하였음을 알 수 있다. 또한 세 명의 인물은 (2) '丑'을 받고 그 대가를 미(米)로 납부하였고, (3) 미(米)의 납부액은 일정하지 않았으며, (4) 육생지(六生知)는 '失 2石'을 받았는데, 그것은 다른 인물들이 받은 '丑'의 양과 동일하다. 육생지(六生知)의 사례로 미루어 볼 때에 1행의 일명의 인물 또한 丑과 失을 받았던 것으로 여겨진다. 따라서 일명의 내말(柰)과 육생지(六生知)는 丑과 함께 失을 받았으나, 두 번에 걸쳐 미(米)를 납부하였음을 알 수 있다.

여기에서 네 명의 인물이 관등의 유무와 관계없이 일정량의 丑을 받고 그 대가를 미(米)로 납부했으며, '失'을 받은 데 대해 다시 미(米)를 납부해야 함을 알 수 있다. 또한 앞면 파천촌(巴川村)이 공동으로 징납한 곡물량이, 미(米) 12두(斗) 2되(刀), 대두(大豆) 4두(斗) 8되(刀)인 데 대하여, 뒷면에서 결락된 부분을 제외하더라도 4인이 丑 또는 失의 대가로 징납한 곡물 총량은 미(米) 3석(石) 16두(斗) 7되(刀)로서 촌(村) 공동으로 징납한 양에 비하여 매우 크다는 점을 지적할 수 있다. 그럼에도 불구하고 이러한 곡물량은, 강수(强首)가 사찬(沙湌)으로서 받은 세조(歲租) 200석, 그리고 「신라촌락장적」에서 촌주의 세조(歲租)로 여길 수 있는 촌주위답 19결 70부로부터의 소출 197석[107]에 비하여 매우 소량이다. 촌주의 관등은

것이 옳을 것이다. 따라서 '丑'의 앞에 '受'가 생략되었다고 보는 것이 옳으며, 굳이 '受'를 쓰지 않더라도 전체 문장 구조상 '丑'을 받은 사실을 알 수 있기 때문에 이를 생략한 것이 아닌가 한다. 여기에서의 '失'은 후술하듯이 '失馬분의 丑'이란 의미라고 할 수 있다.

「청주 연지사종명」(833)에서는 급간(及干)·대내말(大柰), 108) 「규흥사
종명」(856)에서는 사간(沙干)·급간(及干)으로서, 109) 본 문서에 보이는
내말(乃末)보다는 2~3등급 위이기는 하지만, 본 문서의 곡물량은 이들
관등자의 세조(歲租) 또는 월봉액에는 크게 미치지 못함을 알 수 있다.

따라서 본 문건의 미(米)는, 丑과 失의 대가로서 징납한 것이라는 점,
그리고 그 물량이 너무 적다는 점에서 내말(乃末)의 관등자에 대한 월봉
내지 녹봉으로 간주하기 어렵다. 또한 무관등자가 납부한 미(米)의 양이
내말(乃末)의 관등자보다도 훨씬 많다는 점에서, 이를 월봉 또는 녹봉으
로 볼 수 없음을 분명하게 알 수 있다.

한편으로 탈곡하지 않은 벼(籾)를 미(米)로 납부하였다는 견해에 있어
서도, 속(粟)을 탈곡정미하는 과정은 '여미(糲米, 현미) → 착미(鑿米) →
훼미(毇米, 精米)'의 순차로 진행되는데, 진대(秦代)에는 속(粟) '1두(斗)'
를 탈곡하면 여미(糲米) '6승'을 얻었다고 한다. 진대(秦代)의 법정 탈곡
비율이 '10:6'인 셈인데, 110) 본 문서에서 丑과 米의 비율이 '40말 : 15.7
말', '40말 : 17말', '40말 : 21말'로서, 대체로 5 : 2, 2.35 : 1, 2 : 1의
비율로 일정하지 않으며, 또한 진대(秦代)의 법정 비율에 미치지 못하고
있다. 그 물량 또한 매우 소량인 바, '丑'을 탈곡을 위한 '인(籾)'의 속자로
보기 어렵다고 본다.

물론 본 문서의 '丑'은 신라의 속자임에 분명하다. 다만 '丑'과 '失'은 본
문서가 책자로 만들어 관리된 문서의 일부라는 점에서, 앞면의 문서와
일련의 관계가 있다고 본다. 앞 면 문서에서 미(米)와 대두(大豆)가 황초
절의 마료와 관련되었을 가능성을 살폈듯이, 그러한 관점에서 '丑'을 마료
(馬料)와 관련된 문자가 아닐까 추측해 볼 수 있다.

---

107) 박남수, 2002, 「新羅 中·下代 匠人의 生活」, 『강좌 한국고대사』 6, 가락국사적
     개발연구원, 135쪽.
108) "卿(鄕)村主 三長及干 朱雀大柰"(「菁州 蓮池寺鍾銘」 黃壽永·濱田耕策, 국
     사편찬위원회 편, 1996, 『韓國古代金石文資料集』 Ⅲ, 127·129쪽)
109) "上村主三重沙干堯王ロロロ」第二村主沙干龍河ロロロ」第三村主及干貴珍ロ
     及干"(「斂興寺 鍾銘」 허흥식, 국사편찬위원회 편, 1996, 위의 책, 136쪽).
110) 冨谷 至, 2010, 『文書行政의 漢帝國』, 名古屋大學出版會, 350~351쪽.

이에 소나 말의 사료를 뜻하는 '芻(꼴)'의 이체자 '䓆'를 주목할 수 있다. 설인귀(薛仁貴)가 문무왕에게 보낸 서장에서 당이 군대를 보내고 '꼴을 날라 날마다 대주었다(飛芻日給)'고 한 데서,111) 꼴(芻)은 군마(軍馬)를 운용하는 데 필요불가결한 것으로서, 당군은 군마에 필요한 꼴을 당으로부터 직접 운송하여 사용하였음을 알 수 있다. 꼴(芻)은 달리 '곡초(穀草, 볏짚)' 또는 '생초(生草)'라고 하였다. 특히 곡초(볏짚)는 조선시대에 초계(草契)를 두어 공물(貢物)로 받았는데, 10근을 1속(束), 6속을 1동(同)으로 하여, 1동(同)의 수가(受價)를 미(米) 5두(斗) 5승(升)으로 하였고, 생초(生草)는 4근을 1속, 20속을 1동으로 하여 1동(同)의 수가를 미(米) 2두로 하였다.112) 곧 조선시대에 꼴(芻)에 대한 수가(受價)를 미(米)로 징수하였거니와, 본 문서에서 '丑'에 대한 일종 수가(受價)로서 미(米)를 납부한 것과 동일한 양상이다.

그런데 본 문서에서 '丑'의 단위가 곡물의 단위인 '석(石)'인 바, 이는 곡초(穀草) 또는 생초(生草)의 단위인 근(斤), 속(束), 동(同)과 차이가 있다. 「양로령」에서 마료로 사용하였던 속(粟)과 두(豆), 고려 의종대 「축마료식(畜馬料式)」의 전미(田米)와 실두(實豆), 조선시대 전미(田米)와 태(太)는 본 문서 앞 면의 미(米)와 대두(大豆)에 상응한다. 따라서 '丑'은 「양로령」에서 속(粟)을 대신하여 먹였던 도(稻), 의종 13년(1159) 「축마료식」에서 상승국(尙乘局) 어마(御馬)나 건마(件馬)의 田米를 대체하여 먹였던 稗(피), 그리고 조선시대 마료(馬料)로서 태(太), 전미(田米), 염(鹽), 곡초(穀草), 생초(生草)와 함께 먹였던 '피모(皮牟, 겉보리)'113) 가운데 하나가 아닐까 한다. '丑'이 稗(피)인지 皮牟(겉보리)인지, 또는 일본 「양로령」의 '도(稻)'인지는 분명하지 않지만, 본 문건이 말과 관계되는 만큼 마료로서 사용된 이들 곡물 가운데 하나임은 분명하다.

이에 상수리나무와 비슷하면서 가는 이파리가 새로이 나면 소에게 먹일 수 있는 뉴(杻)를 '쏠이'라고 하였는데, 『동의보감(東醫寶鑑)』에서는 '패자

---

111) 『삼국사기』 권 7, 新羅本紀 7, 文武王 11년 7월 26일.
112) 『六典條例』 권 8, 兵典, 司僕寺 戶房 所管貢物.
113) 『六典條例』 권 8, 兵典, 司僕寺 用下.

(稗子)'를 또한 '쏠이쏠'이라고 하였다.114) 이들은 모두 마소의 사료였다. 뉴(杻)가 '丑'으로써 소 먹이임을 시사하고 이를 '쏠이'라고 일컬었듯이, '패자(稗子)'를 또한 '쏠이쏠'이라 하여 소에게 먹이는 곡식을 지칭하였다. 물론 '丑'이 고려시대 마료로 사용된 '패(稗)'일 가능성도 없지 않으나, 함안 성산산성 목간에서 보듯이 '패(稗)'를 한자어 그대로 사용하였고, 또한 신라 금석문상에서는 '도(稻)'의 용례가 보이는 만큼, 본 문서의 '丑'은 '겉보리'를 지칭하는 속자일 가능성이 높다. 곧 '丑'은 이미 부여 능산리사지 출토 목간(300)에서도 등장하는데,115) 백제에서 생획자로 사용하던 것을 신라에서 그대로 사용한 것이 아닐까 한다.

'丑'은 마소의 사료인 '뉴(杻)'나 '추(芻)'와 서로 상통하는 측면이 있거니와, '뉴(杻)'나 '추(芻)'의 이체자 '䤃'에서 '木'변이나 상변의 'ク'을 생략한 '丑'만으로, 마소의 사료로 사용된 '피모(皮牟)'를 지칭한 것이 아니었을까 한다. 사실 '피모(皮牟)'는 겉보리를 뜻하는 한자어 '피맥(皮麥)'을 대신한 우리식 한자어인데, 백제·신라에서 마소의 사료로 사용한 겉보리를 '뉴(杻)'나 '추(芻)'의 생획자 '丑'으로 사용하면서 우리말 '쏠이'로 일컬었을 가능성이 있다. 그후 '丑'의 모호성으로 인하여 언제인가 '丑'을 '피모(皮牟)'로 바꾸어 사용하였던 것이 아닌가 추측된다.

그렇다면 '失'은 무엇을 지칭하는 것인가. '失'의 단위가 '석(石)'이므로 곡물을 지칭하는 것임에 분명하다. 다만 본 문건에서 '丑'을 모든 사람에게 동일한 물량을 내린 데 대하여, '失'은 두 사람에게만 한정하였던 만큼, 꼭 지급해야 할 곡물이 아님을 알 수 있다. 그런데 육생지(六生知)가 받은 失 2석(石)의 양은, 미총초내말(未忽初桼)과 오차산지(熬[猰]次山知)가 각각 받은 丑의 양 2석과 동일하다. 또한 육생지(六生知)가 받은 失 2석

---

114) 鮎貝房之進, 1986, 「俗字攷」, 『雜攷 俗字攷·俗文攷·借字攷』, 민속원, 50~51쪽.

115) 平川南은 부여 능산리사지 출토 목간(300)을 "三月仲椋內上丑"으로 석독하고, '丑'의 사용례를 적시하였다.(平川南, 앞의 논문, 9쪽) 기왕에는 이를 三月□柿山□□□□□"으로 석독하였으나(국립창원문화재연구소, 2004, 『한국의 고대목간』, 451쪽), 平川南의 석독이 적확한 것으로 판단된다.

(石)[40斗]에 대하여 미(米) 17두(斗)를 납부하고, 다시 표 1석(石) 10두(斗)[30斗]를 받은 데 대하여 미(米) 1석(石) 1두(斗)[21斗]를 징납한 비율은, 2.35:1과 2.31:1로서 거의 차이가 없다. 이는 표과 失이 동일한 곡물을 지칭하지 않을까 생각하게 한다. 이에「양로령」의 구목령(廐牧令)에서 「실마우(失馬牛)」조를 주목할 수 있다.

무릇 마소를 기르다가 관(官)의 마·우(馬·牛)를 잃어버린 자〔凡在牧失官馬牛者〕는 모두 100일을 주어 찾게 하고. 기간이 되도록 찾지 못하면 각각 잃어버린 곳의 당시의 값에 준하여 10분으로 나누어 징수하도록 한다. 7분은 목자(牧子)에게 징수하고, 3분은 장장(長帳)에게 징수한다. 만일 해당 직위에 사람이 없거나 죽었으면, 오직 있는 사람으로 나누어 징수하도록 한다. 외양간에서 잃어버린 것은〔其在廐失者〕, 주수(主帥)는 목장(牧長)에 준하고, 사정(飼丁)은 목자(牧子)에 준한다. 잃어버렸으나 다시 찾으면〔失而復得〕, 고쳐서 바로잡아 되돌려 준다. 그 이유 없이 죽거나 수효가 줄면, 본래 기르던 수로 징수하여 채운다.(『養老令』 廐牧令, 失馬牛條)。

위의 『양로령』 구목령(廐牧令)에서 '실관마우자(失官馬牛者)' 또는 '구실자(廐失者)', '실이부득(失而復得)'이라 하여 '우마(牛馬)'를 지칭하든 하지 않던 간에 우마(牛馬)에 대하여 '실(失)'이라 한 것은 '실우마(失牛馬)'를 의미하였다. 조선시대 법전에도 '유실마우(遺失馬牛)' 또는 '고실마우(故失馬牛)'라고 하거나, '의분양고실례론(依分養故失例論)'과 같이 특별히 마소를 지칭하지 않더라도 '고실(故失)' 또는 '유실(遺失)'로써 '잃어버린 마소'를 지칭하였다.116)

이에 본 문서가 말과 관련된다는 점에서 '실(失)'은 '실마(失馬)'를 지칭하는 것으로 간주할 수 있지 않을까 한다. 그렇다면 일명의 인물과 육생지

---

116) "諸道各牧場故失牛隻, 依馬匹例"(『대전통편』 戶典, 雜令)

"分養馬故失 · 瘦瘠 · 不馴, 守令論罪… 濟州上來貢馬, 中路病留, 該邑守令不善救療徑斃者 · 過年不卽上送者, 依分養故失例論"(『대전통편』 兵典, 廐牧)

"各牧場故失 · 遺失馬價, 上等十六匹, 中等十二匹, 下等八匹, 牧子當徵, 遺失數多, 則兼監牧重論"(『典錄通考』 戶典 下, 徵債[續錄])

(六生知)가 받은 '실(失)'이란 '실마(失馬)'에 대한 마료(馬料) '丑(皮牟, 겉보리)'을 받아 미(米)를 징납하고, 다시 '丑'을 받아 '미(米)'를 납부한 것이 된다.

이에 육생지(六生知)가 '受失'한 것은 '受失馬丑[失馬의 丑을 받음]'을, 일명의 관리의 '失受'는 '失馬受丑[失馬하고서 丑(皮牟, 겉보리)을 받음]'의 의미가 아닐까 한다. 따라서 육생지(六生知)는 '잃어버린 말의 丑(皮牟, 겉보리)을 받아' 미(米)를 징납하였다가, 실마(失馬)의 사실이 보고되어 다시 말을 분급받음으로써 필요한 만큼의 丑을 다시 받고 미(米)를 납부한 것이라고 할 수 있다. 그가 처음에 丑(皮牟, 겉보리) 2석을 받았으나, 두 번째에는 丑 1石 10말(斗)만을 받은 것은 그러한 배경에서 이해할 수 있다. 1행에서 일명의 관리가 '失受'하였다는 것은, 그가 실마(失馬)하였음에도 丑(皮牟:겉보리) 2섬을 받고 米(쌀) 10말을 납부하였는데, 失馬의 사실이 보고되어 인지하게 됨에 따라 다시 말을 분급받음으로써 丑의 차액분(부족분) □섬 □되를 받고 미(米, 쌀) □□말 □되를 납부한 것으로 추정된다.

그런데 2017년 부산박물관은 부산 배산성지 2호 집수지에서 본 문서의 서식과 유사한 형식의 목간(2호목간)을 발견하여 소개한 바 있다.[117] 본 목간은 30여 자의 글자가 있다고 하나 아직 미공개 상태여서 자세한 석독은 어렵지만, 본 목간의 석독자로 참여한 이용현은 본 목간에 대한 석독문과 해석문을 제시하고 본 목간에 대한 견해를 밝혔다.[118] 이용현의 석독문과 해석문을 전재하면 다음과 같다.

행	석 독 문	해 석 문
1	大阪村 失受 ■今知 四 乙亥年 二月一日 □① 三𦥑	대판(고)촌(大阪村) 잘못 받은 것 [정정표시] 今知 4. 을해년(乙亥年) 2월 1일 3<말 받음> … …
2	朔□②□③ 三斗 四月一日受 一石四斗 三月一日	초하루[朔] □□ 3말<받음>. 4월 1일 1섬 4말 받음. 3월 1일 □□□ …

117) 나동욱, 2018.6, 「부산 배산성지 출토 목간 자료 소개」, 『목간과 문자』 20, 357~376쪽.
118) 이용현, 2018.12, 앞의 논문, 314~323쪽.

	□④□⑤□⑥▮	
3	□⑦一尺 **四月一日上法用□⑧** 村主只□⑨斗▮	□一尺. 4월 1일 받은 것은, 법法을 써서 □촌주村主 지只 □ (몇)두 …
4	大	大 …
	■ 검게 먹자국,　□ 판독미상,　▮ 이하 파손 부분, < > 추독	

이용현은 '失受 ■今知'를 "잘못받은 것으로, 점검하여 지금 알게 된 것이 4"로 풀이하고, 이를 2월에서 4월에 걸치는 기간을 단위로 한 창고의 입출 곡물을 기록한 장부로 보았다.[119] 사실 본 문서는 2월~4월에 걸쳐 모종의 곡물을 받고(受), 이에 대한 대가를 3월과 4월에 걸쳐 올린(上) 것이라 할 수 있다. 뒷 부분이 보이지 않지만 아마도 5월에도 지급받은 모종의 곡물에 대한 대가로 모종의 곡물을 올렸을 가능성이 높다. 그렇다면 본 문건은 2월에서 4월에 걸쳐 모종의 곡물을 받고, 각각 한 달 뒤에 수령한 곡물에 대한 대가를 징납한 것이 된다. 이는 앞서 살핀 「신라내성모접문서」 뒷면에서 겉보리[丑, 皮牟]을 받아 미(米)를 징납하고, 앞면에서 1월에서 3월에 걸쳐 미(米)와 대두(大豆)를 마료로 납부한 그것과 동일한 양상이다.

사실 배산성지 2호 목간에서 그 수량이 유일하게 나타나는 4월달 수령 곡물량 '1석 4두'[120]는 「신라 내성 모접 문서」 뒷면의 육생지(六生知)가 실마(失馬)분의 겉보리[丑] 2석을 받아(受失) 米 17斗를 바치고 나서, 또다시 받은 겉보리[丑] '1석 10두'와 비슷한 수량이다. 이에 배산성지 2호 목간의 4월달 수령 곡물량 '1석 4두'는 동 목간 1행에서 '失受'하였다는 그것과 관련된 것이 아닐까 추측된다.

곧 배산성지 2호 목간에서 '실수(失受)'하여 다시 받은 모종의 곡물 수량이 「신라 내성 모접 문서」의 육생지(六生知)가 실마(失馬)분의 겉보리[丑]에 대한 대가를 징납하고 다시 받은 겉보리[丑]의 수량과 비슷하고, 배산

---

119) 이용현, 2018, 위의 논문, 322쪽.
120) 나동욱은 이를 '1석 3두'로 석독하였는데(나동욱, 앞의 논문, 370쪽), 본고에서는 잠정적으로 이용현의 석독을 따랐다.

성지 2호 목간에서 모종의 곡물을 받고 그 대가를 다시 모종의 곡물로
징납한 형식이 「신라내성모접문서」와 동일하다. 또한 배산성지 2호 목간
에서 모종의 곡물을 받은 2월~4월이 고려의 황초절에 포함되는 바, 「신
라내성모접문서」 앞면에서 파천촌이 마료로 징수한 1~3월 또한 황초절
에 포함되고, 양자 모두 3개월간의 곡물을 납부한 사실과 동일하다. 그리
고 배산성지 2호 목간에서 모종의 곡물에 대한 4월분 징납이 법용□(法用
□)의 촌주위답의 곡물로써 이루어진 것이 「신라내성모접문서」 앞면에서
파천촌 공동으로 미(米)로써 마료를 납부한 그것과 동일하다. 이로써 「신
라내성모접문서」 뒷면에서 네 명의 인물이 겉보리[丑]를 받고 그 대가로
서 米를 징수한 것이 황초절에 이루어졌음을 짐작할 수 있다. 또한 배산성
지 2호 목간이 「신라내성모접문서」의 앞, 뒷면의 내용과 형식을 포괄한
바, 「신라내성모접문서」 앞, 뒷면이 분리될 수 없는 일련의 문서임을 확
인할 수 있다.

특히 배산성지 2호 목간에서 2월, 3월, 4월에 받은 모종의 곡물에 대하
여 3월, 4월, 5월(?)에 각각 그 대가를 징납하였다. 따라서 지급한 모종의
곡물은 환곡(還穀)이나 구휼미(救恤米)가 아님이 분명하고 「신라내성모
접문서」의 겉보리[丑]와 동일한 성격의 마료(馬料)로 보아야 할 것이며,
징수한 모종의 곡물은 지급한 곡물에 대한 초가(草價)일 것으로 추정된
다. 사실 본 배산성지 2호 목간이 발견된 곳은 삼한시대 독로국(瀆盧國,
居漆山國)의 소재지로서 마숙(馬叔)이라 칭해졌던 가 매년 말을 풀어 훈
련시키다가 우시산국(于尸山國)과 거칠산국(居漆山國)을 멸망시킨 일화
가 있던 곳이고,[121] 또한 인근의 영도에는 8세기 전반에 서역마를 길렀던
왕실 마목장 절영도가 위치하였으며,[122] 조선시대에 본 배산성지 동남쪽
에 동래 고읍성이 있었고 앞서 살폈듯이 본 현에는 '고지도거(古智島阹)'
가 속해 있었다. 따라서 동 목간으로부터 본 배산성지를 중심으로 중고기
에 이미 관마(官馬)를 사육하고 이에 따른 마정을 운영하였던 사실을 상정

---

121) 『삼국사기』 권 44, 列傳 4, 居道.
122) 서영교, 2017, 「부산 영도(絶影島), 신라왕실목장」, 『항도부산』 33,
     116~120·126·133쪽.

할 수 있다.

그러므로 부산 배산성지 2호 목간은 「신라내성모접문서」와 상당한 시간적 차이가 있지만, 신라 마정 운영의 양상을 보여주는 또다른 자료로서 주목되는 것이다. 동 목간의 '실수■금지(失受■今知)' 또한 앞서 필자가 추정하였듯이 '실[마]수[축]■今知(失[馬]受[丑]■今知)' 곧 '失馬 분의 丑(마료)을 받았는데, 동 목간을 작성할 때에 그 사실을 알게 되어'라는 의미로 풀이할 수 있으며, 이로 인하여 동 목간이 황초절의 3개월분 마료를 징납한 내용을 기재한 것임을 충분히 상정할 수 있는 것이다. 배산성지 2호 목간에 대한 더 이상의 논의는 보다 적확한 사진이 공개된 이후에 진행해야 할 것이지만, 현재 공개된 자료로만 보아서도 그것은 아무래도 6~7세기 무렵 부산 지역의 마정 운영 특히 관마(官馬)의 운영에 따른 마료 지급과 초가 징수 관련 문서로서 그 성격을 규정할 수 있지 않을까 한다.

(3) 「신라내성모접문서」의 제작시기

본 「신라내성모접문서」의 작성 시기를 획정할 수 있는 특징적인 것으로는 이두로 여겨지는 '汚去如'와 '乙', 그리고 신라의 관등 '내말(柰)'의 표기 방식이다. 본 문건의 '汚去如'(A②)에서 '去'는 동사 아래에 쓰이는 현재완료형 접사이고 '如'는 종지형 '~다'이다.[123] '오(汚)'는 '장오(贓汚)', '탐오(貪汚)', '오택(汚宅)' 등과 같은 사용례가 있다. 신라의 금석문상에서는 대체로 '더럽히다'의 의미로 사용되었고,[124] 법제적으로도 『경국대전주해』에서 "오(汚)는 더럽히다"라고 하였거니와,[125] '汚去如'는 대체로 '

---

123) 장지영·장세경, 1976, 『이두사전』, 정음사, 22·215쪽.
124) "斯則忍辱納汙之迹 和光匿曜之事也"(「斷俗寺 神行禪師塔碑」(813), 한국고대사연구소 편, 1992, 『역주한국고대금석문』 Ⅲ, 19쪽).
   "孰不傾心護念, 爲君貯福, 亦何必遠汚綸言於枯木朽株"(「雙磎寺 眞鑑禪師塔碑」(887), 한국고대사연구소 편, 위의 책, 78쪽).
125) "贓汚[汚, 穢也, 又染也]"(『經國大典註解』 後集, 吏典, 天官 冢宰 六曹條)

더럽혀졌다'의 의미로 새겨진다.126)

사실 '~如'는 신라의 특정 시기에 등장하여 줄곧 사용된 종지형 어미이다. 현재 전하는 자료 가운데 이와 유사한 어법은 「신라 백지묵자대방광불화엄경 사경 발문(755)」의 '舍利尓入內如[사리를 안에 넣다'와 「영태이년명 비로차나불조상기」(766)의 '在內如[넣어 있다'를 들 수 있다. 또한 「신라촌라장적」에 보이는 '賣如[팔다]'도 이와 동일한 어법으로 간주할 수 있다. 특히 「신라촌라문서」의 '見內[본]', '收坐內[거두어 앉은]', '加收內[더거둔]'에서 사용된 '內[~ㄴ, 안]'의 용법은 「양양 선림원지종명」(804)의 '誓內[서원한]'나 「청주 연지사종명」(833)의 '鍾成內[종을 이룬]'와 상응하며, 「신라촌락장적」의 '列廻去[돌아가]'는 「양양 선림원지종명」의 '佛道中到內去[불도에 이르어]'와 동일하다. 따라서 「신라촌락장적」의 어법은 「양양 선림원지종명」(804)이나 「청주 연지사종명」(833)에 상응하는 시기라 할 수 있다. 그밖에 문헌에 보이는 종지형 어미 '~如'는 『삼국유사』권2, 기이2, 무왕(武王)조의 서동요에서도 '薯童房乙夜矣卯乙抱遣去如.[서동방을 밤에 몰래 안고 간다]'에서 '去如'를 들 수 있다.

한편 본 문서 앞면의 '上仕乙'(A②)에서 '乙'을 대체로 '지(之)'로 석독하는데, 글자의 서체로 보아 '을(乙)'이 분명하다. '을(乙)'은 우리말 이두에서 '을', '를', 또는 '~거늘'로 사용되었다.127) 신라의 고문서나 금석문상에서는 확인되지 않지만, 『삼국유사』권 2, 기이 2, 처용랑 망해사조의 '奪叱良乙 何如爲理古.[앗은 것을(앗았거늘) 어찌할꼬]'에서 확인할 수 있을 뿐이다. 『삼국유사』에 전하는 향가는 그 완성 시기에 대하여 논란의 여지가 있지만, 처용가(處容歌)가 헌강왕(875~886)대에 등장한다는 점에서 신라 하대까지 내려올 가능성이 있다. 이러한 '을(乙)'의 사용례는 고문서나 금석문상으로는 고려시대 「정토사5층석탑조성형지기」(1031)

126) 이를 '現品目錄에서 지웠다'는 뜻으로 관용화되어 '削除'의 의미로 숙어화된 것으로 보기도 하지만(남풍현, 앞의 논문, 35쪽), 대체로 '더럽혀졌다'로 보고 있다.(권인한, 앞의 논문, 156~157쪽), 필자로서는 위와 같은 이유로 통설을 따른다.

127) 장지영·장세경, 앞의 책, 286쪽.

에서 '伍層乙成是白乎[5층을 이루어 이를 삶온]'이라 하여 '~을'로 사용하거나, '遷世爲去在乙[遷世하였거늘]'이라 하여 '~거늘'로도 사용하였음을 알 수 있다. 따라서 본 문서와 같은 '乙(을)'의 용법은 신라 하대 무렵에 이르러서야 등장한 것으로 추정된다.

'枀'은 '내말(乃末)'의 조합자로서 제11관등 나마(奈麻)의 이표기이다. 이는 중고기 초에는 '나마(奈麻)'로, 「창녕진흥왕순수비」(561)에서는 '나말(奈末)'로 사용되었다. 그후 「계유명아미타불삼존사면석상」(673)에서 '내말(乃末)'로 표기하다가, 「감산사 아미타여래조상기」(720), 「성덕대왕신종명」(771)에서는 다시 '나마(奈麻)'라 하였고, 「영천청제비 정원명」(798)에서 조합자 '내말(枀)'이 처음 보인다. 그후 「방어산 마애삼존명」(801)에서는 '나말(秦)', 「선림원종명」(804)과 「연지사종명」(833)에서는 '내말(枀)', 「규흥사종명」(856)에서는 '나말(奈末)'로 표기하였다.

따라서 '汚去如'의 종지형 '~如'가 처음 나타나는 것은 「영태이년명 비로차나불 조상기」(766)이지만, 「신라촌락문서」에서도 동일한 용법이 사용되었고, 「신라촌락문서」의 어법은 「선림원종명」(804)과 「연지사종명」(833)에서 확인된다. 또한 동 문서의 조합자 '내말(枀)'을 사용하던 시기는 「영천청제비 정원명」(798)으로부터 「선림원종명」(804)과 「연지사종명」(833)에 이르는 시기이다. 한편으로 '소내사(所內使)'는 금석문상에서 「영천청제비 정원명」(798)에 유일하게 보이는데, 본 문서의 '소내(所內)'와 자획이나 획순이 일치한다. 따라서 본 문서에서 '내말(枀)'과 함께 '소내(所內)'를 조합자로 사용하였다면, 본 문서의 작성시기도 '소내사(所內使)'와 '내말(枀)'이 등장하는 「영천청제비 정원명」(798) 이후, 곧 신라의 해상들이 활발하게 활동한 8세기 말부터 9세기 전반 무렵이라고 할 수 있다.

5. 9세기 전반 신라 내성(內省)의 마정(馬政)

「신라내성모접문서」의 시기를 확정할 수 있는 것으로는, 신라의 이두로 여겨지는 '乙'과 '汚去如', 그리고 관등의 표기 '柰'이다. 이들로 미루어 볼 때에 본 문서는 8세기 말로부터 9세기 전반에 이르는 어느 시점에 작성된 것으로 여겨진다. 지금까지 살펴 본 문서의 석독문과 해석문을 정리하고, 그 의미와 함께 신라 내성의 마정 운영의 양상을 살피고자 한다.

A. **毛接五**

馬所內上毛一具上仕乙 毛尾者上仕而汚去如」 巴川村正月一日　上米四斗一刀大豆二斗四刀二月一日上米」 上米四斗一刀大豆二斗四刀三月米四斗」

B. [○○柰受丑二石上?]米十斗失受[丑□石上米□□斗□刀?]」 未忽初柰受丑二石上米十五斗七刀六生知受失二石」上米十七斗丑一石十斗上米十三斗熬次山知受丑二石」 上米一石一斗」

A. **毛接 5[毛接 제5지구]**

馬所內가 毛氈 하나를 올려서 바쳤거늘, 毛尾는 바쳤지만 더럽혀졌다.」 巴川村이 정월 1일에 米 4말 1되, 大豆 2말 4되를 올렸다. 2월 1일에 米 4말 1되, 大豆 2말 4되를 올리고, 3월에는 米 4말이다.[4말을 올렸다]」

B. [○○柰이 丑(皮牟:겉보리) 2섬을 받고] 米(쌀) 10말을 [올렸다.] 失馬하여 [다시 말을 분급받음으로써 부족분 丑 □섬을] 받아 [米(쌀) □□ 말 □되를 올렸다.]」 未忽初柰이 丑(皮牟) 2섬을 받고, 米 15말 7되를 올렸다. 六生知가 失馬한 [마료] 丑(皮牟) 2섬을 받아」 米 17말을 올렸다. [또 말을 분급받아] 丑(皮牟) 1섬 10두를 받고 米 13말을 올렸다. 熬[熬]次山知가 丑(皮牟) 2섬을 받고」 米 1섬 1말을 올렸다.」

위에서 살필 수 있듯이, 본 문서의 앞면 1행 '모접5(毛接五)'는 본 문서의 표제어로서, 본 문서가 모접(毛接) 5지구에 관한 것임을 보여준다. 2행에서는 마소내(馬所內)가 본 문서를 기록한 관사에 모전(毛氈)과 모미(毛尾)를 올리자, 동 관사에서 위에 상공(上供)하고 모미(毛尾)에 하자가 있음을 기록하였다. 이를 기록한 관사는 본 문건의 작성자이자 모접(毛接)을 관리하는 관사라고 할 수 있다. 따라서 본 문서를 작성한 관사는 마소내(馬所內)의 상급관사일 것이며, 모접(毛接) 5지구의 파천촌은 마소내(馬所內)의 관할이었다고 여겨진다. 이에 본 문서를 작성하였던 관사는

馬所內에게 毛尾의 하자에 대하여 통고하였을 것이다.

마소내에 통고함에 따라 파천촌은 고려의 황초절 가운데 1~3월의 마료만을 납부하였다. 파천촌이 미(米)와 대두(大豆)를 납부한 것은, 마모미(馬毛尾)의 하자에 대한 후속 조치의 하나라고 생각된다. 곧 마소내가 올린 모미(毛尾)는 모접(毛接) 5지구에서 지난해 말엽 공납기일에 맞추어 납부한 것인데, 공납물의 하자에 대한 문책으로 모접(毛接) 5지구였던 파천촌이 말 한 필의 황초절 마료분 가운데 3개월분 곧 1~3월분의 마료를 징납하였던 것으로 추측된다.

파천촌이 촌락 공동으로 마모(馬毛)와 마미(馬尾)를 바치고 물품의 하자에 대해 그 대가를 납부한 것은, 파천촌이 내성에 직속된 촌이었음을 의미한다. 또한 파천촌이 마모미(馬毛尾)를 내성에 공납하는 단위 지역이었음을 보여준다.

파천촌(巴川村)이 납부한 마료(馬料)를 어느 관사가 징수한 것인지, 그리고 어떻게 소용되었는지는 분명하지 않다. 다만 파천촌이 마료를 징납한 곳을 마소내(馬所內)라 지칭하지 않고 단지 '상(上)'이라고 하였거니와, 그 객체는 아무래도 본 문서를 작성한 관사라고 할 수 밖에 없다. 동 관사는 모미(毛尾)의 하자에 대하여 파천촌에게 새로운 모미(毛尾)를 징구하지 않았다. 이로써 볼 때에 파천촌이 납부한 마료로써 타지역의 모미(毛尾)를 매입하였거나 또는 내성에서 비축하였던 다른 마모미(馬毛尾)로써 대체하였던 것이 아닌가 추측된다. 아무튼 본 문서를 작성한 관사는 마소내의 상급 관사로서, 마소내가 올린 모미(毛尾)에 대하여 파천촌에 직접 마료를 징구하였다.

한편 마소내는 파천촌의 마모·마미의 공납을 관장하고, 마모미로 제작된 모전(毛氈)을 본 문서를 작성한 관사에 올려 국왕 또는 왕실의 수요에 부응하였다. 그런데『삼국사기』직관지 내성에는 마소내란 관사는 보이지 않는다. 내성 관사 가운데 말과 관련된 관사로는 공봉승사(供奉乘師)[闕]와 고역전(尻驛典)을 비롯하여, 백천목숙전(白川苜蓿典), 한기목숙전(漢祇苜蓿典), 문천목숙전(蚊川苜蓿典), 本彼苜蓿典(本彼苜蓿典)을 들 수 있다.

공봉승사(供奉乘師)는 「진흥왕마운령순수비」에 보이는 약인(駲人)의 후신으로 보거니와, 집가인(執駕人)은 진평왕 때에 설치한 승부(乘府)의 전신이다.128) 공봉승사는 국왕의 어마(御馬) 곧 내구마(內廐馬)를 관장하는 곳이다.

이에 대해 고역전(尻驛典)은 왕궁 부근의 역정(驛亭)을 관리하는 관사로 추측하기도 한다.129) 그런데 '신여고마(神輿尻馬)'130), '경고마(輕尻馬)'131) 등의 용례에서, 고역전(尻驛典)은 승여(乘輿)에 대비되는 각 역정(驛亭)의 경마(輕馬)를 관장하는 곳이라 할 수 있다. 또한 위(魏)나라 때에 선비(鮮卑)가 키가 8척인 천리마(千里馬)를 바쳤는데, 특히 말의 백고(白尻)인 것을 연(驪)이라 이름하였다는 데서,132) 고역전(尻驛典)에 서역마인 고마(尻馬)를 분급하지 않았을까 추측할 수 있다. 따라서 고역전(尻驛典)은 국왕의 명을 전하기 위하여 역정(驛亭)에 왕실의 전마(傳馬)로서 서역마를 비치하여 관장하던 관사이지 않을까 생각된다.

그럼에도 불구하고 내성은 공봉승사, 고역전, 마료재배장을 운영함으로써 중앙의 승부(乘府), 경도역(京都驛 : 5通-5門驛) 체계보다도 오히려 왕실 자체적으로 마정을 운용할 수 있는 체계를 갖추었다고 할 수 있다. 문무왕 때에 소내에 22개소, 관에 10개소의 마거를 내렸다는 것은, 신라 마정 운영의 중심이 왕실에 있었음을 반영한다.

당에 있어서는 마정(馬政)의 중앙 관사로 태복시(太僕寺)가 있었다. 태복시는 구목(廐牧)과 거련(車輦)의 정령(政令)을 관장하고, 승황(乘黃)·전구(典廐)·전목(典牧)·거부(車府) 4서(署)를 총괄하였다. 승황서(乘黃署)는

---

128) 박남수, 1992, 앞의 논문 ; 1996, 앞의 책, 96~97쪽.
129) 이인철, 2002, 「지방군사제도」, 『한국사 7 : 고대의 정치와 사회 Ⅲ - 신라·가야』, 국사편찬위원회, 211쪽.
130) 徐有榘, 『楓石全集』 金華知非集 권 5, 祭文 伯氏六十二歲初度日祭文·祭仲父五如先生文.
131) 北海道廳 편, 1936, 『新撰北海道史』 第5卷, 史料1 『福山秘府 朝鮮漂人部』 上卷 30, 270·274쪽(金甲周, 1996, 「17C後半~18C前半의 社會樣相의 一端」, 『國史館論叢』 72, 181쪽 재인용)
132) 『重栞宋本 爾雅注疏 附 校勘記』 釋畜 19.

천자의 수레[車輅]를 관장하고, 그 인원을 나누며 순어(馴馭)하는 법을 맡았다. 전구서(典廐署)는 우마(牛馬)를 사육하고 잡축(雜畜)을 급양(給養)하는 일을, 전목서(典牧署)는 각 목장의 잡축(雜畜)을 급납(給納)하는 일을 관장하였다. 그리고 거부(車府)는 왕공 이하의 수레를 관장하며 그 인원을 나누고 순어(馴馭)하는 법을 맡았다.133)

또한 신라의 내성에 상응하는 당의 전중성(殿中省)에는 상승국(尙乘局)을 두어, 4인의 상승국 봉어(奉御)로 하여금 좌6한마(左六閑馬), 우6한마(右六閑馬)를 다스리고, 속초(粟草)를 먹이는 정(丁)이 청한 사료를 배급하고 살피는 일, 그리고 각종 마구류와 말의 훈련, 치료 등의 일을 맡도록 하였다. 그 휘하에는 직장(直長, 10인), 서령사(書令史, 6인), 서리(書吏, 14인), 봉승(奉乘, 18인), 습어(習馭, 500인), 장한(掌閑, 5,000인), 진마(進馬, 6인), 사고(司庫, 1인), 사름(司廩, 2인), 전사(典事, 5인), 수의(獸醫, 70인), 장고(掌固, 4인)를 두어 마정을 다스렸다.134)

한편 고려의 마정 기구로는 당과 태봉·신라의 제도를 본받아 비룡성(飛龍省, 乘府, 司馭府)을 두었다가 태복시(太僕寺)로 바꾸어 여마(輿馬)와 구목(廐牧)을 관장하게 하였다. 또한 새로이 각 목장의 우마(牛馬)를 관리하는 전목사(典牧司), 내구(內廐)를 관장하는 상승국(尙乘局), 그리고 제도(諸道)의 정역(程驛)을 담당하는 공역서(供驛署)를 두었다.

당과 고려의 태복시(太僕寺)는 신라의 승부(乘府)에 상응한다. 고려가 새로이 설치하였다는 상승국(尙乘局)은 당 전중성의 상승국과 명칭도 동일하거니와 신라의 공봉승사(供奉乘師)에 대응한다고 할 수 있다. 신라 내성의 고역전(尻驛典)에 상응하는 것은 당의 관제에는 보이지 않으나, 고려의 경우 중앙 관사로 공역서(供驛署)를 두었다. 이는 신라 중앙관사인 경도역(京都驛)이나 내성의 고역전(尻驛典) 등 역정(驛亭)을 관장하는 관사를 일원화한 것이라 할 수 있다.

신라에 있어서도 당의 전목서(典牧署)나 고려가 새로이 설치한 전목사

---

133) 『대당육전』 권 17, 太僕寺.
134) 『대당육전』 권 11, 殿中省, 尙乘局.

(典牧司) 등 우마 목장 관리 관사는 보이지 않는다. 다만 내성에 마료를
재배하는 4개 목숙전(苜蓿典)이 있어, 목장을 관리하는 체계를 갖추었음
을 짐작할 수 있다. 신라에 내성 소속의 22개 마거(馬阹)가 있었다면, 이
를 관리하는 체계가 있었음이 분명하다. 당의 경우 전중성(殿中省)의 상
승국(尙乘局)에서 왕실의 목장과 마료의 배급, 마필의 훈련과 치료 등을
맡았다면, 신라의 경우도 내성의 공봉승사(供奉乘師)가 내성의 마정을 총
괄하였다고 보아야 할 것이다. 아마도 본 문서의 마소내(馬所內)가 마목
장의 관리와 마필의 징납, 마모(馬毛)의 납부, 말의 외양에 필요한 마료의
청구 등에 관한 직임을 맡았으리라 여겨진다. 이러한 배경에서 고려는
당의 전구서(典廄署)와 전목서(典牧署) 등을 본받아 전목사(典牧司) 등의
관사를 새로이 설치하였다고 생각한다.

당·신라·고려의 중앙 및 왕실 마정 기구

		당	신라	고려	비고
중앙 관사		太僕寺	乘府	飛龍省(乘府, 司馭府)→太僕寺	廄牧과 車輿의 政令, 車輅 및 관련 인력, 牛馬 사육, 각 목장의 雜畜給納
		乘黃署·典廄署· 典牧署·車府		典牧司	
				供驛署	
궁내		殿中省-尙乘局 直長(10인), 書令史(6인), 書吏(14인), 奉乘(18인), 習馭(500인), 掌閑(5천인), 進馬(6인), 司庫(1인), 司廩(2인), 典事(5인), 獸醫(70인), 掌固(4인)	內省-供奉乘師	尙乘局	御馬 관리, 왕실 목장 관리, 粟草를 먹이는 丁이 청한 사료 배급, 각종 마구류와 말의 훈련 및 치료
			馬所內		
			尻驛典		
			4개 苜蓿典		

한편 본 문서의 뒷면에 등장하는 네 명의 인물은 관등의 유무와 관계없
이 의무적으로 일정량의 마료인 丑(겉보리)을 받고 그 대가를 미(米)로

납부하였다. 또한 실마(失馬)분의 丑(겉보리)을 받은 데 대해서도 다시 미(米)를 납부하였다. 여기에서 마료를 분급하고 초가를 징수한 사실을 확인할 수 있는데, 이는 동일 관사에서 행한 것임이 분명하다. 이들 네 명의 인물은 마료에 대하여 초가를 납부한 곳을 명시하지 않고 다만 '上'이라고 하였다. 이는 앞서 파천촌(巴川村)이 납부한 마료(馬料)와 동일한 관사, 곧 본 모접문서를 작성한 관사에 납부한 사실을 시사한다.

당의 사례에 비추어 볼 때에 모접문서를 작성한 관사는 아무래도 내성의 마정을 총괄한 공봉승사(供奉乘師)라고 할 수 있다. 앞서 살폈듯이 당 전중성의 상승국(尙乘局)에는 우마의 장적과 각종 서류를 관장하는 서령사(書令史)와 서리(書吏), 목장(閑)을 관장하는 장한(掌閑), 목장의 물품을 보관하는 사고(司庫), 쌀과 겉보리 등 곡물을 관리하는 사름(司廩), 목장의 사료를 관장하는 전사(典事) 등을 두었다. 이에 본 모접문서에 보이는 공납물과 마료 및 초가와 관련하여, 본 모접문서의 작성은 당 상승국의 서령사와 서리의 직임과 통하며, 파천촌이 납부한 모전(毛氈)과 모미(毛尾)의 징수와 관리는 사고(司庫), 파천촌이 납부한 미(米)·대두(大豆)와 네 명의 인물이 받은 丑(겉보리) 및 납부한 쌀 등의 관리는 사름(司廩), 그리고 본 문서에 보이지 않지만 곡초(穀草, 볏짚)와 생초(生草), 목숙(苜蓿) 등 사료의 관리는 전사(典事)의 직임에 상응한다고 할 수 있다. 신라 공봉승사에 이러한 관리들이 모두 설치되었는지는 분명하지 않지만, 이러한 직임은 모두 공봉승사의 휘하에 있었다고 보아야 하지 않을까 한다.

백제의 사례이지만 부여 능산리사지 출토 목간(300호)의 "三月仲椋內上丑"[135]은 '3월 仲椋ㄴㅣ(에) 丑을 올렸다'고 풀이되거니와, 丑(겉보리)을 거두어들여 중앙의 중량(仲椋)에 비축하고 관리하였던 사실을 알 수 있다. 아마도 신라에서도 동일한 체계로 운영되었으리라 여겨지는데, 각 지방의 내성 관할 지역에서 거둬들인 미(米)나 대두(大豆) 등을 비롯하여 丑(겉보리)이나 곡초(穀草) 등의 마료(馬料)를 거둬들여 내성의 창고에 보관하였다가 황초절에 마료로서 지급하고, 그 대가 곧 초가(草價)를 징수

---

135) 국립창원문화재연구소, 앞의 책, 322쪽. 각주 113 참조.

하였던 것으로 추측된다.

또한 본「신라내성모접문서」 뒷면에 등장한 네 명의 인물이 납부한 미(米)는 마료에 대한 대가 곧 초가(草價)라고 판단된다. 아마도 내성 관사인 백천목숙전, 한기목숙전, 문천목숙전, 본피목숙전에서 생산되는 목숙(苜蓿)도 내성의 창고에 보관하여, 필요시에 서역마를 기르는 목장에 배분하고 그 초가를 징수하였을 것이다. 이와 같이 신라 내성은 마료를 철저하게 중앙 관리하였던 것으로 여겨지는데, 이는 앞서 당군(唐軍)이 마료의 꼴을 당으로부터 직접 날라와 사용하였던 그것에 비교할 수 있다.

『삼국사기』 직관지 내성조에는 공봉승사(供奉乘師)의 정원이 정해지지 않았다. 이는 이곳에서 내구마(內廐馬) 뿐만 아니라 내성에 속하는 마거(馬阹), 내성의 흑개감(黑鎧監) 등에 소용되는 군마(軍馬), 마모·마모미를 공납하는 마필의 관리까지 총괄하였기 때문이라고 생각한다.

그렇다 하더라도 공봉승사가 직접 수많은 촌 단위까지 실무 행정을 담당했을까 하는 점에 대해서는 의문의 여지가 있다. 이에「영천청제비 병진명」(798)의 '절소내사 상간 년내말(節所內使上干年𥸮)'이나「신라촌락장적」의 '전내시령(前內視令)'을 주목할 수 있다. 전자는 절소내사(節所內使)가 '상간(上干)'의 외위와 함께 𥸮의 경위를 받고 임시로 소내사(所內使)에 임명되었고, 후자에 있어서는 내시령(內視令)을 교체 임명한 사실을 알 수 있다. 아마도「신라촌락장적」에 보이는 내시령 또한 재지 세력일 가능성이 높으며, 절소내사(節所內使)나 내시령(內視令) 모두 재지 세력을 임명하여 내성과의 중간 매개자로서의 역할을 맡겼으리라 여겨진다. 그러한 측면에서 파천촌에서 마모와 마미를 수납하는 등의 역할을 한 馬所內도, 節所內使나 內視令처럼 재지세력을 임명하여 내성의 공봉승사 휘하에서 파천촌 등으로부터 마모미 등 마필 관련 공물을 수납하도록 하였으리라 추측된다.

그런데 마소내(馬所內)가 올려 왕실의 수요에 부응하였던 말 관련 물품은 마모미(馬毛尾)로 만든 모전(毛氈)도 포함되었다. 이는 마소내(馬所內)가 마모미 등의 원료를 파천촌으로부터 징수하여 모전(毛氈)을 제작하는 관사에 의뢰하고, 다시 그 완제품을 모접(毛接) 관리 관사인 공봉승사(供

奉乘師)에 올렸음을 의미한다. 이 때에 모전(毛氈)을 제작하는 관사로는 모전(毛典)을 꼽을 수 있다. 이밖에 마피(馬皮) 등을 다루는 피전(皮典), 추전(鞦典), 피타전(皮打典), 마전(磨典), 탑전(鞥典), 화전(靴典), 타전(打典) 등 궁중수공업관사도 모전(毛典)과 마찬가지로 마소내(馬所內)와 긴밀히 연계하여 징수한 마모(馬毛)나 마피(馬皮) 등으로 궁실에 필요한 물품을 제작하였을 것으로 짐작된다. 제작된 물품은 공봉승사 관리하의 창고에 보관되었다가 궁중의 수요에 응하였을 것이고, 본 문서에서 모전(毛氈)을 상사(上仕)하였다는 것은 그러한 사실을 반영하는 것이라 생각한다.

한편 「신라촌락장적」의 4개 촌락에는 파천촌 「모접 5지구」의 마필 네 마리보다 2배 내지 많게는 6배에 달하는 말을 기르고 있었다.136) 이들 마필은 3년에 한 번씩 그 증감을 증가[加馬]와 사(死), 매도(賣如), 회연(廻烟) 등으로 나누어 보고하였다. 증가[加馬]의 요인은 자연증가인지 아니면 다른 군현에서 옮겨온 것인지 분명하지 않다. 다만 감소의 경우 그 경위를 정확히 밝혔던 것으로 미루어 보아, 별다른 언급 없이 '가마(加馬)'라고 일컫은 것은 자연 증가가 아닐까 한다. 또한 마필의 수가 그대로 유지된 경우 '병고지(竝古之)'로 기술하였다. 이에 대해 서원경(西原京) 모촌(某村)의 경우에서 보듯이 감소 요인으로 '매도(賣如)', '사(死)', '회연(廻烟)'을 꼽았다. '매도(賣如)'는 말을 매매할 수 있음을 의미하며, 회연(廻烟)은 연호(烟戶)가 모처로 되돌아감으로 인하여 동 연호(烟戶)가 기르던 마필도 함께 되돌아간 사실을 보여준다. 동 촌(村)의 마필이 촌 공동으로 관리되면서도, 매매가 가능하였고 마필이 특정 연호(烟戶)에 딸려 있었음을 알 수 있다.

『삼국사기』 권 33, 잡지 3, 옥사조에는 진골에 대한 규정은 보이지 않으나, 6두품은 5필의 말을 둘 수 있고, 5두품은 3필을, 4두품에서 일반 백성들은 2필을 둘 수 있도록 규정하였다. 또한 동 거기(車騎)조에서는

---

136) 「신라촌락장적」에 보이는 마필 수는 沙害漸村 25필, 薩下知村 18필, 일명촌 8필, 西原京의 일명촌 10필로서, 본 문서의 4필에 비하여 적게는 2배, 많게는 6배를 넘는 마필을 기르고 있었다.

5두품부터 진골까지 수레(車)에 대한 규정을 두었거니와 이들 신분에게만 거(車)까지 허용되었던 것으로 보인다. 『삼국사기』 설씨녀전에서 가실(嘉實)이 가지고 있던 말 한 필을 설씨녀(薛氏女)에게 맡기고 설씨녀 부친의 군역을 대신하러 떠난 데서도 마필(馬匹)의 사유(私有)가 가능하였던 사정을 알 수 있다.

그럼에도 불구하고 이들 마필은 「신라촌락장적」에 보듯이 매매가 가능하였고, 연호의 이주와 함께 옮겨갔으나 장적에 등재함으로써 국가에 3년에 한 번씩 의무적으로 그 유무나 이동 사항을 보고하였던 것이다. 이는 신라에 있어서 마필의 사유가 가능하였지만, 한편으로 국가가 철저히 이들 마필을 관리하였음을 의미한다.

「신라내성모접문서」에 등장하는 마필은 마모미(馬毛尾)를 징납하기 위해 모접(毛接)에서 기르던 것이었다. 이들 마필이 사유인지 아니면 내성 소속의 말인지는 분명하지 않지만, 마소내(馬所內)가 관여하였다는 점에서 내성(內省)에 속한 마필로서 분급마(分給馬)이지 않았을까 한다.

본 문서에 등장하는 네 사람은 모두 겉보리(丑, 皮牟) 2섬씩을 받았던 것으로 여겨지는데, 마료 丑(겉보리)에 대한 초가(草價) 미(米)의 물량이 일정하지 않고, 내말(柰)의 관등을 가진 이들이 육생지(六生知)나 오차산지(熬[熬]次山知)에 비하여 납부액이 훨씬 적다는 점을 주목할 수 있다. 이는 앞서 살핀 『양로령(養老令)』 구목령(厩牧令), 실마령(失馬牛)조에서 실마우(失馬牛)에 대한 책임이 '7분은 목자(牧子)에게, 3분은 장장(長帳, 牧長)에게 징수한다'는 그것에 비교할 수 있다.

곧 당시 마소내 소속의 목마(牧馬)는 고대 일본의 '장장(牧長)-목자'의 관계와 같이, '내말(乃末)의 관리-목자'의 체계로 운영되었던 것이라 할 수 있다. 본 문서에서 실마(失馬)한 인물이 각각 일명의 내말(乃末)과 무관등자 육생지(六生知)로 나타나는 것은, 이들이 한 조가 되어 양마(養馬)의 직임을 수행하였던 사정을 반영하는 것으로 생각하기 때문이다. 아울러 무관등자인 두 명의 인명에 보이는 '~知(치?)'는, 신라 하대의 인명 가운데 말구지(末仇知),[137] 거타지(居陀知)[138] 등의 사례에서처럼 대체로 하급신분에 한정된 이름이었다. 본 문서의 '육생지(六生知)'란 조선시대에 노비들에게 흔히 사용되던 이름으로 '여섯째'라는 의미이고, 오차산지(熬[燚]次山知)는 '熬[燚]次山에서 태어난 사람'이란 의미로 새겨지는 바, 이들의 신분이 낮았던 사정을 반영하는 것으로 보고 싶다.

그럼에도 불구하고, 목자(牧子)로 여겨지는 육생지(六生知)와 오차산지(熬[燚]次山知)의 초가의 납부량이 달랐던 것은, 이들이 양마(養馬)의 직임에 대해 내성으로부터 분급(分給)받은 연수답(烟受沓)의 양에 차이가 있었기 때문이 아닐까 한다. 또한 두 명의 내말(乃末)이 납부한 초가가 이들 육생지(六生知)와 오차산지(熬[燚]次山知)보다 적었던 것은, 일종 양마(養馬) 관리 책임자로서 겸직(兼職)하였던 까닭에 본래의 녹읍 외에 소량의 직전(職田)을 받았거나, 아니면 그가 마필 관리의 전문가로서 파천촌 외에 다른 지역의 마필 외양의 책임까지 겸하였기 때문이 아닐까 추측해 볼 수 있겠다.

이들이 몇 필의 말을 관리하였는지는 분명하지 않다. 다만 이들 각각이 받은 겉보리(丑) 곧 피모(皮牟) 2석은 400승(20말/石×2石×10斗·[升])이다. 조선시대에 어승마가 피모(皮牟) 5승(/1일), 사복시의 말이 피모(皮牟) 3승(/1일)을 먹는 바, 사복시의 마료로 환산하면 말 한 마리가 약 133일간 먹을 수 있는 물량이다. 대체로 한 사람이 받은 겉보리(丑)의 물량은, 말 한 필이 4.43개월간 먹을 수 있는 마료량이 되는 셈이다. 뒷면 문서의 마료 '丑(겉보리)'은 앞면의 파천촌이 황초절의 마료로 납부한 미(米)를 대체한 마료로 여겨지거니와, 마종(馬種)이나 나이, 크기 등에 따라 일본의 「양로령」이나 고려 의종대의 「축마료식」, 그리고 조선시대와 마찬가지로 마필의 소용에 따라 마료의 종류나 양을 달리하여 먹인 것과 동일하리라 여겨진다. 본 문서 뒷면의 마료 '丑(겉보리)'이 말 한 필당 4.43개월간의 사료라면, 앞서 파천촌이 황초절 중의 1~3월의 마료에 1.43개월을 더한 물량이다. 이는 신라 특히 파천촌 지역의 양마에 있어서 고려의 황초절과 같은 시기를 11월 중순 경부터 3월까지나 또는 12월부터 4월 중순

---

137) 울산발전연구원문화재센터, 2009, 『울산 반구동 유적』, 277쪽.
138) 『삼국유사』 권 2, 紀異 2, 眞聖女大王 居陀知.

무렵까지로 하였음을 의미한다. 이 기간 동안 마소내는 그 동안 내성 소유의 전(田)으로부터 丑(겉보리)을 마료(馬料)로 거두어들여 내성의 창고에 비축하였다가 동절기의 마료로 분급하고, 그 초가(草價)를 미(米)로 징수하였던 것이 아닌가 한다. 따라서 「모접 5지구」에 소속된 파천촌의 마모 공납용 마필은 모두 4필인 셈이다. 아마도 파천촌에는 「신라촌락장적」에서와 같이 이밖에 여러 필의 마필이 더 있었으리라 예상할 수 있다.

사실 본 문서만으로 파천촌이 내성의 목마장이었는지는 분명하지 않다. 다만 이들 마필이 내성에 소속되었을 것이라는 점은 어느 정도 인정할 수 있다고 본다. 특히 일명의 내말(乃末)과 육생지(六生知)의 실마(失馬)에 대하여 다시금 마료 丑(겉보리)를 내린 것은, 실마(失馬)를 보충하였음을 의미한다. 실마(失馬)의 보충에 대한 자세한 사정은 알 수 없으나, 일본 「양로령」에서와 같이 말 외양의 책임을 지는 장장(長帳, 牧長)과 목자(牧子)가 부담하였다기보다는, 고려 문종 25년(1071)의 '공수둔전(公須屯田)에서 징수한 수입으로 말을 사서 보충'한다는 규정처럼[139] 「신라촌락장적」에 보이는 관모전답이나 내시령답, 또는 연수답 등에서 징수한 수입으로 보충하였으리라 짐작된다. 동 장적에 관모전답과 내시령답의 규모가 많지 않은 것으로 볼 때에, 내성이 촌락에 분급한 연수답에서 징수하지 않았을까 한다. 이로써 보충된 마필에 대하여 다시 丑(겉보리)을 내리는 조치가 본 문서에 보이는 '수실(受失)' 또는 '실수(失受)' 등으로 기재되었다고 본다.

한편으로 앞서 살핀 안압지 207호 목간의 'ㅁ평봉모122품상(ㅁ坪捧毛百廿二品上)'에서, 'ㅁ평(坪)'은 마목장을 지칭하지 않을까 생각한다. 조선시대 어승마와 내구마의 관마군마를 생산하는 전곶목장(箭串牧場)을 살곶이벌[箭串坪]이라 하였거니와 그 밖에 연양평목장(緣陽坪牧場)의 사례에서 보듯이 '~坪'은 '~벌'로서 벌판에 위치한 마목장을 지칭하였다.[140] 따라서 안압지 207호 목간의 'ㅁ평(坪)'은 내성에서 관할하는 마목장 가운

139) "文宗25年判, "島陑馬畜, 不能監養致死者, 勾當島吏, 科罪. 又州鎭官馬齒老, 及亡失者, 以公須屯田所收, 買立."(『高麗史』 권 82, 志 36, 兵 2, 馬政)

140) 조병로·김찬수·이왕무, 2004, 앞의 논문, 231~232쪽.

데 하나가 아닐까 추측된다. 'ㅁ평(坪)'이 모(毛) 122품(品)을 바친 것을 영수(領收)하였다면, '모(毛) 122품(品)'의 '품(品)'을 '품종'으로 볼 수도 있겠으나 한 목장에서 122품종의 마필이 있었다고 보기 어렵다. 이에 동 목간의 '모(毛) 122품(品)'은 말털의 빛깔로써 마적(馬籍)을 성책(成册)하기 위해 마모(馬毛)를 납부한 것이라 할 수 있다. 이렇게 볼 때에, '모(毛) 122품(品)'은 ㅁ평(坪)에서 기르던 마필 수 곧 마필 122두의 갈기털을 지칭한 것이라 할 수 있다.

『대당육전』(권17) 태복시, 제목감조에는 '마우(馬牛)는 120두를 1군(群)'으로 하고 군(群) 단위로 목장(牧長)과 목위(牧尉)를 두었다고 하였다. 이에 안압지 207호 목간의 '122품(品)'은 신라에 있어서도 마목장을 '군(群)' 단위로 관리하였던 사정을 반영하는 것이 아닌가 추측해 볼 수 있다. 그렇다면 내성 소속의 마거(馬阹) 22개소에는 120필(/群)×22(所)=2,640필 정도의 말을 길렀다고 추측할 수 있다.

신라 내성 마정기구 관계도

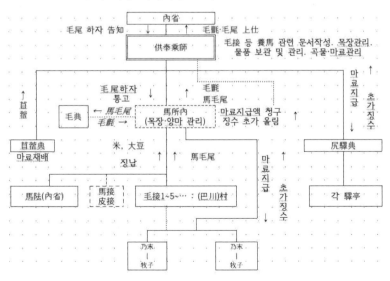

물론 내성은 이들 마목장(馬阹)의 마필 외에도 「신라촌라장적」의 각
촌에 산재한 마필과 각 지역의 역정(驛亭)에 분급하였을 마필까지도 관장
하였을 것이다. 이들 내성 소속의 마목장이나 촌락에는 본 문서의 모접(毛
接)을 비롯하여 마피(馬皮)를 공납하는 '피접(皮接)', 그리고 군마역마제
의용 말이나 사신 영접용 말 등을 징납하는 '마접(馬接)' 등이 설치되었으
리라 추측된다.

6. 맺음말

일본 정창원(쇼소인) 좌파리가반(佐波理加盤, 사하리가반)에 끼워져 전
하는 본 문서는, 신라의 이두와 제11관등인 내말(柰), 그리고 '𠆢'와 '位
', '㓛', '丑' 등 신라의 속자, 한자의 용례와 다른 '失' 등의 문자가 있어
연구자마다 각각의 견해를 제출한 상황이다. 특히 본 문서의 키워드라고
할 수 있는 '㓛'를 비롯하여 '𠆢'와 '位', 그리고 '丑', '失'을 어떻게 이해
하느냐에 따라 많은 견해 차이가 있었다. 본고는 이러한 문제를 해결하기
위해 먼저 본 문자들의 사용례를 중심으로 다시 석독하고, 이를 바탕으로
하여 신라 내성이 운영하였던 마정의 단면을 살피고자 하였다.

이에 '㓛'를 '소내(所內)'로, '𠆢'를 '모(毛)'로, '位'을 '접(接)'으로 석독
함으로써, 본 문서를 신라 내성의 말을 관리하는 마소내가 남해의 파천촌
으로부터 마모미를 징수한 문서로 풀이하였다. 또한 본 문서로부터 신라
내성이 모접(毛接) 곧 촌락 단위로 마모(馬毛)를 공납하는 접(接)을 운영
하였고, 이들 접 단위의 공납물을 내성의 공봉승사(供奉乘師)가 관장하여
궁실의 수요에 응하였음을 알 수 있었다. 이에 본 문서의 명칭을 「신라내
성모접문서」라고 지칭할 것을 제안하였다.

한편으로 파천촌이 올린 미(米)와 대두(大豆)를 일본 「양로령」과 고려
의종대의 「축마료식(畜馬料式)」, 그리고 최근에 발견된 부산배산성지 2
호목간과 비교·검토하였다. 이로써 이들 곡물이 파천촌이 납부한 모미
(毛尾)의 하자에 대하여 파천촌 공동으로 1~3월분 마료(馬料)로 징납한

것이었음을 짐작할 수 있었다. 특히 마소내(馬所內)가 모전(毛氈)을 공봉승사에 올린 데에서, 마소내(馬所內)가 파천촌으로부터 마모미(馬毛尾)를 징수하여 궁중수공업 관사인 모전(毛典)에 이첩하여 제품을 만들도록 하고 동 제품을 수령하여 본 문서를 작성한 공봉승사에 올리는 과정을 추정할 수 있었다.

또한 뒷면 문서에 보이는 '丑'을 '粐' 또는 麴의 이체자 '麴'의 생획자로 보고, 이를 조선시대의 피모(皮牟) 곧 겉보리를 지칭하는 백제·신라의 속자로 추정하였다. 아울러 본 문서의 마료 관련 내용으로 미루어, '실수(失受)'와 '수실(受失)'을 각종 목마(牧馬) 관련 법제에 보이는 '실마(失馬)'와 관련하여 각각 '실마수축(失馬受丑)'과 '수축실마(受丑失馬)'로 풀이하였다. 이에 두 명의 내말(乃末)과 두 명의 무관등자에게 고려 황초절에 상응하는 마료로서 丑(겉보리)을 지급하고 그 초가(草價)를 징수한 사실을 알 수 있었다. 또한 본 문서에서 두 명의 내말(乃末)보다도 오히려 무관등자의 초가 징수액이 많은 것은 목마(牧馬)의 책임에 따른 것으로서, 직접 마필을 외양하는 목자에 대한 책임을 무겁게 한 조치였던 것으로 이해하였다. 아마도 이들 목자는 목마(牧馬)의 직임에 대하여 내성이 분급한 연수답을 받지 않았을까 추측되었다. 일명의 내말(乃末)과 육생지(六生知)의 실마(失馬)에 대하여 '수실(受失)' 또는 '실수(失受)'라고 한 데서 마필을 곧바로 보충하여 외양하게 한 것으로 여겨지며, 失馬의 보충은 내성이 촌락에 분급한 연수답으로부터 징수한 세액으로 충당하였을 것으로 추정하였다.

본 문서에서 네 명의 인물이 관리한 마필은 마료의 양으로 미루어 볼 때에 4필에 불과하였다. 이는 「신라촌락장적」의 촌락이 소유한 마필 수보다 훨씬 적은데, 이러한 데는 파천촌에 더 많은 마필이 있었을 터이지만 본 문서가 모접(毛接)에 속한 마필에 한정하여 작성된 때문이지 않을까 여겨졌다. 그럼에도 불구하고 본 문서에서 '내말(乃末)의 관등자-무관등자'가 한 조를 이루어 각각 1필의 말을 관장한 것, 그리고 고려의 황초절에 준하는 시기의 마필 외양에 있어서 중앙에서 마료를 공급하고 초가를 징수하였던 사실을 확인할 수 있었다.

본「신라내성모접문서」에서 시기를 특정할 수 있는 신라의 이두 '을 (乙)'과 '汚去如[더럽혀졌다]', 그리고 제11관등 '내말(柰)'의 표기 방식을, 금석문을 비롯하여 「신라촌락장적」과 비교하여, 본 문서가 8세기 말부터 9세기 전반의 어느 시기에 작성된 것으로 여겨졌다. 또한 안압지 207호 목간으로부터 목장의 마모를 납부하여 성책함으로써 마필을 관리하는 체계가 있었음을 추정할 수 있었다. 곧 신라는 당의 제도와 마찬가지로 한 목장에 1군(群)을 단위로 한 120두의 마필을 관리하였던 바, 내성 소속의 22개 마거에는 2,640필 정도의 마필을 길렀던 것으로 추정되었다. 이밖에 「신라촌락장적」의 4개 촌과 같은 내성 소속의 촌과 지방에 산재한 역정(驛亭)에 분급한 마필이 있었던 것으로 여겨졌다.

8세기 말부터 9세기 전반 신라 내성의 마정(馬政)은 대체로 국왕의 어승마를 관장하는 공봉승사(供奉乘師)를 중심으로 이루어졌다고 본다. 본 문서에 보이는 마소내(馬所內)는 공봉승사의 지휘하에 내성 소속의 마목장을 관리함과 아울러 중앙의 병부 또는 시위부에 상응하는 내성 흑개감(黑鎧監)의 수요에 따라 군마(軍馬)를 차출하고, 역마(驛馬)에 소용되는 마필을 고역전(尻驛典)에 분양하여 관리하였으리라 추측되었다. 아울러 궁실의 각종 제례(祭禮)와 외국 사신의 영접 등에 소용되는 마필의 수급에 부응하고, 내성에 속한 촌락에 궁중에서 필요로 하는 마모미(馬毛尾)나 마피(馬皮) 등을 조달하기 위해 모접(毛接)과 같은 여러 유형의 접(接)을 설치하여 운영하였을 것으로 생각되었다. 이들 접(接)에서 징수한 물품은, 모전이나 피전 등의 궁중수공업 관사에 보내어 가공하게 하여 공봉승사(供奉乘師)에 보냄으로써, 궁실의 수요에 부응하였으리라 여겨진다.

한편으로 최근에 발견된 부산 배산성지 2호목간은 본「신라내성모접문서」와 흡사한 운영방식을 보여주는 바, 관마(官馬) 운영에 따른 문서로 인정되었다. 이로써 신라는 중고기부터 이미 마정을 운영하는 체계를 갖추었음을 알 수 있었다. 향후 부산 배산성지 2호목간이 정식으로 공개되어 「신라내성모접문서」와 비교 검토할 수 있게 된다면, 중고기부터 9세기 전반에 이르는 신라 마정 운영의 변화과정을 추적할 수 있으리라고 본다.

「신라모전첩포기」와 신라물

1. 머리말

　정창원(正倉院, 쇼소인)은 성무천황(聖武天皇, 쇼무천황)이 창건한 동대사(東大寺, 도다이지)의 부속건물이다. 동대사는 745년에 성무천황의 발원으로 창건되고, 752년(天平勝寶 4년)에 백제계 승려인 행기(行基)의 주도로 본존불인 비로자나불의 개안식을 개최하였다. 756년(天平勝寶 8년) 성무천황이 죽자, 광명황후(光明皇后, 고묘황후)는 같은해 6월 21일 천황의 49재를 맞이하여 천무천황의 유품을 동대사 대불에 헌납하였다. 황후는 756년 6월과 7월에 세 차례, 758년(天平寶字 2년)에 두 차례, 모두 다섯 차례에 걸쳐 동대사 대불에 634점의 물품을 헌납하였고, 현재까지 120점 정도가 남아 있다.[1] 헌납 당시의 물품 목록은 오늘날까지 「헌물장(獻物帳 ; 帳內寶物)」이란 이름으로 전하여 그 자세한 내용을 살필 수 있다.

　현전하는 『헌물장』의 목록에 보이는 고대 한반도로부터 유래한 물품은 신라금(新羅琴)과 신라양지(新羅羊脂)에 불과하고, 그 유래 등도 분명하지 않다. 이에 일본 학계에서는 정창원의 보물들을 중국이나 실크로드로부터 직접 전래한 것으로 여김으로써, '실크로드의 종착역' 또는 '실크로드

---

1) 中野政樹, 沈盈伸 역, 1994, 「正倉院 寶物과 新羅遺物」, 『미술사연구』 8, 271쪽.

의 저수지'라고 일컬으면서도, 한반도와의 관련을 간과하려는 경향이 있었다. 그럼에도 불구하고, '신라금'이나 '신라양지' 외에도 신라 먹(墨)이나 그릇(皿)에 새겨진 명문으로부터 신라에서 만든 물품을 확인할 수 있고, 물품에 부찰된 문서를 비롯하여 불경이나 병풍의 배지에서 신라 관련 문서들이 발견됨으로써 신라와의 관련성을 간과할 수 없게 되었다.

우리 학계는 이러한 바탕 위에서 8세기로부터 장보고 시대, 그리고 9세기 중·후반에 이르는 신라와 일본의 교역을 동아시아 전역에 걸친 신라 귀족 내지 상인들의 활동을 중심으로 재조명하고 있다. 이로써 정창원은 일본 황실의 성역으로서 뿐만 아니라, 우리 한반도 물품의 전래와 소장된 배경을 밝히는 주요한 공간으로서, 한·일 역사학자간의 공동 연구의 장으로 승화되어야 하리라 본다. 정창원에 소장된 문자 기록의 자료는 두말할 나위가 없지만, 각종 금동 제품이나 칠기, 악기 등에 관하여 한·일 학계가 함께 연구하고 서로 정보를 나눔으로써, 오늘날 양국간 소통의 역사를 만드는 바탕이 될 수 있으리라 기대한다.

본고는 이러한 관점에서 주로 정창원 보물 가운데 기록을 남긴 자료를 중심으로 8~9세기 신라와 일본 양국간 문물의 흐름을 밝히고자 한다. 이에 먼저 정창원 보물 가운데 명문이나 문서가 있는 신라 물품을 개관하고, 신라의 문자자료인 두 종의 「신라모전첩포기」를 비롯하여 정창원 조모립녀병풍(鳥毛立女屛風) 배지에서 나온 「매신라물해(買新羅物解)」의 신라물을 중심으로 신라의 동아시아 교역의 성격을 살피고자 한다. 나아가 이들 물품을 정창원 헌물장을 비롯하여 관련 물품출입장 등과 비교·검토함으로써 정창원의 신라물품이 언제, 어떻게 전래되었는가를 살피고자 한다.

2. 「신라모전첩포기(新羅毛氈貼布記)」

756년(天平勝寶 8년) 성무천황(聖武天皇)이 죽은 이후 광명황후(光明皇后)가 동대사에 헌납한 물품은 현재 다섯 「헌물장(獻物帳 ; 帳內寶物)」

에 목록이 전하고 있어 그 자세한 내용을 살필 수 있다. 이들 현전하는 물품은 성무천황(聖武天皇)의 애호품을 비롯하여, 문방구, 바둑판이나 투호와 같은 유희 놀이 기구, 악기, 거울, 복식, 집기류[調度], 불구(佛具), 무기, 향약 등을 포괄하고 있다.2)

사실 그 동안 일본 학계에서는 이들 물품의 제작처에 대하여 많은 연구가 있었다. 이에 당나라 유물과 통일신라 유물, 일본의 유물, 그리고 서역이나 동남아시아 유물 등으로 분류한다. 또한 이들 유물의 전래 경로에 대해서는 대체로「서역 → 당 → 일본」의 루트와「당 → 일본」,「당→신라 → 일본」의 루트를 상정하고 있다.

이들 물품 가운데는 명확하게 신라의 물품으로 판정할 수 있는 것이 포함되어 있다. 정창원 문서나 물품에 새겨진 명문, 또는 물품에 부찰된 문서, 물품이 구입될 당시 물품을 포장한 문서 조각으로부터 그러한 사실을 확인할 수 있다.

「국가진보장(國家珍寶帳)」에는 2점의 금루신라금(金鏤新羅琴)이 보이는데, 정창원에 이들 물품이 보관되었던 것으로 여겨지며,「종종약장(種種藥帳)」의 '신라양지(新羅羊脂)'는 신라의 제품이 정창원에 입고되었던 사정을 보여준다.3) 또한 정창원 문서 가운데는「자소소청구경장(自所所請求經帳)」이라 하여, 752년(天平勝寶 4년) 6월 22일 동대사 사경소(東大寺 寫經所)가 신라의 사신에게『법화경(法華經)』(8권),『범망경(梵網經)』(1권),『두타경(頭陀經)』(1권)을 청구하였음을 알 수 있다. 이에 정창원 소장 불경 가운데는 이들 신라에서 구입한 불경이 포함된 것으로 추정되고 있다.4)

이들 문서류에는 보이지는 않지만, 정창원 소장 물품의 명문이나 부찰문서 등에서 정창원에 입고된 신라의 물품 몇 가지를 확인할 수 있다.

2) 杉本一樹, 2008,『正倉院 : 歷史と寶物』, 中公新書 ; 연민수 역, 2015,『정창원 : 역사와 보물』, 동북아역사재단, 39쪽.
3) 鈴木靖民, 1982,「正倉院の新羅文物」,『季刊三千里』29 ; 1985,『古代對外關係史の硏究』, 吉川弘文館, 421~422쪽.
4) 鈴木靖民, 위의 논문, 위의 책, 419~420 · 427쪽.

신라먹과 가반, 모전류 등이 그것이다.

먼저 물품에 새겨진 명문 가운데 신라에서 제작된 것이 확실한 먹[墨]과 그릇[皿]을 들 수 있다. 먹에 양각된 '新羅楊家上墨[신라 양가가 올린 먹]'과 '新羅武家上墨[신라 무가가 올린 먹]'은 신라의 양가(楊家)와 무가(武家)에서 제작한 먹[墨]이 정창원에 입고되었음을 보여준다. 또한 700구의 그릇[皿] 가운데 침선(針線)으로 '위수 내말(爲水柰)'이 새겨진 그릇이 있다. 이에 대해서는 신라에서 제작 내지 신라 공인이 일본에서 제작하였을 것으로 추정하기도 한다.5) 그러나 신라 제11위의 '柰'(나마) 관등이 새겨졌고, 신라의 경우 제작자를 명기한 그릇류가 적지 않다는 점에서 신라의 '위수'라는 공인이 제작하여 일본에 보낸 것으로 여겨진다.

부속 문서와 부찰 문서가 있는 물품으로는 좌파리가반(佐波理加盤, 사하리가반)과 모전(毛氈)류 등이 있다. 좌파리 가반 문서는 1976년 3월 궁내청정창원사무소(宮內廳正倉院事務所)에서 편찬한 『정창원의 금공(正倉院の金工)』(日本經濟新聞社)에 도판이 처음으로 공개되었다. 그러나 이는 이미 1934년 『정창원어물조사서(正倉院御物調查書)』에서 석문이 만들어졌고, 1969년 7월에 일찍이 신라의 제품으로 지적된 바 있다.6) 이 문서에 대해서는 앞 장에서 자세히 살핀 바, 정창원 남창의 제15호 4중완의 제4호완 안에서 발견되었는데, 안팎으로 글자가 씌여 있다. 이 문서의 겉면에 '汚去如[汚가다]'라는 신라의 이두, 파천촌(巴川村)의 지명, 쌀[米]과 콩[大豆]의 단위로 '말(斗)'과 '되(刀)'가 보이고, 안쪽 면에는 쌀[米]와 丑[겉보리]의 단위로 섬(石), 말(斗)이 보인다. 또한 신라의 제11관등인 '柰'(奈麻, 나마), 제12관등인 '숨'(大舍, 대사)의 관등이 기재되어 있다.7)

이로써 좌파리가반은 8세기 전반에 신라의 공적 공방에서 제작되었고, 752년(天平勝寶 4년)을 전후하여 부속문서와 함께 일본에 전해진

---

5) 鈴木靖民, 위의 논문, 위의 책, 418~419 · 426쪽.

6) 關根眞隆, 1969, 「奈良時代の廚房用具」, 『奈良朝食生活の硏究』.

7) 鈴木靖民, 1985, 「正倉院佐波理加盤付屬文書の解讀」, 『古代對外關係史の硏究』, 332~334쪽.

바, 동 부속문서의 작성시기를 752년 이전으로 풀이하고 있다. 또한 동 가반과 문서는 조동대사사경소(造東大寺寫經所)로부터 견색원(羂索院) 쌍창(雙倉)을 경유하여 950년(天曆 4년)에 정창원 남창에 입고되었을 것으로 보고 있다.[8]

사실 동 문서에 나타난 '~去如[~가다]'의 용법은『삼국유사』권2, 기이 2, 무왕(武王)조의 서동요에서도 '抱遺去如[안고 가다]'라고 보인다. '斗(斗)'는 부여 능산리와 쌍북리, 안압지 출토 목간에 두루 보이고, 石(石)은 나주 복암리와 함안산성 출토 목간에서 그 사례를 살필 수 있다. 이에 동 문서는 좌파리가반을 선박에 실어 일본에 보낼 때에 그릇을 포개어 쌓으면서 그릇 사이에 그릇간의 완충을 위해 끼워넣은 것임을 알 수 있다.

한편 모전(毛氈)류의 물품명세표로 부찰된「화전첩포기(花氈貼布記)」

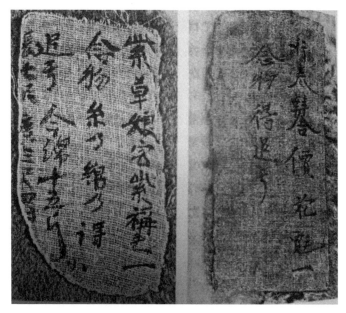

「색전첩포기」(좌)와 「화전첩포기」(우)
[李成市, 1997,「正倉院寶物新羅氈貼布記」,
『東アジア王權と交易』, 靑木書店, 35쪽 그림]

8) 鈴木靖民, 1985,「正倉院佐波理加盤付屬文書の基礎的研究」, 위의 책, 404쪽.

와 「색전첩포기(色氈貼布記)」 등에서, 이들 물품을 신라에서 제작하였던 사정을 확인할 수 있다. 「화전첩포기」에서는 신라의 12관등 대사(大舍)의 이칭인 한사(韓舍)를 살필 수 있다. 그리고 「색전첩포기」에서는 자초랑택(紫草娘宅)을 볼 수 있는데, 이는 804년 선림원종(禪林院鐘)을 만드는데 고종금(古鍾金) 280정(廷)을 보시한 자초리(紫草里)[9]와 관련된 것으로 여겨진다.

이에 두 점의 毛氈이 신라에서 만들어져 일본에 재래한 것이라는 점에 대해서는 이론이 없으며, 묵서명의 부찰포를 대체로 「화전첩포기(花氈貼布記)」, 「색[모]전첩포기(色[毛]氈貼布記)」라고 지칭하고 있다.[10] 이에 대하여 크게 이의를 달지 않으나, 이들 모전이 신라산이고, 명문에 물품명을 명시하고 있다는 점에서, 본고에서는 이들을 「신라 화전 첩포기(新羅花氈貼布記)」 및 「신라자칭모첩포기(新羅 紫稱毛 貼布記)」라고 지칭하고자 한다.

「신라화전첩포기」의 화전은 정창원 중창에, 그리고 「신라자칭모첩포기」의 자칭모전(紫稱毛氈)은 북창에 소장되어 있다고 한다.[11] 지금까지 이들 대체로 752년 김태렴의 일본 파견시에 가지고 간 것으로 보고 있다.

그런데 정창원 북창의 물품은, 성무천황(聖武天皇)이 죽고나서 광명왕후(光明皇后)가 모두 다섯 차례에 걸쳐 동대사 대불에 물품을 헌납된 것이고, 중창의 물품은 동대사의 자재류와 법회·불사 관련 물품이, 그리고 남창에는 북창과 남창에 속하지 않은 무기·문서·문방구 등이 보관되어 있는 것으로 보고 있다. 더욱이 천평승보(天平勝寶) 8년(756) 7월 26일 헌물장인 「병풍화전장(屏風花氈帳)」에 따르면, 본래 정창원에는 60매(枚 ; 浮, 床)의 화전(花氈)이 있었다고 한다. 그런데 천평보자(天平寶字) 3년

9) 「新羅禪林院鐘」, 黃壽永 編, 1976, 『韓國金石遺文』, 一志社, 286~287쪽.

10) 鈴木靖民, 1982, 「正倉院の新羅文物」, 『季刊三千里』 29 ; 1985, 『古代對外關係史の研究』, 吉川弘文館, 421~422쪽. 藤原亮策, 1963, 「정창원어물전첩포기」, 『조선학논고』 ; 『조선금석쇄담(외)』, 아세아문화사, 122~124쪽. 이기백 편, 1987, 『한국상대고문서자료집성』, 일지사 22쪽에는 '色毛氈貼布記'라고 하였다.

11) 鈴木靖民, 1982, 위의 논문, 100쪽.

(759) 4월 29일 성무천황의 4주기 법회 때에 67매가 반출되었지만 다시 입고되었다는 기록이 없고, 동「병풍화전장」에 주기된 제원이 현전 화전의 그것과 차이가 있다. 또한 현재 전하는 화전 가운데 '동대사(東大寺)'의 묵서나 압인(押印)이 있는 것이 있어, 본 화전 또한 동대사의 물품이었을 가능성이 높은 것으로 지적되고 있다.[12] 따라서 현재 전하는 정창원의 신라 모전을 일괄하여 김태렴이 일본에 가져간 것으로 간주하기는 어렵지 않을까 한다.

일본 정창원 소장 50매[浮, 床]의 모전 가운데 꽃 모양의 화전(花氈)과 자주색 장방형의 모전에는 신라의 물품임을 보여주는 묵서명의 부찰이 있다. 이는 본 모전의 명칭과 유래를 보여주는 표지이기도 하거니와, 신라 특유의 이두 등을 포함하고 있어, 이를 명확히 풀이하는 것이 필요하다. 두 첩포기를 서술의 편의상 가로쓰기로 풀어쓰면 다음과 같다.

A(1) 行卷韆價花氈一
 (2) 念物得追亐 (「新羅花氈貼布記」)

B(1) 紫草娘宅紫稱毛一
 (2) 念物絲乃綿乃得
 (3) 追亐〔이하 추기〕今綿十五斤小
 (4) 長七尺 廣三尺四寸 (「新羅紫稱毛貼布記」)

위에서 A 문서는 '① 행권한사(行卷韆) + 가화전(價花氈) + 一 + ② 염물(念物) + 得追亐[얻으오]'로 구분할 수 있고, B 문서는 '① 자초랑택(紫草娘宅) + 자칭모(紫稱毛) + 一 + ② 염물(念物) + 絲乃綿乃[실이나 면이나] + 得追亐[얻으오] + ③ 금면15근 소(今綿十五斤小) + ④ 장7척 광 3척4촌(長七尺 廣三尺四寸)'으로 내용상의 단락을 나눌 수 있다.

---

12) 李成市, 1997, 「毛氈傳來の過程と新羅・日本關係」, 『東アジア王權と交易』, 靑木書店, 32~34쪽. / 後藤四郎 편, 1978, 「天平の 美術 Ⅱ」, 『日本美術全集』 5, 學習硏究社. 後藤四郎, 1979, 「平安初期の 正倉院について」, 『正倉院年報』 1

먼저 A와 B 문서의 ① 단락에서, 행권한사(行卷釁)와 자초랑택(紫草娘宅), 가화전(價花氈)과 자칭모(紫稱毛), 그리고 숫자 一은 상호 대응한다. 먼저 행권한사와 자초랑택에 대해서는 일반으로 정창원 소장 '신라양가상묵(新羅楊家上墨)'이나 '신라무가상묵(新羅武家上墨)'에서 양가(楊家)와 무가(武家) 등을 제조자로 풀이하기 때문에, 자초랑택이나 행권한사 또한 제조업자로 보고 있다.13) 이에 대해 A와 B의 묵서를 신라 관인층 내부관계자 사이에 전달하는 내용으로 추정하여 포기(布記)의 주체를 신라 귀족으로 보면서, 행권한사를 천평보자(天平寶字) 4년(760) 9월에 일본에 갔던 김정권(金貞卷)과 동족일 것으로, 그리고 자초랑택(紫草娘宅)을 신라 금입택(金入宅)의 하나로 보기도 한다.14) 그러나 신라의 각종 수공업 물품에는 장인(匠人)의 명칭을 관칭하고 있음을 볼 수 있는데, 위 포기(布記)의 투식 또한 「명활산성비」 이래로 제작자가 제품에 대한 책임을 지는 신라적 전통으로 여겨지는 바, 이들은 각각의 모전을 제작한 주체로 보아야 하지 않을까 한다.

사실 행권 한사(대사)는 「신라상원사동종」(725)을 주조한 '조남택장 사□대사(照南宅匠 仕□大舍)'와 같이 진골귀족에 예속된 장인15)일 가능성이 높다. 또한 자초랑택은 「선림원종」(804)에 보시자로 등장하는 '고시산군 인근대내말 · 자초리(古尸山郡 仁近大乃末 · 紫草里)'에 보이는 자초리(紫草里)와 관련된 이름이 아닐까 한다. 사실 '~리(里)'는 「감산사미륵조상기」(719)와 「감산사 아미타여래입상조상기」(720)의 고파[보]리(古巴[寶]里), 고로리(古老[路]里), 아호리(阿好里), 수힐매리(首肹買里), 관초리부인(官肖里夫人) 등 여성 인명 어미로 씌었고, 나말 려초에 작성된 것으로 추정되는 「상주 복룡동 납석제 유물명문(尙州 伏龍洞 蠟石製 遺物銘

---

13) 東野治之, 1977, 「正倉院の墨書と新羅の對外交易」, 『正倉院文書と木簡の研究』, 塙書房. 354~355쪽

14) 李成市, 1997, 「毛氈傳來の過程と新羅 · 日本關係」, 『東アジア王權と交易』, 靑木書店, 38~45쪽.

15) 박남수, 1992, 「新羅 上代 手工業과 匠人」, 『國史館論叢』 39 : 「상대에 있어서 장인의 사회적 지위 변동」, 앞의 책, 279쪽.

文)」에도 '지내파리랑(知乃巳里娘)', '무질위리랑(另叱爲里娘)', '답리랑(畓里娘)', '고비석내위리[랑](古比石乃爲里[娘])'이라 하여 여성 인명 어미 '리(里)'와 존칭 '낭(娘)'으로 함께 쓰이기도 하였다.16) 본 문서의 자초랑(紫草娘)은 「선림원종」에서 인근대내말(仁近大乃末)과 함께 등장하는 자초리(紫草里)과 모종의 관련이 있지 않을까 한다. 사실 자초리는 존칭 낭(娘)을 붙여 자초리랑(紫草里娘)이라 할 수 있는 바, 본 문서의 자초랑(紫草娘)은 자초리(紫草里)를 지칭하던지 아니면 동명 이인일 수도 있다. 다만 그가 자칭모전(紫稱毛氈)을 생산한 것으로 인정되는 바, 그의 이름은 자초(紫草)를 생산하여 모전을 자색(紫色)으로 염색하는 일을 관장한 데서 비롯하였을 가능성이 매우 높다.

따라서 자초랑택은 자칭모전(紫稱毛氈)을 생산한 여성의 택호를, 행권한사(대사)는 화전을 제작한 장인의 이름을 표시하였던 것으로서, 이들 자칭모전(紫稱毛氈)과 화전(花氈)은 모두 5~4두품 관인의 수공업장에서 제작된 것으로 보아 좋을 것이다.17)

본 문건에서 가화전(價花氈)과 자칭모(紫稱毛)에 이어져 있는 뒤의 숫자 '1(一)'은 물품의 수효를 지칭한 것이 분명하므로 본 모전의 명칭을 지칭한 것으로 여겨진다. 이에 '자칭모(紫稱毛)'는 현재 본 문서가 부착된 물품으로 미루어 볼 때에 '자주빛 물을 들인 모전(毛氈)'으로, 그리고 '가화전(價花氈)'은 '값있는 화전(花氈)' 정도로 새길 수 있다고 본다.

다음으로 ②단락에 있어서는 A의 '念物得追㢱'에 대하여 B에서는 '念物 + 絲乃綿乃 + 得追㢱'라고 하여 '絲乃綿乃'가 추가되었다. 이는 '念物得追㢱'만으로 완결된 문장이지만, '絲乃綿乃'로써 본 문장을 보완하여 내용을 보다 구체화하였음을 알 수 있다. 또한 B 문서에서는 A문서에서 보이지 않은 '금(今)' 이하 물건 값에 대한 추기가 있어 차이가 있지만, 기본 문장은 동일한 구조를 보임을 알 수 있다.

---

16) 尹善泰, 2008, 「尙州 伏龍洞 256번지 유적 출토 新羅 蠟石製 銘文遺物」, 『木簡과 文字』 2., 198~199쪽.~

17) 박남수, 2007, 「통일신라의 대일교역과 애장왕대 '교빙결호'」, 『사학연구』 88 ; 2011, 『한국 고대의 동아시아 교역사』, 주류성, 248~249쪽.

한편 두 문서에 보이는 '염물(念物)'은 본 첩포기 뿐만 아니라 「매신라물해(買新羅物解)」에도 등장하고 있어, 그 동안 이에 대한 다양한 해석이 있었다. 곧 신라의 향가에서 '염(念)'이 '경과하다' 또는 '가고 오다'라는 의미를 지닌 점에 주목하여 '교관물(交關物)'에 상당하는 신라어로서 '신라의 교역품'을 뜻하는 것으로 보기도 한다.[18] 또는 『계림유사』의 '乞物曰念受勢'와 관련하여 '원하는 물건' '희망하는 물건'으로 해석하고, '원하는 물건'이란 「매신라물해」에서는 '신라물', 그리고 「첩포기」에서는 일본 물품 곧 실[絲]과 면(綿)으로 보는 견해가 있다.[19] 또한 「첩포기」와 「매신라물해」가 752년 신라와 일본간의 교역과정에서 작성된 것으로 간주하면서, 「매신라물」과 「첩포기」의 '염물(念物)'을 '원하는 물품(新羅物)'으로 보는 견해가 있었다.[20]

그런데 「매신라물해」가 752년에 작성된 것은 분명하지만, 「첩포기」를 동일한 시기로 확정할 수 있을까 하는 점에 의문이 있다. 곧 「첩포기」의 모전이 정창원에 입고된 시기를 확정할 수 없고, 자초랑택이 「선림원종」(804)의 자초리(紫草里)일 가능성이 있으며, 본 첩포기의 어법을 752년 무렵의 그것으로 보기 어렵기 때문이다.

이에 먼저 「매신라물해」에 보이는 '염물(念物)'의 용례를 정리하면 다음과 같다.

ⓐ 從四位下小槻山君廣蟲解　申應念物賈事 …
　　以前念物幷價等顯注如件謹解 … (東野-5)
ⓑ 念物 五六寸鏡　丁香 …」右件念物幷直數如前以解… (東野-7)
ⓒ … 以前可買新羅物幷儲價等如前謹解… (東野-9)
ⓓ … 　以前應買物色幷買直物等數　申送如件以(解)… (東野-10)
ⓔ 〕申應買物事」… (東野-11)
ⓕ 念物黃金」價絲壹伯斤　綿□□ … (東野-12)
ⓖ … 右件念物具錄〔如〕〔件〕〔以〕〔解〕 … (東野-14)

18) 東野治之, 1977, 「正倉院の墨書と新羅の對外交易」, 앞의 책, 350쪽.
19) 이성시, 앞의 논문, 46~50쪽.
20) 윤선태, 앞의 논문, 45·56쪽.

ⓗ … 右念物〔幷〕買直物等申送如前… (東野-15)

ⓘ □□伊勢連大津解 (東野-17)

ⓙ 〔從〕五位下池邊王解 申念物事」… (皆川-1)

ⓚ 〔從〕五位下阿倍朝臣□麻呂謹解 申念物事」… (皆川-2)

위의 「매신라물해(買新羅物解)」 가운데 ⓐ(東野-5), ⓘ(東野-17), ⓙ (皆川-1), ⓚ(皆川-2)에서 보듯이, '관등+관료이름+解[문서]'라고 하여 문서 신청자의 이름으로써 문서의 제목을 삼았음을 확인할 수 있다. 그런 데 문서의 제목에 뒤이어 본 문서의 작성 목적을 '申應念物賈事'(A. 東野 -5), '申應買物事'(E. 東野-11), '申念物事'(J. 皆川-1·2)라는 소제목을 붙여 밝히고 있다.

이들 세 가지 유형의 소제목은 모두 동일한 의미를 지닌 것이 분명하다. 여기에서 '申~事'는 본 문서의 투식으로서 '~을 신청하는 일' 정도로 풀이 된다. 따라서 '申應念物賈事'(ⓐ)는 '염물(念物)의 판매(또는 가격)에 응하 여 신청하는 일', '申應買物事'(ⓔ)는 '매물(買物)에 응하여 신청하는 일', '申念物事'(ⓙ)는 '염물(念物)을 신청하는 일'로 풀이할 수 있다. 이와 같은 세 가지 유형의 서식으로부터 '응념물가(應念物賈)=응매물(應買物)=염물 (念物)'로 통용될 수 있음을 알 수 있다. '응념물가(應念物賈)'와 '응매물(應 買物)'에서는 각각 '염물(念物)의 판매[또는 가격]에 응하여' '매물(買物)에 응하여'로서, '응(應)'은 일종 보조 동사이고, '염물가(念物賈)'와 '매물(買 物)'은 동일한 의미 곧 '물품을 사는'의 의미로서 '염물(念物)'에 다름 아님 을 알 수 있다. 이 '염물(念物)'은 ⓑ와 ⓕ에서 보듯이 구입 신청한 물품을 지칭한다.

한편으로 「매신라물해」의 문서 가운데 결사(結辭) 부분의 서식(ⓐⓑⓒ ⓓⓖⓗ)을 간추려 비교하면 다음과 같다.

ⓐ′ 以前 念物 幷價等顯注如件謹解… (東野-5)

ⓑ′ 右件 念物 幷直數 如前以解… (東野-7)

ⓒ′ 以前 可買新羅物 幷儲價等 如前謹解… (東野-9)

ⓓ′ 以前 應買物色 幷買直物等數 申送如件以(解)… (東野-10)

ⓖ′ 右件 念物 具錄 〔如〕〔件〕〔以〕〔解〕… (東野-14)

ⓗ´ 右 念物〔幷〕買直物等 申送如前… (東野-15)

위의 인용문에서 '이전(以前)'과 '우건(右件)', '우(右)'는 동일하게 앞서
나열한 물품들을 지칭한다. 이들 물품을 총괄하여 '염물(念物)' '가매신라
물(可買新羅物)' '응매물색(應買物色)'이라 하였다. 따라서 '염물(念物)'은
'매입하고자 하는[應買] 물품의 종류[物色]'이고 그것은 '매입할 수 있는
신라물'이 된다. 앞서 B와 F에서 '염물(念物)'이 구입하고자 하는 구체적
인 물품명을 지칭한 것과 동일함을 알 수 있다. 따라서 '염물(念物)'이 반
드시 '신라물(新羅物)'을 의미하는 것은 아니지만, 752년 당시 일본 관료
들이 매입하고자 신청한 물품이 신라물이었기 때문에 본「매신라물해」의
염물(念物)은 신라물을 지칭한다고 할 수 있다. 이들 '염물(念物)' 곧 '구입
하고자 하는 물품'은 반드시 '가(價)', '치수(直數)' '저가(儲價)' '메치물등수
(買直物等數)' '매치물(買直物)'이라 하여, 당해 구입 물품의 가격을 기재
하여 구입신청서를 작성하였다. 특히 A´(東野-5)에서 지칭한 현주(顯
注)란 구입물품가를 견(絹)과 실[絲], 면(綿)으로 가격을 매겨 기재하였다
는 의미일 것이다. 일본 관료들은「매신라물해」를 작성하면서 구입하고
자 하는 신라물을 '염물(念物)', '매물(買物)', '매신라물(買新羅物)'이라 하
였다. 따라서 '염물(念物)'은 일본 관료들이 사용하던 '매물(買物)'과 같은
용어라고 할 수 있다.

그런데 본 첩포기는 신라의 행권한사(行卷韓舍)와 자초랑택(紫草娘宅)
이 작성한 것으로 여겨짐에도 불구하고, '염물(念物)'이라 하였다. 여기에
서의 '염물(念物)'은「매신라물해」에 보이는 '매물(買物)'이라는 보통 명사
로 보아 좋을 것이다. 사실 '염물(念物)'은 불경에서 빈번하게 사용되는
용어로서 '[사려고] 생각하는 물건' 정도로 해석될 수 있다.21) 그것이 후일

---

21) "施所愛念物, 生天隨所欲(또 아깝게 생각하는 물건을 베풀면 천상에 태어나
   하고픈 대로 할 수 있으리,)"(雜 阿含經卷第四十八 度流經)
   "一切世間咸樂見, 無量劫海時一遇, 大悲念物靡不周(큰 자비로 중생[物]들을
   생각하는 일을 두루하지 않음이 없고), 此解脫門觀世睹"(『大方廣佛華嚴經』
   3권, 世主妙嚴品 第一之三)

'걸물(乞物)'에 상응하는 '염수세(念受勢)'로 전화하였을 것으로 추측되지만, 본 첩포기나 「매신라물해」의 '염물(念物)'이 '매물(買物)'이란 의미로 사용되었음은 분명하다.

한편 '득추우(得追于)'에서 '우(于)'는 신라어의 접미사일 가능성이 높은데, '追于'는 조선시대에 이두 '조초'로서 씌였으며 오늘날 '좇아', '따라'의 뜻이었다.[22] 특히 「신라자칭모첩포기(新羅紫稱毛貼布記)」에서 '得'자 아래에 여백이 있음에도 불구하고 '追于'는 줄을 바꾸어 기술하였다. 이는 '得'과 '追于'가 두 가지 개념을 의미하기 때문이지 않을까 한다. 곧 '물품을 얻다'의 '得'과 그 이후에 뒤 따르는 행위 곧 '추납(追納)'의 '追'를 지칭하지 않은가 한다. 한문의 본래 의미도 그러하거니와 문맥으로 보아도 앞서 언급한 '물품을 얻으면 추납하라'는 의미라고 보아야 하지 않을까 한다.

더욱이 '絲乃綿乃'에서 '乃'는 접속조사 '~(이)나'로 여럿을 열거하는 중의 하나를 나타내는 신라의 이두이다. 신라 「규흥사종명」(856)에서 이러한 용법을 확인할 수 있는데,[23] '念物絲乃綿乃得追亐'는 '염물(念物)은 실[絲]이나 면(綿)이나로, 얻으면 추납하시오'라고 새길 수 있다. 여기에서의 염물(念物)은 당연히 앞서 등장한 '자초랑택 자칭모[전](紫草娘宅의 紫稱毛[氈]) 1'이 된다. 그 이하 '지금 면 15근 소, 길이 7척 너비 3척 4촌[今綿十五斤小 長七尺 廣三尺四寸]'은 자칭모[전](紫稱毛[氈]) 1에 대한 매입가가 될 것이다. 이들 매입가에 대한 기술은 앞의 글자와 서체가 다른 것으로 인정되어 추기한 것이라 할 수 있다. 특히 '근소(斤小)'라는 양사(量詞)를 사용한 것으로 미루어, 일본이 당의 대소이량제(大小二兩制)를 채용한 대보율령(大寶律令, 701) 이후에 작성된 것임을 알 수 있다.[24] 또한 '길이 7척 너비 4척 4촌[長七尺 廣三尺四寸]'은 '면 15근 소(綿

---

22) 『典律通補』 別編 吏文.

23) 「竅興寺鍾銘」 허흥식, 국사편찬위원회 편, 1996, 『韓國古代金石文資料集』 Ⅲ, 136쪽.

24) 小泉袈裟勝 編, 1989, 『圖解 單位の 歷史辭典』, 柏書房, 11~12쪽. 당의 大小制에 따르면 斤小는 53匁 3分 3厘(199.9875g), 斤大는 160匁(600g)이었다고 한다.(小泉袈裟勝, 1982, 『秤』, 法政大學出版局, 63~66쪽)

十五斤小)'에 대한 제원을 표시한 것으로부터, '면(綿)'이 풀솜이 아니라 면직물임을 보여준다.[25] 이에 본 문서의 '생산자 + 물건 이름 + ~염물득 추우(念物得追亏)' 부분은 신라에서 작성된 것이고, '금(今)' 이하 물건 가격 부분은 일본에서 작성된 것임을 알 수 있다. 따라서 두 개의 모전(毛氈)에 붙여진 부첩포에는 본래 본 물품의 생산자와 물품명을 밝히고, 이것이 실[絲] 또는 면(綿)과 교환할 수 있는 매물임을 보여주는 것이라 할 수 있다.

지금까지 살핀 내용에 따라 본 문건을 풀이하면 다음과 같다.

	「新羅花氈貼布記」(A)	「新羅紫稱毛貼布記」(B)
원문	行卷譽價花氈一 念物得追亏	紫草娘宅紫稱毛一 念物絲乃綿乃得 追亏」[이하 추기] 今綿十五斤小 長七尺 廣三尺四寸
번역문	행권 한사(대사)의 값 있는 화전 하나. 염물[買物]을 얻고 추납하시오.	자초랑택의 자칭모전 하나. 염물[買物]을 실이나 면으로 얻고 추납하시오.」 [이하 추기] 이제 면 15근 소이다. (이는) 길이 7자, 너비 3자 4촌이다.

그밖에 명문은 없지만 정창원에 소장된 좌파리의 숟가락[匙]이나 금동가위[金銅鋏] 등은 한반도에서 출토된 것과 동일한 것으로 지적된다. 345본의 좌파리의 숟가락은 2본을 1조로 폐종이[半古紙]로 포장하고, 10조를 마끈[麻繩]으로 엮어 한 꾸러미로 하여 사용하지 않은 채로 보관되어 있다. 이들 숟가락[匙]은 신라물일 가능성이 높은 것으로 지적된다.[26]

이들 문건과 물품 등은 정창원과 신라와의 관련성을 시사한다. 다만 이들 각각의 물품을 일괄하여 한 시기 예컨데 752년 신라 '왕자' 김태렴의 도일 시기로 특정할 수 있는가 하는 점은 면밀한 검토가 필요하리라 본다. 정창원 물품에는 전세되어 정창원 헌납시에 일괄 입고된 백제계 유물도

---

25) 이는 기왕에 일본의 綿을 풀솜으로 보아왔던 것에 대한 반성을 필요로 하는 부분이기도 하다.
26) 鈴木靖民, 앞의 논문, 앞의 책, 426쪽.

있기 때문이다. 또한 정창원에 소장된 칠기류와 금동제품, 고려악·백제악·신라악과 관련된 악기, 향약류 등은 신라 또는 한반도와의 교류 과정에서 수차례에 걸쳐 입고되었을 가능성이 매우 높기 때문이다.

3. 「매신라물해(買新羅物解)」의 신라물

1933년 10월 정창원 중창의 불경 경질 13권 가운데 「화엄경론」을 수리하는 가운데 표지 부분 안에서 2편의 한지 5장이 발견되었다. 신라 서원경(西原京)에 소속된 4개 촌락의 장적 곧 「신라촌락문서」가 그것이다.

한편으로 1929년 정창원 중창에 소장된 「조모립녀병풍(鳥毛立女屏風)」제5폭의 배지에서 고문서 30장이 발견되었다. 일련의 「매신라물해(買新羅物解, 신라물을 매입하는 문서)」가 그것인데, 이는 752년 일본에 파견된 신라 '왕자' 김태렴 일행에게 일본 관료들이 신라물품을 구입하기 위한 신청서이다. 이는 『정창원어물목록(正倉院御物目錄)』(二)(1929)에 처음으로 소개되었다. 이들 문서는 현재 정창원(正倉院)과 존경각문고(尊經閣文庫)에 나뉘어 소장되어 있다. 이에 대해서는 이미 자세한 연구가 있는데,[27] 모두 30건의 이들 문건은 완전한 형태를 갖춘 것이

「조모립녀병풍(鳥毛立女屏風)」제5폭(杉本一樹, 2008, 앞의 책 ; 연민수 역, 2015, 앞의 책, 8쪽 도판)

---

27) 東野治之, 1974, 「鳥毛立女屏風下貼文書の研究 －買新羅物解の基礎的考察」『史林』57-6 : 1977, 『正倉院文書と木簡の研究』, 塙書房.
　皆川完一, 1994, 「買新羅物解拾遺」, 正倉院文書研究會 編, 『正倉院文書研究』2, 吉川弘文館.

드물고, 형식을 알아 볼 수 있는 것도 서로 차이가 있다.

다만 본 문서의 기본 요건으로는 대체로 '① 문서명[신청자이름의 문서명] + 문서제목[申應念物賈事 ; 염물의 가격에 응하여 신청한 일)]' ② 구매 물품의 종수와 수매가 총액 ③ 물품 명칭과 수량[각 물품별 개별수매가] ④ 신청서 결론 부분[以前念物幷價等顯注如件謹解 ; 앞의 염물과 가격 등에 주를 달아 본 건과 같이 삼가 작성한 문서]」 ⑤ 신청일[天平勝寶四年六月 15~26日, 7월 8일]'의 형식을 갖추고 있다.

② '구매 물품의 종수와 수매가 총액'은 ③ '물품 명칭과 수량'의 뒤에 배치하거나, 구입 총액을 ②의 위치에 두면서도 구입 종수는 ③의 다음에 배치하기도 한다. 또는 양자를 바꾸어 배치하기도 한다. 그러나 이러한 위치에 관계없이 이들 구입물량의 종수와 총액은 모든 문건에 필수 항목으로 기재되었다는 점은 동일하다.

또한 ③의 '물품 명칭과 수량'은 모든 문건이 동일하다. 다만 '각 물품별 개별 수매가'는 30건의 문건 가운데 2건의 문건에서만 확인된다. 이들 '각 물품별 개별 수매가'는 작은 글자로 기재되었는데, 총액을 산출하는 근거이면서도 120여 종에 달하는 「매신라물해」의 각 물품 수매가를 추정하는 유효한 자료이기도 하다. 이들 문건 가운데 비교적 문서형식을 가장 잘 보여주는 표본이 될만한 자료를 적시하면 다음과 같다.[28]

오늘날 이를 「매신라물해」라고 일컫는 것은, 위의 [東野-9]의 구입신청 일자 위에 보이는 「可買新羅物幷儲價等如前謹解[신라물을 매입하여 가격 총액 등을 앞과 같이 할 수 있도록 삼가 만든 문서]」라는 문구에서 비롯한다. 곧 '신라물을 매입하기 위해 가격을 책정한 문서'라는 의미이다.

---

28) 다음은 東野治之, 1974, 위의 논문 ; 1977, 위의 책, 338~339 · 340~341쪽 자료를 전재하였다.

```
〔東野-5〕
從四位下小槻山君廣蟲解　　申應念物賈事
合□種　　直絹□□□匹　　　□□□斤　　綿參伯斤
　　　（玖）　　　　（絁參拾）　　　　（糸壹伯）

　　　鉢貳口　　大盤貳口　　　小□　　　鋺　　　金筋肆枚

　　　┌──┐　┌──┐　┌────┐
　　　└──┘　└──┘　└────┘
　　　┌────┐
　　　└────┘

　　　以前念物幷價等顯注如件謹解
　　　　　　　　　　天平勝寶四年六月十七日
　　　　　　　　（『尊經閣文書纂』3；『大日本古文書』25권 47쪽）
```

```
〔東野-9〕
合貳什參種
　　鏡參面徑六寸已下　　　　　迊羅五重鋺參帖口徑五寸已下
　　　　　　五寸已上
　　白銅五重鋺貳帖口徑五寸已下　白銅盤壹拾五口口徑五六寸
　　□羅盤伍口口徑五六寸　　　白銅匙箸貳具
　　白銅香爐壹具　　　　　　　白銅錫杖壹箇
　　黃金伍兩　　　　　　　　　麝香參臍
　　朱沙壹斤　　　　　　　　　同黃壹斤
　　薰陸壹拾伍斤　　　　　　　人參肆斤
　　阿利勒貳伯顆　　　　　　　松子壹斛伍豆寸
　　木槵子壹仟貳伯玖拾陸顆　　蜜汁貳□
　　　　　　　　　　　　　　　　（豆寸？）
　　牙鏤梳壹拾箇　　　　　　　牙鏤竹+早子貳拾□
　　　　　　　　　　　　　　　　　（箇？）
　　口脂壹箇長一尺　　　　　　鐵精壹斤
　　以前可買新羅物幷儲價等如前謹解
　　　　　　　　　　　　天平勝寶四年六月廿三日
　　　　　　　（『尊經閣文書纂』3，『大日本古文書』25권 48~50쪽）
```

　이러한 명칭과 관련된 용례는 각 문서마다 매우 다양하게 나타난다. 특히 '염물(念物)'에 대해서는 앞서 살폈듯이 '교관물(交關物)'에 상당하는 신라어로서 '신라의 교역품',29) 또는 『계림유사』의 '乞物日念受勢(물건을 구하다는 念주세요)'와 관련하여 '원하는 물건' '희망하는 물건',30) '원하는 물품(新羅物)'31) 등으로 풀이하기도 한다. 그런데 일본 관료들은 신라물을 구입하기 위하여 본 신청서를 작성하면서 '염물(念物)', '매물(買物)' '매신라물(買新羅物)'이라 하였다. 따라서 염물(念物)은 일본 관료들이 매물(買物)과 동일한 의미로 사용하였음을 알 수 있다.

「매신라물해」는 752년 일본에 사신으로 파견된 신라 '왕자' 김태렴의 신라물을 구입하기 위한 물품신청서이다. 『속일본기』에는 752년 신라'왕자' 김태렴(金泰廉) 일행 700여 명이 7척의 배를 타고 일본에 조공하였다32)는 기록을 전한다. 당시 김태렴의 교역에 대해서는 8세기 중엽 동아시아 국제관계와 관련하여 조공의 범주 안에서의 공무역(公貿易)으로 보는 견해33)와 상인을 중심으로 한 통상교역(通商交易)으로 보는 견해34) 등이 있었다. 또한 김태렴 일행이 가져간 물품에 많은 종류의 향약이 포함되었다는 데서, 김태렴의 교역을 중개와 전매 무역으로 규정하고,35) 나아가 향약 등의 물품을 신라에 직접 내왕한 소그드인이 전한 것으로 보거나36) 중국에서 수입한 서역산으로 풀이하기도 한다.37)

29) 東野治之, 1977, 「正倉院の墨書と新羅の對外交易」, 앞의 책, 350쪽.
30) 李成市, 1997, 「正倉院寶物新羅氈貼布記」, 앞의 책, 46~50쪽.
31) 윤선태, 1997, 「752년 신라의 대일교역과 바이시라기모쯔케(買新羅物解)」, 『역사와 현실』 24, 45·56쪽.
32) 『續日本紀』 권 18, 天平勝宝 4년(752) 6월 己丑 · 壬辰.
33) 濱田耕策, 1983, 「新羅の中 · 下代の內政と對日外交–外交形式と交易をめぐって」, 『學習院史學』 21. 李成市, 1997, 앞의 책, 79~80 · 112~113쪽.
34) 東野治之, 1974, 앞의 논문 : 1977, 앞의 책. 石井正敏, 1975, 「新羅 · 渤海との交涉はどのよおに進められたか」 : 森克己 · 田中健夫 編, 1975, 『海外交涉史の視點 1』, 日本書籍. 東野治之, 1977, 「正倉院の墨書と新羅の對外交易」, 앞의 책.
35) 森克己, 1975, 「遣唐使と新羅との關係」, 『新訂 日宋貿易の研究』, 國書刊行會, 98~99쪽. 東野治之, 1974, 앞의 논문 : 1977, 앞의 책, 323쪽. 永正美嘉, 2003, 「新羅の對日香藥貿易」, 서울대 석사논문 : 2005, 『한국사론』 51, 서울대, 33쪽.

일본 관료들이 김태렴의 사절단을 통하여 매입한 물품은 「매신라물해」에 의하면 모두 122종에 이른다. 김태렴 일행이 가지고 간 물품을 종류별로 정리하면 다음과 같다.

「매신라물해」의 유형별 신라물품명

분류		물품명
향약 (香藥)	정향류(丁香類)	정향(丁香), 계설향(鷄舌香)
	분향류(焚香類)	침향(沉香), 훈육향(薰陸香)
	조합향(調合香)	훈향(薰香), 훈의향(薰衣香), 탁의향(橐衣香), 의향(衣香), 화향(和香), 잡향(雜香)
	약재향(藥材香)	안식향(安口[息]香), 청목향(靑木香), 용뇌향(龍腦香), 감송향(甘松香), 곽향(藿香), 영릉향(零陵香), 백단향(白檀香), 울금향(鬱金香)
약재 (藥材)	식물성약재	인삼(人蔘), 송자(松子), 육종용(宍縱容), 감초(甘草), 대황(大黃), 계심(桂心), 원지(遠志), 인심(人心), 필발(畢拔), 자근(紫根), 청태(靑胎)
	동물성약재	사향(麝香), 우황(牛黃), 서각(犀角), 용골(口[龍]骨), 양고(羊膏), 양지(口[羊]脂)
	광물성약재	황단(黃丹), 망소(芒消), 석(石), 석뇌(石[腦]), 철정(鐵精)
	약탕환류	아리륵(阿莉勒)
색료 (色料)	안료(顔料)	주사(朱沙), 황(紫黃[雌黃]), 호분(胡粉), 동황(同黃), 연자(烟紫), 금청(金靑), 백청(白靑), 증청(曾靑), 철청(鐵靑), 칠자(漆子)
	염료(染料)	소방(蘇芳), 자초(紫[草])
조합제	향분(香粉)	향유(香油), 구지(口脂)
	조합제 (환약, 조합향용)	밀(蜜), 밀즙(蜜汁)
	안료고착제	알밀(蔄蜜)
벽사물 (辟邪物)	불교용품	목환자(木槵子), 여의(如意),염수송수(念數誦數), □승불(□蠅)拂)

---

36) 金昌錫, 2006, 「8~10세기 이슬람 제종족의 신라왕래와 그 배경」, 『한국고대
　　사연구』 44, 103쪽
37) 윤재운, 1996, 「9세기 후반 신라의 사무역에 관한 일고찰」, 『史叢』 45,
　　60~61쪽 : 2004, 「신라 하대 무역관련 기구와 정책」, 『선사와 고대』 20, 266
　　쪽.

기물·생활용품 (器物生活用品)	여자용품	경(鏡), 정소(丁梳), 아루소(牙[鏤]梳), 아루계자(牙[鏤]筓子), 발자(髮刺)
	식기류	완(鋺), 반(盤), 발(鉢), 시(匙)·저(筋)·저(箸), 다라(多羅[良])
	호병(壺瓶)	주호(酒壺), 수병(水瓶), 구지호(口脂壺)
	마구·석장 (馬具·錫杖)	마구류(馬具·類), 석장(錫杖), 대(帶), 아홀(牙笏), 아량(牙量)
	촉대·로(燭臺·爐)	촉대(燭臺), 향로(香爐), 풍로(風爐), 화로(火爐)
	도금화폐	황금(黃金, 金)
	문화	병풍(屛風), 서책(□論)
직물(織物)		비전(緋氈), 화전(靴氈), 간피(干皮), 포(□[熟]布)

김태렴은 자신이 가져간 물품을 '개인 자격으로 준비한 국토(신라)의 미미한 물품[私自所備 國土微物]'이라 일컬었다. 이는 「매신라물해」에서 도 일본 관료들이 구입한 물품을 신라물이라 칭했던 것과 흐름을 같이한 다. 「매신라물해」 가운데 개별 물품 가격을 제시한 자료의 내용을 정리하 여 도시하면 다음과 같다.[38]

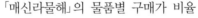

「매신라물해」의 물품별 구매가 비율

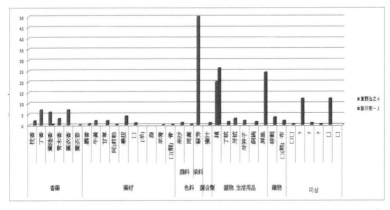

---

38) 다음 도표는 박남수, 2009a, 「752년 김태렴의 대일교역과 〈매신라물해〉의 향약」, 『한국고대사연구』 55 : 2011, 『한국 고대의 동아시아 교역사』, 주류 성, 215~216쪽 도표를 전재하였다.([東4]와 [皆4]는 東野治之와 皆川完一 이 각각 수습한 문서 일련번호임)

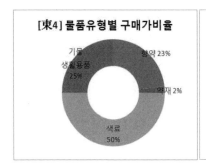

[東4] 물품유형별 구매가비율

향약 23%
기물
생활용품
25%
약재 2%
색료
50%

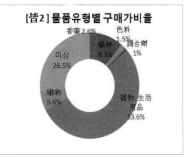

[皆2] 물품유형별 구매가비율

香藥 2.6%   色料
藥材   調合劑 1.5%
8.3%   1%
미상
26.5%
織物
5.6%
器物·生活
用品
53.6%

    30개 「매신라물해」의 문건에서 개별 물품가가 기재된 문건을 기준
으로 추산하였을 때에, 일본 관료들이 신라물을 구매하기 위해 지불한
면의 총량은 면 18,120 ～ 20,640근으로서 72,480 ～ 82,560둔으로
추정된다. 『속일본기』 신호경운(神護景雲) 2년(768) 10월 갑자(24일)
에 일본 국왕이 대신 신료들에게 신라 교관물 구입비로 하사한 70,000
둔(17,500근)을 약간 상회하는 거의 유사한 수준이다. 이를 쌀로 환산
하면 1,283.5 ～ 1,461.5석에 해당한다. 이와 같이 막대한 교역 이익
은 신라 진골 귀족의 대일 교역을 부추키는 요인으로 작용하였을 것이
라 여겨진다.[39)]

    「매신라물해」의 매출가를 비교할 때에 다음과 같은 몇 가지 특징을 살
필 수 있다. ① 일본 조정 대신들의 신라물 구매가 주로 생활용품 등 문화
적 수요에 집중되었고, ② 향약류의 경우 주로 약재로서 구입하였으며,
③ 향약 구매가는 염료나 생활용품·기물·문화용품의 1/23 수준이었다
는 점이다.

    기물이나 생활용품은 신라 귀족들이나 일반 민간수공업장에서 제작된
것이었다. 향약의 경우 그 원산지가 비록 동남아시아라고 하더라도 전단
향과 같이 신라에서 이미 재배되었을 물품도 포함되었다. 약재의 경우
신라에서는 이미 중국 본초학을 받아들여 이들을 개발·재배함으로써 일

---

39) 박남수, 2009a, 위의 논문 ; 위의 책, 184~185쪽.

본에 전래한 21종의 약재 가운데 10종의 신라 토산 약재를 확인할 수 있고, 광물성 약재 3종은 신라 내에서 제조되었을 가능성이 높다. 이러한 김태렴의 교역은 결국 신라의 수공업생산과 의약기술의 발전에 바탕한 것이었다. 동남아시아 원산의 물품도 소방과 같이 신라에서 광범하게 유통되어 쉽게 구입할 수 있었던 만큼, 김태렴이 개인적으로 신라물품을 준비하여 일본과의 교역에 충당할 수 있었다.[40]

그러므로 김태렴의 교역을 '소량이지만 고가인 남해, 서아시아산 향약 등의 사치품이 많기 때문에 중개와 전매를 주로 한 무역'으로 평가한 것은, 향약이 고가의 동남아시아산이라는 선입견에서 출발한 추론에 불과하다고 본다. 8세기 중엽 김태렴의 「매신라물해」에서 살필 수 있듯이, 김태렴은 신라에서 생산한 그릇류와 생활용품 등 기물류를 주력 신라물로 교역하면서, 약재와 향료 등을 부수적으로 매매하였다. 이들 약재나 향료 또한 신라가 자체 생산하거나 가공하여 판매한 것으로서, 동아시아 바닷 길을 통하여 대규모 유통에 참여한 때문에 가능한 것이었다.

이러한 때문에 김태렴의 교역의 성격을 '전매 또는 중개'로 볼 수 없으며, 그것은 신라의 생산 기술에 바탕하여 생산품을 판매하거나 원료를 수입·가공하여 부가가치를 창출한 교역이라고 정의할 수 있다. 오늘날 우리나라에 거의 생산되지 않는 원유나 철광석을 수입하여 정유·제련하여 다시 수출함으로써 정유와 철강 수출 강국으로 손꼽히는 것에 견줄 수 있을 것이다.

4. 정창원(쇼소인) 신라물의 전래 시기와 대일 교역

성무천황(聖武天皇)이 죽고나서, 광명황후(光明皇后)는 756년(天平勝 寶 8년) 6월과 7월에 세 차례, 758년(天平寶字 2년)에 두 차례, 모두 다섯 차례에 걸쳐 동대사 대불에 물품을 헌납하였다. 헌납 당시의 물품 목록은

---

40) 박남수, 위의 논문, 위의 책, 220쪽.

오늘날까지 「헌물장(獻物帳 ; 帳內寶物)」이란 이름으로 전하는데, 이에 대해서는 국내에서도 2015년 동북아역사재단에서 삼본일수(杉本一樹)의, 『正倉院 : 歷史と寶物』(2008, 中公新書)을 국역하여 간행한 바 있다. 이에 따라 당시 헌물장의 물품을 소개하면 다음 표와 같다.[41]

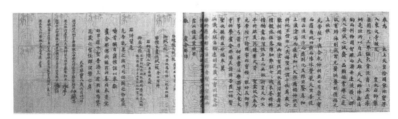

국가진보장(杉本一樹, 2008, 앞의 책 ; 연민수 역, 2015, 앞의 책, 2~3쪽 도판)

헌물장의 헌납시기와 헌물 목록

헌납시기	헌물장	품목
756년 6월21일	國家珍寶帳	1. 御袈裟 9벌 2. 廚子(적칠문 관목 주자)와 수납물 : 천황·황후의 어서(4권), 聖武天皇과 光明皇后가 서로 주고 받은 信幣物, 왕희지 서법(20권), 小刀, 御帶와 부속 御刀子·御帶(3점), 笏(3점), 尺(6점), 筆子(100점), 犀角杯(2점), 雙六頭(116개 구성 1세트, 미완성품 2점), 雙六子(169점), 貝珠(12점), 犀角盍(염주 7점 수납), 唐刀子(2점), 百索縷, 尺八(4점) 3. 赤漆欟木廚子와 수납물 : 犀角(1점 3매), 白石鎭子(16점), 銀平脫合子(4점, 바둑알 용기) 4. 악기 : 倭琴(2점), 琴(2점), 琵琶(2점), 五弦琵琶, 阮咸, 箏, 瑟, 簫, 笙, 竽, 橫笛, 尺八, <u>新羅琴</u>(2점) 5. 遊戲具 : 棊局, 雙六局 6. 무기 : 御大刀(100점), 御弓(100점), 別色御弓(3점), 御箭(100점), 御甲(100구)　　7. 全淺香 [삽입] 8. 御鏡(20점), 漆胡瓶　9. 御屛風(100점) 10. 大枕, 御軾(2점), 挾軾, 御床(2점)
	種種藥帳	제1궤 : 약물 28종[麝香, 犀角(2종), 犀角器], 朴消, 葵核, 小草, 畢撥, 胡椒, 寒水石, 阿麻勒, 菴麻羅, 黑黃連, 元靑,

41) 杉本一樹, 2008, 앞의 책 ; 연민수 역, 2015, 앞의 책, 74~95쪽.

		靑稙草, 白皮, 理石, 禹餘粮, 大一禹餘粮, 龍骨, 五色龍骨, 白龍骨, 龍角, 五色龍齒, 似龍骨石, 雷丸, 鬼臼, 靑石脂, 紫鑛, 赤石脂 제2궤 : 약물 8종[鐘乳床, 檳榔子], 肉縱容, 巴豆, 無食子, 厚朴, 遠志, 阿梨勒 제3~5궤 : 桂心　　제6~8궤 : 芫花　　제9~11궤 : 人蔘 제12~14궤 : 大黃 제15~16궤 : 藕蜜　제17~19궤 : 甘草 제20궤 : 약물16종[芒消, 蔗糖, 紫雪, 胡同律, 石鹽, 猬皮, 新羅羊脂, 防葵, 雲母粉, 密陀僧, 戎鹽, 金石陵], 石水氷, 內藥 제21궤 : 狼毒, 冶葛
756년 7월26일	屛風花 氈等帳	구양순의 진적 서병풍, 황희지 諸帖의 臨書屛風, 花氈, 신발, 銀薰爐 銀平脫梳箱과 수납물 : 완함, 금, 쟁, 비파, 오현비파, 靑斑鎭石
758년 6월 1일	大小王 眞跡帳	왕희지(王羲之)·왕헌지(王獻之) 부자의 진적서(眞跡書)1권
758년 10월1일	藤原公 眞跡屛 風帳	藤原不比等의 眞跡 병풍

　위의 표에서 보듯이 정창원 헌물장에서 신라물품이라 할 수 있는 목록
은 신라금(新羅琴)과 신라양지(新羅羊脂)에 불과하다. 다만 김태렴의 신
라물과 비교할 때에 「국가진보장」의 무소뿔상자[犀角函] 안의 염주나 무
소뿔(犀角), 그리고 「종종약장」의 사향(麝香), 무소뿔[犀角], 박소(朴消),
필발[畢撥, 密拔·華撥·畢抜·旱撥)], 후추[胡椒], 아마륵(阿麻勒), 대일
우여량(大一禹餘粮 ; 石腦), 용골[龍骨, □骨], 육종용(肉縱容), 원지(遠
志), 아리륵(阿梨勒, 可梨勒, 迦梨勒), 계심(桂心), 인삼(人蔘), 대황(大
黃), 알밀(藕蜜), 감초(甘草), 망소(芒消), 신라양지(新羅羊脂] 등은 「매신
라물해」에 보이는 약재이다. 또한 박소는 「매신라물해」에 보이지 않지만
망소의 재료로 사용되었던 만큼 신라물과 관련된 물품이라 할 수 있다.
총 60종의 약재 가운데 19종의 약재가 「매신라물해」에 보이는 약재이다.

그런데 「종종약장」의 약재 가운데는 양로(養老) 6년(722) 12월 4일 천황이 법륭사에 헌납한 물품 가운데 한궤합약(韓櫃合藥)으로 울금향(鬱金香), 갑향(甲香), 향부자(香附子), 첨당향(詹唐香), 금석능주(金石綾州), 오색용골(五色龍骨), 자설(紫雪), 계심(桂心), 귀구(鬼臼), 감초(甘草), 야갈(冶葛), 망소(芒消), 무식자(無食子) 등을 살필 수 있다. 사실 이들은 신라와 관계된 약재라고 생각되지만, 이미 김태렴의 일본 파견 이전부터 이들 신라의 약재가 일본에 전래된 것으로 보아야 하지 않을까 한다. 특히 이들 약재 가운데 울금향, 계심, 감초, 망소 등은 「매신라물해」에 보이는 향약이고, 오색용골, 무식자, 자설, 야갈은 「종종약장」에 보이는 약재이다. 이들 외에도 갑향, 향부자, 첨당향, 금석능주 등도 신라와 모종의 관계가 있다고 여겨진다.

법륭사(法隆寺, 호류지)에 누차에 걸쳐 헌납된 물품은 정창원 물품과 상당수 겹치고 있다. 지통천황(持統天皇) 7년 계사년(693)에 헌납된 물품 백동경(白銅鏡), 종(鍾), 동경(銅磬), 철경(鐵磬), 석장(錫丈), 동부(銅釜), 철부(鐵釜), 동창(銅鎗), 백동화로(白銅火爐), 철화로(鐵火爐), 도량(度量), 약(鑰), 쇄자(鎖子), 동인(銅印), 경대(經臺), 안궤(案机), 경낭(經囊), 주미(麈尾) 가운데 상당 부분은 752년 김태렴의 신라물 가운데 각종 경(鏡)과 백동석장, 백동화로, 백동향로, 아량(牙量) 등에 상응한다.

법륭사 헌납물 가운데 향약류와 채색류는 양로 6년(722)에 처음으로 등장하며, 천평 6년(734) 이후에 헌납된 물품은 대체로 752년 김태렴이 일본에서 교역한 신라물의 범위를 크게 벗어나지 않는다. 공양구 및 의구류의 경우에도 7세기 후반부터 8세기 전반까지의 신라와 일본간의 외교관계에 수반한 증여품을 비롯하여 김태렴의 「매신라물해」에 보이는 물품 등과 동일한 양상이다. 직물류에 있어서는 생시(生絁), 실[絲], 면(綿), 장포(長布), 상포(商布) 등 일본에서 생산된 물품이 보이지만, 번(幡) 등은 일찍부터 신라가 불상 등과 함께 일본에 전래한 바 있다. 또한 홍록간지고려금(紅綠襇地高麗錦)과 녹지고려금록힐(綠地高麗錦綠纈)은 그 명칭으로 미루어 고구려 또는 발해와 관련되리라 여겨지며, 녹(褥)과 탑(榻)은 신라 흥덕왕대 금령 가운데 보이는 직물로서 신라와의 연관성을 추정할

수 있다.42)

따라서 이들 물품은 당시에 일본에 파견된 신라 사신들과의 관계 속에서 이해할 필요가 있다. 마찬가지로 754년 동대사에 헌납된 물품 가운데 일본 황실의 전세품과 함께 신라사신들의 내왕 과정에서 획득한 물품이 상당수 존재하리라 예상할 수 있다. 다만 현존하는 정창원 보물 약 9천 점이 다섯 차례의 헌납에 의한 것만은 아니라는 점을 유념할 필요가 있다.

연력(延曆) 13년(791)「태정관첩(太政官牒)」의 약재 가운데에는 인삼과 함께 감초, 대황, 가리륵(呵梨勒) 등이 보인다.43) 천장(天長) 3년(826) 9월 1일자 중승(衆僧)의 병을 치료하기 위한「정창원어물출납주문(正倉院御物出納注文)」에서는 감초, 인삼, 태황, 계심, 육종용, 대일우여량, 원지, 밀타승(蜜陀僧) 등을 살필 수 있다.44) 이들 가운데 인삼, 감초, 태황, 가(아)리륵, 계심, 육종용, 원지, 대일우여량[석뇌] 등은「매신라물해」에서 확인된다.

또한 금루신라금, 신라양지 등은 천평승보 8년(756) 6월 21일에 정창원의 헌물로서 보이기 시작하여,45) 연력 6년(787) 6월 26일자「정창원어물목록(正倉院御物目錄)」의 신라양지,46) 연력 12년(793) 6월 11일자「동대사사해(東大寺使解)」에 보이는 금루신라금과 신라양지,47) 그리고 홍인(弘仁) 2년(811)의「동대사사해」에는 신라양지가 연력 12년의 12량 3분에서 5근 13량으로 증가하였으며,48)「잡물출입장(雜物出入帳)」에는 홍인 14년(823) 2월 금루신라금을 출고하여 4월에 현존하는 다른 신라금으로 수장하였다고 한다.49) 이는 금루신라금, 신라양지 등이 정창원 개창

---

42) 박남수, 2011,「8세기 신라의 동아시아 교역과 법륭사 백단향」,『한국사학보』 42 ; 2011, 앞의 책, 166쪽.

43)「太政官牒」, 竹內理三 편, 1947,『平安遺文』1, 東京堂, 5~6쪽.

44)「正倉院御物出納注文」,『平安遺文』8, 3310쪽.

45)「正倉院財物實錄帳」,『平安遺文』9, 3383·3386쪽.

46)「正倉院御物目錄」,『平安遺文』8, 3197쪽.

47)「東大寺使解」,『平安遺文』8, 3201·3202·3205·3206쪽.

48)「東大寺使解」,『平安遺文』8, 3264쪽.

49) 鈴木靖民, 1982, 앞의 논문 ; 1985, 앞의 책, 421~422쪽.

이후에도 꾸준히 일본에 전래되어, 정창원에 새로이 입고되었음을 의미한다.50)

따라서 법륭사 헌납물은 신라와의 외교관계 속에서 획득한 물품일 가능성이 높으며, 정창원 보물 또한 신라와의 외교 관계 속에서 이를 살필 필요가 있다. 사실 좌파리[사하리]가반이나 그릇[皿]은 동대사 헌물장에는 보이지 않지만, 현재 정창원에 남아 있는 신라물품이다. 물론「매신라물해」에 완(鋺)이나 반(盤), 발(鉢), 숟가락·젓가락·큰 젓가락(匙·筯·箸), 다라(多羅), 향로(香爐) 등의 기물이나 비전(緋氈), 화전(靴氈), ㅁ재전(ㅁ裁氈) 등의 모전(毛氈) 등이 보이기는 하지만, 이들 물품은 귀족들의 수요에 따른 것이었다. 당시에 김태렴이 전례에 따라 일본 황실에 별도의 물품을 예물로 증여하였으리라 생각되지만, 당시의 물품이 정창원에 입고되었는지는 분명하지 않다.

그런데 앞서 살핀 신라 모전의 첩포기에는「매신라물해」와 동일한 '염물(念物)'이 보이고 또한 신라의 이두로 보이는 글자가 새겨져 있다. 이에 이들 색전(色氈)과 화전(花氈)의 전래 시기를 752년 김태렴이 일본에 사신으로 파견될 당시에 가지고 간 교역품으로 이해하기도 한다.51) 좌파리가반 또한 752년 무렵에 전래되어 754년에 입고된 것으로 보기도 한다.52) 그러나 과연 이들 부속문서가 있는 좌파리가반과 첩포기가 부찰된 화전과 색전을 752년 무렵의 교역품으로 확정할 수 있는가 하는데 의문이 있다.

사실 첩포기의 '염물(念物)'은 752년의「매신라물해」에 등장하고, 신라 제12관등 대사의 이칭인 '한사(韓舍)'는「황복사 금동사리함명(皇福寺金銅舍利函銘)」(706년)이나 8세기 중엽으로 추정되는 경주 안압지-184목

---

50) 박남수, 2007,「통일신라의 대일교역과 애장왕대 '교빙결호'」,『사학연구』88 ; 2011, 앞의 책, 248쪽.
51) 李成市, 1997,「毛氈傳來の過程と新羅·日本關係」,『東アジア王權と交易』, 青木書店, 84~85쪽. 윤선태, 1997,「752년 신라의 대일교역과 바이시라기모쯔케(買新羅物解)」,『역사와 현실』24, 53쪽.
52) 鈴木靖民, 1985,「正倉院佐波理加盤付屬文書の基礎的研究」, 앞의 책, 404쪽.

간, 「연지사종명(蓮池寺鐘銘)」(833)과 「흥덕왕릉비편(興德王陵碑片)」(836)에 보이고 있어 시기를 특정하기 어렵다. 다만 본 첩포기의 '絲乃綿乃[絲나 綿이나]'의 용법은 혜공왕 2년(766)에 제작된 「산청 석남사지 석조비로자나불좌상 납석사리호(山淸 石南巖寺址 石造毘盧遮那佛坐像 蠟石舍利壺)」에서 '~那~那'로 사용되었다.53) 그러던 것이 문성왕 18년(856)의 「규흥사종명(竅興寺鐘銘)」에서는 '~乃~乃'라고 하여54) 본 「첩포기」의 '絲乃綿乃'와 동일한 어법을 사용하였다. 이는 본 「첩포기」의 작성 연대를 8세기 중반으로 볼 수 없음을 의미한다.

특히 「연지사종명」(833)에서는 대사(大舍)와 한사(韓舍)를 함께 사용하였고, 「흥덕왕릉비편」(836)에서는 한사(韓舍)를 사용하다가, 「민애대왕석탑기(敏哀大王石塔記)」(863)에서 다시 대사(大舍)를 사용한 점으로 미루어, 「규흥사종명」의 '~乃~乃' 용법도 「연지사종명」(833)과 「흥덕왕릉비편」(836)에서 한사(韓舍)의 관등을 사용한 시점에 등장한 것이 아닌가 한다. 특히 본 첩포기 '한사(䮙)'는 대사의 이칭인 '한사(韓舍)'의 조합자라는 점에서, 본 첩포기는 앞절에서 살핀 「신라내성모접문서」의 '내말(朶)'과 마찬가지로 8세기 말에서 9세기 전반에 걸친 시기에 작성된 것으

---

53) (表面) "永泰二年丙午七月二日" … 願請內者 豆溫」愛郎靈神賜那 二僧术那」若見內人那 向尓頂禮爲那」遙聞內那 隨喜爲內那」影中逕類那 吹尓逕風」逕所方處一切衆生那 一切」皆三惡道滅尓 自毘盧」遮那是 术覺, 去世爲尓 誓」內之"(永泰 2년 병오(766) 7월 2일 … 원하여 바라는 것은 豆溫愛郎의 靈神이나 두 승려나 이것을 본 사람이나 향하여 頂禮한 사람이나 멀리서 들은 사람이나 隨喜하는 사람이나 그림자 가운데를 지나간 이나 불어서 지나간 바람이 지나간 곳의 모든 곳에 있는 일체의 중생이나 일체 모두의 三惡道의 업이 소멸하여 스스로 비로자나불인 것을 깨닫고 세상을 뜨도록 다짐하는 것이다.)(「山淸 石南巖寺址 石造毘盧遮那佛坐像 蠟石舍利壺」)

54) "大中十年 丙子八月 三日 竅興寺」鐘成內矣.…」初此願起在淸嵩法師光廉和上」願爲內木者 種種施賜人乃 見」聞隨喜爲內人乃 皆無上菩提」成內飛也」…"(대중 10년 병자(856) 8월 3일에 규흥사의 종이 완성되었다. … 처음에 이 서원을 일으킨 청숭법사와 광렴화상이 원한 것은 여러 가지를 시납하신 이나 불법을 듣고 좇아서 기뻐한 이나 모두 더없는 깨달음을 이루기를…)(竅興寺鐘銘(856))

로 보고자 한다. 따라서 '위수내말(爲水末)' 명문의 그릇[皿]도 동 시기에 일본에 전해져 정창원에 입고되었으리라 추정된다.

신라 금석문상의 관등(대사·한사) 표기 방식

금 석 문	大 舍	韓 舍
천전리서석 원명(525)	大舍帝智	
함안 성산산성목간(532)	大舍下智	
영천 청제비(536)	大舍第	
단양 적성비 (550)	大舍	
창녕 진흥왕순수비(561)	大舍	
경주 남산신성비(591)	大舍	
계유명 아미타불삼존사면석상(673)	舍	
문무왕릉비(681)	大舍	
황복사 금동사리함명(706년)		韓舍
황복사비편(706~717)	大舍	
감산사 아미타여래 상기(720)	大舍	
상원사종명(725)	大舍(照南毛)	
경주 안압지 출토 목간(751?, 752?)		韓舍
성덕대왕신종명(771)	大舍	
영천 청제비 정원명(798)		
정원15년명 마애불입상(799)	大舍	
연지사종명(833)	大舍	韓舍
흥덕왕릉비편 (836)		韓舍
민애대왕석탑기(863)	大舍	

한편 모전(毛氈)은 자초랑택과 행권 한사에 의해 제작되었다고 할 수 있다. 여기에서 행권 한사(대사)는 신라 상원사동종을 주조한 '조남택장사□대사(照南宅匠 仕□大舍)'와 같이 진골귀족에 예속된 장인[55]일 가능성이 높고, 자초랑택은 조남택처럼 자초리에서 자초(紫草)를 재배하여 모

---

55) 박남수, 1992, 「新羅 上代 手工業과 匠人」, 『國史館論叢』 39 : 1996, 「상대에 있어서 장인의 사회적 지위 변동」, 『신라수공업사』, 신서원, 279쪽.

(毛) 등을 염색하던 민간수공업장을 지칭하였던 것으로 여겨진다. 따라서 자초랑택은 색모전(緋氈)을 제작한 택호를, 행권한사(대사)는 화전을 제작한 장인의 이름을 표시하였던 것으로서, 이들 색모전(色毛氈)과 화전 (花氈)은 모두 진골귀족 내지 그에 예속된 장인이나 6두품 관인의 수공업장에서 제작된 것으로 보아 좋을 것이다.[56] 다만 '新羅楊家上墨[신라 양가가 올린 먹]'과 '新羅武家上墨[신라 무가가 올린 먹]'의 경우 시기를 획정하기 어려우나, 향후 안압지 출토 191호 목간의 '조세택가(曹洗宅家)'와 관련하여 면밀한 연구가 필요하리라 본다.

아무튼 좌파리가반이나 '위수내말(爲水朶)' 명문의 그릇[皿] 등은 「선림원종」(804)이 조성된 이후 어느 때인가 전해져 정창원 남창에 보관되었다. 이에 대해 신라의 모전류는 중창에 보존되어 있다. 신라금은 북창에 보관되었거니와, 광명황후(光明皇后, 고묘황후)의 헌납물이 정창원의 북창에 보관된 것과 흐름을 같이 한다. 좌파리 가반이 보관된 남창에는 동대사의 자재류와 법회·불사 관련 물품이, 그리고 남창에는 북창과 남창에 속하지 않은 무기·문서·문방구 등이 보관되어 있다. 이러한 사실은 9세기 전반이나 중반에 좌파리 가반과 모전이 각각 동대사의 자재로서 매입되거나 동대사 법회와 관련하여 귀족들의 헌납에 의하여 입고되었을 가능성을 보여준다.

사실 8세기 후반 신라와 일본은 외교관계가 경색되고 마침내 연력 18년 (799) 5월에는 일본의 견신라사(遣新羅使) 파견이 정지되었다. 그럼에도 불구하고 그 동안 '신라 사신'들이 꾸준히 일본과 교역하였다. 이는 일본 측에 의해 신라 사신이 반각되더라도 가지고 간 물건을 교역하여 많은 이익을 남길 수 있던 때문이었다.

이러한 흐름 속에서 애장왕 4년(803) 양국은 '교빙결호(交聘結好)'를 맺음으로써 새로운 전기를 맞이하였다. 8세기 신라 귀족들의 교역은 9세기 초엽부터 신라 해상들이 활발하게 일본과 당나라를 오고 가며 교역함으로써 새로운 양상으로 변화하였다. 헌덕왕 2년(810) 무렵 신라의 상인들이

---

56) 박남수, 2007, 앞의 논문 ; 2011, 앞의 책, 248~249쪽.

빈번히 일본 구주(九州)지방에 표착한 것이나, 9세기 초 일본의 구법승 원인(圓仁)이 중국 양주에서 만났던 신라 상인 왕청(王請)과 왕종(王宗)이 일본과의 교역을 통하여 큰 부자가 되었다는 것 등은, 당시 신라 해상들의 활발한 교역양상을 보여준다.

이 무렵 신라 민간상인들의 교역물품은 「안상사가람연기자재장(安祥寺伽藍緣起資財帳)」에서 살필 수 있다. 이 자재장은 천장 10년(833)에서 승화 9년(842)의 시기에 동 사찰의 혜운(惠雲)이 당물과 신라물을 구입하여 기재한 목록이다. 본 자재장에서 신라물이라 명시된 물품은 사찰에서 사용한 일상의 그릇류와 장엄불구류로서 첩자(疊子)·오성완(五盛垸)·알가잔(閼伽盞)·타성도향반(打成塗香盤)·원시(円匙) 등이었다. 또한 신라승 월지(月智)가 찬술하였다는 『마하연론(摩訶衍論)』이나 8세기 초엽 당나라에서 활동한 신라승 승장(勝莊)의 『인명정리론술기(因明正理論述記)』상권 등의 불경을 비롯하여 금루신라금(金鏤新羅琴), 신라양지(新羅羊脂) 등도 꾸준히 일본에 전래되었다.[57] 이들 물품 가운데 오성완(五盛垸)은 좌파리 가반에 상응하는 물품이라 할 수 있다. 사실 좌파리 가반이나 '위수내말(爲水㮹)' 명문의 그릇[皿]이나 숟가락 등은, 신라 외교상의 헌물인 누금기(鏤金器)·금은(金銀)·금기(金器)와 같이 신라 궁중수공업장에서 제작된 것과 차이가 있다. 좌파리 가반과 같은 금동 가반이나 그릇, 숟가락 등은 신라 6, 5두품이 사용할 수 있는 것으로 신라 귀족이나 민간 수공업장에서 제작된 것이라 할 수 있다. 또한 가죽제품의 경우 외교상의 헌물은 녹피(鹿皮), 표피(豹皮), 안피(鞍皮) 등으로 귀족이나 민간 수공업장에서 제작한 모전류(毛氈類)와는 차이가 있다.[58]

요컨대 정창원 남창과 중창에 보관된 신라 물품은 각각 9세기 전반과 중엽에 일본을 내왕하던 신라 상인을 통하여 매매된 것으로서, 동대사가 장엄불구류로서 매입하였던지 아니면 일본 귀족이 이를 매입하여 헌납한 것이었다고 추측할 수 있다. 정창원 좌파리 가반이 9세기 초엽, 그리고

---

57) 박남수, 2009b, 「圓仁의 歸國과 在唐新羅商人의 對日貿易」, 『한국사연구』 145 ; 2011, 앞의 책, 319쪽.

58) 박남수, 2007, 앞의 논문 ; 2011, 앞의 책, 246쪽.

모전이 9세기 중엽에 전래되었으리라는 추론은 이를 증거한다.

5. 맺음말

756년에 개창한 동대사 정창원에는 1265년여 동안 관리해 온 유물이 전한다. 이들 정창원의 유물 가운데는 한반도에서 전해진 유물들이 소장되어 있다. 새삼 우리가 이에 대하여 관심을 갖는 것은, 매장 유물에 한정된 한국 고대 문물의 실상을 정창원의 유물에서 찾고자 함일 것이다. 본고는 이러한 관점에서 정창원 소장 신라물과 「신라모전첩포기」와 「매신라물해」에 주목하였다. 752년 당시 김태렴이 일본에 가져간 물품은 122종에 이른다. 일찍이 일본 학계에서는 김태렴의 대일 교역을 조공무역으로 보거나, '소량이지만 고가인 남해, 서아시아산 향약 등의 사치품이 많기 때문에 중개와 전매를 주로 한 무역'으로 규정하여 왔다. 그러나 김태렴은 조공사임을 거부하고 사적으로 가져간 신라의 물건임을 천명하였다.

또한 그가 가져간 신라물의 총 매출액은 면 72,480 ~ 82,560둔으로서, 쌀 1,283.5 ~ 1,461.5석에 해당하는 막대한 물량이었다. 당시 일본 조정 대신들의 신라물 구매가 주로 생활용품 등 문화적 수요에 집중되었고, 향약류의 경우 주로 약재로서 구입하였으며, 향약 구매가는 염료나 생활용품·기물·문화용품의 1/23 수준이었다.

이로써 볼 때에, 김태렴은 752년 일본에 파견되어 신라에서 생산한 그릇류와 생활용품 등 기물류를 주력 신라물로 교역하였고, 약재와 향료 등을 부수적으로 매매하였음을 알 수 있다. 또한 이들 약재나 향료는, 신라가 자체 생산하거나 가공하여 판매한 것으로서, 동아시아 바닷길을 통하여 대규모 유통에 참여한 때문에 가능한 것이었다. 따라서 김태렴의 교역은 신라의 생산 기술에 바탕하여 생산품을 판매하거나 원료를 수입·가공하여 부가가치를 창출한 교역이라고 정의할 수 있다.

한편 정창원에 전하는 신라 물품으로서 좌파리가반이나 모전은 752년 김태렴이 일본에 사신으로 파견될 당시에 가지고 간 교역품으로 이해하여 왔다. 그런데 좌파리 기반은 정창원 남창에, 그리고 모전은 정창원 중창에 보관되어, 광명황후의 헌물이 북창에 보관된 것과 차이가 있다. 아울러 이들 정창원 소장 물품은 상당수가 8세기 전반 법륭사에 누차에 걸쳐 헌납된 물품과 겹치거니와, 7세기 후반부터 8세기 전반까지의 신라와 일본간의 외교 관계에 수반한 증여품을 비롯하여 김태렴의 「매신라물해」에 보이는 물품 등과 동일한 양상을 보인다. 이에 정창원 보물 또한 신라와의 외교나 교역 관계 속에서 살필 필요가 있다.

사실 금루신라금, 신라양지 등은 8세기 중반 이후 9세기 초까지의 「정창원어물목록(正倉院御物目錄)」이나 「동대사사해(東大寺使解)」 등에 보이고, 꾸준히 일본에 전래되어 정창원에 새로이 입고되었음을 알 수 있다. 마찬가지로 정창원 소장 좌파리가반이나 모전 또한 이러한 관계 속에서 입고되었을 가능성이 높다.

좌파리가반 부속문서의 시기를 획정할 수 있는 것은 신라의 관등 '柰(내말)'과 '舍(대사)'의 표기 방식, 그리고 동 문건의 신라 이두 '상사지(上仕之)'와 '汚가다(汚去如)'이다.

또한 「화전첩포기」와 「색전첩포기」에서는 '염물(念物)'을 비롯하여 신라의 관등 한사(韓舍)와 '사내면내(絲乃綿乃)'의 '내(乃)'의 용법을 주목하였다. '염물(念物)'은 752년의 「매신라물해」에 등장하거니와 그 용례로 보았을 때에 반드시 '신라물(新羅物)'을 의미하는 것은 아니지만 '매입하고자 하는(應買) 물품의 종류(物色)'로서 '매물(買物)'과 같은 용어였다. 또한 신라 제12관등 대사의 이칭인 '한사(韓舍)'는 「황복사금동사리함명」(706년)이나 8세기 중엽으로 추정되는 경주 안압지−184목간, 「연지사종명」(833)과 「흥덕왕릉비편」(836)에 보이고 있어 시기를 특정하기 어렵다. 다만 본 첩포기의 '絲乃綿乃[絲나 綿이나]'의 용법은, 혜공왕 2년(766)에 제작된 「산청 석남사지 석조비로자나불좌상 납석사리호」의 '~那~那'와 동일한 것으로 문성왕 18년(856)의 「규흥사종명」에서는 '~乃~乃'라고 하여 본 「첩포기」의 '絲乃綿乃'와 동일한 어법을 사용하였음을 알 수 있다. 그런데 「연지사종명」(833)에서는 대사(大舍)와 한사(韓舍)를 함께 사용하였고, 「흥덕왕릉비편」(836)에서는 한사(韓舍)를 사용하다가, 「민애대왕석탑기」(863)에서 다시 대사(大舍)를 사용한 점으로 미루어 볼 때에, '좌파리가반부속문서(「신라내성모접문서」)'는 선림원종(804)이 조성된 이후 어느 때에, 그리고 신라 모전은 「연지사종명」(833) 이후부터 「민애대왕석탑기」(863)에 이르는 시기에 전래되어 정창원에 입고된 것으로 추정할 수 있다. 이들 물품은 국가간 예물로서 증여하는 궁중수공업 제품이 아니라 민간수공업장에서 제작된 것으로서, 각각 9세기 전반과 중엽에 일본을 내왕하던 신라 상인을 통하여 매입된 것이라 할 수 있다. 이들은 동대사가 승려들의 공양이나 장엄불구류로서 매입하였던지 아니면 일본 귀족이 이를 매입하여 헌납한 것이었다고 추측할 수 있다.

그 동안 정창원의 신라문물에 대해서는 주로 일본 학계 주도로 연구되어 왔다. 우리 학계에서는 정창원 소장 신라물품의 경우 문서에 대한 해석을 더하는 정도였다. 본고는 필자가 기왕에 발표한 김태렴의 「매신라물해」의 향약 관련 논문59)에 더하여, 좌파리가반 부속문서와 모전 첩포기의 표기방식이나 어법에 차이가 있음에 주목하고, 이들 물품이 시기를 달리하여 정창원에 입고되었을 가능성을 추구하였다.

---

59) 박남수, 2009a, 앞의 논문 : 2011, 앞의 책, 주류성 所收.

IV

신라 집사성첩과 신라종

신라 흥덕왕대 집사성첩과
대일 관계

1. 머리말

　나당전쟁 이후 동북아시아에는 발해의 등장으로 새로운 국제질서가 형성되어 갔다. 특히 당나라를 중심으로 신라, 발해, 일본은 적극적으로 당의 문물을 받아들이면서 국가체제를 정비하였고, 당에 새로이 유입된 서역과 동남아시아의 문물을 수용하고자 하였다. 신라와 당나라간에는 이미 신문왕 때부터 상호 교류하기 시작하여, 효소왕 8년(699) 신라가 당나라에 사신을 보내고, 성덕왕 12년(713)에 이르러서는 이전의 관계를 회복하였다.

　변화하는 동북아시아의 정세 속에서 형성된 신라-일본-발해의 외교관계는 신라와 발해의 대립 갈등 속에서 일본이 이들 양대 세력을 당의 문물 수용을 위한 방편으로 삼은 것이었다. 신라와 발해는 정치적으로 일본을 자국에 끌어들이면서도 일본의 물산을 확보하고자 하는 외교 정책을 견지하였고, 일본은 신라와 발해의 사이에서 당의 문물을 수용하는 루트로서 양국을 활용하고자 하였다.

　신라는 당의 침략 기도에 대비하고자 문무왕 8년(668) 일본과 외교관계를 재개하여 사신을 주고 받았다. 필자는 이른바 신라의 '공조(貢調)' 물품을 비교한 결과 이 때부터 735년 신라사신 김상정(金相貞)의 '왕성국(王城

國)' 발언으로 양국간 갈등을 빚기 시작하기 이전까지는 국가간의 정식 외교 관계였다고 할 수 있지만, 734년 이후 연력 18년(799) "견신라사(遣新羅使)의 정지" 조치까지는 주로 교역 관계에 기반한 것으로 지적한 바 있다.1)

　사실 양국간 외교적 갈등은 735년 신라사신 김상정의 '왕성국' 발언으로 비롯하였다. 이는 신라와 일본간의 외교 형식에 따른 것이었다. 이러한 양국간의 갈등은 760년 김정권(金貞卷)의 일본 파견시에 일본측이 사신으로 인정하지 않으면서 신라측에 요청한 네 가지 원칙 곧 '왕자가 아니라면 집정대부 등이 입조할 것[專對之人]', '신라의 일본에 대한 신속(臣屬)과 그에 따른 조공사의 파견[忠信之禮]', 그리고 '충신지례'에 따른 신라의 일본에 대한 '상공(常貢)' 곧 조공의 강제와 그에 따른 의례를 요청한 것[仍舊之調], '사신의 내왕에서 반드시 갖추어야 할 국서(國書)의 지참[明驗之言]' 등으로 요약된다. 그러나 신라는 752년 신라왕자로 등장하는 대아찬 김태렴을 제외하고는 사신을 모두 경사(輕使) 곧 아찬으로부터 대나마에 이르는 중앙 부처 차관급인 경(卿) 상당의 인물로 구성하였다.2) 김태렴의 경우 평성경(平城京)에 들어가는 연도의 영로의식 때에 말 위에서 일본 천황의 제칙에 답하는 위의를 보였으며, 국서를 지니지 않고 국왕의 의사를 사주(辭奏)로서 전달하고, 그가 가져간 물품을 공조가 아닌 '개인 자격으로 준비한 신라의 물품[私自所備 國土微物]'이라고 밝혔다.3) 사실상 신라 사신의 의례는 일본측이 요구한 의례에는 벗어난 상국으로서의 의례를 갖추었던 셈이다.

　사실 일본측 기록에는 신라를 '조공(朝貢)'국(國)으로 서술한 데 대해,

　1) 박남수, 2007, 「통일신라의 대일교역과 애장왕대 '交聘結好'」, 『사학연구』 88, : 2011, 『한국 고대의 동아시아 교역사』, 2011, 237~247쪽.
　2) 이에 대하여 중앙의 중요부서의 정책을 심의, 결정하는 핵심 멤버들이 대일사절의 수석대표로 파견한 것으로 풀이하기도 한다.(延敏洙, 2003, 「統一期 新羅와 日本關係 : 公的 交流를 중심으로」, 『강좌 한국고대사』 4, 한국고대사회연구소, 269쪽)
　3) 박남수, 2011, 「8세기 新羅의 동아시아 외교와 迎賓 體系」, 『신라사학보』 21 : 2011, 앞의 책, 139~141쪽.

『삼국사기』에는 일본사신을 '일본국사(日本國使)'로서 기술하는 등 양국 간의 기록의 상충한다. 이로써 8세기 무렵 신라와 일본의 외교관계를 일본측 기록을 중심으로 신라를 '부용국·번국(付庸國·蕃國)'으로 간주하여 '신라가 일본에 대하여 대등한 외교관계를 설정하면서 조공관계 폐기를 요구하고 일본이 이를 거부하는 것'이라는 논리를 전개하거나,[4] 일본으로서도 율령국가 건설에 필요한 선진문물의 전수자로서 백제를 대신한 신라라는 매개자가 필요했던 것으로 이해하기도 한다.[5] 또한『삼국사기』기록을 중심으로 양국간의 국교정상화는 애장왕대에 이르러서야 가능하였다고 보거나,[6] 신라의 정치상황을 중심으로 신라·일본간의 외교관계를 살피기도 한다.[7] 아울러 신라의 일본에 대한 '공조물(貢調物)'이 당나라의 신라에 대한 증여물과 동일한 양상을 보인다는 점에서 일본측 기록의 한계를 지적하기도 한다.[8]

이에 7~9세기 신라와 일본과의 외교관계를 살피기 위하여 신라사신 스스로가 번국사(藩國使), 조공사(朝貢使)로 자처하는 등 일본측 자료의 중화적 이념으로 포장된 역사상의 굴절 등을 제거하는 등 엄밀한 사료비판을 통하여 역사상을 재구성해야 한다[9]는 견해를 경청할 필요가 있다.

---

4) 石母田正, 1973,「日本古代における國際意識について」·「天皇と諸蕃」,『日本古代國家論』Ⅰ, 岩波書店, 312~359쪽. 濱田耕策, 1979,「新羅聖德王代の政治と外交」,『朝鮮歷史論集』上 : 2002,『新羅國使の研究』, 吉川弘文館, 122쪽. 古煙徹, 1983,「7世紀末から8世紀初にかけての新羅·唐關係」,『朝鮮學報』107, 54 ~59쪽.

5) 關晃, 1065,「遣新羅使の文化史的意義」,『山梨大學 學藝學部研究報告』6 : 2002,「遣新羅使의 문화사적 의의」,『張保皐關係研究論文選集 : 中國篇·日本篇』, 해상왕장보고기념사업회, 715~717쪽. 鈴木靖民, 1985,「日本律令制の成立·展開と發展」,『古代對外關係史の研究』, 吉川弘文館, 13~21쪽. 金恩淑, 1998,「일본과의 관계」,『한국사』9, 국사편찬위원회, 282쪽.

6) 申瀅植, 1990,「통일신라의 대일관계」,『통일신라사연구』, 三知院, 327~330쪽.

7) 金善淑, 2006,『新羅 中代 對日關係史研究』, 韓國學中央研究院 박사학위청구논문.

8) 新川登龜男, 1988,「日羅間の調(物産)の意味」,『日本歷史』481, 17~18쪽.

9) 延敏洙, 2003,「統一期 新羅와 日本關係」,『강좌 한국고대사』4, 한국고대사

사실 일본측 기록을 보더라도 신라 국왕의 명으로 일본에 국서(國書)를
보낸 흔적은 전혀 보이지 않고, 오직 성덕왕 2년(703) 1월 효소왕의 사망
을 알리는 신라국사 살찬(薩湌) 김복호(金福護)의 표문(表文)[10]과 집사성
첩문(執事省牒文)[11]만을 확인할 수 있다. 김복호의 표문이란 것도 '신라
국사 사찬 김복호의 표를 올려 이르기를[新羅國使薩湌金福護表云]'이라는
구절에서, 신라왕의 표문이라기보다는 김복호가 일본 국왕에게 표문을 올
린 것으로 여겨진다. 아니면 효소왕의 사망사실을 사주(辭奏)한 것을 『속
일본기』 찬자들이 마치 표문을 올린 것처럼 기록하였던 것이 아닐까 판단
된다. 어떠한 경우라도 김복호의 표문을 국가간의 국서로 채택하기는 어
렵다.[12]

　그럼에도 불구하고 신라 집사성이 일본 태정관에게 첩문을 보낸 것은,
발해가 국서[啓]를 보내고 중대성첩(中臺省牒)을 보낸 사례에 비추어, 신
라가 일본에 국서를 보내었던 사정을 반영한 것으로 보기도 한다.[13] 신라
집사성이 일본 태정관에 보낸 첩문은 모두 세 건이 확인되는데, 그 가운데
『속일본후기(續日本後紀)』(권　5)　인명천황(仁明天皇)　승화(承和)　3년
(836) 12월 정유조에는 전문을 옮겨적어 전하고 있어 주목된다. 사실 전

　　　회연구소, 209~285쪽.
10) 『続日本紀』 권 3, 大宝 3년(703) 閏4월 辛酉 朔.
11) 『續日本記』 권 25, 淳仁天皇 天平寶字 8년(764) 7월 甲寅. 『續日本後紀』 권
　　　5, 仁明天皇 承和 3년(836) 12월 丁酉. 『日本三代實錄』 권 47, 仁和 원년(885)
　　　6월 癸酉.
12) 延敏洙는 이를 통일기 신라가 국서형식의 표문을 올린 유일한 예로써 들면서
　　　도 신라사신 김복호의 구두 언사일 가능성이 높으며, 일본의 율령적 이념에서
　　　개작된 것이라고 보았다.(延敏洙, 2003, 앞의 논문, 227~228쪽) 필자로서는
　　　金福護가 신하된 입장에서 상대국 국왕에게 表文을 올렸거나 효소왕의 사망
　　　사실을 구두로 아뢴 것을 기록한 것이라 할 수 있겠으나, 이를 정식 국서로
　　　채택할 수 없다고 본다. 이는 당나라의 百濟鎭將 劉仁願이 郭務悰을 일본에
　　　보내어 表函과 獻物을 바쳤다(『日本書紀』 권27, 天智天皇 3년(664) 夏五月戊
　　　申朔甲子 百濟鎭將劉仁願遣朝散大夫郭務悰等進表函與獻物)는 사례와 상응
　　　하며, 일본측에서 이를 表로서 기술한 것이라고 할 것이다.
13) 이인철, 2003, 「新羅 執事省의 위상과 역할 -新羅國執事省牒을 중심으로-」,
　　　『청계사학』 18, 79쪽.

문의 집사성 첩문은 비록 사본의 형식이지만 유일 사례여서 많은 주목을 받았다. 특히 본 문서의 형식 및 내용과 관련하여 본 첩문을 보낼 당시에 일본의 최후의 견당사와 관련된다는 점에서 많은 주목을 받았고, 그 밖에 신라 집사성의 위상, 당시 신라의 문서 행정을 비롯하여 신라의 대일 외교 및 교역의 흐름 속에 지니는 의미 등에 이르기까지 다양한 연구가 있었다.[14]

필자 또한 동 첩문을 바탕으로 애장왕대 신라와 일본간에 체결된 교빙결호의 배경을 비롯하여, 일본에 파견된 신라 사신은 집사성첩으로써 일본 대재부에서 입국 통관절차를 밟았고, 일본 사신은 청주(菁州, 康州 ; 지금의 진주)에서 통관 절차를 밟아 경상(京上) 여부를 집사성으로부터 통고 받는 절차를 거쳤음을 밝혔다.[15] 그럼에도 불구하고 당시에 애장왕대 교빙결호 및 장보고의 교역을 중심으로 서술하였기 때문에, 문서 그 자체에 대한 검증이 치밀하지 못한 점이 있었다.

따라서 본 논문에서는 집사성첩 특히 그 전문이 전하는 흥덕왕 11년(承和 3년, 836)의 첩문을 중심으로 당시 기삼진(紀三津)의 일본 견당사 파견의 전말과 함께 신라—일본간의 관계 및 신라 집사성첩의 문성 형식의 특징을 살피고, 동 사건에 따른 신라, 일본의 문서 행정의 양상을 발해의

---

14) 佐伯有淸, 1978, 『最後の遣唐使』, 講談社. 森公章, 2008, 「承和度の遣唐使と九世紀の対外政策」, 『遣唐使と古代日本の対外政策』, 吉川弘文館. 酒寄雅志, 1985, 「渤海国中台省牒の基礎的研究」, 『渤海と古代の日本』, 校倉書房. 尹善泰, 2002, 「新羅의 文書行政과 木簡」, 『講座韓國古代史』 5, 駕洛國史蹟開發研究院. 西別府元日, 2003, 「9世紀前半の日羅交易と紀三津「失使旨」事件」, 『中国地域と対外関係』, 山川出版社. 渡邊誠, 주3)의 논문; 金昌錫, 2005, 「菁州의 禄邑과 香徒—新羅下代地方社會變動의 一例」, 『新羅文化』 26. 金恩淑, 2006, 「日本 最後의 遣唐使派遣과 張保皐勢力」, 『韓國古代史研究』 42. 山崎雅稔, 2007, 「新羅国執事省からみた紀三津「失使旨」事件」, 『日本中世の権力と地域社会』, 吉川弘文館. 鄭淳一, 2013, 「《속일본후기》 所收 신라국 집사성첩에 보이는 '島嶼之人'」, 『日本歷史研究』 37.

15) 박남수, 2006, 「8~9세기 韓·中·日 交易과 張保皐의 經濟的 基盤」, 『대외문물교류연구』 4. 박남수, 2007, 「통일신라의 대일교역과 애장왕대 '交聘結好'」, 『사학연구』 88.

중대성과 일본 태정관(太政官)의 첩과 비교하여 살피고자 한다. 이로써 당시 동북아시아 특히 신라의 대일 정책과 그 성격을 밝힐 수 있으리라 기대한다. 제현의 질정을 바란다.

2. 기삼진(紀三津) 방환(放還)의 전말과 집사성첩문(執事省牒文)

신라는 일본과 교섭하는 데 있어서 전후 세 차례에 걸쳐 집사성의 첩문을 일본에 보냈다. 첫 번째는 경덕왕 23년(764) 7월 발해를 경유하여 신라에 들어온 당의 사신 한조채(韓朝彩)가 당에서 귀국한 일본 승려 계융(戒融)의 일본 도착 여부를 확인해 달라고 요청함에 따라, 신라가 사신 김재백(金才伯) 등을 파견하여 박다진(博多津)에서 대재부(大宰府)에 집사성첩을 전달하고 계융(戒融)이 무사히 도착하였음을 건정관(乾政官)으로부터 통보받아 대재부 첩문을 받아온 것이었다.16) 두 번째는 흥덕왕 11년(836) 5월 일본에서 기삼진(紀三津)을 견신라사(遣新羅使)로 보내어 일본 견당사가 무사히 도착할 수 있도록 협조해 줄 것을 요청하는 대정관(太政官)의 첩문에 대하여, 동 첩문과 견신라사의 말이 다름을 이유로 기삼진을 방환하게 된 경위를 알리는 집사성의 첩문이다.17) 세 번째는 헌강왕 11년(885) 지난 해 표착한 데 대하여 양곡을 지급하여 무사히 귀국할 수 있었던 데 대해 감사의 뜻을 전하고자 서선행(徐善行) 일행을 사신으로 파견하면서 보낸 집사성첩이다.18) 이들 세 첩문 가운데 흥덕왕 11년(836) 기삼진을 방환한 데 대한 집사성 첩문은 그 전문을 『속일본후기』에 전하고 있다.

집사성첩에 대한 일본의 주 대상 기관은 건정관(乾政官) 또는 태정관

---

16) 『續日本紀』 권 25, 淳仁天皇 天平寶字 8년 秋 7월 갑인.
17) 『續日本後紀』 권5, 仁明天皇 承和 3년 夏 5월 신사冬 12월 정유.
18) 『日本三代實錄』 권 47, 光孝天皇 仁和 원년 6월 20일.

(太政官)이었다. 태정관은 순인천황(淳仁天皇, 758~764)의 한화정책으로 일시 건정관(乾政官)으로 일컫기도 하였는데, 764년 등원중마려(藤原仲麻呂)의 실각으로 본래의 이름으로 돌이켜졌다. 따라서 집사성첩을 보낸 시기에 따라 일본의 대상 기관이 건정관 또는 태정관으로 등장한다. 태정관(太政官)은 당의 3성 곧 상서성·문하성·중서성의 통합적인 기능을 가진 관부로서 일본국왕의 기밀을 관장하였다는 점에서 신라 집사부의 중시와 통하는 것으로 지적되고 있다.[19]

사실 기삼진(紀三津)의 방환에 따른 집사성첩은 836년 일본의 견당사와 관련된 것이었다. 당시 일본의 견당사는 834년에 1월 19일에 임명되어,[20] 836년 5월 14일 견당선 4척이 모두 섭진국(攝津国) 난파(難波)에서 출발하였다.[21] 그러나 동 5월 18일 밤 태풍이 불자 섭진국 윤전(輪田)에 피항하여 정박하였다.[22] 일본 조정에서는 이들 견당사의 배가 바람과 파도로 인하여 혹시 신라에 표착할 것을 염려하여, 836년 윤5월 13일 무장권대연(武蔵権大掾) 기삼진(紀三津)을 견신라사(遣新羅使)에 임명하고 태정관첩을 가지고 신라로 출발시켰다. 기삼진이 견신라사로 발탁된 데 대하여, 그가 8세기 중반 일본 내 대신라 정책의 온건론을 폈던 기조신가(紀朝臣家) 출신으로서, 836년 참의로 태정관에 있었던 기조신백계(紀朝臣百繼)의 추천 때문인 것으로 보고 있다.[23]

사실 일본 조정에서 기삼진을 파견한 것은, 5월 14일 난파를 출항한 4척의 견당선이 태풍으로 모두 섭진국 윤전에 피항함으로 인하여 출발이 지체되고, 향후 있을지도 모르는 난파와 표착의 가능성을 염려하여 신라의 협조를 구하는 사전 초지였다고 할 수 있다.

19) 이인철, 2003, 앞의 논문, 81~82쪽.
20) 『続日本後紀』 권3, 承和 원년(834) 정월 庚午.
21) 『続日本後紀』 권5, 承和 3년(836) 5월 壬子.
22) 『続日本後紀』 권5, 承和 3년(836) 5월 丙辰.
23) 金恩淑, 2006, 앞의 논문, 278~279쪽.

기삼진이 출항할 때에 태정관이 내린 첩문은 『속일본후기』 승화(承和) 3년(836) 여름 5월 신사(13일)조에 그 대략적인 내용을 전하고 있다.

A. (승화 3년[836] 여름 5월) 신사. 견당사의 배가 바람과 파도의 급변(急變)으로 혹시 신라 땅에 표착할까 걱정이 되어, ① 태정관에서 옛날의 사례에 준하여 저쪽 나라(신라)의 집사성에 첩문을 보내어 ② 먼저 그 사실을 알리기를[太政官准舊例 牒彼國執事省 先告喩之], ③"옛날의 우호는 변하지 않았고 이웃과 화목하기는 더욱 새롭습니다. 이에 칙사를 보내어 멀리서부터 조정의 헌장(憲章)을 닦습니다. 지금 당나라에 교빙할 사신을 보냄에 있어서 바다가 평온하여, 비록 쉽고 빨리 건너리라는 것을 알지만 바람과 파도가 혹시 급변하여 비상한 일이 일어날까 두렵습니다. 만약 사신의 배가 그쪽 땅에 표착한다면 도와서 통과시켜 보내주시되 지체시키거나 길을 가로막지 마십시오"[不渝舊好 鄰穆彌新 迺發皇華 朝章自遠 仍今遣使修聘巨唐 海晏當時 雖知利涉 風濤或變 猶慮非常 脫有使船漂着彼境 則扶之送過 不俾滯閡] 라고 하였다. ④ 인하여 무장권대연(武藏權大掾) 기삼진(紀三津)을 사신으로 삼아 첩문(牒文)을 가지고 떠나 보냈다. 기삼진에게 어피(御被)를 하사하였다.(『續日本後紀』권5, 仁明天皇 承和 3年 夏5月 辛巳)

위의 첩문은 다시 『속일본후기』 승화 3년(836) 겨울 12월 정유조에 실린 기삼진의 복명(復命) 기사 가운데 실린 신라 집사성첩에 요약 정리되어 '당나라에 교빙하는 데 있어서 만약 사신의 배가 그쪽 땅에 표착한다면 도와서 통과시켜 보내주시되 지체시키거나 길을 가로막지 말 것[修聘巨唐 脫有使船漂着彼界 則扶之送過 無俾滯遏者]'(C③-2-b-ⓒ)이라고 하였다.

그런데 일본 태정관의 요청에도 불구하고 신라 집사성은 기삼진을 사신으로 여기지 않고 의심하여 돌려 보냈다. 동 12월 정유일 일본에 돌아간 기삼진은 사행에 대하여 복명하고, 당시 일본 조정에서는 신라의 기삼진 방환조치에 대하여 유감을 표하며(B), 신라 집사성첩문을 부기하였다.(C)

B. (승화 3년[836] 12월 乙未 초하루) 정유. 신라국에 보냈던 사신 기삼진(紀三

津)이 복명하였다. ① 기삼진은 자신이 사신으로 간 취지를 잃어버렸으므로 신라에서 무고(誣告)를 당하고 쫓겨 돌아왔다.[三津自失使旨 被新羅誣劫歸來] ② 기삼진을 신라에 보낸 이유가 무엇인가 하면, '당나라에 보내는 4척의 배가 지금 바다를 건너려 하는데 혹시 바람이 변하여 그 쪽 땅에 표착할까 두려워 이로 말미암아 옛날의 사례에 준하여 먼저 그 사실을 알리고 그것을 접수하기를 기대하였기 때문'이었다.[遣唐四ケ舶 今欲渡海 恐或風變漂着彼境 由是 准之故實 先遣告喩 期其接授] 그러나 ③ 기삼진이 그곳에 도착하여 우리 조정의 취지를 잃고 오로지 우호를 통하기 위하여 왔다고만 말하고 두려워 아첨하는 듯한 말을 사사로이 하였다.[而三津到彼 失本朝旨 稱專來通好 似畏怯媚託 私自設辭] ④ 집사성에서 태정관의 첩문과 서로 어긋나는 것을 의심하여 재삼 물었는데 기삼진은 더욱 횡설수설하여 분명히 판단할 수가 없었다. ⑤ 이는 곧 기삼진이 글에 밝지 못하고 말 또한 조리있게 잘하지 못하였기 때문이었다.[執事省疑與太政官牒相違 再三詰問 三津逾增迷惑 不能分疏 是則三津不文 而其口亦訥之所致也] ⑥ 그러므로 집사성의 첩문 가운데에서 "양국이 서로 통하는 데는 반드시 속이는 것이 없어야 하는데 *하여금 [기삼진을] 전대(專對)할 만하지 않아 신*빙하기에 충분하지 않다.[兩國相通 必無詭詐 使非專對 不足爲憑]"라고 하였다. ⑦ 또 그 첩 가운데 "소야황(小野篁)의 배는 돛을 달고 이미 멀리 갔는데 거듭 기삼진을 당나라에 보내어 교빙할 필요가 없습니다.[小野篁船帆飛已遠 未必重遣三津聘于唐國]"라고 하였다. ⑧ 무릇 당나라에 교빙(交聘)을 닦는 데는 이미 대사(大使)가 있고 소야황은 그의 부사(副使)일 따름인데 어찌 직책이 높은 사람을 제치고 가볍게 아랫 사람을 거론하는가.[夫修聘大唐 旣有使頭 篁其副介耳 何除其貴 輕擧其下] ⑨ 더욱이 그 당시에 소야황 자신은 본조(本朝)에 있었고 바다를 건너지 않았다. 그런데 돛을 달고 멀리 갔다고 하는 것들은 모두 장사배들의 뜬 소문을 들었던 것이다.[加以當爾之時 篁身在本朝 未及渡海 而謂帆飛已遠 斯竝聞商帆浮說] ⑩ 망령되게 말하는 바일 따름이다. 목에 칼을 쓰고 죽는다는 것이 바로 이것이다.[妄所言耳 荷校滅耳 蓋在茲歟] ⑪ 또 기삼진은 일개 녹삼(綠衫)을 입는 관리로서 한 척의 배를 타고 갔는데, 어찌 당에 들여 보내는 사신으로 생각할 수 있겠는가.[又三津一介綠衫 孤舟是駕 何擬爲入唐使哉] ⑫ 이론(異論)이 이와 같아 거의 속임수에 가까우니[如此異論 近于誣罔], 이 일을 단지 대략적으로만 보존하고 앞뒤를 자세히 하지 않으면 후에 보는 사람들이 그 득실(得失)을 변별하지 못할까 두려워 집사성의 첩문을 모두 베껴서 붙여 싣는다.

C①. 신라국 집사성에서 일본국 태정관에게 첩문을 보낸다[新羅國執事省牒日本國太政官]
② 기삼진이 거짓으로 조빙사라 칭하고 예물을 가지고 있다고 하였으나, 공첩을 살펴보니 거짓이고 사실이 아닌 것.[紀三津詐稱朝聘兼有贄貢及檢公牒假偽非實者]

③-1. 첩한다.[牒]

③-2. 기삼진 등의 장문을 받았는데 다음과 같이 일컬었다.[得三津等狀稱]

③-3-a. '본국의 왕명을 받들어 오로지 통호하러 왔다[奉本王命 專來通好] b-
㉠ 함을 열어 첩을 보니, 다만 다음과 같이 일렀다.[及開函覽牒 但云] b-㉡ 당
나라에 빙례를 닦으려는데 사신의 배가 길을 벗어나 그 쪽 땅에 표착하면, 도
와서 통과시켜 보내 주되 지체시키거나 길을 가로막지 말 것.[修聘巨唐 脫有使
船漂着彼界 則扶之送過 無俾滯遏者]

③-4. 主司가 거듭 사신을 보내어 매우 간곡하게 물었으나, 말과 첩문이 어긋
나 참과 거짓을 판별할 수 없었다.[主司再發星使 設問丁寧 口與牒乖 虛實莫
辨] a. 이미 교린의 사신이 아니라면 반드시 충심에서 우러나는 재화로 말미암
은 것이 아니므로, 일에 진실을 취할 수 없을 것이니 어찌 헛되이 받아들이겠
습니까.[旣非交隣之使 必匪由衷之賂 事無摭實 豈合虛受] b. 또 태정관의 관인
은 전서로 새긴 필적이 분명하지만[且太政官印 篆跡分明] c. 소야황의 배는
돛을 올리고 이미 멀리 갔는데 거듭 기삼진을 당나라에 보내어 교빙할 필요가
없을 것이다.[小野篁船帆飛已遠 未必重遣 三津聘于唐國] d. 섬사람들이 동서
로 이익을 엿보아 관인을 훔쳐 배우고 가짜로 공첩을 만듦으로써, 척후의 곤란
함을 대비하여 스스로 마음대로 백수(白水)를 떠돌아 다니는 것인지도 모르겠
다.[不知嶋嶼之人 東西窺利 偸學官印 假造公牒 用備斥候之難 自逞白水之遊]

③-5-a. 그러나 양국이 서로 교통하는 데는 반드시 속이는 것이 없어야 하고,
하여금 [紀三津을] 전대(專對)할 만하지 않아 신빙하기에 충분하지 않다.[然兩
國相通 必無詭詐 使非專對 不足爲憑]

b. 소사(所司, 소관 관사)에서는 재삼 형장(刑章)을 바르게 하고 이로써
간사한 무리들을 막도록 청하였다.[所司再三請以正刑章用阻姦類]

c. 주사(主司, 주관 관사)에서는 대체(大體)를 보존하는 데 힘써 허물을
버리고 공능(功能)을 책임져, 소인의 거칠고 궁박(窮迫)한 죄를 용서하고 대국
(大國)의 너그럽고 도량이 큰 이치를 펼쳤다.[主司務存大體 舍過責功 恕小人
荒迫之罪 申大國寬弘之理])

④-1. 바야흐로 지금은 크게 태평한 때이고 바다에는 큰 파도가 일지 않으니,
만약 옛날의 우호를 구하여 찾겠다면 서로간에 무엇이 가로 막겠는가. 하물며
정관 연간에 고표인(高表仁)이 그곳에 도착한 이후 오직 우리는 이에 의지하
여 입술과 이가 서로 필요한 것과 같이 여긴 지가 오래 되었다[方今時屬大和
海不揚波 若求尋舊好 彼此何妨 況貞觀中 高表仁到彼之後 惟我是賴 唇齒相須
其來久矣] ④-2. 사안을 모름지기 태정관에게 첩하고[事須牒太政官] ④-3.
아울러 청주(菁州)에 첩하여 사안을 헤아려 바다를 건너는 동안의 양식을 지
급하여 본국으로 돌려 보내도록 하고[并牒菁州 量事支給過海程糧 放還本國]
④-4. [태정관이] 처분할 것을 요청함.[請處分者]

⑤-1. 판(判)을 받들고 장(狀)에 준거하여[奉判准狀] ⑤-2. 태정관에게 첩하니,
상세히 모든 것을 살필 것을 요청함[牒太政官 請垂詳悉者]

위의 기사는 『속일본후기』 권5, 승화 3년(836) 12월 3일(정유)자 기삼진의 복명에 따라 일본 조정 내에서의 논쟁(B)과 그에 부수하여 신라 집사성이 태정관에게 보낸 첩문을 모두 옮겨 기록한 것(C)이다.

주지하듯이 『속일본후기』는 869년 8월 전 20권을 완성한 것으로 인명천황(仁明天皇) 1대의 역사서라는 특징이 있다. 곧 인명청황(仁明天皇)이 순화천황(淳和天皇)으로부터 선양을 받은 833년 2월 을유부터 850년 3월 계묘의 대장(大葬)까지 17년 2개월간의 역사서이다.[24]

이 책의 사본으로는 12세기의 대치사본(大治寫本: 大治 원년[1126]에 서사)을 기점으로 하고 있으나, 현재 통용되고 있는 본문은 대체로 삼조서가(三条西家)에 의해 이루어진 16세기(天文 2년[1533]~4년[1535])의 서사에 바탕을 두고 있는 것으로 알려져 있다. 현재 전하는 사본으로 권5, 권8은 다이지사본을 영사(影寫)한 고류광수(高柳光壽) 구장본(舊蔵本 : 국학원대학[國學院大學] 소장)이 있는데, 대체로는 삼조서가본(三条西家本)을 바탕으로 한 궁내청 서릉부 소장 곡삼본(宮内厅 書陵部 所蔵 谷森本), 내각문고 소장 경장사본(内閣文庫所蔵 慶長寫本), 동산어문고 권자본(東山御文庫 巻子本) 등이 전하여 『신정증보 국사대계본(新訂增補 国史大系本)』의 저본으로 활용됨으로써 널리 유통되고 있다.[25]

본 신라 집사성첩 전문은 모두 『속일본후기』 권5에 실려 전하므로, 대치사본(大治寫本)과 삼조서가본(三条西家本) 두 사본을 활용할 수 있다. 다만 이에 대해서는 고류광수(高柳光壽)의 구장본 대치사본(大治寫本)을 기본으로 궁내청 서릉부 소장 곡삼본(谷森本)인 삼조서가본(三条西家本)을 비교 검토한 결과를 참조할 필요가 있다.[26]

---

24) 권덕영, 1994, 「해제」, 최원식 외 역주, 『일본6국사 한국관계기사』(譯註), 가락국사적개발연구원, 9~10쪽.

25) 권덕영, 1994, 위와 같음. 鄭淳一, 2013, 「『속일본후기』 所收 신라국 집사성첩에 보이는 '島嶼之人'」, 『日本歷史研究』 37, 日本史學會, 122~123쪽.

26) 鄭淳一, 2013, 위의 논문, 124~125쪽.

승화(承和) 3년(836) 12월 3일(丁酉)자 기삼진(紀三津)의 복명에 따른 일본 조정 내에서의 논쟁(B)과 그에 부수하여 신라 집사성이 태정관에게 보낸 첩문(C)을 비교하면, 당시 신라와 일본간에 벌어진 갈등의 소재를 확인할 수 있지 않을까 한다. 곧 당시 양국간에 벌어진 갈등의 소재가 단순히 기삼진이 사지(使旨)를 잃어 방환하는 문제에 한정되었다고 보는 것은 문제가 있지 않을까 한다.

　아무튼 위의 인용문에서 일본이 기삼진을 견신라사로 보낸 것은 '당나라에 보내는 4척의 배가 지금 바다를 건너려 하는데 혹시 바람이 변하여 그 쪽 땅에 표착할까 두려워 이로 말미암아 옛날의 사례에 준하여 먼저 그 사실을 알리고 그것을 접수하기를 기대하였기 때문'(B②)이라고 하여, 신라 집사성첩에 일본의 공첩(公牒) 곧 태정관첩의 '당나라에 빙례를 닦으려는데 사신의 배가 길을 벗어나 그 쪽 땅에 표착하면, 도와서 통과시켜 보내 주되 지체시키거나 길을 가로막지 말 것'(C③-3-b-ⓛ)이란 것과 일치함을 알 수 있다. 또한 집사성첩의 '태정관의 관인은 전서(篆書)로 새긴 필적이 분명하지만'(C③-4-b)이란 구절로 보아, 신라에서 태정관측의 본지(本旨)를 충분히 이해하였다고 할 수 있다.

　다만 신라가 문제 삼은 것은 일본의 견신라사 기삼진의 말과 태정관의 첩문이 일치하지 않은 데 있었다.(C③-4) 이러한 점은 일본 조정에서도 기삼진의 복명 때에 충분히 알았던 것으로 여겨지는데, 일본 조정은 이를 '기삼진(紀三津)이 조정의 취지를 잃고 오로지 우호를 통하기 위하여 왔다고만 말하고 두려워 아첨하는 듯한 말을 사사로이 하였다.'(B③-4)고 표현하였다. 기삼진이 우호를 통하기 위하여 신라에 왔다고 말한 것은 일종의 일본과 신라의 '통호론(通好論)'이라 할 수 있고, 그가 신라의 조사를 두려워 아첨하는 듯한 말을 사사로이 하였다는 것은 일종의 '그를 견당사로 파견하였다는 설[견당사설]'이라고 풀이된다. 이러한 점은 신라측이나 기삼진 복명시의 일본 조정에서 모두 알고 있었다고 판단된다.

먼저 기삼진의 '통호론'에 대하여 일본 조정에서는 '일본 조정의 사지(使旨)를 잃고 오로지 통호를 위해 왔다고 일컬은 것'으로 풀이한(B③) 데 대해, 신라측에서는 기삼진을 '교린(交隣)의 사신'(C③-4-a)으로 이해하고자 하였음을 알 수 있다. 그러나 양국간의 통호를 위한 사신으로서 기삼진의 지위가 전대(專對)할 만하지 않기 때문에 인정할 수 없으며(C③-5-a), 또한 그가 가져온 예물[賂 ; 贄賚]을 받아들일 수 없다는 입장을 견지하였다고 할 수 있다.(C③-4-a)

더욱이 기삼진이 일본의 견당사라는 주장이 있게 되었지만, 신라로서는 소야황(小野篁)의 배가 이미 출발하여 먼 바다에 나갔을 것인데 다시 기삼진을 당에 보냈을 까닭이 없다(C③-4-c)고 보아, 기삼진의 견당사설에 대해 강한 의혹을 가졌던 것이다.

이에 대해 일본 조정은 견당 대사를 제쳐놓고 부사인 소야황을 거론한 것(B⑧)에 대하여, 기삼진은 일개 녹삼(綠衫)을 입는 하급 관리로서 한 척의 배를 타고 갔는데 어찌 견당사로 생각할 수 있겠는가(B⑪)라는 강한 의혹을 제기하였다. 더욱이 당시에 소야황은 일본에 있었고 아직 바다를 건너지 않았는데도 먼 바다로 나갔다는 것은 장사배들의 뜬 소문을 들은 것(B⑨)으로, 이를 신라측이 속임수에 가까운 것(B⑫)으로 규정하였다.

사실 신라가 소야황(小野篁)의 소식에 대한 정보를 어디에서 취했을까 하는 점은 의문이다. 기삼진은 836년 윤5월 13일 일본을 출발하여 같은해 10월 26일 대재부(大宰府)에 도착하였다.[27] 이에 대해 4척의 견당사선은 836년 5월 14일 섭진국(攝津国) 난파(難波)에서 출발하여 동 5월 18일 태풍으로 섭진국 윤전(輪田)에 피항하여 정박하였고, 동 7월 2일에 다시 출발하였다. 7월 10일 제1선과 제4선이 비전국(肥前國)에 회항하였고, 7월 17일자로 제2, 3선의 경우 회착의 여부를 알지

---

27) 『續日本後紀』 권5, 承和 3년(836) 閏5월 辛巳·10월 戊午.

못하여 치가도(値嘉島) 연안을 수색하도록 하였다가, 7월 25일자 칙부(勅符)로 제2선의 견당부사(遣唐副使) 소야황(小野篁)이 7월 8일에 비전국(肥前国) 송포군(松浦郡) 별도(別島)에 도착했음을 알려왔다고 하였다. 또한 8월 2일 칙부(勅符)에는 대재부가 7월 20일자로 제3선의 수수(水手) 등 16인이 널빤지를 엮어 타고 대마도(對馬島) 남포(南浦)에 표착하였음을 알려왔고, 8월 4일에는 제3선의 9인이 마룻대[桴]를 타고 비전국(肥前国)에 표착하였고, 8월 8일까지 제3선의 100여 명의 소재를 파악하지 못하고 있었다. 이러한 상황에서 8월 25일 견신라사가 대재부(大宰府)를 출발하였다.

사실 『속일본후기』에서 승화 3년(836) 윤5월 13일 기삼진을 견신라사로 임명하여 태정관첩을 가지고 출발하여 보냈다는 것은 난파(難波)에서의 출발을 의미하는 것으로 추정된다. 같은해 8월 25일 대재부가 견신라사가 출발한 것을 보고한 것으로 미루어 볼 때에, 이들 기삼진의 대재부 출항도 태풍과 파도가 지나는 동안 상당 기간 경과한 이후에야 신라로 향한 것으로 짐작된다. 기삼진은 10월 26일 대재부로 귀환하였으므로, 그가 신라에 체류한 기간은 두달 여 기간이라고 할 수 있다.

일본 조정에서 기삼진의 신라 파견시 '소야황 자신은 본조(本朝)에 있었고 바다를 건너지 않았다'고 한 것은, 836년 5월 14일 섭진국(攝津国) 난파(難波)에서 출발한 4척의 견당사선이 태풍으로 섭진국(攝津国) 윤전(輪田)에 피항하여 정박하다가 동 7월 2일에 다시 출발하였으므로, 승화 3년(836) 윤5월 13일 기삼진이 난파를 출발할 때를 지칭한 것으로 풀이된다.

다만 신라의 경우 기삼진이 대재부를 출발한 8월 25일 당시에 소야황의 제2선이 이미 먼 바다에 나갔을 것이라고 한 것에 대하여 일본측에서 상선의 뜬소문[商帆浮說]이라고 하였지만, 제2선이 7월 8일에 비전국(肥前国) 송포군(松浦郡) 별도(別島)에 도착하였다가 다시 출항하였던 사정을 보여주는 것이 아닌가 한다. 아무튼 소야황은 9월 15일 대재부에서 입경하였다고 하는 바, 7월 8일 이후 그 행방을 알지 못하다가 기삼진이 출항한 이후 어느 시점에 회항하였다고 보는 것이 옳지 않을까 한다.

따라서 기삼진으로서는 소야황의 행방을 모르는 것이 당연하고, 신라측으로서는 대재부를 오가는 신라 상선으로부터 대재부를 떠난 소야황의 선박에 대한 정보를 들었을 가능성이 높다. 이에 일본 조정에서 대사가 아닌 부사인 소야황만을 일컫는 것을 질책하였지만, 7월 10일자로 비전국에 회항한 제1선과 제4선의 경우 7월 17일자 칙부(勅符)에서 밝혔듯이 양 선 모두 이미 완전하지 못하여 반드시 고쳐 수리할 필요가 있고 수리를 마친 이후에야 출발할 수 있다 하였고, 제3선은 8월 1일자로 완파된 상태로 실종자를 찾기에 여념이 없었던 바, 그 소재가 파악되지 않은 소야황의 배만을 일컬은 것은 적절한 것이었다고 보아야 하지 않을까 한다.

결론적으로 일본측은 견신라사 사행의 파국의 원인을 기삼진(紀三津)이 신라에 파견되어 사지(使旨)를 잃은 것은, 기삼진이 문장을 못하고 말이 어눌한 데서 찾았던 것이다. 신라측에서도 태정관첩문의 관인을 보고 첩문을 보면서 '통호론'과 '견당사론'간에 횡설수설하는 기삼진의 말과 태정관첩문의 간극을 보고, 일본 섬사람들이 상업적 이득을 꾀하기 위해 가짜 관인과 공첩을 만들어 바다[白水]를 내왕하는 것일지 모른다고 의심하며(C③-4-d), 이를 월경자에 대한 처우로서 바다를 건널 식량을 주어 방환하는 조치를 취하였던 것이다. 그 방환의 조치에 따라 집사성은 '기삼진(紀三津)이 거짓으로 조빙사(朝聘使)라 칭하고 예물을 가지고 있다고 하였으나, 공첩(公牒)을 살펴보니 거짓이고 사실이 아닌 것'(C②)이라고 결론지어 이를 제명으로 하여 일본 태정관에게 첩문을 보냈던 것이다.

3. 집사성첩식(執事省牒式)과 문서 행정

신라 집사성이 보낸 세 개의 첩문은 모두 신라가 일정한 사안에 대하여 보낸 것이다. 경덕왕 23년(764) 7월의 첫 번째 첩문은 당의 사신 조삼채(韓朝彩)의 요청에 따라 일본승려 계융(戒融)의 일본 도착 여부를 확인하기 위한 것이었다. 본 논문에서 살핀 흥덕왕 11년(836) 두 번째의 첩문은 조빙사로서 의심스러운 기삼진(紀三津)을 방환하니 처결하라는 것이며, 헌강왕 11년(885)의 세 번째 첩문은 표착자에 대한 일본 정부의 처결에 대한 감사의 뜻을 전한 것이었다. 신라 집사성이 일본 측에 보낸 첩문 가운데 유일하게 첫 번째의 경우에만 대재부의 보첩(報牒)이 있었고, 두 번째의 경우 태정관의 첩문에 대한 신라 집사성의 보첩이 예상되지만, 오히려 신라측이 개별 사안으로서 태정관의 처결을 요청하는 첩문의 형식을 띠게 되었다.

현재 전문을 전하는 흥덕왕 11년(836) 두 번째의 첩문으로부터 당시 집사성첩의 형식을 확인할 수 있다. 위에서 살폈듯이 집사성첩은 크게 6개의 형식으로 구성되었음을 알 수 있다. 곧 발신자와 수신자(C①), 둘째 본 첩문의 제명으로서 '기삼진(紀三津)'이 조빙(朝聘)을 사칭(詐稱)하여 지신(贄贐 ; 예물)을 가지고 있고, 공첩(公牒)을 검수하여 거짓으로 속여 사실이 아닌 것(C②), 첩문의 내용(C③④), 첩문을 보낸 전거(C⑤-1)와 첩을 마무리하는 의례적 표현의 종결사(C⑤-2)로 이루어져 있다. 그 밖에 「함화 11년 발해 중대성첩 사본(咸和 11年 渤海 中臺省牒 寫本)」(日本 宮內廳 書陵部 소장)으로 미루어 볼 때에 작성 날자와 이를 작성한 관원의 직명 및 서명이 있었을 것으로 예상되지만, 집사성첩의 경우 앞서 인용한 『속일본후기』에 그 본문만이 전할 뿐이다. 현재 전하는 집사성첩 본문으로서 그 구성을 살피면 다음과 같다.

첫째, 발신자와 수신자(C①)의 표현 방식은 신라 집사성첩의 경우 '신라국 집사성첩 일본국 태정관(新羅國執事省牒日本國太政官)'이라고 하였다. 또한 발해 중대성이 일본 태정관에게 보내는 첩에서는 '발해국 중대성첩 일본국 태정관(渤海國中臺省牒日本國太政官)',28) 일본 태정관이 발해 중대성에 보내는 첩문에서는 '일본국 태정관첩 발해국 중대성(日本國太政官牒渤海國中臺省)'29) 등으로 미루어 볼 때에, 신라 집사성에 보내는 첩문의 '太政官准舊例 牒彼國執事省[태정관이 구례에 준하여 그 나라 집사성에 첩한다]'30)라는 구절로 보아 '日本國太政官牒新羅國執事省[일본국 태정관이 신라국 집사성에 첩하다]'라고 하였으리라 추정된다. 이에 동아시아 삼국간 첩문의 발수신 표기는 모두 '국명(國名)+관사명+첩(牒)+국명+관사명'이라는 형식이었음을 알 수 있다. 이는 상급 기관들 사이에만 있었던 것은 아니고, 경덕왕 23년(764) 7월 집사성이 대재부에 첩문을 보내고 대재부가 이에 대해 답변한 보첩(報牒)의 경우 '日本國大宰府 "報牒" 新羅國執事省[일본국 대재부가 신라국 집사성에게 "보첩(報牒)"한다]'라고 하여 '보첩(報牒)'을 명기하거나,31) 특정 사안에 대한 첩식과 동일하게 '첩(牒)'으로써만 가름하기도 하였다. 다만 대재부의 보첩(報牒)과 마찬가지로 흥덕왕 11년(842) 무진주 별가 염장(閻長)이 축전국(筑前國)에 보낸 첩장[閻丈上筑前國牒狀]이나32) 문성왕 7년(845) 강주(康州)에서 대재부에 보낸 첩[康州牒]33)과 같이 사안에 따라 발신 기관이나 수신 기관은 달라지기도 하였으리라 여겨진다.

둘째, 첩문 제명에 있어서 발해는 '應差入觀貴國使政堂省左允賀福延并行從一百五人[귀국에 들어가 뵙는 사신 정당성 좌윤 하복연(賀福延)과 수행원 105명을 보냄]'이라고 하여,34) '제명'만을 기록하고 있다. 이에 대해 일본에서도, '入觀使政堂省左允賀福延等壹佰伍人[입근사 정당성 좌윤 하복연(賀福延) 등 105인]'35)이라고 하여 발해 중대성첩과 동일한 투식이

---

28) 『續日本後紀』 권11, 仁明天皇 承和 9년(842) 봄 3월 辛丑.
29) 『續日本後紀』 권11, 仁明天皇 承和 9년(842) 여름 4월 병자.
30) 『續日本後紀』 권11, 仁明天皇 承和 9년(842) 여름 5월 신사.
31) 『續日本紀』 권25, 淳仁天皇 天平寶字 8년 秋 7월 갑인.
32) 『續日本後紀』 권11, 仁明天皇 承和 9년(842) 정월 을사.
33) 『續日本後紀』 권15, 仁明天皇 承和 12년(845) 12월 무인.
34) 『續日本後紀』 권11, 仁明天皇 承和 9년(842) 봄 3월 辛丑.
35) 『續日本後紀』 권 11, 仁明天皇 承和 9년(842) 여름 4월 丙子.

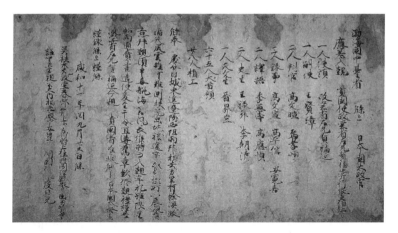

함화 11년(841) 발해 중대성첩 사본(日本 宮内廳 書陵部 소장)

다. 이에 대해 신라의 경우 '紀三津詐稱朝聘兼有贄費 及檢公牒假僞非實者
[기삼진이 거짓으로 조빙사라 칭하고 예물을 가지고 있다고 하였으나, 공
첩을 살펴보니 거짓이고 사실이 아닌 것]'이라고 하여 '제명+자(者)'의 형
식을 취하였다. 집사성첩문에서 '～자(者)'는 본문 마지막의 '請處分者[처
분을 청하는 것]'(C④-4), 그리고 종결사의 마지막 부분 '牒太政官 請垂詳
悉者[태정관에게 첩하니 모든 것을 자세히 살필 것]'(C⑤-2)에서 '～者'로
써 첩의 단락을 구분하였다는 점에서 본다면, 집사성첩문의 제명 '～자
(者)'는 중대성첩이나 태정관첩에서 '～첩(牒)'이라 한 것과 차이가 있다.
오히려 신라에서 '～자(者)'로 단락을 구분짓는 방식의 문서 서술방식은
후술하듯이 당나라 내지(內地)에서 사용되던 공문서의 양식과 동일하다고
할 수 있다.

  셋째, 첩문의 본문은 3국 모두 '첩(牒)'으로부터 시작한다는 점은 동일
하다. 이는 다시 두 계열로 나눌 수 있는데, 곧 어떤 사안에 대해 상대국에
게 보내는 첩문이 있는가 하면, 동 첩문에 대하여 답변하는 보첩(報牒)이
있다. 전자의 경우 중대성첩에서 '奉處分+본문+者'의 투식으로 '처분을
받듦[奉處分]'을 본문의 처음에 배치한 데 대하여,36) 집사성첩문은 '牒+

---

36) "渤海國中臺省牒日本國太政官 應差入觀貴國使政堂省左允賀福延并行從一百

본문+請處分者'의 투식(C③④)으로 '처분을 청함[請處分]'을 본문 마지막
에 배치하였다. 어떠한 경우이든 '奉(請)處分'이란 상용구를 사용하였다는
점은 동일하다.

이에 대해 중대성첩에 대한 태정관 보첩(報牒)의 경우 '得中臺省牒稱+
[중대성첩의 내용+者]+본문'의 구성을 보인다. '중대성첩의 내용'은 전문
을 싣는 경우도 있고,37) 주요 내용만을 기술한 경우도 있다.38) '중대성첩
의 내용+자(者)'에서 '자(者)'로써 중대성첩의 인용 구절을 분명하게 한 점

五人牒 奉處分 日域東遙 遼陽西阻 兩邦相去 萬里有餘 溟漲滔天 風雲雖可難測
扶光出地 程途亦或易標 所以展親舊意 拜覲須申 每航海以占風 長候時而入觀
年紀雖限 星軺尙通 齎書遣使 爰至于今 宜遵舊章 欽修覲禮 謹差政堂省左允賀
福延 令觀貴國者 準狀牒上日本國太政官者 謹錄牒上云云"(『續日本後紀』 권
11, 仁明天皇 承和 9년(842) 봄 3월 신축)

"渤海國中臺省 牒日本國太政官 應差入觀貴國使永寧縣丞王文矩并行
從一百人牒 奉處分 遼矣兩邦 阻玆漲海 契和好於永代 寄音書於使程
一葉飄空 泛積水之遐際 雙旌擁節 達隣情之至誠 往復雖遙 音耗稀傳
戀懷空積 所以勿待紀盈 申憑舊準 謹差永寧縣丞王文矩令觀貴國者
准狀 牒上日本國太政官者 謹錄牒上 謹牒"(『續日本後紀』 권19, 仁明
天皇 嘉祥 2년(849) 봄 3월 戊辰)

37) "太政官賜中臺省牒曰 日本國太政官牒渤海國中臺省 入觀使政堂省左允賀福延
等壹佰伍人 牒 得中臺省牒稱 奉處分 日域東遙 遼陽西阻 兩邦相去 萬里有餘
溟漲滔天 風雲雖可難測 扶光出地 程途亦或易標 所以每航海以占風 長候時而
入觀 宜遵舊章 欽修覲禮 謹差政堂省左允賀福延 令觀貴國者 福延等來修聘禮
守一紀之龍信 凌千里之鼇波 乘風便以企心 仰日光而追影 事有成規 准例奏請
被勅報曰 隣好相尋 匪直今日 靜言純至 嘉尙于懷 宜加優矜得復命者 今使還之
次 附璽書幷信物 至宜領之 但啓函修飾 不依舊例 官議棄瑕不擧 自後奉以悛之
准勅牒送 牒到准狀 故牒"(『續日本後紀』 권11, 仁明天皇 承和 9년(842) 여름
4월 병자)

38) "太政官牒曰 日本國太政官 牒渤海國中臺省 入觀使永寧縣丞王文矩等壹佰人牒
得中臺省牒稱 遼矣兩邦 阻玆漲海 契和好於永代 寄音書於使程 頃者兩邦通使
一紀爲期 音耗稀傳 戀懷空積 所以勿待紀盈 申憑舊準 謹差永寧縣丞王文矩 令
觀貴國者 少之事大 理難自由 盈縮期程 那得在彼 事須在所却還戒其愆違 官具
狀奏聞 奉勅 文矩等孤舟已破 百口纏存 眷其艱辛 義深合宥 宜特賜恩隱聽奉入
觀 宵賜匹段 準據舊章 但權時之制 不可通行 詳告所司 莫令重違者 準處分 觀
禮云畢 仍造舟船 及時發遣 附勅璽書 並國信 今以狀牒 牒至準狀 故牒"(『續日
本後紀』 권19, 仁明天皇 嘉祥 2년(849) 봄 5월 乙丑)

은 신라 집사성첩에서 '자(者)'를 사용하여 단락을 구분한 용법과 일맥상통
한 점이 없지 않다. 아무튼 보첩에서 상대국 첩의 내용을 첫머리에 다시
반복 서술한 것은 상대국이 요청한 사안을 분명하게 확인하기 위한 것이
라 여겨지며, 그에 뒤이어 상대국 요청에 대한 답변을 '본문'으로 싣고 있
는 것이다. 이 답변은 상대국 요청에 대한 일종 처분 내용이라 할 수 있다.

그런데 신라 집사성첩문이나 중대성첩문에 보이는 '처분을 받듬(청함)
[奉(請)處分]'의 주체를 신라국왕 또는 발해국왕의 명령으로 보기도 한다.
이는 고려 문종 33년(1076) 고리 예빈성첩(禮賓省牒)에서 '당성에서 엎드
려 성지를 받듬[當省 伏奉聖旨]'이라는 머리글에서 '처분(處分)'을 '성지(聖
旨)'로 고쳤기 때문에 일본이 사신을 반각한 사례로서 들고, 성지(聖旨)의
주체는 고려국왕이 확실하므로, 중대성첩이나 집사성첩의 '처분(處分)'에
서 처분의 주체를 발해 또는 신라의 국왕으로 본 것이다.39)

사실 「고려국 예빈성첩 대일본국 대재부(高麗國禮賓省牒大日本國大宰
府)」(1076) 머리글의 '엎드려 성지를 받듬[伏奉聖旨]'에서 '성지(聖旨)'의
주체는 고려 국왕임이 분명하다. 다만 본 예빈성첩은 송대의 첩식을 따른
것으로서, 중대성첩이나 집사성첩, 그리고 태정관첩을 주고 받은 9세기
무렵의 첩식과는 완전히 형식을 달리하고 있다. 곧 고려 예빈성의 첩은
송대의 첩식을 따른 것으로서 9세기 무렵 당나라 때의 첩식에 준하는 신
라, 발해, 일본의 첩식과 달리하는 것은 당연한 것이라 할 수 있다. 또한
예빈성첩은 고려 상서도성의 한 부처로서 정식 사절이 아닌 상객을 통하
여 전달한 첩식이고, 상서도성첩과도 차이가 있는 바,40) 신라 집사성첩과

---

39) 노명호 외, 2000, 「신라집사성첩」·「발해중대성첩」, 『韓國古代中世古文書硏
   究』(상) 교감역주편, 서울대출판부, 439쪽 각주 7·443쪽 각주 16. 윤선태,
   2002, 앞의 논문, 69쪽. 전덕재, 2019, 「신라의 집사성첩과 일본」, 『문자와
   고대 한국 2 -교류와 생활』, 한국목간학회, 139·143쪽. 권은주, 2019, 「발해
   의 대일 외교활동과 중대성첩」, 『문자와 고대 한국 2 -교류와 생활』, 한국
   목간학회, 162쪽.
40) "時▨日本國對馬島官人, 以邊事移牒東南海都部署. 都部署不敢▨決, 馳馹聞
   諸朝, 兩府議, 卽欲以尙書都省牒回示. 公聞之, 謂承制李公升曰, "彼對馬島官
   人邊吏也. 今以尙書都省牒回示, 失體之甚, 宜都部署牒回公文." 承制李公驚

200여 년 차이가 나는 첩문을 동일한 형식의 첩식으로 간주하여 비교하는 것 자체에 의문이 없을 수 없다.

또한 발해 중대성첩의 경우 '처분을 받듦[奉處分]'인데 대해, 신라 집사성첩의 경우 '처분을 청함[請處分]'으로 차이가 있다. 그런데 과연 신라에서 '국왕에게 처분을 요청한다'고 표현할 수 있었는지 의문이다.

사실 9세기 동북아시아 문서행정에 있어서 청처분(請處分)은 일종 상급 기관의 결정을 바라는 상용구였다. 곧 『입당구법순례행기(入唐求法巡禮行記)』 개성(開成) 4년(839) 9월 3일조에 보이는 문등현의 첩문(帖文)에는, '바라건대 포구의 담당자와 이 마을의 판두 및 적산 사원의 강유 등에게 첩문을 내려 반드시 그들의 소재를 파악하여 보고하고 처분을 청할 것.[請帖海口所由及當村板頭并赤山寺院綱維亦, 須常知存亡請處分者]'이라고 하여,[41] '청처분(請處分)'이 모종의 사안에 대한 상급 기관의 처결을 청하는 것임을 확인할 수 있다.

이에 대해 9세기 동아시아 국가간의 문서 왕래에 있어서 사용된 '청처분(請處分)'의 상용구는 어떤 사안에 대해 상대방의 처결을 요청하는 경우에 사용되었다. 곧 보첩(報牒)의 경우 '청처분(請處分)'의 상용구가 보이지 않고, 오직 상대국 관사의 첩의 내용을 제시하고 난 다음에 자국의 입장 곧 처분 내용을 담고 있다. 이는 모종의 사안에 대한 첩문에서 사용된 '청처분(請處分)'이 상대국의 처분을 요청하는 상용구였음을 보여준다.

예컨대 849년 3월 14일 발해 중대성이 태정관에게 「귀국의 입근사 영녕현승(永寧縣丞) 왕문구(王文矩)와 수행원 100명을 보냄[應差入覲貴國使永寧縣丞王文矩并行從一百人]」을 보내어 '처분을 받듭니다(奉處分)~왕문구(王文矩)로 하여금 귀국에 입근하도록 할 것[王文矩令覲貴國者]'이라고 한 데 대해,[42] 태정관의 동 5월 12일자의 보첩(報牒)에서 '관(官)에

曰, "微子之言, 幾失國家之體." 自此眼公之達識."(「李文鐸墓誌銘」(1181, 명종 11), 고려시대 금석문·문자자료 墓誌銘·墨書銘, 국사편찬위원회 한국사데이터베이스, gsko_002_2010)

41) 圓仁, 『入唐求法巡禮行記』 권2, 開成 4년(839) 9월 3일.

42) "中臺省牒稱 渤海國中臺省牒日本國太政官 應差入覲貴國使永寧縣丞王文矩并

서 장계(狀啓)로써 아뢰었습니다. 칙을 받들어 보니[官具狀奏聞 奉勅]'라
고 하였는데, 그 칙에 '특별히 은혜를 내려 은근하게 (청을) 들어주시어
입근하게 하고[宜特賜恩隱聽奉入覲]'라고 함으로써, 이러한 처분에 준하
여 입근(入覲)의 예를 마쳤다고 말한 데서[準處分 覲禮云畢]'43) 살필 수
있다. 이는 중대성첩의 '처분'의 주체가 일본측이며, 특히 일본측 문서에
'봉칙(奉勅)'이라고 표현한 것으로 보아 일본 천황이 처분의 주제였음을
알 수 있다. 이와 같이 발해 양성규 등 사신 일행이 입근을 요청한 데
대해 처분을 요청한 데 대해, 872년 5월 25일 중대성에 보낸 태정관첩에
서는 '칙에 준거하여 처분함[准勅處分]'이라 하였거니와, 천황의 칙을 받
들어 양성규 일행을 입근하도록 처분하였음을 알 수 있다.44)

넷째, 본 집사성 첩에는 마지막으로 '奉判准狀 牒太政官 請垂詳悉者[판
(判)을 받들고 장(狀)에 준거하여 태정관에게 첩하니, 상세히 모든 것을

行從一百人牒 奉處分 邈矣兩邦 阻玆漲海 契和好於永代 寄音書於使程 一葉飄
空 泛積水之遐際 雙旌擁節 達隣情之至誠 往復雖遙 音耗稀傳 戀懷空積 所以勿
待紀盈 申憑舊準 謹差永寧縣丞王文矩令觀貴國者 准狀 牒上日本國太政官者
謹錄牒上 謹牒"(『續日本後紀』권19, 仁明天皇 嘉祥 2년(849) 봄 3월 무진)
43) "太政官牒日 日本國太政官 牒渤海國中臺省 入觀使永寧縣丞王文矩等壹佰人牒
得中臺省牒稱 邈矣兩邦 阻玆漲海 契和好於永代 寄音書於使程 頃者兩邦通使
一紀爲期 音耗稀傳 戀懷空積 所以勿待紀盈 申憑舊準 謹差永寧縣丞王文矩 令
觀貴國者 少之事大 理難自由 盈縮期程 那得在彼 事須在所却邊戒其愆違 官具
狀奏聞 奉勅 文矩等孤舟已破 百口纏存 眷其艱辛 義深合宥 宜特賜恩隱聽奉入
觀 仍賜匹段 準據舊章 但權時之制 不可通行 詳悉所司 莫令重違者 準處分 觀
禮云畢 仍造舟船 及時發遣 附勅璽書 竝國信 今以狀牒 牒至準狀 故牒"(『續日
本後紀』권19, 仁明天皇 嘉祥 2년(849) 봄 5월 을축)
44) "太政官牒日 日本國太政官 牒渤海國中臺省 得中臺省牒稱 奉處分 天涯路阻 日
域程遙 常限已以修和 亦期年而繼好 隣交有節 使命無愆 音耗相通 歲月長久 今
者星霜易變 雲物屢移 一紀已盈 實當聘觀 謹差政堂省左允楊成規 令赴貴國者
官具狀奏請 奉勅日 成規等趨情紫闥織路滄溟 守我朝章 修其國禮 善隣之款 允
屬寢興 宜准前規使申舊好者 准勅處分 及期却廻 附璽書并國信 至宜領之 今以
狀牒送 牒到准狀 故牒 是日 領歸鄕客使多治眞人守善等引客徒出館 大使楊成
規跪言 成規等觀聘禮畢 歸本土去 今差天使 令其領送 成規等瞻望丹闕 涕泗盈
矜 仰戀之誠 中心無限 臨別 掌客使都香相遮館門 舉觴而進"(『日本三代實錄』
권21, 淸和天皇 貞觀 14년 5월 25일)

살필 것을 요청함]'이라 하여 본 사안의 전거 문서(C⑤)에 근거하여 첩을 마무리하는 요청문(C⑥)으로 마치고 있다. '봉판준장(奉判准狀)'이란 첩문을 보낸 근거라고 할 수 있는데, '판(判)'과 '장(狀)'은 첩문의 형성과정을 이해하는 관건이라 할 수 있다.

'판(判)'에 대해서는, 당해국 국왕의 처분을 청한 것(C④-4)이라 보는 관점에서, 국왕이 문서를 검토하고 그 문서를 결재한 것 곧 국왕이 처분한 것[왕명]으로 보기도 한다.[45] 아마도 '판(判)'을 조선시대 국왕의 재가를 뜻하는 '판부(判付)'와 결부하여 풀이한 것이 아닐까 추측된다. 한편으로 '봉판(奉判)'을 '[국왕의] 판(判: 결재)을 받들어'로 해석하고, '국왕이 문서를 검토하고, 그 문서의 내용을 수용하여 결재한 것을 받들다'의 뜻으로 풀이하면서, 재상회의에서 본 사안에 대해 영객부의 의견을 수용하는 쪽으로 의결하였고, 그것을 상재상이 국왕에게 보고하여 재가를 받은 것으로 이해하기도 한다.[46]

그런데 '봉판준장(奉判准狀)'은 당시 동아시아 국가에서 공문서의 일반적인 서식으로 사용되는 상용구 가운데 하나였다. 이는『입당구법순례행기』개성 4년 9월 3일에 문등현의 사인(使人)이 가져온 현의 첩문에서도 살필 수 있다.

> D. 현([文登]縣)이 청녕향에 첩(帖)함[縣帖靑寧鄕]
> 앞서 보고받았던 일본국 배에서 버려져 적산(赤山) 사원에 있는 승려 3명과 행자 1명에 관한 일.[先淂狀在赤山寺院日本國船上抛却僧三人行者一人] 위 사람을 조사한 내용의 장(狀)을 살펴보니[右檢案內淂狀偁], 전술한 승려 등은 이미 사유를 갖추어 적어 현에 보고하였다.[具事由申上訖] 이후에 주(州)에서 추가로 조사를 요구하는 서장[勘狀]이 있을지 모르니, 바라건대 포구의 담당자와 이 마을의 판두 및 적산 사원의 강유 등에게 첩문을 내려 반드시 그들의 소재를 파악하여 보고하고 처분을 청할 것.[請帖海口所由及當村板頭幷赤山寺院綱維亦, 湏常知存亡請處分者] 판(判)을 받들어 첩장에 준하여 말미암은 바를 장첩(狀帖)하는 것임[**奉判准狀**帖所由者]. 전술한 사

45) 노명호 외,「신라집사성첩」, 앞의 책, 439쪽 각주 7. 윤선태, 2002, 앞의 책, 앞의 논문, 69쪽.
46) 전덕재, 2019,「앞의 논문, 139·143·146~147쪽.

람들을 조사함에는 모름지기 포구 담당자에게 첩문을 내려 보고하게 하고 강유 등도 모름지기 늘 소재를 파악하고 있어야 할 것이다. 만약 이후에 주사(州司)가 추가로 조사할 때 동쪽으로 갔느니 혹은 서쪽으로 갔느니 하며 간 곳을 알지 못한다면 추궁하여 반드시 중벌을 받을 것이다. 그러므로 첩문이 도착한 당일에 한정하여 고시하고, 상세히 문서로 작성해 주에 첩장을 올려야 할 것.[仍限帖到當日告示, 當取狀州狀上者]

개성 4년 8월 13일

전(典) 왕좌(王佐) 첩주부(帖主簿) 부위(副尉) 호군직(胡君直)

섭령(攝令) 척선원(戚宣員)

사공(司功)

　　위의 첩문(帖文)을 집사성첩(執事省牒)과 같은 수준에서 다룰 수 있는 것은 아니지만, 서식에 있어서는 크게 다르지 않다. 집사성첩의 경우 일자와 서명자 들이 결락되었지만, 중대성첩문 사본으로 미루어 볼 때에 '발수신-제명-내용-날자-첩문 작성 및 관여자 직함 및 서명'으로, 위의 첩문(帖文)과 거의 동일하다.

　　본 첩문의 '판(判)'에 대해서는 문등현이 '등주(登州)의 판단'에 준거하였던 것을 표시한 것으로 풀이되고 있다.[47] 이로 미루어 볼 때에 집사성첩의 '봉판(奉判)'을 국왕의 명령에만 결부시켜 풀이할 수 있을까 하는 의문이 있다. 또한 모든 중대성첩은 '准狀牒上日本國太政官者 謹錄牒上 謹牒[장(狀)에 준하여 일본국 태정관에게 첩상(牒上)하는 것임. 삼가 첩에 기록하여 올린다. 삼가 첩한다]'의 투식으로서,[48] 중대성첩이 국왕의 국서와 함께 일본측에 보내졌음에도 불구하고 국왕과의 관련성을 찾을 수 없다. 중대성첩문의 '준장첩상(准狀牒上)'에 나타난 '장(狀)'을 발해국왕의 것으로 볼 수 없기 때문이다. 다만 '첩상(牒上)'은 '근록첩상(謹錄牒上)'과 마찬가지로 『속일본후기』 편찬 당시에 임의로 변조된 것으로 지적되고 있다. 곧 사서상에는 발수신자 부분이 첩상이 아닌 '첩(牒)'으로만 되어 있

---

47) 小野勝年, 1964, 『入唐求法巡禮行記の研究』 第2卷, 鈴木學術財團, 110~111쪽.

48) 『續日本後紀』 권11, 仁明天皇 承和 9년(842) 봄 3월 신축·권19 仁明天皇 嘉祥 2년(849) 봄 3월. 『日本三代實錄』 권21, 淸和天皇 貞觀 14년(872) 5월 18일·권31 陽成天皇 元慶 원년(877) 4월 18일.

고, 「841년 중대성첩 사본」의 '첩상(牒上)'의 '상(上)'자는 다른 글씨와 글
자 크기가 차이가 있기 때문에 중대성첩 종결사에 보이는 첩상(牒上)의
'상(上)'자 또한 추기되었을 것으로 추정한다.[49] 사실 일본과 발해 간에
벌어진 국서논쟁이나 772년 1월 일만복(壹萬福)이 표문을 고침으로써 일
본에 입국하였던 사례[50] 등은 일본측의 의도적인 개서의 의혹을 사기에
충분하다고 본다. 본 첩문의 투식 '准狀 牒上日本國太政官者 謹錄牒上 謹
牒[狀에 준거하여 牒上 일본국 태정관에게 첩하여 올린 것. 삼가 첩하여
올린 것을 기록하고 삼가 첩한다]'으로만 보더라도, 마지막 부분 '근록첩
상 근첩[謹錄牒上 謹牒]'의 '상(上)'은 한문 문법상 연문으로밖에 볼 수 없
는 부분이다. 곧 종결사로서 '謹錄牒 謹牒[삼가 첩을 기록하여 삼가 첩함]'
이란 구절에 불과한 것으로 '상(上)'은 한문 문법상 불필요하기 때문이다.

아무튼 중대성첩에 일컬은 '장(狀)'은 본 첩문이 입근사(入覲使)와 관련
되는 만큼 후술하듯이 정당성 예하의 외교담당 관사인 춘부(春部) 곧 예부
(禮部)에서 올린 장(狀)일 것으로 추측된다. 사실 함화(咸和) 11년(841)
윤9월 25일자 발해 중대성첩 사본에는 정당성(政堂省) 춘부경(春部卿)인
하수겸(賀守謙)과 대내상(大內相)인 대건황(大虔晃: 훗날 발해의 제12대
왕)이 서명하였는데, 이를 중대성첩이라 하였다. 이는 발해의 외교를 관장
한 것으로 추정되는 정당성 예하의 춘부(春部)가 올린 장(狀)을 대내상(大
內相)이 결재하고, 중대성은 이 장(狀)을 받아 첩문을 작성하였음을 알
수 있다.

이에 대해 일본 태정관첩은 종결사로서 '准勅牒送 牒到准狀 故牒[칙에
준거하여 첩을 보내고, 첩이 도착하자 장에 준거하였으므로 첩한다]', 그
리고 '今以狀牒 牒至準狀 故牒[지금 장으로써 첩하고 첩이 이르니 장에
준거하였으므로 첩한다]'[51] 또는 '今以狀牒送 牒到准狀 故牒[지금 장으로
써 첩을 보내고 첩이 도착하여 장에 준거하였으므로 첩한다]'[52]이라는 투

---

49) 권은주, 2019, 앞의 논문, 162~163쪽.
50)『속일본기』권32, 光仁天皇 寶龜 3년(772) 1월 병오.
51)『續日本後紀』권11, 仁明天皇 承和 9년 여름 4월 12일.
52)『日本三代實錄』권21, 淸和天皇 貞觀 14년 5월 25일.

식을 사용하였다.

　전자는 842년 3월 6일 발해 사신 정당성(政堂省) 좌윤(左允) 하복연(賀福延) 등이 국왕 대이진(大彛震)의 계서(啓書)와 함께 가져온 하복연(賀福延)과 수행원 105인의 입근(入覲)을 바라는 중대성 첩문에 대한 태정관의 보첩이다. 동 첩문은 천황의 칙명에 따라 새서(璽書)와 신물(信物)을 보내는 한편으로 발해 국왕의 국서를 넣는 함이 전과 다름을 질책하고 향후 고칠 것을 바라는 첩문이다.53) 따라서 '준칙첩송(准勅牒送)'은 천황의 칙명에 따라 첩을 발송한 것을 뜻하며, '첩도준장(牒到准狀)'은 '첩이 도착하니 장에 준한다'는 것이다. 여기에서 장(狀)을 분명히 밝히지 않았지만, '예(例)'에 따라 주청하였다[准例奏請]'하였다고 하였다. '예(例)'는 신라 예작부(例作府)의 사례와 마찬가지로 '법식'을 뜻한다고 할 수 있다. 법식에 따라 주청하는 방식에 대해서는, 872년 발해 정당성(政堂省) 좌윤(左允) 양성규(楊成規) 등에게 내린 태정관첩(太政官牒)에서 중대성첩(中臺省牒)을 '관에서 장을 갖추어 주청하고 칙을 받들었다[官具狀奏請 奉勅]'고 한 바, 관(官)에서 장(狀)으로 주청하여 칙명을 받았음을 알 수 있다. 따라서 '준칙첩송(准勅牒送)'은 태정관첩의 작성이 칙명(勅命)에 준거한 것이고, 그 내용을 관(官)에서 주청한 장(狀)에 근거하여 작성하였음을 '첩도준장(牒到准狀)'이라고 하였던 것이다.

　이에 대해 '今以狀牒 牒至準狀 故牒[이제 장첩으로써 첩이 이르니 장에 준거하였으므로 첩한다]'은 태정관에게 보고된 장(狀)을 바탕으로 하여 태정관이 발해 중대성에 첩을 보낸 것으로 차이가 있다. 곧 태정관의 첩은 칙첩에 바탕한 것과 장계에 바탕한 두 종류의 첩문이 있음을 알 수 있다. 전자의 경우와 같이 일본 국왕에게 아뢰어하여 이에 대한 칙명이 내리면 '준칙(准勅)'의 투식을 사용하고, 후자와 같이 태정관이 보고된 장(狀)을 바탕으로 첩하는 것을 '준칙(準[准]牒)'이라는 투식을 사용하였음을 알 수 있다.

　그밖에 764년 7월 19일 당사 한조채의 청에 따라 신라 사신 김재백(金

---

53)『續日本後紀』권11, 仁明天皇 承和 9년 여름 4월 병자.

才伯) 등이 박다진(博多津)에 도착하여 승 계융(戒融)의 도착 여부를 확인하는 신라 집사부의 첩(牒)에 대한 대재부(大宰府)의 보첩(報牒)의 종결사는 확인되지 않지만, 보첩을 작성하는 과정을 보여준다.

E. (가을 7월) 갑인. 신라 사신 대나마 김재백(金才伯) 등 91인이 대재(부)의 박다진(博多津)에 도착하였다. 우소변(右少弁) 종5위하 기조신우양(紀朝臣牛養)과 수도대위(授刀大尉) 외종5위하 속전조신도마려(粟田朝臣道麻呂) 등을 보내어 오게 된 까닭을 물었다. 김재백 등은, "당나라의 칙사 한조채(韓朝彩)가 발해로부터 와서 '일본국 승려 계융(戒融)을 호송해서 본국으로 돌아가게 하는 일을 이미 마쳤다. 만약 평안히 귀향하였으면 당연히 회답이 있을텐데 오늘에 이르도록 전혀 소식이 없다'고 이르므로, 마땅히 사신을 보내어 그 소식을 천자에게 알리고자 하여 이에 집사(부)의 첩을 가지고 대재부에 왔습니다. (한)조채는 길을 떠나 신라의 서쪽 포구에 있습니다. 그러나 본국의 사은사(謝恩使) 소판(蘇判) 김용(金容)은 대재부의 보첩(報牒)을 받아서 조채(朝彩)에게 넘겨주기 위하여 아직 서울을 출발하지 않고 있습니다"라 말하였다. …그들이 돌아가는 날에 대재부에서 신라의 집사(부)에 첩을 보내어[大宰府報牒新羅執事曰], "문서의 사본을 살핀 건정관의 부첩을 받았는데 이르기를[檢案內 被乾政官符稱] "대재부문서에서 이르기를[大宰府解稱] '신라국의 첩문에서[得新羅國牒稱] 한(조채) 내상시(內常侍)의 청에 따라 승 계융(戒融)이 도착했는지 아닌지를 알고자 한다[依韓內常侍請欲知僧戒融達不]'고 하므로 (대재)부는 그 서장을 갖추어 아룁니다[府具狀申上者]"고 하였는데 '(그는) 지난 해 10월 고려국으로부터 본국에 돌아왔다. (대재)부는 마땅히 그것을 받들어 알고 곧 알리도록 하라[以去年十月 從高麗國 還歸聖朝 府宜承知卽令報知]'고 하였다"고 하였다.(『續日本紀』권25, 淳仁天皇 天平寶字 8년(764) 秋 7월 갑인)

위의 기사에서 신라 사신 대나마 김재백(金才伯)이 대재부에 도착하자, 일본 조정에서는 기조신우양(紀朝臣牛養) 등을 보내어 오게 된 까닭을 물었다고 하는 바, 이들은 일본 조정에서 파견한 존문사(存問使)였다고 여겨진다. 대재부가 신라 집사부에 보낸 보첩에 따르면, 대재부가 서장을 갖추어 건정관(乾政官)에 올리자, 건정관이 안(案)을 검령하였다. 건정관이 검령한 안은 신라 집사부첩을 옮겨적은 부본이라 생각되며, 이 부본과 함께 대재부는 장계(狀啓)의 문서[解]를 작성하여 건정관에 올린 것으로 판단된다. 이 서장을 보고 태정관은 부첩(符牒)을 내려 대재부로 하여금 신라 집사부에 보내는 보첩(報牒)을 작성하도록 하여 승 계융(戒融)의 도착 사실을 알리게 하였던 것이다. 따라서 대재부의 보첩은 건정관(乾政官)의 부첩(符牒)에 준거하여 작성되어 신라 집사성에 첩한 것이라고 할 수 있다.

이에 대해 흥덕왕 11년(836)에 기삼진(紀三津)을 방환하면서 보낸 집사성첩에서는, 기삼진이 신라 청주(菁州)에 도착하면서부터 방환에 이르는 과정을 살필 수 있다.

(1) 기삼진(紀三津) 등의 서장[狀]을 받았는데 '본국의 왕명을 받들어 오로지 통호하러 왔다[奉本王命 專來通好]'고 일렀다는 데서, 청주에서 기삼진에게 사행의 목적을 묻고, 이에 대한 서장을 중앙에 보고한 것이라 판단된다.

(2) '함을 열어 첩을 보니[及開函覽牒]'라고 이르고, '태정관의 관인은 전서(篆書)로 새긴 필적이 분명하다.[太政官印 篆跡分明]'고 한 데서 첩함과 첩의 내용을 검령하였음을 알 수 있다. 이러한 검령이 보고 이후에 이루어졌다는 점에서 중앙에서 파견된 주사(主司)의 관료가 검령하였으리라 여겨진다. 이로써 첩의 내용이 '당나라에 빙례를 닦으려는데 사신의 배가 길을 벗어나 그 쪽 땅에 표착하면, 도와서 통과시켜 보내 주되 지체시키거나 길을 가로막지 말 것[修聘巨唐 脫有使船漂着彼界 則扶之送過 無俾滯遏者]'이었음을 확인하였으리라 판단된다.

(3) '주사(主司)가 거듭 사신을 보내어 매우 간곡하게 물었으나, 말과 첩문이 어긋나 참과 거짓을 판별할 수 없었다[主司再發星使 設問丁寧 口與牒乖 虛實莫辨]'고 한 데서, 기삼진의 말과 첩의 내용이 어긋난 데 대해 보고하였을 것으로 여겨지거니와, 주사(主司)에서 다시 성사(星使)를 보내 꼼꼼히 질의하여 심층적인 조사를 진행하였던 것으로 보인다. 그러나 보고와 마찬가지로 허실을 판별할 수 없었다.

그런데 여기에 등장하는 '성사(星使)'를 천자가 보낸 칙사로 간주하여[54] 마치 신라 국왕이 중국 황제와 같은 지위에 있던 것을 과시하였던 반영으로 보기도 한다. 사실 지적되듯이 성사(星使)는 후한의 방술사 이합(李郃)의 일화로부터 비롯한 것으로, 그는 두 사성(使星)이 익주 분야로 오는

---

54) 김은숙, 2006, 앞의 논문, 288쪽. 전덕재, 앞의 논문, 147~148쪽.

것을 보고 후한 화제(和帝)의 칙사가 올 것을 미리 알았다고 한다.[55] 신라에 있어서도 개성 3년(838) 민애대왕이 상주(尙州) 노악(露岳)의 장백사(長栢寺)에 주석하던 혜소(慧昭)를 서울로 부르기 위하여 성사(星使)를 보냈다는 데서도 살필 수 있다.[56] 다만 본 집사성첩의 성사(星使)는 주사(主司)가 보낸 것인 만큼 국왕이 보낸 사신과는 구별되어야 하리라 본다.

(4) 결국 중앙에서는 이미 기삼진을 사신으로 인정하지 않았다는 결론에 이른 것으로 보인다. '이미 교린의 사절이 아닌 것[旣非交隣之使]'이라고 한 것이나 '[이로 말미암아 사신으로] 전대하지 않도록 한 것[使非專對]'은 이미 신라 조정에서 기삼진(紀三津)을 사신으로 여기지 않았던 사정을 반영한 것으로 보기 때문이다.

(5) 신라 조정에서는 기삼진(紀三津)을 사신으로 인정하지 않은 가운데 소사(所司)와 주사(主司)의 쟁의가 있었고, 판(判)은 쟁의에 대한 최종 결론이라고 할 수 있다. 이에 『고려사』(권9) 문종 35년 8월 기미조에 보이는 서여진의 만두(漫豆) 등 17명의 내투를 둘러싸고 예빈성의 방환 주장과 예부의 편호 주장이 맞서는 쟁의가 있었음을 들어, 집사성첩의 주사(主司)를 영객부(領客府), 소사(所司)를 예부(禮部)로 추정하기도 한다.[57] 또한 당시 집사성 시중이었던 김명(金明)이 영객부와 예부 등 소관 부처에 기삼진의 서장과 태정관첩을 검토하도록 하고, 김명이 일본 우위의 외교 형식을 비판함과 아울러 장보고 세력을 염두에 두고 해상세력의 공문서 위조 가능성을 시사하는 첩을 태정관에 보낸 것으로 보기도 한다.[58] 한편으로 재상회의에서 영객부와 예부의 견해 차이를 조정하여, 국왕에게 보고하여 재가를 받은 것으로 이해하기도 한다.[59]

그러나 무엇보다도 소사(所司)와 주사(主司)의 논쟁은 이미 기삼진을

55) 『後漢書』 권 82 上, 方術列傳 72上, 李郃.
56) 최치원, 「雙磎寺 眞鑑禪師塔碑」, 가락국사적개발연구원 편, 1992, 『역주 한국고대금석문』, 77쪽.
57) 윤선태, 2002, 앞의 논문, 75~76쪽. 김은숙, 2006, 앞의 논문, 286쪽.
58) 김은숙, 2006, 앞의 논문, 284~286·292~293쪽.
59) 전덕재, 2019, 앞의 논문, 146~147쪽.

문서를 위조한 위조(僞使)로 결론지은 데서 빚어진 것으로, 이 문제에 대한 처리 방침에 관한 것이었다. '소사(所司)가 형장(刑章)을 바르게 하여 간사한 무리를 방지해야 한다'[所司再三請以正刑章用阻姦類]고 재삼 주청한 데 대해, 주사에서는 '대체(大體)를 보존하는 데 힘써 허물을 버리고 공능(功能)을 힘쓰도록 하여[務存大體 舍過責功]' '대국으로서의 관용과 넓은 이치를 펼치자[大國寬弘之理]'고 주장하였다.

여기에서 주사(主司)는 청주에 두 차례 사신[星使]을 보내어 기삼진이 신라에 온 목적을 조사하였던 관사로서, 그들이 보낸 관리는 일종 '존문사(存問使)'에 상응하는 존재였다고 할 수 있다. 주사는 청주에 일종 존문사를 사신으로 보내고, 통호사(通好使)라고 주장하는 기삼진을 심문하였다. 따라서 동 주사는 일본과의 외교를 관장하는 관사임이 분명하며, 그 가운데 예부 소속으로서 외국사신의 교로(郊勞)와 객관 안치, 왕궁에서의 영로(迎勞) 의례를 관장하는 영객부가 적절해 보인다.

다만 영객부에는 왜국의 사절을 관장하는 왜전(倭典)을 별치하였던 만큼, 668년 김동엄을 일본에 파견하면서 설치된 것으로 추정되는 왜전이 일본의 견신라사 영접과 관련된 업무를 관장하였을 가능성도 없지 않다고 본다. 영객부(영객전)는 중국의 사신을, 그리고 왜전은 왜의 사신을 맞기 위해 설치한 것으로 이해되기 때문이다. 특히 성덕왕 13년(714) 상문사(詳文師)를 통문박사(通文博士)로 개칭하여 서표(書表)를 관장하게 한 것은, 당·일본과의 외교사절의 내왕이 빈번해짐에 따라 당나라 중서성(中書省) 통사사인(通事舍人)에 상응하는 명칭으로 개명한 데서 비롯한 것으로 생각된다.[60] 그런데 서(書)가 교린국에 대한 국서라면, 표(表)는 당나라에 대한 조공국으로서의 국서를 지칭한다. 그렇지만 집사성첩문은 국서가 아니고, 일종 국가간 특히 신라 집사성과 일본 태정관 사이에 주고받은 일반 행정 문서에 불과하다. 이는 집사성첩의 '봉판준첩(奉判准牒)'이라는 투식에서 드러나거니와, 발해 중대성첩문의 '준장첩상(准狀牒上)'

---

60) 박남수, 2011, 「8세기 신라의 동아시아 외교와 迎賓 체계」, 『신라사학보』 21.

이나 일본 태정관의 '今以狀牒 牒至準狀[이제 장으로써 첩하니, 첩이 이르러 장에 준거하였다]'의 투식 또한 당해 국가의 관사에서 보낸 첩문임을 밝혀준다. 이들은 당의 중서성에서 발급하는 왕언(王言)의 제(制)에 포함되지 않는 것이다. 따라서 어떠한 배경에서 집사성에서 문서를 작성하여 첩문을 보냈는 지가 관건이 된다.

한편 본 집사성첩문의 소사(所司)를 대체로 예부로 추정하고 있다. 본 집사성첩에서 소사(所司)는 '형장(刑章)을 바르게 하여 간사한 무리[姦類]를 막자'고 주장하고 있어, 예부의 직임이라기보다는 오히려 형장(刑章)를 관장하는 관사일 가능성이 높다. 그런데 당나라에서는 사절의 입국과 귀국에 따른 과소(過所)의 발급을 형부(刑部) 사문낭중(司門郎中)이 관장하였다고 한다.[61] 이로 미루어 보건대 신라에서는 집사성과 해당 주군이 국경에 들어오는 외국 사신들의 통관 수속을 관장하였고, 다시 왕경에 이르는 육로의 통행증 발급은 형장(刑章)를 관장하는 관사가 맡았을 가능성을 상정할 수 있다. 그렇다면 집사성첩에 보이는 소사(所司)는 신라에서 형장을 관장하였던 관사 곧 고려시대의 형부에 상응하는 이방부(理方府)가 아닐까 추정된다. 고려 숙종 원년(1096) 4월 12일 중서성이 주청하여 어사대와 상서형부로 하여금 옥사의 공정한 처리를 건의 한 것[62]이나 예종 4년(1109) 8월 13일 형부가 내외의 중형을 주청하자 왕이 선정전(宣政殿) 남쪽 회랑[南廊]에 나아가 재추(宰樞)들과 함께 형량을 결정한 것[63] 등은, 형장과 관련한 일을 형부가 주관하였던 사정을 반영한다. 특히 본 집사성첩에서 소사가 기삼진에 대한 조사를 마무리한 시점에서 형장을 바르게 하자고 주장하였다는 점에서, 영객부 또는 왜전의 소관 업무로부터 형장(刑章)를 관장하는 관사 곧 고려시대의 형부에 상응하는 理方府에서 이를 주장하였던 것이 아닐까 생각되는 것이다.

결국 본 기삼진의 안건은 최종적으로 방환하는 것으로 의견이 수렴되었고, 결국 판(判)의 형식으로 정리되어 장(狀)의 문서 형식으로 집사부에

---

61) 石見淸裕, 앞의 논문, 62~64쪽.
62) 『고려사』 권 11, 世家 11, 肅宗 元年 4월 계유.
63) 『고려사』 권 13, 世家 권 13, 睿宗 4년 8월 을유.

통고되었다. 집사부는 이를 바탕으로 첩문을 만들어 일본 태정관에게 기삼진의 방환을 통고하면서 자세히 살펴 처분할 것을 요청하였던 것이다.

4. 신라의 대일 정책과 집사성첩의 성격

집사성첩에 보이는 주사(主司)와 소사(所司)의 논의는 판(判)의 형식으로 조정되어 일본 태정관에 통고되었다. 앞서 살폈듯이 주사는 영객부이거나 영객부에 별치된 왜전으로 생각되며, 소사는 왕경에 이르는 통행증을 발급하는 이방부일 가능성이 높은 것으로 추정되었다. 그런데 본 집사성 첩에서 보듯이, 집사성은 동 결정을 장(狀)의 형식으로 통고받고 일본 태정관에게 첩문을 발송하였다.

동 집사성첩문에는 기삼진이 교린(交隣)의 사신이 아니므로 가져온 지신(贄贐)을 받아들일 수 없다 하고, 신라가 대국(大國)으로서 관홍(寬弘)의 이치를 폄으로써 기삼진을 용서하고 바다를 건너는 동안의 양식을 지급하여 본국으로 돌려 보낸다고 하였다. 또한 정관(貞觀) 연간에 고표인(高表仁)을 송사(送使)하던 사례에 비추어 양국이 신뢰하였음을 드러내었다. 곧 신라의 대일 외교정책은 교린(交隣)과 고표인(高表仁) 송사의 전례에 준하는 것이었다.

고표인 송사는 정관 5년(선덕여왕 1, 632) 8월 발해를 거쳐 왜에 가는 당나라 사신 고표인과 왜의 1차 견당사 삼전사(三田耜), 그리고 학문승 영운(靈雲)과 승민(僧旻) 및 승조양(勝鳥養) 일행을, 신라가 송사(送使)를 보내 바래다 준 일을 지칭한다.[64] 고표인은 결국 성덕태자(聖德太子) 또는 서명천황(舒明天皇)과 의례 문제로 다투어 당황제의 조서를 전하지 않고 되돌아 왔다.[65] 이로써 당과 왜는 국교를 단절하였다가 정관 22년(진

---

64) 『日本書紀』 권 23, 舒明天皇 4년(632) 8월.
65) 『舊唐書』 권 199, 倭國傳에는 "遣新州刺史高表仁 持節往撫之 表仁無綏遠之才 與王子爭禮 不宣朝命而還 至二十二年, 又附新羅奉表, 以通起居"라고 하여 왜 왕자 곧 聖德太子와 儀禮 문제로 다투어 국교가 단절되었다가 정관 22년

덕여왕 2, 648)에 이르러서야 신라를 통하여 당나라에 표문을 보냈다고
한다.66) 아마도 진덕여왕 즉위년(647) 김춘추를 왜에 파견하고 그 이듬해
에도 신라사신을 왜에 파견하였다고 하는 바,67) 이 무렵 왜의 표문을 당
나라에 전달하지 않았을까 생각한다.

　신라로서는 당시 국가적 당면 과제였던 백제의 공세에 대한 국제적 연
대가 필요하였고, 왜로서는 당과 연계할 수 있는 매개자가 필요하였으리
라 여겨진다. 다만 왜는 백제와의 오랜 동맹 관계로 인하여 신라의 요청에
따르기 어려웠으리라 생각한다. 사실 왜는 신라·당의 연합군의 백제 공략
시 백제의 지원세력이었고, 사비성 공략 이후 백제 부흥군을 적극적으로
지원하였으나 백강전투에서 패함으로써 당-신라의 영향권하에 들어갔
다. 665년 8월 13일 취리산맹약(就利山盟約)을 마치고 신라, 백제, 왜,
탐라의 국사(國使)가 유인궤(劉仁軌)를 따라 당 고종의 태산 봉선의식(封
禪儀式)에 참여하였던 것은, 그러한 사정을 반영한다.68)

　　신라를 통하여 당나라에 표문을 전함으로써 교통하였다 하고,『新唐書』권
　　220, 日本傳에는 "遣高表仁持節撫之. 表仁浮海, 數月方至, 自云路經地獄之
　　門, 親見其上氣色蓊鬱, 又聞呼叫鎚鍛之聲, 甚可畏懼也.表仁無綏遠之才, 與王
　　爭禮, 不宣朝命而還, 由是復絶"이라고 하여 왜의 국왕 곧 舒明天皇과 예를 다
　　투었다고 한다.

66) 『舊唐書』권 199, 倭國傳에는 "遣新州刺史高表仁 持節往撫之 表仁無綏遠之
　　才 與王子爭禮 不宣朝命而還 至二十二年, 又附新羅奉表, 以通起居"라고 하여
　　왜 왕자 곧 聖德太子와 儀禮 문제로 다투어 국교가 단절되었다가 정관 22년
　　신라를 통하여 당나라에 표문을 전함으로써 교통하였다 하고,『新唐書』권
　　220, 日本傳에는 "遣高表仁持節撫之. 表仁浮海, 數月方至, 自云路經地獄之
　　門, 親見其上氣色蓊鬱, 又聞呼叫鎚鍛之聲, 甚可畏懼也.表仁無綏遠之才, 與王
　　爭禮, 不宣朝命而還, 由是復絶"이라고 하여 왜의 국왕 곧 舒明天皇과 예를 다
　　투었다고 한다.

67) 『日本書紀』권25, 孝德天皇 大化 3·4년.

68) 박남수, 2018,「탐라국의 동아시아 교섭과 신라」,『탐라문화』58, 42쪽.『삼
　　국사기』권 6, 신라본기 6, 문무왕 5년(665) 가을 8월.『資治通鑑』권 201,
　　唐紀 17, 高宗조나『册府元龜』권 981, 外臣部 26, (唐) 高宗 麟德 2년(665)
　　8월. 다만『舊唐書』권 84, 列傳 34, 劉仁軌傳에는, 유인궤가 新羅 및 百濟·
　　耽羅·倭 4국의 酋長을 거느리고 태산 봉선의식에 참여한 것이라 하였다.

그러나 나당전쟁을 전후하여 신라는 당나라의 신라 지배야욕에 대항하기 위하여 거의 매년 일본에 사신을 파견함으로써 일본과의 연대를 강화하고자 하였다. 이를 『속일본기』에는 줄곧 '공조사(貢調使)'로 기술하였지만, 신라가 사신을 보내면서 전래한 선진문물이나 신라에 있던 일본유학생의 송환, 그리고 도당 유학생과 일본 견당사의 송환, 그리고 사신들의 일본 조정 대신에 대한 별헌의 양상을 볼 때에 '부용국·번국관(付庸國·蕃國觀)'의 시각으로 『속일본기』를 편찬한 데서 찾아야 할 것이다.[69]

왜 정권 내에서도 백강전투의 패전 책임에 대한 문제로 672년 1월 10일 천지천황(天智天皇)이 돌아가고 임신(壬申)의 난이 발발하면서, 왜는 대외정책을 수정하지 않을 수 없었을 것이다. 천무천황(天武天皇)이 즉위하면서 『속일본기』에 백제와 왜의 사신내왕이 더 이상 보이지 않는 것이나, 성덕왕 2년(703) 204명의 대단위 일본국사(日本國使)가 신라에 온 것,[70] 그리고 성덕왕 13년(714) 김원정(金元靜)의 일본 파견시에 일본에서 기내 7도(畿內七道)의 기병(騎兵) 990명을 동원하여 신라사신을 영접한 것[71] 등은, 신라와 일본 양국간의 화해 분위기를 반영하는 것으로 여겨진다.

신라가 천무천황(天武天皇) 13년(684) 12월 6일 일본 도당 유학생과 당의 포로가 된 자들을 축자(筑紫)로 귀국시킨 것이나,[72] 신문왕 9년(689) 4월 20일 조문차 일본에 파견된 신라사신이 일본의 신라 유학승 명총(明聰)과 관지(觀智) 등을 돌려보내면서 금동아미타상·금동관세음보살상·대세지보살상 등을 보낸 것,[73] 지통천황(持統天皇) 4년(690)에 일본 도당 유학승 지종(智宗)·의덕(義德)·정원(淨願)과 군정(軍丁) 대반부박마(大伴部博麻) 등을 신라를 거쳐 축자(筑紫)로 귀환시킨 것,[74] 그리고 효소왕 1년(692) 10월 11일 산전사어형무광사(山田史御形務廣肆)가

---

69) 박남수, 2007, 「통일신라의 대일교역과 애장왕대 '交聘結好'」, 『사학연구』 88 ; 2011, 『한국 고대의 동아시아 교역사』, 주류성, 226~227쪽.
70) 『삼국사기』 권8, 신라본기 8, 성덕왕 2년 가을 7월.
71) 『續日本紀』 권6, 元明天皇 和銅 7년 11월 을미.
72) 『日本書紀』 권29, 天武天皇 13년(684) 겨울 12월 계미.
73) 『日本書紀』 권30, 持統 3년(689) 4월 壬寅.
74) 『日本書紀』 권30, 持統天皇 4년(690) 가을 9월 정유.

전에는 승려로서 신라에서 학문을 배웠다는 사례[75] 등은, 백제가 멸망한 상황에서 일본이 신라를 일본의 각종 제도 개혁에 필요한 선진 문물의 제공처로서 인식하였음을 의미한다.

이렇듯이 문무왕대 이래로 신문왕, 효소왕, 성덕왕대에 이르는 신라의 대일외교는, 백제를 대신하여 일본에 문물을 전수하는 창구로서 기능하였다. 특히 신라는 신문왕대 이후 활로를 찾던 당과의 외교를 성덕왕대에 활발히 재개하는 한편으로 일본과의 교섭도 지속하였다.

신라와 일본의 외교는, 신라가 견일본사를 파견하면 일본이 사신을 파견하는 양상으로 추진되었다. 양국 사신의 내왕에 따라 성덕왕 7년(707)의 사례처럼 의법(義法)·의기(義基)·총집(惣集)·자정(慈定)·정달(淨達) 등 재신라 일본 학문승들이 귀국하기도 하였다. 722년 4월 20일 주방국(周防國) 산전사어방(山田史御方)이 번국(藩國)에 유학하여 생도를 가르치고 자못 문장에 능하다고 하는 것[76]에서도 확인할 수 있듯이, 성덕왕대의 일본에 대한 문물 전수는 불교에만 한정되지 않고 유학과 문장의 전수도 있었다. 다만 성덕왕대 대일교섭은 대체로 문무왕·신문왕·효소왕대에 거의 매년 사신을 파견하던 것이, 효소왕 2년(693) 문무왕의 훙거를 알리는 고애사 파견 이후 사신 파견의 간격이 3년여로 벌어지고, 성덕왕대에도 성덕왕 4년, 8년, 13년으로 신라 사신 파견 횟수가 줄어드는 경향을 보인다. 이는 성덕왕대에 당과의 교섭을 우선하는 정책으로 인하여 일본과의 교섭이 소원해진 때문으로 생각한다. 그러던 것이 성덕왕 18년(719) 이후 김순정(金順貞)이 죽은 성덕왕 24년(725) 사이에는 신라 사신 파견의 간격이 2년여로 줄어들었다.[77]

이 시기의 신라와 일본의 관계에 대하여 『속일본기』에는 김순정과 그의 손자 김옹(金邕), 경덕왕에 대하여 친일본 정책의 주도자로서, 효성왕과 김사공(金思恭)에 대해서는 대일강경책의 주도자로 평가하였다.

75) 『日本書紀』 권30, 持統 6년(692) 10월.
76) 『續日本紀』 권9, 養老 6년(722) 4월.
77) 박남수, 2012, 「신라 성덕왕대 '上宰' 金順貞과 對日交涉」, 『신라사학보』 25, 157~158쪽.

F. (천평승보 4년, 752, 6월) 임진 … 이 날 신라 사신에게 조당(朝堂)에서 향응을 베풀었다. 조칙을 내리기를 "신라국이 와서 조정을 받든 것은 신공황후(神功皇后, 氣長足媛皇太后)가 그 나라를 평정하고부터인데 지금까지 우리나라의 번병(蕃屛)이 되어왔다. 전왕 승경(承慶, 효성왕)과 대부(大夫) 사공(思恭) 등은 말과 행동이 게으르며 지켜야 할 예(禮)를 잃었다. 이 때문에 사신을 보내어 죄를 물으려고 하는 사이에 지금 그 나라의 왕 헌영(軒英, 경덕왕)이 전(前)의 잘못을 뉘우치고 몸소 조정에 오고자 하였다. 그러나 국정을 돌보아야 하기 때문에 왕자 태렴(泰廉) 등이 대신하여 입조하고 겸하여 조(調)를 바쳤다. 짐은 그 정성을 매우 기쁘게 생각하는 바 관위를 올려주고 물건을 내린다"라 하였다. 또 조칙을 내려 "지금 이후로는 국왕이 직접 와서 아뢰도록 하고 만약 다른 사람을 보내어 입조할 때에는 반드시 표문(表文)을 가지고 오도록 하라"고 하였다.(『續日本記』 권18, 天平勝寶 4년[752], 6월 임진)

G. (보구 5년, 774, 3월 계묘) 이 날 신라국 사신 예부경(禮府卿) 사찬(沙湌) 김삼현(金三玄) 이하 235인이 대재부(大宰府)에 도착하였다. 하내수(河內守) 종5위상 기조신광순(紀朝臣廣純)과 대외기(大外記) 외종5위하 내장기촌전성(內藏忌寸全成) 등을 보내어 내조한 까닭을 물었다. 삼현(三玄)은 "우리나라 왕의 교(敎)를 받들어 옛날의 우호를 닦고 서로의 사신방문을 청하기 위함이다. 아울러 우리나라의 신물(信物)과 재당대사(在唐大使) 등원하청(藤原河淸)의 글을 가지고 내조하였다"라 말하였다. (그러자) "대저 옛날의 우호를 닦고 서로의 사신 방문을 청하는 일은 대등한 이웃이어야만 하며 직공(職貢)을 바치는 나라로서는 옳지 않다. 또한 '공조(貢調)'를 '국신(國信)'이라고 고쳐 칭한 것도 옛 것을 바꾸고 상례(常例)를 고친 것이니 그 뜻이 무엇인가"하고 물었다. 대답하기를 "우리나라의 상재(上宰) 김순정(金順貞)의 때에는 배와 노가 서로 이어졌으며 항상 직공(職貢)을 닦았다. 이제 그 손(孫) 김옹(金邕)이 그의 자리를 계승하여 정권을 잡고 있는데[今其孫邕 繼位執政], 가문의 명성을 좇아서 공봉(供奉)하는 데 마음을 두고 있다. 이 때문에 옛날의 우호를 닦고 서로의 사신방문을 청하는 것이다. …" 라고 말하였다. …(『續日本紀』 권33, 光仁天皇 寶龜 5년 3월 4일)

먼저 위의 G기사에서 상재(上宰) 김순정(金順貞)이 일본과 우호를 닦았고, 그 손자인 김옹(金邕)이 그러한 정책을 계승하였음을 알 수 있다. 혜공왕 7년(771)에 완성된 「성덕대왕신종명」에 김옹(金邕)은 '검교사 병부령 겸 전중령 사어부령 수성부령 감사천왕사부령 병 검교진지대왕사사 상상 대각간 신(檢校使 兵部令 兼 殿中令 司馭府令 修城府令 監四天王寺府令 幷 檢校眞智大王寺使 上相 大角干 臣)'이었다. 따라서 774년 예부경 김삼현(金三玄) 등을 일본에 사신으로 보낼 때에 김옹은 상상(上相)으로서 대일 외교의 정책을 주도하였음을 알 수 있다. 곧 김순정이 상재로서 주도하였던 대일 정책을 상상인 김옹이 승계하였음을 알 수 있다.

이들 상재와 상상은 상대등 김경신(金敬信)이 2재(二宰)였던 사례로 미루어 보아 상대등과는 구분되며, 중고기의 용춘(龍春)이나 중대의 개원(愷元)·김주원(金周元)과 같이 왕실 측근 혈연으로서 왕실 종친이 관장하는 내성사신(內省私臣, 殿中令)을 지칭한 것으로 여겨진다. 아마도 F에 보이는 대부(大夫) 사공(思恭) 또한 이미 상대등을 면한 이후에 상재와 같은 지위에 있으면서 대일 정책을 주도하였다고 믿어진다.[78] 따라서 영객부에 별치하였다는 이른바 후기 왜전은 김동엄(金東嚴)을 일본에 파견할 무렵에 설치된 것으로 추정되거니와, 내성에 소속된 왜전(倭典)을 지칭한 것으로 여겨지는 것이다. 이는 7세기 후반~8세기 전반의 대일 외교 또는 교역을 왕실 특히 내성이 주도하였던 사정을 반영한다.[79]

이에 경덕왕 23년(764) 7월 19일 김재백(金才伯)이 대재부에 도착하여 대재부에 보낸 집사성첩문의 결재권자가 누구였는지 주목할 수 있다. 이에 발해 함화(咸和) 11년(840)의 중대성첩 사본 서식 말미에 보이는 결재권자로서, '오질대부 정당 춘부[경] 상중낭장 상주장 [문리]현 의개국남 하수[겸](吳秩大夫 政堂 春部[卿] 上中郎將 上柱將 [聞理]縣 擬開國男 賀守[謙])'과 '[중]대친공 대내상 겸 전중안풍[현] 개국[공대]건일광(황)([中]臺親公 大內相兼 殿中安豊[縣] 開國[公大]虔日光(晃))'의 서명 부분과 비교할 수 있다. 정당(政堂) 춘부(春部)는 발해 6부 가운데 하나임에 분명한데, 이는 당 광택(光宅) 원년(684) 상서 6부[吏·戶·禮·兵·刑·工]를 천(天)·지(地)·

---

78) 박남수, 2012, 앞의 논문, 142~144
79) 朴南守, 2011, 「8세기 新羅의 동아시아 외교와 迎賓 體系」, 『신라사학보』 21 : 2012, 앞의 책, 139~141쪽.

춘(春)·하(夏)·추(秋)·동(冬)으로 이름을 고친 바, 예부(禮部)에 상응하는 명
칭으로 지적된다.[80] 또한 함께 서명된 대건황(大虔晃)은 발해의 제11대
왕 대이진(大彝震)의 동생으로 발해 제12대 국왕(재위 857~871)이 되었
던 인물이다. 그가 발해 최고 권력기관인 정당성(政堂省)의 수장으로서
중대성첩문에 서명한 것이다. 아마도 그는 중대성에서 첩문을 작성하여
예부에 올린 것을 정당성의 대내상인 대이진(大彝震)이 최종 결재한 것으
로 풀이된다.[81]

여기에서 중대성 첩문을 작성한 중대성 장관의 결재가 보이지 않고,
예부와 정당성의 장관만이 결재하였다는 점을 주목할 수 있다. 이에 대해
발해가 당의 관제를 수용하면서도 미숙한 발해국 관제를 반영한 것 때문
으로 보기도 한다.[82] 사실 발해뿐만이 아니라 신라 집사성첩문도 집사성
관계자의 서명이 없었으리라 추정되며, 발해 중대성첩과 마찬가지로 신라
상재(上宰)가 최종 결재자로서 서명하였으리라 생각한다. 앞서 살폈듯이
상재(上宰)는 2재(二宰)인 상대등을 상회하는 직급으로서, 용춘(龍春) 이
래로 개원(愷元)-김상정(金相貞)-김주원(金周元)-김옹(金邕)으로 이어
지는 왕실 친족들이 그 지위를 이어왔다.

경덕왕 23년(764) 7월 19일 김재백(金才伯)이 대재부에 보낸 집사성첩
문을 작성할 당시 상재로는 혜공왕 때에 상상(上相)으로 등장하는 김옹(金
邕)이 유력하다. 그는 「성덕대왕신종명」(771)에 상상으로 등장하며, 보구
(寶龜) 5년(774) 3월 예부경(禮府卿) 김삼현(金三玄)을 일본에 보낼 때에
김상정을 이어 일본과 교류하고자 한 인물로 지칭되었기 때문이다. 사실
김옹은, 효성왕 3년(739) 중시로 재직 중에 작고한 김의충(金義忠)의 아
들로서 나이 어린 혜공왕의 즉위로 섭정하던 만월부인과 남매간이었던

80) 中村裕一, 1991, 「渤海國咸和11年(841)中臺省牒」, 『唐代官文書研究』, 中文
　　出版社, 373~378쪽.
81) 中村裕一은 예부경이 서명하고 대내상이 부서한 것으로 이해하였으나(中村裕
　　一, 1991, 앞의 논문, 379쪽), 당대 일반 관문서의 특징으로 보아 大內相 大虔
　　晃이 최종 결재자였다고 보아야 하지 않을까 한다.
82) 中村裕一, 1991, 위의 논문, 379쪽.

만큼, 그의 상상(上相)이란 지위가 어쩌면 당연하였으리라 본다. 아마도 경덕왕 23년(764) 7월 19일 김재백(金才伯)이 대재부에 집사성 첩문을 보낼 때에 김옹은 내성을 책임졌을 가능성이 높다고 본다.

혜공왕 10년(寶龜 5년, 774) 김삼현(金三玄)은 사행의 목적을 상재 김순정의 정신을 이어 '옛날의 우호를 닦고 서로의 사신 방문을 청하는 것'이라 하면서 '우리나라의 신물(信物)과 재당대사(在唐大使) 등원하청(藤原河淸)의 글'을 전달하였다. 사실 일본측의 심기를 건드린 것으로 표현된 '신물(信物)'은 교린의 증여물인 것이고, 등원하청(藤原河淸)의 서신 전달은 당과 일본 사이의 연락을 신라를 통하지 않고는 할 수 없다는 강력한 메시지였던 것이다. 이러한 메시지는 이미 경덕왕 원년(742) 일본 국사가 신라에 왔으나 '불납(不納)'한 것이나,[83] 경덕왕 10년(752) 700여 명의 사신단을 이끌고 일본을 방문한 김태렴에 이어 경덕왕 11년(753) 신라에 온 일본 국사가 오만 무례하여 왕이 접견하지 않아 돌아갔다는 데에서도[84] 충분히 짐작할 수 있다. 김태렴이 일본을 방문할 때에, 일본 칙사를 말 위에서 답례하였던 태도를 보인 것은, 신라가 일본을 교린의 대상으로 대하였던 사정을 반영한다.[85]

이에 대해 일본은 김순정 사후 지속적으로 신라에게 조공국으로서의 외교적 의례를 요구하였다. 결국 신라는 일본에 대해 바다를 봉쇄하는 정책을 택하고, 필요시 일본과 당을 연계하는 방식을 택하였다고 할 수 있다. 곧 경덕왕 11년(753) 일본 국사를 되돌려 보낸 이후로 신라는 일본 견당사가 신라 해로를 통하는 것을 금지하는 조치를 취한 것으로 보인다. 『신당서』 일본전에는 '상원(上元) 연간(760~762)에 신라가 해도(海道)를 막음으로써 다시 명주(明州)와 월주(越州)를 통하여 견당사를 파견하여 조공하고자 하였다'[86]고 하였거니와, 신라가 바다의 통행을 막음으로써 일

---

83) 『삼국사기』 권9, 新羅本紀9, 景德王 1년 冬 10월.
84) 『삼국사기』 권9, 新羅本紀9, 景德王 12년 秋 8월.
85) 『속일본기』 권35, 寶龜 10년(779) 4월 신묘.
　　박남수, 2011, 「8세기 신라의 동아시아 외교와 영빈체계」, 『신라사학보』 21 : 2011, 『한국 고대의 동아시아 교역사』, 주류성, 112~114쪽.

본에서 명주·월주로 통하는 항로를 개설하고자 하였음을 알 수 있다.

그러나 새로운 항로의 개설은 쉽지 않았으니, 일본은 733년 4월 3일 견당사를 파견하였으나[87] 입당대사(入唐大使) 다치비진인광성(多治比眞人廣成)은 735년 3월 10일에 귀환하고,[88] 함께 갔던 입당부사(入唐副使) 중신조신명대(中臣朝臣名代) 등은 736년 8월 23일,[89] 그리고 평군조신광성(平郡朝臣廣成)은 7년여의 각고 끝에 739년 11월 3일에 귀환하는 등[90]의 어려움을 겪은 바 있다. 이어 752년 윤 3월 9일에 견당사를 파견하여[91] 754년 1월 16일에 귀환하는 성과를 거두기도 하였으나,[92] 해로로의 견당사 파견은 고난의 연속이었다. 그러나 신라가 해금한 이후 풍파로 인하여 견당사를 파견하지도 못하거나 표착 내지 익사하는 사고의 연속이었다.[93]

발해를 통한 당로의 모색도 표문의 문제로 쉽지 않았던 일본은 결국

---

86) 『新唐書』 권 220, 列傳 145, 日本.

87) 『続日本紀』 권 11, 天平 5년(733) 4월 己亥.

88) 『続日本紀』 권 12, 天平 7년(735) 3월 丙寅.

89) 『続日本紀』 권 12, 天平 8년(736) 8월 庚午.

90) 『続日本紀』 권 13, 天平 11년(739) 11월 辛卯.

91) 『続日本紀』 권 18, 天平勝宝 4년(752) 閏3월 丙辰.

92) 『続日本紀』 권 19, 天平勝宝 6년(754) 정월 壬子.

93) 762년 7월의 送唐人使는 풍파로 인하여 바다를 건너지 못했고(『続日本紀』 권 24, 天平宝字 6년(762) 7월 是月), 776년에도 견당사를 파견하고자 하였으나 풍파로 인하여 출발하지 못하였고(『続日本紀』 권 34, 宝亀 7년(776) 4월 壬申·閏8월 庚寅, 宝亀 8년(777) 2월 戊子·4월 戊戌), 777년 6월 24일 다시 파견된 견당사는 778년 10월 23일 제3선이 귀환하고, 778년 11월 10일에는 제4선이 耽羅嶋에 억류되었다가 귀환하였으며, 778년 11월 13일에는 제2선이 薩摩國 出水郡에 도착하였고, 제1선의 唐判官 등 56인이 甑嶋郡에 도착하였으나 副使 小野朝臣石根 등 38인과 唐使 趙寶英 등 25인은 익사하였다.(『続日本紀』 권 35, 宝亀 8년(777) 6월 辛巳·宝亀 9년(778) 10월 乙未·11월 壬子·乙卯) 779년에는 신라사신 金蘭蓀 등이 唐使 高鶴林 등과 함께 일본의 遣唐判官 海上三狩를 찾아서 데리고 입경하였고(『続日本紀』 권 35, 宝亀 10년(779) 10월 癸丑, 宝亀 11년(680) 정월 辛未), 그후 803년 4월 23일 다시 견당사를 파견하고자 하였으나 선박이 파손됨으로써 바다를 건너지 못하였다.(『日本後紀』 권 11, 延暦 22년(803) 4월 癸卯·5월 辛未)

당으로 통하는 안전한 해상루트의 확보를 위해 이미 우수한 신라배와 동북아시아 해상루트를 장악하고 있는 신라와 타협할 필요가 있었다.[94] 연력 18년(799) 5월 견신라사를 정지하는 조치를 취하였음에도 불구하고, 애장왕 4년(803) 신라와 일본간의 '교빙결호(交聘結好)'는 신라의 대일본 정책에 수긍할 수밖에 없었던 일본의 현실적인 욕구 곧 안전한 대당 항로의 개설에 있었다고 할 수 있다.[95] 일본과 신라간에 맺은 협약 이듬해 7월 6일에 출발한 일본의 견당사는 805년 6월 8일 사행을 마치고 귀환하는 성과를 올렸다.[96] 애장왕 5년(804) 5월 일본 국사가 황금 300량을 진상하였다는 『삼국사기』의 기사는, 일본 견당사의 출발에 앞서 항로에 대한 보장과 안전을 위한 사전 조치였다고 믿어진다.

사실 애장왕대 교빙결호(交聘結好)의 경험은 일본으로서는 매우 중요한 정책적 전환이 필요하다는 인식을 심어주었던 것으로 보인다. 836년 5월 일본 태정관은 집사성에게 '당나라에 빙례를 닦으려는데 사신의 배가 길을 벗어나 그 쪽 땅에 표착하면, 도와서 통과시켜 보내 주되 지체시키거나 길을 가로막지 말 것'이라는 내용의 첩문을 작성하여, 8월 25일 기삼진(紀三津) 일행의 견신라사가 대재부를 출발하여 신라에 전달하였다. 일본의 이러한 조치는 애장왕대 교빙결호의 전례에 따른 것이라 할 수 있는데, 신라는 애장왕대와 달리 기삼진의 사행의 목적에 대해 의심하여 방환하였다.

이에 대해 집사성첩문을 '도서지인(島嶼之人)'과 '백수(白水)'가 단속을 피하여 자유롭게 왕래하기 위하여 공문서를 위조하였을지 모른다는 핑계를 대어 기삼진을 정식 사신으로 인정하지 않고, 섬을 거점으로 일본과 신라를 왕래하면서 활약하는 해상세력이 있을 수 있다는 것을 일본측에 알린 것으로 풀이하기도 한다. 나아가 흥덕왕 말기에 시중이었던 김명(金明)이 장보고의 반대세력으로서 해상세력의 공문서 위조 가능성을 시사하

---

94) 森克己, 1951, 「遣唐使と新羅·渤海との關係」, 『史淵』 48 : 1975b, 앞의 책, 100~101쪽)
95) 박남수, 2007, 「통일신라의 대일교역과 애장왕대 '交聘結好'」, 『사학연구』 88 : 2011, 『한국 고대의 동아시아 교역사』, 253~267쪽.
96) 『日本後紀』 권 12, 延曆 24년(805) 6월 乙巳.

며 그러한 내용을 집사성첩에 집어넣었을 가능성을 상정하기도 한다.[97]
이러한 인식은 '도서지인(島嶼之人)'을 신라-당-일본 해역을 장악하여 자립적 지역 정권을 창출하였던 장보고 세력으로 본 견해[98]에 바탕한 것이었다. 사실 도서지인을 장보고세력으로 보는 견해 외에도, '장보고에 또한 귀속하지 않고 청해진의 해상 경비(척후)로부터 벗어나기 위해서 공첩을 위조하여, 스스로의 활동을 공적인 교역사절로 위장하는 해민'으로 보기도 한다.[99] 또한 '도서지인' 문제는 태정관의 권한이 미치는 범위에서 활동하였고, '백수'는 해인(海人)을 뜻하는 백수랑(白水郎)의 축약형으로서,[100] 일본열도의 도서부에 거주하면서 한반도[신라]로의 도항을 시도하는 집단 내지 세력을 지칭한 것으로 보기도 한다.[101]

그런데 당대의 기록인 원인(圓仁)의 『입당구법순례행기』에는 '백수(白水)'와 '백수랑(白水郎)'을 엄격히 구분하고 있다. 곧 원인(圓仁) 일행이 개성 3년 6월 28일 오전 10시 무렵 '백수에 이르니 그 색깔이 누른 흙탕물 같았다'하고, 신라어 통역 김정남(金正南)이 '이미 백수를 지나왔으니 아마 양주 굴항(掘港)을 통과했는지도 모르겠다'고 일컬은 데서,[102] 백수(白水)는 양쯔강 하구 일원의 바다를 지칭한 것으로 판단된다. 또한 같은해 7월 24일 '제4선의 판관이 배 멀미를 견딜 수가 없어 배에서 내려 백수랑(白水郎)의 집에 머물고 있다'고 한 데서, 백수랑은 어부[103] 정도의 의미로 새겨야 하지 않을까 한다.

따라서 '도서지인(嶋嶼之人)'은 일본 도서지방의 백성들을 지칭하며, 그

---

97) 김은숙, 2006, 앞의 논문, 291~292쪽.
98) 西別府元日, 2003, 「9世紀前半の日羅交易と紀三津 '失使旨'事件」, 『中国地域と対外関係』, 山川出版社, 10쪽. 山崎雅稔, 2007, 「新羅国執事省からみた紀三津 '失使旨'事件」, 『日本中世の権力と地域社会』, 吉川弘文館.
99) 渡邊誠, 2012, 「承和·貞観期の貿易政策と大宰府」, 『平安時代貿易管理制度史の研究』, 思文閣出版, 31쪽.
100) 藪田嘉一郎, 1968, 「白水郎考」, 日本民族と南方文化, 平凡社, 423쪽.
101) 정순일, 앞의 논문, 138~141쪽.
102) 『入唐求法巡禮行記』 권1, 唐 文宗 開成3年 6월 28일.
103) 小野勝年, 『入唐求法巡禮行記の研究』 第1卷, 鈴木學術財團, 1964, 151쪽.

들이 '동서로 이익을 엿보았다는 것[東西窺利]'은 그들이 당과 일본을 오가며 상업적 이득을 취하고자 관인(官印) 만드는 법을 배우고 신라 척후(斥候)를 대비하여 공첩(公牒)을 위조함으로써 마음대로 당나라 해역까지 돌아다닌다는 의미로 새겨야 하지 않을까 한다. 사실 신라는 집사성첩문에서 이를 입증할 만한 증거를 제시하지 못하고 추측성의 발언을 한 것이지만, 이는 '공첩(公牒)이 있어야만 신라의 해상을 통과할 수 있다'는 의사를 외교적 언사로 완곡하게 밝힌 것이라 본다. '척후(斥候)'란 신라 해역의 선박을 살피는 것을 지칭하는 것으로, 일본 조정에서 '소야황(小野篁)'의 배돛이 이미 멀리 갔다'는 집사성첩문의 언급을 '상범부설(商帆浮說)'이라 폄하한 것을 주목할 수 있다. 곧 일본 대재부를 내왕하는 상선들에서 흘러나온 이야기를 '상범부설(商帆浮說)'이라 지칭한 것으로 여겨지는데, 이들 상선은 청해진의 척후(斥候) 하에 해역을 운행할 공첩을 가지고 운행하였던 신라 또는 당에서 출발한 상선이라고 본다.

요컨대 집사성첩문에서는 집사시중이던 김명(金明)이 장보고를 견제할 만한 어떠한 징후도 찾기 어렵다. 뒷날 장보고가 우징(祐徵)을 도와 김명(金明)을 처단한 것은 사실이지만, 당시에 김명은 '봉판 준장(奉判 准狀)'에 근거하여 첩문을 작성하였을 뿐이다. 이 판문은 집사성 상급 관사의 결정, 곧 상재가 주재한 주사(主司)와 소사(所司)가 참가하여 의결한 오늘날 관계 장관 회의와 같은 회의체에서 결정한 '판(判)'에 따라 집사성에 보낸 '장(狀)'에 근거하여 작성된 것이라 여겨진다.

장(狀)을 집사성에 발송한 관사는 본 첩문에 보이는 주사(主司) 곧 영객부나 왜전(倭典)일 가능성이 높고, 왜전이 내성에 소속되었다는 점에서 첩문의 서명은 왜전의 수장이나 예부령, 그리고 최종 결재는 상재였던 전중령(내성사신)이었다고 본다. 특히 집사성첩문에 '봉교(奉敎)'나 '봉칙(奉勅)'이 보이지 않는 바, 교린국(交隣國)의 위사(僞使) 관련 문서에 굳이 국왕의 재가보다는 상재의 전결에 의해 처결하였다고 보아야 하지 않을까 한다.

당시에 본 집사성첩을 전결하였던 상재 곧 전중령(내성 사신)이 누구인지는 분명하지 않다. 다만 흥덕왕이 돌아가고 나서 왕위를 놓고 숙질간인 균정(均貞)과 제륭(悌隆, 희강왕)이 서로 다투었다고 하는 바, 두 사람이 유력한 후보자라고 할 수 있다. 그런데 제륭의 아버지 헌정(憲貞)에 대하여는 『삼국사기』에는 헌덕왕 11년(819) 병이 들어 걷지 못하여, 나이가 70세가 되지 않았으나 금으로 장식된 자단(紫檀) 지팡이를 하사하였다는 기사만이 보인다.[104] 그는 헌덕왕 5년(813) 「단속사 신행선사비(斷俗寺神行禪師碑)」를 찬술하였는데, 당시 그의 직함은 '황당위위경 국상 병부령 겸 수성부령 이간(皇唐衛尉卿 國相 兵部令 兼修城府令 伊干)'이었다. 그가 당에 사신으로 파견되어 당의 위위경(衛尉卿)이란 직함을 하사받고, 헌덕왕 5년 국상(國相)으로서 병부령 겸 수성부령이었음을 알 수 있다. 당시에 김숭빈(金崇斌)이 상대등으로 있었던 만큼 여기에서의 국상(國相)은 전중령(殿中令)이지 않았을까 추측된다. 그의 이력은 더 이상 보이지 않으나, 지팡이[机杖]를 하사하였다는 기사로 보아 그는 이미 매우 쇠약했음을 알 수 있다. 아마도 흥덕왕 말년 그는 이미 돌아가고 그의 아들 제륭이 그를 승계하였으리라 짐작된다.

흥덕왕 말년 제륭(悌隆)이 충공(忠恭)의 아들로서 시중이었던 김명(金明)의 도움으로 상대등 균정(均貞)과 대결하고자 하였던 것은, 제륭(悌隆)이 그의 아버지 국상(國相)의 지위를 승계한 것과 관련되지 않을까 추측되는 것이다. 이는 왕실 내에서 국상이 상대등과 왕위 계승을 다툴 만큼 서열이 앞섰다고 생각하기 때문이다. 충공의 아들로서 시중이었던 김명 또한 왕위 계승 서열 내에 있었지만, 정권 내에서의 위상이 균정에 미치지 못한 만큼 제륭을 도와 후일을 기약하였다고 본다.

김명의 아버지 충공(忠恭)은 헌덕왕대에 9년(817)부터 동왕 13년(821)년까지 약 4년간 집사부(執事部) 시중(侍中)을, 그리고 동왕 14년(822)년부터 흥덕왕 10년(835)까지 약 13년간 상대등을 역임하였다. 그를 「봉암사 지증대사탑비」(924)에서 '흥덕대왕께서 왕위를 계승하시고 선강태자(宣康太子)께서 감무를 하시게 됨에 이르러[及 興德大王纂戎 宣康太子監撫]'라고 일컬은 것으로 보아 충공이 왕위 계승 제1서열자였다고 판단된다. 다만 균정이 상대등의 후임으로 임명된 것으로 미루어, 흥덕왕 말년

---

104) 『삼국사기』 권10, 신라본기 10, 憲德王 11년 春 1월.

무렵 충공이 사망하였던 것으로 생각한다. 김명으로서는 태자의 지위에 있던 아버지의 계승권을 주장할 수 있었지만, 당숙인 균정이 상대등이었던 만큼 당숙과 동일한 예영계 내의 적자인 헌정의 아들 제륭(悌隆)을 도와 균정을 물리칠 수 있었다고 본다. 결국 김명은 희강왕[悌隆]을 주살함으로써 충공의 태자 상속권을 되찾았지만, 결국 장보고의 군사력에 힘입은 우징에게 피살됨으로써 일단락되었다.

이 때까지 청해진 세력은 중앙 정부의 내전 중에도 큰 동요 없이 주어진 역할을 수행하였던 것으로 보인다. 곧 원인(圓仁)은 838년 6월 일본 견당사 등원상사(藤原常嗣), 유학법사(留學法師) 원재(圓載) 등과 함께 일본을 출발하여 7월 2일 당나라 양주에 도착하였다.[105] 이 때는 민애왕이 왕위를 찬탈한 즉위년인데도, 축전태수(筑前太守)가 장보고에게 보내는 서신을 원인(圓仁)에게 맡겼다고 하는 것은[106] 당시 민애왕이 왕위를 찬탈한 즉위년임에도 불구하고 장보고가 여전히 청해진을 거점으로 신라 해역을 지키고 있었음을 알 수 있다.

장보고의 건재함은, 신라가 내란을 겪으면서도 대일정책에 변화가 없었음을 의미한다. 곧 집사성첩에서 살필 수 있듯이, 신라는 교린(交隣)과 대국지리(大國之理)로써 일본을 대하며, 공첩이 있지 않으면 신라의 해역을 자유롭게 드나들 수 없다는 일관된 정책을 견지하였음을 알 수 있다. 이후 일본 국사가 신라를 내왕한 것이나 신라 사신의 일본 파견은, 본 흥덕왕 11년 집사성첩문의 기본 정신에 크게 어긋나지 않는다. 일본측의 지속적인 요구에도 불구하고 신라가 일본에 국서를 보내지 않은 것은 그러한 정책의 일관성을 유지한 때문이라 판단된다. 사실 신라는 청해진을 설치한 이후 당나라 해적을 소탕한 것과 아울러 신라 해역을 오고가는 상선을 관리하였거니와, 신라를 매개로 하여 당과 일본이 내왕하게 하고 사무역을 관리하는 시스템을 작동함으로써 신라—중국—일본간에서의 교관의 이익을 추구하였던 것으로 생각한다.

---

105) 『入唐求法巡禮行記』 권 1, 承和 5년(838) 7월 2일.
106) 『入唐求法巡禮行記』 권2, 開成 5년 2월 17일.

신라 중하대 신라종과 주종불사

1. 머리말

 '한국종(韓國鐘)'의 대표적인 양식으로 꼽히는 상원사동종(上院寺銅鐘)
과 성덕대왕신종(聖德大王神鐘) 등의 신라 범종은 중국종과 일본종에 비
하여 각 부분의 비례가 부드러운 균형을 나타내고 몸통부[胴部]의 곡선이
한국 특유의 우아함을 지니고 있음을 특징으로 한다. 그런데 이들을 코발
트 60 감마선으로 투사하여 촬영한 결과, 화학적 조성이 거의 일정하고
기포도 없는데, 이는 당시의 합금과 응용기술 등 주종(鑄鐘) 기술의 수준
을 단적으로 보여준다.[1] 이들 신라 범종은 용뉴·종신·종구로 구분되
며, 범종의 정상부에 용통·용두·천판이, 그 아래로 상대(견대)·유
곽·유두·비천·당좌·종복·하대[구연대]가 있다. 또한 종복에는 천의
를 날리며 주악하고 승천하는 비천상을 대좌시켜 대칭으로 배치하
고, 비천상과 엇바꾸어 연화문과 당초문 및 보상화문 등을 양각한
원형 당좌 2좌를 역시 대칭으로 배치하고 있어, 뛰어난 조형미와
음색을 갖춘 점을 특징으로 한다.[2]

---

1) 全相運, 1984, 「古代 科學技術의 發達」, 『한국사』 3, 국사편찬위원회, 410~
 414쪽.

현재까지 전하는 신라의 범종은 모두 12구(口)에 불과하다. 이
가운데 「상원사동종」(725), 「무진사종」(745), 「성덕대왕신종」(771),
「선림원종」(804), 「연지사종」(833), 「규흥사종」(856), 「송산촌대사
종」(904) 등 7구는 명문이 있어, 그 제작연대를 분명하게 알 수 있
다. 그 밖에 명문이 없는 신라의 동종으로 청주 운천동 출토 청주
박물관 소장 범종, 동국대학교 박물관 소장 실상사 파종, 일본 도근
현(島根縣, 시마네현) 광명사(光明寺, 코메이지) 소장 범종, 일본 산
구현(山口縣, 야마구찌현) 하관(下關, 시모노세키) 주길신사(住吉
神社, 스미요시) 소장 범종, 일본 도근현(島根縣, 시마네현), 안래시
(安來市, 안라이시) 운수사(雲樹寺, 운쥬지) 소장 범종 등 5구가 있
다. 국내에 남아 있던 5구의 동종 가운데 선림원종은 1950년 한국
전쟁 때에 소실되어 탁본만이 전하고, 실상사 동종 또한 그 일부만
이 전할 뿐이다. 이에 대해 12구의 신라 동종 가운데 7구의 동종이
일본에 건너갔고, 그 가운데 「무진사종」(745)과 「규흥사종」(856)은
19세기 후반 명치(明治, 메이지) 연간의 신불 분리(神佛分離) 운동
때 없어지고 그 탁본만이 전할 뿐이다.

신라 동종이 일본에 소재하게 된 과정이나 배경은 분명하지 않
다. 다만 천평보자(天平寶字) 7년(763)에 건립된 일본 다도신궁사
(多度神宮寺)의 「가람연기자재장(伽藍緣起資財帳)」(801)에 동종
(銅鐘)이 등장하는데,3) 이 동종의 경우 당시 신라 교역품으로 일본
에 수출되었던 것으로 추정된다. 사실 남송 보경 원년(1225) 조여괄
(趙汝适)이 편찬한 『제번지(諸蕃志)』신라국조에는 9세기 중엽~말
엽 강남·영남도 일원에서 재당 신라상인이 교역한 신라 물품 가운
데 하나로서 동경(銅磬)을 들고 있다.4) 이로써 볼 때에 8~9세기 무

---

2) 李浩官, 2002, 「문화 예술-범종」, 『한국사』 9 통일신라, 522~532쪽.
3) 「多度神宮寺伽藍緣起資財帳」, 竹內理三 편, 1947, 『平安遺文』 1, 東京堂, 13
쪽.
4) 朴南守, 2009, 「9세기 신라의 대외교역물품과 그 성격」, 『사학연구』 94 :

렵 신라에서 제작한 동경이나 동종 등이 동아시아 세계에서 주요 교역품으로 인정되었음을 짐작할 수 있다. 이러한 데는 개성 원년 (836) 당나라 치청절도사가 신라·발해의 숙동(熟銅)의 교관(交關) 을 금하지 말 것을 주청한 데서 알 수 있듯이,5) 당시 신라·발해에서 생산되는 숙동의 품질이 뛰어난 데 기인할 것이다. 그럼에도 불구 하고 본고에서 다루고자 하는 일본 소재 명문이 있는 신라종의 경 우 8~9세기에 교역된 동종(銅鐘)과는 무관하다.

  본고에서는 현재 전하는 신라 동종의 명문을 중심으로 신라에서 동종을 주조하게 된 사상적 배경을 밝히는 것을 목적으로 한다. 따 라서 먼저 현재 전하는 명문이 있는 신라 동종 가운데 국가적 사업 으로 진행된 「성덕대왕신종명」을 제외한 6구의 종명에 보이는 문 단 구성이나 인명 표기, 어법 등 몇 가지 문제에 대하여 기왕의 석 독문을 검토하고자 한다. 이를 바탕으로 하여 「성덕대왕신종명」의 명문 투식과 6구 종명에 보이는 주종불사(鑄鐘佛事)의 성전(成典) 체계, 보시자와 단월의 참여 등을 비교 분석함으로써, 여기에 반영 된 신라 사회의 변화상을 추출해 보고자 한다. 나아가 신라인이 동 종을 주성하였던 연원과 사상적 배경을 중국의 사례나 불경과 비 교 검토하여 살피고자 한다. 제현의 질정을 바란다.

2. 신라종과 종명(鐘銘)의 석독

  현재 전하는 명문이 있는 신라의 동종은 「상원사동종」(725), 「무 진사종」(745), 「성덕대왕신종」(771), 「선림원종」(804), 「연지사종」 (833), 「규흥사종」(856), 「송산촌대사종」(904) 등 7구이다. 이 가운

    2011, 『한국고대의 동아시아교역사』, 주류성, 350쪽.
  5) 『册府元龜』 권 999, 外臣部 44, 互市. 鄭炳俊, 2007, 「李正己一家의 藩鎭과 渤海國」, 『中國史研究』 50, 152~153쪽.

데 「선림원종」은 한국전쟁 때인 1950년에 소실되었고, 「무진사종」(745)은 일본 국부팔번궁사(國府八幡宮社, 고꾸후하찌망큐지)에 있었지만 명치유신 당시 신불(神佛) 분리소동 때에 없어지고 탁본만이 남아 있다. 「규흥사종」(856) 또한 일본 대마도(對馬島, 쓰시마) 상현군(上縣郡, 가미아가타군) 봉촌(峰村, 미네무라)의 해신신사(海神神社, 카이진신사), 속칭 목판팔번(木坂八幡, 키사카하치만)에 보존되어 왔으나 19세기 후반 명치(明治) 연간의 신불분리(神佛分離) 운동 때 없어졌다. 다만 국사편찬위원회의 종가(宗家) 문서 가운데 『신사양문종악구등명(神社梁文鐘鍔口等銘)』에 이 동종의 명문이 남아 전한다.6)

현재 전하는 7구의 명문 신라종 가운데 일본에 소재한 동종의 유래를 알 수 있는 것은 없다. 다만 일본 구주(九州, 큐슈)의 우좌신궁(宇佐神宮, 우사진구) 보물관에 전시되어 있는 「송산촌대사종(松山村大寺鐘)」은 일본 국보로서 동 우좌신궁(宇佐神宮, 우사진구) 경내의 미륵사(彌勒寺)에 있던 것으로, 14세기 후반경 대내[大內, 오오우치] 가문이 한반도에서 입수하여 미륵사에 기증한 것으로 추정하기도 한다.7)

사실 『조선왕조실록』에는 조선 전기 특히 태종대에 집중적으로 일본이 조선에 대장경과 대종을 요청한 기사가 빈번하게 보이는데, 이들 일본 소재 동종의 유래를 밝힐 수 있는 가능성이 전혀 없지 않다고 본다. 다만 「대왕암 앞바다에 빠진 감은사의 종」의 구전에서 "일본 왜적들이 그 종을 훔쳐가, 이 저 대왕암 앞에 … 태풍이 일어나고 하늘이 벽락을 치고 … 배가 파손되고 종이 빠졌다. 그래

---

6) 「神社梁文鐘鰐口等銘」(年紀未詳), 『대마도종가문서 기록류』(911406, MF 0000000931).

7) 박미선, 「무진사종명」・「규흥사종명」・「송산촌대사종명」(국사편찬위원회 한국사데이터베이스, http://db.history.go.kr/id/gskh_005_0070_0010_0010・gskh_005_0070_0010_0010・gskh_005_0070_0070_0010)

서 … 파도만 많이 치며는 종소리가 울려 왔다."라고 하였듯이,[8]
일본이 조선 범종에 대한 욕구로 말미암아 왜적들이 약탈하여 간
범종들도 상당수 있었으리라 예상할 수 있다.

본 장에서는 현재 전하는 6구의 신라종명에 대한 석독문을 제시
하고, 별도로 필자의 견해를 제시할 경우 [ ]로써 부기하여 논의를
진행하고자 한다.

(1) 상원사동종(上院寺銅鐘)

「상원사 동종(上院寺 銅鐘)」은 현재 국보 제36호로서 강원도 오
대산 상원사에 소재한다. 『영가지(永嘉誌)』(1608)에 따르면, 이 종
의 무게는 3천 3백 7십 9근으로 본래 안동부 누문(樓門)에 있던 것
을 성화(成化) 기축년(1469, 예종 1) 국명으로 상원사로 옮겼다고
한다. 죽령을 넘어 종을 옮길 때에 종이 깊이 울부짖고 무게가 너무
무거워져서 넘기가 어렵자, 종유(鐘乳)를 떼어내어 안동부로 돌려
보낸 후에야 움직일 수 있었다고 한다.[9]

이에 대해 『예종실록』 예종 1년(1469) 윤2월 25일조에는 강원도
보안현 찰방(保安縣察訪) 김종(金鍾)의 아전인 승려 학열(學悅)이
낙산사 감역승(監役僧) 양수(良邃)·의심(義心)·숭덕(崇德) 등과 더
불어 함께 포마를 타고 상원사(上院寺)에 이르러 수륙재(水陸齋)를
베풀고, 뒤에 낙산사에 이르러 숭덕 등으로 하여금 안동(安東) 관아
에 있던 종(鍾)을 운반하게 하였다고 한다.[10] 이에 숭덕 등이 원주
(原州) 신림역(新林驛)을 떠나 제천(堤川)을 경유하여 바로 안동에
도달하여 종을 옮겼던 것으로 보인다. 이러한 데는 조선시대의 상

---

8) 임재해 채집, 「대왕암 앞바다에 빠진 감은사의 종(1)」, 『한국구비문학대계』
   7집 2책, 630~631쪽.
9) 『永嘉誌』 권 6, 古蹟 樓門古鍾.
10) 『예종실록』 2책 4권, 예종 1년 윤2월 25일.

원사가 태조 이래로 천재와 지괴를 없애기 위해 수륙제를 지내는 곳11)이었던 때문으로 생각한다. 또한 상원사는 효령대군(孝寧大君)의 원찰이기도 하였다.12) 세조가 상원사에 거둥할 때에 관음보살이 현신하는 이적이 일기도 하였는데,13) 예종 1년 2월 14일에는 상원사에 강릉부의 산산제언(蒜山提堰)을 주고 잡역과 염분세를 면제하는 조치가 있었다.14) 아마도 안동부 누문의 고종을 내린 조치는 이러한 사정과 관련 있을 것이다.

그러나 본 동종이 어디에서 만들어져 어느 절에 있다가 안동부 누문에 옮겨졌는지는 전혀 살필 수 없다. 본 동종의 명문에 지명이나 사찰 명이 전혀 드러나지 않기 때문이다.

먼저 본 이 동종은 큰 머리에 굳센 발톱을 가진 용뉴를 고리로 하고 음통은 연꽃과 덩굴무늬로 장식되어 있다. 음통과 아랫부분이 안으로 오므라드는 종신(鐘身)의 형태, 종신의 위와 아래를 장식한 넓은 띠[上帶·下帶]의 존재, 4곳에 있는 유곽 등 상원사종에 보이는 구조는 이후 한국종의 전형이 되었다. 종복(鐘服)에는 비천(飛天)과 당좌(撞座)를 번갈아가며 새겼다. 당좌는 8잎의 연꽃과 당초무늬를 기본으로 장식하였으며, 비천은 2구가 한 쌍이 되어 구름 위를 날며 공후와 생황을 연주하고 있는 모습이다.

본 동종의 종명은 천정인 천판(天板)에 용뉴를 사이에 두고 좌·우측에 각 4행씩 1행에 8~9자, 총 70자가 음각되어 있다.

開元十三年乙丑三月
八日鍾成記之都合鍮
三千三百鋌☑☑普衆

---

11) 『태조실록』14권, 태조 7년 8월 17일 경신.
   『태종실록』2권, 태종 1년 10월 2일 정사.
12) 『세조실록』31권, 세조 9년 9월 27일 계미.
13) 『세조실록』29권, 세조 8년 11월 5일 을미.
14) 『예종실록』3권, 예종 1년 2월 14일 기해.

都唯乃孝☒直歲道直
衆僧忠七·沖安·貞應
旦越有休大舍宅夫人
休道里德香舍上安舍
照南毛匠仕☒大舍.(「상원사동종」, 725년[성덕24])

상원사동종과 명문

이 종명은 모두 4개 문단으로 나뉜다. 곧 제작 일시와 종을 완성하였음을 기록한 사실, 주종에 투입된 놋쇠[鍮]의 물량, 그리고 이에 참여한 승려 속인[僧俗]의 명단, 장인으로 구분된다.

먼저 제작 일시와 종을 완성한 기록은, "開元十三年乙丑三月八日鍾成記之"라고 하여, '開元 13년 곧 신라 성덕왕 24년(725) 3월 8일에 종을 완성하여 기록한다'로 풀이된다.

주종에 투입된 놋쇠[鍮]의 물량을 나타내는 '도합유(都合鍮)'에

서 '도합(都合)'은 「정원14년명 영천청제비」(788)의 '도합 부척 136
(都合斧尺」百卅六)'에 보이는 '도합(都合)'이나 「규흥사종명」(856)
의 '합입유(合入鍮)'의 '합(合)'은, 모두 이에 투입된 총 인원이나 수
량의 총계를 표시한다. 이는 「신라촌락문서」에 보이는 '합(合)'과
같이 일종 이두로서 음독된 것으로 보아 좋을 듯하다.15)

본 동종을 주조하는 데는 '유(鍮)' 곧 놋쇠를 사용하였다. 신라의
놋쇠[鍮]는 중국과 일본의 구리-아연의 합금과는 달리 구리
83.37%, 주석 13,26%, 납 2.12%, 아연 0.32%의 비율로 된 것으로
신라의 독특한 기술이라고 할 수 있다.16) 본 동종에서 유[鍮]의 물
량을 3,300정(鋌)이라 하였는데, 이는 『영가지(永嘉誌)』(1608)에서
이 종의 무게를 3,379근이라 한 것과 흡사하다. 그런데 후술하듯이
9세기 중엽 동아시아에 있어서 철의 무게 1정=3.5근으로서, 무게
단위를 달리 하였다. 이에 『영가지』(1608)에서 이 종의 무게를
3,379근이라 한 것은, 신라 말엽 다른 무게 단위였던 정(鋌)이 당의
근(斤, 舫) 단위로 통합되었다. 이로써 당대의 1근 596.82g이 명·청
대까지 지속된 까닭에17) 17세기 초엽의 상원사동종의 무게가 종명
(鍾銘)에 기재된 무게와 흡사한 것이 아닐까 추측된다.

한편 주종에 참여한 승속의 명단에서 쟁점은 '▨▨보중(▨▨普
衆)'에서 '보중(普衆)'을 어떻게 이해할 것인가이다. 보중(普衆)을 '
보도중생(普度衆生)'의 약칭으로 보아 단월에 상대되는 승려를 지
칭하는 것으로 보기도 하지만,18) 인명으로 보기도 하기 때문이
다.19) 사실 '보중(普衆)'이란 사전적 의미로 '모든 사람'을 지칭하지

---

15) 남풍현, 1992, 「正倉院 所藏 新羅帳籍의 吏讀 硏究」, 『中齋 張忠植博士 華甲
紀念論叢』 인문·사회과학편,, 36쪽.

16) 김민수, 2019, 「신라의 鍮石 인식과 그 특징」, 『한국고대사연구』 96, 301쪽.

17) 吳承洛, 民國 70년, 『中國度量衡史』 73~74쪽 「中國歷代兩斤之重量標準變遷
表」.
小泉袈裟勝 編, 1989, 『圖解 單位の歷史辭典』, 柏書房, 194쪽.

18) 鮎貝房之進, 1972, 『雜攷 俗字攷·俗文攷·借字攷』, 國書刊行會, 395쪽.

만, 불경에서는 '나무보중생계광불(南無普衆生界廣佛)'의 불호(佛
號)20)를 비롯하여 '보중행(普衆行)',21) '보중생(普衆生)',22) '보중함
주(普衆咸住)',23) '보중회(普衆會)'24) 등으로 사용되는 용어이다. 대
체로 불경에서의 '보중(普衆)'이란『점비일체지덕경(漸備一切智德
經)』권 5, 금강장문보살주품(金剛藏問菩薩住品)에서 보듯이 일체
제보살중(一切諸菩薩衆)과   제천용신(諸天龍神), 건답화(揵沓
和), 아수륜(阿須倫), 가류라(迦留羅), 진다라(眞陀羅), 마후륵
(摩睺勒), 석범사천왕(釋梵四天王), 대신묘천왕(大神妙天王), 정
거천왕(淨居天王) 등을 망라하는 보살과 신중(神衆)을 지칭한다.25)
그러나 본 종명에서의 보중(普衆)이란, 보중생(普衆生)의 뜻으로서
본 주종에 참여한 승려와 단월을 지칭하는 보통명사로 보아야 하
지 않을까 생각한다. 그렇게 이해할 때에 곧 '▨▨보중(▨▨普衆)'

19) 정병삼, 1995, 「통일신라 금석문을 통해 본 僧官制度」, 『國史館論叢』62, 229
    쪽. 김재홍도 정병삼의 견해를 따라 '▨▨普衆'의 '▨▨'를 '寺主'로 추정하여
    절의 주지 이름으로 풀이하였다.(김재홍, 2012, 「신라 통일기 梵鍾의 銘文
    분석과 사회상」, 『한국고대사연구』68, 240쪽)
20) 『大正新脩大藏經』 제14책, 經集部 1, 440 「佛說佛名經」권 10.
21) 遁倫 『瑜伽論記』권 10 下, 論本 권 41.
22) 『大正新脩大藏經』 제4책, 本緣部 下 193, 佛本行經 권5, 歎定光佛品.
23) 『大正新脩大藏經』 제10책, 華嚴部 下 288, 等目菩薩所問三昧經 권 上, 幻事
    品.
24) 『大正新脩大藏經』 제11책, 寶積部 上 310, 大寶積經 권 12-5, 密迹金剛力士
    會(密迹金剛力士經).
25) "…時金剛藏菩薩 取一切佛土自然身威三昧 而以正受 這定意已 應時一切諸菩
    薩衆 諸天龍神 揵沓和 阿須倫 迦留羅 真陀羅 摩睺勒 釋梵四天王 大神妙天王
    淨居天王 自見己身 在金剛藏菩薩體中 又復觀察三千大千世界 亦在其體 在彼
    所作清淨之業 不能周體 億劫之中 修精進行 在彼佛樹 其佛樹廣長 三十萬里 若
    百若三千 廣普無邊具足 亦如三千億刹 懸迥極遠 斯佛樹下道場師子座 巍巍如
    是 彼有菩薩 名諸神通 當成如來 號曰意王 詣樹道場 於是會者 悉遙見之 所見
    莊嚴 具足億劫 嗟歎其德 不能究竟 以現此變 尋還眾會 復在故處 時普眾會 怪
    未曾有 默然無言 察眾菩薩寂然而住…"(『大正新脩大藏經』 제10책, 華嚴部 下,
    285 「漸備一切智德經」권 5, 金剛藏問菩薩住品)

이란 '도유내(都唯乃)-직세(直歲)-중승(衆僧)'의 승려들과 단월(旦越)을 총괄하는 명칭으로 이해할 수 있다. 이와 같이 보중을 승속을 지칭하는 보통명사로 이해할 때에, '▨▨보중(▨▨普衆)'에서 일실된 '▨▨'는 사주(寺主)라기 보다는 '종성(鐘成)' 내지 '사찰의 명칭' 또는 '지명'일 가능성이 높지 않을까 추측된다.26)

　본 종명에서 또하나의 쟁점으로는 단월의 구성을 어떻게 볼 것인가의 문제이다. 곧 '유휴대사택부인｣휴도리덕향사상안사(有休大舍宅夫人｣休道里德香舍上安舍)'를 어떻게 석독할 것인가의 문제이다. 이에 대해서는 '휴도리 덕향, 사상 안사'27) 또는 '휴도리라는 마을에 사는 덕향, 사상인 안사'로 풀이하거나,28) 덕향사상(德香舍上)의 뒤에 '택부인(宅夫人)'이 생략된 것으로 보아 '유휴대사택 부인인 휴도리와 덕향사상택 부인인 안사'로 풀이하기도 한다.29) 사실 휴도리(休道里)는 「감산사 미륵·아미타상조상기」의 김지전 집안의 여인들의 이름 관초리(觀肖里), 고로리(古老里), 아호리(阿好里), 고파리(古巴里), 수힐매리(首肹買里) 등에서 보듯이 유휴대사택부인(有休大舍宅夫人)의 이름으로 보는 것이 옳을 것이다.

　또한 사상(舍上)은 『삼국사기』 권 50, 궁예전에서, 궁예가 건녕(乾寧) 원년(894) 명주(溟州)에 들어가 무리 3,500명을 14대(隊)로 편성하고 금대(金大)·검모(黔毛)·흔장(昕長)·귀평(貴平)·장일(張一)

---

26) 「상원사동종」은 안동 관아에 있던 것을 보아 안동 및 그 주변의 사찰에 있던 것으로 추정되므로, 이를 지방사회에서 사찰 단위로 행해진 불사(佛事)의 예를 보여주는 자료로 보거나, 명문에 보이는 단월(檀越) 여성이 4~6두품인 점, 장인이 금입택(金入宅)에 소속되어 있으면서 국가로부터 관직을 받은 존재란 점을 토대로 본 동종 또한 왕경[경주]에서 제작된 것으로 보기도 한다.(박미선, 「상원사동종명」·「상원사동종명」; 국사편찬위원회 한국사데이터베이스, http://db.history.go.kr/id/gskh_005_0070_0010_0010)

27) 鮎貝房之進, 앞의 책, 401쪽

28) 坪井良平, 1974, 『朝鮮鐘』, 角川書店, 45쪽.

29) 김재홍, 앞의 논문, 241~242쪽.

등을 사상(舍上)으로 삼았다고 한 데서 등장한다.『삼국사기』찬자는 이를 '부장(部長)'이라고 주석하였다. 이를 따를 때에 사상(舍上)은「무진사종명」(745)의 당주(幢主)나「청주 연지사종명」(833)의 군사(軍師)와 같은 성격의 직임으로 볼 수도 있다.

그런데 본 동종의 사상(舍上)은『삼국사기』실혜전에 보이는 상사인(上舍人)과 하사인(下舍人)을 연상하게 한다. 비록 진평왕대 사례이긴 하지만 상사인·하사인의 경우는 국왕의 가신집단(家臣集團) 출신이었으며, 검군(劍君)과 같은 사량궁(沙梁宮) 사인(舍人)들은 귀족들의 가신집단에서 관직에 진출한 인물이었고, 사인(舍人)이라는 관직이 가신집단을 관료화하는 과정에서 등장하였다는 견해를 살필 필요가 있다.[30] 사실 본 동종의 장인 '사▨대사(仕▨大舍)'는 대사의 관등에도 불구하고 '조남택장(照南宅匠)' 곧 조남택(照南宅)에 소속된 장인으로 등장한다. 이와 같이 귀족의 대택에 딸린 관리는 경덕왕대에도 황룡사종(皇龍寺鐘)과 분황사약사동상(芬皇寺藥師銅像)을 주조한 이상택하전(里上宅下典)이나 본피부 강고내말(本彼部 强古乃末[奈麻])에서도 살필 수 있다. 이들 장인은 진골귀족의 가신으로서 관료화되어, 중대에는 진골귀족 대택의 소속으로 각각 등장한 것이라 할 수 있다.[31] 마찬가지로 사상(舍上)이란 명칭은 귀족에 소속된 사인의 성격을 지닌 직임으로 볼 수 있고, 조남택(照南宅)의 장인이 대사(大舍)의 관등을 가진 데 대하여 사상(舍上)으로서 아무런 관등이 보이지 않은 것은 관직에까지 나아가지 못한 가신으로서 역할하였기 때문으로 보고자 한다. 이렇게 이해할 때에 '덕향사상안사(德香舍上安舍)'는 '德香의 舍上인 安舍'라고 석독할 수 있으며, 단월의 인명 표기법 곧 '택호-직임-이

30) 田美姬, 1993,「新羅 眞平王代 家臣集團의 官僚化와 그 限界」,『國史館論叢』48.
31) 박남수, 1996,「상대에 있어서 장인의 사회적 지위 변동」,『신라수공업사』, 279쪽.

름-(관등)'의 원칙에 부합하며, '유휴대사택부인 휴도리(有休大舍宅夫人 休道里) - 덕향사상 안사(德香舍上 安舍) - 조남택 장 사▨ 대사(照南毛 匠 仕▨ 大舍)'로서 일관성을 가진다고 할 수 있다. 요컨대 '旦越 有休大舍宅夫人 休道里 德香舍上 安舍 照南毛匠仕▨大舍'는 '단월은 유휴대사택의 부인 휴도리와 덕향의 사상인 안사이다. 조남택의 장인 사▨ 대사이다'로 풀이할 수 있다.

(2) 무진사종(无盡寺鐘)

무진사종(745)은 19세기 중반 일본 대마도(對馬島, 쓰시마섬) 엄원정(嚴原町, 이즈하라쵸) 국부팔번궁사(國府八幡宮社, 고꾸후하찌망큐지)에 있었지만, 명치유신 당시 신불 분리소동 때에 없어지고 탁본만이 남아 있다. 이 탁본은 조선의 마지막 통신사가 파견된 순조 11년(1811) 강호(江戶, 에도) 막부의 영접사 임대학두(林大學頭, 하야시다이카쿠노카미) 임술재(林述齋, 하야시 줏사이)를 수행한 송기겸당(松岐慊堂, 마츠마키 코도)에 의해 만들어진 것이다. 당시에 조선통신사들은 에도[江戶] 막부가 있는 도쿄[東京]까지 가지 못하고 쓰시마섬에서 국서를 교환한 바, 이 때에 송기겸당(松岐慊堂, 마츠마키 코도)가 두 장의 탁본을 떠서 일본 도쿄국립박물관에 「대마도 국부팔번궁종(對馬島 國府八幡宮鐘)」이라는 이름으로 소장될 수 있었고, 『조선고적도보(朝鮮古蹟圖譜)』(4)에 실림으로써 명문을 확인할 수 있게 되었다. 본 종명은 종신(鐘身)에 새겨져 있으며 각 행마다 11자씩 총 6행 66자로서, 쌍구(雙鉤)로 음각되어 있다.[32]

---

32) 박미선, 「무진사종명」, 『한국고대금석문』, 국사편찬위원회 한국사데이터베이스(http://db.history.go.kr/id/ gskh_005_0070_0020_0030).

天寶四載乙酉思仁大角干
爲賜夫只山村无盡寺鍾成
敎受內成記時願助在衆邸
僧村宅方一切檀越并成在
願旨者一切衆生苦離樂得
敎受成在節雀(唯?)乃秋長幢主(「无盡寺鐘銘」, 745[경덕4])

    이 종명은 '爲賜', '成敎受內成記', '幷成在', '敎受成在' 등의 이두
가 씌여져 석독에 어려움이 있다. '爲賜'는 ~ㅎ샤, ~하시어로 풀이
되는데,33) 「신라백지묵자대방화엄경사경 발문」(754)의 '一切衆生
皆成佛欲爲賜以成賜乎[일체중생이 모두 성불하고자 하심으로 이
루심이라]'에서 확인할 수 있다.

    '敎'는 이시, 이샨, ~이신으로 풀이되는데,34) '敎受'는 근세 국어
이두의 '敎是[이시, 이신, 이샨]'35)에 상응하지 않을까 여겨진다. '
內'는 동사 어미로서 본 동종의 명문 이래로 「신라백지묵자 대방광
불화엄경사경 발문」(754)의 '成內', '爲內', 그리고 「산청 석남암사
지 석조비로차나불좌상 납석사리호」(766)의 '見內', '聞內', '爲內',
「선림원종명」(804)의 '爲內', '誓內', 「연지사종명」(833)의 '成內', 「
규홍사종명」(856)의 '爲內', 「함통6년명 금구(咸通六年銘 禁口)」
(865)의 '成內', 「경주 선방사탑지」(879)의 '治內' 등을 살필 수 있다.
이들애 보이는 '內'는 근세 국어의 '~ㄴ, 안'으로 풀이된다.36) '在'는
근세 국어의 '견'으로서 '~인, ~인 것, ~임'으로,37) '幷'은 근세 국어
의 '갋'으로서 '갋아, 나란히, 아울러'로 풀이된다.38)

    따라서 「天寶四載乙酉思仁大角干」爲賜夫只山村无盡寺鍾成」敎

---

 33) 장지연·장세경, 1976, 『이두사전』, 정음사, 257쪽.
 34) 장지연·장세경, 위의 책, 104쪽.
 35) 장지연·장세경, 위의 책, 107쪽.
 36) 장지연·장세경, 위의 책, 116쪽.
 37) 장지연·장세경, 위의 책, 294~295쪽.
 38) 장지연·장세경, 위의 책, 149쪽.

受內成記'는 '천보 4년 을유(745, 경덕왕 4) 사인대각간께서 [하시어] 부지산촌 무진사종을 이루시어 쓴 기록이다'로 풀이된다. 또한 '時願助在衆邸僧村宅方一切檀越幷成在願旨者一切衆生 苦離樂得教受成在'에서, '조재(助在)'와 '성재(成在)', 그리고 '일체단월(一切檀越)'과 '일체중생(一切衆生)'이 서로 대구를 이룬다. 이로써 보면, 위의 구절은 '그 때에 서원을 도운 중신(衆邸) 승촌택방의 모든 단월과 함께 [종을] 이루는 뜻을 원하는 모든 중생은, 고통을 여의고 즐거움을 얻으시어 이룸'으로 풀이할 수 있다. 다만 '중신 승촌택방 (衆邸 僧村宅方)'의 경우 '중신(衆邸)'의 '邸'의 글자체에 의심이 있지만, 전체 문맥상으로 보아 이는 종을 만들기를 서원하는 사람들이 사는 지명이라고 할 수 있다.

마지막 문장의 '절작내추장당주(節雀乃秋長幢主)'는 주종의 책임을 맡은 자로서, '절작내(節雀乃)'는 '節唯乃' 또는 '節惟乃', '節維乃'의 오독이 아닐까 여겨진다.[39]

본 종명에서 무진사의 소재지를 부지산촌(夫只山村)이라 하였으나 어디인지 분명하지 않다. 다만 원천석(元天錫, 1330~?)의 『운곡시사(耘谷詩史)』에서, "1388년 2월 하순에 내가 병을 얻어 3월 그믐에 무너져 가는 무진사(無盡寺)에 옮겨와서 여름 두 달을 지냈으니, 날짜는 5월 24일이고 철은 6월이다. 이제 거처를 옮기면서 시 한 수를 쓴다'[40]고 하여, 원천석이 고려 말에 병이 들어 무진 폐사에 거처하였음을 알 수 있다. 주지하듯이 원천석은 원주 출신으로 고려가 멸망하자 치악산에 은거하였고 그의 서원이 원주에 세워진 바, 그가 거처한 무진사도 원주 부근에 소재하였던 것이 아닌가 한다.

---

39) 탁본에서는 '雀'자로 보이지만, 지적되듯이 '唯'의 오기로 보는 것이 옳다고 본다.(南豊鉉, 2000, 『吏讀研究』, 태학사, 196쪽).

40) 이인재·허경진 역, 2007, 원천석 저, 『耘谷詩史』, 연세근대한국학총서 17, 연세대학교 근대한국학연구소.

(3) 선림원종(禪林院鍾)

「양양 선림원지 종명」은 1949년 봄 강원도 양양군(襄陽郡) 서면(西面) 미천리(米川里)의 선림원지(禪林院址)에서 목기를 깎던 주민에 의해 발견되어, 1949년 말 관할 군부대에 의해 월정사로 옮겨져 칠불보전 동남 귀퉁이 석단 위에 임시로 목가(木架)에 걸어 보관하였다. 1950년 1월 초에 당시 황수영 국립중앙박물관장과 문교부 김동일씨가 촬영, 탁영(拓影), 실측 등이 이루어졌다. 1951년 1.4 후퇴령에 따라 산중의 대소 암자의 소각령이 내려짐으로써 파괴되었고, 같은 해 3월 14일 서울을 재탈환한 후 종의 29개 잔편을 수습하여 국립중앙박물관 창고로 옮겨졌다. 그후 1997년 황수영관장이 실측, 촬영, 조사한 자료를 바탕으로 성종사(聖鐘社)가 이를 복원하였다.41) 2002년도에 국립춘천박물관을 개관하면서 종의 잔편을 옮기면서 아울러 복원한 복원품도 함께 전시하였다.

이 종의 양식은 일본에 소재한 신라종과 크게 다르지 않으나 각 부 문양에 차별성을 보인 것으로 지적된다. 곧 정상의 용뉴에서 한 마리의 용이 앞다리[前肢] 2족(足)을 보이며 상하 양대(兩帶)가 있어 반원(半圓) 안의 문양과 여래좌상, 천인상 등을 세밀하게 조각하고 있다. 또한 상대에 접하여 네 개의 유곽(乳廓)이 있으며 각각 9개의 유(乳)가 표현되었다. 종복(鐘腹)에는 유관간(乳廓間) 밑에 주악쌍천(奏樂雙天)과 원형의 종좌(鐘座)가 배치되었다. 그리고 상하대(上下帶)와 유곽대(乳廓帶), 비천(飛天)과 당좌(撞座)에는 미세한 문양이 유려하게 배치되어 8세기 초의 조각을 나타낸 것이라한다.42)

무엇보다도 본 동종의 가장 특징적인 것은, 상원사종이나 성덕대왕종과 달리 명문이 종의 내벽에 양각되었다는 점이다.

---

41) 黃壽永, 1998, 「襄陽禪林院址出土의 新羅梵鍾」, 『문화사학』 10, 7~11쪽.
42) 황수영, 위의 논문, 9쪽.

貞元卄年甲申三月卄三日當寺鍾成內之
古尸山郡仁近大柰紫草里施賜乎古鍾
金二百八十廷當寺古鍾金二百卄廷此以
本爲內十方旦越勸爲成內在之
願旨是者法界有情皆佛道中到內去誓內
時寺聞賜主信廣夫人君

上坐	令妙寺	日照和上
時司		元恩師
鍾成在旽	當寺	覺智師.
上和上		順應和上
		良惠師,
		平法師,
		善覺師,
		如於師,
		☒誓師.
宣司		禮覺師
節唯乃		同說師.(「襄陽 禪林院址 鍾銘」, 804〔애장5〕)

위의 명문에서 본 동종이 어느 사찰의 것인지 분명하지 않다. 본
종명에는 단지 '당사(當寺)'라고 하였을 뿐이다. 다만 1949년 선림
원지(禪林院址)에서 본 동종을 발견할 당시 땅 속에 비스듬히 뉘인
채 있었고, 종의 절반 이하가 목탄으로 파묻혀 있었으며 지면에도
목탄이 깔려 있었다고 하여, 언제인가 인위적으로 묻은 것으로 짐
작하고 있다.43) 아마도 종을 보호하기 위하여 인위적으로 묻었던
것이 아닐까 추측된다.

그러나 본 종명에서 지칭한 '당사(當寺)'의 명칭이 무엇이었는지
는 의견이 분분하다. 동 사지에서 본 사찰 조사당 터 서편에 「홍각
선사비」를 세웠지만, 비편 몇 조각만이 수습되었을 뿐이고, 탁본이

---

43) 황수영, 1974, 「설악산 출토 신라범종 조사기」, 『한국의 불교미술』, 동화출
판사.

전하지만 이덕무(李德懋, 1741~1793)의『청장관전서』(권69)「한죽
당섭필(寒竹堂涉筆)」(下) 나려석각(羅麗石刻)조에는 '양양 설산에
홍각선사비가 있다[襄陽雪山有弘覺禪師碑]'고 하였고, 홍경모(洪
敬謨, 1774~1851)의『관암전서(冠巖全書)』(27책)에는 '신라 설산의
선림원 홍각선사비는 옛날 양양의 사림사에 있다[新羅雪山禪林院
弘覺禪師碑 舊在襄陽之沙林寺]'고 하였다.「홍각선사비」의 탁본은
『금석청완(金石淸玩)』(1655)의 「선림원비(禪林院碑)」,『대동금석
서(大東金石書)』(1668)의 「선림원홍각선사비(禪林院弘覺禪師碑)」,
국립중앙박물관 소장 「사림사홍각선사비(沙林寺 弘覺禪師碑)」
(1910년대), 장서각 소장 「홍각선사비(弘覺禪師碑)」(藏 4019, 1910
년~1920년 직전 무렵), 규장각 소장 「양양 사림사홍각선사비(襄陽
沙林寺弘覺禪師碑)」(奎 12540, 1920) 등으로 지칭된다.44) 본 비의
명칭은 현재 전하는 '홍각선사비명(弘覺禪師碑銘)'의 전액과 탁본
에 전하는 '고홍각선사비명병서(故弘覺禪師碑銘幷書)' 뿐이다. 아
마도 병서(幷書)의 앞 부분에 7~11자 정도 결락된 것으로 보이는
데, 홍각선사가 주석하였던 사찰명과 그 소재 지명이 있었을 것으
로 짐작된다.45) 이들 홍각선사비에 대한 제명은 사림사 또는 선림
원으로 등장한다.

이 절을 사림사(沙林寺)로 부르게 된 것을『현산지(峴山誌)』고
적조 사찰에 보이는 양양부 서쪽 40리 지점에 소재한 사림사와 혼
동했기 때문으로 보고, 본래 홍각선사가 입적한 설산(雪山) 억성사
(億聖寺)였을 것으로 보기도 한다.

그런데 홍경모(洪敬謨, 1774~1851)는 순조 25년(1825)부터 27년
(1927)까지 강원도 관찰사를 역임하였고, 이 무렵 견문한 사실을
바탕으로 '신라 설산 선림원 홍각선사비는 옛 양양의 사림사에 있

---

44) 권덕영, 1992, 「新羅 弘覺禪師碑文의 復元 試圖」,『伽山李智冠스님華甲
紀念論叢 韓國佛敎文化思想史』上, 613~618쪽.
45) 권덕영, 위의 논문, 638쪽.

다(新羅雪山禪林院弘覺禪師碑 舊在襄陽之沙林寺)'는 기록을 남긴 것이라 여겨진다. 곧 선림원이 옛 사림사에 있다는 것인데, 아마도 이 사림사의 전신을 억성사라고 보아 좋을 것이다. 그렇다면 억성사 내에 홍각선사(弘覺禪師)가 주석한 당우를 선림원이라 하였을 가능성이 높지 않을까 한다. 홍각선사가 두루 선림을 찾아 유력하였고, 그의 탑호를 선감지탑(禪鑒之塔)이라 한 것으로 미루어 그가 주석한 당우를 선림원(禪林院)이라 지칭할 가능성이 있기 때문이다. 「곡성 태안사 적인선사탑비」(872)에는 대안사(大安寺) 안에 별도의 '하원(下院)'이 있었고, 「제천 월광사지 원랑선사탑비」(890)에는 원랑선사(圓朗禪師)가 입적하자 월광사(月光寺) 내의 북원(北院)에 모셔 장사를 지냈다. 이들 당우의 이름이 사찰명이 되기도 하였는데, 「문경 봉암사 지증대사탑비」(924)에서 지증대사(智證大師) 주석하였다는 선원사(禪院寺)가 그러한 사례가 아닐까 한다.

함통(咸通, 860~874) 말년에 홍각선사가 다시 설산(雪山)의 억성사(億聖寺)에 가서 금당[金殿]과 누각[香榭]을 완성하였다고 한다. 사실 동국대학교 박물관이 1985, 1986년에 각각 1, 2차 발굴을, 그리고 2015년 한빛문화재연구원이 3차 발굴 조사한 결과 기와의 편년이 모두 9세기 후반부로 여겨지는 금당지, 조사당지, 승방지, 기타 부속건물지 등 5~6개의 건물 유구가 있었다고 한다. 이들 건물지 가운데 홍각선사가 주석한 당우명이 선림원이었을 가능성이 없지 않다고 본다.

요컨대 1949년에 발굴된 동종이 동 사찰의 것으로 인위적으로 매몰한 것이라면, 동 명문에 보이는 '당사(當寺)'는 억성사일 가능성이 높고, 종명의 '상화상 순응화상(上和上 順應和上)'은 최치원의 「신라 가야산 해인사 선안주원 벽기(新羅迦耶山海印寺善安住院壁記)」(900)에서 애장왕 3년(802) 10월 16일 해인사를 세우기 시작하였다는 순응(順應)과 동일한 인물로 판단된다. 또한 '종성재백사 당

사 각지사(鍾成在皇 當寺 覺智師)'는 「설악산 신흥사적비명 병서
(雪岳山神興寺蹟碑銘幷序)」의 "설악에는 옛날 선정사가 있는데, 신
라 애장왕 때에 동산, 각지, 봉정 세 조사가 설법하던 곳이다(雪岳
古有禪定寺 新羅哀莊王 洞山·覺智·鳳頂三祖師說法處也)"에 보이
는 각지(覺智)로 여겨지고 있다. 선정사는 양양 도천면 장항리에
있었던 사찰이라고 하는 바,46) 그는 억성사에 거처하면서 인근의
선정사에서도 강설을 하였다고 여겨진다.

위의 종명에서 '종성내지(鍾成內之)'의 '지(之)'는 앞의 「상원사
동종」(725)의 '종성기내지(鍾成記內之)'의 '지(之)'와 마찬가지로 종
결어미이다. 따라서 '종을 이룬 것이다'로 풀이된다. '시사호(施賜
乎)'의 '사호(賜乎)'는 존칭의 '賜[샤]'와 높임말의 도움줄기인 '乎
[온]'으로47) '베푸시온'으로 풀이된다.

'고시산군 인근대내말 자초리(古尸山郡仁近大柰紫草里)'에서 '
고시산군(古尸山郡)'은 『삼국사기』 지리지에 고시산군(古尸山郡)
을 경덕왕 때에 관성군(管城郡)으로 고쳤는데, 본 동종을 만든 애장
왕대에는 다시 고시산군으로 되돌렸음을 알 수 있다. 이는 오늘날
충북 옥천군 옥천읍으로 여겨진다.

'인근대내말 자초리(仁近大柰紫草里)'에 대해서는 「상원사동종
명」(725)의 "단월 유휴대사택부인 휴도리(旦越 有休大舍宅夫人
休道里)"의 사례로써 인근 대내말과 자초리 사이에 '택(宅)' 또는
'택부인(宅夫人)'이 생략된 것으로 보아 '인근대내말의 부인 자초리
'로 풀이하기도 하지만,48) 본 종명에 '택(宅)' 또는 '택부인(宅夫人)'
이 보이지 않는다는 점에서 인근대내말(仁近大柰)과 자초리(紫草
里) 2인으로 여겨지며, 자초리(紫草里)의 '리(里)'가 여성에게 흔히

---

46) 李弘稙, 1971, 『韓國古代史의 硏究』, 신구문화사, 631쪽
47) 장지연·장세경, 앞의 책, 169·321~322쪽.
48) 박미선, 「양양 선림원지 종명(襄陽 禪林院址 鍾銘)」(국사편찬위원회 한국사데
    이터베이스 ; http://db.history.go.kr/id/gskh_005_0070_0040_0030).

사용된 접미사라는 점에서 인근대내말(仁近大柰)과 자초리(紫草里) 두 명으로 보는 견해를 지지한다.[49]

'在之'는 근세국어에서는 '~인 것의, ~임의'이지만,[50] 신라에서의 용법은 「산청 석남사지 석조비로자나불좌상 납석사리호」(766)의 '內物是在之[안의 물건 이것이다]'와 「김천갈항사석탑지」(798)의 '業以成在之[업으로써 이루어졌다]'에서야 나타나는 것으로 '~인 것이다'의 종지형으로 사용되어 '此以本爲內十方旦越勸爲成內在之'는 '이로써 밑천으로 한 시방단월이 권하여 이룬 것이다'로 풀이된다. 곧 '고시산군 인근대내말과 자초리가 시주하신 고종금 280정과 당 사찰의 고종금 220정으로 밑천을 삼아 시방단월이 권하여 이룬 것이다'라고 이해된다.

'願旨是者'에서 '是'는 '願旨'를 특정하여 강조하는 지시대명사로서, 「산청 석남암사지 석조비로자나불좌상 납석사리호」(766)의 '…自毘盧]遮那是術覺[스스로 비로자나 그인 것을 깨닫고]'와 '內物是在之[넣은 물건 이것이다]'에 처음 등장한다.

'佛道中到內去釜內時'에서 '釜'는 '誓'의 이체자로서 '불도에 이르러(도달하여) 가기를 서원한 때'로 풀이된다. 그 다음 문장의 '사문 사주 신광부인군(寺聞賜主信廣夫人君)'은 그 자체로서 이해하기 힘든 면이 없지 않은 바, 인근 대내마의 부인 이름인지 다른 사람인지 분명하지 않다는 견해가 있는가 하면,[51] 종을 주성함을 듣고 많은 원조를 베푼 주인공으로 추정하기도 한다.[52] 그런데 「규흥사동종」(856)에서 '施賜人[베푸신 사람]'과 '見聞隨喜爲賜人[보고 듣고

---

49) 南東信, 1992, 「禪林院鍾銘」, 『譯註 韓國古代金石文 Ⅲ』, 韓國古代社會研究所 編, 駕洛國史蹟開發研究院, 395쪽.
　　李宇泰 編著. 2014, 『韓國金石文集成(16)』, 韓國國學振興院, 27쪽.
50) 장지연·장세경, 위의 책, 296쪽.
51) 藤田亮策, 1963, 『朝鮮學論考』, 笠井出版印刷社, 236쪽.
52) 李弘稙, 앞의 책, 623쪽.

쫓아 기뻐하신 사람]'을 구분하여 기술한 것은, 본 동종에서 시주
자로서 인근대내말·자초리와 寺聞賜主[절에서 들으신 님]를 구분
한 것에 상응한다. 따라서 寺聞賜主[절에서 들으신 님]는 「규흥사
종」의 '見聞隨喜爲賜人'[보고 듣고 쫓아 기뻐하신 사람]에 상당하
고, 이는 '절에서 [佛事를] 들으신 님인 신광부인군'으로 풀이할
수 있다.

(4) 청주 연지사종(菁州 蓮池寺鐘)

「청주 연지사종」은 일본 후쿠이현[福井縣] 츠루가시[敦賀市]
죠구신사[常宮神社]에 소장되어 있는데, 일본에 소재한 한국 동종
가운데 유일하게 일본 국보로 지정되어 있다. 이 종의 일본 전래에
대해서는 임진왜란에 앞서 해적[왜구]에 의해 약탈되었으리라고
추정하는가 하면,[53] 조경남(趙慶男)의 『난중잡록(亂中雜錄)』의 계
사년 진주성 전투시에 울렸다는 대종(大鐘)을 진주부성 내에 위치
하였던 연지사의 종으로 추정하고, 진주성 함락으로 왜군에게 약
탈되었을 것으로 보기도 한다.[54] 이에 대해 일본 상궁신사(常宮神
社, 죠구신사)의 안내판에는 경장 2년(1597) 돈하성주(敦賀城主) 오
타니 기치류가 토요토미 히데요시의 명에 의하여 상궁신사(常宮神
社, 죠구신사)에 봉납하였다고 한다.[55]
이 종은 「상원사동종」이나 「성덕대왕신종」에는 미치지 못하지
만, 용뉴(龍鈕)와 음통 주위를 별도의 연화문으로 장식한 점이 매우
독특하다. 또한 비천상의 경우 「상원사동종」에서는 2구가 한 쌍이

---

53) 藤田亮策, 1963, 「晉州蓮池寺鐘」, 『朝鮮學論考』, 藤田先生記念事業회, 223
   쪽.
54) 박용국, 2010, 「신라 蓮池寺 鑄鐘佛事의 배경과 그 성격」, 『신라사학보』 20,
   224~229쪽.
55) 敦賀市敎育委員會, 1999, 「國寶 朝鮮鐘 案內板」.

되어 구름 위를 날며 공후와 생황을 연주하고 있는 모습인데 대하여, 당좌(撞座) 사이에 두 팔을 벌려 장구를 치는 모습의 비천상(飛天像)이 배치되어 있어, 신라 범종을 전·후기로 나누는 기준으로 여겨지고 있다.

종명은 2개의 유곽 사이 상대(上帶)에 가까운 곳에 가로 15.6㎝, 세로 8.3㎝의 자리를 설정하고 그 위에 10행의 명문을 양각으로 새겼는데, 제2행 9자부터 12자까지 '칠백십삼(七百十三)' 4글자만 음각이다.

> 蓮池寺 朝鮮鐘
> 太和七年三月日 菁州蓮池寺
> 鐘成內節傳合入金七百十三廷
> 古金四百九十八廷 加入金百十廷.
> 成典和上惠門法師□惠法師
> 上坐則忠法師都乃法勝法師
> 卿村主三長及干朱雀大奈
> 作韓舍寶淸軍師龍年軍師
> 史六□ 三忠舍知行道舍知
> 成博士安海哀大舍哀忍大舍
> 節州統皇龍寺覺明和上(蓮池寺鐘銘, 833, 흥덕왕 8년)

본 종명에서는 먼저 '종성내절(鐘成內節)'에서 '동사+節'의 용법을 주목할 수 있다. '절(節)'은 '지위' 곧 오늘날의 '때'에 해당하는 것으로,[56] '종성내절(鐘成內節)'은 '종을 완성한 때'이다. 그렇지만 이와 같이 동사와 함께 사용되어 '때'를 나타내는 경우 본 종명 이전에는 '시(時)'를 사용하였다. 곧 「신라백지묵서대방광불화엄경사경 발문」(754)에서는 '經寫時中[경을 베낄 때에]' '菩薩像作時中[보살상을 만들 때에]', 「无盡寺鐘銘」(745)의 '无盡寺鍾成'敎受內成記時[무진사종을 만드시어 기록한 때]', 「襄陽 禪林院址 鍾銘」(804)의 '誓內'時[서원한 때]'라고 하여 모종의 행동을 한 때를 '시(時)'로 표현하던 것을, 본 종명부터는 '동사+節'의

---

56) 장지연·장세경, 1976, 『이두사전』, 정음사, 297쪽.

용법이 등장하였다.

　'傳合入金七百十三廷 古金四百九十八廷 加入金百十廷[전하는 합입금 713정, 옛 금(철) 498정, 추가하여 들어간 금(철) 110정]'의 '전합입금(傳合入金)'은 「규흥사종명」(856)의 '합입유(合入鍮)'와 '도합(都合)', 「송산촌대사종명」(904)의 '합입금(合入金)' 등에서 보듯이, 수량의 총계를 표시한다. 다만 본 종명에서 '고금(古金) 498정'과 '가입금(加入金) 110정'을 합한 값은 '전합입금(傳合入金) 713정'과 차이가 나고, 이를 양각이 아닌 음각으로 하였던 것은 최종으로 종을 완성하고 난 뒤의 종의 무게에 상당하는 것으로 풀이된다. 이에 고금과 추가한 금의 무게 총계 608정에서 105정이 추가되었을 것인데, 이 105정은 놋쇠[鍮]의 합금에서 구리를 제외하고 합금한 주석(13,26%), 납(2.12%), 아연(0.32%)[57]의 111.94정에 흡사하다. 따라서 전합입금에서 고금과 가입금을 뺀 값 105정[=713정-(498정+110정)]은 합금에 필요한 주석, 납, 아연 등의 무게라고 여겨진다. 여기에서 금(金)은 동(銅)과 동일하게 사용되었음을 알 수 있다.

　본 종명에서 이해하기 어려운 것은 성전(成典)의 인명 표기 방식이다. 성전에 있어서는 도감전이라 할 수 있는 승려들의 인명표기 방식은 모두 '승명+법사(法師)'로서 일정하지만, 속인들의 경우 '경촌주(卿村主)', '작한사(作韓舍)', '사륙□(史六□)' 등 본 종명에만 보이는 직임, 그리고 한사(韓舍)와 대사(大舍)를 함께 사용하였다는 특징이 있다. '경촌주(卿村主)'는 '향촌주(鄕村主)'로 석독하기도 한다. '경촌주(卿村主)'로 석독하는 경우는 고려 초기 향리직 재편 시에 보이는 창부경(倉部卿)·병부경(兵部卿)과 같은 이직명(吏職名)으로 보거나,[58] 나말려초 사회변동을 통해 성장한 지방세력, 촌주에서 분화한 직명으로 보기도 한다.[59] 이에 대해 이를 '향촌주(鄕

---

57) 김민수, 2019, 「신라의 鍮石 인식과 그 특징」, 『한국고대사연구』 96, 301쪽.

58) 鮎貝房之進, 앞의 책, 435~436쪽.

59) 남동신, 1992, 「청주 연지사동종」, 『역주 한국고대금석문』 Ⅲ, 397쪽.

530　일본 소재 한국 고대 문자자료

村主)'로 보는 견해는 군현 아래의 지방행정 단위인 향(鄕)에 향령이 파견되고 향사가 존재했다는 점에서 향에 존재하였던 촌주로 본다.60) 또는 시골의 촌주로서 연지사가 위치한 지역의 촌주로 보기도 한다.61)

한편 작한사(作韓舍)에 대해서는 「안양 중초사지 당간지주(安養中初寺址 幢竿支柱)」(827)의 '작상(作上)'과 상통하는 직책으로 승려 작업 책임자로 보거나,62) '작(作)'을 직역과 관련된 명칭으로 짐작하기도 한다.63)

'사륙▨(史六▨)'에 대해서는 '사륙(史六)'을 촌주의 속관(屬官),64) 또는 '사(史)'란 글자로 보아 주종사업에 관한 문서 기록 담당자로 보기도 한다.65)

그런데 이른바 도감전의 경우 '화상(和上)-상좌(上坐)-도내(都乃)' 등의 직임을 중심으로 기록되었다. 그러므로 속감전의 경우도 '직임-인명-관등'의 순으로 기술되었다고 보아야 하지 않을까 한다. 이에 따라 속인의 성전 구성을 정리하면 다음과 같다.

직임	인명1+관등	인명2+관등
경촌주 (卿村主)	삼장급간 (三長及干)	주작대내말 (朱雀大柰)
작한사 (作韓舍)	보청군사 (寶淸軍師)	용년군사 (龍年軍師)

---

60) 李仁哲, 1996, 『新羅村落社會史硏究』, 一志社, 102~103쪽.
   강봉룡, 1997, 「新羅의 僧官制와 地方支配」, 『全南史學』 11, 70쪽.
   전덕재, 2014, 「통일신라의 향(鄕)에 대한 고찰」, 『역사와 현실』 94, 325쪽.
61) 박용국, 2010, 앞의 논문, 238쪽.
62) 정병삼, 1995, 「통일신라 금석문을 통해 본 僧官制度」, 『國史館論叢』 62, 214쪽
63) 李宇泰 編著, 2014, 『韓國金石文集成(16)』, 韓國 國學振興院, 31쪽.
64) 李仁哲, 1996, 앞의 책, 132쪽
65) 李宇泰 編著, 2014, 앞의 책, 32쪽.

사륙□	삼충사지	행도사지
(史六□)	(三忠舍知)	(行道舍知)
성박사	안해애대사	애인대사
(成博士)	(安海哀大舍)	(哀忍大舍)

위의 표에서 보듯이 본 연지사 동종을 주조하는 데 있어서 일종 속감전에는 두 명의 촌주가 책임자이다. 그 휘하에 주종의 실무자로서 작한사(作韓舍)인 두 명의 군사(軍師)와 이들을 보조하는 사륙□(史六□)인 두 명의 사지(舍知)로 구성되었다. 여기에서 경촌주(卿村主)와 작한사(作韓舍), 사륙□(史六□)은 처음 등장하는 명칭이다. 이 가운데 '사륙□(史六□)'는 「중초사 당간석주」(827)에 보이는 '절주통(節州統)-상좌(上坐)-정좌(貞坐)-사사(史師)-전(典)도유내(都唯乃)-도상(徒上)'의 체계에 보이는 '사사(史師)'에 비교할 수 있을 듯하다. 곧 「중초사당간석주」 불사의 성전에 보이는 사사(史師)의 직임은 「연지사종」의 주종 불사에서 보이는 사륙□(史六□)에 상응하는 것으로 여겨지기 때문이다. 이러한 직임이 등장한 것은 중앙관직의 '경(卿)-대사(大舍, 韓舍)-사(史)'의 체계에 따라 촌주 이하 촌사의 구성으로 직임을 구성한 것이 아닐까 여겨진다.

아마도 군사는 그 직임의 명칭으로 보아 대사(大舍)급이었다고 여겨지며, 여기에서 한사(韓舍)는 관직명으로 사용되었다고 보아야 하지 않을까 한다. 두 명의 사지로 구성된 '사륙□(史六□)'에서 '사(史)'는 중앙 관직에 보이는 사(史)에 상응하는 것으로, 앞서 「중초사 당간석주」(827)의 사사(史師)에 상응하는 바, 이를 관장하는 이들의 관등은 사지였다고 여겨진다. 다만 '육□(六□)'은 분명하지 않으나 관할 촌사를 6개 분야로 나누어 사(史)를 배치한 것과 관련되지 않을까 추측해 볼 수 있을 듯하다. 이는 향리에서 관리를 뽑을 때에 6덕(六德)과 6행(六行)을 헤아려 각각 그 재질에 따라 소임을 맡긴 데서 비롯한 것으로, 백제의 6좌평제나 당의 6사 시랑제와 같이 향사에서도 각각의 소임에 따른 6개 이속을 두었던 것을 반영하는 것이 아닌가 추측해 볼 수 있을 듯하다. 한편으로 '절주통 황룡사 각명화상(節州統皇龍寺覺明和上)'이 등장한 것은 중앙의 황룡사에서 절주통(節州統)을 파견하여 본 불사를 총괄 감독한 것을 반영한 것으로 본다.

(5) 규흥사종(竅興寺鐘)

본 동종은 일본 대마도(對馬島, 쓰시마) 상현군(上縣郡, 가미아가타군) 봉촌(峰村, 미네무라)의 해신신사(海神神社, 카이진신사), 속칭 목판팔번([木坂八幡, 키사카하치만]에 보존되어 왔으나 19세기 후반 명치(明治, 메이지) 연간의 신불분리(神佛分離) 운동 때에, 대마도의 신사(神社)를 관할하던 대마도 총궁사(對馬島 總宮司)였던 등씨(藤氏, 도오시)라는 이가 종을 가져가 주조를 위해 녹여 없앴을[鑄潰] 것이라는 구전이 있다. 다만 명치 12년(1879) 당시의 궁사(宮司) 횡전씨(橫田氏, 요코다시)가 보물 가운데 신불(神佛)이 섞이는 것을 꺼려하여 본래 종씨(宗氏, 무네지)가 기진하였던 「고려대장경」을 버리려 하자 백작가(伯爵家)에서 이를 인수할 교섭을 하였다고 한다. 이로 미루어 볼 때에 종가(宗家, 무네지)에서 본 동종을 조선으로부터 구하여 해신신사(海神神社, 카이진신사)에 대장경과 함께 기진하지 않았을까 추측해 볼 수도 있을 듯하다.66)

국사편찬위원회 소장 종가(宗家) 문서의 『신사양문종악구등명(神社梁文鐘鍔口等銘)』은 강호(江戶, 에도) 시대 중엽에 조성된 것으로 추정되는데 본 동종의 명문을 전한다. 이러한 데는 종가(宗家, 무네지)가 조선의 불경과 종 등을 구하고자 한 때문이 아닐까 추측해 볼 수 있다. 동종의 명문은 종가문서 외에 평산비(平山斐, 히라야마)의 『진도기사(津島紀事)』 「삼근향 목판촌 팔번궁조(三根鄕 木坂村 八幡宮 三根鄕 木坂村 八幡宮)」조에 종명을 전재하여 전한다. 여기에는 요시다 토우고[吉田東伍]가 『대일본 지명사서(大日本地名辭書)』(제2권)에 소개한 일문 번역본

---

66) 末松保和, 1954, 「竅興寺鐘銘」, 『新羅史の諸問題』, 東洋文庫, 474~475쪽.

과 일본 국회도서관 소장 한문본이 있다. 본 동종은 「대중██년 병자 8월 3일 (大中██年丙子八月三日)」의 종명으로 알려졌던 것인데, 요시다 토우고[吉田東伍]가 '대중(大中)'의 연호로써 신라국에서 제작한 것으로 추정하였다.

다음 명문은 국사편찬위원회 소장 종가문서(宗家文書)의 『신사양문종악구등명(神社梁文鐘鍔口等銘)』을 바탕으로 정리한 말송보화(末松保和, 쓰에마스 야스카즈)의 석문을 제시한 것이다.

大中□年丙子八月三日竅興寺
鐘成內矣合入鍮三百五十廷
都合市一千五十石□□□□
利此願起在淸嵩法師光廉和上
願爲內水者種種施賜人乃見
聞隨喜爲賜人乃皆無上菩提
成內飛也
節縣令含梁萱榮
　　　時都乃　聖安法師
上村主三重沙干堯王
第二村主沙干龍□(河)
第三村主乃(及?)干貴珎　□及午
大匠大奈末□(𥘺)歃溫衾[67](竅興寺鐘銘, 856〔문성18〕)

위 종명의 '대중██년 병자(大中██年丙子)'에서 대중(大中) 연간 (847~860)의 병자년은 대중 10년(856)이다. 그런데 본 종명의 규흥사 (竅興寺)라는 사찰 이름은 어떤 기록에도 남아 있지 않고, 더욱이 동 종명에서도 그 소재지가 분명하지 않다. 다만 사간(沙干)이나 대나말(大奈末) 등 신라 관등명으로 보아 신라에서 제작된 것은 분명하다고 하겠다.

위 종명에서 먼저 '종성내의(鐘成內矣)'를 주목할 수 있다. 기왕에 선림원지 종명의 '종성내지(鐘成內之)'의 종결어미 '之(지)'를 대신하여 '~되'의 이음씨 '矣(의)'로 사용되었다. 또한 '合入鍮三百五十廷 都合市一千五十石 ㅁㅁㅁㅁ利[합입유 350정, 모두 1,050석으로 시전에서 매입하였다].

---

67) 末松保和, 1954, 위의 논문, 477쪽.

여기에서 '□□□□리(□□□□利)' 부분에서 '리(利)'를 '초(初)'의 오기로 보기도 하지만[68] 분명하지 않고, 본 구절에서 놋쇠[鍮] 1정에 3석의 가격으로 시전에서 매입한 사정을 알 수 있을 뿐이다.

'此願起在淸嵩法師光廉和上'은 '이 서원 곧 주종의 서원을 일으킨 것은 청숭법사(淸嵩法師)와 광렴화상(光廉和上)이다'로 풀이된다. '願爲內木者'는 '원한 것들은'으로, 그리고 '種種施賜人乃 見聞隨喜爲賜人乃'에서 '賜'는 '~하신'의 존칭이고, '乃'는 여럿을 열거하는 중의 하나를 나타내는 신라의 이두로서, '여러(種種) 보시하신 사람이나 보고 들음에 따라 기뻐하신 사람이나'로 풀이된다. 이는 정창원 소장 「신라 자칭모첩포기(新羅紫稱毛貼布記)」의 '絲乃綿乃[실이나 면이나]'에서도 보이는데, 「산청 석남사지 석조비로자나불좌상 납석사리호(山淸 石南巖寺址 石造毘盧遮那佛坐像 蠟石舍利壺)」(766)의 '願請內者 豆溫」 愛郞靈神賜那 二僧朮那」 若見內人那 向尒頂禮爲那」 遙聞內那 隨喜爲內那」 影中逕類那 吹尒逕風」 逕所方處一切衆生那[원하여 청하는 것은 두온애랑의 영신(靈神)이시거나, 두 승려들이나 혹은 (불상을) 본 사람이나 (불상을) 향하여 정례(頂禮)하거나 (불법을) 멀리서 듣는 자이거나 (이를) 따라서 기뻐하는 자이거나 (부처님의) 그림자 가운데를 지나는 무리나 (부처님의) 지나간 바람이 불어서 스친 곳곳의 일체 중생이나]와 같은 용법으로, '나(那)'가 '내(乃)'로 변화하였음을 알수 있다. '成內飛也[이루니라]'의 '비(飛)'는 훈차 '늘', 'ㄴ'로서, '이룬나니라' 곧 '이루리라', '이루니라', '이룰 것이다'로 풀이된다.

그런데 성전의 구성에 있어서 절현령(節縣令)과 시도내(時都乃) 곧 동일한 의미로 보이는 '절(節)'과 '시(時)'를 현령에게는 '절(節)'로, 도유나를 뜻하는 도내(都乃)에게는 '시(時)'로 사용한 점이 특이하다. 아울러 촌주가 상촌주, 제2촌주(第二村主), 제3촌주(第三村主)로 분화되었고, 제3촌주의 경우 신라 관등명에 보이지 않던 '내간(乃干)'이 처음 등장한다는 점을 주목할 수 있다. 이에 대해 말송보화(末松保和, 쓰에마스 야스카즈)는 '내간(乃干)'의 '내(乃)'를 '급(及)'자의 잔결로 보고, 『진도기사(津島紀事)』

---

68) 末松保和, 1954, 위의 논문, 480쪽.

에서 제시한 'ㅁ급오(ㅁ及午)'의 '오(午)'는 '간(干)'의 오기일 것으로 풀이
하면서도 'ㅁ급오(ㅁ及午)'를 의문의 세 글자라고 지적하였다.[69] 자세한
전말을 확인할 수는 없으나, 말송보화(末松保和, 쓰에마스 야스카즈)가
지적한 '내간(乃干)'은 '급간(及干)'의 잔결로 보는 것이 옳을 듯하며, 『진
도기사(津島紀事)』의 세 글자 'ㅁ급오(ㅁ及午)'는 옮겨적는 과정에서 일
종 노트형식의 생각을 적은 것이 아닐까 추정해 볼 뿐이다.

(6) 송산촌대사종(松山村大寺鐘)

일본 구주(九州, 큐슈)의 우좌신궁(宇佐神宮, 우사진구) 보물관
에 전시되어 있는 「송산촌대사종(松山村大寺鐘)」은 일본 국보로서
동 우좌신궁(宇佐神宮, 우사진구) 경내의 미륵사(彌勒寺)에 있던
것인데, 14세기 후반경 오오우치[大內] 가문이 한반도에서 입수하
여 미륵사에 기증한 것으로 추정하기도 한다.[70]

사실 『조선왕조실록』에는 조선 초에 일본이 대종과 대장경을 빈
번하게 구하였던 사례를 다음과 같이 전하고 있다.

조선 초 일본이 대종과 대장경을 요청한 사례

일시	조선에서 종 또는 대장경을 일본에 보낸 내역
태종 6년(1406) 1월 16일	지좌전(志佐殿)의 사인(使人)에게 銀鍾 등 하사
태종 6년(1406) 2월 20일	檢校工曹參議 尹銘을 보빙사로 보내어 국왕에게 銀鍾 예물 증여
태종 9년(1409) 윤4월 26일	대내전(大內殿)의 사자 주정(周鼎)의 청에 따라 《대장경(大藏經)》 1부(部), 보리수엽서(普提樹葉書) 1엽(葉), 나발(螺鉢)·종경(鍾磬) 각 1개와 조사(祖師)의 초상과 나옹화상(懶翁和尙)의 화상을 특별히 하사

---

69) 『津島紀事』에만 보이는 글자.

70) 박미선, 「무진사종명」·「규흥사종명」·「송산촌대사종명」(국사편찬위원회 한국
    사데이터베이스, http://db.history.go.kr/id/gskh_005_0070_0010_0010 · gskh
    005_0070_0010_0010 · gskh_005_0070_0070_0010)

태종 12년(1412) 3월 20일	江州太守) 판창만가(板倉滿家)가 사인(使人)을 보내어 洪鍾을 청구하고, 해적을 금할 뜻을 고함.
태종 13년(1413) 4월 29일	九州節度使) 원도진(源道鎭), 비주 태수(肥州太守) 원창청(源昌淸)이 사람을 보내어 불사(佛祠)의 동종(銅鐘)을 구하니, 모두 주라고 명하였다
태종 13년(1413) 7월 29일	강주 태수(江州太守) 평만가(平滿家)가 사람을 시켜 예물을 바치고, 큰 종(鐘)을 구하였다.
태종 14년(1414) 6월 28일	축주(筑州) 태재부(太宰府) 사마 소경(司馬少卿) 등원만진(藤源滿眞)의 사인(使人)이 예물(禮物)을 바치고 범종(梵鍾)을 구하고 좌위문(左衛門)을 돌려달라고 청함
태종 14년(1414) 7월 11일	여흥(驪興) 신륵사(神勒寺)에 소장된 《대장경》 전부를 일본 국왕(日本國王)에 보내고, 영산(寧山) 임내(任內) 풍세현(豊歲縣) 광덕사(廣德寺)에 소장된 《대반야경》 전부를 일본승려 圭籌에게 내려 주게 하였다. 예조에서 경(經)을 주지 않고 종(鍾)을 주고자 하니, 임금이 종(鍾)이라면 폐사(廢寺)에서 구해 주는 것이 좋을 것이다라고 하였다.
태종 14년(1414) 7월 23일	一岐上萬戶) 도영(道永)이 사람을 시켜 예물(禮物)을 바치고 범종(梵鍾)을 구하였고, 대내(大內) 다다량도웅(多多良道雄)이 중을 보내어 예물을 바치고 《대반야경(大般若經)》과 큰 종[大鐘]을 구하였다.
태종 14년(1414) 8월 7일	일본인(對馬島) 종정무의 사인(使人) 34명과, 소이전(小二殿)의 사인 31명과, 일기주(一岐州)의 사인 20명과, 일향주(日向州)의 사인 20명 아울러 1백 5명)들이 청한 종을 늦게 주는데 노하여 울산에 서 행패를 부리다
세종 2년(1420) 12월 8일	구주 도원수(九州都元帥) 우무위(右武衛) 원도진(源道鎭)이 사람을 보내어 토산물을 바치고, 《대장경(大藏經)》과 대종(大鐘)을 구하였다.
세조 2년(1456) 7월 1일	일본 국왕(日本國王) 사신 승전(承傳) 등이 하직하니 답서를 보내며 대종(大鐘) 1개 등을 보냈다.

위의 『조선왕조실록』에 보듯이 일본 특히 구주(九州, 큐슈) 지방의 일본 관료들은 끊임없이 조선의 대장경과 대종을 청하였고, 대

체로 조선은 이들의 요구를 들어주려고 하였다. 일본에 보낸 종은 특히 폐사의 종을 보내주도록 하였다. 무진사나 청주 연지사, 규흥사, 송산촌 대사 등도 이러한 과정에서 보낸 것도 없지 않으리라 예상할 수 있다.

본 송산촌 대사종은 일반적인 신라종에 비하여 크기가 작고 주조기술도 거친 편이다. 용두(龍頭)는 입을 천판(天板) 위에 붙이고 있으며 뒤에 붙은 음통(音筒)도 축소되어 형식적이다. 종신(鐘身)의 상·하대(上·下帶)에는 당좌(撞座)를 반으로 자른 것 같은 반원(半圓)의 문양을 연속으로 배치하였고, 원 안팎으로 무늬가 새겨져 있다. 상대(上帶) 아래 4곳에 배치된 연곽대(蓮廓帶)에도 상·하대와 같은 문양이 있고, 연곽 안에 9개의 연뢰(蓮蕾), 일명 유두(乳頭)가 과장되게 돌출되어 있다. 종신의 전·후면 두 곳에 배치된 원형의 당좌는 8~9세기 종과 비교할 때 하대 쪽에 치우쳐 있다. 당좌 사이의 종신 앞, 뒤면에는 구름 위에 앉아 천의(天衣)를 날리며 양손을 들어 요고(腰鼓)를 치는 모습의 주악천인상(奏樂天人像)이 1구씩 대칭적으로 부조되어 있다.

당좌와 주악천인상 사이 한쪽 여백에 장방형의 명문곽(銘文廓)을 만들어 명문을 거꾸로 양각하였다.

天復四年甲子二月廿日松山村
大寺鐘成內文節本和上能與本村主
連筆一合入金五千八十方含☒成(「松山村大寺鐘銘」, 904(효공8)

본 종명은 다른 종에 비하여 글자수가 많지 않고, 이두표기도 '종성내문절(鐘成內文節)' 곧 '종을 만든 글을 쓴 때'뿐이다. 이 종명에서 주목되는 것은 본촌주(本村主)의 관등이 보이지 않고, 이름이 연필(連筆)인지 연필일(連筆一)까지인지 분명하지 않다는 점이다. '연필일(連筆一)'의 '일(一)'을 남풍현은 앞뒤 문장을 연결하는 선으로 보았지만,71) 오히려 '일합입금(一合入金)'으로 연결된 의미가 아닐까 생각해 볼 수 있다. 곧 본 종명에 보이는 '일합입금(一合入金)'은 '하나로 합하여 들어간 金' 정도로 새길 수 있으리라 생각해 볼 수 있다.

그런데 본 종명에서는 '금(金)'의 단위를 '5,080방(五千八十方)'이라 하여 '방(方)'이라 하였다. '방(方)'은 금(철)의 단위임에 분명한데, 10세기 초엽에는 기왕의 金(鐵)의 무게 단위 '정(廷)'과는 달리 '방(方)'으로 단위를 세웠던 것이라 할 수 있다.

신라에서의 철의 단위는 본 종명의 정(廷)을 비롯하여 「보림사보조선사창성탑비」(884)에서 선제(宣帝) 14년(860) 2월에 김언경(金彦卿)이 청봉(淸俸)을 덜고 사재(私財)를 내어 철(鐵) 2,500근을 사서 노사나불(盧舍那佛) 1구를 주조하였다는 데서 '근(斤)'을 사용하였음을 알 수 있다.

그런데 송산촌 대사종은 총 높이 86㎝, 입지름[口徑] 47㎝, 종신 높이 68.2㎝, 용두 높이 13㎝, 음통 높이 18.5㎝로서, 상원사동종의 높이 167㎝, 입지름 91㎝에 비하여 1/2정도의 크기 정도라고 할 수 있다. 따라서 송산촌 대사종에 들어간 '5,080방'이란 무게는 어림잡아 보더라도 상원사동종의 무게[도합유] 3,300정의 1/2 정도일 것으로 추측할 수 있다.

사실 백제미륵사지 서탑에서 발견된 금정의 명문 가운데 보이는 '양(㪍)'이 '방(方)' 또는 '대(大)'와 아울러 양(兩)의 이체자인 '双'72)이나 '㒳'73)을 조합한 글자, 또는 『한서』 식화지의 "황금 사방 1촌으로 무게 1근을 삼았다[黃金方寸 重一斤]" 데서 유래하여 방형(方形)을 지칭하는 의미로서 '방(方)'을 취한 것으로 추정되고 있다.74) 이

---

71) 南豊鉉, 1993, 「新羅時代 吏讀文의 解讀」, 『書誌學報』 9, 43쪽.
72) 『宋元以來俗字譜』 八畫 引 「白袍記」(中華民國 教育部 異體字字典 : http://dict. variants.moe.edu.tw).
73) 『宋元以來俗字譜』 八畫 引 「嶺南逸事」(中華民國 教育部 異體字字典).

에 본 동종의 명문에 보이는 '방(方)' 또한 방형의 철정을 만들어 무게 단위로 사용하던 데서 유래한 무게 단위가 아닐까 추리해 볼 수 있을 듯하다.

한편으로 함▨(숨▨)에 대해서는 '畣▨'75), '畣椣'76), '含美',77) '畣木',78) '盒掃'79) 등 다양한 석독이 있다. '숨▨'를 어떻게 석독하든지 간에 이는 이름이 분명한 것으로 보이며, '숨▨成'은 '함(숨)▨가 만들었다'로 풀이된다. 다른 종명과 비교할 때에 함(숨)▨는 아무래도 송산촌 대사 종을 만든 장인의 이름이 아닐까 생각한다.

3. 주종불사(鑄鐘佛事)의 변화와 지방사회

현재 전하는 신라 종명에서는 종을 만든 기년을 비롯하여 주종 재료 및 체계, 장인, 그리고 종명에 따라서는 발원자와 이를 도운 단월, 주종 불사를 서원하게 된 원지(願旨) 등을 밝히고 있다. 이들 종명의 투식에 보이는 내용은 주종할 당시의 신라 사회상을 밝히는 주요한 자료임에 분명하지만, 개별 종명만으로는 어떠한 의의를 찾기 어렵다. 이는 관련 명문과 비교할 만한 자료가 아직까지 없기 때문이다. 그럼에도 불구하고 이들 종명은 일정한 형식 요건

---

74) 박남수, 2010, 「익산 미륵사지 출토 金鋌과 백제의 衡制」, 『한국사연구회』 149 ; 2011, 『한국고대의 동아시아 교역사』, 주류성, 58~61쪽.

75) 黃壽永 編, 1976, 『韓國金石遺文』, 一志社, 291쪽.

76) 藤田亮策, 1963, 「青丘遺文」, 『朝鮮學論考』, 230쪽.

77) 李弘稙, 1954, 「在日朝鮮梵鐘考」, 『韓國古文化論攷』, 乙酉文化社, 104쪽 ; 南東信, 1992, 「松山村大寺鐘銘」, 韓國古代社會研究所 編, 『譯註 韓國古代金石文』 III, 401쪽.

78) 許興植 編, 1984, 『韓國金石全文(古代)』, 亞細亞文化社, 245쪽.

79) 최응천, 1992, 「일본에 있는 한국 범종−특히 구주지방의 범종을 중심으로」, 『강좌 미술사』 4, 141쪽.

을 갖추고 있는 바, 이들 종명에 보이는 투식과 동 투식에 보이는 서술 내용을 비교한다면 각 시기별 신라사회의 변화상을 살필 수 있지 않을까 한다.

　먼저 각 종명의 투식을 ① 주종기년(鑄鐘紀年), ② 종명(鐘名), ③ 주종(鑄鐘) 재료, ④ⓐ 주종발원자(鑄鐘發願者), ④ⓑ 원조자(願助者), ④ⓒ 단월(檀[旦]越), ⑤ 수희불사자(隨喜佛事者), ⑥ 성전(成典) 구성, ⑦ 장인(匠人)으로 나눌 수 있고, 이러한 투식과 별개로 종명의 말미에　매우 중요하면서도 주종에 필요한 자로 직임으로 중앙감독관(⑧)이 추기된 사례가 있다. 여기에서 수희불사자[隨喜佛事者⑤]는 주종불사의 일을 듣고 이를 적극 도운 자 정도로 풀이되며, 후술하듯이 주종 불사를 위해 정부 요로에 이를 허가하는 일을 돕는 등의 역할을 한 단월의 범주에 포함할 수 있으나 서술의 필요에 따라 별도로 구분하여 살피기로 한다.

신라종명의 투식

구분	725년(성덕24) 上院寺鍾	745(경덕4) 无盡寺鐘	804(애장5) 禪林院址鍾
鐘銘 내용 구분	① 開元十三年乙丑三月八日 ③ 都合鍮(鋀) ⑥ ▨▨普衆 : 都唯乃-直歲-衆僧 ④ⓒ 旦越有休大舍 宅夫人, 休道里德香舍上安舍 ⑦ 照南▨匠仕▨大舍.	①　天寶四載乙酉 ④ⓐ　思仁大角干 ②夫只山村无盡寺鍾 ④ⓑ 衆邸 僧村宅方一切檀越　⑥ 節雀乃 秋長幢主	① 貞元廿年甲申三月廿三日 ② 當寺鍾 ③④ⓐ 古尸山郡仁近大柰紫草里施賜乎古鍾金, 當寺古鍾金 ④ⓒ 十方旦越 ⑤ 時寺聞賜主 信廣夫人君 ⑥ 上坐(令妙寺 日照和上)-時司-**鍾成在皇(當寺覺智師)**[⑦]-上和上-宣司-節唯乃
비고	②⑤ 부재 ④-⑥ 바뀜	③⑤⑦ 부재 ④ⓐ-②바뀜 ④ⓐ 강조	⑦이 ⑥에 포함
구분	833(흥덕8) 蓮池寺鐘	856(문성18) 竅興寺鐘	904(효공8) 松山村大寺鐘
鐘銘	① 太和七年三月日	① 大中▨年丙子八月	① 天復四年甲子二月

내 용 구분	② 菁州蓮池寺鐘 成 內節 ③ 傳合入金 七百十三廷 古金 四 百九十八廷 加入金 百十廷. ⑥ 成典和 上-上坐-都乃」卿村 主-作韓舍-史六□ ⑦ 成博士安海哀大 舍哀忍大舍 ⑧ 節 州統　皇龍寺覺明 和上[⑤?]	三日② 竅興寺鐘成內 矣 ③ 合入鍮三百五十 廷 都合市一千五十石 ☒☒☒☒ ④ⓐ 清嵩法 師光廉和上 ④ⓑ 種種 施賜人 ⑤ 見聞隨喜爲 賜人 ⑥ 節縣令-時都乃 -上村主-第二村主-第三 村主 ⑦ 大匠大奈末	廿日 ② 松山村大寺鐘 ⑥ 節本和上能與-本村 主 連筆 ③ 一合入金五 千八十方 ⑦ 含☒成
비고	④⑤ 부재 ⑧ 추가[⑤?]		④⑤ 부재

① 주종(鑄鐘)한 기년을 표기하는 방식은, 기년은 연지사종에서 간지를 사용하지 않은 것을 제외하고는 대체로 당나라 연호와 60 간지를 함께 사용하였다. 월일의 표기는, 무진사종이 기년만을 사용한 것을 제외하고는, 모두 월일을 표기하였다. 대체로 주종 불사의 일자를 명기하는 것이 원칙이었지 않을까 한다.

② 종명(鐘名)의 경우 상원사종에서는 전혀 살필 수 없고, 선림원지 종의 경우 '당사종(當寺鍾)'이라고만 하여 구체적인 사찰의 이름을 적시하지 않았으나 동 종을 주조하여 사찰 내에 봉안하였던 사정을 짐작할 수 있다. 사실 선림원지 종의 경우 장인 또한 '당사(當寺)의 각지사(覺智師)'가 참여하고 있어, 주종의 불사를 동일 사찰 내에서 진행하였던 사정을 알 수 있다.

③ 주종(鑄鐘)의 재료는 '놋쇠[鍮]' 또는 '철[金]'으로 나타난다. 주지하듯이 유(鍮)는 놋쇠를 지칭한다. 신라의 놋쇠[鍮]는 구리 83.37%, 주석 13,26%, 납 2.12%, 아연 0.32%의 비율로 된 합금이다.[80] 이에 대해 금(金)은 철류의 총칭이라고 할 수 있다. 그렇다면 「상원사동종」(725)의 '도합유(都合鍮)'는 주종(鑄鐘)에 들어간 놋쇠(鍮)의 총량을 의미한다고 할 수 있다. 이에 대해 「선림원지종」

---

80) 김민수, 2019, 「신라의 鍮石 인식과 그 특징」, 『한국고대사연구』 96, 301쪽.

(804)의 경우 고시산군(古尸山郡) 인근대내말(仁近大奈)의 자초리 (紫草里)가 보시한 고종(古鍾)과 당사(當寺)의 고종(古鍾)을 바탕으로 하여 단월들이 모은 금(金)으로 당사의 종을 만들었다고 하였다. 이는 두 구의 소형 종을 녹여 대종을 주성하였다는 것으로, 여기에는 기왕의 종을 만들었던 놋쇠에 새로이 구리, 주석, 납, 아연 등을 대종의 비율에 맞추어 합금하였음을 의미한다. 따라서 여기에서의 '금(金)'이란 놋쇠를 비롯하여 구리, 주석, 납, 아연 등을 총괄하는 금철류의 총칭을 지칭한다. 청주 연지사종(833)이나 송산촌 대사종의 명문에 보이는 전합입금(傳合入金), 고금(古金), 가입금(加入金)이나, '일합입금(一合入金)'도 그러한 의미에서 풀이할 수 있을 듯하다.

「규흥사동종」(856)에 있어서 놋쇠[鍮] 350정을 시전에서 1,050석에 매입한 것으로 전하는데, 이는 놋쇠[鍮] 1정당 3석(石)으로 매매되었던 사정을 반영한다.

또한 송산촌 대사의 종은 한꺼번에 함께 들어간 금(金)이 5,080方이었다고 하는 바, 방형(方形)의 5,080개 덩이쇠 곧 주종을 위한 중간 소재 형태의 금철류 매입이 이루어졌음을 짐작할 수 있다.

④ 주종(鑄鐘)의 발원자(發願者ⓐ)와 원조자(願助者ⓑ), 단월(ⓒ), 그리고 수회불사자(隨喜佛事者⑤)는 주종 불사에 참여한 신도를 지칭한다. 그런데 수회불사자(⑤)는 「선림원지종」(804)과 「규흥사종」(856)에만 등장한다.

주종 불사에 참여한 신도(④) 가운데 발원자(ⓐ)는 동 불사의 대시주를, 그리고 원조자(ⓑ)는 일반 시주를 지칭한다.

상원사동종(725)에서는 단월(ⓒ)로서 유휴대사택 부인(有休大舍宅夫人) 휴도리(休道里)와 덕향(德香)의 사상(舍上)인 안사(安舍)만이 등장하지만, 이들이 발원자로서 대시주의 역할을 하였다고 할 수 있다. 성전은 '도유내(都唯乃)-직세(直歲)-중승(衆僧)'으로 구성되었는데, 장인으로서 조남택(照南宅)의 장인 사☒대사(仕☒大舍)

를 초치한 것으로 보인다. 조남택(照南乇)은 진골 귀족의 택호로 여겨지는데, 『삼국유사』 권3, 탑상4, 황룡사종조에서 경덕왕 13년(754) 황룡사종을 주조한 이상택 하전(里上宅下典)과 마찬가지로 진골귀족의 대택에 예속된 가신적 성격의 존재였다고 할 수 있다.[81]

「무진사종(无盡寺鐘)」(745)에서는 단월이 대시주인 발원자(ⓐ) 사인대각간(思仁大角干)과 원조자(願助者ⓑ)인 승촌택방(僧村宅方) 일체단월(一切檀越)로 분화되었다. 본 동종에는 구체적인 성전의 구성이 보이지 않지만, 절작[유]내(節雀[唯?]乃) 추장당주(秋長幢主)가 본 주종 불사의 책임자로 여겨진다. 다만 다른 종명과는 달리 장인의 이름이 보이지 않아, 추장당주(秋長幢主)가 역역의 징발이나 장인의 운영까지 관장하였는지, 아니면 본인이 공사 감독관인 절작[유]내(節雀[唯?]乃)로서 장인의 역할을 하였는지는 분명하지 않다.

「선림원지종(禪林院址鍾)」(804)에서는 고시산군(古尸山郡) 인근 대내말(仁近大柰)과 자초리(紫草里)가 고종(古鍾)을 보시하고, 당사(當寺)가 다시 고종(古鍾)을 내놓아, 이를 바탕으로 대종을 주조하였다. 자초리가 대시주이고, 자초리와 당사가 발원자, 그리고 시방단월이 일반 시주로서 참여한 셈이다. 본 종명에 보이는 성전은 상좌(上坐 : 令妙寺 日照和上)-시사(時司)-종성재백사(鍾成在皇 : 當寺覺智師)-상화상(上和上)-선사(宣司)-절유내(節唯乃)로 매우 정연한 형식을 갖추었다. 특히 본 사찰의 상좌(上坐) 일조화상(日照和上)은 영묘사(令妙寺)에서 파견된 바, 동 사찰이 영묘사에 편적되었음을 알 수 있다. 아마도 상화상 이하 선사까지는 인근 각 사찰에서 도움을 준 승려들이었을 것이고, 동 주종불사의 장인은 당사 소속의 각지사였다. 특히 본 성전에서 절유내(節唯乃)가 포함되어 마

---

81) 朴南守, 「新羅 上代 手工業과 匠人」, 『國史館論叢』 39, 78~92쪽.

지막에 서술됨으로써, 본 사찰 소속 승장인 종성재백사(鍾成在皇)가 성전 구성 안에 포함되어 기술됨으로써 종명 투식상의 변화가 있었다고 본다.

이에 대해 연지사종(833)의 경우 대시주나 단월이 전혀 보이지 않고, 주종의 재료도 전합입금(傳合入金), 고금(古金), 가입금(加入金)이 보이지만, 보시의 내역이 전혀 보이지 않는다. 또한 성전은 '화상(和上)-상좌(上坐)-도내(都乃)'로 구성된 사찰의 도감전과 '경촌주(卿[鄕?]村主)-작한사(作韓舍)-사륙□(史六□)'이라는 촌사(村司)의 조직을 바탕으로 한 속감전의 구성을 보인다. 이 촌사는 청주(菁州, 현 진주)에 소재한 속촌 가운데 하나의 촌을 중심으로 동 불사가 이루어진 사실을 반영한다.

「규흥사종(竅興寺鐘)」(856)에 있어서는 대시주나 일반 단월에 대한 구체적인 인명이 보이지 않지만, 종명의 투식을 다른 종명과 비교할 때에, 청숭법사(清嵩法師)와 광렴화상(光廉和上)이 발원자(④ⓐ)이고, 종종시사인(種種施賜人, ④ⓑ)과 견문수희인(見聞隨喜人 ⑤)이 이에 참여한 것으로 보인다. 성전이 '절현령(節縣令)-시도내(時都乃)-상촌주(上村主)-제2촌주(第二村主)-제3촌주(第三村主)'로 구성된 것은 매우 특이한 양상인데, 절현령(節縣令)을 중심으로 도내(都乃)의 도감전과 상촌주(上村主) 이하 제2촌주-제3촌주로 속감전을 구성하였다. 3개 촌의 촌주가 등장한 것은, 절현령 휘하의 3개 촌락이 함께 동 불사에 참여한 사실을 반영한다. 곧 규흥사종을 주종하는 불사는 현 단위로 이루어진 것임을 알 수 있다.

「송산촌대사종(松山村大寺鐘)」(904)의 명문에는 단월의 모습이 전혀 보이지 않고, 절본화상(節本和上)과 본촌주(本村主)만이 등장한다. 여기에서 본화상(本和上)이란 송산촌대사(松山村大寺)의 화상이고, 본촌주란 송산촌의 촌주를 지칭하는 바, 동 종의 주종 불사는 동 송산촌대사의 화상이 동 촌락 촌주의 도움을 받아 이룬 불사라고 할 수 있고, 함▨(含▨)는 본 동종을 만든 장인이라 할 수 있다.

이들 신라 중·하대에 이루어진 주종불사에서 상원사동종(725)과 무진사종(745), 선림원지종(804)의 불사에는 어김없이 대시주가 등장한다. 이는 문무왕 4년(664) 재화(財貨)와 전지(田地)를 마음대로 불사(佛寺)에 보시하는 것을 금지한 조치[82]와는 어긋난 것이었다.

이들 주종 불사에 대시주로서 유휴대사택부인(有休大舍宅夫人) 휴도리(休道里)나 사인대각간(思仁大角干), 그리고 고시산군(古尸山郡) 인근대내말(仁近大柰)과 자초리(紫草里)와 함께 신광부인군(信廣夫人君)이 등장한 것은 그러한 조치를 피하기 위한 것이 아니었을가 생각해 볼 수 있다. 상원사동종의 주조에 중앙의 관장(官匠)으로서 조남택(照南宅)에 소속된 사▨대사(仕▨大舍)가 등장하는 것은 유휴대사택 부인 휴도리(休道里)가 조남택(照南宅)과 모종의 관계가 있었음을 암시한다. 또한 무진사종(745)의 발원자는 사인대각간으로 대시주로서 승촌택방 일체단월과 함께 종을 만들었다. 주지하듯이 사인대각간(思仁大角干)은 성덕왕 31년(732) 장군이 되었다가 경덕왕 4년(745) 정월에 이찬으로서 상대등에 보임된 진골 귀족이다. 그가 상대등에 보임된 이후에 본 무진사동종을 발원하여 만든 것으로 여겨지는 바, 문무왕의 금령에 대한 합법적 조치 곧 동종의 주조를 위한 허가 등을 받았으리라 예상할 수 있다.

「선림원지종(禪林院址鍾)」(804)은 오늘날 충북 옥천군 옥천읍에 소재한 고시산군(古尸山郡) 인근대내말(仁近大柰)과 자초리(紫草里)가 대시주가 되어 고종을 기진하고 당사의 고종과 함께 다시 대종을 만들었던 불사이다. 여기에 '寺聞賜主[절에서 들으신 님] 신광부인군(信廣夫人君)'이 등장한다. 부인(夫人)은 진골 귀족의 부인을 지칭하는데, '군(君)'의 칭호가 더해졌다. 유일 사례이기 때문에 무엇이라고 단정할 수는 없지만, 천보(天寶) 13년(754) 황룡사종

---

82) 『삼국사기』 권 6, 新羅本紀 6, 文武王 4년.

을 주조할 때의 시주로 등장한 효정이왕(孝貞伊王)과 삼모부인(三毛夫人)을 연상할 수 있다.83) 효정이왕은 성덕왕 13년(703)에서 성덕왕 17년(718)까지 중시를 역임한 효정(孝貞)이 분명한데, 그를 효정이왕(孝貞伊王)이라 지칭한 점을 주목할 수 있다. 이는 신라가 마립간제와 대왕제를 시행함으로써 진골 귀족을 '왕(王)'이라 칭하였던 사정을 반영하는 것이 아닐까 추측해 볼 수 있다. 천전리서석의 '매왕(妹王)'이나 「영일냉수리비」의 '칠왕등(七王等)', 그리고 금관총 환두대도의 '이사지왕(尒斯智王)' 등은 그러한 사실의 반영이라고 본다.

본 종명에서 지칭한 '신광부인군(信廣夫人君)'은 천전리서석의 '매왕(妹王)'과 마찬가지로 신라 왕실의 여자로서 본 사찰에서 동불사의 서원을 들고, 이에 대한 도움 곧 문무왕 금령에 대한 중앙정부의 허가를 받는 데 도움을 주지 않았을까 한다. 아마도 신광부인군이 본 사찰에 들리게 된 데는 본 사찰의 상좌가 왕경의 영묘사(令妙寺)에서 파견된 일조화상(日照和上)이었던 것과 관련될 가능성이 높다. 특히 본 사찰은 왕경의 영묘사에 편적되었던 것으로 판단되는데, 이로써 왕경의 영묘사와 지방의 본 사찰간의 교류가 가능하였다고 본다. 그러한 배경에서 왕경의 관장들이 대종을 주조한 기술을 갖춘 종성재백사(鍾成在伯士)를 지방 사찰에서 초치할 수 있었고, 어쩌면 본 불사의 성전이 '상좌(上坐)-시사(時司)-종성재백사(鍾成在伯士)-상화상(上和上)-선사(宣司)-절유내(節唯乃)'로 매우 체계적으로 구성된 것도 왕경의 그것을 따른 결과가 아닐까 한다.

한편 「연지사종(蓮池寺鐘)」(833)을 조성한 성전은 이전의 성전과는 매우 다른 모습을 띤다. 곧 도감전이라 할 수 있는 승려들로 구성된 '성전화상(成典和上)-상좌(上坐)-도내(都乃)'와 함께 속관으로 구성된 촌사의 '경촌주(卿[鄉?]村主)-작한사(作韓舍)-사륙□(史六

83) 『삼국유사』 권3, 塔像 4, 皇龍寺鍾 芬皇寺藥師 奉德寺鍾.

□)'이 등장한다. 특히 본 종명에서 절주통 황룡사 각명화상(節州統皇龍寺覺明和上)이 등장한 것은, 황룡사가 국통이 주재하는 승정기구를 갖추고 지방 사찰의 대소 불사를 관장하였던 사정을 반영하는 것이라 할 수 있다. 또한 보력(寶曆) 2년 병오(826) 8월 6일에 준공한 「중초사당간석주기(中初寺幢竿石柱記)」에서는 지방 승관인 주통(州統)으로서 처음 불사(佛事)에 참여한 것을 살필 수 있다.

이처럼 주통이 등장하게 된 데는 애장왕 7년(806) 새로운 사찰을 창건하는 것을 금하고 오로지 수즙(修葺)만을 허가하도록 한 조치와 관련되지 않을까 한다. 이들 절주통은 각각 불사의 조영을 위한 성전의 체계하에서 어떤 구체적인 직임을 맡았다기보다는, 중초사나 연지사에 불사가 있게 되자 중앙에서 임시로 임명·파견되어 이를 감찰하게 되었던 승관이었다고 여겨진다. 종래 중앙의 정법사(政法司) 등에서 관장하였던 불사의 관리를 승관조직에 위임한 조치라고 여겨지는 것이다.

그러나 「규흥사종명」(856)의 단계에서 성전은 지방관인 현령 휘하에 해당 사찰의 도감전과 해당 현의 촌주들로 속관전을 구성한바, 지방관의 책임하에 해당 불사를 운영하였음을 알 수 있다. 그후 「송산촌대사종명」(904)의 단계에서는 그나마 해당 사찰의 책임하에 촌주가 관여하는 정도였다. 이와 같은 성전의 구성은 효공왕 8년(904) 무렵 신라의 지방행정, 최소한 동 대사(大寺)가 소재한 송산촌 지방에 현령이 관리할 만한 여건이 이루어지지 못한 사정을 반영하는 것이 아닌가 한다.

이처럼 성전 체계로 미루어 볼 때에, 주종불사는 상원사동종을 주성할 성덕왕 24년(725)부터 선림원종을 주성한 애장왕 5년(804)까지를 제1기로, 그리고 주통(州統)이 불사를 감찰하였던 「중초사당간석주」를 준공한 선덕왕 9년(826)과 연지사종을 주조한 흥덕왕 8년(833) 무렵을 제2기, 현령 등 지방관이 주종 불사를 관리 감독하는 규흥사종(856) 주조 단계를 제3기, 그리고 신라 하대 말 오로지 해당 사찰과 촌민의 자력으로 불사를 완성한 효공왕 8년(904) 무렵을 제4기로 구분할 수 있을 듯하다.

4. 주종불사(鑄鐘佛事)의 사상적 배경

법홍왕이 불교를 공인한 이후 언제부터 신라의 사찰에 종을 달았는지는 분명하지 않다. 아마도 처음에는 소형의 경종(磬鐘)을 예불에 사용하였으리라 짐작된다. 기록상 최초로 확인되는 범종은 서거정(徐居正, 1420~1488)의 영묘구찰(靈妙舊刹)이란 시의 "고종(古鍾)은 옛과 같이 당나라 황제를 기록하였고[古鍾依舊記唐皇]"란 데서 확인할 수 있다.84) 그후 성덕왕 24년(725) 현존 신라종의 전형인 상원사동종이 조성되었다. 경덕왕 때에 무진사종(경덕 4, 745)과 황룡사종(경덕왕 13년, 754)을, 그리고 혜공왕 7년(771) 성덕대왕신종을 주성하여 봉덕사에 봉안하였다. 『삼국유사』 권3, 탑상 4, 황룡사종·분황사약사·봉덕사종조에 의하면 황룡사종은 길이 1장 3촌, 두께 9촌, 무게 497,581근이었다고 하니, 현재 전하는 성덕대왕신종에 소요된 황동(黃銅) 120,000근의 4배 정도 규모의 대종이었음을 알 수 있다. 이와 같은 분위기에서인지 「선림원지종명」(804)에 보듯이 지방 사찰에서도 고종(古鐘)을 녹여 새로이 대종을 만드는 것이 유행이었고, 그러한 가운데 전형적인 신라종의 주성이 하나의 흐름을 이루었다고 여겨진다.

---

84) 徐居正(1420~1488), 『四佳集』 권 3, 詩類(『東國輿地勝覽』 慶州十二詠, 靈妙舊刹).

신라종과 같은 대종을 우리는 범종(梵鐘)이라 지칭하는데, 범종은 "아침에는 종을 울리고 저녁에는 경을 읽어 두 가지 소리가 영취산에서 교차하게 하고, 지혜의 해[慧日]와 법의 물결[法流]이 두 바퀴를 녹야원에서 굴렸다.[晨鍾夕梵 交二音 於鷲峯 慧日法流 轉雙輪於鹿苑]"라고 한 것과[85] 어떤 관련이 있지 않을까 한다. 곧 불교에서의 종(鐘)은 불경과 같은 의미로서, 부처님의 설법을 펴가는 방편이기도 하였다. 『양고승전』에는 범패에 능하였던 백마사(白馬寺)의 석 담빙(釋 曇憑)이 촉(蜀)지방에 돌아가 용연사(龍淵寺)에 주석하면서 미래 세상에 항상 8음(音)[여덟가지의 악기 곧 金(鍾)·石(磬)·絲(絃)·竹(管)·匏(笙)·土(壎)·革(鼓)·木(祝敔)]과   4변(辯)[四無碍辯]이 있기를 서원하며 동종을 만든 데서, 중국 용(庸)과 촉(蜀) 지방의 동종이 비롯하였다고 한다.[86]

이에 대해 신라종이 어디에서 유래하는지는 분명하지 않지만, 「성덕대왕신종명」(771)에서는 다음과 같이 인도와 중국에서의 기원을 설명하였다.

무릇 그 종이란, 불토(佛土=인도)에서 상고해 보면 카니시카 왕[계니(罽膩)]이 증험하였고, 황제의 고향[帝鄕 : 중국]에서 찾아보면 고(鼓)·연(延)이 처음으로 만들었다. 비어서 능히 울리며 그 울려 펴짐은 다함이 없다. 무거워 움직이기 어렵고 그 몸체는 자르지 못하므로, 왕자(王者)의 원공(元功)을 능히 그 위에 새길[銘] 수 있고, 군생(羣生)이 고(苦)를 여의는 것 또한 그 가운데 있다.[夫其 鍾也 稽之佛土則驗在於罽膩 尋之帝鄕則始制於鼓延 空而能鳴 其響不竭 重爲 難轉 其體不襄 所以王者元功 克銘其上 羣生離苦 亦在其中也] (남동신, 1992, 「성덕대왕신종명」, 『역주 한국고대금석문』 Ⅲ, (재)가락국사적개발연구소, 384·390쪽)

곧 종의 기원을 인도와 중국의 경우를 들어 설명하였다. 계니(罽

---

85) 太宗文皇帝(唐 高宗), 「大唐三藏聖教 序」, 『大般若波羅蜜多經』 권 1.
86) 慧皎, 『高僧傳』, 권 13, 經師 9, 釋曇憑.

膩)는 인도 쿠샨(Kuṣāṇa) 왕조의 제3대 국왕인 카니슈카(Kaniska)로서 가니색가(迦膩色迦), 계니가(罽膩迦[伽]) 등으로 한역한다.[87] 본 종명에서 카니시카 왕[계니(罽膩)]의 증험이라 한 것은, 『속고승전』 석지흥전(釋智興傳)에서 '계이탁왕(罽膩吒王)의 검륜(劍輪)이 멈추었던 일'을 지칭한 것이 아닐까 한다.

지흥은 … 대업(大業) 5년 11월[中冬]에 순번에 따라 유나(維那)2)의 소임을 맡게 되었다. 그때 그는 종(鐘)을 울리는 임무를 수행하였는데 늘 이를 받들어 지니고서 지극히 성실하게 소임을 수행하여 승도들 사이에 어지러운 일이 발생하지 않았다.
그 절의 스님 가운데 삼과(三果)라는 스님이 있었는데 그의 형이 황제를 따라 강도(江都)로 남행하다가 도중에 죽었다. 처음에는 그가 사망한 소식이 전해지지 않았는데 홀연히 그의 처의 꿈에 나타나 이렇게 말하였다.
"나는 황제를 따라 가다가 팽성(彭城)에 도착하여 불행하게도 병으로 죽게 되어 지옥에 태어났다. 그곳에서 5고(苦)를 두루 겪었는데 그 괴로움은 이루다 말할 수 없을 지경이었지만 누가 나를 알아주겠는가? 다행히 이달 초하루에 선정사의 지흥 스님이 종을 울리니 그 메아리가 지옥을 진동시켜 함께 고통을 받던 자들이 일시에 해탈하여 지금은 좋은 곳에 태어나게 되었다. 그 은혜를 갚으려고 하니 비단 열 필을 마련하여 바치고 아울러 나의 마음도 전달해달라." 그의 처가 잠에서 소스라쳐 깨어나 꿈에 본 일들을 이상하게 여기면서 사람들에게 말하였더니 애초에 믿는 자가 없었다. … 그후 10여 일이 지나자 사망한 소식이 이르렀는데 꿈과 일치하였다. … 어떤 사람이 지흥에게 물었다. "어떠한 인연으로 종을 울리자 이런 감응이 일어날 수 있었던 것입니까" 지흥이 말하였다. "나에게 다른 기술은 없소. 「付法藏傳」에서 계이탁왕(罽膩吒王)의 검륜(劍輪)이 멈추었던 일과 『增一阿含經』에서 종소리의 공덕을 본받고 그 전철(前轍)을 밟아 힘껏 행하였을 뿐이오.(見付法藏傳, 罽膩咤王劍輪停事, 及增一阿含鍾聲功德, 敬遵此轍, 苦力行之) 매해 겨울마다 종루(鍾樓)에 오르면 찬바람이 살을 에는 것 같아 승단에서는 가죽장갑을 주어 종추를 잡도록 하였지만, 나는 스스로 마음을 가다듬으며 맨손으로 종추를 잡았소. 모진 추위 속에 살가죽이 찢어지고 손바닥에 피멍이 들었지만 그것 때문에 이를 마다하지 않았소. 또한 시간에 맞추어 종을 울려 시작을 알릴 때에는 먼저 모든 현자와 성자들이 함께 도량으로 들어오실 것을 소원하고 그 다음에 세 번 종을 쳤으며, 길게 치려고 할 때에는 앞에서와 같이 공경하면서 여러 악취(惡趣)에 태어난 중생들이 이 종소리를 듣고 함께 고통에서 벗어나도록 해달라고

87) 김영률 역, 「대당대자은사삼장법사전(大唐大慈恩寺三藏法師傳)」 권2, 『한글대장경』, 동국대역경원.

소원하였소. 이와 같이 소원하는 일을 항상 명심하고 받들어 닦았으나 어찌
보잘것없는 정성이 마침내 먼 곳에까지 감응을 일으킬 줄 알았겠는가" 대중들
은 그의 말에 감복하였다.…(『속고승전』권29, 興福篇 9, 唐京師大莊嚴寺釋智
興傳 6)

　지흥이 지칭한 「부법장전(付法藏傳)」의 검륜(劍輪) 일화는 카니
시카왕이 전쟁으로 수많은 사람을 죽인 죄업으로 인하여, 죽어서
큰 바다의 머리가 천 개 달린 고기로 태어나 빙빙 도는 검륜에 의해
머리가 차례로 잘리면서 다시 나는 고통 속에 있었지만, 아라한이
치는 건추(揵椎) 소리로 인하여 고통이 끝났다는 것이다.[88] 이 일

---

88) "월지국(月支國)의 임금은 위엄과 덕망이 불길같이 무성하였는데 이름은 전단
계닐타(栴檀罽昵吒)였다. 지조와 기상이 웅장하고 용맹하며 건강하여 세상을
뛰어넘어 토벌하려고 한 것은 꺾어서 쓸어버리지 못한 것이 없었다. … 그때
이웃 나라 안식국의 왕[安息王]은 성품이 매우 완고하고 포악하여 장차 네 종
류의 병사를 거느리고 계닐타를 정벌하려고 하였다. 계닐타왕도 엄중히 경계
하다가 두 진영이 맞닥뜨려 교전을 하였는데 칼날이 계속 번뜩이더니 계닐타
왕이 승리하였는데, 안식국 사람이 구억이나 전사하였다. 여러 신하들에게
계닐타왕이 물었다. "지금 나의 이 죄업이 소멸될 수 있을까?" 모든 신하들이
대답하였다. "대왕이시여, 살육 당한 이들이 무려 구억 명입니다. 죄업이 이미
매우 중대하고 심각한데 어떻게 없앨 수 있겠습니까?" … 그때 어떤 아라한
비구가 계닐타왕이 이러한 악업을 지은 것을 보고 그 왕으로 하여금 두려워하
여 허물을 참회하도록 하려고 곧 신통의 힘으로 그에게 지옥을 보여 주었다.
곧 도끼로 찍어 쪼개고 검륜(劍輪)으로 몸뚱이를 분해하니 슬퍼 울부짖고 고
통을 참기 어려웠다. 왕이 이것을 보고 나서 두려움을 더할 수 없어 마음속으
로 생각하였다. … 그때 불안에 떨고 있는 왕에게 마명보살이 말했다. "임금
님, 지극한 마음으로 나의 설법을 들으소서. 나의 가르침을 따르고 받들어서
수지하면 임금님으로 하여금 이 죄업으로 지옥에 들어가지 않도록 하겠습니
다." 계닐타왕이 말하였다. "훌륭하십니다. 가르침을 받겠습니다." 이에 마명
보살이 그 임금을 위하여 널리 청정한 법을 말하여 그 무거운 죄업으로 하여금
점점 엷어지게 하였다.… (계닐타)왕이 학질을 앓는 틈을 타서 이불로 덮고는
사람[신하]들이 그의 위에 앉으니 잠깐 사이에 기운이 끊어졌다. 마명보살이
설법하는 것을 들은 인연으로 말미암아 큰 바다 가운데 머리가 천개 달린 고기
로 태어났다. 칼이 빙빙 돌며 그 머리를 베었는데 베고 나면 바로 머리가 생겨
차례대로 다시 베어 이와 같이 하기를 끝없이 하니 잠깐 사이에 벤 머리가
바다에 가득하였다. 그때 어떤 아라한이 스님들의 유나(維那)가 되어 있었고,

화에 보이는 건추(揵椎)는 ghaṇṭā의 음역으로 건추[치](揵槌 揵槌, 揵稚, 揵雉)라고도 하며, 쳐서 소리를 내는 종·방울·목탁 등을 총칭한다. 석 지홍이 종을 치는 공덕으로 지옥을 진동시켜 지옥에 있던 삼과(三果)의 형뿐만 아니라 함께 고통받던 자들이 일시에 해탈하여 좋은 곳에 태어났다는 일화도, 카니시카왕의 검륜(劍輪)을 정지시킨 일화와 일맥상통한 면이 없지 않다. 또한 동 설화에서『속고승전』석지홍전에서 지칭한『증일아함경(增一阿含經)』의 '종소리의 공덕[鍾聲功德]'을『부법장전(付法藏傳)』에서는 '종을 울려 부처님의 공덕[福]을 게송(偈頌)하였으니[鳴鍾偈福]'라고 하였다. 이는『증일아함경』서품(序品)에서 석가모니불이 열반한 이후 그가 설법하였던 것을 잃지 않고 온갖 법을 모으기 위해, 아난이 '…건추(揵椎)를 울려 사부대중 모으니」 대중은 비구 8만 4천 명」 모두들 아라한으로 마음의 해탈[心解脫]을 얻고」 결박을 벗어나 복밭[福田]이 되는 이들」 …'이라고 게송을 하였던 것을 지칭하는 것이 아닐까 한다. 사실 세존께서 사위국(舍衛國)의 동원(東苑) 녹모원(鹿母園)에서 7월 15일 수세(受歲)하는 날에 아난(阿難)에게 '한 데서(露地) 빨리 건추(揵椎)를 쳐라'고 하시며 비구를 모으는 일을 맡기셨던 것이다. 석 지홍이 그 전철을 밟아 힘껏 행하였을 뿐이라 한 것은, 아난이 건추를 친 일을 지칭하는 것이라 보아 좋을 것이다.

고기가 된 왕이 아라한에게 말하였다. "지금 이 칼이 돌아가다가 건추(揵椎)의 소리가 들리면 문득 정지합니다. 그 중간에 고통이 조금 그치니 오직 대덕께서는 불쌍히 여기시고 건추 울림을 늘려 오래도록 해주시기를 원합니다." 아라한이 불쌍히 생각하고 이것을 계속 치니 이레 만에 받던 고통이 문득 끝났다. 이 절 위에는 그 왕을 인연한 까닭으로 차례대로 서로 전하여 계속 건추를 쳤는데 오늘에 이르기까지 여전히 본래와 같이 하였다.(馬鳴說法緣故生大海中, 作千頭魚, 劍輪迴注, 斬截其首, 續復尋生, 次第更斬° 如是展轉乃至無量須臾之間頭滿大海° 時, 有羅漢爲僧維那王, 卽白言: "今此劍輪, 聞揵椎音, 卽便停止° 於其中間, 苦痛小息, 唯願大德, 垂哀矜愍° 若鳴揵椎延, 令長久羅漢愍念, 爲長打之, 過七日已, 受苦便畢, 而此寺上, 因彼王故, 次第相傳° 長打揵椎, 至於今日, 猶故如本)"(『付法藏因緣傳』권5)

「성덕대왕신종명」에서 카니시카왕의 증험을 들고 '군생(羣生)이 고(苦)를 여의는 것 또한 그 가운데 있다'고 한 것은, 종을 울림으로써 모든 군생들이 지옥의 고통으로부터 여의어 해탈에 들어선다는 의미로 헤아려지는 것이다. 본 종명에서 아버지와 모후의 명복을 빌고 '마귀를 항복시키고 물고기와 용도 구제할 만하니'라고 읊은 것은, 불교에서 건추(揵椎)를 치는 것이 죽음의 고통을 여의고 해탈하여 좋은 곳에 태어나기를 바라는 공덕의 하나였기 때문일 것이다.

한편으로 「성덕대왕신종명」에서는 황제의 고향[帝鄕 ; 중국]에서 종을 처음 만든 것을 고(鼓)·연(延)에서 찾았다. 고·연(鼓·延)은 염제(炎帝)의 손(孫)인 백릉(伯陵)이 오권(吳權)의 처(妻) 아녀연부(阿女緣婦)와 통정하여 잉태한 지 3년만에 낳은 아들로서, 처음으로 종(鍾)을 만들고 악풍(樂風)을 만들었다는 『산해경』의 전승에서 비롯한다.89) 원가(袁珂, 1916~2001)의 교주(校注)에는 『국어(國語)』·『주어(周語)』와 『좌전(左傳)』 소공(昭公) 20년조에 의하면 '백릉(伯陵)은 은(殷)의 제후인 사후(射侯)로서 『산해경』에서 염제의 손이라는 것은 불합리한 것'이라고 지적하였다. 아무튼 악풍(樂風)은 동아시아 유교의 예악의 기본을 이루는 것으로, 그 가운데 황종(黃鍾)은 유교 예악의 6률(六律)과 6려(六呂)의 기본음이 되었던 것만큼은 사실로 보아 좋을 듯하다.90) 『성덕대왕신종명』에서 '고·연(鼓·延)에서 종이 비롯하였다'고 일컬은 것은, 왕자(王者)의 원공(元功)을 능히 그 위에 새길 수 있다는 근거로 삼기 위한 것이라 본다. 본 종명에서 '왕의 위대한 공적을 그 위에 새기는 것'이나 '일월이 교대로 빛을 내고 음양이 기를 조화롭게 하고, 바람이 온화하

---

89) "炎帝之孫伯陵, 伯陵同(通)吳權之妻阿女緣婦, 緣婦孕三年, 是生鼓´延´殳´始為侯, 鼓·延是始為鍾 為樂風"(『山海經』 第 18, 海內經)

90) "庖犧氏作瑟 神農作琴 女媧作笙簧 黃帝作淸角 舜作簫 鼓延作鐘 母句作磬 倕作鞞鼓 帝俊之子八人 始爲歌舞 祝融之子長琴 始作樂風 其音樂之始乎´"(『耳溪外集』 卷九, 萬物原始, 雜物篇)

고 하늘이 고요'한 것, 그리고 '왕손들[瓊萼]이 황금가지와 같이 영원히 무성하게 하고, 나라의 왕업이 철위산(鐵圍山)처럼 창성'하기를 간구한 것은, 유교적 왕자론이나 예악에 바탕한 것이라 할 수 있다.

「성덕대왕신종」의 경우 왕실에서 국가적 사업으로 진행한 만큼 불교적 가치관에 의해 종을 주성하면서도 유교적 예악을 드러내는 것은 당연한 것이라고 할 수 있다. 그러나 이와는 달리 불교적 신앙에 바탕한 신하와 백성들의 경우, 불교적 신앙에 의해 주종불사가 이루어졌다.

특히 신라 중·하대에 이루어진 주종불사에는 어김 없이 단월이 시주자로서 등장한다. 단월은 danapati의 한역으로서, '단(檀)'은 베푼다는 의미의 '단나(檀那)'의 약칭이며, '월(越)'은 '베푼 공덕으로 빈궁한 세계를 뛰어 넘는다'는 뜻이다.

이들 단월에 의해 사찰에 시주가 이루어진 것은 앞서 살핀『증일아함경』에서 설한 보시론과 관련있지 않을까 한다. 곧 보시에는 법보시와 재물 보시가 있는데, '어떤 중생이 열반과 아라한의 도와 나아가 부처의 도에 이르기까지 이 모두를 이루려고 한다면 마땅히 보시를 행하여 공덕을 지어야 한다'고 설하였다. 나아가 범천(梵天)의 복을 받는 네 가지 일로서, ① 선남자(善男子)와 선여인(善女人)이 아직 탑[偸婆]이 세워지지 않은 곳에 탑을 세우는 일, ② 오래되어 낡은 절을 수리하는 일, ③ 승가 대중을 화합(和合)시키는 일, ④ 다살아갈(多薩阿竭 : 如來)이 처음으로 법륜(法輪)을 굴릴 때 모든 하늘과 세상 사람들이 그것을 권유하고 간청하는 일을 들었다.[91] 그러한 공덕으로 단월 시주의 명예가 사방에 널리 퍼지며, 사문·찰리(刹利)·바라문·장자(長者)들 틈으로 가더라도 부끄러움을 가지지도 않고 또한 두려움도 없으며, 단월 시주를 많은 사람들

---

91)『증일아함경』권21, 제29 苦樂品.

이 공경하고 우러러보면서 보는 이마다 기뻐하고 즐거워하며, 단월 시주는 목숨을 마친 뒤에 장차 천상(天上)이나 인간(人間) 이 두 세계에 태어나며, 현세(現世)의 몸으로 번뇌를 다 끊고 후세(後世)에까지 가지 않는 다섯 가지 공덕을 이룬다는 것이다.92)

주종 불사는 범천(梵天)의 복을 받는 네 가지 일 가운데 낡은 절을 수리하는 일에 포함될 것이다. 여기에 승속이 성전을 꾸림으로써 승가 대중을 화합(和合)시키고, 법석에서 증득을 권유함으로써 공덕을 쌓는다는 것이다.

이들 신라 중·하대에 이루어진 주종불사에서 상원사동종(725)과 무진사종(745), 선림원지종(804)의 불사에는 어김없이 대시주가 등장한다. 이에 대해 「연지사종명」(833)이나 「규흥사종명」(856), 「송산촌대사종명」(904)에는 시주자의 구체적인 이름이 보이지 않고, 「규흥사종명」(856)의 경우 청숭법사(淸嵩法師)와 광렴화상(光廉和上)의 발원에 따라 종종시사인(種種施賜人)이 있었음을 짐작할 수 있을 뿐이다. 이처럼 연지사종 이래로 구체적인 시주자의 이름이 보이지 않고 종종시사인(種種施賜人)으로 표현된 것은, 귀족 뿐만 아니라 일반인의 보시 행각이 많아졌음을 의미한다. 신라 하대에 향도(香徒)로 지칭되는 이들의 불사 또한 이처럼 일반인들도 보시를 통하여 공덕을 쌓고자 하는 신앙의 결과라고 판단된다.

주종의 서원에 있어서도 그러한 변화상을 살필 수 있지 않을까 한다. 그 서원을 밝힌 「무진사종명」(745)에는 '願旨者 一切衆生 苦離樂得[발원의 뜻은 일체중생이 고통에서 벗어나 즐거움을 얻는 것이다]'라고 하였던 것이, 「선림원지종명」(804)에는 '法界有情 皆佛道中到內去⿰內[법계의 중생이 모두 불도에 귀의하는 것이다]', 그리고 「규흥사종명」(856)에는 '種種施賜人乃 見聞隨喜爲賜人乃 皆無上菩提成內飛也[여러 가지를 베풀어주신 사람이나 (불법을)

---

92) 『증일아함경』 권22, 제30 須陀品.

보고 듣고 쫓아 기뻐하신 사람이나 모두 위 없는 보리(깨달음)에 이르리라'는 서원으로 바뀌는 양상이다.

'고리락득(苦離樂得)'은 「성덕대왕신종명」에서 카니시카왕이 검륜의 고통에서 벗어나는 것이라면, '법계의 중생이 모두 불도에 이르는 것'이나 '여러 가지를 베풀어주신 사람이나 보고 듣고 쫓아 기뻐하신 사람이나 모두 위 없는 보리(깨달음)에 이르리라'는 것은, 「성덕대왕신종명」의 '모든 중생들이 지혜의 바다에서 함께 파도치다가 모두 세속에서 벗어나 깨달음의 길에 오르게 하소서'의 서원과 상통한다. 다만 이러한 서원의 추이는 신라 중·하대 불교 사상의 추이와 관련되는 것이 아닌가 생각한다.

사실 종명의 '고리낙득(苦離樂得)'은 우리말 어순에 따른 것으로서 불경에는 '이고득락(離苦得樂)'이란 어휘로 등장한다. 일체의 중생이 고(苦)를 여의고 낙(樂)에 이르기를 서원한 것은, 『대방광불화엄경』(권46)에서는 '일체의 제불(諸佛)이 세상의 즐거움[樂]을 버리고 여의어 탐하지 않고 물들지 않으므로 세간에 고를 여의고 즐거움[樂]을 얻도록 널리 서원한다'고 하였다. 이를 『대승기신론』(권1)에서는 8가지 인(因) 가운데 '총상(摠相)'으로서 중생이 고(苦)를 여의고 낙(樂)을 얻도록 하기 위해서는 이익을 기르는 것[利養]을 탐하거나 구하지 않아야 한다고 하였다. 『대지도론(大智度論)』(권20)에서는 '여러 보살행은 자비로운 마음[慈心]으로 중생으로 하여금 고통[苦]을 여의고 즐거움[樂]을 얻도록 하고자 한다면, 이 자비로움 마음[慈心]의 인연(因緣)으로부터 또한 스스로 복덕(福德)을 짓고, 또한 다른 사람이 복덕을 짓도록 가르쳐, 과보(果報)를 받을 때에 혹 전륜성왕이 되거나 요익(饒益)한 바가 많게 된다'고 하였다. 이들 경전은 7~8세기 신라에 널리 유포된 것으로서 실천행으로서 이익을 기르는 것[利養]을 탐하지 않고 자비로운 마음으로 보살행을 행하여 복덕을 쌓으면 '고리낙득(苦離樂得)'하여 과보로 전륜성왕이 되거나 많이, 요익(饒益)한 바가 많게 된다는 것이다. 경덕 왕대에 보살행을 실천하는 신앙적 분위기에서 이러한 주종 불사가 가능하지 않았을까 한다.

「선림원지종명」(804)의 '법계의 중생이 모두 불도에 이르는 것'에서 '도불도(到佛道)'의 표현은 『대지도론』(권16)에서 '능히 불도의 열반성에 이를 수 있는 것[能到佛道涅槃城]'을 '정정진(正精進) 이라고 이름하였다'고 한 데서 유래한 것이 아닐까 한다. 곧 '도불도(到佛道)'는 성불하기 위해 정정진(正精進)한다는 것으로, 이는 경덕왕 14년(755)에 작성된 「신라 백지묵자 대방광불화엄경 사경」에서 보리심을 발하여 불퇴전으로 보현인(普賢因)을 닦아 빨리 성불하기를 바란 것,93) 그리고 원성왕대에 고승 연회(緣會)가 일찍이 영취산(靈鷲山)에 숨어 살면서 언제나 『연경(蓮經, 법화경)』을 읽고 보현관행(普賢觀行)을 닦았다는 것94)과 관련된 것으로 생각해 볼 수 있다.

한편으로 「규흥사종명」(856)에서 시주한 사람이나 이를 보고 들어 기뻐하는 모든 사람들이 모두 무상보리를 이루도록 서원한 데서 보이는 '무상보리(無上菩提)'는 『대방광불화엄경』(권19)에 보듯이 '보살마하살(菩薩摩訶薩)이 보살행(菩薩行)을 닦을 때에, 이와 같이 무량(無量)하고 무변(無邊)한 청정공덕(淸淨功德)을 얻으면, 설(說)을 다할 수 없고, 하물며 무상보리(無上菩提)를 얻어 최정각 (最正覺)을 얻는다'고 하였다. 곧 무상보리는 보살행을 행하는 최정각(最正覺)의 자리라고 할 수 있다. 또한 동 『대방광불화엄경』(권53)에서는 만일 일체 불국토에서 무상보리의 보현행법을 이루기를 원한다면, 만일 제보살(諸菩薩)이 이 법을 근수(勤修)하면 보현행원(普賢行願)을 빨리 만족할 수 있다고 하였다. 사실 무상보리는

---

93) 「신라백지묵자 대방광불화엄경 사경 발문」, 이기백 편, 1987, 『한국상대고문
서자료집성』, 일지사, 27쪽.
94) 『삼국유사』 권 5, 避隱 8, 緣會逃名 文殊岾.

자주 보현행법을 수식하는 용어로서, 이는 규흥사종을 주조할 당시 신라 사회에 만연한 보현행원과 관련될 것으로 여겨진다. 당나라 현수의 보현행원은 중대 초기 이래로 신라 승려 사회에 널리 유포되었던 것으로, 원성왕대에 고승 연회(緣會)가 보현관행(普賢觀行)을 닦았다는 것, 헌안왕대에 보현보살이 지증대사에게 현신하여 머리를 만지고 귀를 당기면서 "고행을 행하기는 어렵지만 행하면 반드시 이룰 것이다"라고 하였다는 일화[95]는 고행을 통하여 깨달음에 이르는 보현관행이었다. 그러나 동 종명에서 무상보리를 이루도록 서원한 것은, 순지(順之)와 같이 최정각(最正覺) 이후 실천행으로서의 보현보살(普賢菩薩)의 중행(衆行)을 강조하는 사회적 분위기[96]에서 등장한 것이 아닌가 한다.

---

95) 한국고대사회연구소 편, 1992, 「봉암사 지증대사탑비」, 『역주 한국고대금석문』 Ⅲ, 186-203쪽.
96) 박남수, 2015, 「신라 하대 興輪寺 壁畫 普賢菩薩像과 順之의 普賢行」, 『신라문화제학술회의논문집』 36, 신라문화선양회 참조.

찾아보기

ㅁ

찾아보기

ㅂ

찾아보기

ㅅ

찾아보기

찾
아
보
기

찾아보기

ㅋ, ㅌ

ㅍ

찾아보기

일본소재 한국고대문자자료

지은이 │ 박남수
펴낸이 │ 최병식
펴낸날 │ 2023년 4월 20일
펴낸곳 │ 주류성출판사 www.juluesung.co.kr
　　　　서울특별시 서초구 강남대로 435, 주류성빌딩 15층
　　　　TEL 02-3481-1024(대표전화) · FAX 02-3482-0656
　　　　e-mail : juluesung@daum.net

책값 35,000원
ISBN 978-89-6246-503-7 93910

* 이 저서는 2018년 대한민국 교육부와 한국연구재단의 지원을 받아
  수행된 연구임(NRF-2018S1A6A4A01038485)